Fondements logiques de l'intelligence artificielle

Dieudonné Owona

ISBN : 978-1-326-34382-8

TABLE DES MATIERES

INTRODUCTION

Intelligence Artificielle ? « Ne me faites pas rire ! »,
s'écriait Dick Rogers, dès qu'il entendait prononcer ces
deux vocables, « un ordinateur, si puissant soit-il, n'est
jamais que de la tôle. Comment voulez-vous qu'une vulgaire boîte métallique, même bourrée de silicium, puisse
devenir intelligente ? »[1] Et pourtant, dès 1956, lorsque
cette locution fut utilisée pour la première fois au congrès
de Dartmouth pour définir un programme consistant à
concevoir une machine intelligente, l'ensemble des raisonnements qu'une machine peut exécuter, maintes entreprises se sont engendrées pour développer des ordinateurs
intelligents ; des machines électroniques qui puissent poser
des questions, résoudre des problèmes, démontrer des
théorèmes, imaginer des scénarios, avoir de la conscience,
des sentiments, de la raison, de l'intuition… à la manière
des humains.

Si, d'emblée, l'intelligence est l'aptitude humaine à
comprendre et à administrer des concepts abstraits, à en
saisir la spécificité et le rapport, afin de les assembler de
manière à engendrer du sens, la juxtaposition des deux
termes *intelligence* et *artificielle* nous suggère qu'il existe une
intelligence naturelle, celle de l'homme et des animaux
supérieurs, et une intelligence artificielle, dont le but est de
dupliquer l'intelligence naturelle pour en introduire les
virtualités dans des machines afin de leur attribuer un
comportement intelligent[2]. Il s'agit, d'après Roger Penrose,
« d'imiter à l'aide des machines, en principe électroniques,

---

[1] Dick Rogers, directeur du Neural Institute, cité par P. Loubière, *Fondements épistémologiques de l'ethnométhodologie. Application à la logique, aux
mathématiques et à l'informatique*, 6e partie, 1er chapitre, Thèse de Doctorat,
Université de Paris VII, 1992, consultable au site web http :
www.vadeker.net/corpus/loubière/6-1.html.
[2] *Cf.* J.-F. Le Ny, J.-F., *Intelligence naturelle et intelligence artificielle*, Paris,
PUF, 1993.

1

une part aussi grande que possible de l'activité mentale des êtres humains, avec, comme but final hypothétique, l'amélioration des possibilités humaines dans ce domaine »[3]. Cette définition préalable introduit une problématique fondamentale : la possibilité même de concevoir et de construire une machine intelligente, une entreprise qui suppose deux positions : a) une machine sera considérée comme intelligente si elle reproduit le comportement d'un être humain dans un domaine spécifique ; b) une machine sera dite intelligente si elle modélise le fonctionnement d'un être humain.

L'Intelligence Artificielle, qui « mime l'esprit en activité par une mise en scène au cours de laquelle un psychisme est reproduit »[4], peut être fondée de diverses manières, car elle est l'héritière de maintes traditions dont les principales sont la biologie, la psychologie et la logique[5]. Si la tradition est l'ensemble des acquisitions transmises de génération en génération par la société, ce que les individus humains reçoivent par héritage, au-delà de l'hérédité, conformément à une adaptation au milieu humain par éducation, participation à la coutume et aux institutions, une tradition intellectuelle sera à la fois l'ossature épistémologique qui supporte un corps de savoir dans ses mutations historiques et un ensemble perpétuel de contraintes quant à la manière réglementaire de poser des problèmes et de les résoudre. La question se pose alors de savoir précisément dans quelle mesure les traditions biologique, psychologique et logique peuvent notamment être fondatrices de l'Intelligence Artificielle.

Certes, le concept d'une science unifiée est jusqu'à nos jours un leurre, la réalité luxuriante du monde naturel

---

[3] R. Penrose, *L'esprit, l'ordinateur et les lois de la physique*, Paris, InterEditions, 1992, p. 12.

[4] Jean-Gabriel Ganascia, *L'âme-machine. Les enjeux de l'intelli-gence artificielle*, Paris, Le Seuil, 1990, p. 19.

[5] *Cf.* Paul Jorion, « L'intelligence artificielle au confluent des neurosciences et de l'informatique », *Lekton*, vol. IV, N° 2, 1994 : 85-114.

ayant stimulé la divergence des angles d'entame pour aisément en rendre compte mais les représentations auxquelles ceux-ci ont conduit demeurant généralement inconciliables. Mais si le savoir nous importe, s'il vaut la peine d'être acquis, l'unification de la science nous est alors appréciable. Il existe d'ailleurs un moyen théorique traditionnel d'une telle unification : le *réductionnisme*, dont l'ambition est d'interpréter une discipline dans le langage d'une autre et qui suppose donc, à terme, leur intégration par la disparition de celle qui se voit intégralement interprétée dans l'autre, car « l'unité de la science au sens le plus faible est atteinte à partir du moment où l'on réduit tous les termes de la science aux termes d'une discipline »[6]. Mais, aussi longtemps que cette intégration n'est pas réalisée totalement, sans entraîner de privation dans l'explication, le réductionnisme entraîne, ainsi que le terme le suggère, un amoindrissement. La biologie, science des phénomènes généraux de la vie, communs aux animaux et aux végétaux, diffère par principe de la physique, comme science des phénomènes matériels en tant qu'ils n'altèrent pas la structure moléculaire des corps. Traduite dans le langage de la physique, la biologie s'en trouve certainement éclairée, mais l'explication biologique possède également sa spécificité explicative qui reflète celle du vivant et dont l'interprétation physique ne peut rendre compte : dans le langage *mécaniste* de la physique, expliquant les phénomènes par le mouvement, le vivant *téléologique* supposant la finalité n'existe pas ; d'après lui certains systèmes sont auto-reproducteurs, d'autres non, et de ce point de vue, rien d'essentiel ne différencie le cristal du virus, le virus de la bactérie. Le positivisme a voulu de cette manière induire de la généralité de la physique à l'unité de la science, car la physique « élabore la taxinomie de son domaine la mieux adaptée à ses différents buts : formuler des lois de base

---

[6] Oppenheimer et Putnam, « L'unité de la science : une hypothèse de travail », in *De Vienne à Cambridge*, Paris, Gallimard, 1980, p. 371-372.

[...] dépourvues d'exceptions »[7]. Et pourtant, « ce n'est pas la seule taxinomie possible permettant d'atteindre les buts de la science en général »[8], puisque chaque science particulière spécialise évidemment sa taxinomie selon son objet.

Cependant, là où le réductionnisme devra faillir en envisageant l'unification des diverses sciences sur la modalité théorique, la technologie essaie de réussir en se cantonnant à la modalité pratique. Confrontés ainsi dans la réalisation de l'Intelligence Artificielle à trois traditions, la biologique, la psychologique et la logique, *a priori* inconciliables, c'est cette technologie qui devra alors nous stimuler : c'est la réalisation technologique de machines intelligentes qui devra accomplir pragmatiquement une réconciliation de diverses traditions qui, sinon, demeureraient des spicilèges de savoir hétéroclites.

Trois disciplines vont nous servir d'exemples : les neurosciences (biologie), la psychanalyse (psychologie) et l'informatique (logique).

Les neurosciences représentent une famille de disciplines scientifiques qui étudient les cellules, les structures, le fonctionnement et les caractéristiques physico-chimiques du système nerveux. Elles sont ordinairement fondées sur plusieurs branches spécifiques de la biologie, en l'occurrence l'anatomie, la physiologie, la psychophysiologie, la neurobiologie, la neurochimie des systèmes nerveux central et périphérique ainsi que celle du système neuro-endocrinien. Les neurosciences, dont l'objet est complémentaire de celui des sciences cognitives – qui étudient le cerveau humain dans ses principales fonctions : raisonnement, apprentissage, mémoire, etc. – occupent donc aujourd'hui une place prépondérante dans la recherche biologique.

Le point de vue principal des neurosciences est que les fonctions de l'esprit sont précisément des processus *mécaniques*, thèse qui énonce un point de vue matérialiste

---

[7] J. Fodor, « Les sciences particulières », in *De Vienne à Cambridge*, Paris, Gallimard, 1980, p. 440.
[8] *Ibid.*

sur le vivant et se réfère aux recherches actuelles en ce domaine, suivant le point de vue de Jean-Pierre Changeux, affirmant « [...] que le cerveau de l'homme se compose de milliards de neurones reliés entre eux par un immense réseau de câbles et connexions, que dans ces « fils » circulent des impulsions électriques ou chimiques intégralement descriptibles en termes moléculaires ou physico-chimiques, et que tout comportement s'explique par la mobilisation interne d'un ensemble topologiquement défini de cellules nerveuses »[9].

Le comportement humain et les processus internes de l'esprit humain s'expliquent ainsi mécaniquement, les représentations du cerveau s'expliquant par le fonctionnement de ses organisations neuronales. Ici, la notion philosophique d'esprit ne renvoie guère à l'âme, notion spiritualiste de la vie – substance immatérielle qui est, selon Descartes, le principe de la vie psychique : « Je connus de là que j'étais une substance dont toute l'essence ou la nature n'est que de penser... en sorte que ce moi, c'est-à-dire l'âme... par laquelle je suis ce que je suis, est entièrement distincte du corps »[10] – mais seulement à l'intelligence au sens général de faculté de former des idées, des représentations mentales. Les différents objets mentaux ont leur cause matérielle, notamment le cerveau, et la vie consiste en la disposition mécanique des neurones, et la connaissance du vivant en une topologie des cellules nerveuses, en la description physico-chimique des liaisons neuronales. Ce point de vue exclut évidemment tout vitalisme et tout finalisme. Qui sommes-nous alors : homme neuronal avec la connotation matérialiste qui l'entoure ordinairement, ou bien homme passionnel dont l'histoire, la vie, le destin ne pourront jamais être formalisables, modélisables, calculables ?

Dans une perspective matérialiste caractérisant si-

---

[9] J.-P. Changeux, *L'homme neuronal*, Paris, Fayard, 1983, p. 333.
[10] René Descartes, *Méditations métaphysiques*, IV, cité dans A. Cuvilier, *Nouveau vocabulaire philosophique*, Paris, Armand Colin, 1964, p. 17.

non la science en général, du moins le projet distinctif de l'Intelligence Artificielle, rien de ce que constate la psychologie – notamment la « psychologie cognitive »[11] – ne doit se révéler incompatible avec ce qui s'observe du fonctionnement neurophysiologique. Il faut, autrement dit, que puisse être spécifié l'embasement neurologique qui correspond à chaque aspect du fonctionnement de la pensée humaine. Aussi existe-t-il ici une justification pour ce réductionnisme sus-évoqué et dont la place dans une unification complète de l'explication scientifique n'est guère négligeable.

D'après la psychanalyse, il existe deux sortes d'activités mentales divergentes caractérisables par leurs manifestations prototypiques extrêmes : l'*association libre* et le *calcul* ; l'association libre qui déterminerait le fonctionnement du cerveau en roue libre, et le calcul, son fonctionnement dirigé. Consistant à exprimer sans discriminations toutes les pensées qui viennent à l'esprit, l'*association libre* est utilisée par Sigmund Freud pour mettre aisément en lumière un ordre déterminé de l'inconscient ; en considérant l'association libre comme un moyen d'accès à l'inconscient, la psychanalyse a montré que ce phénomène vaut aussi convenablement pour le psychisme inconscient que pour les représentations conscientes : lorsque le psychanalyste propose au patient un enchaînement ordinaire de mots inducteurs et lui demande d'énoncer en réponse immédiate, sans contrôle ni omission, ce à quoi ils lui font précisément penser, il joue formellement sur le réseau complexe d'associations inconscientes à travers lequel se révèlent les désirs profonds du sujet. Si, selon Paul Jorion[12], l'association libre constitue l'infrastructure, le « degré zéro », de tout type de pensée, il faut alors, quitte à renouer étroitement avec une tradition déblatérée de l'anthropologie,

---

[11] *Cf.* J.-G. Ganascia, *L'âme machine. Les enjeux de l'intelligence artificielle*, op. cit., p. 136.
[12] P. Jorion, *Principes des systèmes intelligents*, Paris, Masson, 1990.

avancer, dans le sillage de Lucien Lévy-Bruhl[13], que la pensée qui nous apparaît « primitive » se résume généralement au simple fonctionnement de l'association libre. Car, bien qu'il n'existe pas de société primitive *stricto sensu*, dans la mesure où toute société possède une culture complexe, où nulle société ne représente l'état initial de l'humanité, où l'on ne peut affirmer que les sociétés dites « primitives » représentent un état antérieur de la société occidentale, nous pouvons néanmoins maintenir l'usage du terme pour définir les sociétés sans écriture, dont les cultures apparaissent relativement les plus simples, indifférentes aux notions d'économie rationnelle ou de philosophie politique fondamentales pour les sociétés industrialisées.

Du côté inverse se trouve le *calcul*, notamment l'enchaînement délibéré, donc contrôlé par la conscience, des étapes d'un algorithme appris et développé systématiquement. Ici, un espace de représentation nécessaire est d'abord imaginé, ensuite des instances y sont mises en scène, puis manipulées selon les enchaînements prescrits par l'algorithme conscient, comme suite finie de règles opératoires à appliquer dans un ordre déterminé à un nombre fini de données afin d'effectuer un calcul numérique en un nombre fini d'étapes, comme les soustractions arithmétiques.

Une fois levé l'écueil constitué par notre ignorance de la nature de l'inscription de la mémoire, l'association libre est le modèle même du phénomène que la neurologie n'aurait nulle difficulté à expliquer. Telle trace mnésique a-t-elle été activée, cette activation s'épandrait à l'intérieur du réseau neuronal suivant le parcours des connexions existantes, le neurone A activant les neurones B, C, D, et ces derniers activant E, F, G, et ainsi de suite. Pour proscrire un feu d'artifice d'activations simultanées, il suffirait de conjecturer, partout où existeraient des embranche-

---

[13] P. Jorion, « Intelligence artificielle et mentalité primitive, actualité de quelques concepts lévy-bruhliens », *Revue philosophique*, 1989, 4, 515-541.

ments entre parcours concurrents, la possibilité d'inhibitions du type de la censure freudienne, cette instance inconsciente qui interdit l'accès à la conscience des désirs soumis au refoulement.

Venons-en maintenant à la troisième tradition, celle qui nous intéresse le plus dans ce travail, l'informatique, où il n'est plus question, comme dans les neurosciences ou la psychanalyse, d'un savoir acquis sur l'humain, mais précisément des diverses contraintes qui s'exercent sur la machine où nous envisageons de reproduire un comportement analogue à celui de l'intelligence humaine.

Une thèse répandue soutient que l'ordinateur fonctionnerait d'une manière similaire à celle de l'esprit humain. Mais l'existence d'une *dynamique de l'affect* élimine immédiatement une telle possibilité : rien dans la quincaillerie, le matériel, le *hardware* de la machine, n'émule malheureusement d'une manière ou d'une autre une dynamique d'affect, puisque « l'affect constitue peut-être une forme particulière de connaissance, [...] inséparable de notre environnement corporel, expérience qui échappe complètement aux purs systèmes artificiels de traitement de l'information »[14]. Néanmoins, rien n'interdit d'établir cette émulation au niveau du logiciel, du *software*, mais il faudrait aller à l'encontre, et des contraintes du hardware classique, et de l'intelligence des langages de programmation existants, conçus les uns et les autres dans l'objectif d'un comportement déterministe linéaire intégralement prévisible.

Le fonctionnement de l'ordinateur est manifestement logico-mathématique : ni la logique, ni la mathématique ne sont étrangères au fonctionnement de l'esprit humain, car c'est l'esprit humain qui les a produites l'une et l'autre comme principaux corpus intellectuels théoriques, même si la question demeure débattue de comprendre ce

---

[14] G. Tiberghien, « Qu'est-ce que le cognitif ? », *Hermès*, 3, 179-187, p. 185.

qui dans la logique, et dans la mathématique, reflète la réalité extérieure sensible, donc le monde naturel extérieur à l'homme. Sans forcément coïncider avec eux, la logique et la mathématique pourraient se situer, du moins provisoirement, par rapport à ces deux processus de pensée polaires sus-caractérisés suivant leurs diverses formes prototypiques de l'association libre et du calcul : la logique aurait immanquablement quelque chose en commun avec l'association libre, et la mathématique avec le calcul.

Le rapport de l'association libre à la logique est historiquement évident : la logique aurait été échafaudée en discipline de savoir à partir d'observations aristotéliciennes sur l'association libre. Au moment où Aristote affirme qu'il est le premier à offrir un exposé systématique de la manière dont il faut procéder pour penser correctement, il ne se trouve personne pour le contredire. Ce dernier n'use pas du terme *logique* mais parle d'*analytique* quand la prémisse est sûre et relève de l'explication scientifique (*épistémè*), et de *dialectique* lorsque la prémisse est seulement vraisemblable et relève de l'opinion commune (*doxa*).

Aristote, tout comme Platon, était confronté à des objecteurs théoriques redoutables. Les Sophistes, bien que dénoncés par Platon comme des rhéteurs de mauvaise foi, affirmaient que la vérité comme telle n'existe pas. Ils s'intéressaient extrêmement au phénomène de la persuasion, à cette aptitude bien *magique* pour une personne d'en convaincre une autre d'un fait, et considéraient que l'un des moyens utilisés pour persuader un homme consiste à lui dire qu'il doit croire à quelque chose parce que *c'est vrai*, mais il ne s'agissait là que de l'un des multiples moyens permettant d'emporter la conviction, une astuce rhétorique, un argument polémique parmi tant d'autres.

Ce qu'on découvrait alors, c'était la puissance extraordinaire de la parole, le pouvoir singulier du verbe, mais aussi ses pièges infinis, que l'on dénonçait comme similaires à ceux des drogues, comme en témoignent ces propos de l'*Eloge d'Hélène* de Gorgias : « Il existe une analogie entre la puissance du discours à l'égard de l'ordonnance de l'âme et l'ordonnance des drogues à l'égard de la nature des corps. De même que certaines drogues évacuent certaines humeurs, et d'autres drogues, d'autres humeurs, que les unes font cesser la maladie, les autres la vie, de même il y a des discours qui affligent, d'autres qui enhardissent leurs auditeurs, et d'autres qui, avec l'aide maligne de Persuasion, mettent l'âme dans la dépendance de leur drogue et de leur magie »[15].

Aristote partait du principe ordinaire qu'en gros, nous raisonnons d'une manière correcte, cohérente, que nous ne nous trompons pas souvent dans la façon d'enchaîner nos arguments, mais qu'il est des instants où, subtilement, nous *quittons les rails* de la pensée correcte et qu'il importe donc de formuler les règles qui, scrupuleusement suivies, nous permettront d'éviter tout éventuel déraillement.

Dans l'optique de la différenciation sus-établie entre l'*association libre* et le *calcul*, ce que fait Aristote en fondant la logique, c'est exprimer qu'en gros il est autorisé de faire confiance à l'association libre, mais que, si l'on veut être très certain de ne pas se tromper, il vaut beaucoup mieux se tourner vers le calcul. Connaître par conséquent les règles de la logique, les principes qui ont été abstraits du fonctionnement spontané, mécanique, quasi-automatique de la pensée, et les suivre scrupuleusement, c'est se garantir contre les déraillements insensibles de l'adéquation entre enchaînements associatifs, et se donner les moyens de faire aboutir une argumentation sans jamais se déjuger. En d'autres termes, le système de règles de la logique nous permet de transposer systématiquement la phénoménologie de l'assertion rationnelle sous un aspect normatif, tant il est vrai que la même conduite du raisonnement peut procéder soit d'une opération spontanée, soit de l'application

---

[15] Gorgias, in J.-P. Dumont, *Les écoles présocratiques*, Paris, Gallimard, 1991, p. 713.

des règles qui en rendent compte.

En somme, la logique actuelle décrit des algorithmes permettant d'enchaîner des propositions sans plus se tromper, indépendamment de la signification des mots, des concepts dont elles sont composées. Pour en arriver là il a fallu, d'une part circonscrire amplement le champ d'application de la logique par rapport à celui de la pensée ordinaire et, d'autre part pourvoir un modèle mathématique de ce champ d'application restreint ; deux points qui nécessitent un petit développement.

Premièrement donc, nous affirmons que ne relèvent de la logique que les questions permettant de construire une *table de vérité*, un « tableau des fonctions de vérité »[16], c'est dire que nous reprenons cette question à la manière d'Aristote : en connaissant bien que nous sommes *sur les rails* déterminés par une proposition initiale que nous savons être vraie – ce qui indique qu'en tant que sujets parlants nous y adhérons absolument –, comment procéder pour enchaîner d'autres propositions de façon à lénifier le risque de *dérailler* au cours du voyage ? Et nous comptons nous garantir, indépendamment du contenu, sans faire confiance à l'association libre. Nous voudrions pouvoir penser, les yeux fermés, sans prendre en considération le sens des mots, exclusivement à partir de la forme de la phrase.

Or nous ne pouvons le faire que si nous n'envisageons que des phrases d'une forme très spécifique, celles qui nous permettent précisément de construire une table de vérité. Ces phrases sont celles qui contiennent « tous les... », « certains... », celles où les propositions sont ajustées entre elles par « et », « ou », « si... alors... », etc. Construire la logique de cette façon nous permet certainement de définir des algorithmes qui opéreront indépendamment du contenu des mots, mais de tels algorithmes ne pourront s'appliquer qu'à des phrases très spécifiques : le champ

---

[16] *Cf.* A. Virieux-Reymond, *La logique formelle*, Paris, PUF, 1975, p. 76.

d'application d'une pareille logique ne vaut que pour une partie rétrécie de la pensée collective, donc un petit sous-ensemble des phrases qui se prononcent quotidiennement. Par contre, pour toutes celles qui ne répondent guère à ce critère, il n'existe nulle alternative à l'association libre pour que la signification reste objectivement sur ses rails.

Les Scolastiques ont essayé de désenvelopper le champ de la logique admise de cette façon, mais vaine-ment, car des tables de vérité ne peuvent être échafaudées que dans des circonstances extraordinaires, pour des phrases très recherchées, généralement éloignées de notre pensée ordinaire. Hegel dit pertinemment à propos de celles-ci, que ce sont les *syncatégorèmes*, c'est-à-dire les « et », les « ou », les « si... alors », qui en constituent précisément l'authentique contenu : « (Les lois du syllogisme) peuvent bien être dépourvues de contenu empirique, elles sont elles-mêmes le contenu ; – c'est une vraie science, la science du penser : cela n'est rien de formel, c'est un con-tenu. Le penser et son mouvement sont le contenu ; – il n'y en a pas de plus intéressant, il est vrai pour soi. »[17]

Cette assertion nous permet de passer au second point. Si nous pouvons aisément ajuster, pour cette partie rétrécie de notre pensée qu'enveloppe la logique, des tables de vérité indépendantes du contenu, nous pouvons alors nécessairement en proposer une modélisation algébrique. Cette modélisation, c'est George Boole qui en a proposé en 1847 la première énonciation – il est question formel-lement d'un *treillis ortho-modulaire distributif* – que nous dé-nommons aujourd'hui « algèbre de Boole »[18].

Il est possible de fonder l'Intelligence Artificielle sur la logique formelle, c'est-à-dire précisément sur une algèbre de Boole : le langage de programmation *Prolog* a été conçu

---

[17] G.W.F. Hegel, *Leçons sur l'histoire de la philosophie*, 3, Paris, Vrin, 1972, p. 604.
[18] Lire à ce propos G. Boole, *The Mathematical Analysis of Logic*, Cam-bridge, Macmillan, 1847 ; également G. Boole, *Les lois de la pensée*, Paris, Vrin, 1992.

à partir de cette conjecture, et d'une certaine façon également le *Lisp*, fondé sur le « lambda calcul » introduit par Alonzo Church pour déterminer une fonction mathématique dans un cadre de logique formelle pure, « calculer les valeurs sémantiques qu'il faut attribuer à certains constituants syntaxiques d'une expression dont la valeur sémantique est connue »[19], par exemple. L'une des raisons pour lesquelles il n'est pas aisé de fonder l'Intelligence Artificielle sur la logique formelle, est maintenant évidente : la logique formelle classique nous pourvoit un modèle de la pensée dans la mesure où celle-ci est calcul sur des mots, mais non dans la mesure où elle est association libre. Dès lors, sera-t-il possible de concevoir et de construire des machines intelligentes conformément aux règles de la logique formelle ?

Le point de vue matérialiste et mécaniste suppose que, non seulement la matière est première, mais il n'existe rien en dehors d'elle ; la conscience ne peut être qu'un processus biologique, matériel, le corollaire d'un calcul, singulièrement d'un traitement d'information, se découvrant spontanément à partir d'un certain degré de complexité dans l'organisation des diverses structures matérielles. Dans ce cas, rien n'interdit de penser que l'homme soit capable d'engendrer de telles structures, et il est même tout à fait naturel de comprendre qu'il y parviendra, à terme, ne serait-ce qu'en dupliquant les structures et le fonctionnement du cerveau humain, puisque nul facteur d'une essence dissemblable, nulle réalité dissimulée n'interviennent dans le processus. L'émergence aura lieu tôt ou tard, lorsque les divers modes d'interaction adéquats auront été identifiés, et la puissance suffisante mise en œuvre.

L'objection majeure à cette anticipation, qu'elle soit exprimée explicitement ou simplement ressentie de manière intuitive, même par ceux, nombreux, qui professent

---

[19] A. Thayse et *al.*, *Approche logique de l'intelligence artificielle*, tome 2, Paris, Bordas, 1989, p. 92.

une attitude philosophique opposée, est liée à une conception idéaliste, non mécaniste de la conscience. L'intuition commune en est que l'augmentation vertigineuse des capacités de calcul ainsi que de la complexité des systèmes informatiques va certes se poursuivre, et même s'intensifier, qu'elle permettra sans nul doute d'augmenter la puissance technologique, de fabriquer des super-ordinateurs effectuant des calculs ou des tâches automatisées actuellement inconcevables, mais que, pour autant, cela ne conduira jamais à la production d'entités intelligentes, rationnelles, conscientes. L'idée sous-jacente en est que l'humain possède une dimension supplémentaire et que les machines n'auront jamais d'âme et ne seront donc jamais conscientes, l'intelligence, la conscience et la raison relevant du qualitatif plutôt que du quantitatif.

La question se pose alors de savoir quelle position épistémologique a le plus de possibilité de promouvoir le développement de recherches scientifiques et techniques significatives, quels que soient leurs succès présent-actuel ou futur-actuel, qui ont le plus de chance de reproduire des mécanismes ayant la forme de processus intentionnels conscients et adaptatifs dans un environnement changeant et selon des fins déterminées. D'emblée la réponse serait, sans contestation rationnelle possible : la position épistémologique matérialiste ou mécaniste, car elle seule permettrait la mise en place de questions théoriques précises et de processus physico-chimiques testables. La position transcendantaliste, spiritualiste ou idéaliste serait de part en part métaphysique et interdirait *a priori* toute recherche scientifique possible. Elle serait donc anti-scientifique ; sa fonction n'étant pas de connaissance, mais pratique ou normative : sauver une certaine idée, discutable sur le plan éthique, de la dignité supposée de l'homme divinisé[20] dans le contexte de la crise du religieux comme source de vérité.

---

[20] *Cf.* Luc Ferry, *L'homme-Dieu ou le Sens de la vie*, Paris, Grasset, 1996, pp. 109 *sq.*

L'illusion d'une telle position résiderait dans le fait qu'elle prétend être aussi une vérité opposable à la vérité scientifique, sans avoir les moyens objectifs de la réfuter. Mais la position mécaniste pourrait-elle, seule, théoriquement démontrer que la conscience échappe à la connaissance scientifique, même si une telle démonstration ne pourrait valoir que dans le cadre d'une certaine configuration temporaire de nos différentes théories ainsi que de nos possibilités techniques d'expérimentation ?

La question de l'Intelligence Artificielle concerne plusieurs disciplines classiques – philosophie, logique, mathématique, psychologie, linguistique, etc. – et n'est pas circonscrite avec précision, ce qui nous fait penser qu'il ne s'agit pas d'un domaine spécifique ; et une technologie à la mode peut être mise dans toutes les sauces, ce qui ne lui est guère spécifique. De plus, la question de l'intelligence humaine elle-même est loin d'être résolue, ce qui biaise toute possibilité de comparaison. Mais, pour les besoins de notre argumentation, nous pouvons néanmoins distinguer concrètement trois axes non exclusifs de développement de la question : le formel, le technique, et l'humain.

Sur le plan formel, l'Intelligence Artificielle est la conséquence du développement de la logique, les questions théoriques auxquelles l'IA se rattache étant celles du raisonnement, de la démonstration, de la calculabilité. Un intérêt immédiat est de découvrir une application à la logique, car les leçons de logique dispensées dans nos écoles ne servaient pas à grand-chose avant l'invention des machines électroniques et des ordinateurs. Evidemment, nous pouvons incorporer à ce domaine formel la question de l'intelligence humaine elle-même, à travers la psychologie cognitive. De ce point de vue, il existe déjà des opérations formelles automatisables qui représentent certains aspects du raisonnement humain, le principe de ces questions étant indépendant de l'existence de la machine, car les calculs peuvent être effectués par écrit, ou oralement.

D'un point de vue technique, l'Intelligence Artificielle procède de l'évolution des automates, de la machine à calculer, depuis le premier modèle de calculatrice réalisé par Blaise Pascal, en passant par les machines de Charles Babbage, jusqu'aux premiers ordinateurs à lampes. Il sera question ici d'une mécanisation de la logique permettant de répondre avantageusement à la pesanteur ou la vacuité de la pratique scolastique de la logique philosophique aristotélicienne. Mais les programmes d'IA proprement dite concernent la compréhension, le traitement ou la formalisation du langage naturel, dans l'interaction avec un ordinateur. Si nous pouvons accepter des stades intermédiaires, contradictoirement à certains puristes, linguistes ou philosophes, nous pouvons néanmoins considérer les frontières ou l'aspect fragmentaire de ces réalisations.

Au niveau humain, un aspect non moins fondamental de l'Intelligence Artificielle concerne les données, les contenus traités par les machines. L'intérêt primordial de l'informatique consiste précisément à appliquer un certain traitement à des données symboliques. Les informations traitées concernent ainsi prioritairement les activités humaines dans des données quantitatives ou qualitatives. Une simple base de données comprend bien des informations disponibles sur des propriétés du monde réel d'une activité humaine, professionnelle ou privée. L'analyse des systèmes, des organisations, des informations, formalise les contenus d'un contexte humain, supposant conscience et raison, à l'occasion des processus d'informatisation.

PARTIE I

L'INTELLIGENCE ARTIFICIELLE DU POINT DE VUE FORMEL : LOGIQUE ET MATHEMATIQUE

> *Il n'est donc pas du tout sur-*
> *prenant que la logique ait joué*
> *un rôle central en intelligence*
> *artificielle et que la plupart*
> *des formalismes actuels de re-*
> *présentation de la connais-*
> *sance soient plus ou moins di-*
> *rectement basés sur la logique*
> *mathématique.*
>
> André Thayse et *al.*[21]

La question de l'intelligence relève de prime abord d'une discipline scientifique, la psychologie. A l'aube du XXᵉ siècle les psychologues Binet, Simon et Terman ont conçu des « tests »[22], des épreuves destinées à mesurer « la belle intelligence native », l'aptitude humaine à mesurer, à saisir des rapports, indépendamment de toute culture et de toute instruction antécédentes. L'expérience a néanmoins dévoilé que, au-delà des dissemblances individuelles sérieuses, l'intelligence que mesurent les tests varie en fonction des races, des tribus ou des classes ; les races, les tribus ou les classes dominantes ayant moyennement des résultats meilleurs que les races, les tribus ou les classes dominées. Le problème posé au philosophe est celui-ci : comment doit-on expliquer ce rapport entre les résultats

---

[21] A. Thayse et *al.*, *Approche logique de l'intelligence artificielle*, 2, p. IV.
[22] *Cf.* M. Imbert, *Traité du cerveau*, Paris, Odile Jacob, 2006, pp. 454 *sq.*

aux tests d'intelligence et les différents milieux sociaux ? Le don intellectuel, plus ou moins grand, expliquerait-il l'appartenance de l'individu biologiquement favorisé ou défavorisé à un milieu social propice plus ou moins élevé, ou bien au contraire est-ce le milieu social propice qui est le facteur caractéristique de l'intelligence ?

A l'ère du rationalisme classique, la question de savoir si la mathématique comme science de la mesure de l'intelligence est une norme de vérité, est le problème fondamental à partir duquel se développe la réflexion non seulement sur la nature spécifique de la science mathématique, mais aussi sur les conditions de la connaissance et de la science en général. Aussi la controverse – intuition ou formalisation – prend-elle tout son sens à l'intérieur de la question de savoir si, dans l'hypothèse où il est possible de déterminer une norme de vérité pouvant fonder l'Intelligence Artificielle, la science mathématique devrait constituer cette norme. La mathématique exprimerait-elle un « ordre des raisons », comme nous le suggère Descartes, vraiment conforme à l'ordre des choses ?

Il est précisément question, dans cette partie, de savoir si la mathématique rend compte du réel parce qu'elle existe dans les choses, ou bien si l'esprit humain reconstruit le réel dans la forme logique en l'exprimant dans le langage formel des mathématiques. Dans l'un et l'autre cas, que la mathématique soit l'essence dissimulée des choses ou la forme de la certitude indubitable à laquelle l'esprit peut accéder, la question reste posée de savoir comment l'abstraction des objets mathématiques peut rendre compte de la structure du concret. Nous devrons alors prendre position par rapport à l'antithèse suivante : ou bien la mathématique rend compte du réel parce qu'elle repose sur une intuition intellectuelle dont elle déduit rigoureusement le reste, ou bien elle en rend compte avec certitude parce qu'elle repose sur une formalisation logique du réel, sans recourir à l'intuition.

CHAPITRE 1

La question de l'intelligence

Il y aurait, avant toutes choses, une intelligence à l'œuvre dans la Nature. Depuis la destruction, par la théorie de la relativité, la théorie du champ et la théorie des quanta, de la représentation chosique de la matière, les concepts essentiels permettant de penser rigoureusement les phénomènes physiques sont devenus ceux de *champ* et d'*énergie*. Mais le concept de champ, tel qu'il se rencontre dans la mécanique quantique, demeure caractérisé d'une indétermination fondamentale. L'électron est supposé être une nuée dans laquelle sa détermination comme apparition événementielle ne dépend que de nos instruments de mesure. Inversement, dans tout ce que nous observons, sur le plan macroscopique, nous trouvons des structures assez bien définies. Le passage d'un champ indéfini à un univers structuré fait problème. Quel rapport existe-t-il entre les champs indéterminés et les structures complexes ?

Sur le plan humain, l'intelligence – du latin *inter*, entre, et *ligare*, lier – est cette faculté qui nous permet de relier, d'établir des rapports ; mais le mot religion est composé semblablement et veut dire « lier à nouveau ». Cette définition laisse croire que l'intelligence se dispose à côté d'une réalité autre qui en est distincte. L'intellect a une propension à disjoindre ce qu'il ne faut que distinguer sans séparer et, sous ce rapport, il est aberrant de disposer l'intelligence à côté de l'imagination, de la mémoire, de la perception : ce que l'on désigne de cette façon, ce sont des fonctions d'une même chose qui est le mental, la pensée. Faut-il alors considérer l'intelligence comme une multiplicité ou comme une unité ?

Enfin, notre monde actuel est franchi par le travail acharné de l'homme et la réalisation de la technique moderne, qui est elle-même la mise en œuvre de l'intelligence et de la pensée modernes. Ce monde a été humanisé dans un sens spécifique, au sens où il n'est rien d'autre que l'aboutissement de notre pensée. Il est une fierté bien humaine à contempler notre monde en y percevant la volonté de puissance de l'homme qui a su, là où la Nature farouche faisait régner sa loi, prescrire la sienne et l'offenser, faisant surgir des gratte-ciels là où elle n'avait disposé que des forêts ; à apercevoir que la pensée a pu conquérir dans tous les domaines un savoir qu'en d'autres temps on aurait bien voulu garder secret ; à contempler les œuvres de l'esprit que notre pensée a su engendrer. Nous pouvons nous en dérider, mais aussi nous en effaroucher, car si la pensée a produit des accomplissements majestueux dans les champs de la technique et de la culture, elle a aussi été capable de mettre en œuvre des instruments redoutables d'exploitation et de destruction. La pensée aurait-t-elle alors des frontières assignables, qu'excèderait une intelligence plus profonde de ce qui est ?

L'INTELLIGENCE DANS LA NATURE

Si, à chaque moment, l'univers émerge de la vacuité d'un champ unifié subordonné à la matière telle que nous la percevons, si une fluctuation chaotique en est la source, la forme organisée n'en demeure pas moins sa loi la plus avérée. L'organisation de l'univers entérine même une loi de complexité progressive, depuis les structures cristallines, en passant par toutes les entités vivantes, jusqu'à l'être humain. L'existence des formes suppose essentielle une causalité formelle à l'œuvre dans la nature et la question consiste alors à établir le lien entre le champ fondamental et les formes manifestées. Est-il possible de mettre en évidence une intelligence formelle œuvrant dans la Nature ? Quelle relation pouvons-nous établir entre les champs indéfinis et les structures complexes ?

Le champ et les champs

Ne pouvons-nous pas envisager l'ensemble de notre univers précisément comme un champ d'énergie en constante auto-transformation, où le concept d'objet a une valeur relative à l'échelle de perception du sujet dans l'état de veille ? La théorie des quanta nous montre que le champ d'énergie de l'Univers est aussi un champ unifié mettant en corrélation illimitée les événements qui se constituent en lui, nous astreint à renoncer au concept de causalité locale en pensant l'événement comme un maillon dans une chaîne infinie de l'espace-temps-causalité. Le champ unifié est également un champ d'information non-local, et l'unique modèle de représentation de l'information conciliable avec la nature même des champs est le *paradigme holographique*.[23]

Le concept de champ

Le « concept de champ »[24] était déjà nettement connu dans l'antiquité, où les traditions spirituelles parlaient de l'âme bien plus comme d'un champ de conscience enveloppant le corps-physique que comme d'une chose, où l'on savait par exemple que l'ambre frotté attire sans contact les brins de paille. La réflexion la plus sommaire sur le fonctionnement de la boussole conduit à penser qu'il existe dans la nature une action à distance, mais à l'époque moderne, paradoxalement, c'est la physique qui a fait obstruction au développement de ce concept en raison de son *paradigme mécaniste*. Chez les cartésiens, la causalité est exclusivement *causalité par contact* ; à la question de savoir pourquoi, par exemple, l'aimant attire le fer, Descartes

---

[23] En référence aux travaux de Karl Pribam, la mémoire humaine, sous l'aspect de souvenirs, contradictoirement à ce que pensaient les neurologues du XIX⁰ siècle, n'est guère stockée dans une « case » précise du cerveau, mais possède des propriétés holographiques et, indéniablement, représente davantage un champ qu'une chose, qu'un objet.

[24] *Cf.* R. Penrose, *L'esprit, l'ordinateur et les lois de la physique*, p. 198.

répond : « La propriété de l'aimant qui est la plus commune et qui a été remarquée la première est qu'il attire le
fer, ou plutôt que le fer et l'aimant s'approchent naturellement l'un de l'autre lorsqu'il n'y a rien qui les retienne. Car,
à proprement parler, il n'y a aucune attraction en cela ;
mais sitôt que le fer est dans la sphère de la vertu de
l'aimant, cette vertu lui est communiquée, et les parties
cannelées qui passent de cet aimant en ce fer chassent l'air
qui est entre deux, faisant par ce moyen qu'ils s'approchent... »[25]

Descartes avait pourtant postulé une « théorie des
tourbillons », mais elle est demeurée lettre morte ; et les
cartésiens verront dans l'idée d'*action à distance* alléguée par
Newton, une hérésie finaliste, une monstruosité logique :
« cette action à distance par excellence ne pouvait manquer
de leur apparaître comme un retour aux 'forces occultes'
[…]. Elle ne sera finalement acceptée en France que cinquante ans après la publication des *Principes mathématiques de
philosophie naturelle* (1687), où est exposée la théorie newto-
nien-ne »[26]. C'est pourtant le coup de génie de Newton
d'avoir introduit en science physique cette notion d'action
à distance, qui remet en question le paradigme mécaniste
en introduisant un concept nouveau qui va connaître un
important développement par la suite.

Il faudra attendre Faraday afin que s'établisse définitivement en physique le concept nouveau de *champ de forces*,
à partir de recherches précises sur l'électricité et le magné-
tisme. « Faraday […] en vint à penser que les champs électrique et magnétique sont des choses physiques *réelles* et
que, de plus, des champs électrique et magnétique variables
peuvent quelquefois « se pousser » l'un l'autre à travers un
espace par ailleurs vide, produisant une sorte d'onde désin-

---

[25] R. Descartes *Les Principes de la philosophie*, Seconde partie, art. 174, in
Ferdinand Alquié (éd.), *Œuvres philosophiques III 1643-1650*, Paris, Garnier, 1989, p. 486.
[26] R. Boirel, *Le mécanisme hier et aujourd'hui*, p. 25.

carnée, immatérielle. »[27] C'était une position contraire à celle de Newton qui prévalait à cette époque, suivant laquelle les champs ne devaient nullement être pensés comme « réels », mais plutôt comme « de simples auxiliaires mathématiques propres à étayer la « vraie » représentation de la « véritable réalité » en termes newtoniens d'action-à-distance-entre-particules-ponctuelles »[28].

Après Faraday, Maxwell en fournira un développement cohérent et l'usage spécifique des mathématiques vectorielles permettra d'en raffermir totalement la représentation. « Ce que la théorie de Maxwell apporte de fondamentalement nouveau à notre image de la réalité physique c'est […] l'idée que les *champs* doivent être considérés comme des entités autonomes, figurant de plein droit dans cette image et qu'il n'est plus question de les considérer comme de simples auxiliaires mathématiques, de simples appendices des particules de la théorie newtonienne, supposées seules « réelles ». »[29] De nos jours, ce chapitre est devenu véritablement classique en physique, ainsi que l'attestent Einstein et Infeld : « Un nouveau concept apparaît en physique, l'invention la plus importante depuis le temps de Newton : le champ. Il fallait une puissante imagination scientifique pour concevoir que ce ne sont pas les charges, ni les particules, mais le champ dans l'espace entre les charges et les particules qui est essentiel pour la description des phénomènes physiques. »[30]

Que produit précisément un champ ? Considérons par exemple l'expérience classique de l'aimant et de la limaille de fer, où nous observons comment se comporte de la limaille de fer que l'on a projetée sur une feuille de papier posée sur un aimant : « Les grains de limaille s'alignent de façon spectaculaire le long de ce que l'on appelle des

---

[27] R. Penrose, *L'esprit, l'ordinateur et les lois de la physique*, p. 199.
[28] *Ibid.*
[29] *Ibid.*, p. 201.
[30] A. Einstein et L. Infeld, *L'évolution des idées en physique*, Paris, Payot, 1968, p. 230.

« lignes de force magnétique ». On sent bien que ces lignes de force doivent exister même en l'absence de cette limaille de fer. Elles constituent ce que nous appellons un *champ magnétique.* » (*sic*)[31]. C'est dire que le champ demeure dans notre expérience invisible, excepté lorsque nous pouvons, avec des artifices expérimentaux, parvenir à l'extérioriser, comme dans cette expérience de la limaille de fer. Ce que nous observons alors, c'est que l'action du champ dessine une forme ; le champ modèle une structure spatiale ; la poudre de fer suit la conformation du *champ magnétique*, épouse son champ de force, se génère une organisation structurelle distinctive. L'apesanteur du grain rend l'objet ici très sensible aux influences de champ, mais tout objet de taille plus élevée reçoit également une influence. Il existe par exemple un champ magnétique terrestre : un fait aussi simple que d'avoir les pieds sur terre n'est compréhensible qu'en conjecturant un « champ de gravitation » – car « n'importe quel corps massif est entouré d'un *champ de gravitation* »[32] – que pourtant nous ne voyons point. Ainsi en est-il de la connexion entre les corps célestes, entre les étoiles et les planètes, et de leurs mouvements. Le concept de champ enveloppe à la fois une notion de structure et peut porter une information ; c'est un concept indispensable à la physique qui ne correspond pas à une évidence perceptive, mais dont nous localisons néanmoins les effets macroscopiques.

Le champ de gravitation

Faraday admettait la réalité physique des champs, mais selon lui, ils n'étaient pas formés de matière ordinaire, et les lignes de forces perceptibles autour de l'aimant avaient : a) soit une existence physique comme état du plus subtil des éléments, de ce qu'on nommait dans les anciennes cosmologies « l'Ether » ; b) soit en tant qu'état de

---

[31] R. Penrose, *Ibid.*, p. 198.
[32] *Ibid.*, p. 199.

simple espace, comme lignes de forces. Maxwell[33] préféra la première interprétation en voyant dans le champ un état distinctif de l'Ether, l'Ether ayant une constitution touchant les fluides dans lesquels se forment des tourbillons. Plus tard, Lorenz[34] considérait que l'Ether, comme siège de l'électromagnétisme, avait son énergie propre et sa vibration, un certain degré de substantialité.

Quant à Albert Einstein, en référence à l'expérience de Michelson-Morley[35] réfutant l'existence du vent d'éther, il joignit la seconde interprétation de Faraday en considérant que le concept d'Ether était vraiment infructueux. D'après Einstein, puisque le champ électromagnétique immerge l'espace physique, le champ n'a plus de base mécanique, mais il est le siège de processus complexes et détient à la fois énergie et mouvement. Le champ peut entrer en connexion avec la matière, échanger avec elle de l'énergie et du mouvement, cependant qu'il demeure indépendant de la matière et ne doit pas être considéré comme un simple état de la matière, mais plutôt comme un véritable état de l'espace : « La théorie de la relativité générale donne encore une analyse plus approfondie du continuum espace-temps. La validité de la théorie n'est plus limitée aux systèmes de coordonnées d'inertie. Elle attaque le problème de la gravitation et formule de nouvelles lois de structure pour le champ de gravitation »[36].

L'effort d'Einstein dans la *théorie de la relativité générale* consiste à étendre le concept de champ aux phénomènes liés à la gravitation, où tous les corps matériels s'attirent réciproquement de manière proportionnelle à leur masse et inversement proportionnelle au carré de leur distance – c'est l'une des quatre interactions fondamentales de la physique – sa synthèse ingénieuse consistant à dévoiler que le

---

[33] *Cf.* R. Penrose, *L'esprit, l'ordinateur et les lois de la physique*, pp. 199-202.

[34] *Ibid.*, pp. 203-204.

[35] *Cf.* A. Forsee, *Einstein et la physique théorique*, Paris, Editions France-Empire, 1966, p. 35.

[36] A. Einstein et L. Infeld, *L'évolution des idées en physique*, pp. 231-232.

concept newtonien de force gravitationnelle agissant à distance, se laisse mieux expliquer comme *champ de gravitation*, ce qui indique effectivement un continuum espace-temps constituant une courbure à proximité de la matière. Le phénomène de la gravitation devient alors une conséquence des propriétés géométriques de l'espace-temps, système de quatre variables (x, y, z, t), nécessaire dans la définition d'un phénomène et de ses propriétés physiques : dans la physique de Newton, les coordonnées spatiales x, y, z sont indépendantes de la coordonnée temporelle t, puisque la distance S entre deux points est indépendante du temps ; mais la mécanique relativiste ne conserve nullement une telle indépendance :

$$S^2 = c^2 (t2 - t1)^2 - (x2 - x1)^2 - (y2 - y1)^2 - (z2 - z1)^2 ;$$

c étant la vitesse de la lumière. La théorie einsteinienne recouvre des objets de très grande proportion, tels que le mouvement des astres, la distance entre les planètes, et elle est donc d'abord relative à la structure intégrale de l'univers.

Le champ quantique

A l'autre extrémité du spectre, dans l'infiniment petit, nous ne pouvons plus perpétuer une interprétation des particules sous la forme de petites billes, comme cela se faisait au XIXe siècle. Le concept de champ aurait-il également une portée dans l'infiniment petit ?

La théorie des quanta part de l'idée suivant laquelle les atomes absorbent et émettent de la lumière en *paquets* ou « quanta »[37], unités de variation de l'énergie quand celle-ci varie de manière discontinue, ayant pour expression :

$$w = hv,$$

où *h* est la constante de Planck, et *v* la fréquence du rayonnement. Un rayon lumineux possède cet aspect singulier de se dévoiler sous le double aspect d'une onde ou d'un cor-

---

[37] *Cf.* W. Heisenberg, *Physique et philosophie*, Paris, Albin Michel, 1961, pp. 15 *sq.*

puscule. Ces corpuscules s'appellent des « photons »[38]. D'après Louis De Broglie, de même que les ondes lumineuses ont à la fois des propriétés de corpuscules et d'ondes, de même les corpuscules matériels ont évidemment des propriétés ondulatoires[39]. Alors que nombre de physiciens étaient encore tributaires de la vieille idée de corpuscules sous la forme de très petites boules de billard, la mécanique quantique parviendra à une représentation dans laquelle toute matière – y compris les atomes et les molécules plus complexes – a un aspect d'onde : « Cette méthode revient à construire le corpuscule en le considérant comme un *paquet d'ondes* à peu près comme la théorie cinétique des gaz construit la pression en la considérant comme un *faisceau de chocs* »[40].

Il faut donc raisonner avec le nouveau concept de *champ de matière quantique*, où il existe un modèle de champ spécifique à chaque particule élémentaire ; où l'électron est un quantum du champ électron/positron, ou bien le proton un quantum du champ proton/antiproton. Dans les diverses interactions, les champs entrent en connexion les uns avec les autres ainsi qu'avec les champs électromagnétiques ; il n'est plus de dualité champ/particule. Bien plus, le champ de matière quantique est défini comme unitaire et c'est en son sein que se spécifie la probabilité de repérer des quanta en un point distinctif de l'espace-temps. Les corpuscules sont des témoignages de la réalité sous-jacente des champs ; comme les champs ne sont que des états de l'espace, du vide, il faut en définitive conclure que le vide lui-même est en fluctuation, qu'il est une énergie en perpétuel mouvement d'où apparaissent et où retournent les quanta. Dans ce contexte, une particule et son antiparticule peuvent acquérir une existence virtuelle en un point spéci-

---

[38] *Cf.* R. Penrose, *L'esprit, l'ordinateur et les lois de la physique*, pp. 210-211.

[39] *Cf.* L. De Broglie, *Les représentations concrètes en microphysique*, in J. Piaget (dir.), *Logique et connaissance scientifique*, Paris, Gallimard, 1967, pp. 710-713.

[40] G. Bachelard, *Le nouvel esprit scientifique*, Paris, PUF, 1984, p. 89.

fique de l'espace-temps et y disparaître à nouveau. La physique moderne a dissout les anciens atomes de la matière dans un système complexe de champs quantifiés et dans la conception de Louis De Broglie, les atomes et les molécules étaient réellement des quanta sous la forme d'ondes, comme d'ailleurs toutes les formes de la matière.

Le vivant et la mémoire

La biologie n'a guère assimilé les progressions de la physique, car les biologistes moléculaires continuent de raisonner suivant un paradigme mécaniste, traitent de molécules qu'ils appréhendent comme composées encore d'atomes de type boules de billard, qui paraissent toujours procurer un fondement consistant et rassurant à la biologie et à la chimie. La logique de la fragmentation qui caractérise l'état de la science actuelle contribue à cette situation de fait. Le passage à une science complexe est encore loin d'être accompli, et telle est la situation de l'enseignement scolaire de la biologie qui demeure encore massivement mécaniste. Il n'est donc guère surprenant de trouver chez certains biologistes modernes des professions de foi mécanistes et également une interprétation de la physique datant des époques passées. Pouvons-nous mettre en rapport les données de la nouvelle physique et les problèmes fondamentaux de la biologie ?

La causalité formative

D'après l'hypothèse de la *causalité formative* postulée par Rupert Sheldrake[41], si, à un instant *t1*, une entité se comporte d'une certaine façon et que dans l'instant *t2* subséquent, une autre entité similaire se trouve placée dans des circonstances analogues, la probabilité pour qu'elle se comporte de manière identique sera augmentée. Figurons-nous une surface molle sur laquelle roulent des billes :

---

[41] *Cf.* R. Sheldrake, *Une nouvelle science de la vie : l'hypothèse de la causalité formative*, Paris, Editions du Rocher, 2003.

chaque bille va tracer un sillon derrière elle ; et une bille se trouve-t-elle derrière une autre, elle tendra inéluctablement à suivre le sillon tracé par la première et sa trajectoire sera nécessairement orientée par la forme. C'est la loi de la causalité formative, où Sheldrake suppose l'action d'un champ physique spécifique qu'il nomme *champ morphique* et qui joue le rôle d'un moule. Une variation de comportement d'une entité se produit-elle dans certaines conditions, elle aura aussi pour effet de réformer son champ morphique et il en résulte qu'une autre entité se trouvant placée plus tard dans des circonstances similaires, entrera en *résonance morphique* avec le champ et son comportement sera influencé par lui. Le monde physique, à travers les champs morphiques, possède donc déjà le prototype d'une *mémoire*, car selon l'hypothèse de la causalité formative, la mémoire est consubstantielle à la nature, elle est présente dans les atomes, les molécules, les cristaux, les minéraux, dans le cosmos tout entier.

Est-il question ici de l'intelligence ou de la mémoire ? Parmi les idées toutes faites, sans fondement, qui paraissent traverser notre inconscient, il est une idée communément admise suivant laquelle la mémoire se distinguerait de l'intelligence, ce qui explique que l'on se plaigne beaucoup plus couramment d'une perte de mémoire que d'une déficience de l'intelligence : « Tout le monde se plaint de sa mémoire, et personne ne se plaint de son jugement »[42]. Mais, si nous sommes capables d'utiliser convenablement notre expérience passée, sans qu'un épanchement de souvenirs trop dense ne vienne embrumer notre esprit, c'est grâce aux connexions que nous ajustons, souvent à notre insu, entre l'état présent et d'autres états similaires : « La capacité à évoquer le passé alliée au rejet implicite d'associations inutiles, c'est la mémoire, c'est l'intelligence aussi, aucune dichotomie ne saurait dissocier

---

[42] La Rochefoucauld, *Maximes*, Maxime 89, Paris, Garnier, 1967, p. 27.

l'une de l'autre dans le cours d'une introspection naïve. »[43] Aussi la compréhension du phénomène de la mémoire est-elle d'une importance capitale dans l'étude de l'Intelligence Artificielle : « Un mot, un seul, suffit donc à résumer tout un pan de la recherche en intelligence artificielle, le mot *mémoire* »[44].

La mémoire, pense Sheldrake[45], est inhérente à la Nature, elle est présente dans le développement du vivant, dans son évolution, ses actions et ses interactions. C'est justement en raison de l'existence d'une mémoire cumulative dans la Nature, que la nature réelle des choses devient, par répétition, de plus en plus habituelle. Les choses sont ce qu'elles sont, parce qu'elles ont par le passé été ce qu'elles ont été sous la loi du temps. La semence de l'oranger prend, dans son développement, la forme et les habitudes distinctives de l'oranger ; elle est capable de se comporter d'une manière spécifique, parce que héritant de la nature des orangers qui l'ont précédée : à son bagage génétique chimique s'ajoutent les habitudes de développement des multiples orangers qui l'ont devancée par le passé. C'est cette mémoire collective qui a présidé à son développement, comme individualité vivante, et qui contribue aussi à la former.

Le siège de la mémoire

La mémoire est consubstantielle à tous les êtres vivants, ce qui, dans l'hypothèse avérée de Sheldrake, se comprend sur deux plans : a) tous héritent de la mémoire collective de leur espèce par résonance morphique des organismes précédents de même souche ; b) les organismes individuels sont soumis à la résonance morphique de leur passé et cette auto-résonance procure le fondement de leurs souvenirs et de leurs habitudes individuels.

---

[43] J.-G. Ganascia, *L'âme-machine. Les enjeux de l'intelligence artificielle*, p. 155.
[44] *Ibid.*
[45] R. Sheldrake, *La Mémoire de l'Univers*, Paris, Editions du Rocher, 2002.

Le comportement ne saurait donc être réduit à une simple résultante de processus physico-chimiques, mais il est couvert par l'action des champs et leur activité d'organisation. Au XIXᵉ siècle, on pensait pouvoir expliquer la mémoire par la présence de modifications chimiques dans le cerveau, mais les tentatives pour les localiser ont été vaines, si bien que l'hypothèse n'a tenu que comme une simple conjecture mécaniste : l'idée que la mémoire doit résulter de traces matérielles. C'est d'ailleurs un cas spécifique d'obstination d'un paradigme normatif qui ne cadre plus avec l'observation. Le modèle remonte historiquement à Descartes, qui explique les actions réflexes par sa théorie hydraulique du flux des « esprits animaux », sorte de « vent très subtil », constitué par les « plus coulantes parties du sang », qui, « montant continuellement en grande abondance du cœur dans le cerveau, se va rendre de là par les nerfs dans les muscles, et donne le mouvement à tous les membres »[46]. Dans sa *théorie des réflexes conditionnés*, Pavlov[47] avoue nettement son obédience à Descartes[48], cependant qu'une série d'expériences l'ont astreint à exprimer un propice scepticisme à l'égard de la théorie de l'arc réflexe à travers le cortex moteur. Il a dument constaté que des animaux qui avaient subi une forte lésion cérébrale conservaient pourtant des performances identiques.

A la suite de Pavlov, Karl Lashley[49] a vérifié que des rats qui avaient appris à réagir de façon précise à la lumière, réagissaient identiquement après l'ablation de presque tout le cortex moteur. C'est dire que les habitudes apprises sont préservées même après la destruction des

---

[46] R. Descartes, *Discours de la méthode*, V, Paris, Garnier-Flamma-rion, 1966, p. 77.

[47] *Cf.* I. Pavlov, « Excitation psychique des glandes salivaires », *Journal de Psychologie*, Mars 1910.

[48] En effet, ce que Descartes « dit des connexions liant la sensation à l'action annonce les recherches de Pavlov sur les réflexes conditionnés », selon M. Imbert, *Traité du cerveau*, Paris, Odile Jacob, 2006, p. 24.

[49] *Cf.* M. Imbert, *loc. cit.*, pp. 46-47.

régions associatives du cerveau ; que les habitudes survivent aussi à une série d'incisions profondes dans le cortex cérébral destinées à détruire certaines de ses connexions croisées ; que, dans le cas où le cortex cérébral est indemne, l'ablation de structures sub-corticales formant l'encéphale, comme le cervelet, n'affecte pas non plus la mémoire. En outre, comment concilier la durée de vie de plusieurs années d'un souvenir – il n'est guère douteux que plus un souvenir a été répété, plus il nous revient aisément – et le fait que les molécules et les cellules sont continument remplacées dans le corps ? Que faire pour que la trace reste indemne contre un constant changement moléculaire ? Lashley s'est finalement incliné devant les faits, a dû écarter la théorie réflexe de l'apprentissage, mais a avoué que visiblement, il y avait un caractère unitaire de chaque habitude, ce qui constitue un pas timide dans le sens de la *théorie holographique de la mémoire* de Karl Pribam, de « cette conception holistique, où chaque partie du tissu cérébral est tributaire de l'ensemble du cerveau »[50]. Lashley demeurait si dévoué au paradigme mécaniste qu'il n'eut pas l'idée que les souvenirs n'étaient simplement pas entreposés dans le cerveau, mais il suggéra seulement que les souvenirs devaient normalement se répartir en diverses régions du cerveau.

La résonance morphique

Il est possible d'interpréter la mémoire organique en termes de résonance morphique ; si les souvenirs découlent de champs morphiques, ils ne doivent nullement être stockés dans le cerveau, mais peuvent être reliés à la résonance morphique du propre passé de l'organisme. Après des lésions de différentes parties du cerveau, ces champs sont probablement capables d'ordonner les cellules nerveuses d'autres régions afin qu'elles remplissent les mêmes fonctions qu'antérieurement. On devrait alors observer

---

[50] M. Imbert, *Ibid.*, p. 41.

que les souvenirs habituels d'un organisme influencent par résonance morphique un autre organisme, ce qui ne serait pas explicable dans la théorie des traces mémorielles.

Prenons l'expérience de McDougall sur des rats de laboratoire[51], où les rats sont dressés de sorte qu'ils puissent sortir soit d'un côté éclairé, avec une décharge électrique, soit de l'autre plus sombre, mais sans danger. Dans la deuxième expérience, on éclaire la deuxième sortie, en fixant la décharge électrique, afin que le rat apprenne qu'il est dangereux d'emprunter une sortie éclairée. La première génération de rats commit 165 erreurs ; les générations subséquentes apprirent de plus en plus rapidement, si bien que la trentième ne faisait plus que 20 erreurs. Cela ne pouvait procéder d'une sélection génétique des rats plus intelligents puisque, même en choisissant les plus stupides de chaque génération, le taux d'apprentissage s'améliorait néanmoins.

L'hypothèse de la causalité formative soutient fermement que, toutes choses demeurant égales, il y a assurément une accélération de l'apprentissage à chaque fois que les animaux sont dressés ou qu'ils acquièrent un type d'habitude différent. Si l'hypothèse mécaniste ne parvient pas à expliquer de tels phénomènes, ils paraissent par contre très logiques lorsque nous prenons en considération l'hypothèse de la résonance morphique.

La causalité et la conscience

Le comportement humain n'échappe guère à l'action de la résonance morphique et l'exemple précédent suggère que l'action de la causalité formelle doit également se rencontrer dans l'ordre des activités collectives d'apprentissage chez l'homme. Il est possible d'élaborer des tests permettant de découvrir qu'incontestablement nos aptitudes sont facilitées par le fait que de très nom-

---

[51] *Cf.* S.A Barnett, *The Rat : A Study in Behavior*, Transaction Publishers, 2007, p. 126.

breuses personnes les ont apprises depuis longtemps avant nous. Cependant, il faudrait considérer l'apport essentiel de la causalité formelle à la compréhension de la conscience perceptive, en rapport avec la mémoire personnelle et l'habitude. Quelles relations pouvons-nous découvrir entre le champ de conscience dans lequel se déploie notre activité mentale et le concept de champ morphique ?

La perception globale

En réaction contre l'associationnisme, qui domine la psychologie à l'aube du XXᵉ siècle, d'après lequel les stimuli sont perçus individuellement puis assemblés en une image, thèse qui ne rend nullement compte de la spécificité de la perception, Kurt Koffka[52] affirme que la perception ne doit jamais être considérée comme fragmentaire, car toute appréhension du réel est globale, dans une configuration de champ dynamique. Corroborant cette position, Sheldrake cite l'expérience d'un sujet qui prend silencieusement un bain de soleil en montagne et entend subitement un appel au secours ; expérience qui montre que la perception se déploie fondamentalement dans une unité sensible précédant justement la dualité sujet/objet, unité similaire à l'enveloppement d'un champ, à l'intérieur de laquelle surgit, grâce à l'appel, une tension qui va s'organiser dans cette dualité sujet/objet.

Cependant, il n'existe pas une division réelle, mais plutôt une transformation des lignes de force de la perception spécifique que le sujet va rapidement expérimenter dans la dualité sujet/objet : c'est une description toute phénoménologique, qui se déploie également dans une formulation en termes de champ. Si l'homme était davantage présent au cœur de la sensibilité au monde, il percevrait son environnement dans un dégradé de plus en plus confus dans lequel il est en rapport avec le monde. La

---

[52] *Cf.* P. Guillaume, « La théorie de la forme », *Journal de Psychologie*, Novembre 1925.

sensation est naturellement globale et la meilleure façon de la décrire, c'est d'en parler en termes de champ. Au moment où une personne vient à ma rencontre, je ne la reçois pas d'abord comme un « objet » pour « moi », un « sujet », mais je sens sa présence à l'intérieur de la modification subtile du champ de ma perception autour de moi, comme un entour de mon corps. Le champ reste rarement à l'état homogène et, pour la plupart d'entre nous, seule la contemplation de la nature permet d'entretenir l'homogénéité du champ ainsi que le sentiment d'unité. L'intentionnalité consciente lance la flèche d'un objectif, ce qui trace des lignes de forces dans le champ, comme dans l'exemple des joueurs de football percevant le terrain comme un champ de lignes variables dont la direction principale les canalise vers le but spécifique, toutes les prouesses motrices des différents joueurs qui évoluent dans le champ étant liées à des déplacements visuels.

L'intention consciente trace le sillon que l'habitude devra suivre, et c'est précisément l'auto-résonance morphique qui en perpétue la mémoire. La mémoire à court terme préserve évidemment les éléments d'expérience récente sous l'aspect d'un écho, comme dans la rémanence prompte d'un visage entrevu dans la rue, l'image perdurant quelques secondes, mais insuffisante quant à la durée : la mémoire, pour qu'elle demeure, doit être soutenue par un champ et agencée à partir d'un schème. Il est ainsi nécessairement quelque rapport entre l'attention structurant et un schème moteur, et si ces éléments n'étaient reliés les uns aux autres par un champ de niveau supérieur, ils n'auraient entre eux nulle cohérence, leur coexistence momentanée s'estomperait bientôt, il ne subsisterait nul schème cohérent à se rappeler. Il n'en est pas ainsi de la mémoire à long terme, qui résulte de l'établissement de champs de niveau supérieur, lesquels peuvent redevenir présents par résonance morphique. Un tel établissement de champs nouveaux découle de notre attention, qui est le revers de l'habituation.

L'idée de programmation

Quant à nos souvenirs, ils ne sont guère structurés par des schèmes sous l'aspect d'habituation, n'entrent nullement dans le cadre d'une répétition, mais concernent des événements uniques, survenus dans des lieux spécifiques. A ce sujet, Bergson[53] distingue nettement la *mémoire-habitude*, liée à un schème moteur, véritable mécanisme corporel ; et la *mémoire-souvenir*, la vraie mémoire, celle de mon histoire, intimement liée à la vie de l'esprit : si l'habitude peut nécessairement être rattachée à une structure du système nerveux, elle peut à la rigueur être ramenée au cerveau, car une lésion cérébrale est susceptible de compromettre le rappel ; mais le souvenir ne se conserve pas dans le cerveau, il s'enregistre plutôt dans l'esprit, la pure temporalité vécue de notre perception ne pouvant être placée ailleurs que dans la *Durée* spirituelle, « forme que prend la succession de nos états de conscience quand notre moi se laisse vivre, quand il s'abstient d'établir une séparation entre l'état présent et les états antérieurs »[54] – même si le souvenir a besoin, pour s'actualiser, des schèmes moteurs du cerveau.

La divergence entre la position Gestalt et celle de la causalité formative tient au fait que Koffka s'en tient encore à la théorie mécaniste des prétendues traces mémorielles, ce que l'hypothèse de la causalité formative contredit. La position de Sheldrake est donc contiguë à celle de Bergson, mais le point précis sur lequel l'un et l'autre divergent, c'est que Sheldrake affirme que la mémoire est inhérente à la Nature sous l'aspect de champs soutenus par la résonance morphique, tandis que Bergson se référait à Leibniz, pour soutenir que la matière n'est qu'un « esprit instantané » et qu'elle serait donc dénuée de mémoire.

---

[53] H. Bergson, *Matière et mémoire*, Paris, PUF, 1985, p. 83.
[54] H. Bergson, *Essai sur les données immédiates de la conscience*, Paris, PUF, p. 74.

Bergson ne voit de mémoire que soutenue par une conscience, un esprit, car seul un esprit pourrait conserver et se souvenir, la matière n'étant alors que fragmentation, oubli. « Les phénomènes cérébraux sont en effet à la vie mentale ce que les gestes du chef d'orchestre sont à la symphonie : ils en dessinent les articulations motrices, ils ne font pas autre chose. On ne trouverait donc rien des opérations supérieures de l'esprit à l'intérieur de l'écorce cérébrale. Le cerveau, en dehors de ses fonctions sensorielles, n'a d'autre rôle que de mimer, au sens le plus large du terme, la vie mentale. »[55]

S'agit-il d'un dualisme ? Bergson ne partage pas pourtant les positions classiques de Descartes suivant lesquelles la *res cogitans* par laquelle l'être humain, doué d'une âme, s'opposait à la *res extensa* définissant la matière et l'étendue, mais s'appuie sur la nature du vivant pour affirmer que la conscience est virtuellement présente dans tout ce qui vit, sans être nécessairement liée à un cerveau. Cependant, Bergson n'a pas la fermeté audacieuse d'un Aurobindo soutenant que la conscience est involuée dans la matière, que « la conscience s'est volontairement involuée dans la forme, dans l'obscurité de la matière »[56], et c'est précisément à ce niveau que la théorie de la causalité formative nous apporte son illumination. Comment comprendre que la conscience apparaisse davantage comme un champ que comme un objet, une chose matérielle ou le sous-produit d'une chose matérielle qui se nomme « cerveau » ? L'influence du paradigme mécaniste a toujours infléchi notre représentation à concevoir l'esprit comme une « chose » insolite logée dans une autre « chose » appelée « corps ». Mais l'esprit humain n'est pas un objet, l'objet n'existant que pour un sujet et les choses n'étant que des objets pourvus de propriétés substantielles. Il est dans la nature du champ morphique de porter une information, et

---

[55] H. Bergson, *L'énergie spirituelle*, Paris, PUF, 1985, p. 75.
[56] R. Sailley, *Çrí Aurobindo, philosophe du yoga intégral*, G.-P. Maisonneuve et Larose, 1970, p. 86.

toute information possède un pouvoir d'organisation. Si nous concevons l'esprit comme un champ d'organisation, il devient alors possible de comprendre que l'atteinte à nos cellules nerveuses puisse ne pas compromettre nos souvenirs. Le champ morphique réorganise la matière cérébrale subsistante, réaménage les fonctions par lesquelles l'esprit s'exprime à travers le corps : les souvenirs peuvent alors revenir, ce qui demeure inexplicable suivant une hypothèse mécaniste. Nous pouvons également comprendre la somatisation des processus conscients et inconscients dans notre corps : une souffrance intérieure profonde longtemps maintenue finit par marquer son empreinte dans la structure organique, car nous portons le visage de nos passions, la trace de notre passé.

Semblablement, l'*effet placebo*, si inconcevable pour la médecine mécaniste, cesse d'être une absurdité : le mental induit la production d'hormones spécifiques, et le corps est une fabuleuse usine chimique que nous programmons par notre pensée. Cette idée de programmation va merveilleusement avec la théorie de la causalité formelle, car Sheldrake réussit remarquablement à récupérer la métaphore informatique, au fondement de l'Intelligence Artificielle, d'une manière bien plus satisfaisante que dans les versions matérialistes les plus usuelles. Les orientations organisationnelles des champs morphiques, les *chréodes*, sont similaires à des programmes parce qu'elles sont des structures d'organisation, dirigées vers des objectifs et ayant une finalité. Aussi Sheldrake propose-t-il de substituer la locution champ morphique à celle de programme.

La mémoire collective

Si habile que soit la solution suivant laquelle l'information devrait être distribuée un peu partout dans le cerveau, il s'agit d'une hypothèse invérifiable en pratique. La nature immatérielle des traces mémorielles s'explique commodément à la lumière de la causalité formative : elles n'existent pas ; car la mémoire dérive de la résonance morphique des schèmes d'activité passés du cerveau lui-même. Nous nous branchons alors sur nous-mêmes dans le passé, mais ne transportons pas nos souvenirs dans le cerveau.

Cette position doit être amplifiée au-delà de l'individualité personnelle, puisque cette mémoire n'est pas, par principe, strictement localisée. D'un côté, nous avons nos souvenirs particuliers, parce que nous sommes plus semblables à nous-mêmes dans le passé qu'à quiconque et nous sommes alors soumis à une auto-résonance nettement spécifique de nos états précédents. Mais, comme ici la théorie omet délibérément le concept de séparation, il existe aussi une mémoire collective : nous sommes, d'un autre côté, semblables aux membres de notre famille, des groupes sociaux auxquels nous appartenons, aux individus ayant le même langage et la même culture que nous, à tous les êtres humains, passés, présents ; nous sommes évidemment influencés par les schèmes mentaux d'autrui, lesquels forment nécessairement une matrice de pensée collective activée à travers la résonance morphique.

L'hypothèse de la causalité formative rejoint immédiatement la *théorie de l'inconscient collectif* de Jung : « [...] l'inconscient collectif, est un réservoir d'expériences universelles héritées de nos ancêtres et que partagent tous les humains [...]. L'inconscient collectif est constitué d'images primitives et de schèmes de pensée, de sentiments et de comportements que Jung nomme archétypes. [...] l'inconscient collectif est la mémoire ancestrale de la race humaine, ce qui explique les similitudes liées à la religion, à l'art, au symbolisme [...] que l'on retrouve dans différentes cultures »[57]. L'idée originale que la mémoire est essentiellement un champ morphique, et qu'elle a une résonance collective, implique qu'il doit y avoir un fond de mémoire liée à l'expérience humaine passée. Il n'est donc pas hasardeux que, sous la plume de Jung, la notion d'archétype soit

---

[57] K. Huffman, *Introduction à la psychologie*, De Boeck Supérieur, 2009, p. 24.

interprétée dans le sens de la résonance morphique. Il existe autant d'archétypes que de situations spécifiques dans la vie ; une répétition interminable a gravé ces expériences dans notre constitution psychique, et lorsque survient une situation correspondant à un archétype donné, ce dernier est activé. Ceci nous donne le moyen de clarifier les concepts employés par Jung en les resituant au sein de la théorie de la causalité formative de Sheldrake.

L'INTELLIGENCE CHEZ L'HOMME

Il existe plusieurs formes d'intelligence : l'*intelligence abstraite* manipule et calcule avec plusieurs signes, elle est l'aptitude à résoudre les problèmes portant sur des idées ; l'*intelligence relationnelle* est l'aptitude à résoudre les problèmes qui tiennent à la relation entre des individus ; l'*intelligence pratique* résout des problèmes concrets, ceux qui se situent dans les choses. On rencontre souvent chez l'animal une intelligence relationnelle très élevée, comme chez les dauphins, et une intelligence pratique notable, chez les castors. Par contre, il est plus laborieux d'établir chez les animaux l'existence d'une intelligence abstraite, ce qui constitue un argument convaincant pour considérer qu'ils sont « bêtes » – mot qui dans le langage ordinaire signifie précisément « pas intelligents ». L'intelligence doit-elle être considérée comme multiple ? Les aptitudes ou performances différentes s'opposent-elles ?

Les intelligences multiples

Employer le terme *intelligence* au pluriel, à l'instar de Howard Gardner, en disant « les intelligences », ne signifie pas la même chose que de dire qu'il existe plusieurs formes de l'intelligence : dans le premier cas, on souligne la disjonction de qualités différentes ; dans le second, il s'agit de dériver une qualité indivisible dans divers aspects de son expression. Le choix du pluriel s'explique dans l'hypothèse de Gardner, à partir de l'idée : a) qu'il existe des aptitudes distinctes, b) que ces dernières sont en rapport avec des zones cérébrales différentes, c) que chacune d'elles correspond à un traitement spécifique de l'information ; l'argument général consistant à faire admettre l'existence de plusieurs compétences intellectuelles humaines. « Il s'agit d'une conception plurielle de l'intelligence qui prend en considération les [...] différentes facettes de l'activité cognitive, et qui reconnaît que nous différons les uns des autres par notre acuité cognitive et nos styles cognitifs contrastés »[58]. Mais les localisations cérébrales constituent un problème complexe, à part, sans rapport précis avec l'idée de compétence. L'insistance réitérée et hors contexte, sur la locution « compétences intellectuelles », fait problème. Les fonctions intellectuelles ne procèdent-elles pas d'une forme spécifique d'intelligence, l'intelligence abstraite ? L'intelligence se définit-elle par une compétence, une performance spécifique ? En gardant provisoirement l'idée d'aptitude à traiter une information particulière, si nous résumons la classification de Gardner, nous obtiendrons sept formes d'intelligence classifiables en deux principales rubriques : la rubrique des intelligences pratiques et celle des intelligences conceptuelles.

Les intelligences pratiques

L'intelligence kinesthésique est celle qui représente le langage du corps, l'intelligence du mime, car « la faculté d'utiliser son corps pour exprimer une émotion [...], pour pratiquer un sport ou pour produire un nouveau bien [...] atteste l'existence de composantes cognitives de l'usage du corps »[59]. Ici, l'habileté consiste à pouvoir se servir du corps comme d'un véhicule expressif, sans passer par le langage verbal : c'est une voie qui, dans la pédagogie, est valorisée sous le vocable « d'expression corporelle ». En-

---

[58] H. Gardner, *Les intelligences multiples*, Paris, Editions Retz, 1996, pp. 18-19.
[59] *Ibid.*, p. 34.

suite, l'idée de performance réussie, étendue au domaine sportif, nous permet de relier n'importe quel exploit physique au domaine de la culture. Cette sorte d'intelligence concerne tous les métiers centrés sur le corps. Au-delà des généralités, il y aurait beaucoup à dire au sujet de la relation intelligente au corps, mais cela outrepasse le propos de Gardner.

L'intelligence spatiale. Si nous suivons une telle différenciation, il nous faudra également une intelligence temporelle, causale, etc. La géométrie est une branche des mathématiques et les exemples qu'elle choisit y sont souvent empruntés ; l'espace géométrique est abstrait, il n'est pas de l'étendue concrète. Pour que le propos se tienne, il faudra d'abord trouver une réflexion sur l'orientation dans l'espace à partir du corps, une élaboration de l'espace dans la danse par exemple. Mais Gardner passe d'un point de vue à l'autre ; en réalité, il est sur la trace de l'intelligence perceptive, dont il confond la reconnaissance des formes avec l'aptitude à peindre ou à dessiner.

L'intelligence interpersonnelle est propre à la relation ; elle est « bâtie sur une capacité centrale à repérer ce qui distingue les individus, et [...] les différences d'humeur, de tempérament, de motivation et d'intention »[60]. Il est des personnes dont le talent se déploie dans l'écoute, l'organisation, l'aide, la conciliation, les services et dont le profil d'intelligence est attaché à la relation. On peut être habile dans la relation et n'avoir que très peu d'intelligence abstraite. Cependant, il importe de distinguer, ce que ne saisit pas Gardner, d'un côté le don dans la relation avec autrui qui ouvre la communication et le dialogue, et d'un autre côté l'aptitude à diriger du meneur d'hommes. Il y a en réalité très peu d'intelligence à vouloir imposer sa volonté à autrui et l'intelligence relationnelle commence avec la disponibilité, l'écoute.

---

[60] *Ibid.*, p. 38.

Les intelligences conceptuelles

L'intelligence intrapersonnelle indiquerait habituellement l'aptitude à l'introspection, cette prédisposition à porter un regard critique sur soi-même, à jauger ses limites, à comprendre ses réactions. La locution est obscure et il vaudrait mieux lui préférer le concept de *lucidité*. Il faudrait également qu'il ne soit pas disjoint de la conscience et de l'attention, qu'il soit relié clairement à la connaissance de soi. En ce sens, Gardner déploie des généralités et ne pose pas la question de l'auto-observation, car l'investigation de l'essence de la conscience favorise incontestablement l'expansion de l'intelligence, mais on ne saurait la disjoindre du rapport au monde, de la relation à autrui.

L'intelligence musicale. Pourquoi en faire une forme d'intelligence spécifique ? Il nous faudrait alors concevoir de surcroît une intelligence du volume en sculpture, du mouvement dans la danse, de la couleur en peinture. Certes, le domaine de la musique dispose d'une structure remarquable, il a son ordre et sa perfection mathématique, mais d'une façon si vivante, que la mathématique s'oublie elle-même dans la beauté de la forme. Certes, la composition musicale dispose d'une spontanéité créative et nul ne contestera la prodigieuse intelligence des œuvres de Bach ; mais alors, Gardner n'aurait-il pas mieux fait, pour définir l'intelligence, de partir de la notion de créativité, ainsi que le fait Maslow[61] ?

L'intelligence langagière serait liée au maniement habile des signes du langage. Relier signifie ici appréhender le sens d'éléments qui sont les mots, qu'une intelligence linguistique médiocre percevrait comme disparates. Cette forme d'intelligence suppose généralement la *compétence linguistique*, la bonne maîtrise d'un vocabulaire, d'une syntaxe, d'une sémantique. Curieusement, Gardner la perçoit d'abord comme une aptitude de poète. Or ce qui était

---

[61] *Cf.* A. H. Maslow, *La personalidad creadora*, Barcelona, Editorial Kairos, 1999, pp. 81 *sq.*

attendu logiquement au préalable, puisque la définition suppose la compétence à manipuler le langage, c'était plutôt la rhétorique, où le concept de performance efficace traduit au mieux une compétence. La compétence linguistique, c'est d'abord l'aptitude à dialoguer, à persuader, à communiquer. Il est une intelligence de l'orateur, du vendeur, du reporteur... Les communicateurs représentent de bons instruments de propagande, mais de mauvais poètes, de piètres penseurs. La finesse du style chez un romancier est un art délicat qu'il serait outrageux de considérer comme une performance ; il est une grande différence entre l'intelligence poétique et l'habileté rhétorique. Cette variété d'intelligence est confuse, puisqu'elle fait l'impasse sur la question épineuse de l'intelligence non-verbale.

L'intelligence logico-mathématique. Nous utilisons singulièrement l'expression « logico-mathématique » en référence au point de vue que Brouwer qualifiait de « logicolinguistique » ; parlant du logicisme en mathématique en le désignant sous le nom « d'ancienne école formaliste », Brouwer décrivait particulièrement en ces termes l'attitude mathématique caractéristique de ce courant : « Encouragée par l'importance du rôle joué par la méthode logicolinguistique en géométrie, l'ancienne école formaliste plongea la logique et les mathématiques dans une science linguistique unique travaillant sur des mots ou des symboles dénués de sens en employant des lois logiques, ce qui efface la différence de caractère entre logique et mathématique et les dépouille de leur autonomie »[62].

L'intelligence logico-mathématique, la forme d'intelligence que nous connaissons le mieux parce qu'étant la référence classique de l'instruction scolaire et de la culture, est susceptible d'être quantifiée par des tests, dont le célèbre QI[63]. Un homme est dit « intelligent » quand il est

---

[62] L.E.J. Brouwer, "Points and Spaces", *Collected Works*, I, p. 523, traduction française dans J. Largeault, *L'intuitionisme*, Coll. Que Sais-je ? n° 2684, Presses Universitaires de France, Paris, 1992, p. 109.
[63] *Cf.* M. Imbert, *Traité du cerveau*, pp. 454 *sq.*

prompt à résoudre un problème logico-mathématique, comme les tests utilisés pour l'évaluation des candidats à l'armée, où sont utilisés la manipulation des nombres, les problèmes de logique, de stratégie. C'est par exemple l'intelligence calculatrice du jeu d'échec. Il est alors possible de comparer la performance de A à celle de B, de noter les résultats pour dire sur cette base que B est plus intelligent que A parce qu'il a exécuté avec plus de succès les tests, la lenteur étant en ce cas un défaut d'intelligence. Nous vivons dans une époque qui idolâtre la vitesse et la performance, stimule la rivalité, pratique la sélection quasi-darwinienne. Comme l'intelligence logico-mathématique permet une quantification, qui peut même être mécanisée, automatisée, informatisée, nous comprenons donc l'usage exclusif de la sélection des hommes par les mathématiques à tous les niveaux de l'éducation.

La valeur de l'hypothèse de Gardner

Le succès patent de l'hypothèse des intelligences multiples de Gardner tient à l'exploitation pédagogique que l'on peut en tirer dans nos écoles. Des rénovateurs se sont emparés de ses arguments pour guerroyer contre la théorie du QI, l'hégémonie des mathématiques, et donc faire l'apologie des différences d'aptitudes. C'est ainsi au nom du combat idéologique en faveur de l'égalité des hommes que la théorie gardnérienne a connu un succès public. A l'élève en échec scolaire, presque analphabète, on pourra par exemple dire qu'il est un génie du travail manuel. A la jeune fille qui ne comprend rien, on peut toujours indiquer sur le bulletin scolaire qu'elle est de bonne conduite, gentille, et souligner son intelligence relationnelle. Quant à savoir ce qu'est l'intelligence, comment on pourrait la développer, quelle relation elle entretient avec la culture, c'est une autre question. Essentiellement, il serait plus judicieux de parler de créativité multiple, de se mettre en quête de l'essence de la créativité, que de procéder à des discriminations aussi confuses.

En revanche, cette entrée en force dans la pédagogie n'est qu'un succès public, car la théorie de Gardner peut être largement rejetée par certains spécialistes de la psychologie cognitive, comme George Miller, son argumentation se ramenant à un monceau de raisonnements boiteux et d'opinions confuses. Nous pouvons lui reprocher d'être rangé beaucoup plus du côté de la rhétorique que de la science. Certes, nous pouvons louer ses qualités de brillant communicateur, mais sur le fond, son exposition demeure nébuleuse. Son approche ne produit nulles preuves, ne pourvoit pas de tests que nous puissions évaluer : nulle mesure possible, nulle quantification, nulle expérience envisageable. Gardner lui-même a manifestement reconnu que le jugement par lequel il érige au titre d'intelligence une aptitude relève plus d'un procédé empirique que d'une théorie scientifique. Il est superflu de chercher comment conduire une série d'expériences, pour le confirmer ou l'infirmer, ainsi que le fait Sheldrake[64] pour la théorie de la causalité formative : il n'y a pas formellement de théorie.

De l'intellect à l'intelligence

Il est de notre commune habitude de suivre la pente de la pensée fragmentaire, et il en résulte une représentation fragmentaire de l'intelligence. L'intellect étant l'outil opérateur de la fragmentation, le propre d'une représentation intellectuelle est donc d'être fragmentaire. L'intellect est capable de prodiges dans son domaine spécifique, celui de l'analyse, et si l'élaboration de Gardner en est un exemple modeste, il en est de plus célèbres et de plus présomptueux, mais toujours dans la pensée fragmentaire. Pouvons-nous avoir une appréhension globale de la réalité ? Le propre de l'intelligence n'est-il pas de percevoir une unité, là où l'intellect a tendance à disjoindre, à opposer ?

---

[64] *Cf.* R. Sheldrake, *Une nouvelle science de la vie : l'hypothèse de la causalité formative*, op. cit.

Intellect et pensée

Pour comprendre ce qu'est l'*intelligence*, il est essentiel de saisir préalablement la nature de l'*intellect*, la faculté qui nous rend capables de faire preuve de discernement. Cependant, la matière sur laquelle l'intellect opère est la *pensée*, notre aptitude à raisonner et à imaginer, qui peut tout autant être impersonnelle, claire et distincte, que très personnelle, obscure, confuse et donc source d'illusions, l'illusion étant elle-même une construction mentale produite par la pensée. On pense ordinairement que l'intellect est différent de l'émotion, distinction purement théorique, car en réalité, les réactions émotionnelles constituent un carburant très efficace qui alimente nos processus mentaux et intellectuels les plus communs. Il vaudrait donc mieux considérer la pensée comme un tout et l'examiner comme tel ; si nous le faisions, nous aurions avantage à employer le vocable intellect pour dire la totalité de la disposition humaine à penser.

La totalité indique le domaine théorique. Une théorie scientifique, une thèse philosophique, une doctrine religieuse, sont des exemples de constructions intellectuelles. Il est cependant nécessaire d'appréhender également l'activité de l'intellect dans la pratique. La gestion de l'état civil à la mairie, l'organisation de la tournée du sous-préfet, les fantasmes de l'élève distrait en classe... procèdent de la pensée, des constructions mentales de l'intellect. Qu'il s'y adjoigne une plus ou moins grande implication affective, une dimension émotionnelle, ou que la pensée procède rigoureusement, méthodiquement, rationnellement, n'y change rien, c'est encore de la pensée et réellement l'œuvre de l'intellect. Evidemment, nous sommes bien plus souvent intellectuels que nous ne voulons le reconnaître, mais nous n'avons pas toujours conscience de nos pensées. Nous sommes, le plus souvent, jetés dans nos pensées, mais c'est une opération hautement intelligente que d'observer attentivement l'activité de la pensée.

Intellect et créativité

L'intellect est-il créatif et peut-il produire une vision neuve de la réalité, ou bien ne fait-il que formaliser ce dont la mémoire dispose ? Si nous considérons attentivement notre rapport à la pensée dans la vigilance quotidienne, nous verrons que l'intellect pense à partir de ce qu'il sait, s'appuie sur la mémoire, construit à partir du réservoir de son expérience passée ; il va donc du connu au connu, de déduction en déduction, de généralisation en généralisation. En un sens, notre pensée est une réponse de notre mémoire élaborée sous la forme de constructions mentales. La pensée s'appuie sur le passé, elle a une inertie qui fait qu'elle tend à s'arrêter dans des conclusions et des explications, elle est naturellement limitée et limitative ; et si c'est bien elle qui organise le *savoir*, c'est également elle qui se satisfait de la *croyance*, puisque savoir et croyance sont des formes de pensées arrêtées. Leibniz écrit à ce sujet que nous sommes empiriques les trois quarts du temps, que nous fonctionnons ordinairement dans une pensée mécanique, rigide, compulsive, et sur ce plan l'homme n'est guère différent de la machine : « La source du peu d'application aux vrais biens, vient en bonne partie de ce que dans les matières et dans les occasions, où les sens n'agissent guère, la plupart de nos pensées sont sourdes pour ainsi dire (je les appelle *cogitationes caecas* en latin) c'est-à-dire vides de perception et de sentiment, et consistant dans l'emploi tout nu des caractères, comme il arrive à ceux, qui calculent en Algèbre sans envisager que de temps en temps les figures Géométriques et les mots font ordinairement le même effet en cela que les caractères d'Arithmétique ou d'Algèbre. » (*sic*)[65]

L'intellect n'est pas créatif, il ne fait du nouveau qu'avec un arrangement de l'ancien, et les trois quarts de

---

[65] G.W. Leibniz, *Opera philosophica quae extant latina gallica germanica omnia* (1840), Livre numérique Google, 2011, p. 257.

nos pensées ne relèvent que d'une projection. Lorsque la vie nous pose une question, plutôt que de laisser la question résonner en nous pour entrer nouvellement dans le problème, notre réaction coutumière consiste à dégainer notre savoir livresque, nos références d'autorité, notre réserve de préjugés. Pareillement, notre disposition habituelle est de sauter hâtivement à quelque conclusion triviale, sans prendre le temps d'une interrogation, ou bien d'expédier une question en conservant une explication figée ; de sorte que notre juste rapport au problème est une réaction conditionnelle, non pas intelligente.

Pour que notre rapport à la Vie soit intelligent, il est essentiel qu'il soit toujours frais, toujours neuf, qu'il soit une excursion créative, toujours en mouvement, qu'il soit un *questionnement*. Cela ne signifie nullement que seules sont intelligentes ces longues et ardues élaborations scientifiques et philosophiques, qui sont supposées dues à une investigation patiente et originale ; mais l'intelligence intervient très spontanément, lorsque l'ensemble du connu est mis entre parenthèses. Cette ouverture de l'intelligence intervient quand un espace de silence est généré et qu'une question est posée à l'esprit : une question directe, convenablement posée, et même réitérée, crée instantanément une issue et met l'esprit dans un état de vacuité, de disponibilité ayant une immense importance, car il laisse en rade les conditionnements coutumiers et la disposition à penser de manière réactionnelle. C'est dans le silence suivant la question qu'une intelligence nouvelle survient, à l'instant où la pensée accepte de ne rien savoir. Une telle intelligence éveille l'intuition de celui qui écoute, permet à celui qui parle de reprendre à nouveaux frais ce qu'il explore, sans le lest de pensées préconçues.

Intellect et intelligence

L'intelligence n'est nullement réductible à une performance, à une compétence spécifique. Des calculateurs prodiges peuvent également être des idiots savants. On peut être redoutablement efficace, invincible, dans une activité distinctive, et manquer totalement d'intelligence dans la relation humaine. Quelle signification pourrait avoir un QI extraordinaire si c'est pour être incompétent de ses dix doigts, n'avoir de sensibilité esthétique que primaire et vivre en autiste, autant en marge des autres que de la nature ? La disposition à résoudre des énigmes de pacotille est-elle vraiment une caractéristique de l'intelligence, ou simplement une mièvrerie de l'intellect ? A quoi bon une telle proéminence, si par ailleurs la personnalité n'est intégrée et si la relation avec la Vie est invraisemblable ? Quelle est la valeur d'un si petit talent, quand il n'a aucun pouvoir d'intégration, ne contribue pas à me permettre de mieux me comprendre moi-même ? Et, sur le registre de la performance, pouvons-nous vraiment parler d'intelligence s'il ne s'agit, à tout prendre, que de maîtrise technique d'un exercice particulier ?

Il y a fort peu d'intelligence dans ce qui n'est que mécanique, automatique, et c'est pourquoi le dressage n'a jamais rendu plus intelligent. L'enfant traité comme un petit singe savant, s'il n'est que formaté pour exécuter une série d'automatismes intellectuels, restera à jamais limité, borné, stupide. Le beau parleur peut faire illusion pendant un laps de temps, mais lorsque vient le moment de faire vraiment preuve d'intelligence, on s'aperçoit que la sottise peut se payer de mots et être verbeuse à l'infini. L'érudit qui se paye de formules et cite de belles phrases de Marcien Towa ou de René Descartes, peut se dispenser d'être intelligent en étalant une culture qui n'est pas sienne, ce qui n'est qu'une forme de stupidité, car « toutes les fois que nous nous payons de mots, nous faisons injure à notre intelligence »[66]. Il n'est guère plus d'intelligence dans le stupre de l'esprit calculateur, puisque la visée d'une fin limitée et fragmentaire, si elle ne sert que des intérêts égocentriques, ne contribue nullement à l'expansion de la Vie.

---

[66] A. Barratin, *Chemin faisant*, Ed. Lemerre, Paris, 1894, p.119.

Le concept principal de l'intellect selon lequel il existerait des « choses » différentes et séparées conduit à une représentation fondamentalement statique. L'intellect exalte l'immobilisme, c'est dans un univers mort qu'il peut jouer avec des concepts, les combiner, les recombiner à l'infini ; il n'est à l'aise qu'avec l'arrangement fragmentaire d'une mobilité définitivement artificielle, irréparablement chosique. Mais il n'y a ultimement pas de « choses », il n'existe qu'une énergie continûment en devenir. La plus haute intelligence consiste exactement à être au plus haut degré conscient du dynamisme du réel, au point que cette conception se révèle dans la puissance d'une intuition. Tout ce qui existe dans l'univers relatif n'est pas seulement en constante corrélation, mais également en auto-transformation incessante. Tout change toujours et, ainsi que l'exprime David Bohm, le *holomouvement* réside au sein du réel : « Ce qui est impliqué ici, […] c'est que même ce "nouveau tout" se révélera […] comme un aspect d'un autre "nouveau tout" plus tard. L'holonomie ne doit pas être considérée comme le but fixe et final de la recherche scientifique, mais […] comme un mouvement dans lequel "des nouveaux touts" sont continuellement en train de se manifester. Et […] ceci implique encore que la loi totale du holomouvement indéfinissable […] pourrait n'être jamais connue ou spécifiée ou mise en mots. Plutôt, une telle loi doit nécessairement être considérée comme implicite. »[67] Si la vérité n'est pas une peinture flétrie sur un mur, si elle dit plutôt ce qui est, elle doit alors être vivante, intuitivement soutenue par l'énergie vivante de ce qui est. La souplesse de l'intelligence consiste à embrasser ce « toujours » du grand changement, cette perpétuelle auto-transformation, sa flamme, son incandescence, en se débarrassant des abstractions mortes de l'intellect.

---

[67] D. Bohm, *La Plénitude de l'Univers*, Paris, Editions du Rocher, 1987, p. 167.

L'éducation de l'intelligence

Peut-on éduquer l'intelligence ? Ne vaut-il pas mieux ouvrir l'intelligence par l'éducation ? Faut-il plutôt éduquer pour l'éveil de l'intelligence ? La première question préjuge que l'intelligence peut se maîtriser, domestiquer, formater, ce que nous savons souvent faire dans notre instruction officielle. Dans la seconde, il est admis que l'éducateur ne crée pas l'intelligence, pas plus que le médecin ne crée la santé, mais peut agir pour qu'il n'y ait pas d'entrave à son passage ; car l'éducation n'invente pas l'homme, mais doit aider au développement de ses vraies potentialités. Le dernier énoncé a une résonance socratique, admet que l'intelligence est déjà présente tout entière en nous, mais néanmoins que notre conformation mentale est telle qu'elle est quelque peu embrumée.

Le questionnement

Si, à la rigueur, nous pouvons affirmer avec Descartes que notre pensée nous appartient, parce qu'étant la substance de l'ego, nous ne pouvons sûrement dire dans le même sillage que l'intelligence soit nôtre. En termes platoniciens, nous dirions que l'esprit participe de l'intelligence et qu'il ne l'enferme pas, ne peut la contenir, puisqu'elle outrepasse ses limites. Les limites de l'esprit étant précisément celles de l'intellect, le travail de l'instruction, tel que nous l'appréhendons ordinairement, est une formation de l'intellect et non de l'intelligence. Cependant, il est légitime de parler, mais dans une orientation différente, de *désobstruction* et d'*éveil* de l'intelligence. Descartes[68] enseigne qu'il faut un jour faire « table rase », désapprendre tout ce que nous avons appris auparavant, si nous désirons connaître véritablement ; et Bachelard de lui emboîter le pas, qui remarque que les nouvelles théories physiques « nous apprennent à désapprendre, elles nous demandent, si l'on

---

[68] R. Descartes, *Discours de la Méthode*, 5e partie, Paris, Garnier-Flammarion, pp. 67 *sq*.

peut dire, de désintuitionner une intuition par une autre, de rompre avec les analyses premières pour penser le phénomène au terme d'une composition »[69]. La première approche de questionnement maïeutique de l'histoire, nous la devons à Socrate, mais le commentarisme officiel a fini par recouvrir de théorisation la force des préceptes.

Le questionnement génère un état de suspension de la pensée, un espace de liberté pour l'intelligence. Lorsque, dans un amphithéâtre, l'attention est vive et l'atmosphère frémit de la passion d'apprendre et surtout de découvrir, alors les regards s'illuminent d'intelligence. Si l'intelligence est appelée par le questionnement, elle est également en rapport étroit avec l'expansion de la conscience. Un esprit intelligent est doué d'une qualité exceptionnelle d'écoute indissociable de l'observation, et c'est de là qu'il tire la pertinence de ses questions, mais il est aussi foncièrement indépendant de la tutelle d'une autorité. « Suivre une autorité c'est rejeter l'intelligence. Accepter une autorité c'est se soumettre à la domination ; c'est se laisser subjuguer par un individu, un groupe ou une idéologie […]. Et cette sujétion est un déni à soi-même, non seulement d'intelligence mais aussi de liberté. »[70] Un esprit intelligent est sa propre lumière ; il sait intuitivement discerner le vrai du faux et faire la différence entre ce qui est confus ou ténébreux, et ce qui comporte la lumière d'une évidence irréfragable. Cela ne signifie pas qu'il lui soit toujours aisé de mettre en mots sa propre compréhension, car cela demande un cheminement fort patient et une étude approfondie d'une question ; cependant, ce qui importe, c'est la vivacité de l'interrogation, la curiosité, le désir d'apprendre, la disposition à s'étonner devant ce qui est habituel et qui semble aller de soi ; car « c'est tout à fait de quelqu'un qui aime à savoir, ce sentiment, s'étonner : il n'y a point d'autre

---

[69] G. Bachelard, *Le nouvel esprit scientifique*, Paris, PUF, 1984, pp. 90-91.
[70] J. Krishnamurti, *De l'Education*, trad. Carlo Suarès, Delachaux et Niestlé, 1965, p. 55.

point de départ de la quête du savoir que celui-là »[71].

Du moment que ces qualités sont éveillées, que nous faisons scrupuleusement appel à l'intelligence, l'étude suit naturellement et aisément. Il importe que l'éducateur travaille à ne jamais flétrir cette éclosion spontanée de l'intelligence, que la communication ne dérive pas vers une emprise fondée sur une autorité fondée elle-même sur le savoir, la respectabilité ou le charisme personnel : « Le prêtre, le politicien, l'homme de loi, le soldat, sont tous là pour « aider » ; mais ces secours détruisent l'intelligence et la liberté. »[72] Devant le mystère et la complexité du réel, nous sommes primitivement dans le dénuement ; il n'est ni explication définitive, ni personne qui devrait avoir le dernier mot sur tout, et pour cette raison tout enseignement doit ménager un espace de silence, ouvert au dialogue, propice aux questions. Nous sommes tous des chercheurs et c'est sur le dynamisme de la recherche que se fonde toute communication véritable. Nous pouvons considérer tout livre sérieux comme un ensemble de recherches conduites par un auteur et qui ont pu le mener à des découvertes notables qu'il s'évertue à nous faire partager. Le terme *recherche* est bien modeste, n'a nulle visée totalisante, nulle prétention à parfaire dans un système « la » Vérité sous l'aspect d'un savoir. Tout bon livre jette un éclairage nouveau qui, tout d'un coup, déploie notre regard sur un horizon insoupçonné. Un bon enseignement ouvre des perspectives, ne les ferme pas et surtout, n'exempte personne de les explorer. Le fin mot de l'histoire ne sera jamais donné, il nous revient d'aller le quérir nous-mêmes et nul ne le fera jamais à notre place.

La lucidité

L'intelligence, qui est un état de conscience plutôt que la somme des pensées de l'intellect, n'intervient qu'en

---

[71] Platon, *Théétète*, 155 d, Paris, Garnier-Flammarion, 1994, p. 163.
[72] J. Krishnamurti, *Ibid.*, p. 106.

présence d'une passion sans motif. L'intelligence, sans avoir la froideur de l'intellect, est un feu, et c'est au moment où ce feu est vivant que brûle le vrai désir de connaître, d'apprendre, de découvrir. L'intelligence est indissociable de la lucidité, une observation constante, une lumière brûlante d'elle-même et ne se réduisant à nul objet de pensée singulier. Cette lucidité témoigne de toute pensée mais ne s'y laisse jamais prendre, car elle est en prise directe avec le réel. L'intelligence est la Présence et la Présence est l'intelligence elle-même, s'exprimant dans la parole, se communiquant à la pensée, et trouvant des mots pour le dire. Néanmoins, l'intelligence est en amont de toute expression dans le langage ; elle est non-verbale et n'est pas le produit de la pensée. Une pensée n'est qu'une impulsion d'énergie et d'intelligence prenant une forme limitée, sans être l'intelligence elle-même, et c'est pourquoi la disponibilité véritable de l'écoute, qui met l'esprit dans un état de grande réceptivité, est d'une importance capitale. Un esprit bruyant, agité et insensible ne peut rien apprendre, ne peut rien découvrir et demeure obtus, superficiel, terne. L'intelligence, elle, aime le silence et n'intervient qu'au moment où les constructions mentales se sont indubitablement dulcifiées. Il est un étonnant dynamisme dans les espaces clairs entre les mots, dans le silence de prudence sous-jacent à toute expression, et c'est précisément de là que procède la plus libre des inspirations. Si la passion est présente, jointe intimement à l'observation attentive et à l'écoute, l'intégration consistant à pouvoir formuler dans les mots ce qui est clairement aperçu ne fait pas problème. En raison de la confusion qui règne dans l'esprit humain, du fait des diverses formes de conditionnement acquis, des dogmes, des préjugés, des superstitions, il n'est guère possible de faire l'économie de l'étude. La lucidité confère indubitablement le sérieux, l'application, l'élan ; l'intelligence attribue incontestablement l'énergie vitale, l'enthousiasme, l'ouverture illimitée.

Inopportunément, cette ferveur de l'intelligence semble se flétrir très tôt chez la plupart des humains, d'où justement ces regards éteints, ces mines éreintées qui se rencontrent parfois : la stupidité qui s'installe alors va avec la torpeur, l'assombrissement de l'intelligence. Jean-Louis Le Moigne, pour qui les systèmes ne sont pas dans la nature mais dans l'esprit des hommes qui doivent évidemment les construire, regrette amèrement, dans le même ordre d'idées, une certaine *faillite de l'intelligence* : « Est-ce la même intelligence humaine ? Celle du triomphalisme scientiste si fréquent chez les techniciens [...], fiers de tant d'exploits technologiques stupéfiants et déjà familiers, et celle de la morosité amère qu'inspirent ces villes, ces usines, ces injustices, [...] voulues par l'homme ? Est-ce la même intelligence, [...] qui permet à un homme de marcher librement sur la lune et qui impose à tant d'hommes l'absurdité révoltante de la stagflation ? Y a-t-il [...] différence entre la maîtrise de la gravitation et celle de l'inflation ? Ce que l'intelligence a su faire ici, ne sait-elle plus le faire ? »[73]

Nous savons déjà certainement, avec la télévision, exténuer l'attention des hommes et façonner des regards abêtis devant quelque chose qui se meut, mais pourtant n'avons pas encore pris la mesure du respect de l'intelligence en chaque être humain. Nous savons former, informer, déformer, mais n'avons encore rien appris pour ce qui est d'éveiller, d'épanouir, de libérer. Nous incitons souvent l'évasion dans le divertissement, là où il faudrait nécessairement soutenir l'enthousiasme d'un investissement, passionné, entiché de la vie, toujours en mouvement. La vie est intelligence, mais, dans l'agitation incessante de nos existences, dans nos dispersions fébriles, notre patiente projection dans le temps, dans le nuage fumeux de nos représentations, dans le chaos de nos pen-

---

[73] J.-L. Le Moigne, *La théorie du système général : théorie de la modélisation*, jeanlouis le moigne-ae mcx, 1994, p. 27.

sées, nous n'avons que fort peu accès à l'intelligence inhérente à la Vie. C'est comme si un voile dense était tissé entre nous et la réalité extérieure sensible, entre nous et notre propre intériorité ; chez l'artiste, ce voile devient presque cristallin et c'est pourquoi la plus grande sensibilité est à l'origine de la plus haute créativité : cette intelligence spontanément créatrice provient d'un contact intérieur, définitivement subjectif et sensible avec la vie, d'une efflorescence intuitive qui est l'intelligence elle-même.

La liberté

Pour désigner le débordement intuitif d'une intelligence radicalement neuve, bien distincte de la pensée mécanique de l'intellect, Krishnamurti emploie le vocable *insight*, signifiant en français *vision pénétrante*[74]. C'est une vision profonde, globale, embrassant d'un seul regard les processus de la pensée, sans opérer de clivage et de fragmentation. C'est justement l'initiative d'une intelligence foncièrement *impersonnelle* qui opère dans l'instant et ne dépend pas du temps : elle n'est ni « mon » intelligence, ni la « vôtre », elle est absolument dépourvue du sens de l'ego. L'*insight* est une percée à travers les constructions mentales coutumières, une manière de lacérer le voile que le mental a ordinairement tissé. Or quand une telle intelligence intervient, elle remodèle profondément la relation que nous entretenons avec la vie réelle et semble même avoir un impact direct sur le fonctionnement du cerveau[75]. Cette intelligence peut, dans son déploiement, œuvrer en sorte que notre vie devienne plus intelligente, plus ajustée au monde, plus éveillée, plus riche.

A présent, s'il était possible qu'une pareille vision se communique, s'il nous était donné de concevoir une éducation qui ne ferait nulle obstruction à la manifestation

---

[74] J. Krishnamurti, *La nature de la pensée*, Krishnamurti Foundation Trust Ltd., 2006, p. 132.
[75] *Cf.* M. Imbert, *Traité du cerveau*, pp. 453 *sq.*

spontanée de la vision pénétrante dans notre conscience, nous serions à l'aube d'une extraordinaire révolution. « La vraie révolution n'est pas celles qui sont sanglantes : elle se produit par le développement [...] de l'intelligence en des individus qui, par leur vie même, produiront des changements radicaux dans la société. »[76] L'éducation des hommes doit être centrée sur l'expansion de la conscience ; elle doit précisément véhiculer le savoir nécessaire à l'appréhension de la réalité complexe dans laquelle nous vivons et, sans se contenter d'instruire, doit inviter incessamment, et dans une lucidité sans compromis, la liberté de l'intelligence. Ce que nous appelons ordinairement *liberté individuelle*, n'est que le fait de « pouvoir faire ce que je veux », aussi confondons-nous communément la liberté avec le libertinage, la licence, le laxisme, la volonté de puissance, l'autorité exercée sur autrui, la tyrannie imposée au réel, ce qui nous fait redouter la liberté, tout en la recherchant, car cette espèce de liberté n'offre alors d'autre issue que la séquestration politique, le calcul éhonté pour l'argent, la compétition immodérée. Mais, à en croire Ebenezer Njoh-Mouelle, telle n'est pas la véritable liberté : « La liberté c'est l'effort permanent par lequel l'homme se hisse perpétuellement au-dessus de la nature et de lui-même, pour, inlassablement, témoigner en faveur de la vie et au détriment des forces destructrices de la mort. »[77]

L'intelligence vraie possède sa propre discipline ; dans la profondeur impersonnelle de son unité, elle n'a nul rapport avec la mentalité de prédateur de l'ego : « Mais qu'arriverait-il si nous nous débarrassions des obstacles qui barrent la route à l'intelligence, tels que l'autorité, les croyances, [...] et tout esprit hiérarchique ? Nous serions des personnes ne subissant le joug d'aucune autorité, [...] des êtres humains en rapports directs les uns avec les

---

[76] J. Krishnamurti, *De l'Education*, trad. Carlo Suarès, Delachaux et Niestlé, 1965, p.86.
[77] E. Njoh-Mouelle, *De la médiocrité à l'excellence*, Editions du Mont-Cameroun, 1988, p. 107.

autres, et alors, peut-être, y aurait-il de l'amour et de la compassion »[78]. L'intelligence véritable œuvre dans la sympathie universelle ; elle est également compassion ; elle ne se sépare pas de l'amour, qui unit merveilleusement ce que l'intellect sépare, disjoint, oppose. Or l'intelligence est essentiellement ce qui lie : quoi de surprenant donc, dans le fait que ce qui unifie puisse être en même temps intelligence et amour ? Et cette ultime intégration n'est-elle pas celle de la vie elle-même ?

L'INTELLIGENCE ET LA PENSÉE

Si notre pensée a produit des accomplissements grandioses dans les champs de la technique et de la culture, elle a également réalisé des instruments redoutables d'exploitation et de destruction. Elle ne peut ajuster à elle seule la confusion qui règne dans le monde contemporain, puisque la vraie confusion est précisément celle de la pensée. Inopportunément, la pensée peut bien manquer d'intelligence, être de courte vue et forger des illusions ; elle peut enclore l'esprit dans la doctrine, le système, l'idéologie ; elle peut encore nous donner à croire que la réalité se situe dans la représentation qu'elle nous procure. La question se pose alors de savoir ce dont la pensée est capable et ce dont elle se révèle incapable, dans quelle mesure elle peut atteindre ou manquer la réalité qu'elle cherche à analyser ou à énoncer. La pensée aurait-elle des limites assignables, qu'excèderait une intelligence plus profonde du réel ?

La pensée et la raison

La pensée est en même temps le processus psychologique des modes de conscience, la procession des pensées en moi, et encore une faculté de se représenter le réel par concepts. La pensée élabore des constructions men-

---

[78] J. Krishnamurti, *Ibid.*, p. 75.

tales qui constituent la représentation, et en ce sens, elle est une caractéristique spécifiquement humaine. N'est-ce donc pas à ce niveau que se situent ses limites ?

La pensée et la condition humaine

Blaise Pascal nous apprend que la pensée fait notre grandeur, car elle nous permet de nous représenter ce que nous sommes ; mais elle n'est pas une grandeur qui nous grandit réellement, car elle nous dévoile aussi notre finitude, nous replace dans un ordre du réel où nous ne pouvons que constater à quel point nous sommes peu de chose dans un univers qui nous surpasse de toutes parts. Du fait que la pensée est indissociable de la condition humaine, Pascal conclut que travailler à bien penser doit être, non pas « une » morale au sens coutumier des bonnes mœurs en vigueur dans telle contrée ou telle autre, mais la morale indispensable à tout être humain doué de raison. « L'homme n'est qu'un roseau, le plus faible de la nature, mais c'est un roseau pensant. Il ne faut pas que l'univers entier s'arme pour l'écraser ; une vapeur, une goutte d'eau suffit pour le tuer. Mais quand l'univers l'écraserait, l'homme serait encore plus noble que ce qui le tue, puisqu'il sait qu'il meurt et l'avantage que l'univers a sur lui, l'univers n'en sait rien. Toute notre dignité consiste donc en la pensée. [...] Travaillons donc à bien penser : voilà le principe de la morale. »[79]

La pensée suppose la dualité sujet/objet par laquelle le sujet se différencie de l'objet pour le placer en vis-à-vis ; elle instaure une disjonction pour se représenter le réel et la représentation enveloppe un système de concepts. Il incombe à l'intellect d'exécuter cette disjonction et c'est encore l'intellect qui a la disposition à conceptualiser la dissimilitude. L'arbre, explique Pascal, « ne se connaît pas misérable »[80] ; il est, mais sans pouvoir se représenter ce

---

[79] B. Pascal, *Pensées*, in *Œuvres Complètes*, Paris, Le Seuil, 1963, p. 528.
[80] *Ibid.*, p.513.

qu'il est. Par suite, « l'homme est grand en ce qu'il se connaît misérable »[81], et cette grandeur appartient à la pensée qui pose le concept de misère, donc de finitude, en comparant l'existence de l'homme avec l'immensité de l'univers, dans l'immensité du temps et de l'espace.

Au vu de cette immensité, l'homme est une créature finie, ne pouvant embrasser ni l'infini de l'espace, ni l'infinité de la durée. La misère de l'homme, telle que la retrace Pascal, est de l'ordre d'une réflexion élaborée de l'intellect sur son objet, qui est l'homme. Par ailleurs, Pascal a une intuition des limites de la pensée qu'il considère comme limites de la raison. Il est tout une infinité de choses qui surpassent la raison et donc que la raison ne comprend point : « Nous connaissons la vérité non seulement par la raison mais encore par le cœur. C'est de cette dernière sorte que nous connaissons les premiers principes et c'est en vain que le raisonnement, qui n'y a point de part essaie de le combattre »[82]. La raison serait bien débile si elle n'était capable d'en convenir ; elle ferait certainement preuve d'arrogance si elle ne voulait reconnaître ce qui la dépasse. L'intellect, qui prétend pouvoir tout comprendre, n'étale que sa propre niaiserie. Il est légitimement plus intelligent pour la raison d'admettre ses limites que de les désavouer.

La puissance du raisonnement

La raison a-t-elle des limites imputables ? La raison est le pouvoir de raisonner et la puissance du raisonnement permet à la pensée de se déployer, d'échafauder des synthèses par enchaînement d'idées, un pouvoir immense et *a priori* illimité, ouvrant un développement indéfini. De quel droit devrions-nous fixer des limites à la spéculation, et au nom de quoi devrions-nous y renoncer ? Après tout, ce que nous avons pu produire de meilleur avec nos ins-

---

[81] *Ibid.*
[82] *Ibid.*, p.512.

truments mentaux, c'est une connaissance de la réalité qui n'aurait pas de sens sans les audaces de la spéculation. Evidemment, la connaissance que la raison engendre est encore capable d'engendrer une sagesse. Y aurait-il un sens à vouloir fixer des limites à la connaissance, et à vouloir renoncer à la sagesse ? Et n'est-ce pas la raison qui nous rend raisonnables ?

La question des limites de la raison ne concerne nullement le droit qu'elle aurait de raisonner : l'*irrationalisme*, qui tend à désavouer la valeur de la raison telle quelle, n'est qu'un *illogisme*, car on se servirait précisément de la raison pour le justifier. La question des limites de la raison ne concerne pas non plus son pouvoir de développer infiniment sa puissance de raisonnement, mais plutôt de savoir si ce perfectionnement aboutit à quelque chose, ou bien s'il ne mène à rien.

Kant nous prévient de ne pas basculer dans la *misologie*, de ne pas prendre en haine l'instrument même qui nous permet de connaître, la faculté de synthèse de la raison. Dans la *Critique de la Raison pure*, il entreprend néanmoins un procès des prétentions que la raison s'octroie à tort, de pouvoir connaître au-delà des limites restreintes qui lui sont assignées. Au nom de quoi Kant entend-il rétrécir l'usage de la raison ? Est-ce à travers l'œuvre de Kant la raison elle-même qui convoque un tribunal pour mettre en cause ses propres prétentions ?

La raison et l'expérience

D'après Kant, la raison humaine est contrainte à persister dans le champ rétréci de l'expérience possible, tout usage de la raison au-delà de l'expérience étant un usage *dialectique* de la raison qui est en réalité une pure spéculation, ne s'appuyant sur rien de valide, sortant de l'expérience « pour s'élancer, dans un usage pur et à l'aide de simples idées, jusqu'aux extrêmes limites de toute connaissance »[83]. La pure spéculation n'est autorisée que dans le champ des mathématiques, partout ailleurs elle doit être âprement enserrée. Ce que Kant invalide, ce sont les prétentions de la métaphysique à pouvoir discourir en dehors de toute expérience possible, sur des objets qui ne sont que de simples concepts, des abstractions formelles, qui ne peuvent recevoir nul contenu intuitif précis. Et Kant de se moquer de Platon comparé à une colombe légère croyant voler plus commodément dans l'espace de l'entendement pur, alors qu'il n'y a pas d'air pour soutenir son vol. L'air sur lequel la pensée peut s'appuyer, c'est l'expérience possible, l'expérience empirique, telle que circonscrite par les sciences de la Nature. Dès lors, parce que Kant ne considère la métaphysique que comme une pure spéculation, parce qu'il ne concède d'expérience possible qu'empirique, il ne reste plus qu'à en refermer tous les livres. Les métaphysiciens sont condamnés à conférer infiniment, chacun adoptant une position, alors que son interlocuteur adopte la position inverse ; les joutes dans l'arène métaphysique sont infinies et ne trouvent jamais d'issue, car ils mettent aux prises des dialectiques montées diversement de part et d'autre. Par contre, toute la gloire de la physique est d'avoir su proposer des théories qu'elle soumet directement au verdict de l'expérience, de l'expérimentation qui a le dernier mot et permet de sortir des querelles infécondes confrontant des théories inconciliables. « Il n'est pas douteux que toutes nos connaissances ne commencent avec l'expérience ; car par quoi la faculté de connaître serait-elle appelée à s'exercer, si elle ne l'était point par des objets qui frappent nos sens et qui, d'un côté, produisent d'eux-mêmes des représentations, et, de l'autre, excitent notre activité intellectuelle à les comparer, à les unir ou à les séparer, et à mettre ainsi en œuvre la matière brute des

---

[83] E. Kant, *Critique de la raison pure*, Paris, PUF, 1984, p. 539.

impressions sensibles pour en former cette connaissan-ce des objets qui s'appelle l'expérience ? »[84]

Kant préfigure donc explicitement le positivisme : si nous acceptons les résultats de la *Critique de la Raison pure*, il ne nous reste plus qu'à nous soumettre au verdict des faits et de leur explication dans les théories physiques. Il est interdit de poser des questions autres que celles auxquelles la science peut répondre, et si jamais les problèmes de fondement subsistent, alors, à la limite, on devra en appeler à la croyance ; ce que fait d'ailleurs Kant dans le domaine moral en avouant qu'il a dû abolir le savoir pour lui substituer la croyance. Kant établit que le savoir est attribué uniquement à l'ordre des phénomènes, et que nous ne pouvons connaître le « noumène », la « chose en soi » inconnaissable, qui serait au-delà des phénomènes, qui est objet de pensée et non d'intuition. Le savoir est consigné dans les limites de la représentation scientifique du monde qui est précisément de l'ordre du *phénomène* ; pour le reste nous devons croire, par une foi raisonnée, en un au-delà, un certain *noumène*, inaccessible, incompréhensible, mystérieux. « Si, par noumène, nous entendons une chose en tant qu'elle n'est pas un objet de notre intuition sensible, en faisant abstraction de notre manière de la percevoir, cette chose est alors un noumène dans le sens négatif. Mais si nous entendons par là l'objet d'une intuition non sensible, nous admettons un mode particulier d'intuition, à savoir l'intuition intellectuelle, mais qui n'est point le nôtre et dont nous ne pouvons pas même apercevoir la possibilité ; ce serait alors le noumène dans le sens positif. »[85]

A y regarder de plus près, la critique pascalienne ne conduisait nullement à ce genre de position. Si Pascal met en cause la raison en posant ses limites, c'est qu'il particularise deux ordres de connaissance, l'ordre du savoir de *l'esprit de géométrie*, celui de la représentation, et l'ordre de

---

[84] E. Kant, *Ibid.*, p. 31.
[85] *Ibid.*, p. 226.

l'intelligence du cœur et de l'*esprit de finesse*, auquel il attribue une faculté d'intuition plus élevée. Pour Pascal, seul le cœur peut sentir Dieu et non la raison, ce qui nous laisse comprendre qu'il oppose les vérités de la foi aux vérités de la raison. Si nous nous en tenons là, nous pouvons ne voir dans ces déclarations qu'une négation de la raison dans la foi ; c'est une interprétation qui se tient, surtout quand on connaît assez bien la position janséniste de Pascal. Cependant, en même temps, il affirme bien que les vérités de la foi sont supérieures à la raison et non pas contraires : si elles étaient contraires, ce serait de sa part un aveu d'irrationalisme, ce qui n'est pas le cas, puisque Pascal admet une source d'intuition supra-rationnelle qu'il appelle le « cœur », une intelligence du cœur que la pensée ne peut justement rencontrer.

La pensée et la représentation

Cette difficulté nous entraîne irrésistiblement vers le statut de la représentation : si la représentation est précisément ce par quoi un objet est présent à l'esprit, quel pouvoir doit-on lui accorder et quelles sont ses limites ?

Le phénomène de la représentation

Re-présenter signifie présenter à nouveau en mettant sous le regard. Toute représentation est inéluctablement seconde par rapport à cela même à laquelle elle renvoie, l'Etre, qui se manifeste comme Présence originaire, la re-présentation de ce qui est retournant la présence pour la donner comme un objet à penser, à voir, à analyser. Ce phénomène de la représentation se rencontre en Intelligence Artificielle, où il est question de représenter des connaissances : « La *représentation* est l'action de rendre sensible un concept au moyen d'une figure, d'une écriture, d'un langage ou d'un formalisme. La théorie de la *connaissance* traite des rapports entre le sujet [...] et l'objet. Par connaissance (au sens objectif) on entend ce qui est connu, c'est-à-dire ce que l'on sait pour l'avoir appris. La *représentation de la connaissance* est par conséquent la formalisation de croyances vraies au moyen de figures, d'écritures ou de langages. Nous nous intéressons plus particulièrement à des formalisations qui peuvent être acceptées [...] par des ordinateurs. »[86]

La représentation est l'affaire des constructions de la pensée et, naturellement, elle offre plus une pseudo-présence qu'une présence vraie. Or il advient que, par une étrange magie, cet aspect de la représentation est ordinairement gommé et ce qui a tendance à subsister devant la scène de l'intellect, c'est la représentation seule, se faisant malencontreusement passer pour la Présence elle-même. Par une adroite commutation, la représentation a une propension à faire oublier qu'elle n'est formellement que *re-présentation* et à se faire passer pour la réalité. Il n'est nullement hasardeux que ce vocabulaire de la représentation soit celui du théâtre. La représentation est le spectacle même dans lequel est donnée en seconde présentation la réalité, telle qu'elle se déroule dans nos propres vies, avec sa dérision comique, son jeu dramatique. Le spectateur au théâtre réalise précisément un redoublement réflexif, puisqu'il devient l'observateur du déroulement d'une vie. Et pourtant, c'est tout autre chose de regarder la vie, que de la vivre. La vie n'est réellement vécue que dans la quintessence la plus complète au sein du vécu, dans la présentation sensible originaire de ce que j'éprouve à chaque instant, mais non dans la distance d'une représentation. Je ne puis me contenter de contempler la vie en image sur la télévision, ce serait la rêver sans la vivre, m'égarer dans une représentation de la vie, négliger ma conscience la plus vive au sein de la vie, cette conscience qui s'éprouve elle-même dans le pathétique de chaque instant.

---

[86] A. Thayse et *al.*, *Approche logique de l'intelligence artificielle*, tome 1, Paris, Bordas, 1990, p. 115.

Pour Michel Henry, la représentation, en sa radicalité, renvoie à cela même qui se donne, se montre, apparaît, c'est-à-dire le *phénomène* : toute « représentation est toujours la représentation de quelque chose, elle implique un représenté qu'elle a justement pour mission de rendre présent »[87]. La *phénoménologie*, à la suite de Husserl, entend décrire le phénomène tel qu'il se donne à nous à l'intérieur du vécu de la conscience, entend revenir inlassablement vers la perception. Il ne s'agit nullement de se demander, à l'instar de Kant, ce qui serait au-delà, derrière le phénomène, ce que serait précisément une hypothétique « chose en soi », mais le phénomène est plutôt l'Etre même apparaissant, autrement dit se montrant, se donnant personnellement sur la scène temporelle. Certes, nous avons une habitude invétérée de distinguer et d'opposer sur le plan moral l'être et le paraître ; mais cela fait partie du jeu de Manifestation qui l'englobe, et seul compte l'apparaître, tel qu'il se montre dans le champ de notre conscience. Si nous avons l'esprit lucide et le cœur ouvert, si nous laissons entre parenthèses les préjugés, les idées préconçues, les opinions toutes faites, il n'y a nulle raison que la vérité de l'Etre ne s'ouvre à nous au sein des phénomènes.

Michel Bakounine écrit justement : « Le gouvernement des savants aurait pour première conséquence de rendre la science inaccessible au peuple et serait nécessairement un gouvernement aristocratique, parce que l'institution actuelle de la science est une institution aristocratique. L'aristocratie de l'intelligence ! Au point de vue pratique la plus implacable, et au point de vue social la plus arrogante et la plus insultante : tel serait le régime d'une société gouvernée par la science. Ce régime serait capable de paralyser la vie et le mouvement dans la société. Les savants, toujours présomptueux, toujours suffisants, et toujours impuissants, voudraient se mêler de tout, et toutes les sources de la vie se dessécheraient sous leur souffle abstrait et sa-

---

[87] M. Henry, *L'essence de la manifestation*, Paris, PUF, 1990, p. 99.

vant. »[88] L'intelligence n'est nullement enclose dans les limites des observations scientifiques, ni contrainte de s'incliner pieusement devant les résultats de la science, mais elle peut elle-même explorer rigoureusement dans une intuition pure le phénomène du vécu et en lui le don de l'Etre. Cependant, ce dont Husserl prend définitivement acte, c'est que l'apparaître est dans le vécu de la vigilance structuré par la dualité sujet/objet ; que la perception dans la vigilance et tous les actes de la conscience sont traversés par l'intentionnalité. Toute conscience est conscience de quelque chose, affirme Husserl[89], mettant l'accent sur la « chose », l'objet de la conscience, ainsi que sur la dualité sujet/objet. Il est dans l'essence de la vigilance de se projeter, de poser un objet en face de soi, de se poser en retour comme sujet seulement par rapport à cet objet. Husserl ne s'aperçoit pas – et Michel Henry non plus – que cette structure n'est valide que dans la vigilance ; aussi va-t-il développer la thèse de l'intentionnalité pour l'appliquer à tous les objets : perception, imagination, constitution du corps, et bien plus encore.

La conscience de soi

Ce qu'a omis Husserl, c'est l'ipséité pure, la profondeur incommensurable du Soi : le Soi ne s'abandonne jamais lui-même, mais s'éprouve continûment lui-même au sein du sentiment que j'éprouve en-deçà de toute conscience d'objet. C'est précisément au sein du sentiment, mais non de la représentation, que lui est attribuée cette conscience de soi que la conscience d'objet ne peut lui attribuer. Cet égarement sur la portée réelle de la représentation avait débuté avec l'ambivalence du cogito cartésien. Dans les *Méditations Métaphysiques*, Descartes s'aperçoit que le monde de la veille et le monde du rêve ne s'excluent pas

---

[88] M. Bakounine, *Dieu et l'Etat*, Mille et une nuits, n°121, 2000, p.77.
[89] E. Husserl, *Méditations cartésiennes*, Seconde méditation, § 14, Paris, Vrin, 1992, p. 65.

mutuellement. Il est bien possible de révoquer en doute l'apparaître du monde et de le considérer comme illusoire, mais seule la représentation est capable de l'ajuster ; seule la cohérence logique accrédite le phénomène du monde de la veille et inversement c'est l'incohérence logique qui discrédite le phénomène du monde du rêve.

Cependant, les impressions sensibles sont les mêmes dans le rêve que dans la veille. Je puis rire en rêve, souffrir, aimer, me divertir, et le pathétique est essentiellement le même ; le Soi s'éprouve pareillement dans chacune des situations qu'il traverse. Si le phénomène du monde peut être discrédité par le doute, la vie n'en continue pas moins de s'éprouver elle-même identiquement, et seul le Soi peut accorder cette pure identité que la pensée ne peut établir. Pourtant Descartes se méfie de l'affectivité, de la subjectivité, et va plutôt chercher le réel dans l'idée : que je veille ou que je rêve, $4 + 5 = 9$; les relations mathématiques sont des natures simples échappant à la variabilité des états de conscience. Pourtant, ce n'est pas à ce niveau que se situe la puissance de certitude du cogito.

Il est dans le cogito, dans le *je suis* qui est cohérence intime du Soi donné à Soi, une certitude de soi qui résiste à tous les doutes et n'appartient nullement à la pensée. Certes, Descartes affirme que le cogito est pure intuition, qu'il ne doit pas sa certitude à la pensée raisonnante ; mais il déchoit promptement du fondement qu'il vient de discerner en assimilant la pure conscience à la pensée. L'ultime réalité n'est certainement pas le « *cogito ergo sum* » : je suis, et du fait que je suis, la pensée peut exister ; il n'y a pas de « donc » qui ne démontre rien, et encore moins d'assimilation possible de « je suis » à « je pense » ; *je suis* est la première évidence et donc la première vérité. Mais Husserl, dans le prolongement de Descartes, ne retiendra de l'évidence que l'idée féconde des natures simples en mathématiques, celle que l'on rencontre précisément dans une pensée claire et distincte. Michel Henry ne perçoit dans cette glissade qu'une dénaturation totale du cogito cartésien. Le « je suis » fait immédiatement signe en direction de la Vie réelle, mais la philosophie de la représentation ne verra dans le sujet qu'un sujet posé par la pensée.

Le fondement de la représentation

Dans la *Généalogie de la Psychanalyse*, notamment dans le chapitre intitulé « La Vie retrouvée : le monde comme volonté », Michel Henry rend justice à Schopenhauer pour avoir remis en cause le fondement de la représentation[90]. Avec le titre de l'œuvre principale de Schopenhauer, *Le Monde comme Volonté et comme Représentation*, on penserait que, par rapport à Kant, rien n'a changé dans l'énoncé « le monde est ma représentation ». La nouveauté, c'est que Schopenhauer trouve le fondement même de la représentation, non plus dans le sujet kantien, mais dans le Vouloir-vivre : ce n'est guère la représentation qui fonde quoi que ce soit, mais plutôt cette puissance infinie de la Vie en l'homme, que Schopenhauer appelle Vouloir-vivre, et qui « se manifeste donc aussi bien dans le suicide […] que dans la jouissance »[91]. Pour Schopenhauer, il n'est au fond nulle dissimilitude véritable entre le phénomène, même scientifiquement fondé, la simple apparence et le rêve, car il ne s'agit en tout que de représentation de la pensée. Mais il doit bien exister une Réalité en soi, un noumène au sens kantien, et c'est à ce niveau que Schopenhauer retourne Kant : plutôt que d'aller chercher le noumène au-delà des phénomènes, il vient le trouver en-deçà des phénomènes, au cœur même du sujet, dans la puissance infinie du Vouloir-vivre. Cette Réalité en soi est la Volonté, non plus la volonté au sens du volontarisme cartésien, au sens d'une volonté intentionnelle, mais celle dont le mode de donation le plus intime est la chair du corps, mais celle du Vou-

---

[90] M. Henry, *Généalogie de la Psychanalyse*, Paris, PUF, 2003, pp. 159 *sq.*
[91] A. Schopenhauer, *Le monde comme volonté et comme représentation*, volume 3, Paris, PUF, 1966, p. 500.

loir de soi primordial par lequel toute vie tend à se perpétuer, à se vouloir éternellement elle-même.

Cette conscience antérieure à toute représentation, cette conscience vive que Michel Henry considère comme la Vie, n'est pas un Vouloir-vivre aveugle ; elle n'est donc ni la volonté de puissance de Nietzsche, ni la pulsion de Freud. La Vie est donation de soi du sentiment, subjectivité pure, épreuve de soi, qui se donne à soi-même dans l'individualité et s'éprouve comme vie, tout en demeurant dans l'invisible. Nous ne pouvons voir un sentiment, ni jamais le mesurer, mais la Vie a sa propre certitude. Je puis quelquefois douter de ce que j'aperçois, de ce que constitue la représentation, mais je ne peux douter de ce que j'éprouve comme sentiment : la souffrance que j'endure est bien là et je ne puis, pour autant que je l'éprouve, la renvoyer à l'illusion ; je ne puis douter de la joie, de l'amour, de l'angoisse qui m'assaille. Cette certitude de soi de la vie en moi est donc son auto-révélation, qui n'est nullement de l'ordre logique de la pensée, mais de l'ordre pathétique du sentiment.

Etonnamment, Michel Henry se sert de la spéculation contre la spéculation. Il est un spéculatif critique, et ce qu'il tend à dévoiler, c'est que les limites de la représentation sont précisément les limites de l'intentionnalité. Mais qu'en est-il du pouvoir de l'intelligence ? Si l'intelligence est irrémédiablement liée à la représentation, si l'intellect est contraint par la disjonction sujet/objet qu'il instaure de lui-même dans la pensée, Michel Henry maintient que la pensée n'est pas tout entière asservie à la représentation, la vraie pensée étant l'auto-compréhension de la Vie, la manifestation à soi de la Vie comme intelligence et cette manifestation n'étant rien d'autre que la philosophie elle-même, dans son sens le plus originaire.

La pensée et le cœur

Faire le procès de la représentation en Occident n'a de signification qu'à condition que ce procès perde son sens en Orient, mais rares sont les chercheurs qui ont compris que ce pas devrait être franchi. Certes, la pensée officielle est la pensée occidentale, parce que généralement, la pensée est occidentale. Mais si d'aventure le procès de la représentation a une envergure universelle, n'a-t-il pas une valeur au-delà de la pensée occidentale et ne porte-t-il pas sur l'essence même de la pensée dans son rapport à la Vie ?

La pensée mécanique

S'il est une constante interrogation dans l'œuvre de Krishnamurti, c'est celle des limites de la pensée, le problème essentiel étant celui de l'aptitude de la pensée à appréhender le réel. Or la pensée, dans son usage empirique, a un caractère mécanique. Leibniz ne disait-il pas que nous sommes empiriques les trois quarts du temps ? Je pense habituellement sur la base de ma mémoire, reproduisant des schémas de mon passé, avec des opinions qui constituent le legs de la tradition. La pensée est en effet temporelle, toujours vieille du poids du passé, toujours en difficulté quand elle doit saisir ce qui est nouveau, original et vivant. Toute la structure de notre mental repose sur une base de fonctionnement qui relève d'une forme quelconque de conditionnement : « La pensée a subi des conditionnements successifs au fil des temps, dus pour une part à l'hérédité et pour une autre à la tradition, à la culture et à l'environnement »[92]. Ce conditionnement est soit individuel : mon passé, mon instruction, mon expérience me déterminent à penser de telle ou telle manière ; soit collectif : des opinions m'ont été inculquées sur ce que je suis supposé être, un chrétien, un africain, un camerounais... La pensée peut ainsi être considérée comme une disquette programme susceptible de déclencher une série de comportements. Ce qui est évident ici, c'est l'étendue de nos conditionnements, la nécessité de rencontrer la vérité di-

---

[92] J. Krishnamurti, *Les limites de la pensée*, Krishnamurti Foundation Trust Ltd, 2006, p. 168.

rectement, comme par exemple on touche une table, un seau, sans jamais passer par la pensée et son legs d'opinions de toutes espèces. Or notre pensée habituelle ne se rend jamais compte de son caractère mécanique.

Si la pensée ne réalise pas souvent qu'elle est mécanique, c'est qu'elle s'estime vivante ; mais la pensée n'est pas la vie, elle en est seulement la représentation dans la fragmentation des concepts. Voir cela clairement, totalement, est en soi une révolution. Ce *voir*, cette vision pénétrante, cet *insight*, n'est pas un sous-produit de la pensée, mais une opération directe de l'intelligence : « Cette vision pénétrante signifie la disparition de tout le contenu de la conscience »[93]. Ce *voir* se réalise en pleine lucidité ; et quand il survient, la pensée n'existe plus, n'a plus sa place quand il y a une perception totale. Le *voir* n'est pas la perception fragmentée en sujet/objet de la pensée commune, mais une perception globale. La critique de la représentation n'a donc plus sa place dans l'opération globale de la vision pénétrante, car cette vision n'est pas constituée par la pensée, mais elle procède de l'ouverture directe de l'intelligence à l'Etre. Ainsi le *voir* n'exclut-il pas le sentiment, mais il en a promptement la chaleur : la lucidité pure et l'amour ne sont plus qu'un unique feu, celui de la passion sans motif, de la compassion.

La vision fragmentaire

Cependant, et c'est précisément ce que redoute un esprit formé à l'occidentale, cela implique fatalement que le sens de l'ego en est entièrement absent. La pensée ayant engendré le « moi » devenu, apparemment, indépendant de la pensée, ce « moi », qui fait toujours partie de la pensée, constitue paradoxalement notre structure psychologique. Or la perception authentique ne peut bien s'accomplir qu'en l'absence du moi, et le moi concède ainsi à la pensée une permanence. Mais, dès l'instant où l'ego est robuste et

---

[93] *Ibid.*, p. 215.

prégnant, la vision est fragmentaire et limitée. Semblablement, l'ego est incapable d'éprouver de la compassion, des sentiments.

L'Intelligence, qui est en même temps compassion, n'est pas enclose dans la pensée, ni dans la représentation ; elle est en acte dans le *voir* indivis qui n'est pas constitué par l'intentionnalité. Il est evidemment une lueur de l'intelligence qui n'est pas celle de la perception physique, mais qui rayonne dans la lucidité sans objet. C'est uniquement lorsque l'esprit est comme franchi par le *voir* qu'il est intelligent et qu'il peut discerner l'essence. Il existe une intelligence qui permet l'éclosion, comme pour une fleur, de l'essence ; la perception est alors totale, elle est « une perception autre que celle du cerveau mutilé »[94], les choses étant bien saisies dans leur essence et leur intégralité. Contradictoirement à ce que pense l'opinion commune, l'intelligence n'est pas une propriété, une possession individuelle, qui serait équivalente au mental.

Nous ne pouvons *avoir* de l'intelligence, mais nous ne pouvons qu'*être* intelligents, ce qui ne signifie nullement que je puis, d'une manière quelconque, m'approprier l'intelligence comme mienne. Je ne puis être authentiquement intelligent que par participation à l'Intelligence. De même que l'intelligence humaine est certainement révélée dans l'ouverture, de même elle est fatalement rétrécie dans la clôture. Le canal est soit ouvert, soit fermé, afin que l'intelligence se répande à travers la vision. L'esprit inintelligent est borné en tant qu'il entretient une obstruction ; l'esprit stupide s'est enclos dans un mutisme qui le ternit, dans la torpeur de l'inerte, comme si la voie libre et frétillante de l'intelligence s'était soudainement murée. Mais comme toute intelligence est participation à l'Intelligence de l'Etre, il est absolument possible de l'éveiller en tout homme, car elle est infiniment disponible dans l'ouverture véritable de la conscience. Cela ne pourrait s'accomplir

---

[94] *Ibid.*, p. 172.

sans une tentative de désobstruction des entraves que notre pensée a engendrées. Krishnamurti appelle *pensée négative* la voie critique de destruction des conditionnements conduisant au suprême positif qui réside au-delà de notre pensée. Cette Intelligence qui traverse l'esprit dans le *voir* est encore appelée *Intelligence créatrice*.

La pensée vigilante

C'est la pensée vigilante qui pose la dualité sujet/objet et les conditions de la représentation. C'est dans cette dualité vigilante que je m'éprouve au réveil, moi, face au monde objectif, moi propulsé dans un monde me paraissant étranger, moi placé sur mes gardes à l'égard du champ des objets. C'est la vigilance qui met en mouvement l'ego, car l'ego n'existe continuellement que dans l'état de veille. Or la vigilance et l'intentionnalité sont indissociables. Mettre en cause la représentation revient précisément à s'interroger sur l'intentionnalité, ce qui revient encore à remettre en cause le statut de la vigilance. Et c'est à ce niveau que se situe toute la radicalité de l'enquête sur les limites de la pensée. Cette remise en question de la pensée dans la vigilance n'est réalisable que s'il existe pour l'intelligence un mode de compréhension spécifique, dans un état spécifique et plus élevé que vigilance et non-dualité : L'Eveil.

L'intelligence humaine ne gagne rien à vouloir conceptualiser, à vouloir vaille que vaille penser le ressenti, mais elle gagne tout à essayer de descendre dans le sensible, de sorte que ce qui est requis pour son éveil, c'est de dévaler de la tête au cœur. Cela peut inquiéter, en raison des habitudes invétérées auxquelles l'esprit se soumet pour assurer la continuité de la pensée, indépendamment du cœur. Il est cependant un moment où ce jeu doit cesser. Pour ne pas tourner en rond dans ses propres constructions, l'esprit doit à un certain moment faire le saut consistant à rejoindre le cœur, ce qui veut dire aussi radicalement être au seuil du silence, faire le saut dans le vide de la pensée qui est pleinement la Vie. Il est intelligible que l'esprit veuille rester de son côté, en raison de la structure du mental qui a une propension à mouliner des concepts, à se sécuriser dans des pensées, mais il faudra à un moment convenir qu'il n'y a ni Vie ni Intelligence dans la pensée humaine. La Vie pure demeure en-deçà des constructions mentales et l'Intelligence, qui confère à la pensée sa pertinence, la surpasse et en est la Source. Un tel aveu est la suprême humilité de l'esprit, par laquelle il admet que foncièrement la Vérité lui échappe, qu'il ne peut que l'approcher et tourner autour, qu'il existe une pensée autre que celle du mental ordinaire, une pensée plus intuitive, plus éveillée.

CHAPITRE 2

La logique de la démonstration

L'aptitude à la démonstration constitue l'une des fonctions de l'intelligence abstraite. Le consommateur qui assiste à une démonstration commerciale s'attend à être convaincu quand on lui démontre l'intérêt de l'utilisation d'un certain objet technique, par exemple que l'échelle révolutionnaire A peut se transformer en tréteaux pour effectuer quelques travaux de peinture. Si cette démonstration aboutit, elle se conclut par l'acte de consommation qui lui correspond : je passe la commande de l'objet que j'ai vu à la publicité. Mais pouvons-nous vraiment parler de démonstration en pareille situation ? Il s'agit pour le vendeur de *montrer*, plutôt que de *démontrer*, et montrer se perçoit ici dans un sens qui procède principalement du faire-voir et du faire-valoir. Qu'est-ce alors que démontrer ?

L'existence de paradoxes montre les limites de la démonstration. Issu du grec, le préfixe *para-* est employé en français dans le sens de l'opposition et veut dire *contre*, comme dans *parapluie* ; mais en sanskrit *para-* signifie plutôt *au-delà*, comme dans *para-brahman*, l'absolu transcendant. Quant à lui, le terme *doxa* en grec signifie *opinion*. Un paradoxe est alors, soit ce qui s'oppose à l'opinion, soit ce qui est au-delà de l'opinion. Si le préfixe *para-* voulait seulement indiquer une opposition, un paradoxe ne serait qu'une idée dérangeante pour le sens commun, et on pourrait ainsi appeler paradoxe une opinion raciste, insultante, grossière, ce qui ne correspondrait pas exactement à l'idée impliquée dans la notion de paradoxe. Qui dit paradoxe dit beaucoup plus qu'idée provocante pour l'opinion, un paradoxe étant plutôt un problème si pointu que l'intellect lui-même s'y trouve bloqué dans une impasse. Le paradoxe est-il une mise en cause de la logique duelle du mental ou bien n'est-il qu'un jeu de l'esprit ?

Comme limites de nos démonstrations, les paradoxes peuvent avoir une *fonction épistémologique*, l'apparition certaine des paradoxes dans l'histoire des sciences devant s'effectuer à un moment important du développement de leurs théories. D'après le sens commun, la science est un savoir qui progresse par un processus d'accumulation infinie où s'empilent les théories nouvelles, et c'est ainsi que s'édifie le monument de la science. Il en résulte une représentation du savoir scientifique gorgée des certitudes accumulées par des générations de savants ; la fierté devant les découvertes scientifiques permettant de congédier le besoin de certitudes religieuses, métaphysiques, mystiques, et de nous prévaloir de nos avancées actuelles, que les générations passées ne pouvaient connaître. Mais le devenir de la science est-il un progrès linéaire ? La science résulte-t-elle d'une simple accumulation de théories ?

LOGIQUE ET DEMONSTRATION

Une démonstration commerciale, c'est d'abord une exhibition pour vanter les bienfaits d'un produit ; elle ne se déploie pas dans le champ de la connaissance, elle n'est ni gratuite ni esthétique, telle une exposition de peinture ; elle est une mise en scène qui se sert des figures, des fleurs de la rhétorique. Or, ce qui est surtout en jeu dans une véritable démonstration, c'est d'abord la logique plutôt que la rhétorique. Est-ce à dire qu'il nous faille incontestablement confiner la démonstration dans la seule sphère des mathématiques ? Ne sommes-nous pas, comme intellects, toujours rangés sur le plan de la logique, et donc sensibles à la démonstration ?

Théorie et démonstration

Ordinairement conçue comme un ensemble systématiquement organisé qui repose sur des hypothèses générales visant à rendre intelligible un sujet déterminé, la théorie, quand elle s'applique au domaine des sciences expérimentales, correspond à l'achèvement de la construction scientifique. Dans ce cas, soit elle se contente de synthétiser les lois particulières en les reliant à un principe d'où elles se déduisent mathématiquement, sans pousser plus avant l'explication, soit elle se propose, sous forme de grande hypothèse, de rechercher au-delà des lois la cause profonde des phénomènes. En quoi une théorie se distingue-t-elle d'une thèse ?

Thèse et théorie

On prouve la valeur intellectuelle d'une *thèse* en exposant d'une manière détaillée, dans un raisonnement bien élaboré, les arguments qui l'appuient et en fournissent une justification rationnelle. Une thèse n'est pas une idée claire et distincte, qui aurait un caractère de nécessité dans son évidence, qui s'imposerait intuitivement. Elle nécessite une argumentation, elle a besoin de faire paraître sa pertinence, ce qui ne peut vraiment se réaliser que dans une démarche discursive, un raisonnement, une exposition logique. La thèse de Darwin, suivant laquelle l'évolution des espèces résulte d'un processus de sélection naturelle des plus aptes, n'est pas évidente et, comme explication du phénomène vivant, ne représente jamais qu'une hypothèse parmi tant d'autres, qu'une interprétation anticipée et rationnelle des phénomènes naturels et qui, comme telle, demeure discutable. Il faut donc, par surcroît, que Darwin déploie tout le dispositif argumentatif de *L'origine des espèces* pour parvenir à en prouver la valeur intellectuelle, ce qui implique que soient assez bien expliqués les principes approuvés par l'auteur, que soit arborée une accumulation d'observations concordantes, en vue d'engendrer une conviction rationnelle. Dans les sciences généralement, dès l'instant où une thèse acquiert une mise en forme rationnelle cohérente dans des principes, des hypothèses, des lois, elle est désormais considérée comme une *théorie*. « Dans la plupart des cas, une théorie est élaborée pour rendre compte d'une certaine réalité […] la notion de vérité préexiste à la théorie ; le but de la théorie est alors de déduire, à partir d'un ensemble d'énoncés vrais pris comme axiomes, tous les énoncés vrais concernant la réalité et rien que ceux-là. »[95]

Nous disons communément : la *théorie de la gravitation* d'Isaac Newton, la *théorie des réflexes conditionnés* d'Ivan Pavlov, la *théorie de la relativité* d'Albert Einstein… ; nous disons également : *d'après les thèses* de Newton, de Pavlov, d'Einstein… *nous pouvons expliquer un tel phénomène en disant que…* Si la thèse tend souvent à faire paraître la pertinence d'une explication vraisemblable d'un phénomène, l'usage du vocable *théorie* est devenu approprié au domaine de la connaissance objective. Il est désormais coutumier de se servir du mot *thèse* dans un sens plus large, pour désigner l'élaboration analytique conduite dans un système philosophique, par exemple : les thèses de Marx au sujet de l'aliénation du travail, de Spinoza sur la nature du désir, de Bergson concernant la fonction de l'intelligence… La différence que nous établissons entre l'usage du vocable *théorie* dans les sciences et de celui de *thèse* en philosophie procède-t-elle d'une séparation réelle ?

Le contraste réel se situe entre ce qui est argumenté et ce qui ne l'est pas, entre ce qui n'a pas de justification et ce qui en acquiert ; ainsi pouvons-nous aisément établir une dissimilitude entre une *opinion* et une *thèse* : une thèse est argumentée, n'existe pas sans un corps de propositions permettant de la justifier ; alors qu'une opinion, on l'a simplement, sans pour autant savoir pour quelle raison. L'opinion s'oppose à la thèse, tout comme elle s'oppose à la science, selon l'idée de Bachelard : « La science, dans son besoin d'achèvement comme dans son principe, s'oppose absolument à l'opinion. […] L'opinion pense mal ; elle ne pense pas : elle traduit des besoins en connaissances. En désignant les objets par leur utilité, elle s'interdit de les connaître. On ne peut rien fonder sur l'opinion : il faut d'abord la détruire. Elle est le premier obstacle à surmon-

---

[95] A. Thayse et *al.*, *Approche logique de l'intelligence artificielle*, 1, p. 91.

ter »[96]. Dans l'opinion, nous n'avons nulle justification réfléchie, notre savoir étant principalement de l'ordre du ouï-dire plutôt que d'une justification rationnelle précise, d'une perception de la vérité explicable dans un discours probant. Dans le processus des constructions de l'intellect, il serait donc illusoire de vouloir différencier une argumentation « scientifique » et une argumentation « philosophique » : l'une et l'autre se disposent dans le même genre discursif d'un essai de construction intellectuelle rigoureuse, s'opposant généralement à l'opinion.

Argumentation et démonstration

La *démonstration*, en sa qualité de raisonnement qui prouve avec évidence, de « déduction destinée à prouver la vérité de sa conclusion en s'appuyant sur des prémisses reconnues ou admises comme vraies »[97], a deux supports fondamentaux : celui de la *logique* et celui de la consistance du *système* dans lequel elle se développe. Plus spécifiquement, « une démonstration d'un théorème est une liste ordonnée des axiomes, règles d'inférence et théorèmes déjà connus qui ont permis d'obtenir ce théorème »[98]. A l'intérieur du système géométrique euclidien[99], nous pouvons bien démontrer que la somme des trois angles d'un triangle est égale à 180° et équivaut à deux droits. Pour ce faire, nous dressons des lignes parallèles aux côtés dudit triangle, examinons distinctement les concordances des angles alternes/internes et prouvons qu'effectivement, la proposition « les trois angles d'un triangle font deux droits » est nécessairement vraie. Contradictoirement, dans un autre système où les axiomes sont dissemblables, par

---

[96] G. Bachelard, *La formation de l'esprit scientifique*, Paris, Vrin, 1983, p. 14.

[97] A. Lalande, *Vocabulaire technique et critique de la philosophie*, Paris, PUF, 1962, p. 215.

[98] A. Thayse et *al.*, *Approche logique de l'intelligence artificielle*, 1, p. 71.

[99] *Cf.* Euclide, *Les Eléments*, trad. R.P. Rochalles et M. Ozanam, Paris, Cl. Ant. Jombert, M. DCC. LXXVIII. Voir aussi A. Delachet, *La géométrie élémentaire*, Paris, PUF, 1974, pp. 9 *sq.*

exemple dans la construction de la géométrie convexe de Riemann[100], les trois angles font moins que 180° et leur somme est inférieure à deux droits, ainsi que le triangle dessiné sur un ballon a des angles plus aigus. Une démonstration, qui se développe sur un plan plus abstrait, plus théorique, qu'une argumentation, est donc purement formelle et ne sort pas du contexte du système logique dans lequel elle est érigée. Elle ne peut alors être correcte ou incorrecte que par rapport aux règles d'inférence du système qui la soutient ; aussi le professeur de mathématique différencie-t-il aisément une démonstration correcte et une démonstration incorrecte, dans la mesure où il maîtrise les règles d'inférence du système de référence.

Pratiquement, une démonstration prend souvent la configuration d'un *calcul*, comme application d'une règle opératoire permettant d'exécuter des raisonnements logiques, mathématiques… notamment à l'intérieur d'un système, d'un ensemble cohérent de notions. Pour ces diverses raisons, il est de coutume de rattacher la démonstration à la logique et aux mathématiques, qui demeurent sur le plan des idéalités, de la *vérité formelle* se rapportant surtout à la structure, à la forme du raisonnement, abstraction faite du contenu ainsi que des applications ; et l'argumentation dans l'ordre concret des faits, des événements, des phénomènes, de la *vérité matérielle*. Du fait que, dans la démonstration, la puissance de la logique se trouve affranchie de toute obstruction, de toute référence à la nécessité de convoquer des faits, des événements, des phénomènes, pour savoir si ce que l'on dit est vrai, la démonstration renferme donc une vigueur que n'a jamais l'argumentation. Si la démonstration fournit des preuves contraignantes, l'argumentation précise les raisons en faveur ou contre une thèse déterminée. Dans la démonstration, l'esprit est contraint de plier, de céder, de s'incliner, il ne peut se dégager, en référence au concept de preuve

---

[100] *Cf.* R. Penrose, *L'esprit, l'ordinateur et les lois de la physique*, pp. 285 *sq.*

élaboré par Nicolas Balacheff : « Nous appelons preuve une explication acceptée par une communauté donnée à un moment donné. Cette décision peut être l'objet d'un débat dont la signification est l'exigence de déterminer un système de validation commun aux interlocuteurs. »[101]

Nous ne pouvons foncièrement nous soustraire aux conséquences de nos propres principes, parce qu'elles vont avec eux, ce qui est valable pour tous les principes, des axiomes mathématiques aux principes logiques, jusqu'aux principes des systèmes les plus dogmatiques... y compris ceux des sceptiques. La vertu de la démonstration, telle que la déploie un professeur de mathématique dans son cours, est d'accoutumer l'élève à une rigueur qui l'astreint à suivre le fil de la logique, à ne plus procéder par *association libre*, mais par *calcul*, suivant les deux processus prototypiques dont nous sommes partis[102]. La démonstration est un modèle d'objectivité qui doit contraindre l'esprit à s'émanciper de toute opinion ou vue trop subjective, à abandonner ses opinions individuelles, ses pensées fantaisistes, pour se soumettre à un système et à sa logique. Aussi la démonstration est-elle une école de formation intellectuelle, en ce sens qu'elle nous apprend notamment l'impartialité, nous contraint à reconnaître la vérité comme indépendante de nos opinions personnelles et valide pour tout esprit rationnel. Mais cela doit se percevoir dans un sens qui n'est pas *intuitif*, puisque tout processus de démonstration est définitivement *discursif*, procède du raisonnement. La démonstration nous enjoint de nous situer d'emblée sur le terrain d'un auditoire universel, celui de la communauté des esprits capables de reconnaître la validité d'un savoir objectif, celui du *consensus des savants*.

---

[101] N. Balacheff, *Processus de preuve et situations de validation,* Educational Studies in Mathematics, vol 18, n°2, Mai 1987, pp. 147-176.
[102] *Cf. supra,* Introduction Générale.

Le modèle mathématique

Le programme de la connaissance objective en exécution dans la science moderne a été déterminé par le modèle de la démonstration mathématique. D'une part, Galilée[103] considère que le vaste livre de l'univers « est écrit dans la langue mathématique et ses caractères sont des triangles, des cercles et autres figures géométriques, sans le moyen desquels il est humainement impossible d'en comprendre un mot »[104] ; d'autre part, Descartes nomme « *mathesis universalis* », la méthode générale permettant de connaître, la « science générale expliquant tout ce qu'on peut chercher touchant l'ordre et la mesure sans application à une matière particulière »[105]. Le mérite de Descartes et de Galilée est donc d'avoir conçu une méthode dans laquelle l'univers est perçu comme un livre écrit en langage mathématique – programme fort ambitieux, qui, s'il a produit des résultats probants, n'en soulève pas moins une difficulté : pouvons-nous soumettre la réalité intégrale à un système unique et à l'arraisonnement de notre logique ?

Le contenu des quatre règles de la méthode cartésienne est instantanément familier à un mathématicien. La première règle pose le *principe de l'évidence* comme critère de

---

[103] *Cf.* Galilée, *Discours et démonstrations mathématiques concernant deux sciences nouvelles*, Paris, Armand Colin, 1970. La révolution galiléenne consiste notamment en un renversement du rapport des mathématiques à la physique, où Galilée pense que ce qui arrive dans le concret arrive de la même manière que dans l'abstrait, et que par conséquent la mathématique n'est plus une méthode extérieure à la réalité, mais qu'elle en est la structure même. Il s'agit d'un renversement radical qui se produit dans la vision du monde, où « le monde cesse d'être un cosmos au sens d'un ordre visible dans son ensemble » (selon E. Cassirer, *La Philosophie des Lumières*, Paris, Agora, Presses-Pocket, 1966, p. 81) pour devenir une nature universellement légalisée par une mathématique a priorique.

[104] Galilée, *L'Essayeur*, Paris, Les Belles Lettres, 1980, p. 141.

[105] R. Descartes, *Règles pour la direction de l'esprit*, Paris, Gallimard, 1953, p. 50.

la vérité : nous ne devons nous fier à l'égard des idées qu'à celles qui s'imposent à nous clairement et distinctement, par exemple les *natures simples* des mathématiques, le nombre, le point, la ligne, comme concepts, qui sont des idées claires et distinctes comportant une évidence, une certitude lumineuse, où nous ne doutons point à cause de la liaison que nous percevons entre les idées. Dans la seconde règle, se rencontre le *principe de l'analyse*, qui consiste à « diviser chacune des difficultés que j'examinerais en autant de parcelles qu'il se pourrait et qu'il serait requis pour les mieux résoudre »[106] ; autrement dit, partant d'une totalité bien complexe, je la décompose jusqu'à ce que je parvienne aux éléments simples et irréductibles qui en sont les véritables constituants et les principes. La troisième règle pose le *principe de l'ordre* des raisons qui me commande de considérer tous les objets de la pensée comme reliés par une trame logique : suivant une marche inverse de la précédente, procédant par ordre, l'esprit s'élève peu à peu du simple au complexe, des principes aux conséquences, des éléments aux composés. La quatrième règle pose enfin le *principe du dénombrement,* où il s'agit d'une récapitulation pour éviter toute omission.

Le paragraphe suivant l'articulation de ces quatre règles largement inspirées du raisonnement mathématique, nous montre à quel point la démonstration devrait, dans le programme de la science moderne, être reproduite sur toutes les formes du savoir humain : « Ces longues chaînes de raisons, toutes simples et faciles, dont les géomètres ont coutume de se servir, pour parvenir à leurs plus difficiles démonstrations, m'avaient donné l'occasion de m'imaginer que toutes les choses, qui peuvent tomber sous la connaissance des hommes, s'entre-suivent en même façon »[107]. Les

---

[106] *Ibid.*, p. 47.

[107] *Ibid.*, p. 46. Pour l'étude de la méthode cartésienne, voir aussi : E.-D. Owona, *Des procédés logiques de la pensée à la réalité extérieure sensible : une analyse du raisonnement mathématique à partir du* **Discours de la méthode** *de René Descartes*, Université de Yaoundé I, 2004.

deux conditions pour que la connaissance objective soit étendue à la totalité du savoir, c'est : a) que nos prémisses soient toujours assurées de leur vérité ; b) qu'on garde toujours l'ordre nécessaire pour les déduire les unes des autres. Descartes est préoccupé par l'édification d'un système du savoir et la science est un savoir en forme de système dont le modèle est issu des mathématiques qui, dès lors apparaissent comme l'archétype, le modèle de la vérité, la seule norme du vrai. Dans l'idéal, l'esprit, dans sa quête de la vérité, ne devrait considérer comme rationnelles que les démonstrations ayant recours à des idées aussi claires et distinctes que les notions mathématiques. La science devrait se constituer comme un système formel, ou encore un « système axiomatique »[108], dans de « longues chaînes de raisons » similaires à celles dont les géomètres font usage dans leurs démonstrations[109].

Par système formel, en effet, nous entendons un système axiomatique articulé dans une langue entièrement formalisée et susceptible de rendre compte de la signification des notions mathématiques élaborées par ailleurs. Une telle conception de la réalité mathématique a deux caractéristiques : d'une part, la logique est considérée comme une théorie universelle de la quantification, dans laquelle tous les objets envisagés sont traités identiquement, sans aucune considération domaniale ; d'autre part, il n'y a nulle signification pour les mathématiques envisagées en dehors du

---

[108] *Cf.* A. Thayse et *al.*, *Approche logique de l'intelligence artificielle*, 1, pp. 71 *sq.*

[109] Dans le sillage de Descartes, non seulement Spinoza (*cf.* B. Spinoza, *Éthique*, in *Œuvres de Spinoza*, trad. E. Saisset, Paris, Charpentier, 1842.) fera une exposition géométrique de son système qui force encore l'admiration de nos jours, mais également les *Principia* de Newton (*cf.* I. Newton, *Philosophiae naturalis principia mathematica*, Apud Guil & Joh. Innys, 1726), isolés du reste de son œuvre, resteront pendant longtemps un modèle de rigueur, dérivé directement du modèle de la démonstration mathématique. C'est finalement l'alliance entre le langage mathématique et le paradigme mécaniste qui permettra le développement de la science moderne.

système formel, nulles questions méta-systématiques. Ainsi, même si le système formel possède des règles logiques extérieures, ces règles n'ont nul contenu logique en dehors de l'usage qui en est fait dans le système formel, ainsi que l'entendait Frege : « Nous avons déjà introduit un certain nombre de principes fondamentaux de pensée [...] pour les transformer en règles en vue de l'usage de nos signes. Ces règles et les lois dont elles sont les transformations ne peuvent pas être exprimées dans l'idéographie parce qu'elles forment leur fondement »[110]. L'Intelligence Artificielle, plus ou moins explicitement, héritera de cette attitude fondationnelle, car on se servira également dans ce domaine de la notion de système formel pour définir ce que l'on entend par traitement calculatoire des symboles.

Démonstration et argumentation

Cependant, à y regarder plus attentivement, Descartes a clairement conscience que si, dans la *théorie*, nous devrions toujours mettre notre confiance en la force de la démonstration et en l'évidence, dans la *pratique*, nous devons souvent nous limiter au vraisemblable, admettre l'incertain, et néanmoins raisonner. Le modèle de la *mathesis universalis* n'est-il pas quelque peu limité, ce qui explique chez Descartes le ton, très différent des *règles de la méthode*, des *maximes de la morale* provisoire ?

Démonstration et délibération

Dans l'univers de l'action, nous ne pouvons exiger indéfiniment des évidences avant de prendre une décision, l'action juste exigeant le plus souvent une réaction prompte ; et si nous ne devions nous décider qu'après *démonstration* des diverses raisons d'agir, nous resterions immobilisés la plupart du temps. Lorsqu'il y a un choix à

---

[110] G. Frege, *Begriffschrift*, traduction anglaise dans [J. Van Heijenoort (ed.), *From Frege to Gödel : a source book in mathematical logic,* Cambridge, Harvard University Press, 1967], § 13.

opérer, il faut qu'il y ait *délibération* dans un ordre de pensée qui ne procède pas de l'évidence mais se situe dans l'opinion, même si les hommes d'esprit se piquent souvent de rayonner dans les conversations, de réduire tout sujet à leur sens, d'exercer un empire dictatorial sur les opinions. Comme un promeneur égaré dans la forêt, plutôt que de se déplacer circulairement à tout hasard, il vaut mieux adopter une opinion droite, sensée, à titre de principe directeur. Ainsi, s'il ne nous est pas possible de discerner les plus vraies opinions, nous ne devons alors en suivre que les plus probables ; car toute question n'étant pas susceptible de démonstration, il faut examiner ce qui est le plus probable, non pas pour le croire fermement, mais pour croire au moins que cela est probable.

Il est des opinions vraies ou, comme les dénommait encore Platon, des opinions droites. Loin de la place mineure qui lui était attribuée dans l'analogie de la ligne, l'opinion se voit promue à un rang supérieur, dans la hiérarchie des biens où elle occupe, après la mesure, la proportion et la sagesse, la quatrième place, incluant « ce que nous avons dit appartenir à l'âme seule, les sciences, les arts, et ce que nous avons appelé les opinions vraies »[111]. La découverte par l'esclave du *Menon* des lois du triangle prouve que l'opinion peut accéder à la vérité, qu'il est en nous « des opinions vraies qui deviennent sciences, lorsqu'elles sont réveillées par des interrogations »[112], même si l'opinion vraie ne peut se stabiliser qu'à condition d'être appréhendée dans une totalité qui, comme telle, la surpasse. Aristote fonde sa conception de l'opinion vraie sur la notion de probabilité, reconnaissant *ipso facto* à l'opinion l'ultime mérite, à défaut d'être stable, de représenter un progrès par rapport à l'arbitraire de la simple hypothèse ; ainsi l'opinion reçue, l'*endoxa*, est-elle à considérer, puisque « les thèses probables sont celles qui correspondent à

---

[111] Platon, *Philèbe*, 66 b, Paris, Garnier-Flammarion, 1969, p. 373.
[112] Platon, *Menon, ou de la vertu*, in *Œuvres de Platon*, trad. V. Cousin, tome sixième, Paris, P.-J. Rey, 1849, p. 190.

l'opinion de tous les hommes ou de la plupart d'entre eux ou des sages, et, parmi ces derniers, soit de tous, soit de la plupart, soit enfin des plus notables et des plus reconnus »[113]. Certes, l'unanimité ou l'autorité ne sont pas des critères du vrai, mais ce n'est pas une raison suffisante pour négliger leur apport potentiel.

Si la morale peut se dispenser de démonstration, il en est ainsi des actions politiques, des jugements juridiques, des croyances religieuses : il importe de consentir une place à un ordre de discours qui procède plus d'une raison pratique que théorique. Or s'il est un mode de raisonnement qui procède plus de l'hypothèse probable que de la certitude assurée, c'est celui de l'argumentation. Dans le champ de ce qui est seulement probable et incertain, où il est question de raisonnements non rigoureux, nous ne pouvons que fort laborieusement construire, avec l'aide d'autrui, un consensus des opinions, un accord des esprits avec le patient labeur de l'argumentation. « Les *raisonnements non rigoureux* conduisent à des conclusions probables, en ce sens que soit les prémisses sont incertaines, soit les relations qui enchaînent les propositions établissent entre elles des liens exprimant un certain degré de probabilité. [...] ces modes de raisonnement sont très souvent utilisés dans les domaines de connaissances empiriques non théorisés ou peu théorisés. »[114] L'argumentation n'est pas moins rationnelle, moins logique que la démonstration ; seulement, elle ne se situe pas dans le même domaine de la pensée, mais dans le champ de l'incertitude où se déploie la subjectivité. Dans la complexité du réel, l'incertitude est élevée, un système unique n'est pas approprié, il y a alors place pour des points de vue différents. L'argumentation a sa place et sa valeur là où doit intervenir une délibération,

---

[113] Aristote, *Topiques*, I, I, 100 b21, cité par Aubenque, *Le problème de l'être chez Aristote*, Paris, PUF, 1991, p. 258-259.
[114] E. Chouraki, « Raisonnement et intelligence artificielle », in A. Cuvelier (dir.), *Psychisme et intelligence artificielle*, Nancy, Presses Universitaires de Nancy, 1992, p. 26.

lorsque rien ne s'impose avec évidence et nécessité. Aussi devons-nous garder à l'esprit deux principes extrêmes, entre lesquels se situe le champ de ce qui peut faire l'objet d'argumentation : 1) on ne délibère pas là où une solution immédiate à la situation d'expérience est nécessaire ; 2) et l'on n'argumente guère contre l'évidence.

Argumentation et communication

Une argumentation consistante s'adresse d'abord à un auditoire particulier, pour viser ensuite, à travers lui, un auditoire universel. L'auditoire représente aussi bien telle personne singulière à qui je m'adresse dans un dialogue, qu'un ensemble d'étudiants dans un amphithéâtre, un groupe de spécialistes compétents dans un domaine spécifique et réunis en colloque, une assemblée de citoyens comme le Sénat. Inversement, une démonstration, si elle ne reste logée dans la tête, est couchée sur du papier et reste abstraite, théorique. Une argumentation se tient debout dans la rencontre de personnes concrètes, sensées, capables de conférer sérieusement et intelligemment. L'unique souci de la démonstration est celui de sa rigueur, mais inversement l'argumentation, bien plus complexe, doit prendre en compte la nature même de son auditoire, toute argumentation s'organisant autour d'un auditoire et nous mettant soit en situation de *dialogue*, quand l'auditoire est réduit à une personne ; soit en situation de *communication*, lorsque l'auditoire est étendu à plusieurs personnes. Jean-Blaise Grize, bien loin de confondre *raisonnement* et *production de raisons*, précise ainsi le sens de l'argumentation par rapport à la démonstration : « [...] rien, *a priori*, n'autorise à réduire l'argumentation au pur raisonnement. Chacun sait d'ailleurs à quelles sortes de manipulations, il faut se livrer pour « formaliser » le moindre texte réel. C'est un excellent exercice pour un débutant en logique, mais je crains fort que cela conduise à déformer *essentiellement* l'objet d'étude. [...] parmi les transformations les plus fréquemment nécessaires, figurent le « rétablissement » de certaines prémisses et la modification de l'ordre de certains éléments. Or, parler de rétablir une prémisse, c'est trancher le problème avant même de l'avoir étudié, c'est implicitement décider que le locuteur a manqué de rigueur, qu'il a oublié quelque chose. [...] je pense plus fructueux de postuler [...] que, ce qui apparaît comme une lacune aux yeux de la logique de la démonstration est un moyen aux yeux de celle de l'argumentation. Il en va d'ailleurs de même pour les transformations d'ordre. S'autoriser à permuter les éléments d'un texte, c'est tenir pour insignifiante la *dispositio* de la rhétorique, c'est faire abstraction de ce qu'une argumentation est un dialogue entre partenaires. »[115]

Néanmoins, en matière de dialogue et de communication, il peut y avoir des glissements possibles. Du fait que, dans toute communication, dans tout processus d'échange d'un message entre un émetteur et un récepteur, s'effectue une confrontation des esprits, une authentique argumentation, en tant qu'elle vise un auditoire universel, en appelle d'abord à la raison de chacun. Si, dans l'idéal, l'auditoire est dit universel, c'est parce que nul homme compétent et raisonnable ne peut en être évincé. Il est implicite que tout homme est bien capable de se prononcer, que l'argumentation est susceptible d'emporter la conviction, l'adhésion, sans qu'elle procède pour autant d'une évidence théorique, ni d'une manipulation. Si c'est ma raison qui admet une argumentation, je ne suis pas fatalement en présence d'une certitude absolue évacuant tout doute, mais je ne suis pas pour autant manipulé, puisque c'est mon intelligence qui se prononce. Et le résultat, c'est de parvenir à constituer un accord général, un consensus. Ce que vise l'argumentation, ce n'est pas tant l'évidence que l'adhésion, l'univers de l'argumentation étant celui de l'*association libre*, donc du plausible, du vraisemblable, du probable, car ce dernier échappe aux certitudes du *calcul*.

---

[115] J.-B. Grize, *De la logique à l'argumentation*, Paris, Librairie Droz, 1982, p. 186.

Argumentation et persuasion

Inopportunément, la nature humaine est ainsi faite que les motivations égocentriques, par exemple même passionnelles, détournent très fréquemment l'*argumentation* de la recherche d'une adhésion vers la production d'une *persuasion*. Les passions constituent les seuls orateurs qui persuadent toujours, car elles sont similaires à un art de la nature dont les règles sont infaillibles ; et l'homme le plus simple qui a de la passion persuade mieux que le plus éloquent qui n'en a point. S'il s'agit de ne considérer dans l'activité du discours que son efficacité pragmatique, alors il n'est plus question de partager des convictions, de convaincre un auditoire universel, mais de le ramener à ses pensées personnelles, de gré ou de force. Tel est, à en croire Aristote, l'objet de la rhétorique : « La rhétorique est la faculté de considérer, pour chaque question, ce qui peut être propre à persuader. Ceci n'est le fait d'aucun autre art, car chacun des autres arts instruit et impose la croyance en ce qui concerne son objet [...]. La rhétorique semble, sur la question donnée, pouvoir considérer, en quelque sorte, ce qui est propre à persuader. »[116]

Quand est présente la motivation d'une volonté de puissance, tous les moyens de la rhétorique sont mis au service d'une intention unique qui est une fin de manipulation. Ce n'est plus l'explication d'une théorie, la diffusion d'une découverte, le partage de la vérité, la discussion en commun, mais c'est de la propagande. En l'absence de tout dessein égocentrique, faire partager ses convictions, ce n'est pas *imposer*, mais seulement *proposer*, ce qui laisse libre l'auditeur. Or dans le dérapage de l'argumentation vers la persuasion, un certain déplacement d'accent s'effectue, car l'orateur persuasif se souciera de s'adresser, non pas à l'intelligence de ceux qui l'écoutent, mais aux intérêts par-

---

[116] Aristote, *Rhétorique*, Livre premier, chapitre II, I, Paris, LGF, 1991, p. 82.

tiels, aux émotions vives, aux désirs ardents, aux passions exacerbées, à ce que nous appelons le *pathos*, l'*émotionnel*, l'*affect*. Comme le remarque encore Jean-Blaise Grize, les partenaires de l'argumentation «disposent fondamentalement des mêmes moyens, de sorte que la *disputatio* ne peut procéder, de part et d'autre, que par adjonction d'éléments nouveaux, que chacun va s'efforcer d'augmenter le nombre des faits utiles à sa cause, d'en placer quelques-uns avant certains autres, de les modifier, de les effacer »[117].

Si l'argumentation soulève tant de difficultés, c'est qu'elle se déploie dans le champ de la pensée et que nous n'avons pas une conscience claire de ce que peut être la pensée, encore moins des intentions qui peuvent la traverser ; de sorte que, invariablement, nous n'apercevons dans l'argumentation que son objet, qui est la *représentation*. Or, comme toute construction mentale, l'argumentation est dans la conscience un processus qu'il nous est possible de remonter, dont il importe d'examiner en nous-mêmes le processus. Examinons attentivement la manière dont nous usons de la parole dans notre dialogue intérieur d'auto-justification, notre propension à argumenter indéfiniment, nos relations avec autrui, notre tendance à rechercher une emprise sur la volonté de l'autre. Nous découvrirons alors que, très fréquemment, l'argumentation recouvre autre chose que ce qu'elle est supposée montrer.

Limites de la démonstration

Si les mathématiques ont longtemps exercé une fascination, ce n'est pas seulement en raison de l'exactitude des preuves, de la rigueur de la démonstration, de la cohérence du raisonnement, mais également parce qu'elles s'avéraient être l'unique domaine du savoir où la controverse était absente. Mais la fissure, c'est que la suprématie que la science classique a cru discerner dans l'idéal cartésien de la *mathesis universalis*, de la mathématique comme

---

[117] J.-B. Grize, *Ibid.*

norme du vrai, s'est effondrée sous les coups très rudes des mathématiciens eux-mêmes. En réalité, les sciences mathématiques représentent-elles encore de nos jours la seule norme du vrai ?

La théorie formelle des mathématiques

Tout lycéen sérieux sait que la géométrie, « une science qui considère l'étendue »[118], est une discipline déductive ; il a appris au cours de ses études qu'elle se distingue des sciences de la nature, telles la physique et la biologie, où la théorie reste dépendante, quant à sa véracité, de l'observation et de l'expérimentation : si la théorie est élaborée par l'esprit, la preuve doit découler des faits. Inversement, le succès de la géométrie procède de la *méthode axiomatique* utilisée depuis Euclide, par laquelle on peut démontrer des théorèmes en utilisant exclusivement la logique et des axiomes de base, par exemple : « Par deux points distincts passe une droite et une seule »[119].

La démonstration implique que l'on se dispense de toute vérification par l'expérience. Dans le théorème qui montre que les trois angles d'un triangle font deux droits, dès l'instant où nous disposons de la démonstration, il est inutile d'aller vérifier, à l'aide d'un rapporteur, tous les triangles qui existent au monde pour savoir s'ils forment effectivement deux droits : l'aspect évident des axiomes, la démarche inflexible de la déduction, font que le résultat ne peut être que vrai. Aussi comprenons-nous que la géométrie euclidienne soit restée un modèle de démonstration scientifique depuis deux mille ans, au point de susciter même l'admiration d'Albert Einstein : « Et si quelqu'un, en l'éveil de son intelligence, n'a pas été capable de s'enthousiasmer pour une telle architecture, alors jamais il ne pour-

---

[118] Euclide, *Les Eléments*, trad. R.P. Rochalles et M. Ozanam, Paris, Cl. Ant. Jombert, M. DCC. LXXVIII, p. 2.
[119] A. Delachet, *La géométrie élémentaire*, Paris, PUF, 1974, p. 11.

ra réellement s'initier à la recherche théorique »[120]. Grande a alors été la tentation chez les mathématiciens de vouloir absolument axiomatiser toutes les branches des mathématiques, cela supposant que l'on pourrait déduire logiquement de ces axiomes toutes les vérités contenues dans les sciences mathématiques.

Or, au XIXe siècle, Riemann a eu l'idée de remplacer un des axiomes d'Euclide, celui-ci : « Par un point, on ne peut faire passer qu'une parallèle par rapport à une droite donnée »[121] par celui-ci : « Par un point hors d'une droite, on ne peut faire passer aucune parallèle à cette droite ». Ainsi, on utilise un nouveau jeu d'axiomes comme principes de base et il est fort possible, comme dans la géométrie d'Euclide, de démontrer des théorèmes. Ce qui est nouveau, c'est que certains théorèmes seront faux dans la représentation du monde de la vigilance, parce qu'ils seront déduits d'un axiome faux dans le monde de la représentation spontanée, ce qui n'exclut pas pour autant qu'ils soient justes dans un monde imaginaire dans lequel les axiomes seraient vrais. Ce que nous en venons alors à comprendre, c'est que la géométrie, perçue de cette manière, est purement une construction de concepts, quand bien même lui serait soustrait le critère cartésien de l'évidence, du clair et du distinct. Il serait alors possible d'exposer cette forme et par extension, toute la construction des mathématiques, en procédant à son axiomatisation complète ; telle était l'idée de Hilbert[122] : « L'idée maîtresse de ma théorie est la suivante : tout ce qui constitue les mathématiques au sens traditionnel est rigoureusement formalisé, en sorte que la

---

[120] A. Einstein, *Comment je vois le monde*, trad. Régis Hanrion, Champs-Flammarion 1979, p.160.

[121] Il s'agit précisément de la Proposition XXXI d'Euclide qui pose le problème suivant : « D'un point donné hors d'une ligne droite, tirer une parallèle à cette ligne. » (Euclide, *op. cit.*, p. 92).

[122] Sur la méthode de Hilbert, lire E.-D. Owona, *Fondements logico-mathématiques et enjeux humanistes de la cybernétique*, Université de Yaoundé I, 2005, pp. 32-36 ; R. Penrose, *L'esprit, l'ordinateur et les lois de la physique*, Paris, InterEditions, 1992, pp. 105-108.

mathématique proprement dite ou au sens strict devient un stock de formules. Celles-ci se distinguent des formules qu'on a l'habitude d'utiliser en mathématiques seulement par le fait qu'en dehors des signes usuels, y apparaissent en plus des signes logiques, en particulier ceux pour "implique" (->) et "ne ... pas" (¬). »[123]

D'après Chaitin, c'était là un projet fort ambitieux : « Le rêve de Hilbert était d'éclaircir une fois pour toutes les méthodes du raisonnement mathématique. Il souhaitait rendre explicite un système axiomatique formel qui aurait contenu toutes les mathématiques »[124]. Entre 1920 et 1930, Hilbert présente un programme de recherche visant à formaliser totalement les mathématiques, définissant les termes de manière non ambiguë et sans faire appel à l'évidence, à l'intuition. Le programme de Hilbert, dans sa première partie, devient l'élaboration d'une *théorie formelle* des mathématiques. Pour réaliser un tel projet, il devait obtenir : a) un ensemble de *règles* pour écrire des *formules* ; b) un système d'*axiomes* écrits dans le système formel ; c) un ensemble de *règles de transformation* permettant de passer d'une formule à une autre.

Comme toute requête *intuitive* disparaît, il ne reste plus qu'à échafauder de façon *discursive* un système, un ensemble cohérent de notions, où les règles doivent être suffisamment précises pour être applicables mécaniquement, automatiquement, sans pour autant faire appel à l'intuition, donc à l'intelligence. Ainsi pourrait-on programmer un *ordinateur* en lui procurant les règles et les axiomes, et par la suite, lui demander d'appliquer successivement toutes les règles, en listant tous les théorèmes possibles au sein de la théorie formelle. Dans un langage mo-

---

[123] D. Hilbert, "Le fondement de l'arithmétique élémentaire", traduction française dans [J. Largeault (éd.), *Intuitionisme et théorie de la démonstration*, Paris, Vrin, 1992.], pp. 191-192.

[124] G.-J. Chaitin, « Le hasard en arithmétique et le déclin et la chute du réductionnisme en mathématiques pures », *Bulletin of European Association of Theoretical Computer Science (E.A.T.C.S.)*, N° 50, June 1993, p. 314.

derne, Largeault résume ainsi le but du programme de Hilbert : « En simplifiant, le programme de Hilbert repose sur l'idée que les théorèmes mathématiques sont mécaniquement prouvables et que vérifier la correction des preuves est une tâche d'ordinateur. »[125] Supposons que nous ayons une formule *f*, dont nous aimerions vérifier si elle est effectivement un théorème démontrable à l'intérieur du système ; si nous posons ce problème à l'ordinateur, il pourra donner quatre types de solutions :

1 - il listera la formule *f* et pas la formule *non-f* ;

2 - il listera la formule *non-f*, mais pas la formule *f* ;

3 - il listera la formule *f* et la formule *non-f* ;

4 - il ne listera ni la formule *f*, ni la formule *non-f*.

L'interprétation est fort aisée : dans le cas 1, la formule *f* est un *théorème* ; dans le cas 2, la formule *non-f* est un *théorème* ; le cas 3 est sérieux, car si une telle disposition se produisait, la théorie formelle serait *inconsistante*, parce que pouvant à la fois prouver une chose et son contraire, car « une formule est consistante si elle est dans un état d'une interprétation au moins […] une formule est inconsistante si elle n'est pas consistante »[126] ; enfin, dans le cas 4 la théorie formelle est manifestement *incomplète*, ce qui signifie qu'existent des choses dont elle ne peut savoir si elles sont vraies ou fausses.

Avec Hilbert et son axiomatisation de la géométrie euclidienne, avec la logique mathématique[127], la notion de

---

[125] J. Largeault, Présentation de la traduction française de l'article de D. Hilbert, "Les fondements des mathématiques", dans [J. Largeault (éd.), *Intuitionisme et théorie de la démonstration, op. cit.*], p. 145.

[126] A. Thayse et *al.*, *Approche logique de l'intelligence artificielle*, 2, p. 255.

[127] Le problème, extrêmement complexe, des rapports entre la logique et la mathématique ne s'est vraiment posé qu'à partir de 1847, lorsque George Boole fonde une nouvelle logique, symbolique, mathématique, réalisant *ipso facto* le projet formé par Leibniz dès 1675 d'une langue caractéristique universelle. Dans son calcul logique, Boole désigne par des symboles algébriques les opérations de la pensée, et fait apparaître de réelles analogies entre les variables numériques de l'algèbre et les variables propositionnelles de la logique (*cf.* « Of the conversions of

vérité en mathématique va changer encore plus radicalement de sens : « La « vérité mathématique » réside ainsi uniquement dans la déduction logique à partir des prémisses posées arbitrairement par les axiomes. »[128]

Des fissures dans l'édifice mathématique

Quelle fut l'ambition de Hilbert ? Un grand travail avait été abattu pour obtenir la formalisation des mathématiques ; il restait à accomplir la seconde partie du programme, qui consistait à prouver que la théorie formelle des mathématiques était consistante. Mais, en 1931, la surprise arrive dans l'univers serein des mathématiques : Gödel[129] démontre clairement qu'il n'est pas possible de prouver la consistance de la théorie formelle des mathématiques.

Les Grecs avaient déjà rencontré un problème de cet ordre, dans le *paradoxe du menteur*, et Gödel en a proposé une nouvelle application : *Tous les Crétois sont menteurs, c'est Epiménide le Crétois qui le dit.* « Tous les Crétois sont menteurs » est une proposition susceptible d'être vraie ; mais elle est une affirmation d'Epiménide ; or Epiménide est Crétois, et comme Crétois, il est un menteur, donc ce qu'il dit est faux : il ment, mais il affirme que les Crétois sont menteurs, ce qui est vrai, donc il n'est pas menteur. Cette proposition est paradoxale si on en reste à *un seul plan* de la logique, mais le paradoxe disparaît si on distingue *deux plans*. Une proposition *p* n'est vraie ou fausse que dans

propositions », G. Boole, *The Mathematical Analysis of Logic*, Cambridge, Macmillan, 1847, pp. 26 *sq.*).

[128] N. BOURBAKI, *Eléments d'histoire des mathématiques*, Paris, Hermann, 1960, p. 29.

[129] *Cf.* A. Thayse et *al.*, *Approche logique de l'intelligence artificielle*, 1, pp. 105-107. Voir aussi : R. Penrose, *L'esprit, l'ordinateur et les lois de la physique*, pp. 112-115. Lire enfin : E.-D. Owona, *Fondements logico-mathématiques et enjeux humanistes de la cybernétique*, Université de Yaoundé I, 2005, pp. 57-65.

son système formel : « tous les Crétois sont menteurs » ; la deuxième proposition est *métalogique*, se prononce sur un second plan, quant à la consistance du premier : « Epiménide le Crétois le dit ». La démonstration gödélienne consiste à réécrire le paradoxe du menteur en utilisant la science des nombres : 1) la formule f : « Pour tout x, il existe y tel que $y > 2x$ » est une proposition arithmétique ; 2) la formule g : « Pour tout x, il existe y tel que $y > 2x$ est démontrable en arithmétique » est une proposition méta-mathématique.

Or, le résultat auquel parvient Gödel est le suivant : si g est démontrable, alors *non-g* l'est également : nous pouvons alors démontrer une formule et son contraire, ce qui est précisément la définition de l'*inconsistance*. Si nous supposons que le système formel employé est consistant – ce que fait Hilbert notamment avec l'arithmétique –, alors nous ne pouvons démontrer ni la formule g, ni son contraire : g est alors *indécidable*. Or, même en posant comme axiome que g est vraie, nous pouvons toujours trouver une formule vraie qui ne soit pas démontrable. L'arithmétique est donc *incomplète*, et elle le sera toujours, même si nous y ajoutons des axiomes supplémentaires. Le résultat en est que, contradictoirement à ce qu'espérait Hilbert, il est impossible de démontrer clairement dans le système formel que l'arithmétique est consistante.

Chez Gödel, se distinguent évidemment le théorème d'incomplétude et le théorème d'inconsistance. D'après l'*incomplétude*, dans une branche des mathématiques aussi complexe que l'arithmétique, il existe une variété de faits vrais qu'il est impossible de prouver en utilisant la branche de l'arithmétique en question. Selon l'*inconsistance*, il se peut, dans certains cas, que l'on puisse démontrer une chose et son contraire, et il est impossible de prouver la consistance de tout système formel contenant l'arithmétique par le moyen de ce même système.

Les théorèmes de Gödel impliquent que la Vérité ne saurait être exprimée en termes de démonstrabilité, dans la mesure où une proposition démontrable n'est pas nécessairement vraie et une affirmation vraie n'est pas toujours démontrable. Il est possible de soutenir des affirmations fausses, sans que l'on puisse démontrer le contraire ; à l'inverse, il est également possible de soutenir des affirmations vraies sans pouvoir se justifier par une véritable démonstration. En définitive, l'ensemble des vérités possibles est beaucoup plus important que l'ensemble des vérités démontrables, et la Réalité elle-même, encore plus riche que l'ensemble des connaissances possibles. Par un détour étonnant, Gödel met effectivement en évidence les limites de la *pensée mécanique*, car il est des choses qui ne sont pas du ressort de la pensée mécanique. Le programme de Hilbert partait du présupposé du *formalisme*, d'après lequel les mathématiques doivent être analysées comme une activité sans signification, similaire à un jeu, comme le jeu d'échec, où il s'agit de règles formelles préétablies et permettant de construire des assemblages de symboles, notamment les énoncés mathématiques et leurs démonstrations. L'élément fondamental de la pensée de Hilbert est le *mécanisme* ; et l'échec du formalisme, c'est aussi celui du paradigme mécaniste : on ne saurait enfermer le vrai dans le démontrable et le démontrable dans la mécanique du calcul.

La fin de l'universel mathématique

En réalité, l'argumentation et la controverse ont toujours été présentes à l'intérieur même du raisonnement mathématique, alors qu'on le croyait exempt, dans le champ idéal et abstrait de la démonstration, de la nécessité toute humaine de l'argumentation. C'est la *fin de l'universel mathématique* auquel la pensée classique, avec Descartes et Galilée, avait attaché tant de prix. En effet, au début du XXᵉ siècle les mathématiciens, qui opposaient toujours aux contradictions interminables entre philosophes la sécurité de leurs propres raisonnements, se trouvent à leur tour déconcertés en remarquant qu'ils ne parviennent plus à s'accorder. Il ne s'agissait guère de ces querelles maintes fois connues sur des questions proprement mathématiques, mais de mésintelligences profondes, et apparemment irréductibles, qui surgissaient au sein même de la prétendue évidence logique. Par exemple, la validité de principes logiques aussi fondamentaux que ceux de la contradiction, du tiers exclu ou de la double négation, la légitimité inconditionnelle de la démonstration par l'absurde, sont contestées par les mathématiciens intuitionnistes, tandis que leurs propres démonstrations demeurent inaccessibles aux mathématiciens formalistes. C'est ainsi une période de crise des mathématiques, qui confirme ce que disait Henri Lebesgue : « A aucune époque, les Mathématiciens n'ont été entièrement d'accord sur l'ensemble de leur science que l'on dit être celle des vérités évidentes, absolues, indiscutables et définitives ; ils ont toujours été en controverse sur les parties en formation des Mathématiques ; toujours ils ont estimé que leur époque était une période de crise. »[130]

Dans ces conditions, que subsiste-t-il de l'idéal cartésien de la *mathesis universalis*, d'un savoir intégralement démontrable fondé sur l'évidence de ses principes ? D'après la physique moderne, il est possible d'édifier un savoir qui ne repose pas sur l'intuition telle que structurée dans la représentation spontanée, la vigilance quotidienne, le fameux bon sens. « Nos notions expérimentales, puisées dans l'ex-périence commune, ne doivent-elles pas être sans cesse révisées pour s'incorporer plus ou moins exactement dans la microphysique où l'on doit toujours *inférer* et non pas *découvrir* les bases du réel ? »[131], se demandait déjà Bachelard. Prenons, avec Bernard d'Espagnat, l'exemple de la *théorie de la relativité* dont l'intuition est fort éloignée du bon

---

[130] H. Lebesgue, cité dans R. Vidal, *Etude historique et critique de méthodes de démonstration en arithmétique*, Thèse de Doctorat en Philosophie, sous la direction de Daniel Parrochia, Université de Lyon III-Jean Moulin, 2005, p. 11.

[131] G. Bachelard, *Le nouvel esprit scientifique*, Paris, PUF, 1984, pp. 165-166.

sens de la représentation spontanée : « Il vaut mieux ne pas regarder une particule comme une entité permanente, mais plutôt comme un événement instantané. Parfois ces événements forment des chaînes qui donnent l'illusion d'être des objets permanents »[132]. En l'absence d'évidence, il devient nécessaire de requérir en même temps une exposition complète des arguments d'une théorie nouvelle et surtout des preuves expérimentales concluantes.

Dès lors il devient impossible, à considérer la pratique effective de la recherche, de continuer à admettre la prétendue opposition entre argumentation et démonstration, ce qui ne serait que fantaisie, fiction, fragmentation illusoire du mouvement de la pensée. Alan Turing le faisait, à sa manière, remarquer quand il essayait de décrire les facultés mises en jeu dans le raisonnement mathématique : « On peut caractériser grossièrement le raisonnement mathématique par l'exercice conjoint de deux facultés, que nous pouvons appeler l'*intuition* et l'*ingéniosité*. »[133] C'est dire que l'argumentation et la discussion ne sont jamais exclues du champ de la spéculation pure. Les milieux scientifiques connaissent également la controverse, la polémique, la confron-tation de thèses contradictoires sur des questions théoriques. Et, parce que cette opposition n'existe pas réellement, il est absolument intelligent de s'interroger sur ce qu'il peut y avoir d'implicite dans la vraie démonstration scientifique, ce qu'elle peut enserrer comme jugements de valeur, si on remonte à ses intentions originelles. Il est alors probable que nous découvrions, sous l'argumentation rigoureuse, des arrière-pensées, des pré-conceptions, un système de valeur auquel l'ego qui argumente est réellement attaché. Nul doute que de telles préoccupations, par

---

[132] B. d'Espagnat et *al.*, *Physique et réalité*, Atlantica Séguier Frontières, 1997, p. 310.
[133] A.M. Turing, "Systems of Logic based on Ordinals", *Proceedings of the London Mathematical Society*, ser. 2, vol. 45, 1939, pp. 161-228, réédité dans M. Davis (éd.), *The Undecidable*, Raven Press, Hewlett, New York, 1965, pp. 154-222.

exemple, étaient présentes dans les querelles idéologiques sur la génération spontanée, l'évolution des espèces, les origines simiesques de l'homme.

D'après Aristote, dans toute démonstration il est indispensable de partir de prémisses, d'une pré-connaissance déjà admise : « C'est une démonstration quand le syllogisme part de prémisses vraies et premières, ou encore de prémisses telles que la connaissance que nous en avons prend elle-même son origine dans des prémisses premières et vraies. »[134] C'est dire que nous ne pouvons tout démontrer, qu'il est des prémisses que nous devons admettre sans démonstration. C'est en partant d'une reconnaissance intuitive première, que nous construisons un accord raisonné, ce qui s'appelle démontrer. La science démonstrative doit partir de prémisses vraies, premières, intuitives, immédiates, bien plus connues que la conclusion, antérieures à elle, dont elles sont les causes. Il est illusoire de penser que la démonstration soit en quelque manière créatrice, si elle ne fait que transporter la vérité de ses prémisses vers une conclusion. N'est évidemment créatif que l'acte intuitif de l'*intelligence* et non le mouvement discursif de l'*intellect*, l'intelligence étant foncièrement plus large que l'intellect.

DEMONSTRATION ET PARADOXE

A une opinion, nous pouvons toujours en opposer une autre, et devant un problème, nous pouvons chercher une solution adéquate ; mais devant un paradoxe, l'esprit est comme arrêté, interdit, ne sachant plus ce qu'il faut penser. Il est alors question de savoir si le paradoxe ne met pas en cause la logique duelle dans laquelle l'intellect fonctionne ordinairement. L'intellect est avant tout l'outil d'une discrimination qui implique l'analyse, la séparation, la dualité. Le paradoxe représente-t-il toujours une mise en cause de la logique duelle de l'intellect ? Est-il simplement un jeu de l'esprit ou alors exprime-t-il davantage ?

---

[134] Aristote, *Topiques*, 100a 25, trad. J. Tricot, Paris, Vrin, 1965, p. 2.

Les formes du paradoxe

Un paradoxe ne peut exister tout seul, mais ne frappe l'intellect que sur le fond d'une première logique qu'il vient surprendre et déconcerter, et un esprit qui ne construirait rien logiquement ne percevrait de paradoxe nulle part : tout lui serait naturel, comme chez le nourrisson qui vit dans une confusion où rien n'est encore bien distinct et organisé. Il importe ici de savoir si le contexte du paradoxe est spécifique à une forme de savoir ou bien s'il concerne le mental lui-même. Nous essaierons d'abord de classer les paradoxes, de chercher quelle sorte de difficulté ils soulèvent, afin d'en dégager ensuite des caractères communs ; nous prendrons pour critère le contexte précis dans lequel le problème est énoncé et le type de connaissance qu'il suppose[135].

Les paradoxes logico-mathématiques

Un paradoxe logique est celui qui vient démolir le raisonnement en plaçant l'esprit devant une contradiction apparemment insoluble, car « la formule simple du paradoxe (« A » est « non-A ») le rapproche de la contradiction »[136].

Le paradoxe du menteur. Il est dérivé du paradoxe du Crétois, ou paradoxe d'Epiménide[137], probablement inven-

---

[135] La liste des paradoxes est imposante : E.-W. Beth en étudie 12 dans ses *Fondements logiques des mathématiques* (Paris, Gauthier-Villars, 1955, pp. 175 et *sq.*)

[136] E. Morim de Carvalho, *Paradoxes des Menteurs*, Paris, L'Harmat-tan, 2010, p. 16.

[137] Un fragment d'Epiménide figure dans l'*Epître à Tite*, l'un des livres du *Nouveau Testament*. Paul de Tarse y écrit : « Quelqu'un d'entre eux [les Crétois], leur propre prophète [Epiménide le Crétois], a dit : «Les Crétois sont toujours menteurs, de méchantes bêtes, des ventres paresseux ». » (Paul de Tarse, *I, 12, traduction J. N. Darby, cité dans* https://fr.wikipedia.org/wiki/Epiménide*).* Diogène Laërce et d'autres

té par Eubulide, un adversaire d'Aristote[138], qui l'aurait ainsi énoncé : « Un homme disait qu'il était en train de mentir. Ce que l'homme disait est-il vrai ou faux ? »[139]. Nous pourrions allonger ce paradoxe par cet énoncé : « La phrase suivante est fausse. La phrase précédente est vraie. »[140] Sous sa forme la plus concise, le paradoxe du menteur s'énonce ainsi : « un homme déclare « Je mens » : si c'est vrai, c'est faux ; si c'est faux, c'est vrai. » Il peut y avoir deux interprétations possibles : 1) en tant qu'énoncé, cette phrase dit : « Cette phrase est fausse. » ; 2) en tant que propos, il faut comprendre : « Je mens maintenant ». Epiménide le Crétois dit que « les Crétois [sont] toujours menteurs », Κρητες αεί ψευσται. Par quelle méthode jugerons-nous donc de la valeur de cette phrase ? D'un côté, Epiménide est Crétois, donc il ment, mais s'il ment il dit effectivement la vérité ; d'un autre côté, il dit une vérité, à savoir que les Crétois mentent toujours, de sorte qu'il ment. Cet énoncé est à la fois vrai et faux, donc contradictoire, ce qui est intolérable en logique : ment-il ou bien ne ment-il pas, vrai ou faux ? C'est donc indécidable, insupportable pour l'esprit ; c'est une antinomie, car cette phrase aboutit à deux thèses contradictoires qui aboutissent l'une comme l'autre à une contradiction[141]. « De toute façon, avec ou

---

historiens attribuent la réflexion sur le paradoxe à Eubulide de Milet, logicien vers 350 av. J.-C., à partir d'un vers d'Epiménide (cf. Diogène Laërce, II, 108. I. M. Bochenski, *Ancient Formal Logic*, Amsterdam, 1957, p. 101-102.).

[138] Luc Brisson, « Les Socratiques », in Monique Canto-Sperber (dir.), *Philosophie grecque*, Paris, PUF, 1997, p. 149.

[139] Eubulide de Milet, cité dans Wikipedia, https://fr.wikipedia.org/wiki/Paradoxe_du_menteur

[140] Douglas Hofstadter, *Gödel, Escher, Bach, les brins d'une guirlande éternelle*, trad. Jacqueline Henry et Robert French, Paris, Dunod, 1985, p. 19.

[141] En 270 av. J.-C., au désespoir de ne pas trouver de solution, le logicien Philatos de Cos se suicide : il serait mort d'insomnie complètement absorbé par le paradoxe du menteur, et en fera d'ailleurs un petit poème (*cf.* St. George Stock, *Stoicism*, Londres, Archibald Constable, 1908, p. 36) :

sans paradoxe, le mensonge et la vérité coexistent dans la pratique la plus anodine du langage, sans que, souvent, l'on réussisse à départager cette ambivalence – mimée sous un registre logique par le paradoxe –, et laquelle est certainement beaucoup plus exaspérante que celle de ces jeux théoriques aseptisés. »[142]

Le paradoxe de l'avocat. Paradoxe logique datant de la Grèce antique, il met en scène un certain conflit entre le sophiste Protagoras et Euathlus, son élève. Euathlus est pauvre, mais voudrait apprendre la rhétorique auprès de Protagoras. Ce dernier, qui fait payer très cher ses leçons, accepte à une condition : si, après avoir appris auprès de Protagoras, Euathlus gagne son premier procès, il devra aussitôt lui rembourser son dû ; mais, s'il perd son premier procès, il faudra donc admettre que l'enseignement de Protagoras n'a pas été fructueux et dans ce cas, Protagoras ne doit plus rien réclamer à son ancien élève. Or Euathlus quitte le droit pour la politique, et Protagoras lui intente un procès. Si Protagoras a gain de cause, il recevra de l'argent ; mais si c'est Euathlus qui gagne le procès, il devra encore le payer, comme convenu : dans l'un et l'autre cas Protagoras se fait rembourser. Or, Euathlus est assez rusé pour répliquer : « si je perds ce procès, d'après notre accord je ne te dois rien, mais si je le gagne, je ne te dois rien non plus d'après le jugement ». En fait, Protagoras argumente auprès des juges en faveur d'une condamnation de son disciple. Le paradoxe intervient au moment où Euathlus doit à son tour s'exprimer devant les juges, décidant d'utiliser un argument presque identique à celui de son maître,

---

« Je suis Philétas de Cos,
   C'est le (paradoxe du) Menteur qui m'a fait mourir
   Et les mauvaises nuits qu'il m'a causées. »

Pour avancer, les philosophes, de concert et méthodiquement, mettent une étiquette avec titre et qualification : ce sera l'antinomie du Menteur. Puis chaque philosophe, avec sa méthode propre, cherchera la clef de l'énigme. Il faudra patienter 2500 ans !

[142] E. Morim de Carvalho, *Paradoxes des menteurs : Logique, littérature, théories du paradoxe*, volume 1, Paris, L'Harmattan, 2010, p. 13.

mais cette fois dans le but de se faire acquitter. Pourquoi le jugement cesse-t-il d'être équitable ? Comment passons-nous de l'avantage complet de l'un à l'avantage complet de l'autre ? Comment arbitrer le conflit entre Protagoras et Euathlus ?

Les paradoxes mathématiques, quant à eux, supposent connus un mode de raisonnement démonstratif, ses formules, ses applications, alors que l'exemple, lui, peut être emprunté à la vie ordinaire.

Le paradoxe de Berry. Il a été formulé en 1906 par Bertrand Russell qui introduit, dans une discussion, le « *plus petit entier non nommable en moins de dix-huit syllabes* qui paraît être ainsi nommé en dix-sept syllabes »[143], et attribue cette définition paradoxale à un bibliothécaire londonien, G. G. Berry. Les nombres entiers peuvent être décrits en français par des énoncés linguistiques comme : « deux puissance dix », ou bien « le plus grand nombre premier connu au vingtième siècle ». Or naturellement, une langue est un système fini quant au nombre de signifiants dont elle dispose ; le vocabulaire disponible est donc fini, comme est finie son utilisation dans la compétence linguistique individuelle. Supposons par exemple 350.000 mots différents dans la langue française : les énoncés de N mots ne peuvent décrire plus de 350.000 N entiers ; réellement, bien moins, la plupart des phrases ne voulant rien dire ou ne parlant pas des nombres entiers. Ce nombre étant fini, il existe donc des entiers non descriptibles par des énoncés de moins de N mots, et par exemple, il existe un entier qui est « le plus petit entier non descriptible en français par une expression de dix-neuf mots ou moins ». Mais cet énoncé, qui le décrit parfaitement, ne comporte malheureusement que dix-neuf mots. Certes, on pourrait proposer de créer des mots nouveaux, mais ils ne seront pas en nombre infini si on pose une limite au nombre de lettres :

---

[143] B. Russell, « Les paradoxes de la logique », in *Revue de métaphysique et de morale*, 14, VOL. 5, 1906, pp. 627-650, p. 645.

il suffirait de réécrire l'énoncé avec une limite de lettres et non de mots pour contourner un tel argument. Que pouvons-nous signifier dans une langue si elle ne peut tout dire ? Comment un nombre limité de signifiants peut-il objectivement rendre compte d'un nombre illimité de signifiés ? Comment un instrument fini d'expression peut-il entrer dans une logique de l'infini ?

Le paradoxe du barbier. C'est encore Russell qui a construit ce paradoxe pour démontrer le caractère contradictoire de la théorie des ensembles de Cantor : l'ensemble de tous les ensembles qui ne sont pas membres d'eux-mêmes, est membre de lui-même si et seulement s'il ne l'est pas. En voici l'illustration : « Considérons l'unique barbier d'un village. La municipalité lui enjoint de ne raser que les hommes qui ne se rasent pas eux-mêmes »[144]. Dans ces conditions, qui rase le barbier ? S'il se rase lui-même, il enfreint la règle, car le barbier ne doit raser que les hommes qui ne se rasent pas eux-mêmes ; s'il se fait raser par une tierce personne, il enfreint également la règle, puisque c'est à lui qu'incombe la tâche de raser les hommes qui ne se rasent pas eux-mêmes. Comment alors sortirons-nous d'une telle impasse, où une règle aboutit à une situation et son contraire ?

Les paradoxes physico-biologiques

Dans les cas du genre physique, le contexte dans lequel le paradoxe apparaît est celui d'un savoir issu des théories physiques, où il faudrait toujours inscrire au début une formule du modèle : « si la théorie de... a raison..., alors... ».

Le paradoxe des jumeaux. Présenté par Paul Langevin au congrès de Bologne en 1911, ce paradoxe est issu d'une expérience de pensée qui, illustrant la réfutation du concept de temps absolu chez Newton du point de vue de la relativité, semble montrer que la relativité restreinte est

---

[144] M. Peeters et *al.*, *Logique formelle*, Mardaga, 2009, p. 158.

contradictoire. Il y est question de « [...] « jumeaux » dont l'un d'eux effectue un voyage inter-mondes le rendant plus « âgé », après son retour sur terre, que son vis-à-vis, lequel a continué à vaquer tranquillement à ses affaires sans changer d' « espace-temps » »[145]. On suppose deux frères jumeaux nés sur Terre, Belinga et Obama. Belinga reste sur Terre. Obama effectue un voyage aller-retour dans l'espace, sur un vaisseau spatial dont la vitesse avoisine celle de la lumière. D'après le phénomène de dilatation des durées de la relativité restreinte, pour Belinga la durée du voyage est plus grande que pour Obama. A son retour, Obama constate donc que Belinga est devenu plus vieux que lui, et que lui-même, il est rentré plus jeune de son voyage. Mais Obama est en droit de considérer, les lois de la physique restant identiques par changement de référentiel, qu'il reste immobile et que c'est Belinga et la Terre qui s'éloignent à grande vitesse de lui. Obama pourrait donc conclure que c'est Belinga, resté sur Terre, qui est plus jeune à la fin du voyage. Ainsi chaque jumeau pense, selon les lois de la relativité restreinte, retrouver l'autre plus jeune que lui. Le temps peut-il s'écouler différemment dans un même univers en deux points différents ? Serait-il alors possible de remonter le temps ?

Le chat de Schrödinger. « Le paradoxe de Schrödinger illustre le principe d'incertitude avec son chat « mort-vivant » [...] »[146]. C'est une expérience de pensée imaginée en 1935 par Erwin Schrödinger, en vue de mettre en évidence des lacunes supposées de l'interprétation de Copenhague de la mécanique quantique, et particulièrement mettre en évidence l'épineux problème de la mesure. D'après la théorie des quanta, c'est la mesure qui, par effet Compton, perturbe l'état d'un système et le fait bifurquer dans la fonction d'onde correspondant à l'observation. Avant cette mesure, le système se trouve en divers états

---

[145] E. Morim de Carvalho, *Variations sur le Paradoxe*, volume 4, Partie 1, p. 79.
[146] *Ibid.*

superposés, une situation qui n'est guère possible à l'échelle naturelle. Un chat est enfermé dans une boîte contenant un flacon de gaz mortel et une source radioactive, un dispositif qui tue l'animal dès qu'il détecte la désintégration d'un atome radioactif. Au cas où un compteur Geiger détecte un certain seuil de radiations, le flacon est brisé et le chat meurt. Si les probabilités indiquent qu'une désintégration a une chance sur deux d'avoir eu lieu au bout d'une minute, la théorie quantique indique que, aussi longtemps que l'observation n'est pas faite, l'atome subsistera simultanément dans deux états différents : intact/désintégré. Selon l'interprétation de Copenhague, le chat est à la fois vivant et mort, mais si nous ouvrons la boîte, nous observerons que le chat est ou bien mort, ou bien vivant. D'après Schrödinger, le chat serait dans deux états différents, mort/vivant, jusqu'à l'ouverture de la boîte, donc l'observation, qui inciterait le choix entre l'un ou l'autre des deux états. Du coup, il est impossible de dire si le chat est mort ou vivant au bout d'une minute. Mais un objet physique peut-il être au même moment dans deux états contradictoires ?

Quant aux paradoxes biologiques, nous supposerons pareillement le contexte d'une théorie biologique dans laquelle le paradoxe vient faire éclater une difficulté.

Le paradoxe de l'œuf et de la poule. C'est l'un des paradoxes les plus anciens :

« Qu'est-ce qui est apparu avant : l'œuf ou la poule ?

- C'est l'œuf.
- Mais qui a pondu cet œuf ?
- C'est la poule.
- Mais cette poule sort bien d'un œuf, non ? »

Le paradoxe vient du fait qu'aucune réponse n'est satisfaisante. Une poule apparaît à partir d'un œuf qui se développe et, une fois adulte, elle est capable de pondre un œuf qui va engendrer une poule capable de... Mais il faut bien qu'il y ait eu un commencement : de la poule ou de l'œuf, qu'est-ce qui est apparu en premier ? Le premier œuf de poule ne doit-il pas avoir été pondu par une autre espèce, une *archéo-poule*, ou simplement être apparu *ex nihilo* sur la terre, pour être le premier ? Et si d'aventure nous supposons une *proto-poule*, à partir de quel niveau de différenciation sommes-nous en droit de parler d'une apparition de la poule ?

La trace biologique insolite. La théorie de l'évolution suppose une mutation lente des espèces naturelles dans le temps, aboutissant au règne actuel des vivants. La géologie, de son côté, confirme dans les sédimentations que les espèces les plus anciennes sont plus primitives dans leurs structures que les espèces récentes. Qu'adviendrait-il alors si on découvrait, dans une roche datant du quaternaire, une trace de pieds humains ? Ce serait une trace insolite, l'espèce humaine étant relativement récente. Faudrait-il alors rectifier la théorie évolutionniste de Darwin ? Devrait-on plutôt supposer une visite extraterrestre ? Que la vie se soit développée ailleurs, dans une autre planète, sous une forme similaire à celle de la Terre, n'est pas admis par le darwinisme.

Les paradoxes théologico-métaphysiques

Ici, nous envisagerons le contexte non plus d'une théorie physique, mais d'une doctrine officielle munie de l'argument d'autorité.

Le rocher le plus lourd. C'est une question qui a longuement agité les esprits au Moyen-âge, concernant l'attribut de la toute-puissance en Dieu : « Si Dieu est tout-puissant, peut-il créer un rocher si lourd qu'il n'arriverait pas à le soulever lui-même ? S'il ne peut pas le créer, il n'est pas tout-puissant. S'il le crée mais qu'il ne peut pas le soulever, il n'est à nouveau pas tout-puissant. »[147] Dieu ferait-il lui-même probablement les frais d'un tel argument ?

---

[147] A. Van Weynendaele, *Perceptions paradoxantes*, Editions Publibook, p. 41.

Le nombril d'Adam. Adam avait-il un nombril ? D'après la biologie, à la naissance d'un enfant on coupe le cordon ombilical, dont il reste une trace. Naturellement, un être émergé tout droit de l'esprit de Dieu n'a pas de génération biologique, il n'a donc pas de nombril. Oui, mais ce que l'on dit là du nombril, ne faut-il pas également le dire …

Il n'est pas question de faire un inventaire exhaustif des paradoxes et ces classements, pour être commodes dans telle catégorie ou telle autre, n'en sont pas moins problématiques. Nous revenons ainsi chaque fois à un problème de logique et à une question d'auto-référence. Partout la logique est en cause, car ce qui est essentiel pour qu'un paradoxe apparaisse, ce n'est pas tant le contexte théorique dont il procède, que précisément la difficulté logique qu'il soulève.

La dualité et le paradoxe

La logique dont nous nous servons quotidienne-ment est bivalente, parce que se situant dans la dualité vrai/faux. Dans l'algèbre de Boole[148], utilisée en informa-tique et en IA, cette dualité est donnée sous la forme bi-naire 1/0, eu égard aux états des mémoires des semi-conducteurs. La logique duelle se fonde sur trois « prin-cipes »[149] : a) le *principe d'identité* : A est A ; b) le *principe de non-contradiction* : A n'est pas B ; c) le *principe du tiers exclu* : il n'existe pas de troisième terme T qui soit à la fois A et B, c'est ou bien A, ou bien B. Les principes (a) et (b) sont admis communément et l'esprit ne saurait s'en passer, le bon sens à sa manière les trouvant évidents. En revanche, le principe (c) gêne le bon sens et ne recueille pas l'approbation de tous les logiciens, parce qu'il n'est guère évident. Quel rapport existe-t-il entre les paradoxes lo-giques et la logique duelle ?

---

[148] G. Casanova, *L'algèbre de Boole*, Paris, PUF, 1967, p. 5 *sq.*
[149] A. Virieux-Reymond, *La logique formelle*, Paris, PUF, 1975, pp. 24-25.

Le paradoxe formel

Un *paradoxe formel* est un raisonnement qui, en raison de ses prémisses et du tour de pensée alambiqué de son argumentation, conduit à une conclusion irrecevable, contradictoire. L'analyse structurale de son discours doit alors nous permettre de le démêler.

Le *paradoxe du menteur*, qui est auto-référentiel, nous mène droit à la contradiction en confondant deux ordres de vérité, notamment l'ordre initial de l'énonciation : « tous les Crétois sont menteurs », et immédiatement, il s'implique lui-même sous l'affirmation d'après laquelle c'est Epiménide le Crétois qui soutient cette affirmation, ce qui constitue donc une méta-proposition d'un ordre différent. La solution, proposée par Bertrand Russell dans la *théorie des types*, à travers la résolution du *paradoxe du barbier*, consiste à procéder à des différenciations de niveau dans le discours : tout discours peut faire l'objet d'un méta-discours, mais qui doit en être strictement distingué.

En effet, la forme originelle de la notion logique de système formel a été bien modifiée à partir des difficultés sémantiques[150] étroitement liées aux paradoxes de la théorie naïve des ensembles. Les divers paradoxes, et spécifiquement celui de Russell[151] concernant l'ensemble de tous les ensembles ne se contenant pas eux-mêmes comme éléments, requièrent que soit repensée la définition de la notion d'ensemble, une question nous contraignant alors à envisager autrement l'un des caractères spécifiques de la

---

[150] C'est la signification russellienne de la notion de sémantique au sein d'un système formel qui sera reprise à son compte par l'IA ; car, dans la comparaison entre un cerveau humain et un système formel, on considère aussi que le sens des symboles du système formel est donné empiriquement.

[151] *Cf.* Lettre de Russell à Frege (1902), traduction française dans F. Rivenc et P. de Rouilhan (dirs.), *Logique et Fondements des mathématiques*, Anthologie (1850-1914), Paris, Payot, 1992, pp. 240-241.

notion de système formel, celui de l'universalité de son domaine d'application. En vue de parvenir à éliminer les paradoxes, il faut éliminer la possibilité de construire au sein du système formel des ensembles contradictoires, et c'est ce but que se propose de réaliser la théorie des types de Russell : dans le seul but de préserver l'universalité d'application du système formel tout en éliminant les risques de contradiction, il faut introduire des types, des différences entre classes d'objets, au sein desquelles tous les objets sont traités identiquement ; ainsi l'universalité de la logique est-elle préservée « par paliers »[152].

Plus spécifiquement, l'énoncé : « le fer est un métal » traite d'un premier niveau d'objet ainsi que de sa validation, et il appartient à la chimie et à la physique d'alimenter une telle proposition en donnant une définition précise de l'atome de fer et des caractéristiques des divers métaux :

---

[152] La difficulté de la théorie des types provient de ce qu'elle bute sur des notions irréductibles à des considérations sur les différents types. C'est, ainsi que le font remarquer Kneale et Kneale (*cf.* W. Kneale et M. Kneale, *The Development of Logic*, Clarendon Press, Oxford, 1962, p. 662.), le cas des théorèmes portant généralement sur les nombres réels. Si, à l'instar de Dedekind, nous définissons un nombre réel comme un ensemble infini de nombres rationnels, nous serons confrontés à cette difficulté : si **S** est un ensemble non-vide de nombres réels, son plus petit majorant est un nombre réel ayant pour membre tous les nombres rationnels membres de n'importe quel membre de **S**. Dans ce cas, l'expression fonctionnelle spécifiant cette borne supérieure doit se référer à la totalité des fonctions propositionnelles qui spécifient des nombres réels, y compris la fonction qu'elle exprime. On ne peut donc guère spécifier de type, et dès lors, seule l'introduction de l'axiome de "réductibilité" permet à Russell de justifier l'existence de théorèmes de l'Analyse portant sur les nombres réels en général. Celui-ci apparaît alors comme un axiome *ad hoc*, et les considérations sémantiques reçoivent un statut seulement empirique (*Cf.* A. Lautman, "Considérations sur la logique mathématique", in *Essai sur l'unité des mathématiques et divers écrits*, Paris, Union Générale d'Edition, 1977, pp. 308-309), car elles ne sont justifiées que par l'idée provisoire suivant laquelle on pourra toujours modifier le système formel si la nécessité s'en impose. Ainsi le système formel a-t-il le statut d'une généralisation inductive que l'on espère être complète, sans jamais en être certain.

conductivité de l'électricité, masse atomique, etc. Quant à l'énoncé : « la proposition 'le fer est un métal' est vraie' », elle se situe à un second niveau, sous forme de *métalangage* par rapport au premier. De la sorte, on élimine d'abord la potentialité d'une auto-référence existante dans le discours[153], ensuite tout ensemble auto-contradictoire, l'intérêt de cette analyse étant qu'elle permet une distinction des différents niveaux de discours, tout en utilisant, dans toute sa pertinence, le concept d'ensemble. Il devient dès lors possible de transformer une proposition logique dans la théorie des ensembles, et *vice versa*.

Dans le *paradoxe de l'avocat*, l'impartialité du contrat n'est correcte qu'au début, le marché conclu entre Protagoras et Euathlus n'ayant de signification que s'il est distinct d'un procès sur lequel il sera éprouvé. Devenant lui-même partie du procès, Protagoras introduit une auto-référence logique menant directement à l'insoluble contradiction. En réalité, il s'agit d'un paradoxe auto-référentiel du genre du menteur, mais avec une composante temporelle dont il faudrait tenir compte pour en trouver la solution.

Le *paradoxe de Berry* est encore une variante du paradoxe du menteur et se résout identiquement. Il suppose de surcroît une conception étroite et figée du langage comme une simple nomenclature, un ensemble de mots, et ne prend nullement en considération les multiples possibilités de la créativité linguistique. Non seulement nous pouvons modifier le sens des mots existants, comme aux sens propre et figuré, mais nous pouvons en créer d'autres : virtuellement, l'expression est d'une variété infinie.

Enfin, le *paradoxe du rocher le plus lourd* est également un paradoxe auto-référentiel où la différenciation des niveaux de langage n'est pas faite, où nous parvenons à une conclusion analogue à celle du paradoxe de l'avocat, Dieu faisant les frais de l'argument en ne pouvant pas assumer

---

[153] C'était en effet le problème de Cantor de savoir si un ensemble est inclus dans lui-même ou non (*cf.* P. Lauria, *Cantor et le transfini*, Paris, L'Harmattan, p. 90).

l'attribut spécifique de la toute-puissance. Evidemment, le « ou bien… ou bien » au fondement de l'argument se solde par une réponse contradictoire à l'essence de Dieu comme sujet.

Le paradoxe représente donc un piège mental qui se referme sur nous. Il y est bien question de la vérité formelle, plutôt que de la vérité matérielle, pour laquelle le bon sens s'en tire aisément. Le bon sens se déploie dans la dualité sujet/objet, dans l'attitude réaliste du rapport homme/chose ; il entre donc très peu dans l'attitude réflexive impliquée dans les méandres du paradoxe autoréférentiel. Or dès l'instant où la réflexion intervient, son exercice le plus élémentaire consiste essentiellement à se dérouler dans la dualité simpliste oui/non, vrai/faux…, quitte à la fractionner nettement, en excluant la possibilité d'un tiers : *ou bien* c'est A *ou bien* c'est B, mais absolument pas les deux ; sinon, ce serait l'insoutenable contradiction. L'esprit humain a incontestablement plus d'un tour dans son sac. Lorsqu'il s'agit de malice et de calcul, de persuasion et de profit individuel, nous savons parfaitement jouer sur les paradoxes sous l'aspect des « sophismes »[154], à l'aide de la rhétorique. L'ego est un sophiste, il est très rusé et habile à construire des justifications, où il arrive parfois que « l'on pèche contre une des règles du syllogisme »[155]. Et comme instrument au service de l'ego, la rhétorique est l'art de la parole feinte, l'art de monopoliser les ressources du langage pour parvenir à ses fins.

Le paradoxe naturel

Un *paradoxe naturel* est un phénomène que nous sommes contraints de penser dans la complémentarité de deux concepts antithétiques. Dans ce cas, c'est la réalité elle-même qui est paradoxale, l'univers lui-même qui se présente à nous sous l'aspect d'un vivant paradoxe.

---

[154] A. Virieux-Reymond, *La logique formelle*, Paris, PUF, 1975, p. 63.
[155] *Ibid.*

La mécanique quantique a été pendant longtemps préoccupée par le *paradoxe de la lumière*. Alors que certaines expériences présentaient une nature ondulatoire de la lumière, d'autres mettaient en évidence une nature corpusculaire. Newton[156] pensait que la lumière était constituée de corpuscules de types différents pour chaque couleur, tandis que Huyghens se figurait une théorie ondulatoire[157] pour rendre compte des phénomènes physiques de réfraction et de réflexion des rayons lumineux. Au début, évidemment, l'interprétation quantique souleva des controverses qui tenaient à ce principal nœud « ou bien... ou bien », assorti du tiers exclu : c'est l'un ou l'autre, mais pas les deux, se disait-on. Du moment que l'on a cessé de raisonner dans cette logique duelle, on a pu admettre sans contradiction, avec Louis De Broglie, qu'un même phénomène lumineux puisse nous apparaître tantôt sous l'aspect ondulatoire, tantôt sous l'aspect corpusculaire, et que la lumière soit à la fois onde et corpuscule. « L'électron n'est pas un simple corpuscule ; il est, en un sens, à la fois corpuscule et onde. [...]. Nous voyons donc que la matière comme la lumière est formée de corpuscules et d'ondes. Matière et lumière apparaissent comme beaucoup plus semblables dans leur structure qu'on ne le pensait autrefois. »[158] Tel est aussi l'avis de Popper, qui ne fait « aucune objection de principe au concept d' « onduscule » (onde et corpuscule) ou aux entités non classiques similaires »[159]. C'est dire que la lumière est en même temps une onde pouvant entrer en interférence avec des objets, et encore des particules qui ont une énergie et un mouvement. Bien plus, ce que nous appelons bien souvent « particules », comme par exemple

---

[156] *Cf.* J.-L. Destouches, *La physique mathématique*, Paris, PUF, 1964, pp. 33 *sq.*

[157] *Ibid.*, pp. 72 *sq.*

[158] L. De Broglie, *Matière et lumière*, Paris, Albin Michel, 1937, pp. 28-29.

[159] K.-R. Popper, *La quête inachevée*, Paris, Presses Pocket, 1991, p. 129. Voir aussi : E.-D. Owona, *Réalisme et théorie des quanta dans **La quête inachevée** de Karl Popper*, Yaoundé, E.N.S., 1994, pp. 27-29.

les électrons, peut se comporter dans certaines expériences comme une onde et interférer avec la totalité d'un système, la *dualité* des deux contraires onde/particule se résorbant dans la *complémentarité* descriptive onde-particule. Selon Gaston Bachelard, « il conviendrait donc de fonder une ontologie du complémentaire moins âprement dialectique que la métaphysique du contradictoire »[160].

La logique duelle tend à simplifier à l'excès, tandis que la logique non-duelle garde le sens de la complexité ; l'une se sert du pivot du tiers exclu, mais l'autre utilise le pivot du tiers inclus, ce qui constitue un changement profond et révolutionnaire dans notre manière de penser. Le dilemme entre reconnaissance ou refus du principe du tiers exclu se trouve au cœur de la crise des mathématiques contemporaines. Contradictoirement à l'école formaliste de David Hilbert, les mathématiciens intuitionnistes, notamment Brouwer et Heyting[161], ont choisi délibérément de récuser le tiers exclu, tout en conservant les principes d'identité et de contradiction : « Si chaque application du *principii tertii exclusi* en mathématiques accompagnait une procédure mathématique réelle, cela signifierait que chaque assertion mathématique (chaque assignation d'une propriété à une entité mathématique) pourrait être jugée, c'est-à-dire être soit prouvée soit réduite à l'absurde »[162]. De ce point de vue, le principe du tiers exclu est au mieux superflu, car on peut fort bien mener des démonstrations sans s'en servir ; au pire, il devient stérilisant, puisqu'il tranche par avance des propositions indécidables, sans que cela résulte d'un examen factuel conscient et délibéré, alors que la réalité des faits ne doit pas être exclue de l'activité du mathématicien, comme le précise Bachelard : « ... il y a dans l'activité mathématique plus qu'une organisation for-

---

[160] G. Bachelard, *Le nouvel esprit scientifique*, Paris, PUF, 1984, p. 20.
[161] A. Heyting, « Sur la logique intuitionniste », Académie Royale de Belgique, *Bulletin de la Classe des Sciences*, 1930, 16, p. 957-963.
[162] L. E. J. Brouwer, *Cambridge Lectures on Intuitionism*, Cambridge University Press, Cambridge, 1981, p. 5.

melle de schèmes et [...] toute idée pure est doublée d'une application psychologique, d'un exemple qui fait office de réalité. Et l'on s'aperçoit, à méditer le travail mathématicien, qu'il provient toujours d'une extension d'une connaissance prise sur le réel et que, dans les mathématiques mêmes, la réalité se manifeste en sa fonction essentielle : faire penser. »[163]

D'après la *démonstration par l'absurde*[164], qui repose sur le principe du tiers exclu, pour prouver R, je suppose *non(R)*, or en le supposant, je trouve une contradiction, c'est donc que *non(R)* est fausse et enfin, selon le principe du tiers exclu, R est vraie. En logique intuitionniste, cette dernière étape du raisonnement est impossible : de *non(R)* est fausse, nous pouvons conclure que *non (non(R))* est vraie, ce qui n'est pas équivalent à R est vraie, comme en logique classique. Si nous récusons le tiers exclu, nous admettons l'implication, mais pas sa réciproque. Il s'ensuit que les mathématiciens intuitionnistes récusent également la validité de la démonstration par l'absurde, ce qui explique pourquoi les mathématiciens se sont trouvés dans une situation indécente, car si nous remettons en cause les modalités logiques de la démonstration, afin d'adopter des positions différentes, il ne sera plus possible de nous accorder : ce sont des logiques différentes qui s'affronteront.

Il est envisageable qu'un même phénomène naturel puisse représenter un paradoxe intolérable pour un esprit aligné sur la logique duelle et n'en soit plus pour un esprit qui se déploie dans une logique non-duelle. Le fond du problème se situe dans la place que nous adjugeons à ce tiers qui est au-delà de un et deux et qui en même temps les transcende, ce *tiers* que nous n'excluons pas, mais que nous incluons, ce tiers qui nous permet d'inclure sans exclure.

---

[163] *Ibid.*, pp.8-9.
[164] *Cf.* J.-L. Gardies, *Le raisonnement par l'absurde*, Paris, PUF, 1991.

Le paradoxe du tiers inclus

Voici donc une tentative pour introduire dans la description de la réalité une logique du tiers inclus permettant d'aborder nouvellement les paradoxes naturels. Reposant sur la logique duelle, la physique classique donnait de la masse et de l'énergie une définition absolue et non-contradictoire. Ce que la théorie de la relativité[165] et la théorie des quanta ont révélé, c'est que masse et énergie procédaient d'une entité événementielle originaire non-contradictoire : « Une autre conséquence de la théorie de la relativité (restreinte) est la connexion entre la masse et l'énergie. La masse est énergie et l'énergie a une masse. Les deux lois de conservation sont combinées en une seule, la loi de la conservation de la masse-énergie »[166]. Que l'entité originaire que nous désignons dans nos descriptions scientifiques sous le vocable de Réalité, puisse contenir en elle la potentialité des contraires posait alors un problème absolument inédit aux physiciens.

En guise de solution, Bohr proposa le « principe de complémentarité »[167] : dans ce domaine caractéristique de l'expérience, nous sommes confrontés à des phénomènes individuels et l'usage des instruments de mesure nous laisse seulement la possibilité de choisir entre les différents types de phénomènes complémentaires que nous voulons étudier. Le phénomène à étudier demeure un, et l'observation scientifique n'est qu'une extension de nos organes des sens par des instruments de mesure. En définitive, l'observateur détermine le phénomène à observer, la forme d'après la-

---

[165] *Cf.* A. Einstein, *Comment je vois le monde*, Paris, Flammarion, 1979, pp. 173-179 ; A. Forsee, *Einstein et la physique théorique*, Paris, Nouveaux horizons, 1966, pp. 43-53 ; C. Will, *Les enfants d'Einstein : la relativité générale à l'épreuve de l'observation*, Paris, InterEditions, 1988, pp. 286-288.

[166] A. Einstein et L. Infeld, *L'évolution des idées en physique*, Paris, Payot, 1968, p. 231.

[167] Cf. G. Hermann, *Les fondements philosophiques de la mécanique quantique*, Paris, Vrin, 1996, pp. 26 *sq.* Voir aussi B. Schaeffer, *Relativités et quanta clarifiés*, Paris, Publibook, 2007, p. 159.

quelle il peut l'identifier : soit une forme ondulatoire, soit une forme corpusculaire, dans le cas de la matière ou de la lumière, et c'est à ce niveau qu'il produit une interprétation duelle, appelée encore « classique ». Il est donc nécessaire de considérer son point de vue, autant que de recevoir une position différente, tout en admettant la complémentarité des descriptions, des points de vue. Il en résulte que l'idée même d'*objectivité forte*, qui prévalait dans la science classique, s'effondre ; ne subsiste alors qu'une objectivité faible, l'observateur ne pouvant saisir que la réponse provoquée par sa propre question, ce que Edgar Morin confirme dans l'introduction générale à sa *Méthode* : « Nous savons depuis plus d'un demi-siècle que ni l'observation micro-physique, ni l'observation cosmo-physique ne peuvent être détachées de leur observateur. Les plus grands progrès des sciences contemporaines se sont effectués en réintégrant l'observateur dans l'observation. Ce qui est logiquement nécessaire : tout concept renvoie non seulement à l'objet conçu, mais au sujet concepteur. »[168]

En 1935, Stéphane Lupasco donnait à ce problème une solution dans ce qu'il appelle justement le « principe d'antagonisme »[169], posant que l'actualisation d'un phénomène est indissociable de la potentialisation de son contraire. L'onde actualisée est conjointe à une structure corpusculaire potentialisée et, à l'inverse, la structure corpusculaire est conjointe à une structure ondulatoire potentialisée, chacune d'entre elles correspondant à une forme élémentaire de conscience. Mais seulement, si deux actualisation/potentialisation se trouvaient dans un certain état d'équilibre, le principe de complémentarité deviendrait alors inexploitable : nous ne pourrions en avoir aucune idée et aucun fait ne pourrait leur correspondre ; nous serions confrontés à une pure *vacuité* ; nous ne pourrions

---

[168] E. Morin, *La méthode 1 : La Nature de la Nature*, Paris, Editions du Seuil, 1977, p. 11.
[169] *Cf.* S. Lupasco, *Le Principe d'antagonisme et la logique de l'énergie*, Paris, Le Rocher, 1987.

l'énoncer que par des négations : ni ceci, ni cela, ni onde, ni particule. Cet état de potentialités coexistantes symétriques, Lupasco l'appelle l'*état T*, ou encore le *tiers-inclus*, ce tiers que la logique duelle exclut. Or si l'on envisage la potentialisation comme une conscience élémentaire, sa relativisation par rapport à son contraire la fera apparaître comme conscience dans le champ de la dualité. C'est un état intermédiaire bien réel, qui possède un dynamisme propre. Nous pourrions parler ici, d'après Lupasco, de *matière primordiale*. Le principe d'antagonisme conduit à la reconnaissance d'une entité matière-énergie qui est conscience de conscience, que Lupasco appelle *l'énergie psychique*, dont l'avènement se traduit par une conscience de ce avec quoi elle est en interaction, donc une conscience *auto-référente*, qu'expliquera Georges Lerbet : « L'autoréférence, cette propension qu'a le vivant en général et l'homme en particulier à devoir être en mesure de dépendre de lui-même pour construire son *self*, me paraît marquer profondément ce paradigme enrichi qui vise la compréhension des processus inhérents à la vie étendue à l'esprit. […]. En effet, en tant que telle, elle revient à traduire le jeu fonctionnel qu'entretient un organisme avec lui-même. Dans cette perspective, la manière qu'il a d'opérer, lui permet d'amplifier, d'approfondir, d'étendre ou de restreindre, la façon qu'il a de s'appréhender lui-même et, conjointement, d'articuler ce jeu autour d'un point fixe qui, à la fois, lui est propre et lui échappe. »[170]

L'énergie psychique renferme ce caractère de dynamisme infini de ce qui ne connaît nulle autre chose que ce avec quoi elle est en interaction, donc elle-même, dans sa transparence à soi, et c'est sur ce fondement qu'est possible une conscience objective, qui fonde à son tour l'intersubjectivité : « C'est l'univers de l'esprit méditant, imaginant mais aussi vivant et se mouvant dans sa quête de

---

[170] G. Lerbet, *Le sens de chacun : intelligence de l'autoréférence en action*, Paris, L'Harmattan, 2004, pp. 12-13.

la connaissance du monde qui l'entoure et dans lequel il baigne et dont il procède. [...] cet univers psychique est modélisé de façon à rendre compte des processus physiques et biologiques les plus organiques dont le corps est le support, mais aussi des processus cognitifs qui gèrent ce corps et ce psychisme dans le temps et dans l'espace, tout en procédant récursivement selon une longue chaîne de systèmes de systèmes, chaîne à la fois évolutive et constructive. »[171]

Ainsi la pensée duelle peut-elle produire à la chaîne toutes sortes de faux paradoxes, comme autant de jeux d'esprit, comme effets de surimposition de sa propre dualité, mais tous les paradoxes ne sont pas pour autant des âneries, des subterfuges, des tromperies. La Réalité est profondément paradoxale et il n'est guère possible de faire disparaître le paradoxe de la réalité, sans faire disparaître la Réalité elle-même : l'auto-référence qui nous inquiète et nous égare dans le discours est précisément dans la Réalité elle-même.

Le paradoxe et la conscience

Notre instruction scolaire nous fait répéter complaisamment que l'homme est un être conscient et pensant, doué de réflexion, mais c'est succinct comme définition de l'homme, si nous mettons de côté son corps et son âme. En outre, la réflexion est un terme vague, qui enveloppe l'aptitude à construire des représentations se tenant ensemble en vertu de la logique. Le mental, lui, est bien complexe, car il suppose toute la pensée : réflexion, représentation, logique, comme il englobe aussi perception, imagination, mémoire. A entendre parfois nos psychologues, on croirait que la logique n'a qu'un rôle auxiliaire, le maître mot revenant à l'inconscient, à la motivation, au

---

[171] *Ibid.*, pp. 18-19.

---

comportement... Il est erroné de ne pas prendre en compte la logique dans la conscience que, comme sujet, nous avons du monde, alors que le sujet conscient construit à chaque instant la cohérence de son monde, parfois au prix d'efforts désespérés, et la logique constitue la fine et fragile tessiture qui coordonne ses pensées. Et quand un paradoxe y apparaît, n'est-ce pas tout l'équilibre des constructions mentales qui est remis en question ?

Le paradoxe du mental

Si le terme de *maladie mentale* pour désigner la folie est pleinement justifié, il sera maintenant intéressant, pour aller plus loin, de prendre en compte le rapport entre paradoxe formel et vie psychique. Un trouble n'est pas simplement une question d'humeur qui change, mais un usage illogique de la pensée conduisant à la confusion mentale. Ne dit-on pas de celui qui joue avec les paradoxes qu'il confond les esprits humains et les égare, tout comme un manipulateur qui ne fait qu'incarcérer sa victime dans des constructions mentales paradoxales ?

Il est quelque chose de *paralysant* dans le *paradoxe*, parce que, d'une part, il constitue un piège mental et qu'en plus c'est avec le mental que nous croyons pouvoir en sortir. D'autre part, la pensée duelle engendre la structure du dilemme rigide *ou bien... ou bien* ; et dans le dilemme, il n'y a nulle nuance, nulle tierce solution en vue. Or lorsque les avenues sont obstruées, dans la relation, cette configuration peut créer une impasse dont le sujet ne peut sortir. Implicitement la représentation peut prendre la forme : « Vous avez le choix, c'est *ou bien* la chaise électrique *ou bien* la pendaison. » La situation est telle que le sujet n'a pas le moindre choix réel : il doit alors se résoudre à suivre l'issue fatale qui lui est imposée et qu'il s'est imposé. Ce type de paradoxe conduit à la *prévision paradoxale*, processus qui se rencontre de manière compulsive chez les obsessionnels[172].

Ne consignons pas le paradoxe en dehors de la vie, n'en faisons pas une babiole de mathématicien, une ruse de logicien, une astuce de sophiste. Toutes les fois que notre vie est empêtrée dans des contradictions, nous sommes pleinement dans le paradoxe. Le fou qui se frappe la tête contre un mur ne souffre pas de telle ou telle pulsion, mais il voudrait casser la tête de ce mental qui le fait atrocement souffrir. Lorsque la polémique enfle et que les esprits s'échauffent, quand la discussion s'enferme dans un dilemme parce que l'on croit qu'il suffirait pour résoudre un problème de cocher la bonne case, la logique duelle est aux commandes, le mental forge des cercles vicieux, entretient le conflit et ferme les issues... que le paradoxe au cœur du réel peut également ouvrir.

Le paradoxe du réel

C'est ici que nous retrouvons le sens *aller au-delà*, du préfixe *para-* dont nous sommes partis. Les psychiatres connaissent évidemment ces moments où, dans une inspiration soudaine, ils ont le bon mot qui déconcerte, le *contre-paradoxe* qui brise la logique duelle du mental et dégage un espace de liberté.

Le bouddhisme Zen s'est beaucoup illustré dans l'usage abrupt du paradoxe avec le procédé des *koans*, courtes histoires, phrases brèves transmises dans une relation de maître à disciple dans la tradition Rinzai. Le mot Zen lui-même est dérivé de *dhyana*, la méditation en sanskrit, et l'objectif du Zen est de tirer le bouddhisme dans la direction de l'expérience directe de la Vacuité. L'usage du *koan* nécessite de la part du disciple une ferme assise psychologique, une haute maturité capable de rencontrer abruptement l'ultime Réalité. Il ne s'agit nullement de monter une plaisanterie ou de jouer avec une énigme, mais

---

[172] Lire à ce sujet C.G. Jung, *Dialectique du Moi et de l'inconscient*, trad. Roland Cahen, Paris, Gallimard, 1981.

de provoquer une situation telle que la logique duelle coutumière du mental soit brusquement mise entre parenthèses. Le *koan* n'est pas non plus un aphorisme supposé rassembler une sagesse millénaire, et même s'il est parfois sujet à commentaire, il n'importe pas tant de l'expliquer, que d'ouvrir la voie d'une expérience personnelle. L'optique du Zen est toujours d'éviter le calvaire d'une spéculation, de ne pas entretenir le mental, de l'interrompre net dans une ouverture à l'indicible, d'être l'expression d'une *métapoésie* plutôt que d'une *métaphysique*.

Dans une telle situation, le mental est mis en suspens et, dans ce silence, une étincelle de l'*intelligence* peut s'allumer. L'esprit ne peut plus dire oui/non, vrai/faux, ni entrer dans des séries de dualité comme par exemple affirmation/négation, transcendant/immanent, subjectif/objectif... Par-delà l'affirmation et la négation, par-delà la contradiction, peut se produire la percée du dépassement de la logique duelle ; percée qui plongera instantanément notre conscience dans la Réalité, estompera les contradictions, enveloppera les opposés et en même temps les transcendera.

Le paradoxe de l'Etre

La pensée tend incessamment à surimposer à l'Etre une dualité fictive. La placer dans un paradoxe interrompt son mouvement ; elle devient un instant, une *intelligence* sans concept, et c'est justement dans cet espace sans concept que jaillit l'*insight*, la vision pénétrante.

D'où l'importance et l'intérêt du paradoxe. Dans toute spiritualité vivante, la place qui revient à l'*intelligence* varie en fonction de celle attribuée à la pratique, d'où la différence de progression. Certes, la méditation, le travail sur le corps et le souffle, apaisent les constructions mentales et préparent l'infusion du silence ; mais le *jnana-yoga*, ou yoga de la connaissance, se dispense de toute préparation et va droit au but, s'adressant à un chercheur à l'intelligence fine et cultivée, opérant une désobstruction en utilisant les armes du mental contre le mental. D'où ce goût démesuré du paradoxe dans toutes les formes de yoga de la connaissance. Sri Aurobindo[173] le pratique formellement dans ses *Aperçus et Pensées*. Nous le retrouvons curieusement dans les sketches de Raymond Devos : « On ne sait jamais qui a raison ou qui a tort. […]. Moi, j'ai longtemps donné raison à tout le monde. Jusqu'au jour où je me suis aperçu que la plupart des gens à qui je donnais raison avaient tort ! Donc j'avais raison ! Par conséquent, j'avais tort ! Tort de donner raison à des gens qui avaient le tort de croire qu'ils avaient raison. […] moi qui n'avais pas tort, je n'avais aucune raison de ne pas donner tort à des gens qui prétendaient avoir raison, alors qu'ils avaient tort. J'ai raison, non ? Puisqu'ils avaient tort ! Et sans raison, encore ! Là, j'insiste, […] moi aussi, il arrive que j'aie tort. Mais quand j'ai tort, j'ai mes raisons, que je ne donne pas. Ce serait reconnaître mes torts ! ! ! J'ai raison, non ? […] il m'arrive aussi de donner raison à des gens qui ont raison aussi. Mais, là encore, c'est un tort. C'est comme si je donnais tort à des gens qui ont tort. Il n'y a pas de raison ! En résumé, je crois qu'on a toujours tort d'essayer d'avoir raison devant des gens qui ont toutes les bonnes raisons de croire qu'ils n'ont pas tort ! »[174]

Dans la même lignée, Nisargadatta Maharaj[175], dans ses entretiens, allie une extraordinaire puissance descriptive à des raccourcis fréquemment enveloppants. Quant à lui, Karl Renz[176], virtuose de l'expression paradoxale, pousse ses auditeurs dans leurs derniers retranchements ; il est incisif, foudroyant, et dans la fulguration de ses réponses il rend chacun à lui-même, avec un certain goût pour l'humour et la provocation intellectuelle. Et tout cela n'est

---

[173] S. Aurobindo, *Aperçus et pensées*, Sri Aurobindo Ashram, Pondichéry, 1956.

[174] R. Devos, *Sens dessus dessous*, Paris, Stock, 1976, p.123.

[175] N. Maharaj et *al.*, *Je suis*, Editions Les Deux Océans, 1982.

[176] K. Renz, *Pour en finir avec l'éveil et autres conceptions erronées*, trad. Marie-Béatrice Jehl, Editions Les Deux Océans, 2004.

pas un simple jeu sophistique, une façon de confondre les esprits... et c'est en même temps un jeu et une franche distraction dont l'ego est formellement l'objet ; ce n'est pas tout à fait sérieux... et pourtant c'est extraordinairement sérieux ; c'est léger, joyeux, libre, et en même temps... cela pèse du poids de toute la Réalité, c'est l'inqualifiable tragédie de la vie humaine et cela n'a pas une once de liberté par rapport à soi, c'est plutôt la Vie elle-même, infiniment complexe et prodigieusement simple... : paradoxale !

PARADOXE ET SCIENCE

Les paradoxes peuvent avoir une *fonction épistémologique*, puisque l'apparition des paradoxes dans l'histoire des sciences doit s'effectuer à un moment important du développement de leurs théories. Le devenir de la science peut-il être un progrès linéaire ? La science résulte-t-elle d'une simple accumulation de théories ? La science n'est pas une mise à jour des découvertes anciennes, mais une refonte radicale pouvant altérer jusqu'aux principes auxquels nous avons cru jusque-là. En outre, l'expansion du champ du connu nous ouvre les frontières de plus en plus larges de l'incertitude. Dès lors il importe de nous interroger sur le processus de développement de la science : y-a-t-il une logique de la découverte scientifique ?

Science et progrès

Un *progrès* n'est pas un simple *changement* ; un changement est une transformation neutre, alors qu'un progrès est une transformation constituant par rapport à l'état antécédent une véritable amélioration, une évolution ascendante. Entre nos moyens actuels de locomotion, d'information, de communication, et ceux de nos ancêtres, il y a une telle différence, une suite d'améliorations si évidentes que nul ne peut nier l'existence même du progrès technique, au sens du perfectionnement indéterminé de ses réalisations. Appliqués à la science, ces pré-requis suscitent quelques interrogations : Pouvons-nous dégager une logique constante de la découverte scientifique ? La science progresse-t-elle par accumulation du savoir ? Et si tel n'était pas le cas, la science ne se trouverait-elle pas dans une révolution constante ?

L'état positif

A la Renaissance, l'Occident positiviste a investi dans l'activité scientifique des aspirations extraordinaires, et ainsi la philosophie de l'Histoire s'est appropriée l'argument constitué par l'aventure de l'histoire des sciences pour justifier la promesse d'un monde meilleur, agencé et édifié par la science nouvelle. Ainsi distinguait-on parmi les esprits les *Anciens*, tenants de la culture antique, et les *Modernes*, nouveaux philosophes instruits au contact de la méthode et des nouvelles découvertes scientifiques. La science moderne a suscité un enthousiasme considérable pour le progrès, qui s'est prolongé jusqu'à l'aube du XXᵉ siècle, permettant de s'approprier une conception du progrès d'origine religieuse, notamment celle de l'avènement dans un temps linéaire, d'un certain paradis, en ne lui attribuant pour contenu que les résultats pragmatiques de la science. On maintient donc le concept du temps linéaire, l'idée que le temps évolue en ligne droite, à la place des étapes de la Création biblique, de l'apparition du Christ, du Martyr sauveur de l'humanité, de la venue de la Jérusalem céleste. On dispose également, à l'instar de Comte, des « états »[177] de l'évolution sociale : il y aurait d'abord eu un *état théologique*, le temps d'Homère et des divinités grecques ; puis viendrait un *état métaphysique*, celui des philosophes grecs, de Platon, d'Aristote, de Démocrite ; enfin, l'humanité se serait affranchie de toute superstition et entrerait dans l'*état positif*, état du règne sans partage de la science, supposé délivrer un progrès sans rapport

---

[177] *Cf.* A. Comte, *Cours de philosophie positive*, première leçon (1830), Paris, Bachelier, 1830, tome 1, pp. 3-5.

avec les états antécédents. Une telle théorie de l'Histoire, expliquée méthodiquement à des élèves aujourd'hui, suscite encore une fascination, justifie une croyance et une aspiration placées dans la science, suscite l'infini besoin de croire à une évolution ; et comme nous ne savons comment l'évolution peut être conduite, nous en plaçons le moteur dans la science, car nous n'avons rien d'autre.

Le courant positiviste, que représentent Auguste Comte et les logiciens du Cercle de Vienne, comme Rudolph Carnap, poussera jusqu'au bout la tendance qui veut, au nom de la science, expurger le savoir des incertitudes philosophiques : « Mais que reste-t-il alors finalement à la philosophie, si tous les énoncés qui disent quelque chose sont de nature empirique et appartiennent à la science du réel ? »[178]. Ainsi s'agit-il de décanter le savoir des affirmations métaphysiques, des propositions dénuées de sens. Pourtant, épurant l'obscur et l'indécidable, le positivisme pourrait en même temps perdre de vue le sens, comme le remarquait Husserl : « le positivisme pour ainsi dire décapite la philosophie »[179]. L'Intelligence Artificielle pourra-t-elle alors combler les lacunes du positivisme ? « Les machines vont-elles rendre à la subjectivité son royaume, confisqué un temps par le positivisme ? »[180]

Le mythe du progrès

Quoique nous puissions émettre quelques réserves, tel est le *mythe du progrès* qui résonne dans notre conscience jusqu'à nos jours. Nous avons bien longtemps considéré l'histoire comme une voie royale d'accomplissement humain et de Rédemption, et c'est ainsi que les plus vieux mythes de progrès réapparaissent sous des aspects aussi

---

[178] R. Carnap, « Le dépassement de la métaphysique », in A. Soulez, *Manifeste du Cercle de Vienne et autres écrits*, Paris, PUF, 1985, p. 172.
[179] E. Husserl, *La crise des sciences européennes et la phénoménologie transcendantale*, § 3, Paris, Gallimard, 1976, p. 14.
[180] J.-G. Ganascia, *L'âme-machine. Les enjeux de l'intelligence artificielle*, p. 150.

divers. Le XIXe siècle, avec son idéalisme libéral, était sincèrement persuadé qu'il se trouvait sur le droit chemin menant infailliblement au « meilleur des mondes possibles » : on ne considérait que dédaigneusement les époques révolues, avec leurs épidémies, leurs guerres, leurs famines, leurs révoltes ; on jugeait que l'humanité, faute d'être suffisamment éclairée, n'y avait pas atteint la majorité... Une telle foi en un « Progrès » certain, fatal, continu, avait alors toute la force d'une religion ; déjà l'on croyait en ce « Progrès » plus qu'en la Bible et cet évangile semblait irréfutablement démontré par les prouesses, les merveilles incessamment renouvelées de la science et de la technique, ainsi que nous pouvons le lire chez Antoine de Saint-Exupéry : « Si nous croyons que la machine abîme l'homme c'est que, peut-être, nous manquons un peu de recul pour juger les effets de transformations aussi rapides que celles que nous avons subies. Que sont les cent années de l'histoire de la machine en regard des deux cent mille années de l'histoire de l'homme ? [...] Tout a changé si vite autour de nous : rapports humains, conditions de travail, coutumes. Notre psychologie elle-même a été bousculée dans ses bases les plus intimes. Les notions de séparation, d'absence, de distance, de retour, si les mots sont demeurés les mêmes, ne contiennent plus les mêmes réalités. Pour saisir le monde aujourd'hui, nous usons d'un langage qui fut établi pour le monde d'hier. Et la vie du passé nous semble mieux répondre à notre nature, pour la seule raison qu'elle répond mieux à notre langage. »[181]

Le concept de progrès présuppose un rapport spécifique avec l'idée de finalité : ainsi, toute théorie téléologique de l'histoire ne se fonde pas nécessairement sur le concept de progrès. Comme les théories finalistes, les théories du progrès sont fondées sur une unification du devenir historique, en tant que celui-ci tire son sens de la

---

[181] A. de Saint-Exupéry, *Terre des hommes*, in *Œuvres*, Paris, Bibliothèque de la Pléiade, nrf Gallimard, 1959, p.168.

seule idée de progrès. Mais elles impliquent aussi l'idée d'une hiérarchisation des époques les unes par rapport aux autres, chaque époque prenant son sens suivant sa contribution à la marche d'ensemble de la totalité. C'est ce qui explique que les grands théoriciens du progrès, tels Condorcet, Herder, Comte, soient avant tout de grands taxinomistes, spécifiant et subdivisant, d'époque en époque, quitte à admettre des retours en arrière, les moments du progrès. Il n'y a donc nul progrès historique sans démarche globalisante et unifiante.

Comment alors ne pas compacter le fait individuel, la spécificité d'une époque ou d'un peuple, dans la globalité du tout dans lequel ils sont supposés s'inscrire ? Tel est l'enjeu de la différenciation qu'opère Michel Foucault entre l'histoire globale, unifiante et centralisée, et l'histoire générale, articulation d'histoires générales spécifiques : « Une description globale resserre tous les phénomènes autour d'un centre unique – principe, signification, esprit, vision du monde, forme d'ensemble ; une histoire générale déploierait au contraire l'espace d'une dispersion »[182].

Afin qu'il y ait un progrès, il faut que les multiples spécificités constituent une unité, ou bien, en termes hégéliens, que « les individus disparaissent devant la substantialité de l'ensemble »[183] : au fond, il est question que chaque peuple ne soit qu'une figure singulière de l'Esprit universel. Aussi Herder critique-t-il légitimement le progrès au nom d'une certaine attention au particulier qui le conduit à légitimer chaque époque, qui ne se réduit pas à un moyen : « je ne puis me persuader que rien dans tout le royaume de Dieu soit uniquement un moyen – tout est moyen et fin à la fois »[184].

---

[182] M. Foucault, *L'archéologie du savoir*, Paris, Gallimard, 1969, p. 19.
[183] G.W.F. Hegel, *La raison dans l'histoire*, Paris, 10/18, 1965, p. 81.
[184] Herder, *Une autre philosophie de l'histoire*, Paris, Aubier, 1964, p. 225.

Le progrès du savoir

Qu'est-il donc arrivé entre-temps, afin que nous parlions ainsi de cet évangile, de cette foi dans le progrès, au passé ? Nous avons, de nos jours, perdu la foi dans le mythe du progrès scientifique : guerres, cruautés et tueries se sont succédées, de plus en plus violentes, de plus en plus rageuses ; l'inculture, les injustices, les inégalités sont toujours présentes et nous avons de surcroît récolté des problèmes écologiques liés à l'application de la science, à la technique. Charles Baudelaire s'en inquiète, non sans raison : « Quoi de plus absurde que le Progrès, puisque l'homme [...] est toujours semblable et égal à l'homme, c'est-à-dire toujours à l'état sauvage. Qu'est-ce que les périls de la forêt et de la prairie auprès des chocs et des conflits quotidiens de la civilisation ? Que l'homme enlace sa dupe sur le Boulevard, ou perce sa proie dans des forêts inconnues, n'est-il pas l'homme éternel, c'est-à-dire l'animal de proie le plus parfait ? »[185]

La science a transformé le monde, elle nous a facilité la vie, elle a rendu possibles des mutations considérables, mais l'homme est resté le même. Il n'y a pas eu de progrès de l'homme intérieur ; l'unique changement important, celui dans lequel on croyait aux siècles des *Lumières*, le changement de la conscience humaine, nous ne l'avons guère connu. Il est vain d'attendre de la science ce qu'elle ne saurait donner : la science n'est pas une religion, elle n'est pas davantage une idéologie, ni une sagesse, ni même une philosophie. La science est plutôt un savoir objectivé, mais tout autre est l'espérance d'un progrès ; il n'est guère contradictoire de concevoir une techno-science surdéveloppée dans un monde moralement, spirituellement barbare et inculte, comme le constate amèrement François Cavanna : « L'évolution du psychisme profond n'ayant pas suivi celle de l'activité cérébrale consciente, le

---

[185] C. Baudelaire, *Fusées*, in *Œuvres complètes I*, Paris, Gallimard, 1975, p. 663.

progrès technique n'est qu'un outil formidable entre les mains de bestiaux dont les motivations instinctives profondes […] sont exactement les mêmes que celles d'un crocodile. L'intelligence ne fait que fournir servilement des armes et des arguments à l'instinct, alors qu'elle devrait avoir pris les commandes. »[186]

La seule idée qui reste admissible au sujet de la science, eu égard à son progrès, est celle d'un *progrès du savoir* dégagé de toute mythologie. Bertrand Russell reconnaît bien cette supériorité de l'activité scientifique : « La science n'a jamais tout à fait raison, mais elle a rarement tout à fait tort, et, en général, elle a plus de chance d'avoir raison que les théories non scientifiques. Il est donc rationnel de l'accepter à titre d'hypothèse. »[187] En effet, il y a lieu de conjurer le mythe et de caractériser, entre le $\mu\acute{u}\theta o\varsigma$ et le $\lambda o\gamma o\varsigma$, le mythe et la science, une différence qui tourne à l'avantage de la science, et permette de déterminer sa supériorité sur le mythe. Telle est la mission que se donne, chez Auguste Comte, l'esprit positif, qui, abandonnant les mythes, se défait de son enfance en un pas décisif : « la pure imagination perd alors son antique supériorité mentale, et se subordonne nécessairement à l'observation, de manière à constituer un état logique pleinement normal »[188]. La supériorité avérée de la science sur le mythe est justement celle de l'observation sur l'imagination. Tout en reconnaissant pourtant au mythe et à la science une origine commune, François Jacob épure pourtant ce critère d'observation pour y ajouter la réfutabilité : « Qu'il s'agisse d'un mythe ou d'une théorie scientifique, tout système d'explication est le produit de l'imagination humaine. La grande différence entre mythe et théorie scientifique, c'est que le mythe se fige […] Une théorie scientifique fonc-

---

[186] F. Cavanna, *La belle fille sur le tas d'ordures*, Paris, L'Archipel, 1991, p.109.
[187] B. Russell, *Histoire de mes idées philosophiques*, trad. George Auclair, Paris, Gallimard, coll. TEL, 1961, p. 19.
[188] A. Comte, *Discours sur l'Esprit positif*, Paris, Gallimard, 1972, p. 232.

tionne de manière différente. Les scientifiques s'efforcent de confronter le produit de leur imagination (la théorie scientifique) avec la réalité, c'est-à-dire l'épreuve des faits observables »[189]. L'origine commune et la supériorité de la science montrent clairement la thèse : entre mythe et science, il est une dissemblance de nature, qui s'exerce au détriment du mythe, car la science représente un grand progrès par rapport au mythe. Ce type de progrès, nous l'avons sous nos yeux et nul ne contestera que depuis l'Antiquité, notre science ait progressé. Seulement, y a-t-il dans cette progression une cohérence, une logique ?

Conjectures hardies et réfutations strictes

Afin qu'il y ait un progrès de la connaissance, il faut que celle-ci réponde à une logique constante que l'on puisse dégager clairement. Or le nerf de la science tient à ses théories. Si la connaissance scientifique progresse, cela ne résulte-t-il pas généralement de l'application scrupuleuse et continue d'une incontestable logique de la découverte théorique, scientifique ?

La logique de la découverte

La philosophie empiriste a souvent considéré la logique de la recherche scientifique comme l'application d'une méthode inductive, où le savant est supposé faire des observations sur le monde pour ensuite en tirer des lois générales : telle est d'ailleurs l'approche générale et fondamentale de tout organisme vivant qui apprend de son milieu. Pour rendre compte de l'aptitude du chercheur à trouver une hypothèse explicative, Claude Bernard disait fréquemment que « le fait *suggère* l'idée », supposant que l'observation réitérée des mêmes faits permet à l'esprit de réaliser une *induction*, d'amplifier une généralisation, qu'il faudra alors convertir dans une loi physique au sein d'une

---

[189] F. Jacob, *Le Darwinisme aujourd'hui*, Paris, Le Seuil, 1979, p. 146.

théorie. Pour Isaac Newton, l'esprit ne devrait point feindre d'hypothèses. Bachelard, quant à lui, affirmait que « la véritable pensée scientifique est métaphysiquement inductive… elle lit le complexe dans le simple, elle dit la loi à propos du fait, la règle à propos de l'exemple »[190]. Mais la généralisation de l'observation d'un fait dispose-t-elle d'une quelconque nécessité, d'une rigueur logique ?

Si une fois, trois fois, cent fois, j'ai réellement aperçu un cygne blanc, m'est-il permis d'en tirer une conclusion, une loi d'après laquelle tous les cygnes sont blancs ? Pour Karl Popper, il suffit d'un seul contre-exemple pour invalider une telle induction : « Il est loin d'être évident, d'un point de vue logique, que nous soyons justifiés d'inférer des énoncés universels à partir d'énoncés singuliers aussi nombreux soient-ils ; toute conclusion tirée de cette manière peut toujours, en effet, se trouver fausse : peu importe le grand nombre de cygnes blancs que nous puissions avoir observé, il ne justifie pas la conclusion que *tous* les cygnes sont blancs. »[191] L'induction n'a nulle rigueur logique et ce n'est pas certainement à une démarche inductive que nous devons l'élaboration conceptuelle des sciences. Nulle théorie universelle stricte n'est justifiable à partir d'un principe d'induction sans que cette justification ne sombre dans la régression à l'infini, ce qui implique, notamment, que nul énoncé de ce genre ne peut être vérifié sur la seule base d'un dénombrement d'énoncés particuliers. L'induction expérimentale n'est donc qu'un mythe d'épistémologue, un mythe dans l'élaboration de toute connaissance objective, et ne correspond nullement à la logique de la découverte scientifique. Mais cela ne signifie pas que la méthode scientifique soit exempte de logique, seulement, sa logique doit être cherchée dans les exigences déductives imposées à toute théorie plutôt que dans le processus inductif. Si nous ne pouvons évaluer le contenu

---

[190] G. Bachelard, *Le nouvel esprit scientifique*, Paris, PUF, 1984, p. 10.
[191] K.-R. Popper, *La logique de la découverte scientifique*, Paris, Payot, 1973, p. 23.

empirique des énoncés universels stricts de la science, sur la base de leur sous-classe d'énoncés particuliers *permis* par eux, nous pouvons au contraire les évaluer à partir de tests permettant de confirmer ou d'infirmer l'occurrence d'un seul de leurs énoncés *interdits*, ou les *falsificateurs potentiels* des énoncés universels stricts ; ce qui veut dire que dans la science, sont primordiaux : a) l'examen de la cohérence interne de la théorie, b) la façon dont la théorie est confrontée aux faits, et c) la relation que les théories entretiennent entre elles.

La falsification des théories

Parce que la science ne peut recevoir en son sein une théorie comportant des contradictions internes, la cohérence logique d'une théorie nouvelle doit nécessairement être éprouvée. La *théorie de la relativité*, si elle rompt avec les commodités de la représentation commune de l'espace et du temps, n'en conserve pourtant pas moins une cohérence logique. En plus elle représente, comparativement à la *mécanique céleste* de Newton, un réel progrès scientifique, que Bachelard reconnaît fort justement : « L'astronomie de Newton est donc finalement un cas particulier de la Panastronomie d'Einstein, comme la géométrie d'Euclide est un cas particulier de la Pangéométrie de Lobatchewsky »[192]. Dans le cadre de la théorie relativiste, la théorie newtonienne est un cas particulier, adapté à l'échelle des perceptions humaines : elle est dépassée, sans être niée ; elle est donc une *approximation* d'une description beaucoup mieux achevée dans le système logique de la relativité. Finalement, le plus important, c'est que nous pouvons en déduire des conséquences valides et trouver des applications pratiques, empiriques, concrètes, dans lesquelles elle pourra être testée.

Nous sommes donc en droit de penser que la logique de la découverte scientifique est seulement *déductive*

---

[192] G. Bachelard, *Loc. cit.*, p. 46.

plutôt qu'inductive ; et comme le moment inventif de la science est par excellence l'*hypothèse*, nous en retenons, avec Popper, le caractère de *conjecture hardie*. Certes, une hypothèse scientifique nouvelle est un pari, un risque pris, une hardiesse théorique ; mais comme il est question de science et non de religion, cette hardiesse, cette liberté d'inventer, doit se soumettre logiquement à la sanction des faits. Il n'est point de *conjectures* hardies sans des *réfutations* strictes. Il en résulte que le progrès du savoir scientifique se situe effectivement dans la *dialectique* continue allant des conjectures hardies aux réfutations strictes, dans la succession des théories scientifiques. La mise à l'épreuve d'une théorie est déductive, puisqu'elle s'opère en déduisant de ses hypothèses fondamentales des *prédictions*, qui seront soumises à un certain protocole d'expérimentation ou d'observation. Si le résultat est positif, si les conclusions singulières se révèlent acceptables, vérifiées, alors la théorie a *provisoirement* réussi son test : nous n'avons trouvé nulle raison de l'écarter. Mais il n'est pas exclu qu'une observation, un fait, une expérience, puissent un jour la prendre en défaut. Dans l'attente d'une telle éventualité, nous disons alors qu'une théorie a fait ses preuves, qu'elle est *corroborée*, la corroboration étant un test ou une série de tests indépendants mais inscrits dans une tradition de recherche qu'une théorie aurait passée avec succès et dont la *logique* consiste toujours à tenter de mettre en échec une théorie pour en révéler les potentialités descriptives, explicatives, prédictives : « Tant qu'une théorie résiste à des tests systématiques et rigoureux et qu'une autre ne la remplace pas avantageusement dans le cours de la progression scientifique, nous pouvons dire que cette théorie a « fait ses preuves » ou qu'elle est « corroborée ». »[193] Par contre, si une prédiction était démentie par les faits, les observations, nous serions obligés de considérer que les conclusions ont

---

[193] K.-R. Popper, *La logique de la découverte scientifique*, Paris, Payot, 1973, p. 29.

été *falsifiées* ; comme le cheminement est logiquement déductif, la *falsification* des conséquences nous contraint de falsifier les principes et donc la théorie elle-même.

Une proposition scientifique n'est donc pas une proposition vérifiée avec certitude, ni vérifiable par l'expérience, par l'intermédiaire de tests scientifiques, mais plutôt une proposition réfutable ou falsifiable, dont on ne peut affirmer qu'elle ne sera jamais réfutée. Par exemple, si la proposition « Dieu existe » est pour Popper dotée de sens, elle n'est pas pour autant scientifique, car elle n'est pas réfutable, falsifiable. Par contre, la proposition « Tous les cygnes sont blancs » est une conjecture scientifique : si j'observe un cygne noir, ou du moins tout autre cygne non blanc, cette proposition sera falsifiée. Par conséquent, c'est la démarche par *conjectures* et *réfutations* qui permet de faire croître les connaissances scientifiques.

Le progrès des sciences

Le passage de l'ancienne théorie à la nouvelle est un progrès, mais, comme contre-partie, ce progrès nous contraint justement à admettre qu'une théorie scientifique est *mortelle* autant qu'elle est *provisoire*. Une théorie scientifique n'est valable qu'aussi longtemps que l'on ne parvient pas à en trouver de meilleure, et elle est mortelle parce que scientifique. Prenant la métaphore du filet et des poissons, nous dirons que la première théorie ramenait des poissons, mais ses mailles trop larges en laissaient passer beaucoup ; la seconde possède des mailles plus serrées, elle se révèle donc plus satisfaisante ; mais il n'est guère exclu que l'on découvre un jour qu'elle laisse aussi échapper quelques poissons. En d'autres termes, il est fort possible que des faits polémiques soient observés, qui ne correspondent nullement à ce que nous serions en droit d'attendre. En physique, au sujet de la relativité, de tels faits existent déjà. La physique, qui est pourtant le modèle d'une science gouvernée par l'épistémologie de la réfutabilité, nous fournit un bon exemple, avec l'énigme de la précession de Mercure que la mécanique newtonienne ne parvenait pas à expliquer, et qui a été résolue par la théorie de la relativité générale, elle-même entrant ensuite en conflit avec certaines des expériences qui soutiennent la mécanique quantique. Nous attendons encore le physicien qui sera capable de construire une synthèse satisfaisante entre la *théorie de la relativité* et la *théorie des quanta,* deux physiques divergentes, soutenant deux points de vue contradictoires. Nous devons donc avoir conscience du caractère relatif de notre savoir actuel, dû au caractère indéterministe de la nature : « Si la nature était entièrement déterministe, le royaume des activités humaines le serait aussi. Il n'y aurait, en fait, aucune action, mais tout au plus l'apparence d'actions. »[194]

Dès lors, nous comprenons mieux ce que peut être la relation logique d'une théorie scientifique à une autre et par là ce que pourrait être la logique de la découverte scientifique : lorsqu'il est avéré que des faits peuvent toujours être découverts, qui prennent les explications que l'on possède déjà en défaut. Mais cette logique est une dialectique polémique sans trêve, un combat sans fin, une « quête inachevée »[195] vers un Idéal de savoir total que l'on ne parvient jamais à atteindre et qui recule à mesure que l'on avance : « C'est une illusion de croire à la certitude scientifique et à l'autorité absolue de la science ; la science est faillible parce qu'elle est humaine. »[196]

Les analyses de Popper permettent de tracer une frontière entre ce qu'est la théorie scientifique et ce qui ne l'est pas, une ligne de démarcation entre science et pseudo-science. La théorie scientifique entre dans la dialectique de la falsification, tandis que la théorie non scientifique s'y dérobe ; il n'y a nul moyen de prendre cette dernière en

---

[194] K.-R. Popper, *L'Univers irrésolu. Plaidoyer pour l'indéterminisme*, Paris, Hermann, 1982, p. 105.

[195] Lire à ce sujet : K.-R. Popper, *La quête inachevée*, Paris, Presses Pocket, 1991.

[196] K.-R. Popper, *La société ouverte et ses ennemis*, t. 2, Paris, Éditions du Seuil, 1979, p. 190.

défaut et du coup, elle s'exclut indubitablement de la dynamique du développement théorique de la science. Tel est le statut de la psychanalyse, du marxisme, de l'astrologie, qui sont hors de la science précisément en ce que, et parce que, par la structure même de leurs théories, ils sont irréfutables, même si le souci de créer une démarcation stricte, une frontière indépassable entre science et non-science peut être un combat idéologique, même si nous pouvons fournir une explication plus fine du lien entre science et non-science.

Science et révolution

Cependant, il est un aspect non moins remarquable dans le devenir des théories scientifiques qui dépend de conditions *sociologiques* plutôt que *logiques*, même si les points de vue sociologique et logique ne sont guère absolument antithétiques, dans la mesure où la logique intervient nécessairement dans toute entreprise discursive. Ce qui fait la dynamique des révolutions scientifiques, au-delà de la relation des théories avec les faits, ou de la relation des théories entre elles, n'est-ce pas également le règne successif de paradigmes dans la pensée scientifique ?

La science en crise

Un *paradigme* est un modèle explicatif qui s'installe dans la conscience collective des scientifiques d'une certaine époque et devient une référence commune ; le mot en grec signifie *exemple* : un paradigme est une explication exemplaire. Edgar Morin y voit un rapport entre les concepts et les discours, une : « relation logique entre les concepts maîtres commandant toutes les théories et tous les discours qui en dépendent »[197]. Un paradigme doit mettre un certain temps pour s'imposer ; une fois partagé par la communauté scientifique, il instaure une période de *science*

---

[197] E. Morin, *L'An I de l'ère écologique et dialogue avec Nicolas Hulot*, Paris, Tallandier, 2007, p.30.

normale, qui représente la recherche solidement fondée sur un ou plusieurs accomplissements scientifiques passés, que tel groupe scientifique particulier considère comme suffisants pour fournir le point de départ d'autres travaux ultérieurs. D'après Thomas Kuhn, la science normale se développe dans des manuels, dans des cours enseignés aux élèves et aux étudiants ; en effet, « les étudiants en science acceptent les théories à cause de l'autorité de leur professeur et des manuels, et non à cause des preuves »[198], car « les applications décrites dans les manuels ne sont pas là pour servir de preuves mais parce que leur connaissance fait partie de la connaissance du paradigme, fondement du travail habituel »[199].

L'université enseigne tout d'abord la science normale, permet de transmettre et de perpétuer une tradition. L'étude des divers paradigmes permet justement à l'étudiant de se sentir membre d'une communauté scientifique, et au chercheur, non seulement de puiser à des acquis communs, mais également de s'opposer au travail de ses collègues sur des points fondamentaux, quand il s'avère qu'un paradigme est devenu insuffisant. Si, d'après le modèle de la connaissance objective, le savoir doit pouvoir être structuré suivant des théories dont la logique puisse s'imposer à tout esprit lucide et être mise à l'épreuve, soit dans des démonstrations convaincantes, soit par la mise en évidence de faits précis dans la relation à l'expérimentation, ce qui peut signifier que la connaissance objective donne congé à la représentation subjective, alors la science est pratiquée de manière collective et par des groupes qui s'attachent au paradigme dominant d'une époque et ne veulent pas en changer pour des raisons d'écoles, de milieux scientifiques. C'est dire que la science possède également ses chapelles, qu'elle a son propre *conservatisme*, quand

---

[198] T.-S. Kuhn, *La structure des révolutions scientifiques*, Paris, Flammarion, 1983, p. 118.
[199] *Ibid.*

un paradigme s'est finalement installé dans la conscience collective des scientifiques.

Ce conservatisme ne fonctionne que jusqu'au moment où des esprits brillants seront capables d'asséner des coups très durs au paradigme régnant, ce qui ne peut advenir que lorsque s'accumulent des objections, des observations contradictoires, des problèmes irrésolus. Nous entrons alors dans la *science en crise*, puisque « la recherche scientifique découvre très souvent des phénomènes nouveaux et insoupçonnés et les savants inventent continuellement des théories radicalement nouvelles »[200]. La science normale ne représente pas la novation, elle « ne se propose pas de découvrir des nouveautés, ni en matière de théorie, ni en ce qui concerne les faits, et, quand elle réussit dans sa recherche, elle n'en découvre pas »[201] ; elle est plutôt une activité cumulative qui revient à exploiter plusieurs paradigmes sans certainement remettre en question leurs hypothèses fondamentales. Cependant, le génie scientifique inaugure une *rupture*, car ce sont les crises de la connaissance qui forment les conditions d'apparition de nouvelles théories. « Il en est des sciences comme de l'industrie - le renouvellement des outils est un luxe qui doit être réservé aux circonstances qui l'exigent. La crise signifie qu'on se trouve devant l'obligation de renouveler les outils. »[202]

Les révolutions scientifiques

Si les paradigmes sont des « découvertes scientifiques universellement reconnues qui, pour un temps, fournissent à une communauté de chercheurs des problèmes types et des solutions »[203], une *révolution scientifique* sera donc le passage de l'ancien à un nouveau paradigme qui, loin de se faire dans une continuité cumulative sans

---

[200] T.-S. Kuhn, *Op. cit.*, p. 82.
[201] *Ibid.*
[202] *Ibid.*, p.113.
[203] *Ibid.*, p.11.

heurt, se produit plutôt dans une rupture difficile qui contraint à des révisions radicales de ce qui passait auparavant pour des fondements assurés. Le passage d'un paradigme en crise à un nouveau paradigme d'où puisse naître une nouvelle tradition de science normale est loin d'être un processus cumulatif, réalisable à partir de variantes ou d'extensions de l'ancien paradigme, mais plutôt une reconstruction de tout un secteur sur de nouveaux fondements. Une nouvelle théorie scientifique, quelque spécifique que soit son champ d'application, « est rarement ou n'est jamais un simple accroissement de ce que l'on connaissait déjà »[204], d'autant plus que « son assimilation exige la reconstruction de la théorie antérieure et la réévaluation de faits antérieurs, processus intrinsèquement révolutionnaire qui est rarement réalisé par un seul homme et jamais du jour au lendemain »[205].

Un changement de paradigme annonce une nouvelle manière de penser les vieux problèmes. Pendant un temps, en raison du conservatisme de la science normale, il y aura plusieurs modèles théoriques explicatifs en concurrence, chacun revendiquant une explication de certains faits, la solution de certains problèmes, sans qu'il y ait jamais de chevauchement parfait. Pendant la période transitoire, il y a un chevauchement, important mais jamais complet, entre les problèmes pouvant être résolus par l'ancien et le nouveau paradigme, mais il y a également des dissimilitudes décisives. Aussi, lorsque la transition s'achève, les spécialistes ont-ils une manière nouvelle de considérer leur propre domaine. Il faut penser quel séisme a pu provoquer à son apparition la théorie de la relativité au sein de l'ancienne mécanique newtonienne, pour bien comprendre ce que signifie le changement de modèle. Au lieu de parler d'*évolution* de la représentation scientifique, il vaut mieux parler de *révolution* scientifique, avec toute la composante

---

[204] *Ibid.*, p. 24.
[205] *Ibid.*.

polémique et subversive que cela peut supposer. Kuhn fait une comparaison avec les révolutions politiques en disant que, de même qu'une révolution apparaît dans le sentiment que les anciennes institutions ont cessé de résoudre adéquatement les problèmes sociaux posés, de même les révolutions scientifiques se présentent à nous dans le sentiment que l'ancienne vision de la science est devenue caduque devant la nouvelle. La découverte scientifique commence avec « la conscience d'une anomalie, [...] l'impression que la nature [...] contredit les résultats attendus dans le cas du paradigme qui gouverne la science normale »[206], se poursuit par « une exploration, plus ou moins prolongée, du domaine de l'anomalie »[207], et ne s'achève qu'au moment où « la théorie du paradigme est réajustée afin que le phénomène anormal devienne phénomène attendu »[208].

Il n'est plus possible de croire comme auparavant en une théorie dont on perçoit des failles de tous côtés et dont la nécessité de la remplacer par une meilleure est devenue impérieuse. Si la conscience n'est pas uniquement une caractéristique parmi d'autres qui servirait à définir la condition humaine, mais également ce par quoi l'homme a le devoir de se penser et de s'interroger, ainsi que de penser le monde et de l'interroger, entre la distance que la conscience établit entre soi et le monde ou entre soi et soi, un horizon s'étend qui est celui du doute, du questionnement. La science en crise suppose l'apparition du doute, des remises en question, fait surgir l'idée que la science ancienne n'a de caractère que celui d'une connaissance insuffisante, approximative, inachevée ; à l'inverse, la théorie nouvelle fait surgir l'enthousiasme et l'espoir pour un renouvellement complet des perspectives. D'un côté nous avons la *science faite*, une science qui s'est ankylosée dans une tradition obsolète, répétant de vieilles représentations ; de l'autre côté la *science en train de se faire*, une science plus

---

[206] *Ibid.*, p. 83.
[207] *Ibid.*
[208] *Ibid.*

éveillée, inventive, révolutionnaire. Ainsi, en poussant à l'élaboration d'une théorie nouvelle plus complexe, la crise de la science n'est-elle pas seulement *destructive*, mais devient-elle *instructive*. Par exemple, « le passage de la mécanique de Newton à celle d'Einstein montre, avec une clarté particulière, la révolution scientifique comme un déplacement du réseau conceptuel à travers lequel les hommes de science voient le monde »[209]. La théorie de la relativité, en supplantant le paradigme newtonien, a permis de résoudre des travaux inachevés, des anomalies qui ne pouvaient s'intégrer dans l'ancienne théorie physique. On en est arrivé à concevoir que les vieilles lois de la mécanique n'étaient pas si universelles qu'on l'avait cru, que leur domaine de validité était restreint, que leur validité ne s'étendait nullement à la galaxie considérée comme un tout, ni au domaine des particules les plus élémentaires.

Une science collective

Compte tenu de son pouvoir magistral de prédiction et de sa portée, on pourrait s'attendre à ce que le nouveau modèle l'emporte assez rapidement, mais cela n'arrive jamais. La difficulté est que l'on ne peut saisir le point de vue exact d'un nouveau paradigme, tant que l'on n'a pas abandonné l'ancien, car l'idée nouvelle demande un *saut intuitif* et la nouvelle perspective impose une transmutation profonde dont les scientifiques, instruits dans la science normale, sont rarement capables. Ceux-là qui ont travaillé d'une manière fructueuse dans l'ancien paradigme, y sont dévoués par habitude et, mêmes confrontés avec des évidences, peuvent s'entêter et s'en tenir à une conception fausse mais familière, alors que le nouveau paradigme gagne de proche en proche une influence. Une génération nouvelle finit toujours par transformer le rapport et faire accepter, imposer la nouvelle idée. Quand suffisamment de savants ont saisi une perspective nouvelle, il se forme un

---

[209] *Ibid.*, p. 147.

consensus, alors s'ouvre une nouvelle période de *science normale*... et le processus recommence, car il ne manquera jamais d'esprit assez rigoureux pour remarquer que le paradigme en place est insatisfaisant sur bien des points. C'est ce que pensait aussi Edgar Morin : « Au début, les idées paraissent toujours déviantes, utopiques ou irréalistes. Puis, dès qu'un certain nombre de personnes les prennent à cœur [...], elles deviennent des forces dans la société. »[210] De telles idées ont alors le bénéfice de « répondre à l'état concret des connaissances et aux besoins réels des gens, c'est-à-dire [...] savoir affronter l'incertitude, être conscient de la complexité de ce qui nous entoure, se sentir citoyen de ce monde, être capable de compréhension d'autrui. »[211]

La notion de *conscience collective*, qui renvoie à la conception d'une société comparable à un *être psychique* existant en dehors des individus et doté de sa propre conscience, s'inscrit également dans les préoccupations d'Emile Durkheim[212] face aux transformations du lien social. Ce dernier observe que la conscience collective est une caractéristique des sociétés traditionnelles, où la solidarité est essentiellement de type *mécanique*, les pratiques, les valeurs et les croyances y étant très peu particularisées. Le mérite des analyses de Kuhn est de nous présenter un processus de révolution dans la science et la résistance qui l'accompagne, mais aussi de montrer que la science est une entreprise collective, car c'est justement la *conscience collective* des scientifiques qui structure le *consensus* de ce qu'une époque considère comme ses vérités objectives, son savoir scientifique.

---

[210] E. Morin, *Dialogue sur la connaissance*, Paris, Edition de l'aube, 2002, p.53.
[211] *Ibid.*
[212] E. Durkheim, *De la division du travail social*, Paris, PUF, 1991.

La notion de progrès scientifique ne repose pas sur un processus cumulatif. Si nous en restions à la conception courante, nous pourrions imaginer que le lycéen entreprenant des études supérieures irait de certitudes en certitudes, mais c'est l'inverse qui se produit : il découvre que même les fondements qu'il croyait évidents se discutent âprement. Toute avancée du savoir se fait dans une conquête de l'inconnu, ce qui veut dire également que se multiplient les avenues de la découverte ; un peu comme si un spéléologue trouvait l'entrée d'une grotte : au début, il peut se vanter de sa découverte, mais son infatuation choit au moment où il remarque que la première salle ouvre sur cinq autres qui, elles-mêmes, possèdent plusieurs entrées. Notre connaissance actuelle n'est qu'un prélude ; ce qu'il nous reste à découvrir est encore plus étendu que ce que nous savons aujourd'hui, et plus la science avance, plus elle fait progresser l'ignorance.

CHAPITRE 3

Le statut de la logique

La logique se réfère principalement à notre aptitude à former, à concevoir des idées. Dans la représentation spontanée, nous sommes tellement imbus du besoin de nous sentir en présence de choses concrètes, que nous nous défions des idées, parce que nous les jugeons comme trop abstraites. Mais qu'est-ce qu'une chose, si ce n'est une identité d'objet ? Et une identité d'objet, n'est-ce pas un concept ? Nous nous croyons plus réalistes que nous ne le sommes certainement, mais nous n'avons guère conscience de l'influence qu'a sur nous le langage ; si nous en avions davantage conscience, nous verrions que nous vivons beaucoup plus dans les mots, que notre perception ordinaire à l'état de veille est tout imprégnée d'idées. Par quel processus les idées se forment-elles ?

Dans nos conversations les plus courantes, nous disons souvent, en guise d'acquiescement : « c'est logique », en voulant signifier implicitement que « c'est évident », que cela s'impose à l'esprit avec une telle acuité que nous n'avons besoin d'aucune autre preuve pour en connaître la vérité. Nous avons incessamment le mot *logique* à la bouche, mais l'employons souvent à tort et à travers ; dans certaines circonstances, il vaudrait peut-être mieux dire « c'est un fait », ou « c'est vrai », plutôt que de dire « c'est logique ». N'existe-t-il pas justement un sens très spécifique attaché à une formulation logique ?

La plus grande partie des concepts à l'œuvre dans le raisonnement logique fonctionnent dans la dualité et il n'existe pas d'ordre d'expérience humaine dans lequel la représentation n'est pensée en termes de concepts duels : le fait et le droit, le bien et le mal, le vrai et le faux... Le caractère systématique et formel de ces oppositions finit par éveiller la méfiance, si bien que la question se pose de savoir si la dualité n'est pas seulement le propre des constructions mentales taillées par l'intellect humain. N'est-elle pas fictive, sans véritable portée ontologique ? Si tel était le cas, l'accès à l'ontologie devrait être nécessairement non-duel, nous obligeant à transcender la dualité du mental ordinaire.

LOGIQUE ET ABSTRACTION

Quand on nous demande ce qu'est une idée, et que nous répondons que c'est une abstraction, nous croyons être dans le concret et pouvoir placer l'idée loin de nous, comme une chose spectrale qui n'est pas notre réalité. L'idée doit avoir quelque rapport au concret et nous croyons vivre d'emblée dans le concret, mais notre rapport au concret a été fortement travaillé par notre culture et nos idées. La question du statut de l'idée est donc plus complexe qu'il ne paraît : il est possible que l'idée ne soit pas dérivée de la perception ; y a-t-il alors un processus par lequel se forment nos idées ?

Abstraction et généralisation

D'emblée, l'idée se forme par *abstraction* à partir d'une donnée première, la *sensation*, brute et élémentaire, provoquée par une excitation physiologique, par modification d'un sens interne ou externe. Le concept est en effet *abstrait*, dans la mesure où il est la représentation d'une propriété constituante d'un objet, considérée séparément de cet objet. Pourquoi alors ne pas penser qu'il est dérivé de ce qui est *concret*, de la *perception*, par laquelle l'intelligence définit son objet, généralement à partir d'impressions ressenties, de modifications éprouvées dont elle saisit l'être ou reconstitue l'unité ?

L'image et l'idée

L'image est d'abord reproduction, mais, au niveau de l'activité sensorielle, c'est un acte et non une chose, et l'imagination n'est autre qu'une certaine application de la faculté de connaître au corps qui, lui, est intimement présent : l'imagination produit donc finalement des images selon une fonction imageante liée aux attitudes du corps et tributaire des mouvements de celui-ci ; aussi l'origine et les caractéristiques faisant la réalité des images ne doivent-elles pas être cherchées dans l'objet, mais dans les circonstances et les formes de l'activité même de l'imagination. D'un autre côté, l'idée désigne, à des niveaux différents, la réalité perceptible ou concevable, voire le produit de toute conception, et l'on trouve sous ce vocable depuis l'être même ou essence des choses, comme chez Platon[213], jusqu'à la représentation la plus fugitive, image ou apparence. Il n'est donc pas aisé de distinguer l'image et l'idée, mais il est commode, à la manière de Voltaire, de les assimiler : « Les idées les plus abstraites ne sont que les filles de tous les objets que j'ai aperçus. Je ne prononce le mot d'*être* en général que parce que j'ai connu des êtres particuliers. Je ne prononce le nom d'*infini* que parce que j'ai vu des bornes, et que je recule ces bornes dans mon entendement autant que je le puis ; je n'ai d'idées que parce que j'ai des images dans la tête. »[214]

Pourtant la représentation comprend deux éléments : le *représenté*, qui peut être un corps avec ses qualités, sa forme, une image, tout ce qui est perçu, senti, etc. ; le *représentatif*, rentrant dans la classe courante de l'esprit et qui peut être une idée, une pensée, une affection, une volonté. L'*idée* de maison est différente de l'*image* d'une maison, qui est concrète. Le *concret* c'est tout ce qui peut m'être donné par les sens, tout ce qui est imprégné de sensibilité : concrète est la perception de la cascade et de la forêt sous

---

213 Platon, *Phédon*, in *Œuvres complètes*, Paris, Garnier, p. 144.
214 Voltaire, *Dictionnaire philosophique*, Paris, Garnier, 1967, p. 235.

la pluie ; concrète est également une image d'un lever de soleil sous les tropiques. Un sentiment aussi est concret, la tristesse, par exemple, est un réel vécu qui n'a rien d'abstrait. Pour Hegel, penser, c'est séparer l'abstrait du concret, exclure certaines déterminations concrètes, autrement dit abstraire : « L'activité pensante est abstraction dans la mesure où la raison, en commençant par des intuitions concrètes, ne tient pas compte de l'une des déterminations multiples, en choisit une autre, et lui confère la simple forme de la pensée. »[215]

Si maintenant j'observe ce qu'est la tristesse, et si j'en fais l'analyse, ce qui va être l'objet de ma pensée est l'essence de la tristesse et cette essence n'est pas triste, elle est plutôt une idée : seule la tristesse est triste, car elle est un vécu pathétique de ma conscience. Dans la perception il est une force de présence de ce qui est, celle des nuages dans le ciel, des poissons dans l'étang, d'une fleur dans le parfum qu'elle dégage aux plus beaux jours de l'année. Si nous étions botanistes, nous verrions en elle un exemplaire d'une *classe*, « la » fleur, une fleur de telle ou telle espèce ; nous nous servirions d'un « *genre* » et ensuite d'« *espèces* » dans le genre[216]. Mais, que l'on découpe comme on veut, de toute manière il y restera toujours de la *généralité*, l'idée restera l'idée, elle restera une abstraction. En pensant par idées, je vois dans la donation sensible de ce qui est, en moi ou hors de moi, une représentation intelligible et impersonnelle ; je ne suis pas exactement sur le plan sensible et personnel du vécu ; je laisse la perception concrète de la fleur, de la maison, pour l'idée de la fleur, de la maison.

---

[215] Hegel, *Propédeutique philosophique*, in *Morceaux choisis*, 1, Paris, Gallimard, 1939, p. 145.
[216] *Cf.* A. Virieux-Reymond, *La logique formelle*, Paris, PUF, 1975, p. 45.

La pensée et l'abstraction

Cela revient à dire que, de la totalité concrète donnée dans la perception, j'ai *abstrait*, retenu à part certains éléments communs à un genre, résumés dans un nom particulier. La fleur est une catégorie regroupant les particularités d'un certain végétal, la maison est définie par sa fonction consistant à fournir un abri pour l'homme sédentaire. L'abstraction est cette opération intellectuelle consistant à isoler, pour le considérer à part, un élément d'une représentation qui n'est pas donné séparément dans la réalité ; l'opération par laquelle l'esprit se saisit de certains éléments du perçu, les isole par la pensée et les rassemble sous un nom. Abstraire, selon Guy Tiberghien, c'est intellectualiser, spiritualiser les données sensibles en les dématérialisant, en laissant tomber leurs particularités individuelles. « … l'abstraction s'élève à un degré supérieur et prend le nom de généralisation : elle embrasse alors tout un ensemble d'objets individuels, soumis à l'observation, et réduit à l'unité, dans une notion plus haute, les qualités communes de ces objets, à l'exclusion de leurs propriétés particulières. »[217]

Si, dans la fonction perceptive, l'esprit se forme une représentation des objets extérieurs, des choses situées dans l'espace à travers de simples impressions sensibles, ce qui se présente comme une totalité dans la perception, comme une totalité concrète, est décomposée en éléments qui eux-mêmes ont été clairement identifiés sous un terme précis. La pensée fragmente, généralise, isole, forme un *concept* qui « doit être *défini* par son *essence* et non par des caractères accidentels »[218]. On abstrait un concept grâce à d'autres concepts ; le concept de maison conserve ainsi les traits qui pourront s'appliquer à toutes les maisons pos-

---

[217] G. Tiberghien, *Logique : La science de la connaissance*, Paris, Librairie Internationale, 1865, p. 200.
[218] A. Virieux-Reymond, *Loc. cit.*, p. 44.

sibles : fondation, fenêtres, façade, toit, porte, véranda, etc. Les particularités concrètes de telle maison particulière sont délaissées : ainsi le matériau importe-t-il peu, l'inclinaison du toit, le revêtement de tôles ou de tuiles, le style du plafond... tout cela est au dehors. Ou alors, il faudra former un nouveau concept plus particulier : la maison européenne, africaine, sahélienne ou pygmée.

Une fois formé, le concept délivre une *identité d'objet*, qui va permettre une identification au sein de la perception ; il résume un certain savoir qui, possédé, peut être aisément appliqué à d'autres objets semblables, par simple comparaison. Une fois que je sais ce qu'est une maison pygmée, je suis à même d'identifier parmi plusieurs maisons celle qui peut recevoir cet attribut et la différencie de celle qui n'en possède pas les caractéristiques. Quand l'esprit abstrait des caractéristiques, des particularités, il tend aussitôt à les réunir sous un terme commun, qui devient alors une classe, un genre donné. Il effectue alors un travail de *généralisation*, consistant à réunir sous un concept commun des caractères observés sous plusieurs objets singuliers.

La théorie empiriste

Si la connaissance résulte de l'expérience, le concept est alors simplement extrait des perceptions reproduites, ou plus précisément, il est ce qui me permet de dénoter un élément commun. Cet extrait ne peut être obtenu que si d'abord nous avons perçu des choses dans la réalité, les différences, les ressemblances, les analogies existant au sein même de la perception. Pour dégager l'élément commun par abstraction, il faut d'abord l'avoir constaté dans la perception d'une série d'objets, et les différents mots du langage rendent possible la généralisation de l'idée. Lorsque nous avons découvert une ressemblance entre plusieurs objets se présentant souvent à nous, nous appliquons le même nom à tous : il nous suffit alors de l'habitude de la répétition des perceptions, des noms, et nous voilà munis d'idées générales.

Aussi l'*empirisme*, par le biais de John Locke, prend-il le parti de dériver l'idée de l'expérience de la perception, point de vue suivant lequel l'expérience introduit dans une sorte de capacité vide, l'âme, des marques qui seront à l'origine de nos idées. « ...L'Expérience : c'est là le fondement de toutes nos connaissances, et c'est de là qu'elles tirent leur première origine. Les observations que nous faisons sur les objets extérieurs et sensibles, ou sur les opérations intérieures de notre âme, que nous apercevons et sur lesquelles nous réfléchissons nous-mêmes, fournissent à notre esprit les matériaux de toutes ses pensées. Ce sont là les deux sources d'où découlent toutes les idées que nous avons, ou que nous pouvons avoir naturellement »[219]. Selon Locke, l'expérience inscrit sur la table rase, la tablette vierge de notre esprit, tous les éléments de la pensée, les représentations, les idées. Néanmoins, il concède une distinction, l'expérience étant de deux sortes : la *sensation*, dans le cas de l'expérience de perceptions sensorielles, et la *réflexion*, lorsque l'esprit fait retour sur lui-même. Fondamentalement, l'esprit serait alors passif parce que dépendant de l'expérience pour la formation des idées, sans pouvoir d'avoir ou de ne pas avoir les rudiments, les matériaux de la connaissance. Car ces idées particulières des objets des sens s'introduisent dans notre âme, que nous le voulions ou non, et il n'est pas en notre pouvoir de mettre fin au flux des sensations qui nous assiègent de toutes parts et nous ne pouvons les refuser, pas plus qu'un miroir ne peut refuser d'altérer ou effacer les images que les objets produisent sur la glace devant laquelle ils sont placés.

Cette analyse empiriste est assez satisfaisante en ce qui concerne les idées simples qui, indubitablement, n'ont guère de sens détachées de la perception, des idées telles que « rouge », « lourd », « léger ». Elle l'est moins si l'on

---

[219] J. Locke, *Essai philosophique concernant l'entendement humain* (1690), Paris, Vrin, 1989, p. 60.

considère les idées les plus abstraites, par exemple : d'où viennent les idées de « Dieu », de « racine carrée », de « potentiel » ? Nous ne voyons pas non plus pour quelle raison il faudrait parler « d'expérience » quand il s'agit d'un travail de la réflexion. Il n'est pas aisé de comprendre par quel procédé nous pourrions dériver les idées les plus abstraites de l'expérience. Comment dériver les concepts mathématiques ? N'est-ce pas une entreprise plus ou moins absurde, que de vouloir vaille que vaille ramener les idées à des formes d'expérience ? N'existe-t-il pas dans l'intellect une faculté de *concevoir* évidemment distincte de la perception ?

Conception et pensée

Pour concevoir ce qu'est la nature, il suffit de la regarder, de refléter son souvenir dans notre esprit, mais il faut bien l'expliquer, la comprendre et bien formuler cette compréhension dans un langage. Pour cela l'esprit, la pensée dans sa source et sa totalité, isole certains éléments communs, c'est-à-dire des ressemblances, et les nomme. L'esprit est capable d'appliquer un même nom à des réalités distinctes dans la perception parce qu'il possède une aptitude première à percevoir nettement des ressemblances en écartant les différences. N'a-t-il pas un tel pouvoir en vertu de l'intentionnalité qui le dirige vers l'identification d'un objet ?

Les vérités de fait

Le mot, comme simple son, ne signifie rien ; pour qu'un nom donné serve de substitut à une réalité diversifiée, il faut qu'il ait déjà une signification, et pour cela il faut qu'il se rapporte à un certain contenu de savoir que je possède sur l'objet. La signification d'un nom contient un jugement virtuel et le concept n'est pas une perception, ni une image passive, ni une image auditive, c'est essentiellement une création mentale enveloppant un savoir. Pour mieux le comprendre, il nous faut d'abord distinguer, avec

Leibniz, vérités de raisonnement et vérités de fait : « Les vérités de Raisonnement sont nécessaires et leur opposé est impossible, et celles de Fait sont contingentes et leur opposé est possible. »[220]

Les *vérités de fait* sont relatives à des observations, à des constatations de l'esprit, celles-là mêmes que nous rencontrons dans toutes les sciences empiriques liées à la mesure de certains phénomènes. Il existe assurément un monde réel des faits, dit Wittgenstein, et « le monde se décompose en faits »[221]. La pensée est un processus de création d'un tableau, et ce tableau représente un fait, un état de chose qui est réel. Le tableau est composé d'éléments correspondant aux choses par la forme de représentation des éléments, qui est la possibilité que les choses se comportent comme les éléments. Le tableau possède une structure, comme ensemble des relations entre les éléments, structure qui correspond aux états de choses par la forme de représentation de la structure, qui est la possibilité que les choses se comportent les unes vis-à-vis des autres comme les éléments du tableau. Nous pouvons établir une correspondance entre les domaines du monde réel et de la pensée ; le tableau, les éléments et la structure sont des objets mentaux exprimés par le langage.

Pour Alain, le fait n'est pas donné mais construit : « Le fait, c'est l'objet même, constitué par science et déterminé par des idées, et en un sens par toutes les idées. Il faut être bien savant pour saisir un fait »[222]. C'est dire que nous devons distinguer le fait de l'accident et de l'événement pur. Il n'est pas donné tel quel, mais suppose déjà un découpage de la part de celui qui l'invoque. Nous le circonscrivons en nous efforçant de lui donner une certaine signification : tel est en particulier le fait scientifique,

---

[220] G.W. Leibniz, *La Monadologie*, in *Œuvres*, Paris, Aubier-Montaigne, 1972, p. 400.

[221] L. Wittgenstein, *Tractatus logico-philosophicus*, §1.2, Paris, Gallimard, 1993, p. 33.

[222] Alain, *Eléments de philosophie*, Paris, Gallimard, 1941, p. 132.

qui est ce que la science fait en se faisant. Si nous opposons le fait à l'idée ou au droit, c'est cependant en référence à une situation empirique que nous distinguons des abstractions à partir desquelles nous prétendons l'expliquer, la modifier, la récuser. C'est un fait pour moi que le soleil brille aujourd'hui, pour l'historien que Douala Manga Bell a été pendu sur le Plateau Joss par les Allemands, pour le chimiste que le sel ajouté à l'eau attaque le fer et le fait rouiller plus vite. Les vérités de fait sont *a posteriori*, elles dépendent justement de l'expérience.

Quand il s'agit de raisonner à propos de la connaissance, dans la plupart des systèmes rencontrés en Intelligence Artificielle, les connaissances portant sur le domaine d'expertise sont divisées en deux catégories : les règles et les faits. « Les faits sont des données (représentées par des prédicats) relatives au domaine d'expertise »[223] ; par exemple un ensemble de données variées concernant le personnel de l'Université de Yaoundé I constitue un ensemble de faits. Dans un programme comme *Prolog*, chaque fait présent établit une valeur de vérité qui rend vraie une relation entre termes. Un ensemble de faits peut être considéré comme une banque de données relationnelle ; et d'ailleurs, les termes *banque de données* désignent l'ensemble des faits et des règles d'un programme. Dans leur forme la plus simple, les programmes en *Prolog* enregistrent des faits élémentaires dans une banque de données et répondent à des questions à propos de ces faits : « un programme Prolog est constitué de clauses qui sont des faits ou des règles ; l'appel de programme se fait en posant une question… »[224].

Les vérités de raisonnement

Les *vérités de raisonnement* ou vérités nécessaires, elles, sont seulement relatives à l'esprit lui-même et relèvent

---

[223] A. Thayse et *al.*, *Approche logique de l'intelligence artificielle*, 1, p. 137.
[224] *Ibid.*, p. 260.

plutôt de la logique, que des faits. Les concepts d'égalité, de proportion, de cercle sont de pures idées de mon esprit, n'en déplaise à Bachelard qui pense que « des vérités innées ne sauraient intervenir dans la science »[225]. Tout raisonnement suppose le principe de non-contradiction, qui n'est nullement un concept tiré de l'expérience, mais un principe, et un principe n'est pas tiré de l'observation de la nature, mais d'une intuition de l'intelligence ou d'une exigence posée par l'intellect. Tout homme, même le plus inculte, sera effarouché si, dans une transaction, il comprend qu'il a affaire à un mythomane qui se contredit. L'esprit fait l'expérience de la contradiction, qui n'est pas une expérience sensible, mais une expérience intellectuelle. Ce « principe de contradiction »[226] est beaucoup plus intérieur qu'extérieur, il est davantage en nous qu'il ne peut être dans les choses. Sitôt que nous avons reconnu de cette manière ce qui est *a priori*, qui précède l'expérience, nous sommes capables de nous rendre compte qu'il est un grand nombre d'idées qui sont *a priori*. Que penser en effet des idéalités mathématiques ? A-t-on pu jamais tirer de l'observation le concept de nombre, de racine carrée ? Les notions mathématiques ne sont-elles pas tirées de l'esprit lui-même qui les conçoit et non des faits ? En ce sens, toute l'arithmétique et toute la géométrie sont innées et sont en nous de manière virtuelle, en sorte qu'on peut les y trouver en considérant attentivement et rangeant ce qu'on a déjà dans l'esprit sans se servir d'aucune vérité apprise par l'expérience ou la tradition d'autrui, comme Platon l'a démontré.

Dans le *Menon*, en effet, Platon donne une remarquable démonstration en ce sens. Socrate, parlant avec Menon, fait venir un esclave à qui il se met à poser des questions en traçant des figures sur le sol[227]. Socrate ne lui

---

[225] G. Bachelard, *Le nouvel esprit scientifique*, p. 176.
[226] A. Virieux-Reymond, *La logique formelle*, p. 25.
[227] Platon, *Menon, ou de la vertu*, in *Œuvres de Platon*, trad. V. Cousin, tome sixième, Paris, P.-J. Rey, 1849, p. 174.

apprend rien, mais le pousse à chercher en examinant les relations, et l'esclave finit par trouver de lui-même la solution du problème de la duplication du carré, puisque « la vérité est toujours dans notre âme »[228]. Le processus de l'interrogation soutenue fait que littéralement il découvre de lui-même une relation intelligible, l'esprit tirant l'idée de son propre fond. En considérant ainsi les choses, nous dirons, avec Tiberghien, que toutes les vérités qui viennent de l'esprit avec ce caractère sont des vérités nécessaires. « Les représentations algébriques ou géométriques ne sont pas une matière à expérimenter, mais un simple moyen de rendre les démonstrations sensibles : c'est le secours que l'imagination prête à la raison, ou l'intuition sensible qui accompagne l'intuition intellectuelle. »[229]

Ce n'est guère l'expérience qui m'apprend que les trois angles du triangle font 180°, cette vérité n'a pas résulté du fait d'avoir mesuré des centaines de triangles avec un rapporteur, mais il suffit d'une simple démonstration de géométrie[230] à partir de parallèles pour la percevoir. Quel est alors le rôle de l'expérience ? Elle fournit exclusivement des exemples particuliers auxquels vient s'appliquer l'idée. L'inverse ne serait guère vrai : en accumulant plusieurs exemples, nous n'obtiendrons jamais que des *vérités générales* et non des *vérités nécessaires* ; tous les exemples qui confirment une vérité générale, de quelque nombre qu'ils soient, ne suffisant pas pour établir la nécessité universelle de cette vérité ; car il ne suit pas que ce qui est arrivé arrivera toujours de même. Cela signifie alors que la certitude et la vérité viennent de l'esprit lui-même, puisque les idées sont présentes en nous de manière virtuelle et c'est à l'occasion de l'expérience qu'elles se réveillent. La seule expérience n'est pas ce qui fait avancer la physique, elle ne serait finalement rien sans la puissance d'inventer et de conceptuali-

---

[228] *Ibid.*, p. 190.
[229] G. Tiberghien, *Logique : La science de la connaissance*, 1re Partie, Paris, Librairie Internationale, 1865, p. 198.
[230] A. Delachet, *La géométrie élémentaire*, pp. 9 *sq.*

ser que possède l'esprit, et le concept est une production qui naît de l'esprit mais s'applique à l'expérience. Bachelard reconnaît cette dualité de l'esprit scientifique : « Quel que soit le point de départ de l'activité scientifique, cette activité ne peut pleinement convaincre qu'en quittant le domaine de base : *si elle expérimente, il faut raisonner ; si elle raisonne, il faut expérimenter.* » (*sic*)[231]

La théorie rationaliste

Il faut maintenant rendre justice à ce que le mot *concept* indique déjà : l'intellect possède un pouvoir de conception avec lequel il tisse une représentation du réel, car le concept n'est autre que la représentation générale par laquelle l'entendement pense et détermine un objet. D'après Descartes, la mathématique universelle s'appuie sur l'intuition rationnelle, conçue comme vision des idées claires et distinctes : « Par intuition j'entends, non pas le témoignage changeant des sens ou le jugement trompeur d'une imagination qui compose mal son objet, mais la conception d'un esprit pur et attentif, conception si facile et si distincte qu'aucun doute ne reste sur ce que nous comprenons ; ou, ce qui est la même chose, la conception ferme d'un esprit pur et attentif, qui naît de la seule lumière de la raison et qui, étant plus simple, est par suite plus sûre que la déduction même… »[232]

Comment parvenir à la connaissance des choses concrètes sans nulle crainte d'erreur ? L'intuition rationnelle, pure et attentive, conçue comme vision des idées claires et distinctes, nous fait parvenir au vrai ; et lorsque nous parlons d'une idée claire et distincte, ce n'est pas en relation avec la perception de l'objet correspondant, mais avec la connaissance précise que nous en avons. Est *claire* une idée qui est présente et manifeste à un esprit attentif ;

---

[231] G. Bachelard, *Le nouvel esprit scientifique*, p. 7.
[232] R. Descartes, *Règles pour la direction de l'esprit*, Paris, Gallimard, La Pléiade, 1953, p. 43.

et *distincte* une idée précise, différente de toutes les autres, ne se confondant nullement avec elles, se comprenant bien en soi. Le modèle de l'idée claire et distincte, c'est l'essence mathématique, mais non pas une perception. Les idées claires et distinctes ne viennent pas des sens, puisque ce qui vient de la seule sensation est assez confus. L'idée de chaud ou de froid de la température du bain par exemple est vague, parce que relative à ma condition, à mes dispositions personnelles, mais 30° est une idée plus claire. Le qualificatif « chaud » exprime ma relation momentanée à l'expérience, sans pour autant décrire avec précision un phénomène mesurable que je pourrais objectivement rapporter à l'eau. Aussi, lorsque l'esprit pense par concepts clairs et distincts, tend-il à penser rationnellement.

Le *rationalisme* prend le parti de montrer que l'idée est essentiellement conception de l'esprit et n'est pas seulement dérivée de l'expérience ; le concept est de ce point de vue davantage forgé par l'esprit, plus qu'il n'est dégagé de l'expérience. Pour nous, le point de vue rationaliste rend mieux compte de la nature de l'idée et permet de mieux saisir ce que peut être la construction théorique qu'est la science. Plus généralement, si nous examinons attentivement le mode d'opération de l'intellect, nous verrons qu'il est dans son pouvoir de construire incessamment des représentations, car il est dans la nature de l'esprit d'élaborer des constructions mentales dont la charpente est soutenue par des idées.

Statut logique des idées

Si l'idée n'est pas un reflet du réel, mais une conception de ce réel, si l'idée enveloppe un savoir et permet une représentation, son statut paraît avant tout *logique*. Mais qu'est une idée d'un point de vue logique ? Les caractéristiques logiques des concepts peuvent s'analyser en termes de genre et de classe, de classe et de classification. Un concept peut être caractérisé par son extension et sa compréhension, sa dénotation et sa connotation.

Dénotation et connotation

Les logiciens distinguent d'une part l'*extension* ou la *dénotation* d'un concept et, d'autre part, sa *compréhension* ou *intension*, dite aussi *connotation*. Le concept peut être ou le sujet, ou l'attribut, dans une infinité de jugements possibles. Prenons le concept *Homme* ; son *extension* est la proposition prédicative : « un tel est un *Homme* », par exemple Socrate est un Homme ; tandis que sa *compréhension* est plutôt la proposition réflexive : « l'*Homme* est tel », par exemple l'Homme est social, raisonnable, animal, bipède, mammifère, omnivore, vertébré... Dans le premier cas, *Homme* est attribut ou prédicat et définit une classe ; dans le second, comme sujet du jugement, l'homme détermine l'ensemble des caractères qui le définissent. Lewis Carroll spécifie ce qu'il faut entendre par classe : « Une classe qui se compose de [...] membres est parfois considérée comme une chose unique [...] elle peut posséder une qualité qui ne soit pas possédée par chacun de ses membres pris individuellement. »[233]

L'*extension* d'un concept est toujours inversement proportionnelle à sa *compréhension*. Le concept *animal* a une extension plus grande mais moins de compréhension que *Homme*. Plus un concept est dénoté ou général, plus il subsume d'objets, moins il est lui-même connoté, défini, spécifique. Le concept *être* a une extension maximale (telle chose est un *être*) pour un minimum de compréhension (*l'être* est telle chose).

Parler de *genre* implique donc que le concept possède d'abord une *extension*, une *dénotation*. Le concept d'homme s'applique bien à un nombre important d'individus, aux quelques cinq milliards d'hommes qui vivent sur la terre. L'extension du concept d'homme est par conséquent très large, celle du concept de Camerounais nettement plus petite, celle de new-yorkais encore plus petite : « [...] la

---

[233] L. Carroll, *Logique sans peine*, Paris, Hermann, 1966, p. 55.

compréhension désigne l'ensemble des qualités spécifiques qui forment un concept donné, l'extension désigne le nombre des existants logiques susceptibles de recevoir cette dénomination »[234].

Parce que le concept rassemble des connaissances, il possède une *compréhension* ou une *connotation*. Dans la compréhension du concept de *chat*, entre l'ensemble des qualités, des spécificités, des attributs définissant ce concept : le chat est un *vertébré*, *mammifère*, *carnivore*, qui est un *animal domestique* pour l'homme ; le chat est l'animal qui *miaule* et *chasse les souris*, etc. Quand je me sers du concept de chat, je dois envelopper toute sa compréhension : n'y entre pas par exemple l'attribut « *capable de voler avec des ailes* », ou « *munis de nageoires* » ; ces deux attributs entrent par contre dans la compréhension du concept d'oiseau et de poisson.

Concept et jugement

Que faisons-nous lorsque nous jugeons ? Nous mettons en rapport des concepts, établissons des relations entre des concepts, tirons des déductions à partir des propriétés des concepts ; car « le jugement est une prise de position de la pensée à l'égard d'un comportement sensori-moteur [...]. Il établit, à un stade plus élaboré de la pensée, un rapport entre deux concepts ou entre deux jugements »[235]. Par exemple : a) La truie doit avoir des mamelles, puisque c'est un mammifère ; b) La caille doit pondre des œufs, car c'est un oiseau ; c) Un Camerounais est un homme qui réside au Cameroun et possède un statut légal de citoyen camerounais. Dans ces jugements, à chaque fois nous nous prononçons sur la réalité en posant un jugement susceptible d'être vrai ou faux, un jugement enveloppant nécessairement des concepts différents : dans a) truie, mamelle, mammifère ; b) caille, œufs, oiseau ; c) Camerounais, homme, Cameroun. Nous ne pourrions émettre de

---

[234] A. Virieux-Reymond, *La logique formelle*, Paris, PUF, 1975, p. 10.
[235] *Ibid.*

jugement sans disposer de concepts ; inversement, un concept, c'est surtout un jugement condensé, la forme ramassée d'un savoir qui est le produit d'une activité judicative. L'idée contient en elle un ensemble de jugements virtuels que le jugement – qui se présente en général sous la forme d'un sujet uni à un prédicat par l'intermédiaire d'une copule – va rendre actuels dans une série de propositions.

Juger, c'est donc précisément comparer, évaluer, légiférer selon la vérité. C'est une opération mentale de vérification discursive ou logique, s'il faut du moins s'en tenir à la théorie classique du jugement, qui distingue « divers types de jugements »[236] : a) le jugement prédicatif exprimant le rapport entre un sujet et un attribut (A est B) ; b) le jugement comparatif qui décrit surtout une relation entre deux termes, indépendamment de leurs propriétés (A < B). Le jugement peut également porter sur des jugements ou des faits. La proposition « si A est vrai, B est vrai » est dite *hypothétique* ; « une porte est, ou ouverte ou fermée » est un jugement *disjonctif* ou hypothétique au second degré. En somme, on appelle juger l'action de notre esprit par laquelle, joignant ensemble diverses idées, nous affirmons de l'une qu'elle est l'autre ou nions de l'une qu'elle soit l'autre ; comme lorsque, ayant l'idée de soleil, et l'idée de lumineux, j'affirme du soleil qu'il est lumineux, ou bien je nie qu'il soit lumineux. Au caractère réflexif de ces considérations, une application transitive du jugement est possible comme l'atteste, en psychologie contemporaine par exemple, la docimologie, technique d'évaluation susceptible d'orienter un choix ou de motiver une décision.

Pourtant, il est des jugements impersonnels comme : « il pleut, il fait jour », propositions n'énonçant pas à proprement parler un rapport entre deux choses, en tant qu'elles affirment ou nient du sujet ou de l'attribut qu'ils soient tels et/ou tels ; si le jugement est, selon la tradition classique, l'accord de la pensée avec son objet, alors il pose

---

[236] A. Virieux-Reymond, *Ibid.*, pp. 21-24.

un sujet d'emblée défini d'un point de vue métaphysique ou absolu, auquel correspondrait d'autre part un objet artificiellement tiré ou abstrait du réel. Or dire que ce moi dont le centre m'échappe aussi bien que les contours, affirme son accord avec un objet, est, sinon un pur non-sens, du moins une définition plus obscure que le défini[237].

Jugement et pensée

Qu'est-ce donc que *penser* ? C'est développer des idées, peser, juger, établir des relations entre des idées, affirmer ou nier avec des idées, en sorte que se développe un *savoir* ; penser revient pour l'esprit à se représenter conceptuellement la réalité, c'est précisément accéder à l'intelligible au-delà du sensible ordinairement offert dans la perception, l'imagination, le souvenir. D'après Platon, la pensée n'est rien d'autre qu'un dialogue intérieur, une discussion de l'âme avec elle-même, « un discours que l'âme se tient tout au long à elle-même sur les objets qu'elle examine »[238], d'où naît le jugement. Nous pensons le sensible au moyen des idées ; et comme le monde sensible est changeant, fluent, comme il est un domaine où la différence est partout présente, nous nous servons des idées pour structurer une *identité d'objet* au sein des phénomènes. Ce phénomène météorologique qui a lieu à Yaoundé, dans ce moment unique qu'est l'instant présent, je le relie à d'autres, similaires, déjà répertoriés dans le passé et je dis que dans la capitale du Cameroun il pleut : « pluie » est un concept me permettant de subsumer un ensemble de phé-

---

[237] Cette adéquation de la chose pensée (objet) à la chose pensante (sujet) aura été interprétée de diverses manières. Pour Condillac et les sensualistes, le jugement ne fait rien de plus que rapporter dans l'esprit deux sensations : énoncer que « la table est bleue », c'est juxtaposer dans ma représentation la table matérielle et la couleur bleue. L'aspect temporel de cette conception spatiale du jugement est la théorie associationniste selon laquelle juger, c'est toujours déjà préjuger, puisque c'est associer des idées selon des habitudes mentales acquises.

[238] Platon, *Théétète*, Belles-Lettres, p. 229.

nomènes analogues. Est-ce donc à dire que le langage est un médiateur entre le sensible et l'intelligible ?

Chacun d'entre nous possède un grand nombre d'idées sur tout sujet, sans vraiment avoir conscience de nos raisons de les avoir : ce sont nos *opinions*. Lorsque, par contre, l'idée est possédée avec des raisons précises, démontrables, dont nous sommes conscients, nous avons alors des *convictions*. Aussi l'idée joue-t-elle un rôle important comme construction mentale pour l'esprit qui la pense, mais cette construction mentale possède ou non une quelconque vérité, que nous pouvons ou non posséder. Il nous est possible de manipuler des idées sans savoir clairement ce qu'elles représentent. C'est la réflexion qui, par un retour sur soi, impose à l'esprit de porter à la conscience ce qui est irréfléchi, de faire justement la part de la connaissance et de l'ignorance ; de sorte que penser, c'est mettre constamment en avant un souci de *justification*. La clarification de l'intellect exige précisément ce souci d'auto-justification de la part de la pensée et, plus généralement, toute démarche philosophique est ce souci d'auto-justification systématique que la pensée nous impose : tel est l'objet du raisonnement logique.

LOGIQUE ET RAISONNEMENT

La logique est d'abord concernée par le *raisonnement* et sa valeur plutôt que par l'*observation*, et peut très bien opérer avec des propositions qui ne comportent pas d'évidence factuelle, de certitude liée à une constatation. Elle est *logos*, et signifie à la fois parole et raison ; aussi se présente-t-elle traditionnellement comme la science spécifique des formes de la pensée : 1°) en ce qu'elles ont de général et de commun, 2°) selon la forme de chaque science en particulier. A partir de là, la logique englobe des recherches, des variantes plus ou moins influencées par l'étude psychologique, linguistique, sociologique des conditions du raisonnement et de l'expérience, sans oublier l'analyse de leur expression mathématique. Pour mieux appréhender le statut de la logique, nous nous demande-rons : à quelles conditions un discours est-il logique ?

Logique et connaissance

La notion de *connaissance*, qui s'oppose souvent à l'affectivité et à l'activité, désigne à la fois la fonction théo-rique de l'esprit et le résultat de cette fonction ; elle a alors pour but de rendre présent aux sens ou à l'intelligence un objet, interne ou externe, en essayant de le discerner ou d'en posséder une représentation généralement adéquate. Cette mise en contact avec l'objet de pensée a pour condi-tion la distinction du sujet et de l'objet, et le savoir qui en découle n'est transmissible que grâce au discours, expres-sion de la pensée rationnelle sous forme d'une suite de jugements portant sur des opérations et des concepts par-tiels. Si la connaissance est ainsi discursive plutôt qu'intuitive, se confond-elle avec la logique comme science du discours ?

La logique et la psychologie

Qu'est-ce donc que la logique ? Le sens commun in-terrogé dira que cela doit être une étude de la pensée, du raisonnement, un procédé employé pour justifier une pro-position, la rattacher à d'autres propositions déjà admises, la déduire de ces propositions premières. « Le but de la logique est de formaliser le raisonnement et par consé-quent de nous donner un outil permettant de distinguer les inférences correctes des inférences incorrectes »[239]. Mais la pensée ainsi étudiée peut s'entendre de deux manières ; le psychologue et le logicien ont tous deux affaire à la pensée en un sens, mais pas dans le même sens : si le psychologue s'intéresse aux faits de conscience, aux vécus de conscience et à leur explication, tel n'est pas le champ d'intérêt du logicien sur la pensée qui est seulement intéressé par la

---

[239] A. Thayse et *al.*, *Approche logique de l'intelligence artificielle*, 2, Préface, p. IV.

question de la vérité. La psychologie ne rencontre la pensée du logicien que sous l'angle du statut de croyance dont elle peut chercher les causes, les mobiles, mais le statut de sa vérité n'est pas son problème. Le psychologue ne s'occupe nullement de la vérité ou de la fausseté d'une croyance, et le jugement faux est pour lui un fait psychique au même titre que le jugement vrai ; ce qui intéresse le logicien, c'est la distinction du jugement vrai et du jugement faux : « La psychologie vise à définir les *conditions d'existence* des faits psychiques, la logique porte sur les *conditions de droit* qui constituent et dominent la pensée valable »[240]. Si le premier recherche à quelles conditions une croyance est, le second répond à quelle condition une croyance est fondée. La pensée, si elle porte sur des idées, ne se réduit guère à du psychologique. Le *psychologisme* tend à réduire l'idée à un phénomène de conscience passager. Mais la théorie de l'éducation de Rousseau, par exemple, possède une certaine validité, un contenu logique méritant qu'on l'étudie, et ce n'est pas parce que ce dernier a laissé ses enfants à l'assistance publique que, pour autant, ce qu'il dit sur l'éducation est sans valeur. En rester à cette critique simpliste, n'est-ce pas faire du psychologisme et perdre de vue la valeur de vérité d'un point de vue en ne voyant que la psychologie de son auteur ?

L'analyse psychologique du jugement ignore le problème de la valeur du jugement sous le rapport de la vérité et équivaut à refuser toute valeur de vérité au jugement qu'elle explique, et l'erreur du psychologisme est surtout de prétendre expliquer tous les jugements sans exception par la psychologie alors que le jugement vrai échappe à toute réduction psychologique. Tel est ce psychanalyste qui s'efforce d'expliquer à sa manière une opinion soutenue par son ami : vous parlez ainsi, lui objectera-t-il, parce que vous avez un complexe d'infériorité, parce que vous vous êtes mal libéré des interdits qui vous ont été imposés pen-

---

[240] A. Virieux-Reymond, *La logique formelle*, Paris, PUF, 1975, p. 15.

dant l'enfance, parce que vous avez le complexe de culpabilité, « l'expression immédiate de la peur devant l'autorité extérieure, la reconnaissance de la tension entre le Moi et cette dernière »[241]. Il se peut que le psychanalyste ait raison ; en ce cas l'opinion de son ami, intégralement explicable par les complexes qui l'accablent, est une opinion fausse. Au rebours, il n'est guère possible de psychanalyser un jugement réputé vrai. Le psychanalyste lui-même posera implicitement que ses propres jugements, parce que vrais, échappent à l'explication psychologique. Si nous lui disons : vos interprétations s'expliquent par le mécanisme psychologique de la déformation professionnelle, il nous répondra probablement que c'est faux, qu'il juge ainsi parce que c'est vrai. Pour défendre la vérité de ses propres assertions, il est contraint de les soustraire à la réduction psychologique qu'il impose aux jugements portés par les autres. Les jugements du psychologue lui-même ne peuvent prétendre à la vérité qu'en proclamant leur transcendance, leur autonomie par rapport à toute tentative de les expliquer psychologiquement. Si la vérité de la psychologie exclut probablement qu'il puisse y avoir une psychologie de la vérité, alors le psychologisme, poussé jusqu'à ses limites extrêmes, se démolit lui-même, aboutit à nier la valeur de la psychologie en tant qu'elle-même prétend à la vérité. Karl Popper observe à ce propos que : « la question de savoir comment une idée nouvelle peut naître dans l'esprit d'un homme […] peut être d'un grand intérêt pour la psychologie empirique mais elle ne relève pas de l'analyse logique de la connaissance scientifique »[242], non sans préciser que cette connaissance scientifique « se trouve concernée non par des questions de *fait* (le *quid*

---

[241] S. Freud, *Malaise dans la civilisation*, in *Revue française de psychanalyse*, I, Paris, PUF, 1970, p. 71.
[242] K. R. Popper, *La logique de la découverte scientifique*, Paris, Payot, 1973, p. 27.

facti ? de Kant) mais seulement par des questions de *justification ou de validité* (le *quid juris ?* de Kant) »[243].

Certes, il peut y avoir de la psychologie dans la logique et de la logique dans la psychologie : Alan Turing en était bien conscient, qui introduisit sciemment des considérations psychologiques dans la présentation logique du formalisme de la machine de Turing[244] sans qu'une telle démarche lui parût problématique, et qui a consacré tout un article à la question de la possibilité d'une introduction de ce formalisme logique en psychologie[245]. Mais la vérité est indépendante du caractère, des humeurs, du sentiment, des passions ; les conditions de la vérité se trouvent dans les idées elles-mêmes et non dans la nature psychologique du sujet qui pense et juge : de telles conclusions nous conduiraient à affirmer l'existence d'un monde d'idées extérieur à la pensée humaine. L'autonomie de la logique exigerait alors une métaphysique de style platonicien ; le vrai existerait en soi et par soi et tout le savoir humain serait la conquête progressive des parcelles de la Vérité idéale, éternelle, infinie.

La logique et la réflexion

La distinction entre logique et psychologie en appelle une autre, non moins importante : on pourrait objecter que la vérité contenue dans la pensée est l'objet des sciences, mais il faut bien distinguer l'*attitude logique* du spécialiste qui raisonne en mathématiques, en physique, en sociologie, de la *réflexion logique* du logicien. L'attitude logique est nécessaire dans tous les domaines de la connaissance, dans toute discipline scientifique, sans quoi le savoir ne parvient pas à se structurer, sans quoi il n'est pas de

---

[243] *Ibid.*

[244] *Cf.* A. M. Turing, 'On Computable Numbers with an Application to the Entscheidungproblem', *Proceedings of the London Mathematical Society*, 42, 1936, pp. 230-265.

[245] *Cf.* A. M. Turing, "Computing Machinery and Intelligence", *Mind*, vol. LIX, 1950, n°236, pp. 433-460.

science possible, puisque la science est une connaissance en forme de système. L'attitude logique n'est pas la réflexion sur la logique, n'est pas la logique réflexive, bien qu'une réflexion sur la logique requière également une attitude logique. Il revient au logicien de s'interroger sur l'expérience intellectuelle de l'homme, en tant qu'elle prend la forme d'un discours se caractérisant par une prétention à la vérité.

La logique n'a pas toujours été une branche des mathématiques orientée vers la formalisation de la pensée. Au XVIIᵉ siècle, elle était considérée comme un art de penser par les logiciens de Port-Royal, qui la définissaient comme : « l'art de bien conduire sa raison dans la connaissance des choses, tant pour s'en instruire soi-même que pour en instruire les autres »[246]. Ainsi définissait-on autrefois la logique comme un art de penser droit et juste, comme si elle disposait en elle-même d'une sagesse. Cette définition serait correcte si la pensée ne se formait qu'à travers la cohérence interne de son discours. Mais suffit-il qu'un discours soit cohérent, logique, rationnel, pour qu'il soit vrai ? Le mérite de la connaissance objective n'est-il pas de ne pas seulement se fier à la construction conceptuelle des théories, mais précisément de les soumettre à l'expérimentation ?

Par ailleurs, la *méthode pour bien conduire sa pensée* ne se réduit pas à quelques règles de logique, ce que démontre Descartes. Or, qui veut éviter l'erreur considérera tout d'abord les règles de la logique formelle, qui doit énoncer les conditions générales de la validité d'une proposition ou d'une inférence, abstraction faite de tout contenu particulier. Pour démontrer la réciproque d'une proposition donnée, par exemple « $Q \Rightarrow P$ » est la réciproque de « $P \Rightarrow Q$ », il est toujours équivalent de démontrer la contraposée « non $P \Rightarrow$ non Q ». Cependant, le caractère formel don-

---

[246] A. Arnauld et P. Nicole, *La logique ou l'art de penser* (1662), Paris, PUF, 1965, p. 37.

nant à la logique sa valeur est aussi ce qui en fait les limites : il est possible de raisonner correctement sur des idées fausses. Aussi, d'après Descartes, la logique formelle s'avère-t-elle insuffisante pour la recherche du vrai : « Pour la logique, ses syllogismes et la plupart de ses autres instructions servent plutôt à expliquer à autrui les choses qu'on sait ou même [...] à parler, sans jugement, de celles qu'on ignore, qu'à les apprendre. Et bien qu'elle contienne, en effet, beaucoup de préceptes très vrais et très bons, il y en a toutefois tant d'autres, mêlés parmi, qui sont ou nuisibles ou superflus, qu'il est presque aussi malaisé de les en séparer, que de tirer une Diane ou une Minerve hors d'un bloc de marbre qui n'est point encore ébauché »[247]. Il ne suffit donc pas d'énoncer les conditions formelles de la vérité ; il faut aussi indiquer par quelle voie l'esprit pourra remplir cette forme vide par un contenu véritable.

On ne le pourra qu'en donnant à sa pensée une méthode, où il s'agit de baliser un parcours que la pensée devra emprunter dans sa recherche de la vérité. En ôtant ainsi à la découverte du vrai son caractère hasardeux et désordonné, on s'assurera que la question a été convenablement traitée et qu'aucun des divers éléments susceptibles d'intéresser sa solution n'a été omis. La méthode traduit donc la volonté de l'esprit de maîtriser son propre fonctionnement. Certes, il est douteux qu'une découverte se fasse selon un plan aussi rigoureux que l'exposition que fait d'elle-même une pensée ayant atteint sa maturité. Il y a justement, dans le surgissement de toute nouvelle idée, une part d'illumination involontaire. Cependant, si on ne peut dompter totalement l'esprit, il est toujours souhaitable de le soumettre – au moins après coup – à l'observance d'une progression méthodique, et c'est à ce prix-là que l'on pourra éliminer les risques d'erreurs.

---

[247] R. Descartes, *Discours de la méthode*, Paris, Garnier-Flammarion, 1966, p. 46.

La logique ne saurait donc se substituer à la science. Si Aristote, le fondateur de la logique en Occident, la plaçait sous le titre général d'*Organon,* ce qui signifie en grec *outil,* il la plaçait au point de départ de l'activité scientifique comme une *propédeutique*, une introduction à la science ; il demandait « à la logique, notamment au syllogisme, de conduire à la science de l'universel »[248]. Cela signifiait que l'élève devait apprendre à user correctement des concepts, à manier le jugement avec rigueur, à procéder correctement dans ses raisonnements, avant de se livrer à l'étude scientifique de la nature. Une pensée incohérente ne peut faire d'étude solide, et le sens d'une telle préparation est donc important. Il y a formellement du logique partout où se présente une méthode, parce que la logique est inhérente à tout savoir organisé, aux mathématiques, à la physique, à la biologie, à la psychologie ; la logique est présente en toute théorie, et pas seulement d'ailleurs les théories scientifiques.

La logique et le langage

Le langage sert à concevoir, à réfléchir, à penser. Le verbe *penser* désigne alors l'acte de la pensée, la pensée tout entière en acte dans le jugement, se moulant dans les mots, raisonnant dans le langage, pour se trouver et se dire. Dans ce cas, ce n'est plus la pensée au sens des modes de conscience qui me traverse l'esprit, non pas *une* pensée en général, mais *la* Pensée au sens de la réflexion, privilège de l'homme comme être pensant, entendement et raison comme capacités de comprendre la matière de la connaissance et de faire une synthèse plus élevée que la perception, la mémoire, l'imagination. Dire que le langage sert à penser, c'est évidemment exprimer que sa vocation s'accomplit comme expression de la raison raisonnante, qui se réfère aux structures de la pensée en tant qu'elle s'appuie sur des principes et se développe discursivement

---

[248] A. Virieux-Reymond, *La logique formelle*, Paris, PUF, 1975, p. 5.

selon les règles du raisonnement. La pensée rationnelle, discursive, va d'une idée ou d'un jugement à un autre en passant par un ou plusieurs intermédiaires ou moyens termes, suppose une forme de verbalisation, même quand elle est un dialogue de la pensée avec elle-même. La pensée suppose la logique et la logique ramène au *logos*, mot grec signifiant parole, raison, rapport, parfois employé pour désigner la raison universelle comme principe.

En ce sens, c'est essentiellement la philosophie – technique particulière d'investigation visant par des questions adéquates à faire surgir des problèmes, là où souvent l'habitude a force de certitude – qui rendrait le plus justice au langage dans sa vocation la plus élevée. Si alors le *bruit des pensées*, autrement dit la conscience immédiate, instinctive, spontanée, n'est pas encore la pensée vraie, c'est que nous devons justement porter à l'acte de penser une attention toute particulière : le philosophe le fait par métier ; l'intellectuel le fait par engagement ; le scientifique par rigueur et méthode ; l'érudit par le soin et la mémoire. Dire que le langage est fait pour penser, c'est exprimer que la raison peut construire avec le langage, connaître avec le langage, créer avec le langage, ce qui demande un travail spécifique. Le langage vient accomplir la pensée quand celle-ci y effectue une prise de conscience de soi, lorsque la pensée devient intelligente au contact des mots et que son seul objet n'est plus que l'action mais précisément la *vérité*, recherchée comme fondant la valeur de la connaissance, comme coïncidant avec l'être de la réalité. Que faisons-nous dans notre introduction à la philosophie, sinon que nous apprenons à conduire notre pensée de manière logique et cohérente ? François Jacob écrit à ce sujet : « Ce qui donne au langage son caractère unique, c'est [...] de permettre la symbolisation, l'évocation d'images cognitives. [...] Il se prête à la combinatoire sans fin des symboles. Il permet la création mentale de mondes possibles. »[249]

---

[249] F. Jacob, *Le jeu des possibles*, Paris, Fayard, 1981, pp. 114-115.

Le langage a pour vocation la connaissance, que celle-ci prenne la forme systématique, méthodiquement organisée d'une science, ou la forme non moins systématique, mais plus souple du développement d'une philosophie. Mais dans ces deux cas, le langage prend alors une forme rationnelle et se structure sous la forme du concept : tant que la pensée ne s'est pas formulée elle-même dans le concept, elle n'a pas encore structuré ce qui en elle mérite le nom d'une connaissance transmissible. Le langage n'est pas la connaissance, mais le mental a besoin du langage pour exprimer la connaissance, car il est dans l'intelligence un pouvoir qui ne se réduit pas au seul brassage des mots. Le langage permet l'expression de la pensée en lui donnant une forme qui d'emblée se porte vers l'universel : raisonner avec des mots, c'est déjà être invité à sortir de la bulle de notre intimité ; entrer dans le langage par la porte de la pensée, c'est être invité à aller au-delà des limites de la pensée personnelle.

Le logicien se propose donc de dégager ce qu'il peut y avoir de commun dans les divers procédés de la pensée, s'élève au-dessus des différents discours du savoir, pour expliciter ce qu'est un discours vrai. La logique, science des conditions de la pensée vraie et du raisonnement valide, est comparable à un langage, à une langue : « Avant d'être un outil de déduction, la logique est d'abord un langage. L'utilité de ce langage subsiste même quand l'appareil déductif n'est pas introduit. »[250] Chaque langue dispose d'une grammaire, d'une orthographe, et il est indispensable, pour être compris sans ambiguïté, de respecter les règles de la grammaire, comme de l'orthographe, pour éviter les fautes d'expression – non pas les erreurs, car nous sommes présumés connaître notre langue. C'est dire que la pensée possède elle aussi sa grammaire qui est la logique, car la logique est comme la grammaire essentielle que se doit de respecter la pensée raisonnante. Ainsi parle-t-on de faute

---

[250] A. Thayse et *al.*, *Approche logique de l'intelligence artificielle*, 1, p. 89.

logique à propos d'une incohérence et pas simplement d'une erreur : un discours qui ne respecte pas la logique perd alors sa signification, tout comme un texte truffé de fautes d'orthographe et de syntaxe devient souvent illisible, inaccessible, incompréhensible. Les règles de la pensée et du raisonnement doivent être respectées, comme les règles de grammaire et d'orthographe.

Logique et validité

En quoi consiste donc cette cohérence, objet de la logique ? Considérons les deux énoncés suivants : a) *Le mouton est un mammifère* ; b) *Les lapins sont des carnivores*. Nous ne dirons pas que le premier est « logique » tandis que le second ne le serait pas, mais que le premier est *vrai* tandis que le second est *faux*. S'agit-il alors d'une vérité d'ordre logique ? Pas exactement, car il y a ici une ambiguïté à dissiper : dans les énoncés qui sont des propositions, il faut distinguer les vérités matérielles et les vérités formelles.

La vérité et la validité

Une proposition, comme énoncé verbal susceptible d'être qualifié de vrai ou faux[251], dont on peut considérer qu'il sous-entend un jugement au moins virtuel, se compose de « termes »[252] qui expriment des concepts. Un concept n'est ni vrai, ni faux, ni logique, mais possède généralement une « définition »[253] qui enveloppe une *extension* et une *compréhension*, une définition qui le rend *opératoire* : il a un *sens*, parce qu'il est un signe, un substitut symbolique d'une réalité posée par la pensée, qui correspond à la manière dont la pensée s'exprime chez nous autres humains. Pour Freud, le sens n'est autre que l'intention : « Mettons-nous, une fois de plus, d'accord sur ce que nous entendons

---

[251] En effet, les propositions sont « *des énoncés susceptibles d'être vrais ou faux* » (A. Thayse et *al.*, *Approche logique de l'intelligence artificielle*, 1, p. 1).
[252] A. Virieux-Reymond, *La logique formelle*, pp. 8-9.
[253] *Ibid.*, pp. 44-45.

dire, lorsque nous parlons du « sens » d'un processus psychique. Pour nous, ce « sens » n'est autre chose que l'intention qu'il sert et la place qu'il occupe dans la série psychique. Nous pourrions même, dans la plupart de nos recherches, remplacer le mot « sens » par les mots « intention » ou « tendance ».[254]

Selon ce qui est contenu dans le concept, selon son sens, son intention, nous établissons des *propositions* qui font le plus souvent appel à l'expérience ou à l'ordre des *faits*. Nous voyons bien que le lapin ne répond pas à la *définition* du carnivore, comme le ferait le léopard ; que le mouton, par contre, répond à la définition du mammifère. Il est possible d'en appeler à des observations de fait pour établir que la proposition « le mouton est un mammifère » est vraie et que la proposition « le lapin est un carnivore » est fausse. La *valeur de vérité* attribuée à une proposition dépend d'autre chose que de la seule logique ; elle dépend des observations de fait, et c'est pourquoi on parle de *vérité matérielle*. Parlant de *vrai*, nous voulons dire qu'une relation pensée par l'esprit, telle que celle entre « mouton » et « mammifère », entre « lapin » et « carnivore », correspond à une relation observée dans la réalité. Dans le *faux*, la relation n'est pas observée, elle n'existe donc pas : le lapin est, en réalité, un rongeur qui se nourrit de plantes.

Il vaut mieux parler de validité formelle, d'après Robert Blanché qui définit la logique comme « l'étude des raisonnements ou inférences, considérés du point de vue de leur validité »[255]. En logique, « une formule est valide si elle est toujours vraie, indépendamment des valeurs de vérité attribuées aux propositions qu'elle contient »[256]. Il convient donc de distinguer la validité et la vérité : la validité d'un raisonnement est purement formelle, indépendante du sens des propositions qui le composent ; la vérité d'un

---

[254] S. Freud, *Introduction à la psychanalyse*, Petite Bibliothèque Payot, p. 29.

[255] R. Blanché, *Introduction à la logique contemporaine*, Paris, Armand Colin, 1957, p. 9.

[256] A. Thayse et *al.*, *Approche logique de l'intelligence artificielle*, 2, p. 13.

raisonnement – vérité matérielle par opposition à la vérité formelle du raisonnement valide – est, au contraire, dépendante de ce sens. Ainsi validité et vérité s'opposent-elles comme s'opposent syntaxe et sémantique.

Cette distinction du syntaxique et du sémantique est clarifiée par Bertrand Russell[257], à travers la notion de système formel. Si un système formel est autonome par rapport à toute détermination extérieure, si son fonctionnement n'est régi que par ses règles spécifiques, nous devons alors considérer l'esprit comme un objet autonome ne recevant nullement de l'extérieur ce qui permet d'assurer son contrôle. Dès lors, la notion de sémantique qui, dans un système formel, est radicalement différenciée de celle de syntaxe, est elle aussi distinguée dans le cas de l'esprit, puisque le rapport à la réalité extérieure devient ainsi une donnée purement empirique qui n'influe guère sur le fonctionnement de l'esprit lui-même[258]. Si une interprétation d'un système formel rend les axiomes vrais et engendre des propositions valides selon les règles d'inférence du système, alors le système formel préservera toujours la vérité des propositions, et c'est pourquoi, en Intelligence Artificielle, on tient à séparer radicalement les questions syntaxiques des questions sémantiques, puisque le système formel se charge lui-même d'opérer des inférences valides qui sont vraies si les axiomes ont été correctement choisis[259]. En somme, une bonne sémantique dépend formellement d'une bonne syntaxe et la première découle toujours de la seconde.

Globalement, la logique demande seulement que

---

[257] *Cf.* Lettre de Russell à Frege (1902), traduction française dans F. Rivenc et P. de Rouilhan (dirs.), *Logique et Fondements des mathématiques*, Anthologie (1850-1914), *op. cit.*, pp. 240-241.

[258] *Cf.* J. Haugeland, "Semantic Engines : an Introduction to Mind Design", in J. Haugeland (ed.), *Mind Design*, MIT Press, Cambridge, 1981, pp. 9-10, 58.

[259] *Cf.* D. Dennett, "Three Kinds of Intentional Psychology", in R. A. Healey, *Reduction, Time and Reality : Studies in the Philosophy of natural sciences*, Cambridge, Cambridge University Press, 1981, p. 59.

l'on convienne d'une valeur de vérité, que l'on attribue à la proposition A la valeur du *vrai* et à la proposition B la valeur du *faux* : ainsi seulement obtiendra-t-on les *prémisses* d'un raisonnement. Ces prémisses posées, il sera possible d'examiner ce que nous en faisons dans le raisonnement. La logique ne s'interroge pas sur les concepts, ne décide de la pertinence d'une proposition non plus, mais elle étudie le raisonnement. La validité des concepts, la pertinence des propositions appartiennent à la science, à la discipline dont ces concepts et propositions sont issus. Le domaine de la logique est celui de la *vérité formelle*, celui qui concerne l'enchaînement des propositions entre elles. Il y a donc, d'une part les briques que sont les *concepts*, d'autre part les murs que sont les *propositions* et enfin un ensemble de murs tenant correctement ensemble, qui est le *raisonnement* pour une construction générale qui est la *représentation* dans le discours. Le bon architecte, qui a en vue le bel édifice, l'édifice cohérent et solide, doit s'assurer que le matériau est solide, que la maçonnerie est bien faite, mais il n'est ni le fabricant de briques, ni le maçon. Il appartient au philosophe, à l'astronome, au linguiste, de forger leurs propres concepts, de montrer quelles assertions on peut tenir sur la réalité. Le logicien, lui, est seulement capable de dire si le discours des uns ou des autres tient debout, ou bien s'il est truffé d'erreurs, d'incohérences, de contradictions.

La validité et la nécessité

C'est évidemment l'idée de nécessité qui a conduit Aristote à l'organisation logique de la connaissance, car, puisqu'il n'est de connaissance que du nécessaire, la logique a pour raison d'être la nécessité dans les procédés de la pensée, nécessité qui s'incarne dans le principe de contradiction, principe fondateur de l'édifice logique : « il est impossible que le même attribut appartienne et n'appartienne pas en même temps, au même sujet et sous le même rapport »[260]. Ce premier principe anhypothétique inaugure la logique classique comme une logique du *tiers exclu* – pas d'intermédiaire entre le vrai et le faux –, et comme une logique de non-contradiction. Ainsi la logique est-elle « la science des règles de l'entendement en général »[261], mais au prix d'un apparent divorce avec la matière, et donc d'une formalisation. Il serait alors « contradictoire en soi »[262], en effet, que nous ayons un critère universel de la matière de la connaissance : par conséquent, ce que la logique validera ne sera pas nécessairement vrai : « une connaissance peut fort bien être complètement conforme à la forme logique, c'est-à-dire ne pas se contredire elle-même, et cependant être en contradiction avec l'objet »[263].

La non-contradiction est la propriété fondamentale du système déductif logique notamment en ce qu'elle donne le critère du mode d'enchaînement des propositions : c'est ce qu'Aristote a développé dans son *Organon*, par le syllogisme dont le modèle est : « Tous les hommes sont mortels, or Socrate est un homme, donc Socrate est mortel ». C'est surtout la rigueur de l'inférence qui assure la vérité de la conclusion, si bien que la matière peut en être remplacée par des variables conceptuelles : « Tout x est y, or z est x, donc z est y ». Pour autant, cette logique n'est pas formelle au point d'être, en tout cas dans l'esprit d'Aristote, déconnectée du réel : ainsi la loi de non-contradiction, dit Hamelin, « ne flotte pas au-dessus des choses. La loi de non-contradiction est pour lui une nécessité, non de la pensée, mais des essences même, un principe qui est à l'œuvre dans les choses »[264].

Ne peut-on en définitive conduire de déductions rigoureuses qu'entre des objets purement idéaux ? C'est précisément la question que soulève le mode d'existence

---

[260] Aristote, *Métaphysique*, G 3, 1005a20, Paris, Vrin, 1981, p. 195.

[261] E. Kant, *Critique de la raison pure*, Paris, PUF, 1984, p. 77.

[262] *Ibid.*, p. 81.

[263] *Ibid.*

[264] Hamelin, *Le Système d'Aristote*, Paris, Vrin, 1985, p. 92-93.

des objets mathématiques. Apparemment, on ne croise pas un 9 ou un triangle dans la nature, et les objets arithmétiques et géométriques ne sont que des idéalités, des êtres qui n'ont d'existence que dans nos pensées, car « notre esprit entre en contact avec le monde des idées chaque fois qu'il contemple une vérité mathématique, laquelle est perçue par l'exercice du raisonnement et de l'intuition mathématiques »[265]. Si les définitions des nombres ne relèvent pas de l'observation, il est nécessaire de posséder les lois de l'arithmétique pour procéder à une induction : c'est la thèse du *constructivisme*, qui, s'opposant formellement au platonisme mathématique, postule notamment la réalité des objets mathématiques. L'ensemble IR des nombres dits « réels » leur prête-t-il une réalité indépendante de la structure du cerveau humain ? S'il est par exemple incontestablement vrai qu'il n'existe pas de plus grand nombre premier, puisque la suite en est infinie, a-t-on établi pour autant la réalité de ce fait ? « Nul mathématicien ne répond catégoriquement à la question de savoir si le nombre entier est un objet du monde, un morceau de la nature »[266].

La nécessité et la déduction

La logique est concernée par les étapes du raisonnement, par le passage d'un énoncé à l'autre et pour cela, nous disposons d'un modèle du raisonnement valide, celui de la *déduction*. C'est déjà celui que donne Aristote comme modèle du *syllogisme*, « un discours dans lequel, certaines choses étant posées, quelque chose d'autre que ces données en résulte nécessairement par le seul fait de ces données »[267]. Le syllogisme est une forme élémentaire du raisonnement déductif consistant en deux prémisses – deux propositions, une majeure dont la portée est générale et

---

[265] R. Penrose, *L'esprit, l'ordinateur et les lois de la physique*, op. cit., p. 168.
[266] F. Alquié, *L'Expérience*, Paris, PUF, Coll. « Sup », 1970, p. 44.
[267] Aristote, *Organon*, Livre III, *Les Premiers Analytiques*, Paris, Vrin, pp. 1 *sq.*.

une mineure d'une portée particulière – et une conclusion tirée de ces prémisses ; c'est donc un raisonnement à trois termes établissant la nécessité d'une conclusion à partir des prémisses, propositions déjà connues, par exemple : 1) *Tous les hommes sont mortels* ; 2) *or Socrate est un homme* ; 3) *donc Socrate est mortel.*

Les concepts « homme », « Socrate », « mortel » sont les *termes* du syllogisme, un terme étant un des éléments simples de la prémisse qui, chez Aristote, est toujours composée d'un sujet et d'un attribut. Les propositions 1 et 2 sont les *prémisses*, les deux propositions sur lesquelles se fonde la conclusion du syllogisme ; et la proposition 3 est la *conclusion*. Le passage de 1, 2, vers 3 est *nécessaire* : si nous posons 1, 2, nous sommes contraints d'admettre 3. La certitude que contient la proposition 3 n'est alors plus empruntée à l'expérience, mais tirée *logiquement* de propositions admises. C'est dire qu'il y a quelque chose de contraignant dans la *forme* même de l'enchaînement des propositions qui nous y oblige plutôt que la *matière* des propositions qu'il contient.

Et en ce sens l'exemple suivant est du même ordre : 1) *Tous les dinosaures sont cinéastes* ; 2) *or Gaston est un dinosaure* ; 3) *donc Gaston est cinéaste*. Si les énoncés sont fantaisistes, le raisonnement n'en est pas moins logique, puisque la déduction y est tout aussi contraignante que dans le cas précédent. Pour mieux comprendre ce qu'est la validité formelle, nous devons nous libérer du rapport à la seule expérience et considérer la *structure* formelle. Au fond, il suffirait alors de ne considérer « homme », « Socrate » et « mortel » que comme des exemplaires singuliers de *variables* que l'on pourrait remplacer par des lettres et qui figureraient des concepts. Si x = Socrate, Gaston : le plus petit terme ; y = homme, dinosaure : le moyen terme ; z = mortel, cinéaste : le plus grand terme ; nous avons la structure : « Tout y est z » (prémisse 1) ; « or x est y » (prémisse 2) ; « donc x est z » (conclusion).

La *nécessité logique* tient à la nature des énoncés

comme types de jugements et à la manière dont est posée la relation impliquée entre eux dans le raisonnement. Nous avons : 1) « *Tous les hommes sont mortels* » est une proposition universelle affirmative, *UA* ; 2) « *Socrate est un homme* » est une proposition particulière affirmative, *PA* ; 3) « *Socrate est mortel* » est une proposition particulière affirmative, *PA*. Le jugement consiste à déduire de la proposition universelle une propriété valide, ce qui, en termes de la théorie des ensembles d'Euler, implique que l'on tracerait successivement les trois ensembles en remarquant que le plus petit est inclus dans le plus grand.

Dans ce cas, la conclusion ne fait que *déduire* l'inclusion dans la proposition *UA*, le cas particulier d'une proposition *PA*, ce qui est bien *autorisé*, mais il n'en est pas toujours ainsi. Comparons les deux raisonnements élémentaires suivants : « *Tous les félins sont des animaux ; or les guépards sont des félins ; donc les guépards sont des animaux.* » et : « *Tous les félins sont des animaux ; or les guépards sont des animaux ; donc les guépards sont des félins.* » Le premier raisonnement reprend la même forme que la déduction précédente ; mais le second raisonnement a la forme : « Tout y est z, or x est z, donc x est y. »

Nous ne savons quelle est la relation exacte entre « félin » et « guépard ». Il est possible *logiquement* : a) qu'aucun guépard ne soit un félin : nul x n'est y ; b) que quelques guépards soient des félins : quelques x sont y ; c) que tous les guépards soient des félins : tout x est y ; d) que tous les félins soient des guépards : tout y est x. Aucune conclusion ne paraît nécessaire et surtout il n'y a pas de conclusion unique ; dès lors, ne sachant pas laquelle est vraie, nous n'avons pas le droit de choisir : le raisonnement est dit *non-concluant*. Dans le raisonnement précédent, cela reviendrait à dire en effet : « *Tous les hommes sont des mammifères ; or je suis un mammifère ; donc je suis un homme.* » ; ou encore : « *Tous les hommes sont des mammifères ; or mon chat Alfred est un mammifère ; donc mon chat Alfred est un homme.* ». Pour que le raisonnement soit correct, il faudrait que la mineure soit négative : « *Tous les hommes sont des mammifères ; or les escargots ne sont pas des mammifères ; donc les escargots ne sont pas des hommes* ». Ce genre de dérapage explique certains paralogismes, certaines transitions illogiques d'une idée à l'autre dans notre manière de penser, les simplifications abusives que nous rencontrons parfois dans les discours politiques ou dans ceux des journalistes et aussi les fautes rencontrées dans des dissertations de philosophie, tout ce que Friedrich Nietzsche entendait par *mauvaises habitudes de raisonnement* : « Les paralogismes les plus habituels à l'homme sont ceux-ci : une chose existe, donc elle a une légitimité. En ce cas l'on infère de la capacité de vivre à la finalité, de la finalité à la légitimité. Ensuite : une opinion est bienfaisante, donc elle est vraie ; l'effet en est bon, donc elle est elle-même bonne et vraie. En ce cas l'on applique à l'effet le prédicat : bienfaisant, bon, au sens d'utile, et l'on dote la cause du même prédicat : bon, mais ici au sens de valable logiquement. La réciproque de ces propositions est : une chose ne peut pas s'imposer, se maintenir, donc elle est injuste ; une opinion tourmente, excite, donc elle est fausse. »[268]

Il revient à la logique d'étudier les règles qui font qu'un raisonnement est correct ou non et pour cela, elle se doit de formaliser les propositions, de repérer la manière dont sont conduites les liaisons. La logique propositionnelle s'occupe du calcul le plus élémentaire en ne retenant que deux valeurs de vérité, le vrai et le faux, elle « étudie des énoncés (phrases déclaratives) qui sont soit vrais, soit faux. Les propositions constituent les phrases élémentaires du langage logique, encore appelées formules atomiques ou atomes »[269]. Cette logique des propositions est dite bivalente, parce que fonctionnant sur la base de la dualité présente dans la pensée ordinaire, celle qui est mise en place par le mental dans la vigilance : si nous sommes très

---

[268] F. Nietzsche, *Humain, trop humain* (1878-1879), *Œuvres I*, Paris, Robert Laffont – Bouquins, 1990, p.460.
[269] A. Thayse et *al.*, *Approche logique de l'intelligence artificielle*, 2, p. 12.

attachés à l'opposition stricte vrai/faux, cela reflète la condition de la dualité de la vigilance.

Pour les besoins de l'Intelligence Artificielle, parce que « la logique classique s'attache à la formalisation du raisonnement stricte-ment correct »[270], nous ne devons nullement nous limiter à ce type de formulation, et « la modélisation du raisonnement, telle qu'elle est visée en intelligence artificielle, ne doit pas se restreindre à la formalisation d'une intelligence sans faille »[271]. Il est toujours possible de construire des logiques plus complexes que celle qui est fondée sur la dualité de la vigilance, logiques qui reflètent notre vraie intelligence : « Une grande part de notre intelligence réside dans notre faculté d'élaborer des raisonnements judicieux, quoique entachés d'incertitu-des »[272] ; de sorte que, « face à une information incomplète, incertaine ou évolutive, nos raisonnements sont souvent conjecturaux, simplement plausibles et sujets à révision »[273]. Une logique complexe introduirait par exemple un statut nouveau au principe du *tiers exclu*, selon lequel une proposition est soit vraie, soit fausse, aucun autre mode n'étant acceptable. Une logique complexe prendrait en compte des quantificateurs admettant des degrés ou des plans de vérité différents ; ainsi pourrait-il exister une logique qui dépasse la pensée duelle de la représentation naturelle et sa logique du fini.

Logique et application

Que la logique nous apporte-t-elle afin de répondre à notre question préalable : à quelles conditions un discours est-il logique ? L'analyse du discours permet de déceler sa structure et de mettre en évidence des fautes, ce qui suppose que l'on puisse formuler, formaliser les langues

---

[270] A. Thayse et *al.*, *Approche logique de l'intelligence artificielle*, 1, p. 189.
[271] *Ibid.*
[272] *Ibid.*
[273] *Ibid.*

naturelles en propositions logiques quantifiables. Il est possible, avec des données fausses, à l'aide d'un raisonnement correct, d'obtenir une conclusion vraie ; le raisonnement correct n'a donc pas transporté l'erreur des données. Nous n'avons alors qu'une certitude : il est impossible de se tromper si on raisonne juste à partir de données vraies, et telle est la loi fondamentale de la logique :

> *données vraies + raisonnement correct*
> = *conclusions nécessairement vraies.*

Le raisonnement correct n'est donc qu'une *technique de transfert* du vrai, car raisonner, c'est *transporter* une vérité des prémisses vers une conclusion. Il y a alors trois possibilités : l'expérience possible, le raisonnement hypothético-déductif et la découverte scientifique.

L'expérience possible

Les prémisses peuvent renvoyer à une expérience possible, à un *constat de fait* empirique qui les valide. Si je déclare qu'il est au bout de ce chemin une villa magnifique, à vous d'aller constater si tel est le cas. Bien souvent, les énoncés reçoivent leur valeur de vérité d'une source qui relève d'un témoignage sensoriel ou, si faire se peut, de la convergence des témoignages, l'intersubjectivité étant fondatrice de l'objectivité scientifique. L'historien convoque des documents, le sociologue des statistiques, le physicien des expériences… : c'est là un ordre de vérité matériellement constatée, et c'est la *preuve* dans les sciences de la matière. Mais comment juger une connaissance indépendamment de sa forme, et par son seul contenu ? Pouvons-nous juger du contenu d'un jugement sans devoir retomber dans la particularité de l'objet et un critère spécifique à chaque science ?

En guise de solution à ce problème, Kant écrit : « Le critère simplement logique de la vérité, c'est-à-dire l'accord d'une connaissance avec les lois générales et formelles de l'entendement et de la raison est, il est vrai, la *condition sine qua non* et, par suite, la condition négative de toute vérité ;

mais la logique ne peut pas aller plus loin ; aucune pierre de touche ne lui permet de découvrir l'erreur qui atteint non la forme, mais le contenu »[274]. Si Kant admet la définition traditionnelle de la vérité, comme accord de la connaissance avec son objet, il se pose néanmoins la question de savoir quel est le critère général et certain de la vérité de toute connaissance. Ce critère ne peut se trouver au niveau du contenu de la connaissance, car toute matière de la connaissance est particulière, tout objet spécifique. Ce critère sera-t-il alors découvert au niveau de la forme de la connaissance ? Oui, puisque la logique fournit, par ses règles mêmes, des critères de la vérité, mais une connaissance peut être, en même temps, conforme à la forme logique et non-conforme à l'objet. Les critères logiques de la vérité sont donc essentiellement négatifs ; aussi Kant nous propose-t-il un principe général : non seulement le discours doit être *cohérent*, afin d'éviter toute faute logique, mais il doit encore renvoyer à une *expérience possible*, pierre de touche de la vérité. Si Kant appelle *usage dialectique* de l'entendement, une manière de raisonner qui outrepasse les limites de l'expérience possible pour spéculer dans le vide, les sciences empiriques se prémunissent alors contre l'usage dialectique de l'entendement en se confrontant constamment à l'expérimentation, mais il n'en est pas toujours de même pour toutes les formes de connaissance. Devant un discours dont nous ne discernons pas aisément la vérité, nous sommes en droit de demander : sur quelle expérience ces affirmations sont-elles fondées ? Pouvons-nous trouver une expérience capable de délivrer cette espèce d'intuition ? S'il existe une expérience à partir de laquelle une représentation prend tout son sens, la condition est alors remplie ; il peut y avoir vérité, car un discours est vrai en tant qu'il possède une cohérence interne et qu'il renvoie aussi à une expérience possible.

Toute la question est alors de bien circonscrire

---

[274] E. Kant, *Critique de la raison pure*, Paris, PUF, 1986, p. 81.

l'ordre de l'expérience. Pour sa part, Kant ne reçoit d'expérience valide que ce qui relève de l'ordre de l'*expérience empirique*, dont nous pouvons comprendre les limites. Il nous est néanmoins possible d'élargir le critère de l'expérience possible aux champs de l'esthétique, de l'éthique, de la métaphysique, du spirituel, afin d'englober toute expérience humaine possible.

Se poseront alors des problèmes très délicats. Qu'est-ce qui nous assure qu'une expérience n'est pas une hallucination, une illusion ? Comment approcher un ordre d'expérience subjectif, non partagé par la plupart des êtres humains ? Si, dans la société humaine, le consensus culturel délimite ce qui est recevable à titre d'expérience valide, il y aura toujours des types d'expériences qui n'entreront pas dans le champ communicable de l'intersubjectivité d'une culture. Il suffit de comparer des contextes culturels différents pour observer que ce consensus varie, qu'il existe autant de consensus que de cultures. L'interprétation de l'expérience spirituelle, par exemple, fait particulièrement problème. Comment pourrons-nous en juger ? Comment décider de l'authenticité d'une telle expérience, de sa recevabilité dans l'ordre de la vérité ? Faut-il enfermer la vérité dans les bornes de ce que l'homme du commun est capable de saisir à travers son expérience personnelle limitée ?

En revanche, n'existe-t-il pas chez les hommes une véritable expérience intellectuelle de la rencontre de la vérité ? Rencontrer la vérité, n'est-ce pas simplement éprouver la force d'une évidence ? Pour Hegel, « le vrai ne réside pas dans la superficie sensible ; en toutes choses, en particulier dans tout ce qui doit être scientifique, la raison ne doit pas dormir et il faut user de la réflexion »[275]. Le fait m'apprend qu'une chose existe, mais pas comment elle existe et encore moins pourquoi elle devrait être ici et non

---

[275] G.W.F. Hegel, *La raison dans l'histoire*, Paris, Editions 10/18, 2003, p. 50.

ailleurs, ainsi et non autrement. Si j'ai vu un jour un navire se briser sur des rochers, j'ai bien constaté par expérience un fait, mais c'est un événement tout à fait hasardeux, contingent : constatation n'est pas raison. Connaître un événement et ignorer son essence, sa raison d'être, c'est ne rien connaître ; connaître qu'une chose doive être ainsi et non autrement, c'est connaître une chose dans la nécessité qui lui est propre, c'est en connaître l'essence, la *quiddité*. La connaissance du cercle ne vient pas de la simple constatation qu'il existe des cercles de bois, des cercles d'acier, le cercle du soleil, etc.

Le raisonnement hypothético-déductif

Il est également possible que les prémisses d'un raisonnement soient seulement *supposées*, posées comme *hypothèses* et non pas matériellement constatées ; la forme n'en reste pas moins indépendante des données et soumise à la logique. La déduction correcte nous garantit que *si* les données sont vraies et le raisonnement correct, *alors* la conclusion est nécessairement valide : c'est précisément un procédé qu'utilisent fréquemment les mathématiciens pour démontrer certaines propositions. Dans ce mode de raisonnement, le *si* renvoie au rôle de l'hypothèse dans les sciences positives et particulièrement au *raisonnement expérimental*, de sorte que toute science fondée sur ce type de raisonnement est dite *hypothético-déductive*. Par exemple : « *si* la théorie de la relativité a raison, quant à la propagation de la lumière, *alors* on devrait observer qu'un rayon lumineux venu d'une étoile lointaine... ». Ce sont de tels raisonnements que nous retrouvons dans la géométrie.

La géométrie, telle qu'elle a été conçue par Euclide dans ses *Eléments*[276], a pendant longtemps été présentée

---

[276] *Cf.* Euclide, *Les Eléments*, traduits par R.P. Rochalles et M. Ozanam, Paris, Cl. Ant. Jombert, M. DCC. LXXVIII. Le mot grec στοιχεῖα, traduit par « *les Eléments* », contient l'idée d'un ordre, d'un arrangement, suivant l'explication de Jacqueline Guichard : « C'est le sens étymologique d'élément « στοῖχος » » : rang, rangée, ordre de bataille. Littéralement,

comme un modèle indépassable, inégalable, de théorie déductive. Les termes propres à la théorie n'y sont jamais introduits sans être préalablement définis ; les propositions n'y sont jamais avancées sans être démontrées, à l'exception d'un petit nombre d'entre elles énoncées d'abord à titre de principes : la démonstration ne peut en effet remonter à l'infini et doit reposer sur quelques propositions premières, mais on a pris soin de les choisir telles qu'aucun doute ne subsiste à leur égard dans un esprit sain. Quoique tout ce qui est affirmé soit empiriquement vrai, l'expérience n'est point invoquée à titre de justification : le géomètre ne procède que démonstrativement, et ne fonde ses preuves que sur ce qui a été antérieurement établi, se conformant aux seules règles de la logique. Chaque théorème se trouve ainsi relié, par un rapport nécessaire, aux propositions dont il se déduit comme conséquence ; de sorte que, de proche en proche, se forme un réseau serré où, directement ou indirectement, toutes les propositions communiquent entre elles. L'ensemble constitue alors un système dont on ne pourrait distraire ou modifier une partie sans jamais compromettre le tout. Aussi, inventeurs d'un mode de pensée nouveau, la déduction, les Grecs ont-ils raisonné avec toute la justesse possible dans les mathématiques, et ont-ils délibérément légué au genre humain des modèles de l'art de démontrer. « Depuis les Grecs, qui dit mathématique dit démonstration ; certains doutent même qu'il se trouve, en dehors des mathématiques, des démonstrations au sens précis et rigoureux que ce mot a reçu des Grecs et qu'on entend lui donner ici. On a le droit de dire que ce sens n'a pas varié, car ce qui était une démonstration pour Euclide en est toujours une à nos yeux ;

στοιχεῖα c'est un ensemble de choses en rang, qui font partie d'une ligne. D'où par suite caractère d'écriture, et éléments, principes d'une chose, points de départ : éléments d'une science, de la géométrie (les lignes, les points…) Des objets A sont des στοιχεῖα de l'objet B, seulement si leur arrangement produit B. » (J. Guichard, *L'infini au carrefour de la philosophie et des mathématiques*, Paris, Ellipses, 2000, pp.54-55).

et, aux époques où la notion a menacé de s'en perdre et où de ce fait la mathématique s'est trouvée en danger, c'est chez les Grecs qu'on en a recherché les modèles »[277]. C'est cette découverte qui donne l'essor aux mathématiques, elles qui n'étaient que recettes empiriques chez les Egyptiens.

Un véritable raisonnement déductif se compose essentiellement d'axiomes, de postulats, de théorèmes, et les *Eléments* d'Euclide sont rédigés de cette manière. Ce que l'évolution ultérieure des mathématiques a incontestablement permis de critiquer dans l'axiomatique euclidienne, ce sont les notions de départ, conçues malheureusement comme idéalisations de notions expérimentales, ce qu'Euclide appelle les *définitions*, par exemple : « on nomme *Ligne*, ce qui n'est étendu qu'en un sens »[278], c'est-à-dire une longueur sans largeur. D'après Roger Penrose, cette manière de procéder fut source d'erreur : « Que la géométrie euclidienne semble réfléchir d'une façon aussi exacte la structure de l' « espace » de notre monde nous a induits en erreur [...] en nous faisant croire qu'elle est de l'ordre de la nécessité logique [...], que la géométrie euclidienne *doit* s'appliquer au monde dans lequel nous vivons. »[279] La méthode axiomatique moderne, avec Jean Dieudonné, s'efforce de supprimer tout recours à l'intuition, en enchaînant ses propositions en vertu des seules règles de la logique, « en faisant volontairement abstraction de toutes les « évidences » intuitives que peuvent suggérer à l'esprit les termes qui y figurent »[280].

Avec les Grecs, la géométrie a cessé d'être un recueil de recettes pratiques, d'énoncés empiriques, pour devenir une science rationnelle ; d'où le rôle pédagogique privilégié

---

[277] N. BOURBAKI, *Théorie des ensembles*, Paris, Hermann, 1954, p. 1.

[278] Euclide, *Les Eléments*, op. cit., p. 5.

[279] R. Penrose, *L'esprit, l'ordinateur et les lois de la physique*, op. cit., p. 168.

[280] J. Dieudonné, « Les méthodes axiomatiques modernes et le fondement des mathématiques », in *Les grands courants de la pensée mathématique*, Paris, Blanchard, 1962, p. 544.

qu'on n'a, depuis lors, cessé de lui reconnaître. Et si nous faisons apprendre la géométrie à nos écoliers, c'est moins pour enseigner des vérités que pour discipliner l'esprit, sa pratique étant supposée donner et développer l'habitude du raisonnement rigoureux. Pour des générations plurielles qui se sont sustentées de sa substance, Euclide a été moins un professeur de géométrie qu'un professeur de logique, et l'expression *more geometrico* en est définitivement arrivée à signifier *more logico*.

La découverte scientifique

Les prémisses d'un raisonnement peuvent enfin recourir à des *principes* fondamentaux que l'on admet, des *définitions*, des *axiomes* ou des *postulats* que l'on *demande* d'admettre, et c'est précisément ce qui a lieu dans la démonstration mathématique. En effet, la déduction correcte nous garantit que le passage qu'effectue le raisonnement valide transportera la vérité des prémisses vers la conclusion. Dans le premier cas, le raisonnement s'appuie sur des évidences sensibles, dans le second il s'appuie sur des hypothèses de travail, dans le troisième, il aura recours à une idée générale : dans les trois cas le caractère *constaté* de la vérité de la prémisse, son caractère *hypothétique*, ou purement théorique, est conservé. La *falsification* d'une théorie physique vient évidemment de ce que, de résultats incorrects, on *remonte* logiquement vers les prémisses pour les accuser de fausseté, dans la mesure où le raisonnement est bien conduit ; ce qui nous fait dire, en vertu du type même de ce raisonnement conditionnel, que la validité définitive de la construction hypothétique ne peut être définitivement établie. Par contre, c'est par contrainte logique que nous sommes obligés de falsifier une hypothèse qui succombe à un test non-concluant.

Pour qu'il y ait un progrès de la connaissance, il faut que celle-ci réponde à une logique constante que l'on puisse dégager clairement. Or le nerf de la science tient à ses *théories*. Si la connaissance scientifique progresse, cela ne vient-il pas, comme le suggère Karl Popper, de l'application continue d'une incontestable logique de la découverte théorique[281] ? Si la fin poursuivie par toute pensée rationnelle est bien la connaissance, nous devons, pour y parvenir de manière *discursive*, en recourant au raisonnement, respecter les conditions dans lesquelles tout raisonnement théorique se trouve inscrit. Nous devons donc : a) utiliser des principes, des vérités générales susceptibles d'être partagées par la communauté des hommes de connaissance ; b) tirer nos données vraies de l'expérience, des résultats de la science, d'un ordre d'intuition communicable ; c) raisonner correctement, en respectant la cohérence formelle d'un langage rigoureux.

La logique impose des exigences formelles qui interdisent les errances fantaisistes dans l'imagination, la sensibilité, ou une pensée régie par de simples associations libres d'idées. Cette rigueur est un préalable à toute clarté intellectuelle, une sorte d'*hygiène de l'intellect*, et sous cet aspect, sa valeur est importante. Il est des règles à respecter qui conditionnent par exemple le mouvement de la pensée dans une dissertation ou un essai. Du point de vue logique, les définitions des concepts doivent être données et il faut que les mots ne changent point de sens au cours du développement du raisonnement. La validité formelle est indépendante des propositions qu'elle met en jeu. Il est possible de raisonner correctement sur des propositions douteuses, et c'est ce que fait un raisonnement hypothético-déductif. Il est aussi possible de raisonner sur des propositions fausses, ce qu'en mathématiques on nomme un raisonnement par l'absurde. De toute manière la validité du raisonnement tient à sa forme, plutôt qu'à son contenu. Cela expliquerait-il que le raisonnement logique tende bien souvent à s'articuler en termes de dualité ?

---

[281] *Cf.* K. R. Popper, *La logique de la découverte scientifique*, Paris, Payot, 1973.

LOGIQUE ET DUALITE

Si la pensée construit toujours des dualités, toutes les dualités ne viennent pas inéluctablement des constructions de la pensée : ce n'est pas ma pensée qui crée la dualité droite/gauche dans la symétrie de mon corps, mâle/femelle chez les animaux, homme/femme chez les hommes... Nous pourrions inventorier certaines dualités existant dans la nature, antérieurement à toute pensée humaine, auquel cas, la pensée duelle ne serait pas une fiction et aurait également une portée ontologique : étant déjà à l'œuvre dans la nature, nous serions parfaitement fondés de la simuler dans la représentation sous l'aspect de concepts duels. Depuis Parménide et Héraclite, cette question resurgit incessamment dans notre pensée. Quel statut devons-nous reconnaître à la dualité ? La dualité est-elle dans la nature des choses ou est-elle uniquement dans la représentation de la nature des choses ?

Dualité et contradiction

En logique, la contradiction pose simultanément une affirmation et une négation à propos de la même qualité d'un objet : comme cette position est intenable, la logique aristotélicienne considère comme fondamental le principe de non-contradiction, selon lequel je ne puis poser en même temps comme également vraies une proposition et sa contradictoire. Pourtant, dans la philosophie de Hegel, la contradiction apparaît comme l'élément principal de la dialectique, parce qu'elle est le ressort de la pensée aussi bien que du réel. Or s'il est un réel, un vécu qui nous est familier et qui a un rapport étroit avec la dualité, n'est-ce pas bien l'état de contradiction dans lequel nous abordons la vie ?

Des jugements de contradiction

« J'aime/je n'aime pas », « je désire/je déteste »... sont des mouvements dépendant de jugements qui, prononcés, nous précipitent dans les conflits, les contrastes, les drames de la vie ordinaire. Nous avons appris à nous résigner préalablement à penser que la vie est un pugilat, et vivre dans des contradictions nous semble normal. Notre existence quotidienne est une suite de contradictions : nous essayons de vivre en paix, mais nous préparons la guerre, *si vis pacem para bellum* ; nous parlons de liberté, mais l'enrégimentement a lieu de tous temps ; il y a de la pauvreté et des richesses, du mal et du bien ; nous voulons être heureux et nous faisons tout pour engendrer le malheur. Joseph Murphy exprime bien le caractère duel de notre pensée : « Nous savons tous que nos pensées nous viennent par paires ; lorsque vous pensez à l'abondance, à la richesse, des pensées de pauvreté vous viennent à l'esprit ; de même, lorsque vous pensez à la santé, la pensée du contraire fait son apparition. »[282]

La première approche consiste donc à examiner cette anomalie de nos vies : « je veux/je ne veux pas », vécus simultanément, en même temps, sur le même plan, sous le même rapport ; donc je tire/je pousse en même temps, et… je m'étonne de ne pas avancer, d'être mécontent, frustré, insatisfait ; je me mets dans une ambivalence et je me place délibérément dans un état de conflit, et je ne vois guère l'immobilisme où je me suis placé. La vie n'est nullement statique, mais intensément dynamique. Si je pouvais couler avec le mouvement vivant de la manifestation, sans introduire la friction d'une opposition contradictoire, ma vie serait elle-même portée par le mouvement et je n'aurais pas le sentiment qu'elle est un combat, mais telle n'est pas mon expérience habituelle, le lot de l'expérience ordinaire.

Dès l'entrée dans la vigilance quotidienne, je perçois le monde et l'expérience, ainsi que celui d'objets qui d'emblée sont séparés de moi, et s'opposent à moi : il y a moi et ces choses que je dois affronter, moi et ces mul-

---

[282] J. Murphy, *Le miracle de votre esprit*, Ottawa, Le Jour, 1980, p. 160.

tiples résistances que je dois surmonter, moi, dans l'affrontement continuel de ma volonté et des événements ; il y a moi et les autres, moi et le tourbillon des événements du monde ; je vis harcelé par cette réalité dans laquelle je suis tombé et je me débats contre elle pour essayer de devenir quelqu'un. La traction de toujours devoir être ce que je ne suis pas encore me précipite dans le temps psychologique : j'attends tout de demain, j'espère que le futur pourra me combler, je crains qu'il ne soit fait que d'épreuves et d'échecs. J'ai peur de rater ma vie en n'atteignant pas les objectifs que je me suis fixé ; je cultive le scepticisme et l'amertume quand l'idéal n'est jamais au rendez-vous et que la vie n'est jamais à la hauteur de ce que j'aimerais qu'elle fût. Et cette conscience qui dit « moi », « moi », ne cesse de proclamer sa sédition à l'égard de tout le reste, pour finalement étendre son grand empire sur ce qu'elle perçoit immédiatement comme un non-moi.

Le choix exclusif

La situation de conflit interne « je veux/je ne veux pas » suppose nécessairement un choix particulier qui alimente la pensée duelle et exclut son contraire. Je veux le plaisir, sans la douleur ; je veux la joie, mais pas la tristesse ; je veux la paix, mais pas le conflit… Et c'est là que la question devient très subtile : la vie, dans son expansion dynamique, est une et sans division, mais la pensée duelle introduit la division et implémente cette idée fausse, selon laquelle nous ne devrions avoir que le positif, sans le négatif ; alors précisément que ce qui est, c'est l'unité vivante qui les englobe tous les deux, si bien que la contradiction ne se fait guère attendre. Rémy De Gourmont est conscient de cette expansion dynamique de la vie : « Il faut loger dans l'hôtellerie de son cerveau des idées contradictoires, et posséder assez d'intelligence désintéressée, assez de force ironique pour leur imposer la paix. Pourquoi un être ne serait-il pas à la fois raisonnable et sentimental, religieux et antireligieux, moral et antimoral ? Il y a contradiction dans les mots, non dans les états, et les mots ne sont que des qualificatifs indigents, mais légers et commodes. »[283]

Le seul fait de rechercher davantage de plaisir invite aussi l'expérience contraire de plus de douleur ; cherchant une joie sans tristesse, inévitablement j'invite la tension des hauts et des bas, du sommet de la vague et de son creux, de la joie et de l'abattement. La paix imposée de force, sans la capacité de comprendre le conflit, réassure et perpétue le conflit ; la folie n'est guère absolument ennemie de la sagesse : « l'homme est fou-sage »[284], et… « la démence est la rançon de la sapience »[285], dit Edgar Morin. Le culte de la bonne fortune me met à la merci du destin et me prive des bénédictions que la vie m'apporte ; le rigorisme moral du bien que l'on veut absolument épurer de tout mal, si on le laissait faire, nettoierait bien vite la planète de tout ce qui est vivant.

Les domaines dans lesquels la pensée duelle opère sont légions : rien ne lui échappe, car elle est liée à une erreur intellectuelle que nous ne voyons jamais, mais que nous reproduisons à l'envi. Comment alors penser correctement ? Le terme *correct* est assez fâcheux, il a été oblitéré d'un sens outrageusement statique, qui s'allie aisément avec un mode de pensée duel assez rigide issu de la logique formelle classique. Penser correctement est une chose, se livrer à une pensée correcte en est une autre ; penser juste est une chose à découvrir, tandis que la pensée correcte n'est que conformisme : une pensée correcte est statique, tandis que penser juste est processus, mouvement continuel, constante découverte, car ce n'est que par une constante lucidité en action, laquelle n'est autre que nos relations humaines, que nous pouvons penser juste.

---

[283] R. De Gourmont, *Epilogues* (6), Paris, Mercure de France, 1921, p. 245.
[284] E. Morin, *Le paradigme perdu*, Paris, Editions du Seuil, 1979, p. 126.
[285] *Ibid.*, p. 145.

La représentation duelle

Lorsque l'esprit commence par un schéma pour se tourner ensuite vers ce qui est, quand il préfère partir de l'idéologie, pour rejoindre ensuite les faits, quand il cultive le souci de construire en théorie, avant d'observer le réel, il pense de manière statique, perpétue de l'ancien et ne sait pas percevoir de manière neuve. Et comme l'ancien a été modélisé par le travail de la pensée duelle, il perpétue des représentations fondées sur l'erreur, sur un mode de pensée incorrect. Dans quelle mesure sommes-nous collectivement enrégimentés par la pensée duelle ? N'est-ce pas l'inertie de la conscience collective qui maintient son empire ? Il n'y a, quant à cette question, qu'à examiner le statut fort étrange de nos valeurs ; nous découvrirons alors la liste indéterminée de nos « *oui, mais…* ».

D'abord en matière de *sexe*, nous aimerions nous servir de la sexualité comme d'un instrument de notre gratification personnelle, *mais* nous avons également appris que c'était mal de le faire, les religions ayant enseigné que l'on ne devait pas tirer plaisir des joies du corps et surtout pas du sexe, comme dans cette dénonciation de Nietzsche : « Le christianisme a fait boire du poison à Eros : il n'en est pas mort, mais il est devenu vicieux »[286]. Nous abordons toujours la sexualité avec des relents de honte, de pudeur, de culpabilité ; le sexe est adulé, mais c'est lui qui livre le registre de vocabulaire du mépris.

Ensuite, concernant l'*argent*, nous sommes contents de pouvoir en posséder et désirons en acquérir davantage, *mais*… en même temps l'argent, ce n'est pas bien : il est communément entendu que celui qui aime faire quelque chose, peindre par exemple, ne devrait pas recevoir d'argent en récompense ; et qui plus est, il est moral de gagner de l'argent en faisant précisément ce que l'on déteste faire, par exemple la débauche. Ne payons-nous pas

---

[286] F. Nietzsche, *Par-delà le bien et le mal* (1886), *Œuvres II*, Paris, Robert Laffont-Bouquins, 1990, p. 627.

souvent des salaires dérisoires à des hommes qui consa-
crent leur vie au bien d'autrui, aux enseignants, aux médecins par exemple, tout en réservant des fortunes à ceux qui
ne se livrent qu'à des exploits médiatiques ? Ainsi, pour
Sacha Guitry, « on accepte l'idée qu'un homme sans valeur
peut gagner de l'argent, mais qu'un homme de valeur parvienne à s'enrichir, on ne le lui pardonne pas ! »[287]

Enfin, nous savons bien qu'il importe de nourrir
l'*amour de soi*, que c'est uniquement dans la réconciliation
avec soi que la vie peut prendre son essor, *mais* nous avons
encore appris que l'amour de soi, c'est mal, qu'il vaut
mieux se soucier d'abord des autres et surtout ne pas
s'accorder une importance : ce ne serait que complaisance,
égocentrisme, narcissisme. Pascal nous apprend que « le
moi est haïssable »[288], qu'il ne faut aimer que Dieu et ne haïr
que soi, que la supériorité de la religion chrétienne vient de
ce qu'elle enseigne la haine de soi[289]. Nous avons honte de
ce qui nous procure une gratification personnelle, et si une
chose doit être faite, par pur *devoir*, contre notre propre
sensibilité, alors elle est bonne. Aller contre soi-même
nous permet de mériter le bonheur, comme prix de notre
sacrifice, prix d'une mortification de l'amour de soi, ce qui
signifie que nous nous servons du sentiment de culpabilité
pour nous sentir mal... à l'égard de qui nous fait du bien.

Dualité et complexité

Ne sommes-nous pas incapables d'affirmer la vie
dans son intégralité et de la reconnaître dans toutes ses
manifestations parce que nous n'avons jamais appris à
penser autrement que dans la dualité, parce que nous ne
savons mettre chaque chose à sa juste place et repenser les
contraires dans l'unité des complémentaires ? Nous ne

---

[287] S. Guitry, *Ceux de chez nous*, in *Cinquante ans d'occupations*, Paris, Presses
de la Cité, 1993, p. 655.
[288] B. Pascal, *Pensées*, in *Œuvres complètes*, Bibliothèque de la Pléiade, Paris,
nrf Gallimard, 1954, p. 1126.
[289] B. Pascal, *Pensées*, Paris, Larousse, 1965, p. 141.

savons guère aborder la complexité autrement que par des simplifications duelles abusives, mais ne pouvons-nous pas tenter de concevoir une conscience d'unité ?

L'unité de la nature

Nous devons simplement retrouver une intuition fulgurante de la non-séparation dans la nature, dont la compréhension est mortelle pour la pensée duelle, car les parties du monde ont toutes un tel rapport et un tel enchaînement les unes avec les autres, qu'il est impossible de connaître les unes sans les autres et sans le tout. C'est dire que *connaître*, c'est toujours *relier* et non séparer, décomposer, opposer, ce qui est le propre de l'intellect ordinaire. Il faut *distinguer* certes, mais pas *disjoindre*, pense Edgar Morin, car une chose n'existe que dans sa relation avec les autres et dans sa configuration dans un tout qui l'englobe : « Désormais, les objets ne sont plus seulement des objets, les choses ne sont plus des choses ; tout objet d'observation ou d'étude doit désormais être conçu en fonction de son organisation, de son environnement, de son observateur. »[290] La relation a un sens tant *statique*, toute situation réelle étant complexe de fait, que *dynamique*, car les processus qui œuvrent dans le réel sont causalement inter-reliés. Cette interrelation n'est pas le fait de l'homme, elle est tissée dans l'intelligibilité même de la nature, dans son fonctionnement le plus intime, comme l'atteste Pascal : « Donc toutes choses étant causées et causantes, aidées et aidantes, médiates et immédiates, toutes s'entretenant par un lien naturel et insensible qui lie les plus éloignées et les plus différentes, je tiens impossible de connaître les parties sans connaître le tout, non plus que de connaître le tout sans connaître particulièrement les parties. »[291]

Les éléments dépendent de leurs relations au tout,

---

[290] E. Morin, *La méthode 1 : La Nature de la Nature*, Paris, Seuil, 1977, p. 379.

[291] B. Pascal, *Pensées*, in *Œuvres complètes*, Paris, Seuil, 1963, p. 527.

comme dans le cas du rythme : « On n'a jamais entendu parler d'un unique battement syncopé, par exemple »[292]. La conscience d'unité est indispensable dans le domaine de la *connaissance*, mais elle est aussi d'une exceptionnelle urgence sur le plan de l'*action* de l'homme dans le monde. Si la nature forme un tout, il n'est guère possible d'isoler quoi que ce soit, il n'est pas de petite action et aucune action n'est sans conséquence, immédiatement et à long terme, car le moindre mouvement importe à toute la nature et la mer change pour une pierre. En chacune de nos actions, il faut regarder, outre l'action, notre état présent, passé, futur et les autres à qui elle importe, et voir les liaisons de toutes ces choses. Nous ferions d'immenses progrès, si nous pouvions comprendre qu'il n'y a pas d'existence séparée, que tout est lié dans le champ de la connaissance, comme tout est intimement lié dans la nature. Or le propre de la pensée duelle, c'est précisément d'aller en sens inverse, de penser dans la séparation, la disjonction, là où les choses ne sont ni séparées, ni disjointes.

Le paradigme de la complexité

Il est une relation entre dualité-simplification et non-dualité-complexité. L'opération de la pensée duelle consiste à diviser, opposer, fragmenter : la *pensée fragmentaire* est ce mode de représentation qui sépare ce qui dans le réel est en fait étroitement lié et qui aussi par ailleurs recrée de fausses unités n'existant pas dans le réel, mais seulement dans les concepts. C'est dans ce sens qu'Edgar Morin milite pour une réforme de la pensée et le passage à un nouveau paradigme, le *paradigme de la complexité*, qui s'impose comme impossibilité de simplifier, qui « surgit là où l'unité complexe produit ses émergences, là où se perdent les distinctions et clartés dans les identités et les causalités, là où les désordres et les incertitudes perturbent les phéno-

---

[292] H. L. Dreyfus, *Intelligence artificielle, Mythes et limites*, Paris, Flammarion, 1984, p. 313.

mènes, là où le sujet-observateur surprend son propre visage dans l'objet de son observation, là où les antinomies font divaguer le cours du raisonnement. »[293]

Se plaçant d'abord sur le terrain épistémologique, Edgar Morin examine le paradigme de la science classique, ses principes d'intelligibilité et ses limites, pour lui opposer un nouveau modèle plus à même de rendre compte du réel que celui de la science classique, le paradigme de la complexité. Dans *Science avec conscience*, comme dans *La Méthode*, se retrouve la notion fondamentale d'une connaissance traduisant la complexité du réel par de nouveaux moyens. Selon la science classique, avec le mécanisme newtonien, le *déterminisme*, l'affirmation traditionnelle que tous les phénomènes naturels se produisent selon des lois, était rigoureux et absolu : « Si l'on connaît les positions, les vitesses et les masses des diverses particules à un instant donné, leurs positions et leurs vitesses […] sont mathématiquement déterminées à tous les instants ultérieurs. »[294] Mais un tel déterminisme est devenu, de nos jours, obsolète : « A des lois souveraines, anonymes, permanentes, guidant toutes choses dans la nature s'est substituée l'idée de lois d'interactions, c'est-à-dire dépendant des interactions entre corps physiques qui dépendent de ces lois »[295]. L'idée de déterminisme – où les rapports mathématiquement exprimables entre les phénomènes naturels étaient conçus comme absolus, transcendant les phénomènes particuliers, et supra-temporels – s'est d'abord assouplie, puis déplacée celle d'un ordre de l'univers, où ordre et univers s'autoproduisent réciproquement.

La notion de transdisciplinarité

D'après Morin, la science classique, fondée par les Modernes avec Descartes et Galilée, est structurée sur un

---

[293] E. Morin, *op. cit.*, p. 377.

[294] R. Penrose, *L'esprit, l'ordinateur et les lois de la physique*, op. cit., p. 179.

[295] E. Morin, *Science avec conscience*, Paris, Fayard, 1982, p. 102.

modèle analytique qui progresse par simplification de son objet et a tendance à éliminer l'appréhension de la complexité. La représentation de la science moderne est à la source de toute une série de problèmes que nous rencontrons aujourd'hui, surtout la situation de fragmentation extrême du savoir en une multitude de disciplines compartimentées, s'ignorant les unes les autres, et ne pouvant travailler en synergie. D'où l'importance d'un travail transdisciplinaire pour rétablir une pensée globale, là où la représentation est émiettée, là où le savoir est devenu tellement spécialisé, qu'il est de plus en plus ésotérique, clos sur lui-même et incommunicable au profane ; d'où la nécessité de surmonter les contradictions que nous ont léguées les représentations fondées sur cet ordre de pensée, pour essayer de concevoir le nœud gordien des profondeurs où tout est indissolublement et indescriptiblement lié, car « … en fait, on ne peut séparer l'économique, l'historique, le psychologique, le mythologique, etc. »[296]

C'est dire que l'idée d'un ordre complexe et provisoire s'est substituée à celle d'un déterminisme simple, universel et éternel : « Cet ordre, donc, n'est ni absolu, ni éternel, ni inconditionnel. Il est le produit d'une évolution particulière et déviante au sein d'une petite planète d'un soleil de banlieue, et s'il y a vie dans une autre planète, elle y sera également particulière, marginale, provisoire. »[297] Le problème de la connaissance de la nature se pose donc de manière nouvelle à notre époque : il faut respecter la complexité et la multi-dimensionnalité des choses, car la notion d'un ordre complexe s'est substituée à celle d'un déterminisme clair et simple.

La différence de point de vue entre l'ancien paradigme et le nouveau est étroitement liée à la nécessité, déjà signalée, de dépasser la pensée dualisante : « Tout paradigme nouveau, *a fortiori* un paradigme de complexité, ap-

---

[296] E. Morin, *Dialogue sur la connaissance*, Paris, L'aube, 2002, p. 35.
[297] E. Morin, *Science avec conscience*, p. 102.

paraît toujours comme confusionnel aux yeux du paradigme ancien, puisqu'il accole ce qui était d'évidence répulsif, mélange ce qui était d'essence séparé, et brise ce qui était irréfragable par logique. »[298] L'orientation cosmoderne de la pensée nouvelle enveloppe une conscience des limites de la dualité bien plus élevée que celle de la pensée moderne. La question de la dualité n'est donc pas annexe, ni anecdotique, encore moins un effet de mode de la pensée orientale. Le mode de pensée dualiste est un trait décisif de l'histoire mentale de l'espèce humaine, et nous ne comprendrons jamais rien à la pensée et à la structure du mental, tant que nous n'aurons pas élucidé le sens de la dualité. Mais la science n'est-elle pas naturellement faite pour demeurer dans un mode de représentation duel ?

Dualité et non-dualité

Tant que la représentation duelle n'est pas remise en question, comprise et dépassée, on ne peut en sortir, que l'on soit fermier, physicien ou philosophe. Le monde de la caverne de Platon est celui de la dualité ; c'est le *monde sensible*, celui du relatif, dans lequel nul concept ne saurait subsister sans son contraire. Maintenant, à supposer que soudainement nous sortions de la dualité, entrions dans un éveil plus élevé, nous aurions alors un nouveau point de vue, la pensée ferait un saut d'intelligibilité. Or d'après Platon, dans le *monde intelligible,* domaine des relations sublimes, rien de tout ce qui existe n'a de contraire. Si l'appréhension de la dualité est coextensive à la pensée vigilante, il est indispensable, pour entrer dans le champ des relations sublimes, que l'intelligence transcende son fonctionnement ordinaire, l'accès à la non-dualité étant un saut quantique de la pensée et un changement radical de perspective. Sera-t-il possible de frayer un passage de la dualité à la non-dualité ?

---

[298] E. Morin, *La méthode 1 : La Nature de la Nature*, Paris, Seuil, 1977, p. 383.

L'appréhension de la non-dualité

L'appréhension de la dualité, comme éclatement d'une diversité irréductible, est la perception commune de la représentation spontanée, celle de la pensée discursive dans laquelle l'opposition classique sujet/objet est affermie dans des oppositions inconciliables. Pour Plotin, c'est la forme la plus faible de la contemplation, celle qui tient à l'appréhension de la matière détachée de tout principe d'unification, le discours d'une âme égarée dans la diversité. Que la contemplation s'intériorise davantage et elle s'infiltrera dans le royaume de l'intelligence où l'unité se fera de plus en plus vivante et où la dualité prendra fin. Le chemin de la non-dualité est un chemin de connaissance de soi et c'est un pas vers l'intérieur ; c'est également la conversion intérieure de l'âme, et telle est l'aube de la *sagesse* : « Cette vie, c'est la sagesse, sagesse qui, étant éternelle, ne s'acquiert point par des raisonnements, et qui, étant parfaitement complète, n'exige aucune recherche. C'est la sagesse première, qui ne dérive d'aucune autre, qui est essence, qui n'est pas une qualité adventice de l'intelligence : aussi n'a-t-elle pas de supérieure. [...] Ce qui fait comprendre la grandeur et la puissance de la sagesse, c'est qu'elle possède en elle tous les êtres et qu'elle les a tous produits. Elle en est l'origine, elle leur est identique, ne fait qu'une avec eux : car la sagesse est l'essence même. »[299]

Dans l'âme sage, les objets connus en viennent à être identiques au sujet connaissant, parce qu'elle aspire vivement à l'intelligence ; et dans cette intelligence, sujet et objet sont absolument un, non plus par une intime union comme dans la meilleure des âmes, mais d'une *unité substantielle* ; être et penser, c'est la même chose, le sujet n'y est plus différent de l'objet : « L'Intelligence existe parce qu'elle pense l'Etre. L'Etre existe parce que, étant pensé, il fait exister et penser l'Intelligence. Il y a donc une autre

---

[299] Plotin, *Les Ennéades*, Volume 3, Paris, Hachette, 1861, p. 115.

chose qui fait penser l'Intelligence et exister l'Etre, et qui est par conséquent principe commun de tous deux : car ils sont contemporains dans l'existence, ils sont consubstantiels et ne peuvent se manquer l'un à l'autre. Comme l'Intelligence et l'Etre constituent une *dualité*, leur principe commun est cette unité consubstantielle qu'ils forment et qui est simultanément l'Etre et l'Intelligence, le sujet pensant et l'objet pensé ; l'Intelligence, comme sujet pensant ; l'Etre, comme objet pensé : car la pensée implique à la fois différence et identité. »[300] L'âme en chemin, l'âme qui cherche, est engagée dans la contemplation ; elle cherche depuis toujours cette unité substantielle du premier Principe qui est au fondement de l'intelligence elle-même et ce principe, qui n'est pas l'intelligence, échappe à la dualité. Que le voile de la dualité se déchire, que l'unité sousjacente soit révélée et la perception de la diversité sera radicalement transformée, car la diversité sera vue dans l'unité du Principe qui soutient toute manifestation. Le Principe, c'est tout en Un, car tout y est à la fois, chaque partie y est l'ensemble, mais de ce principe, qui demeure immobile en lui-même, procèdent les êtres particuliers, comme d'une racine, qui reste fixée en elle-même : c'est une floraison multiple où la division des êtres est chose faite, mais où chacun porte l'image du principe.

L'expérience spirituelle

Une telle vision relève de l'expérience spirituelle, de la *mystique*. La modernité a fait l'amalgame entre la mystique et la religion, et a associé la mystique avec une forme de confusion, raison pour laquelle elle a été, dans les temps modernes, considérée avec suspicion. La pierre de touche sur laquelle est fondée la vérité de la représentation est, de l'aveu de Kant, l'expérience empirique, dominée elle-même par la dualité, de sorte que transcender la dualité signifie transcender l'expérience empirique : « Tous les concepts et,

---

[300] *Ibid.*, pp. 10-11.

avec eux, tous les principes, tout *a priori* qu'ils puissent être, se rapportent donc à des intuitions empiriques, c'est-à-dire aux *données* d'une expérience possible. »[301] Dans la mesure où la spéculation elle-même se maintient dans les limites de l'expérience empirique, elle n'a nulle chance de pouvoir parler de ce qui pour elle est non-perceptible, mais elle peut juste jouer avec des concepts. Kant a donc beau jeu de se moquer de Platon et de sa colombe légère[302], s'il s'est interdit au préalable toute intuition plus élevée. Et pourtant, depuis l'aube des temps, jusqu'à la spiritualité contemporaine, toute la mystique fait référence non pas à l'expérience empirique, mais à l'expérience spirituelle, ce qui invariablement conduit à un dépassement de la dualité.

La trace de la non-dualité est omniprésente dans l'itinéraire de la Pensée, en Orient comme en Occident. Héraclite pense déjà que l'Un, le principe suprême, la sagesse unique, refuse et accepte d'être appelé du nom de Zeus. Qualifier l'un serait le réduire à un prototype humain, ce qui serait un péril religieux ; mais repousser l'Un serait l'éloigner de notre pensée, or nous ne pouvons penser sérieusement que par rapport à lui. La sagesse consiste en une seule chose, à connaître la pensée qui gouverne tout et partout, ce qui ne répond plus aux qualifications duelles de la pensée ordinaire, de cette pensée prompte à raisonner en noir/blanc, bien/mal... : « Le *Bien* ne s'oppose au *Mal*, la *Matière* à l'*Esprit*, le Vice et la Vertu etc. [...] que par un besoin de contraste et de symétrie plus *esthétique* que vérifiable dans les faits [...] Le jour ne s'oppose pas à la nuit : *il lui succède*. Mais la complémentarité visuelle et la mémoire introduisent le *contraste*. »[303]

L'Etre est toutes choses et enveloppe tous les contraires, Dieu est jour et nuit, idéal et réel, surabondance et

---

[301] E. Kant, *Critique de la raison pure*, Paris, PUF, 1986, p. 218.

[302] *Cf.* Platon, *Théétète*, 197 a-b, où Platon compare la pensée à un colombier et les pensées à des colombes.

[303] P. Valéry, *Cahiers I*, Bibliothèque de la Pléiade, nrf Gallimard, 1973, p. 674.

famine ; mais il prend des formes variées, de même que le feu mélangé d'aromates et nommé suivant le parfum de chacun d'eux. Evidemment, ce n'est plus d'un dieu moral dont il est question ici, mais d'un Principe cosmique englobant tout à la fois création-conservation-destruction. Le conflit des contraires féconde l'univers et le tient debout, la guerre est commune, la justice discorde, tout se fait et se défait par la discorde : « Le combat est père et roi de tout. Les uns, il les produit comme des dieux, et les autres comme des hommes. Il rend les uns esclaves, les autres libres. »[304] Cette idée mutile l'intuition d'Héraclite qui a en vue un principe d'intelligibilité supérieur au processus de la destruction et qui l'enveloppe, y compris dans les affaires humaines : la Loi, c'est encore d'obéir à la volonté de l'Un.

L'unité de l'Etre

Les présocratiques ont compris que l'appréhension de l'unité au sein de l'Etre n'est possible que lorsque la perception du temps psychologique est abolie. Pour Parménide, l'Etre est une réalité immobile, éternelle, incréée, immuable, homogène[305], ce sur quoi Plotin revient très souvent. L'appréhension de l'unité n'est possible que si l'intelligence peut mettre entre parenthèses la division des dimensions spatiales et temporelles, car l'Etre possède entièrement sa propre Vie, sans rien y ajouter dans le passé, ni dans le présent, ni dans l'avenir ; et par conséquent, l'éternité est la vie infinie, elle est une vie totale et elle ne perd rien d'elle-même, puisqu'elle n'a ni passé, ni avenir, sans quoi elle ne serait pas totale. « Pris dans son universalité, le monde intelligible possède une puissance universelle, qui pénètre tout dans son développement infini sans épuiser sa force infinie. Il est si grand que ses parties

---

[304] Héraclite, *Fragments*, n° 60, in Battistini, *Trois présocratiques*, Paris, Idées-Gallimard, p. 38.
[305] Parménide, *De la Nature*, in *Les penseurs grecs avant Socrate*, Paris, Garnier-Flammarion, pp. 94-95.

mêmes sont infinies. Y a-t-il un lieu où il ne pénètre pas ? »[306]

La Vie infinie est un Soi qui perpétuellement cohère avec Soi, et c'est cette *enstase* qui est désignée dans les traditions spirituelles par le terme de *l'Un*, l'Un qui se tient perpétuellement près de soi et duquel procèdent toutes choses... y compris la pensée. La pensée ne saurait l'atteindre, elle doit rester sur le seuil et c'est dans le silence que l'éblouissement de l'unité peut lui être donné. La contemplation de la pensée peut remonter la procession de la Manifestation vers sa source, mais à terme, il y a un saut qui n'est pas de l'initiative de la pensée. L'unité n'apparaît que lorsque le mental perd la tête, et ici le paradoxe est total : la pensée ne peut saisir l'unité et ne peut l'enfermer et cependant il est possible d'en faire l'expérience. Il y a bien un embrasement soudain de l'unité, une expérience verticale, mais elle se situe aux frontières du dicible. « Etant supérieur à la faculté de connaître, l'Un ne peut être saisi tout entier par la pensée ni énoncé par la parole : car l'absolu est ineffable parce qu'il est au-dessus de toute détermination. »[307] Ce n'est pas vraiment une expérience, toute expérience se situant dans la dualité sujet/objet : quand le Sujet pur seul demeure, il ne saurait y avoir d'expérience au sens ordinaire du terme, ce qui signifie aussi que, parvenu à ce point, le sens de l'Identité n'a plus rien d'individuel, c'est plutôt un *sentiment* immanent à la pure conscience du Soi.

---

[306] Plotin, *Op. cit.*, p. 123.
[307] *Ibid.*, p. XX.

*

*   *

Le sens commun pense spontanément que, s'il fallait déterminer une norme de vérité pouvant fonder l'Intelligence Artificielle, alors les mathématiques seraient cette norme. Rigueur des raisonnements et vérité des énoncés ont permis à Descartes de s'accorder avec le sens commun. Nous ne pouvons nier que la mathématique soit vraie, mais cela suffit-il pour en faire la norme de toute pensée vraie ? Cela supposerait que tous les objets de la pensée soient formellement identiques à ceux dont s'occupent les mathématiques. Il suffirait alors de mettre au point une méthode.

C'est d'ailleurs à la méthode que la mathématique doit son exactitude : intuition analytique du simple, puis déduction synthétique du composé, nous permettent d'établir de longues chaînes de raisons donnant lieu à leur tour à des propositions vraies. Ce passage du simple au composé exprime l'ordre que la pensée dispose dans les objets, et généralement dans les choses. Néanmoins, cette affirmation, pour incontestable qu'elle soit en elle-même, ne résout nullement le problème de la possibilité d'une norme de vérité ; car rien ne prouve que l'ordre méthodique des raisons, qui réussit en mathématique, prévale également dans les autres domaines de la pensée. En effet la mathématique est, par définition, incapable de s'imposer comme norme dans un secteur de la pensée autre que le sien propre : si, par exemple, la physique est une terre d'élection pour la mathématique, il n'en va pas de même pour la morale, pour la philosophie.

Cela nous permet d'affirmer que, à elle seule, la mathématique ne saurait constituer une norme de vérité. Il y a à cela une raison probante : la mathématique, qui est soumise aux lois de la logique formelle, ne saurait elle-même les établir, encore moins en être la norme. Que pourrait être en effet une norme de vérité, sinon l'ensemble des règles de la grammaire de la pensée ? Il importe donc que la pensée soit préalablement appréhendée dans ses processus logiques internes, indépendamment de tout contenu concret ou abstrait. Car penser, ce n'est pas seulement suivre une méthode, c'est surtout formaliser ; seul le formalisme logique peut établir les codes de la pensée vraie et par conséquent, se poser précisément comme fondement de l'Intelligence Artificielle, même si l'intelligence elle-même ne se restreint guère aux seules règles de la logique formelle, à la seule aptitude à la formalisation.

Il nous reste maintenant à envisager comment, abstraits, ces procédés généraux de la pensée, ces principes logico-mathématiques que nous venons d'examiner, vont se traduire et se concrétiser dans des artifices, des machines, des objets techniques ; tel sera l'objet de notre seconde partie.

PARTIE II

L'INTELLIGENCE ARTIFICIELLE DU POINT DE VUE TECHNIQUE : MECANISME ET ORGANISME

> *Un ordinateur a beau être un objet matériel, lorsqu'il est question de décrire comment il opère, il ne s'agit pas de décrire les vibrations des électrons dans ses transistors, mais bien plutôt l'organisation de ses circuits, et le subtil agencement de ces petites bascules qui les ouvrent ou qui les ferment selon les besoins.*
>
> Hubert-L. Dreyfus[308]

Le concept d'*intelligence artificielle* nous suggère l'idée de la fabrication par l'homme de machines capables de penser et de résoudre des problèmes comme lui. Une machine est un objet fabriqué utilisant une source d'énergie autre que celle de son utilisateur ou transformant un type d'énergie en un autre, ainsi que la machine à vapeur transforme l'énergie calorifique en énergie cinétique ou mécanique.

Les relations entre l'homme et la machine sont complexes. La machine prolonge le corps humain et repousse toujours plus loin ses limites. Mais, indépendante de l'homme, son auteur, et dotée d'une existence objective,

---

[308] H.-L. Dreyfus, *Intelligence Artificielle : Mythes et limites*, Paris, Flammarion, 1984, p. 222.

elle tendrait à se substituer à lui. Elle est construite et réalisée sur la base de connaissances scientifiques, mais elle ne perdrait pas pour autant sa dimension magique et mythique, comme en témoigne la place que lui accorde la science-fiction. Elle étend le pouvoir de l'homme sur la nature, mais elle accroîtrait les relations de domination et de servitude entre les hommes. Comment allons-nous éclairer ces paradoxes ?

Si, pour Henri Bergson, la première fonction de l'intelligence est essentiellement technique, puisqu'elle est « la faculté de fabriquer des objets artificiels, en particulier des outils à faire des outils et, d'en varier indéfiniment la fabrication »[309], c'est qu'elle s'inscrit dans le prolongement de la vie de l'homme. Si le corps est l'objet technique le plus naturel à l'homme, l'instrument lui permet alors de le prolonger et de le perfectionner. L'histoire du développement de l'aptitude technique peut ainsi apparaître comme l'histoire de l'extension des capacités physiques de l'homme. Mais l'utilisation d'énergies extérieures et surtout l'apparition de la machine ont révolutionné cette histoire. Allégeant le travail humain de ses peines et se mouvant d'elle-même, la machine semble ainsi se substituer à l'homme. Mais pouvons-nous attendre d'un automate qu'il imite l'ensemble des activités humaines ? L'automatisme photo-électrique ou informatique permettra-t-il de réaliser des *machines intelligentes*, qui puissent reproduire artificiellement le fonctionnement de l'intelligence humaine ?

---

[309] H. Bergson, *L'évolution créatrice*, PUF, Paris, 1986, p. 140.

CHAPITRE 4

La fonction du langage

D'un point de vue technique, la formalisation de la pensée par le langage est l'un des principaux objectifs de l'Intelligence Artificielle. Il est usuellement admis que le langage est la fonction grâce à laquelle la pensée s'exprime à l'aide de signes. Mais cette définition va un peu trop vite en besogne, car quel contenu attribuer à cette pensée qui traverse le langage ? Le chimpanzé qui s'exprime pour avertir ses congénères d'un danger se sert d'un cri, mais ce cri est-il une pensée ou bien est-ce un simple signal pour provoquer la fuite devant le prédateur ? On a pu répertorier une trentaine de sons utilisés par les chimpanzés entre eux : celui de la faim, de l'inquiétude, de l'appel... Faut-il y voir un langage ?

La linguistique contemporaine soutient que le langage est un système de signes arbitraires, sans attache naturelle avec la réalité. Elle en veut pour preuve l'existence de mots différents pour désigner le même objet et l'existence de langues différentes. Pour le linguiste, le langage constitue un monde à part, dont la référence au réel est seconde, car ce qui est fonctionnel, c'est la discrimination des signes entre eux. Le langage forme système et les signifiants sont liés seulement à un signifié, dans le réseau hermétique de la langue. Mais cette théorie nous fait tourner en rond, alors même que chaque jour nous devons buter sur des faits réels, que nous sommes aux prises avec des situations d'expérience qui ne semblent pas produites par le mental. Le langage nous éloigne-t-il ou nous rapproche-t-il de la réalité ?

La théorie de l'arbitraire du signe a été reçue comme un dogme indiscutable, sans véritable interrogation sur la relation du nom et de la forme, mais c'est le caractère indissociable de la relation entre signifiant et signifié qui est devenu un dogme. L'intellectualisme hégélien admet qu'il ne saurait y avoir de pensée sans langage, que sans le langage, la pensée resterait dans un état de confusion complète et ne saurait être intelligente. On tire aussi facilement argument des piètres performances des chimpanzés pour soutenir qu'ils sont visiblement inaptes au raisonnement, parce que ne parvenant pas à acquérir le maniement de la syntaxe d'un langage conceptuel complexe. Il importe alors que nous nous interrogions sur la nature et le sens de la pensée et de l'intelligence non verbales.

LANGAGE ET LANGUE

Ce n'est pas la même chose de considérer le langage comme moyen d'expression et de le voir sur le modèle des langues humaines, que de se servir d'une langue humaine comme modèle du langage. S'agissant de l'homme, nous pouvons définir le langage comme expression de la pensée. Mais le terme d'*expression* n'est-il pas plus large que celui de *pensée* ? Ce qui est en jeu donc, c'est non seulement la différence entre le langage animal et le langage humain, mais également la caractérisation précise de la manière dont se produit la signification dans l'usage du signe. Comment le langage parvient-il à signifier ?

Le système des signaux

Quand nous nous approchons d'un buisson où sont perchés des oiseaux, ils modifient leur manière de chanter à notre approche, modulent leur chant d'une manière précise, suivant la présence d'une espèce hostile, neutre ou amicale. L'oiseau ne le fait guère par hasard, ni pour lui-même, mais pour ses proches qu'il avertit de cette manière : en tant que *locuteur* il émet, dans un certain langage, une *information* vers un *interlocuteur*, ses congénères. Ne faut-il pas y voir un langage ?

L'expression animale

Quand le chimpanzé voit la panthère s'approcher de l'arbre au pied duquel il se tient, il *réagit* par la fuite : c'est un *stimulus* qui déclenche une *réponse*. Dans cette perspective, on ne laisse à l'animal que trois types de comportement : la fuite, l'inhibition, le combat. Il est possible de provoquer des *stimuli* et de les *associer* à des comportements, ce qui se produit dans le dressage. C'est, d'après Auroux, ce que Pavlov définit comme *réflexe conditionnel* : « Si l'on présente à un animal un *stimulus* externe S*i* (par exemple, de la nourriture), il produira nécessairement une réponse R*i* (il salivera), et si l'on associe le stimulus primitif à un autre trait occasionnel de l'environnement S*i* (un son de cloche), celui-ci, au bout d'un certain temps, pourra devenir, seul, un stimulus produisant la réponse. »[310] Le chien qui appuie sur une manette quand s'allume la lampe rouge, a été dressé à le faire au moyen de répétitions d'expériences. On peut ainsi, *artificiellement*, fabriquer un *signal* conditionnel pour déclencher un comportement. La liaison entre le signal et le comportement n'est pas *pensée*, elle est purement *mécanique*, répétitive, de l'ordre d'un automatisme acquis. Il suffit de rendre ce schéma un peu plus complexe pour donner une explication comportementaliste du langage. Quand le guetteur pousse un cri, cette fois-ci en direction de toute sa tribu, il émet un *signal* qui joue le rôle d'un *stimulus* indirect, celui qui correspondrait au *stimulus* direct de la vue du prédateur, et la troupe de singes réagit et s'égaille aussitôt dans les arbres. « On appelle signal une fonction d'une ou plusieurs variables engendrée par un phénomène physique. Les signaux sonores [...] correspondent à de faibles variations de pression qui se propagent dans l'espace, et que le système auditif d'un

---

[310] S. Auroux et *al.*, *La philosophie du langage*, Paris, PUF, 2004, p. 113.

être humain est capable de capter, d'analyser, et de percevoir l'information dont ils peuvent être porteurs. »[311]

Nous pouvons dire qu'une *information* circule entre les animaux, mais il faut alors prendre garde au caractère purement réflexe d'une telle transmission. Dans le dressage, on utilise des montages de réflexes qui se trouvent dans le système nerveux, dans la moelle épinière. Le rapport entre le signal conditionnel et le stimulus premier n'est pas *pensé* par l'animal, mais seulement reproduit comme pure réaction ; en d'autres termes, le signal n'est pas *intelligent*, mais *mécanique*. Nul ne contestera que dans la Nature les animaux disposent d'un *système de signaux*, mais pour parler de langage, il faudrait prouver qu'en réalité ils disposent d'un *système de signes* porteur d'une pensée, ce qui est différent ; à moins que nous devions réviser, avec Jacques Zahnd, notre définition précédente et appeler *langage* tout système de signaux : « Le sens général du mot « langage » est très large, puisqu'on l'utilise à propos de phénomènes aussi divers que celui des langues naturelles parlées ou écrites [...] et celui des langues de programmation. On l'emploie aussi dans des sens imagés : le langage de la musique, le langage des gestes, etc. Cependant toutes ces significations [...] ont des traits communs, lorsqu'on se borne à considérer l'aspect extérieur de ces phénomènes, leur pure forme. Lorsqu'on cherche à décrire un langage, considéré de l'extérieur, celui-ci apparaît [...] comme une certaine classe d'*expressions*, qui sont des suites de signaux visuels ou sonores, ou des suites de symboles enregistrés sous forme électromagnétique dans la mémoire d'un ordinateur. Les expressions [...] sont toujours construites par assemblage de signes ou de signaux élémentaires, pris dans un répertoire déterminé, qui constituent les « atomes » du langage. »[312]

---

[311] F. Auger, *Introduction à la théorie du signal et de l'information*, Editions Ophrys, 1999, p. 10.

[312] J. Zahnd, *Logique élémentaire : cours de base pour informaticiens*, PPUR presses polytechniques, 1998, p. 15.

Ivan Pavlov, sur ce point, avoue lui-même son allé-
geance au *paradigme mécaniste* de Descartes qui précise que
« notre corps n'est pas seulement une machine qui se remue de soi-même, mais ... il y a aussi en lui une âme qui a
des pensées »[313], ce qui sous-entend que le corps de
l'animal est une machine qui se remue de soi-même, tandis
que le corps humain est habité par la pensée, ce qui implique deux formes différentes d'expression. La *pensée*,
comprise de cette manière, désigne tout autre chose que de
simples *réactions* venues du corps telles que les *cris* – ce que
Descartes nomme des « passions ». La pensée est intellectuelle, elle est une *pensée réfléchie*. Cette pensée, qui est le
propre de l'homme, peut être exprimée par différents
signes, verbaux ou gestuels : « Les muets se servent de
signes en même façon que nous de la voix »[314]. En outre, la
structure du système nerveux de l'animal fait aussi que ce
qui est obtenu par le dressage chez lui entre encore dans la
même catégorie que les cris : « Si on apprend à une pie à
dire bonjour à sa maîtresse, lorsqu'elle la voit arriver, ... ce
sera un mouvement de l'espérance qu'elle a de manger, si
l'on a toujours accoutumé de lui donner quelque friandise,
lorsqu'elle l'a dit ; et ainsi toutes les choses qu'on fait faire
aux chiens, aux chevaux et aux singes ne sont que des
mouvements de leur crainte, de leur espérance et de leur
joie, en sorte qu'ils les peuvent faire sans aucune pensée. »[315]

Il est pourtant assez difficile de comprendre ce que
peut vouloir dire « crainte », « espérance », « joie », sans
conscience : la crainte enveloppe la représentation d'un
danger à venir, et l'espérance la représentation d'un futur,
la joie une plénitude de conscience momentanée. Peut-on
réduire ces émotions à des mouvements mécaniques du
corps ? Comment prétendre y voir seulement des réponses

---

[313] R. Descartes, *Lettre au Marquis de Newcastle,* 23 novembre 1646, in
Œuvres philosophiques, Panthéon Littéraire, Paris, 1852, p. 690.
[314] *Ibid.*
[315] *Ibid.*

organiques sans élément de conscience ? Ma montre ne connaît pas la joie, la crainte ou l'espérance ; ce n'est qu'une machine. L'animal, lui, éprouve des sensations, possède une mémoire, établit par conséquent des associations entre le présent et le passé. Il ne peut « réfléchir » sa pensée dans des concepts et s'exprimer dans un langage purement abstrait, mais toute *réflexion* suppose nécessairement une première *flexion*, qui est justement une *pensée immédiate* et qui rend possible chez l'homme la pensée réfléchie. La psychologie du comportement doit nécessairement reconnaître cette dimension de pensée immédiate, même si elle veut nous faire renoncer à l'idée selon laquelle l'animal serait doué de pensée réfléchie. Il peut se trouver dans la Nature que certains animaux disposent d'organes capables de reproduire la parole humaine, mais posséder un tel organe et en user pour exprimer des pensées à l'image de l'homme est une autre question. « …Ceux qui sont sourds et muets inventent des signes particuliers, par lesquels ils expriment leur pensée »[316], mais : « Ce qui fait que les bêtes ne parlent point comme nous, est qu'elles n'ont aucune pensée, et non point que les organes leur manquent. Et on ne peut dire qu'elles parlent entre elles, mais que nous ne les entendons pas ; car, comme les chiens et quelques autres animaux nous expriment leurs passions, ils nous exprimeraient aussi bien leurs pensées s'ils en avaient »[317].

Le cri est déjà une expression, mais pas une idée. Cette expression peut-elle constituer une information ? S'il est avéré que, dans leurs cris, les animaux transmettent quelque chose à leurs proches, cela n'est-il pas plus qu'un signal ? L'abeille éclaireuse qui danse devant la ruche utilise un *code* précis pour indiquer la direction dans l'espace et la distance d'une source de nourriture. Il serait assez sophistiqué d'exprimer par *concepts*, dans notre langage hu-

---

[316] *Ibid.*
[317] *Ibid.*

main, comme l'abeille dans son langage dansé, ce message :
« attention ! nourriture dans des phlox à 1.000 mètres, à
35° à gauche par rapport au soleil »[318]. Ne peut-on voir
dans la « danse des abeilles »[319] un *signe* qui renvoie à un
signifié, le lieu où sont le pollen et le nectar ?

Langage animal et langage humain

Repérons, pour l'instant, les distinctions les plus importantes entre le langage animal et le langage humain selon la linguistique :

1° le langage chez l'animal est *inné*, héréditaire, toujours le même pour une même race d'abeilles ou d'oiseaux,
depuis des millions d'années ; il relève de l'*hérédité biologique*.
Par contre, « le langage humain est acquis et non inné »[320],
il est enseigné et l'enseignement passe par l'acquisition de
signes ; il relève donc de l'*héritage culturel*, il a connu des
changements importants dans l'Histoire, à un rythme
beaucoup plus rapide que celui de la Nature.

2° Le langage de l'animal est tellement adapté à
l'expression de certaines situations naturelles, que cela
marque ses limites les plus étroites : les abeilles ne peuvent
dire une hauteur dans leur langage, et si on leur met une
coupe d'eau sucrée sur un pylône, elles sont seulement

---

[318] Rémy Chauvin, *Mimique de l'animal et langage de l'homme*, in *Psychisme
animal et âme humaine*, Paris, Editions SPES, 1953, p. 105.
[319] D'après Philip Nicholas Johnson-Laird et Jacqueline Henry, Karl
von Frisch a établi, dans une série d'expériences, que lorsque des
abeilles reviennent à leur ruche après avoir découvert une source de
nourriture, elles se livrent à une danse ondulatoire devant la surface
verticale du rayon de miel : « Le nombre d'ondulations est proportion-
nel à la distance à laquelle se trouve la source de nourriture et [...] la
partie de la danse contenant les ondulations est effectuée à un angle qui
correspond à la direction de cette même source par rapport à la position
du soleil » (P.N. Johnson-Laird, J. Henry, *L'ordinateur et l'esprit*, Paris,
Odile Jacob, 1994, p. 291.) D'autres abeilles ouvrières, qui assistent à
cette danse, peuvent par la suite voler sans se tromper jusqu'à la source
de nourriture.
[320] R. Chauvin, *Ibid.*, p. 108.

averties de l'emplacement au sol et tournent en rond sans trouver la coupe, car aucune fleur ne pousse dans les nuages et il n'y a donc rien de prévu dans le langage des abeilles pour dire « en haut », parce que « les animaux n'ont jamais appris à parler »[321], ce qui nous montre la rigidité du langage animal. Inversement, les hommes savent « se servir du langage et comprendre sa valeur symbolique et non proférer des phrases comme un perroquet »[322], et les mots humains possèdent une souplesse d'emploi qui les rend capables de quasiment tout dire, sans se limiter à quelques situations d'expérience bien repérées dans la Nature.

3° Comment les systèmes de signaux pourraient-ils devenir des éléments de communication ? L'abeille, qui voit l'éclaireuse exécuter sa danse, ne lui répond pas par un autre message, mais par une *conduite* ; l'abeille éclaireuse donne ainsi à la limite un ordre ou une information, mais les autres ne répondent pas au message par un autre message. Tant qu'il n'y a pas de réponse linguistique, il n'y a pas de *dialogue*, or n'est-ce pas la vertu du langage humain de pouvoir constamment ébaucher un dialogue ? Et qui plus est, l'homme parvient à dialoguer avec la machine, à produire un « dialogue homme-machine qui situe le langage dans des situations concrètes de communication »[323].

4° Les caractères précédents se ramènent à des structures du langage. On dit alors que le langage animal est dépourvu d'articulation tandis que le langage humain est *articulé* : les éléments du langage animal sont très stéréotypés et ne peuvent se décomposer pour être utilisés différemment dans un autre énoncé ; la direction et la distance de l'objet figuré dans la danse des abeilles ne sont pas dissociables du bloc que forme l'information. Ce genre de signe ne ressemble pas à des mots que l'on peut déplacer dans d'autres contextes, que l'on peut prendre au sens

---

[321] *Ibid.*, p. 110.

[322] *Ibid.*

[323] A. Nicolle et *al.*, *Machine, langage et dialogue*, Paris, L'Harmattan, 1998, p. 7.

propre ou figuré : un discours humain peut s'analyser avec précision dans des termes identifiables, et le mot a une remarquable aptitude à *symboliser* une pensée complexe, ce qu'un système de signaux ne peut faire, car « le comportement linguistique des humains n'est pas indépendant de l'ensemble de leur comportement et des relations complexes qu'ils ont entre eux et à leur environnement »[324].

Il s'ensuit que ce n'est pas seulement une différence *quantitative* qui sépare le langage animal du langage humain, au sens où nous disposerions de milliers de mots par rapport aux 35 sons du chimpanzé, mais la différence est plus radicale, elle est *qualitative*. Ce n'est pas un langage de la même nature : le langage animal exprime une pensée immédiate, liée à la prescription des besoins, orientée vers l'adaptation au milieu, et il est d'abord fait pour prolonger les réactions instinctives immédiates ; mais tout autre est le langage humain, dont la nature est spécifiquement « d'être parlé par des sujets, situés hic et nunc, qui ne se contentent pas d'exprimer un contenu représentatif, mais donnent aussi leur point de vue sur ce contenu »[325].

Nous ne voulons pas pour autant dire que l'animal soit dépourvu d'*intelligence*, non plus que l'intelligence et le langage soient identiques. Il existe au moins trois formes distinctes d'intelligence : a) l'*intelligence abstraite* se meut dans le pur concept comme en logique, comme dans le raisonnement humain ; b) l'*intelligence relationnelle* régit les rapports entre les individus, et donnera à certains une grande habileté dans la manière de faire travailler ensemble des personnes ; c) l'*intelligence concrète* est ingéniosité, habileté à résoudre des problèmes pratiques, c'est l'intelligence de l'inventeur, du bricoleur astucieux.

---

[324] S. Auroux et *al.*, *La philosophie du langage*, Paris, PUF, p. 44.
[325] *Ibid.*, p. 31.

L'intelligence animale

La culture intellectualiste occidentale nous a habitués à valoriser surtout l'intelligence abstraite, celle du concept ; aussi, quand nous nous tournons vers l'animal, nous voudrions qu'il soit intelligent à notre manière, nous aimerions le voir effectuer des opérations logico-mathématiques, s'exprimer dans un langage conceptuel comme le nôtre[326]. Comme il n'y parvient pas, nous déclarons trop vite que l'animal n'est pas intelligent, ne communique pas ; et pourtant, il existe bien une communication, une symbolisation chez les animaux, comme dans la « danse des abeilles », qui illustre bien le minimum requis pour qu'un organisme, ou un robot, communique avec un autre. Une abeille aperçoit une source de nectar ou de pollen et forme une représentation symbolique interne de sa direction et de sa distance : « Si elle forme une telle représentation dansée au lieu, simplement, de laisser une trace de son passage, c'est parce qu'elle signale ainsi l'angle direct de la source de nourriture par rapport à la ruche »[327]. En ce sens, les représentations des abeilles sont un exemple de symbolisme interne, car elles répondent au critère de système symbolique : « on trouve un ensemble de symboles, un domaine symboli-sé, une méthode qui établit un lien entre les symboles et ce qu'ils symbolisent et, en arrière-plan, un objectif »[328]. Dès lors qu'un organisme, ou bien un robot, renferme de tels symboles, « il est suscepti-ble, en outre, de les communiquer à d'autres organismes du même genre à l'aide de quelque forme de comportement symbolique externe. »[329]

Si nous ne pouvons comprendre le langage des animaux, ce n'est pas qu'ils n'ont pas de pensée, qu'ils ne communiquent pas, mais que l'homme, même par anthro-

---

[326] Lire à ce sujet J. Vauclair, *L'intelligence de l'animal*, Paris, Le Seuil, 1992.
[327] P.N. Johnson-Laird et J. Henry, *L'ordinateur et l'esprit*, Paris, Odile Jacob, 1994, p. 291.
[328] *Ibid.*
[329] *Ibid.*, pp. 291-292.

pomorphisme, ne parvient que difficilement à penser une intelligence qui ne fonctionne pas sur le modèle de la sienne. Par opposition à la langue humaine, qui nous sert de référent dans la comparaison, le langage des animaux est pauvre, stéréotypé. Les animaux ne signifient pas comme les humains, sous la forme de phrases, en manipulant des concepts, en élaborant une représentation. Par contre, maintes espèces animales manifestent un haut degré de formes d'intelligence qui ne sont pas forcément développées chez l'homme. Le dauphin a une conscience très aiguë de ses proches, il est à tout instant prêt à leur porter secours ; il perçoit avec un sonar, comme en volume, et garde avec son environnement une conscience d'unité, là où l'être humain pense et perçoit dans la désagrégation. Le castor possède un sens étonnant de la fabrication des digues, sait organiser une structure, repérer si elle est correcte ou non, la réparer dès qu'un défaut y apparaît. Plusieurs oiseaux savent faire des nœuds, ce dont les singes semblent incapables. Certains insectes tissent comme l'être humain et aussi soigneusement que l'on croirait les coutures faites à la machine à coudre. Mais comment comprendre une intelligence qui ne passe par des concepts, une pensée qui n'élabore un projet avant de le réaliser ? Une pensée simplement non-intentionnelle peut-elle être intelligente ?

Même si l'animal ne s'aventure pas de lui-même en dehors de la *pensée immédiate*, il importe de reconnaître l'intelligence, la richesse et la complexité de cette pensée immédiate. N'en déplaise aux sectateurs du paradigme mécaniste, l'homme n'a pas le privilège de l'intelligence, de la sensation, de la mémoire et des sentiments. L'animal est capable de souvenirs, d'émotions, de frustration, de jalousie, d'attachement et, parce que l'animal est déjà une Vie qui s'éprouve elle-même, il enveloppe déjà la dimension de l'affectivité. Il serait erroné de conserver une conception trop réductrice de l'intelligence, puisque chaque espèce vivante est dotée d'aptitudes et de moyens d'information

qui lui sont propres. Bertrand Russell écrit à ce propos :
"We can destroy animals more easily than they can destroy
us ; that is the only solid basis of our claim to superiority.
We value art and science and literature, because these are
things in which we excel. But whales might value spouting,
and donkey might maintain that a good bray is more ex-
quisite than the music of Bach. We cannot prove them
wrong except by the exercise of arbitrary power."[330]

    Plutôt que de vouloir penser l'animal sur un modèle
humain, il faudrait tenter de cerner la spécificité de chaque
espèce dans sa forme de conscience et son type spécifique
d'intelligence. Les travaux entrepris pour apprendre à des
chimpanzés un langage humain, avec des pastilles de couleur, ou l'utilisation du langage des sourds-muets avec le
gorille ont une pertinence, mais les résultats restent décevants. Dans le principe, ce langage n'est pas naturel ; il
vient de l'homme, le singe ne l'invente pas. On s'étonne
alors du fait que, lorsqu'il s'en sert, c'est surtout pour exprimer un besoin et non pour tenter une réflexion à
l'image de l'homme. Le chimpanzé ne parvient pas à agencer un *raisonnement causal*, ne sait pas utiliser une syntaxe. Il
peut manipuler des mots, sous la forme de morceaux de
plastique, mais n'arrive pas à les manipuler pour faire des
phrases cohérentes, ce que l'enfant sait faire très tôt. Il est
pourtant assez ingénieux, capable de se servir d'un outil et
de résoudre des problèmes pratiques, par exemple, « le
chimpanzé manifeste la capacité d'une véritable réorganisa-
tion des trajets, dont le modèle sous-jacent est celui de la

---

[330] B. Russell, *Mortals and others : American essays, 1931-1935*, éd. Routledge, 1996, chap. "If Animals Could Talk", p. 121 : « Nous pouvons
détruire les animaux plus facilement qu'ils ne peuvent nous détruire :
c'est la seule base solide de notre prétention de supériorité. Nous valori-
sons l'art, la science et la littérature, parce que ce sont des choses dans
lesquelles nous excellons. Mais les baleines pourraient valoriser le fait de
souffler et les ânes pourraient considérer qu'un bon braiement est plus
exquis que la musique de Bach. Nous ne pouvons prouver qu'ils ont
tort, sauf par l'exercice de notre pouvoir arbitraire. »

géométrie euclidienne »[331]. La femelle chimpanzé apprend à son petit comment préparer un bâton et l'utiliser pour manger des fourmis avant d'en être attaqué. L'intelligence n'est pas enfermée dans la manipulation des concepts, elle l'excède ; l'intelligence créatrice dans la Nature ne se limite guère à l'intelligence conceptuelle chez l'homme.

Le système des signes

Venons-en maintenant aux éléments de linguistique de base que nous devons assimiler pour aborder l'étude du langage humain. La *linguistique* est un sous-ensemble de la *sémiologie*, science des éléments cognitifs tels que les signaux, les indices, les icônes, les symboles et autres signes linguistiques. Comment les linguistes parviennent-ils à produire un discours sur le langage ?

La valeur de signal

Le langage humain est un système de *signes*, mais cela exclut-il toute valeur de signal ? Quand un régiment défile et que le sergent crie « halte », les soldats réagissent par un comportement en claquant les talons pour se mettre au garde-à-vous. Le mot « halte » est un *stimulus* capable d'entraîner une réponse active. Il en serait de même pour tout emploi du mot à caractère de provocation émotionnelle, et tous les ordres brefs rentrent dans cette catégorie ainsi que les appels. Le sergent se sert du langage comme d'un simple signal ; comme il s'agit d'un signal d'action, l'homme qui entend n'a pas besoin de comprendre ou d'interpréter, mais il suffit qu'il se borne à répondre au signal par un *conditionnement* appris.

Le processus de réponse à un signal par un conditionnement n'est pas *intelligent*. Dans ce cas, le stimulus peut ne pas passer par la parole et être aussi efficace : c'est ce que nous rencontrons dans le système de signaux du

---

[331] J. Vauclair, *op. cit.*, p. 56.

code de la route, où le panneau de circulation est d'abord un signal avant d'être un signe, ne requiert qu'une simple reconnaissance conditionnelle et non pas une interprétation, doit être simple et suggestif pour ne pas appeler une réflexion quelconque. On ne demande pas à l'automobiliste une *réflexion* mais surtout des *réflexes* : c'est le signe qui nécessite la réflexion, le signal, lui, invite surtout le réflexe. Le code de la route vient quadriller le fonctionnement social des transports routiers ; il en fait la régulation quasi-mécanique, selon une théorie qui s'apparente à la physique des flux. L'automobiliste, du point de vue du code, n'est pas supposé d'abord très intelligent, il est seulement supposé instruit et informé. On souhaiterait même qu'il réponde mécaniquement aux sollicitations des signaux, ainsi qu'un animal bien dressé, ce qui permettrait d'éviter les accidents. Si, devant le panneau « ralentir », je réagis immédiatement de façon conditionnelle en levant le pied, je fais exactement ce que l'on attend de moi. Les concepteurs des systèmes de signaux savent qu'il faut faire simple et direct, qu'il faut modeler le signal sur une simple réaction, et éviter toute ambiguïté qui pourrait éveiller une réflexion. Dans le principe, nous ne sommes pas loin de la situation du chien de Pavlov devant la lampe rouge avant que la décharge électrique n'intervienne.

Pourtant, l'homme reste un être *intelligent* capable, de par sa pensée, d'interpréter des signes et en un sens chez lui, même le signal est pensé, mais c'est là une pensée minimale, puisqu'elle se résume à des automatismes acquis. C'est précisément cette information que l'on donne dans l'apprentissage du code.

Le signe verbal

La spécificité du langage humain doit se caractériser par le type d'intelligence propre à l'homme, et par certains traits fondamentaux des systèmes de signes. La pensée conceptuelle chez l'homme ne se développe vraiment que dans l'usage des *signes*. La *linguistique structurale* est concernée par le langage comme système de signes. Plus précisément, ce qu'elle analyse, ce sont d'abord les *signes verbaux*.

Pour acheter une gerbe de fleurs, j'utilise un billet de banque. Réduit à sa forme concrète, le billet n'est qu'une feuille de papier, il ne vaut pas grand-chose ; mais ce n'est pas ainsi que nous le considérons dans l'échange : nous en faisons le symbole d'une certaine somme d'argent, d'une quantité d'or déposée à la banque, et ce qui fait la valeur du billet est une abstraction instaurée par la représentation. De même, le mot représente une idée ; il est un *son* concret qui sonne à l'oreille, que le perroquet sait répéter, mais c'est surtout un son qui possède un *sens* dans une langue. Privé de sa représentation, le billet n'est qu'un bout de papier sans valeur ; privé de son sens, le mot est un gazouillis curieux n'ayant plus d'intérêt qu'esthétique. Nicolas Boileau-Despréaux attire notre attention sur l'importance du sens des mots :

> « Selon que nostre idée est plus ou moins obscure,
> L'expression la suit, ou moins nette, ou plus pure.
> Ce que l'on conçoit bien s'énonce clairement,
> Et les mots pour le dire arrivent aisément. » (*sic*)[332]

Un signe est donc un substitut symbolique d'une réalité posée par la pensée, qui correspond à la manière dont la pensée s'exprime chez nous autres humains. Parler avec des mots, c'est se donner une image auditive des idées qu'ils représentent, les évoquer, les dire, les échanger. Mais nous devons comprendre des *idées* et non des *choses*. Le mot « pomme » renvoie à cette chose sucrée et douce qu'est la pomme ; pourtant quand je le prononce, ce que j'ai en vue, c'est l'idée de pomme. Le mot « liberté » ne renvoie à nulle « chose », mais désigne aussi une idée. Même quand nous pensons à la pomme, nous n'avons pas en vue telle ou telle pomme, mais un *concept*, le genre auquel correspond ce fruit. Les concepts sont, dans leur usage, inséparables des

---

[332] N. Boileau-Despréaux, *Art Poétique*, Chant I, v.150-153, in *Œuvres*, Paris, Société des Belles Lettres, 1939, p. 85.

mots, qui nous permettent de *nommer* des aspects de plus en plus complexes de la réalité.

Dire que le langage utilise des signes, c'est expliquer qu'il permet de composer des *énoncés symboliques* dont la vocation est la *signification*. En effet, « un signe est quelque chose mis à la place d'autre chose et valant pour cette chose, puisque le propre d'un signe est de posséder une signification »[333]. La signification suppose le partage d'un *sens*. L'homme parle non seulement dans le but d'*agir* – puisque des signaux pourraient suffire – mais surtout dans le but de *signifier* à autrui. Une valeur élémentaire des systèmes de signaux montre qu'ils ont une vocation de transmission d'*informations*, mais un système complexe de signes peut aller plus loin. Dans le langage humain, le moindre mot peut être exprimé, compris, commenté, expliqué... ; et la signification se déploie dans les valeurs de la communication, ce qui montre que la vocation pratique du langage n'est pas son plus haut degré, le langage trouvant sa vraie valeur dans la communication d'un sens plutôt que dans la visée d'une action.

L'intention de signification

Il nous reste à rendre compte de la structure par laquelle la signification est inscrite et se déploie dans le langage. Un son musical quelconque ne signifie rien en lui-même, et si nous analysons la verbalisation dans son découpage le plus fin, nous obtiendrons un son qui peut ne pas prendre de signification. Le son « i » dans « lit », est seulement un son, ce n'est pas encore du sens. Une langue est faite à partir de certains sons ou *phonèmes*[334]. Chaque langue utilise une gamme de phonèmes et ceux-là seulement. Une trentaine de sons suffisent pour constituer une langue comme le français. Les langues n'utilisent pas les

---

[333] S. Auroux et *al.*, *La philosophie du langage*, Paris, PUF, 2004, p. 83.
[334] *Cf.* A. Martinet, *Eléments de linguistique générale*, Paris, Armand Colin, 2008.

mêmes phonèmes, certains leur étant communs et d'autres non : en français et en allemand, il y a les sons « é » et « ü » que l'on ne rencontre pas en anglais, ce qui explique souvent nos difficultés pour apprendre une langue étrangère. Nous sommes habitués aux phonèmes de notre langue maternelle, et butons sur ceux qui ne figurent pas dans la langue qui nous est habituelle. Un locuteur anglais aura toujours tendance à tirer les « ü » vers le « ou », car dans sa langue « ü » n'existe pas.

Si j'entends vaguement une conversation, je pourrai repérer des sons, mais cela ne me donnera pas des bribes minimales de signification. J'entendrai, par exemple, « rendez-vous », « acheter », « on »... Ces éléments premiers entendus sont les *monèmes* ou plus petites unités signifiantes. Ainsi je pourrai, dans la conversation, être frappé par quelques mots et dire : « d'après ce que j'ai vaguement entendu, il devait être question de la vente d'une maison, de plusieurs personnes car il a dit 'on' ». Le monème est un atome de signification, ce qui ne l'identifie pas au nom, ni à la seule racine. Le mot « chantez » ne contient pas qu'un seul monème mais deux : il y a le mot *chant* qui possède déjà un sens, mais aussi la terminaison *-ez* indiquant la deuxième personne du pluriel. Les monèmes d'une langue comprennent donc toutes les racines et tous les suffixes et préfixes permettant de décliner diversement les racines, de composer des verbes, des adjectifs, des adverbes... On peut, avec quelques milliers de monèmes, constituer des dizaines de milliers de mots qui forment une langue.

Mais des mots projetés en fatras ne font pas réellement une signification. Le sens n'est en fait contenu ni dans les phonèmes, ni dans les monèmes, mais s'achève dans la *phrase*, se cristallise dans des *énoncés linguistiques*. D'après Foucault l'énoncé, c'est toute phrase en tant qu'elle tire son sens d'un acte particulier du sujet : « C'est une fonction d'existence qui appartient en propre aux signes et à partir de laquelle on peut décider, ensuite, par l'analyse ou l'intuition, s'ils « font sens » ou non, de quoi ils sont signes, selon quelle règle ils se succèdent ou se juxta-posent, et quelle sorte se trouve effectué par leur formula-tion (orale ou écrite) »[335]. Ce qui compte, ce n'est pas la longueur ou la brièveté d'une énonciation, mais sa capacité de rendre la totalité de l'idée. Si, devant un danger d'effondrement d'un édifice quelqu'un crie « attention, sauvons-nous », la phrase est bien courte, mais l'idée est claire et complètement exprimée. Les mêmes mots pour-raient également se rencontrer dans un autre énoncé lin-guistique où probablement ils revêtiraient un sens diffé-rent : « Il écoute avec attention », « nous avons sauvé la situation ». La signification se manifeste dans une *totalité,* mais cette totalité est exprimée avec des éléments, des atomes, des parties que sont les mots. La compréhension impose donc une *saisie globale*, mais jamais fragmentaire. Une *intention de signification* de la conscience est une totalité de sens se manifestant dans une totalité expressive et celui qui l'entend ne peut la comprendre qu'en totalité.

Le système de la langue

Les énoncés linguistiques appartiennent eux-mêmes à un tout plus élevé, celui de la *langue*. Quelle idée nous faisons-nous d'ordinaire de la langue ? Pour le sens com-mun, la langue est une collection de mots dans laquelle nous puisons pour communiquer nos pensées à autrui. Nous ne nous sommes pas encore écartés de cette manière de voir, parce que nous n'avons pas encore considéré la langue comme une structure globale, un *système*. Nous pourrions donc nous en tenir à cette représentation de la langue comme une vaste collection de mots structurés suivant ces deux articulations phonétique et significative. Une langue présente un vocabulaire permettant de combi-ner les mots dans des phrases. Mais c'est sans compter sur l'importance de la langue en tant que tout.

---

[335] Foucault, cité dans S. Auroux et Y. Weil, *Nouveau vocabulaire des études philosophiques*, Paris, Hachette, 1984, p. 71.

Le tout et la partie

Une doctrine, considérée comme un acquis de la linguistique structurale, soutient que la langue forme un *système* ne renvoyant qu'à lui-même. A cet égard, dans l'usage empirique de la langue, nous partageons certains préjugés que la linguistique contemporaine a voulu dénoncer : 1) nous voyons la langue comme une sorte de nomenclature, pour parler il suffirait de se servir des mots en piochant dans la langue comme on prend les pièces adéquates dans une boîte de puzzle ; 2) nous supposons donc que la pensée est déjà constituée avant le langage ; 3) que les différences sont perçues dans la réalité par la pensée avant de pouvoir être traduites dans les mots ; 4) nous avons une telle confiance dans le langage qu'il nous semble en rapport avec ce qu'il désigne dans la réalité.

Pour le linguiste contemporain, la langue n'est pas une simple collection de mots ; le croire reviendrait à penser que la langue est une table de multiplication dont on devrait apprendre toutes les formules pour s'en servir. La science linguistique considère contradictoirement la langue comme un tout qui fait *système*, dans lequel tous les termes sont en relation interne. Le tout précède la partie : l'enfant qui apprend sa langue maternelle ne l'apprend pas de manière fragmentaire ; on ne peut apprendre fragmentairement qu'un *code*, comme le morse, mais cela suppose qu'auparavant on ait déjà acquis un langage. L'enfant ne peut apprendre sa langue non plus par un conditionnement, ce qui serait le cas si elle n'était qu'un système de signaux ; il l'apprend *intelligemment* en pénétrant bien dans l'esprit de la langue qu'il reçoit de ses parents, son intelligence se développant à l'intérieur de différenciations mises en place par la langue, parce que l'*intelligence* elle-même travaille globalement. C'est ainsi que l'enfant entre dans le champ de la culture : il apprend les choses par leurs noms, découvre que tout a un nom, et se met à demander le nom des objets et la signification des noms qu'il ne connaît pas ;

il pénètre ainsi simultanément dans le *réseau* des règles sociales, des interdits, des prescriptions ; il gagne alors dans l'acquisition du langage un éventail complexe de symboles à l'œuvre dans la culture dans laquelle il vit. Enfin, nous ne pouvons dire que la langue soit chose extérieure à la pensée, car nous aurions du mal à définir ce que serait une telle pensée sans le langage : « Une *langue* est un système d'expression et de communication de la pensée, commun à un groupe social [...]. Le *langage* est la fonction d'expression et de communication de la pensée entre les hommes, mise en œuvre au moyen d'un système de signes vocaux [...] et éventuellement de signes graphiques [...] qui constitue une langue. Le terme « langue » représente donc un système tandis que le terme « langage » représente un exemple de mise en œuvre de ce système. »[336]

La langue est un système comportant une *structure* rigoureuse dont on ne peut faire ce que l'on veut. A la limite, pour suivre le fil du structuralisme, nous ne *parlons* pas, mais nous *sommes parlés* par la langue : de la conception structuraliste de la langue résulte le *relativisme linguistique*. De même, sommes-nous travaillés par la structure de l'inconscient, comme nous sommes régis par les structures en vigueur dans notre société et notre culture, la structure étant une trame sur laquelle sont cousus les individus. Le réseau de la langue et de son système n'est pas moins important que les autres structures, mais à maints égards plus important, car la langue est le cœur de la culture, et la pensée est ici relative à la langue.

Le conditionnement par le langage

On serait alors tenté de parler d'un conditionnement individuel par le langage, mais le terme est inadapté, parce que s'appliquant surtout aux systèmes de signaux. Le système de la langue ne nous apporte pas seulement des mots pour nous exprimer, mais la linguistique entend plu-

---

[336] A. Thayse et *al.*, *Approche logique de l'intelligence artificielle*, 2, pp. 3-4.

tôt montrer que la langue nous communique des *pensées*, une manière de penser et de s'exprimer. La pensée n'existe pas de manière individuelle, différenciée, en dehors de la langue, mais elle se développe *dans* la langue. La langue forme un système de différences valides dans une communauté donnée, dans le cadre général de la communication. Entrant dans la langue, nous assimilons aussi les représentations de la conscience collective du peuple qui la parle ; comme le dit une formule populaire, « Héritage de mots, héritage d'idées » : « Tout individu est à la fois le bénéficiaire et la victime de la tradition linguistique dans laquelle l'a placé sa naissance, – le bénéficiaire, pour autant que la langue donne accès à la documentation accumulée de l'expérience des autres ; la victime, en ce qu'elle le confirme dans sa croyance que le conscient réduit est le seul conscient, et qu'elle ensorcelle son sens de la réalité, si bien qu'il n'est que trop disposé à prendre ses concepts pour des données, ses mots pour des choses effectives. »[337]

Pourtant, si avant le langage la pensée est confuse, elle ne peut sortir de la confusion qu'en rencontrant le langage. Il n'est guère suffisant d'appliquer à chaque objet de la réalité la désignation qui lui convient ; c'est faire comme si le monde de la pensée était déjà ordonné dans des catégories que le langage n'aurait qu'à reproduire. Les catégories de la pensée ne peuvent apparaître qu'avec le langage. Avant la structuration du langage, le monde perçu n'est qu'une mixtion indifférenciée de sensations, d'images, de souvenirs ; ce n'est même pas un amas confus de « choses » indistinctes puisque le concept de « chose » appelle une désignation par un mot. C'est le langage qui permet de discriminer dans cette confusion, et l'enfant qui apprend une langue sort de cette confusion sensorielle pour effectuer une mise en place de son monde propre à travers les mots qu'il apprend, de sorte qu'il met simulta-

---

[337] Aldous Huxley, *Les portes de la perception*, Paris, Editions du Rocher, 10/18 (1122), 1954, p.24.

nément en place des distinctions dans le réel en apprenant les distinctions dans les mots. L'enfant qui apprend à parler ne dispose pas d'une pensée toute faite, il apprend à distinguer, à séparer dans la structure de la langue ; il n'apprend donc pas un catalogue de mots, son intelligence pénètre dans l'esprit de la langue maternelle et s'y éveille, et c'est à partir du moment où l'enfant se met à parler qu'il devient réellement plus intelligent que le petit singe. L'enfant éprouve un pouvoir créateur immanent à la langue. La langue n'est pas apprise par conditionnement, comme dans le cas des systèmes de signaux ; elle est une structuration intelligente qui parle à une intelligence et l'enfant apprenant la langue y découvre peu à peu le pouvoir de la pensée. C'est donc au moyen du langage que peut s'effectuer le pouvoir de l'analyse de la réalité. La langue joue alors un rôle fondamental dans la mise en place de la culture, tant et si bien que langue et culture coïncident nécessairement, puisque ce que nous connaissons se voit prédéterminé par le langage.

D'un autre côté, si un système de signes détermine un sens, il peut laisser une grande latitude d'expression et d'interprétation. Le pouvoir créateur de la langue rend possible une invention permanente de signification. Chaque individu parlant une langue acquiert un savoir de sa langue que Noam Chomsky nomme sa *compétence linguistique,* un système intériorisé de règles dont dépend chaque *performance* ou énonciation effective d'une phrase, selon cette explication notable de Christiane Notari : « La théorie chomskyenne part d'observations concernant la compétence linguistique, et en déduit, étant donné les entrées [...] et les sorties [...] que l'esprit humain doit avoir tel type d'architecture pour produire tel type de résultats. »[338]

Plus la maîtrise de la langue est complète, plus elle autorise une expression complexe et raffinée. Il est dans le

---

[338] C. Notari, *Chomsky et l'ordinateur : Approche critique d'une théorie linguistique,* Presses Universitaires du Mirail, 2010, p. 69.

langage une faculté ayant pour caractéristique universelle la *créativité*, et c'est cette créativité qui rend possible : 1) la *paraphrase* qui fait que nous sommes capables de renouveler la désignation d'une référence objective ; 2) la *critique* qui nous permet de l'améliorer ; 3) le fait que le langage se prend lui-même comme objet dans une *réponse* ; 4) ou bien se prend lui-même comme référence, dans le *commentaire* ; 5) le fait que le langage fonde la communication et donc le *dialogue*.

La linguistique modifie donc notre façon de nous représenter le rapport entre le signe et la réalité. Dans la représentation spontanée, le signe est instinctivement perçu comme commandant à la réalité et finit par se confondre avec cette réalité. Tel est le fondement de la croyance commune dans le pouvoir magique du *verbe*. Le linguiste regarde comme une forme d'*animisme* l'idée selon laquelle on pourrait manipuler la réalité en manipulant des mots, car le pouvoir magique du verbe suppose une relation entre le *nom* et la *forme*, que la linguistique récuse.

La théorie de l'arbitraire du signe

Les *signes* de la langue sont posés par Ferdinand de Saussure comme *arbitraires* par rapport à la réalité : « ...puisque nous entendons par signe le total résultant de l'association d'un signifiant à un signifié, nous pouvons dire plus simplement : le signe linguistique est arbitraire »[339]. Le son « s-œu-r », c'est-à-dire l'image acoustique, n'a aucun rapport avec le concept de « sœur », il pourrait tout aussi bien être figuré par « chacal » ou « pinceau ». Saussure propose d'employer le terme de *signifiant* pour désigner justement l'image acoustique employée par une langue et d'employer le terme de *signifié* pour désigner le concept auquel il renvoie. D'une langue à l'autre, les signi-

---

[339] F. de Saussure, *Cours de Linguistique générale*, Otto Harrassowitz Verlag, 1989, p. 151.

fiants utilisés seront différents, même quand ils renvoient au même signifié.

Le sens de l'arbitraire ne contredit pas pour autant l'idée générale précédemment exprimée de système de la langue. Le locuteur d'une langue ne dispose guère de liberté gratuite vis-à-vis des désignations qui sont présentes dans la langue, mais la désignation résulte d'une *convention* entre les sujets parlant une même langue. Le *signe* forme la totalité du signifiant et du signifié. Il y a bien une dualité, mais ce n'est pas la dualité entre le nom et la forme. La langue, dans les relations qu'elle établit, n'est en rapport qu'avec elle-même et non avec la réalité, et le sujet parlant trouve dans la langue un réseau de différences qui n'est pas celui de la réalité. La langue forme un système de signification qui fait que le sujet parlant n'a pas dans la langue un contact avec la réalité, mais avec sa culture, dans la relation du système de différences repérées dans la langue.

Quelle est donc la relation du signe avec la Nature ? Il existe deux catégories de signes, le *signe naturel* et le *signe artificiel*. La fumée est le signe naturel du feu. Le fait de percevoir un signe amène la pensée logiquement vers l'autre, dans une relation présente dans la Nature. Sur un plan strictement logique, le signe naturel est le plus souvent un *indice*, un fait immédiatement perceptible qui nous fait connaître quelque chose à propos d'un autre fait qui ne l'est pas. Dans la relation humaine, le corps d'autrui, le visage de l'autre, sont signifiants à partir du *langage naturel* de l'expression. Le signe naturel est celui dont le rapport avec la chose signifiée résulte des lois de la Nature. Tel n'est pas le cas du langage humain. La langue relève avant tout du signe artificiel, de celui dans lequel le rapport entre signifiant et signifié n'est pas inscrit dans les lois de la Nature, mais dépend de la sphère de la culture et de ses *conventions*. D'après Popper, cette relation du signifiant au signifié est conventionnelle suivant deux points de vue : du point de vue logique, « le sens d'un mot est effectivement fixé par une décision initiale – une sorte de définition ou de

convention première, une manière de contrat social originel »[340] ; du point de vue psychologique, « ce sens a été fixé
lorsque nous avons appris, pour la première fois, à employer ce mot, alors que se constituaient nos habitudes et
nos associations en matière de langage »[341].

Tels sont aussi les systèmes de signes comme ceux
de la logique, des mathématiques, de la musique. Les symboles <, ∩, +, –, etc., sont des signes résultant entièrement
d'une *convention* et non de la nature des choses, tout comme
il en est pour la notation musicale. Il est un seul cas où le
langage humain pourrait faire penser qu'il est du côté du
langage naturel, celui où des mots imitent des sons naturels. En français, le mot *coucou* semble directement calqué
sur le chant de l'oiseau qu'il désigne ; les mots *fleuve*, *effluve*,
ont également une sonorité assez bien appariée aux réalités
qu'ils désignent. Ce phénomène de *mimétique* se rencontre
dans toutes les langues, mais telle n'est pas la loi générale
de formation des mots, ce ne sont là qu'exceptions con-
firmant la règle. Nous ne voyons pas, par exemple, pourquoi le mot *arbre* serait adéquat à la forme qu'il désigne ; il
n'est pas plus indiqué que *tree* : le rapport entre le son et la
forme n'a rien d'évident dans de tels exemples. Richard
Dawkins est conscient de cet aspect conventionnel du
langage humain : « Le malheur des humains vient de ce que
trop d'entre eux n'ont jamais compris que les mots ne sont
que des outils à leur disposition, et que la seule présence
d'un mot dans le dictionnaire [...] ne signifie pas que ce
mot se rapporte forcément à quelque chose de défini dans
le monde réel. »[342]

Mais c'est justement cette question du rapport entre
le langage et la réalité, le *nom* et la *forme*, qui fait problème
pour le philosophe. Le point de vue de la linguistique con-

---

[340] K.R. Popper, *Conjectures et réfutations : La croissance du savoir scientifique*,
Paris, Payot, 1985, p. 40.
[341] *Ibid.*
[342] R. Dawkins, *Le gène égoïste*, Paris, Editions Odile Jacob (Opus 33),
1996, p. 38.

siste à ne pas vouloir se prononcer sur la question. L'un des mérites de l'analyse linguistique, c'est de faire de la relation du nom et de la forme un problème que le sujet empirique ignore. On pourrait penser que la *signification* implique le fait de communiquer à autrui des différences reconnues dans la réalité, ou éprouvées dans le vécu, or ces thèses nous disent plutôt que la signification renvoie à des différences structurées dans la langue et non dans la réalité, puisque cette réalité sans la langue n'est que confusion. La signification se manifeste comme un effet interne de fonctionnement de la langue, ce qui explique la difficulté des traductions. Que *signifie* un texte anglais, sinon un sens déployé dans des distinctions que propose la langue anglaise ? L'analyse des phénomènes réels serait différente dans une autre langue, car elle présenterait un autre système de significations. Dénommons donc *relativisme linguistique* cette tendance générale à vouloir ramener toute signification à la langue ; tendance qui ne résout guère vraiment les problèmes de fond du rapport entre le langage, la pensée et la réalité, mais en prend congé en laissant au philosophe le soin d'en discuter.

LANGAGE ET RÉALITÉ

Le sens commun admet facilement que le langage est en étroit rapport avec la réalité, et il est naturel de penser que le mot commande aux choses, que les divers éléments du langage renvoient nécessairement à des éléments de la réalité. Si nous vivions dans un rêve permanent, nous pourrions penser que nous ne rencontrons que nos propres projections oniriques. Mais dans l'état de veille, le mental n'est pas l'auteur de la Manifestation. Les objets que nomme le langage sont dits réels. Le langage renvoie lui aussi à des différences dans la nature des choses qui ne sont pas seulement les fantasmes d'un rêve. Notre expérience nous dit aussi que par les mots nous pouvons commander à la réalité. Toute la question est de savoir quel lien unit le langage humain à la réalité : le langage nous éloigne-t-il ou nous rapproche-t-il de la réalité ?

Les mots et leur pouvoir

Nous ne pouvons croire à la neutralité des mots. Nous pouvons toujours lancer des paroles en l'air, mais le seul fait de les prononcer laisse une trace. Les mots ne contiennent-ils pas, dans l'action qu'ils propulsent, un pouvoir pour commander la réalité ?

Le pouvoir de domination

Nul ne doute que le langage soit un remarquable outil de domination et de pouvoir, et comme la réalité politique fait aussi partie de la réalité, il faut bien concéder que l'on peut agir par le langage sur la réalité en commandant aux hommes. Telle est la fonction assignée à la *rhétorique* qui, selon Aristote, « semble, sur la question donnée, pouvoir considérer, en quelque sorte, ce qui est propre à persuader »[343]. La rhétorique consiste à utiliser toutes les ressources du langage pour séduire, persuader, ramener à soi un auditoire conquis par la parole. Toute démagogie, mais aussi toute pédagogie, supposent d'ailleurs cet usage habile du langage. L'étendue du *pouvoir social* du langage est très large, car partout où existe une conscience collective, il y a possibilité de commander. Dès que nous parlons de caste, de clan, de tribu, de société, de groupe, de communauté, d'assemblée, nous supposons qu'il peut y avoir des leaders charismatiques capables de conduire des hommes. Que dit-on de celui qui possède un pouvoir politique supérieur ? Nous révérons sa puissance en disant, par exemple : « il n'a qu'un mot à dire et ... vous êtes perdu », ce qui signifie, non seulement qu'un homme est puissant parce qu'il peut faire exécuter ses ordres, mais surtout que sa puissance est telle que ses paroles deviennent des actes. Georges Perros

---

[343] Aristote, *Rhétorique*, Livre premier, 1355b, Paris, Librairie Générale Française, 1991, p. 82.

est très sensible à ce pouvoir par les mots : « Ce qui m'a le plus frappé, c'est la puissance des "mots". […]. Quand je pense qu'on peut séduire une femme, acquérir une situation, faire du mal, de la peine, du bien, du plaisir, avec des phrases bien assemblées, cela me confond. »[344]

La religion a justement ses prédicateurs, ses prêtres, ses moines, des personnalités qui ont un pouvoir sur le peuple des fidèles. Le peuple des consommateurs écoute béatement l'incantation des publicistes, se soumet à un discours ; l'industrie ne dépenserait pas autant dans la publicité si elle n'était assurée de générer du profit par une propagande habile, et c'est parce qu'il y a un réel pouvoir de manipulation par la publicité qu'on l'utilise autant. Qu'est un clip publicitaire, sinon un discours habile et séducteur, sinon du langage tourné vers une fin bien déterminée, l'incitation à la consommation ? Il est des mots pour appeler les hommes à la guerre, soulever des armées, appeler à la vindicte publique, lever le poing vers le ciel et appeler la révolte, la grève, la révolution. Que serait la force, sans les mots pour la conduire ? Le mot prononcé fuse, et atteint directement la conscience qui le comprend et peut le mettre en mouvement ; le mot touche, provoque, suscite la réaction, déclenche l'action ; le mot touche le cœur, blesse, peut exhorter à la guerre, déchaîner la violence, ou encore soulager, guérir, apaiser.

Le pouvoir de signification

Le pouvoir agissant du mot tient d'abord à son *sens* pour autant qu'il est adressé à quelqu'un. Le mot ne blesse que dans la mesure où il est compris comme blessant. Ce qui touche dans le mot, c'est la *signification*, l'intention qu'il porte. Il est des mots qui disent la haine et la rupture, et il en est qui disent la réconciliation et le pardon. Il nous arrive de considérer que les mots n'ont pas d'importance,

---

[344] G. Perros, *En vue d'un éloge de la paresse*, Lettre préface, Paris, Le Passeur, 1995, p.52.

comme si on pouvait dire n'importe quoi et que le discours glissait sur la réalité sans l'affecter. C'est l'essence même de la futilité de la parole que de le croire, car « aucun jeu de langage ne représente l'essence du langage, il n'est que l'une des multiples pratiques possibles du langage »[345]. Croire que les mots sont sans incidence est superficiel, croire que le langage n'est que jeux de mots est futile, parce que les mots prononcés ne sont pas des jouets, mais des *intentions* agissantes. Le mot exprime l'intention de celui qui le prononce, affecte le cœur et l'intelligence de celui qui l'écoute. La futilité, c'est de croire que toute parole se réduit à un bavardage insignifiant, de ne pas avoir conscience de la puissance des mots, de leur signification selon ceux qui les expriment, ainsi que l'atteste Hobbes : « Les mots sont les jetons des sages, qui ne s'en servent que pour calculer, mais ils sont la monnaie des sots, qui les estiment en vertu de l'autorité d'un Aristote, d'un Cicéron, d'un saint Thomas, ou de quelque autre docteur, qui, en dehors du fait d'être un homme, n'est pas autrement qualifié. »[346]

Est psychologue celui qui a compris que la parole n'est jamais insignifiante, que les mots peuvent dénouer ce qui est serré dans l'intériorité, comme ils peuvent aussi enserrer et emprisonner. Les suggestions du langage ont une influence remarquable, puisqu'elles vont s'incarner même dans le corps. On s'étonne parfois de l'*effet placebo* pour y voir un miracle inexplicable, mais n'est-il pas une preuve de ce qu'une suggestion donnée verbalement peut devenir active jusque dans le corps du patient ? Alain Autret explique à ce propos que l'advenue d'une annonce avantageuse correspondant à ce que nous attendons, à une croyance préalable, induit une modification spécifique du fonctionnement de notre cerveau ; aussi, en matière de traitement des maladies, les croyances que nous avons au moment où nous recevons une thérapeutique peuvent-elles

---

[345] S. Auroux et *al.*, *La philosophie du langage*, Paris, PUF, 2004, p. 259.
[346] T. Hobbes, *Léviathan* (1651), Partie I ch. iv, *De la parole*, Paris, Dalloz, 1999, p. 32.

« apporter une contribution importante à l'amélioration de nos symptômes, voire, à la guérison de nos maladies. Cet effet positif, lié à l'idée de recevoir un traitement bénéfique a été nommé effet placebo »[347]. Donner simplement une pilule en sucre, tout en *disant* à la personne : « attention, c'est un médicament puissant, il faut respecter le dosage prescrit », c'est agir sur la réalité physique du corps en passant par la puissance de la conscience, la conscience pouvant solliciter le pouvoir qu'a le corps de créer des molécules qui inhibent la douleur. Et si le médecin lui-même ne sait pas qu'il s'agit d'un placebo, l'effet des mots s'en trouve encore renforcé.

L'*effet nocebo*, ou placebo négatif, est aussi très efficace, l'effet associé à une annonce n'étant pas toujours avantageux, phénomène inverse bien mis en évidence par l'advenue de symptômes négatifs chez des patients pourtant traités par placebo lors des études thérapeutiques contrôlées : « L'application – au-delà de la thérapeutique – de ce phénomène amène à penser qu'un certain nombre de douleurs et de mal-être chroniques peuvent être expliqués par des croyances délétères »[348]. Donnez à une personne une pilule de sucre en lui *disant* fermement que cela risque de provoquer une douleur de reins et l'on constate que cela prend effet, la personne somatise dans son corps la peur de la douleur qu'elle s'est représentée dans son esprit sous la suggestion du médecin. Toute prescription médicale enveloppe un effet placebo construit dans la parole du médecin à l'égard du malade. D'où vient notre étonnement devant de tels phénomènes, sinon de notre représentation mécaniste du corps, dans laquelle nous continuons de penser que le corps étant matière, seule une matière – la substance active du médicament – peut agir sur lui ? Nous sommes bien ignorants de la relation corps-esprit, de la

---

[347] A. Autret, *Les effets placebo : Des relations entre croyances et médecines*, Paris, L'Harmattan, 2013, p. 9.
[348] *Ibid.*, p.10.

capacité qu'a l'esprit d'agir sur le corps par le seul pouvoir des mots.

Le pouvoir d'illusion

En fait, nous ne devenons d'ordinaire conscients du pouvoir des mots que dans le cas de la tromperie venant falsifier la réalité. Nous discernons alors le pouvoir du langage dans sa négativité, consistant à faire du vrai avec du faux par les seules ressources de la parole. Telle est l'œuvre de la *flatterie* et de la *calomnie*. Flatter, c'est surimposer une image sur la réalité d'une personne, au point de lui faire croire en cette image, et tel qui succombe à la flatterie s'éprend d'une image et voit sa vie romancée : là où la réalité est terne, il voit sous l'effet des paroles le merveilleux. De même, calomnier c'est jeter l'infamie, dire du mal, surimposer une image négative sur la personne au point de défigurer sa réalité, ce qui n'est possible que parce que la parole est effectivement corrosive et subversive du réel, au sens où l'entendait précisément La Bruyère : « L'on me dit tant de mal de cet homme, et j'y en vois si peu, que je commence à soupçonner qu'il n'ait un mérite importun qui éteigne celui des autres. »[349]

Dans un cas comme dans l'autre, celui qui fait l'objet soit de la flatterie, soit de la calomnie, succombe à un envoûtement créé par la parole en s'identifiant à la représentation tissée par le langage. Parce que le langage dispose des signes et que le signe permet de définir, le sujet est naturellement porté à s'identifier à une définition, à croire dans l'image qui lui est proposée. Flatterie et calomnie seraient sans effet s'il n'y avait cette identification de l'esprit aux constructions mentales de la pensée, alors les mots glisseraient sans pouvoir s'accrocher et nous serions indifférents à la flatterie comme à la calomnie. Mais il est une puissance magique du langage dans cette capacité qu'il

---

[349] Jean de La Bruyère, *Les Caractères, Œuvres*, VII (39), Paris, Gallimard, 1951, p. 226.

possède de faire naître dans l'esprit une représentation différente de la réalité ; c'est dire que le langage possède aussi un pouvoir d'*illusion*, au sens freudien : « Les illusions nous rendent le service de nous épargner des sentiments pénibles et de nous permettre d'éprouver à leur place des sentiments de satisfaction. Aussi devons-nous nous attendre à ce qu'elles en viennent un jour à se heurter contre la réalité, et le mieux que nous ayons à faire, c'est d'accepter leur destruction sans plaintes ni récriminations. »[350]

Le langage et le monde sensible

Si les mots ont un pouvoir de domination, de signification ou d'illusion, il faut bien qu'ils aient une relation intime avec la réalité extérieure sur laquelle ils agissent. Or la linguistique contemporaine, prenant à contre-pied le sens commun qui croit spontanément au rapport naturel entre langage et réalité, nous apprend que le rapport entre signifiant et signifié est purement arbitraire, que les mots n'ont pas d'attache dans la réalité. Comment concilier la théorie de l'arbitraire du signe avec l'existence du pouvoir des mots ? C'est une question qui nous ramène à l'opposition entre le *conventionnalisme* et le *naturalisme*.

Le naturalisme linguistique

Dans la pensée traditionnelle, en dehors de tout débat sur la logique, ce qui prévalait, c'est l'idée que la Nature elle-même s'exprime par notre voix par l'intermédiaire des poètes. Pythagore, dans l'Antiquité, enseignait que les noms ont un lien de nature, *φυσει*, avec les objets qu'ils désignent. Dans toutes les traditions anciennes, on admettait un rapport entre le *nom* et la *forme*, une correspondance

---

[350] S. Freud, « Considérations actuelles sur la guerre et sur la mort » (1915), *Essais de psychanalyse*, Paris, Payot (44), 1973, p. 242.

entre les objets et leurs noms[351]. Pour les anciens Grecs, le poète inspiré, quand il délivre une Parole, ce n'est pas pour tenir un discours arbitraire, ni personnel, au sens que nous lui donnons aujourd'hui, mais en lui s'exprime la voix de la Nature. Chaque nom désigne un objet particulier ; à tout *ονομα* correspond un *πραγμα*. L'inspiration poétique est la manière par laquelle la Nature utilise la voix d'un chantre inspiré pour se dire elle-même. Le monde sensible entre dans le discours, le *λογος*, par le biais du langage, parce que celui-ci intrinsèquement le reflète.

Il est donc une identité mystérieuse, sacrée, entre la réalité sensible et le langage. Se tromper est un acte ayant d'emblée une portée ontologique, de même que dire la vérité : se tromper c'est *dire ce qui n'est pas* et dire la vérité, c'est *dire ce qui est* ; la vérité ramène la conscience à l'Etre, l'erreur la précipite dans le Néant. Ainsi s'explique le pouvoir thaumaturgique du langage, car parler c'est alors convoquer une réalité présente dans la Nature. Les mots qui désignent les dieux, convoquent les dieux ; parler des dieux, c'est déjà les faire advenir ici-bas, car le Verbe possède un pouvoir naturel. D'où la nécessité de modérer soigneusement son langage, de ne pas tenir un propos qui pourrait offenser les dieux et provoquer leur courroux. Dans la conception traditionnelle, en vertu du *φυσει*, le lien de nature, le pouvoir de la chose se communique au pouvoir des mots. Par essence, le mot est donc magique et le langage sacré.

Cependant les mots peuvent déguiser des illusions, susciter de l'irréel. Pour nous autres, enfants d'aujourd'hui, la parole n'a plus rien de sacré et elle est avant tout un outil de communication ; elle est pour nous de la rhétorique et la rhétorique, c'est la persuasion qui peut tromper et plonger dans l'illusion. Comment, dans ces conditions, le langage serait-il capable de nous conduire à la réalité ?

---

[351] Dans la tradition indienne cette relation est nommée en bloc *nama-rûpa* (*nâma*, le nom, *rupa*, la forme), relation si indissoluble que les philosophes indiens prennent toujours ensemble les deux concepts.

Les maîtres de la rhétorique de l'Antiquité, les sophistes, ne s'en tenaient guère à la recherche d'une habileté faisant du langage un simple outil. Protagoras n'était pas seulement préoccupé de *bien dire* au sens où nous l'entendons aujourd'hui. Il avait entrepris des études grammaticales parce qu'il croyait également qu'il y a une vérité contenue dans la langue. Prodicos, maître de Cratyle, pensait que la fonction des noms est d'enseigner, car connaître les noms, c'est aussi connaître les choses. En conséquence, l'étude de l'étymologie est loin d'être fantaisiste ; elle n'est pas seulement utile pour fleurir le discours, mais elle peut nous livrer la clé de la signification des choses. Il est une sagesse secrète cachée dans les mots, déposée dans les mots en vertu de leur propriété de révélation des choses. Le souci de bien dire n'est pas seulement une habileté à manier la langue, mais il est possible de mener une recherche de la vérité contenue dans la langue, puisque celle-ci reflète la nature des choses. Selon Platon[352], connaître les noms, c'est connaître la nature des choses, mais tout autre est le point de vue conventionnaliste.

Le conventionnalisme linguistique

Que veut dire « rectitude des noms » ? Et quelle est cette *réalité* que visent les noms : les choses sensibles dans leur individualité pure, le monde sensible, ou bien le flux changeant des apparences ? Si la rectitude des noms veut dire que chaque nom désigne une chose particulière, nous tomberons devant des difficultés insurmontables. Certes, il est bien des exemples de mimétique du langage, comme

---

[352] *Cf.* Platon, *Cratyle, ou de la propriété des noms*, in *Œuvres de Platon*, Volume 11, Bossange Frères, 1837. Platon ne se déclare pas ouvertement en faveur des thèses de Cratyle, mais refuse le conventionnalisme d'Hermogène, comme s'il y avait dans le cratylisme une ancienne vérité que Platon ne voudrait pas laisser échapper. Platon pense devoir sauvegarder une relation intime entre l'Etre et la Parole en récusant la dualité brutale entre l'ordre que découvre le langage et l'ordre qui se déploie dans le réel.

celui du *coucou* disant nettement la réalité qu'il désigne : dans ce cas s'affirme une relation naïve entre le langage et la réalité. Mais cet exemple est une exception, car nous ne voyons pas d'ordinaire cette relation entre les noms et les formes. Si les mots nous parlent, ce n'est pas parce qu'ils *ressemblent* à un objet qu'ils désigneraient, c'est que nous les désignons usuellement par un nom qui sert à les appeler. Qui pis est, il n'y a jamais un nom pour chaque chose, ni un nom pour chaque état d'âme, et même les noms propres sont constitués de noms communs. D'ailleurs, sur nos papiers d'identité, il faut ajouter tout un monceau de renseignements pour éviter les confusions possibles.

Le langage est une abstraction. Pomme, casquette, pierre, ciseaux ou maison sont des mots pouvant s'appliquer à une quantité d'objets différents. Le langage est d'emblée dans l'ordre de la généralité et pas de la particularité, et nous n'allons pas attribuer un nom particulier à chaque objet, ce qui ferait éclater le langage et le rendrait inutilisable. Quand l'esprit nomme, il procède par catégories d'objets ; il abstrait des propriétés et les subsume sous un *concept* déterminé. Le rapport entre le mot et la chose revient donc à un rapport entre un signifiant servant d'étiquette et un signifié, qui est proprement le sens que chacun a en vue quand il emploie les mots. Quel rapport y a-t-il entre le signifiant et le signifié, sinon justement celui qui résulte d'une convention humaine par laquelle l'usage a fini par fixer une désignation ? Ici on dit « ordinateur », ailleurs on dit « computer » : ce n'est qu'une affaire de convention.

La pensée et le réel

Les linguistes sont conventionnalistes, dit-on, pour se défaire du problème métaphysique du rapport entre langage et réalité, mais le conventionnalisme repose aussi sur une position métaphysique. Si la relation entre le nom et la forme n'est que conventionnelle, si le langage est naturellement abstrait, général et conceptuel, et que la réalité est essentiellement concrète, particulière et intuitive, il faut alors opposer le langage et la réalité. La représentation conventionnaliste est dualiste et suppose deux ordres, un ordre du langage et un ordre de la réalité. Ce débat d'écoles entre naturalistes et conventionnalistes est finalement sans grand intérêt, et nous n'allons pas tourner en rond pour argumenter d'un côté et de l'autre.

La question de fond est de savoir si l'existence même du langage creuse un fossé entre la pensée et la réalité ou non. A prendre les linguistes au pied de la lettre, nous penserions qu'effectivement, la pensée est emprisonnée dans les mots, dans une structure, celle du langage. Vivant dans le langage, nous serions alors dans une sorte de pseudo-réalité faite de nos constructions mentales, coupée du réel sensible, de l'infinie complexité et de l'immense diversité du monde. L'homme qui parle beaucoup sera comme un somnambule qui rêve, une créature errant dans le pays des mots, qui ne touchera que rarement la réalité sensible dans sa vivacité toujours neuve, ne se baignera jamais dans l'impression sensible. Chaque langue au monde aura d'ailleurs ce pouvoir de fabriquer une bulle de pseudo-réel. Sur ce point, en 1898, date de publication de son œuvre *Les Guêpes*, Alphonse Karr estimait que rien n'avait changé en France depuis 1841... sauf les mots, sauf les synonymes : « On peut en France ne jamais changer les choses, pourvu qu'on change les noms. − L'*odieuse conscription* ne fait plus murmurer personne depuis qu'elle s'appelle *recrutement*. − La *gendarmerie*, si détestée, a le plus grand succès sous le nom de *garde municipale*. − Louis-Philippe, lui-même, n'est qu'un synonyme, − ou plutôt un changement de nom. − Les *forts détachés* ont fait pousser à la France entière un cri d'indignation ; l'*enceinte continue* est fort approuvée. Si ce synonyme-là n'avait pas réussi, le roi en avait encore vingt en portefeuille, qu'il aurait essayés successivement ; – on peut gouverner la France avec des syno-nymes. » (*sic*)[353]

Le monde des idées et le langage

Il nous faut maintenant reprendre à nouveaux frais cette question du rapport de la réalité au langage. Quelle est donc cette réalité que l'esprit saisit à travers le langage ?

Le nom et la personne

Un lièvre, constamment sur le qui-vive face à un danger extérieur, ne risque pas de se représenter le monde comme un ensemble d'*objets* indépendants, mais il vit de-dans, dans une unité vitale avec le monde. Il n'y a pour lui qu'une présence globale, au moindre bruit cette présence peut devenir hostile et déclencher une réaction par la fuite. Le chasseur qui voit des oreilles bouger derrière les feuilles *identifie* le lièvre ; non pas tel lièvre particulier, mais *un* lièvre, donc *du* gibier, et il sort son fusil. Ce matin, il est un *chasseur* et il y a une connexion logique entre les termes *chasseur, lièvre, gibier*. Il pense peut-être déjà au civet de lièvre aux carottes que son épouse va lui préparer à la maison. Le lièvre n'est pas une image en général, c'est une existence qu'il identifie et surtout un objet de réflexion. La percep-tion dans la représentation spontanée est constituée par le *jugement*, au moyen de la *dénomination*. Elle ne peut rester au seul stade de l'impression globale, elle est analysée à travers l'identification. Le mental qui produit la représentation, qui élabore au moyen des mots, des constructions mentales, n'est pas seulement l'apanage du scientifique ou du philo-sophe. Il est caractéristique de notre esprit *humain*. Dès qu'il y a raisonnement, il y a dénomination. Par chacun des mots que nous prononçons, nous dépassons le registre de l'existence particulière, transposons la réalité sensible dans un tout autre domaine, celui des genres, celui des idées. Ce

---

[353] A. Karr, *Les Guêpes* (deuxième série), Paris, Calmann Lévy, 1898, p.144.

que je connais du manguier n'est pas ce manguier-ci, dans mon verger, mais le manguier en général : ni mon arbre, ni aucun arbre de fait, mais l'*idée* du manguier encerclée dans le savoir que recoupe le mot « manguier ». Si je dois demain faire abattre mon manguier, cela ne détruira pas le savoir que je possède sur le manguier. L'existence réelle de ce manguier est donc différente de mon savoir sur le concept de manguier. Le savoir est attaché au mot, mais le mot n'est pas la réalité sensible. Quand je pense reconnaître quelqu'un, ce que je sais de lui est aussi attaché à son nom, mais le nom n'est pas la personne.

Tout savoir doit se rapporter à un *objet* qui reste un et identique et ne peut se rapporter à une existence strictement particulière. Ainsi Platon admettait-il qu'à travers les choses sensibles, la connaissance visait une essence éternelle, l'Idée. L'essence sert de *modèle* pour penser des choses variables, différentes, particulières. Ce qui est objet de connaissance, c'est ce qui est déterminé dans les choses particulières, c'est l'Idée. Si la médecine est la connaissance de la santé, ce doit être non pas de tel individu, tel cas limité, mais de la Santé en soi. Le courage, la tristesse, la joie, la lumière et les ténèbres, le vent, la peur, l'espoir, le regret et l'amour, entrent en existence dans des situations d'expérience, sur la scène de l'espace-temps-causalité. Cependant, comprendre ce qu'est le courage, la haine, la joie... c'est comprendre une *forme* venant s'incarner dans une situation, de sorte que l'essence, l'Idée est à l'œuvre dans le sensible. Le *monde sensible* n'est pas séparé, mais *participe* des Idées, de ce *monde intelligible* que nous rencontrons ordinairement dans les noms. L'amour, la tristesse, la lumière… entrent dans le *connu* à partir du moment où ils sont *nommés*.

Le mot et la chose

Le mot n'est pas la chose ; il ne peut représenter la chose, ni la personne dans son individualité. Le langage ne peut atteindre ce qui surgit dans la nouveauté de l'instant, ce qui est unique dans la diversité infinie du Monde[354]. L'existence posée par la parole n'est guère une existence matérielle, un être de chair, mais un *être de raison.* Toute la question est alors de savoir ce que nous qualifions de *réel.* Il est donc deux manières de se représenter la *réalité* : il y a le *monde relatif* du changement, celui dans lequel nous vivons dans l'espace-temps-causalité, le monde sensible où toute chose vient à l'existence, se maintient et disparaît, le monde matériel en proie au Devenir incessant ; il y a le *monde intelligible,* celui des essences éternelles, monde absolu, inchangeant, non-spatial, intemporel et immuable, celui de l'Etre dans son essence absolue et non-changeante. Où se situe alors le langage dans cette distinction ?

Dès l'Antiquité, ce contraste de deux mondes a fait problème. Dans la fresque de Raphaël *L'Ecole d'Athènes,* on voit Platon un doigt levé vers le ciel et à côté de lui, Aristote, un doigt pointé vers la terre. Ce qui est entendu, c'est que Platon serait le philosophe qui privilégie le *monde intelligible* en situant la réalité dans les Idées, dans l'Absolu ; qu'Aristote est présenté comme le philosophe qui fait l'éloge du *monde sensible,* dans le monde de la Nature, sur la terre. C'est une simplification abusive que cette dualité, mais cette représentation est justement liée au statut que nous donnons au langage dans la dualité de la représentation spontanée.

Le sensible et l'intelligible

Le langage est un intermédiaire entre le sensible et l'intelligible. Il est le lieu de passage obligé par lequel la pensée s'exprime – forcément dans l'espace-temps-causalité, dans le monde relatif – et atteint son objet propre, l'Idée, l'essence, qui n'est pas une réalité changeante, mais qui est intemporelle, et il est possible qu'elle soit non-verbale. Dans sa vie propre, l'expression est la

---

[354] Lire à ce propos M. Foucault, *Les mots et les choses,* Paris, Flammarion, 1966.

donation en personne de celui-là même qui parle, elle a son intonation, elle porte le rayonnement d'une affectivité. Le langage, considéré sur le plan de l'expression, est naturel dans le sens où il exprime nos impressions, il est originellement affectif. Ainsi Rousseau admet-il que « le langage figuré fut le premier à naître »[355] : la *métaphore* n'est pas tardive, mais originaire ; le sens figuré est venu avant le sens propre, parce que la conscience s'exprimant dans le langage est une subjectivité vivante. Parce que les mots sont d'abord révélateurs, ils figurent et manifestent les sentiments de celui qui les exprime. Le langage est donc l'expression de la réalité sensible.

Cependant, dans son contenu de pensée, toute expression transcende la particularité de celui-là même qui s'exprime. Le seul fait de s'exprimer élève la pensée au-dessus de la réalité sensible, parce que le langage est à la couture entre le sensible et l'intelligible. Toute construction mentale enveloppe des idées et non seulement des images, des souvenirs. Or l'Idée n'est pas une peinture muette sur un mur, mais les Idées ont une force qui se communique à celui qui les exprime et qui se partage avec celui qui les écoute. C'est ce plan des Idées-forces que Sri Aurobindo appelle le *surmental,* à distinguer du mental discursif ordinaire que nous utilisons quotidiennement, dans nos rapports à autrui. Selon Aurobindo, les génies scientifiques, les poètes inspirés, les artistes de génie, les grands philosophes, sont de ceux-là qui ont franchi les limites du mental ordinaire pour toucher le surmental, qui ont pu obtenir une vision ayant structuré une œuvre dans laquelle toute la puissance des Idées-forces vient se refléter. Or, toutes les grandes transformations qui ont eu lieu dans l'Histoire sont inséparablement liées à la puissance des idées nouvelles. En d'autres termes, le monde humain évolue à travers la puissance des Idées dans l'expression du langage :

---

[355] J.-J. Rousseau, *Essai sur l'origine des langues*, Paris, L'Harmattan, 2009, p. 97.

non pas que le langage lui-même en soit la cause, puisque le mot n'est pas la chose, mais il porte en lui la puissance de ce qu'il dit et cette puissance vient modifier la réalité.

LANGAGE ET PENSEE

De l'idée que la pensée est inséparable du langage, on dérive communément vers la *théorie du relativisme linguistique* soutenant que la pensée est, non seulement enclose dans le langage, mais encore enfermée dans le système de la langue. Pourtant, l'observation montre qu'il existe maintes situations vitales dans lesquelles la compréhension est possible indépendamment du langage. Une mère le sait très bien, dans sa relation avec son enfant. Un malade atteint d'aphasie ne devient pas pour autant une brute, une souche dépourvue de toute pensée, même si l'usage du langage lui fait défaut. Il importe de reprendre la question de la relation entre la pensée et le langage à nouveaux frais, en nous interrogeant maintenant sur la nature de la pensée et de l'intelligence non-verbale.

L'aphasie et la pensée

Les aphasies sont des troubles du langage d'origine interne, sans lésion de l'appareil phonatoire[356]. Leur étude a généré d'infinis travaux, car c'est le genre de problème où les spécialistes les plus divers peuvent confronter leurs recherches, se rendre de mutuels services pour faire avancer la connaissance[357]. Quel est le rapport de l'aphasie à la

---

[356] *Cf.* A. Vergez, D. Huisman, *Court traité de la connaissance*, Paris, Fernand Nathan, 1969, pp. 87-91.

[357] Certes, le problème intéresse au premier chef neurologues et psychiatres ; mais les linguistes peuvent, par l'étude des troubles et des désorganisations du langage, mieux comprendre la structure et le fonctionnement du langage normal. Les philosophes eux-mêmes s'intéressent à l'aphasie et Bergson, par exemple, cherchait dans les troubles du langage la solution du vieux problème des rapports de l'âme et du corps. Enfin, l'histoire des théories de l'aphasie est pour l'épistémologie riche d'enseignements, elle qui montre comment, chez le

pensée, à l'intelligence ?

Atomisme linguistique

Au XIXe siècle, la conception la plus courante du langage est analytique, atomistique : on explique le tout d'une langue à partir des éléments, par exemple des mots. Le mot lui-même, pouvant être prononcé, écouté, écrit, ou lu, met en jeu quatre espèces d'images mentales : des images motrices articulatoires (parler), graphiques (écrire) et des images sensorielles auditives (comprendre la voix), visuelles (lire). Nous pouvons légitimement parler ici d'*atomisme psychologique* puisqu'une fonction aussi complexe que le langage est expliquée à partir d'éléments simples, de ces *atomes linguistiques* que sont les images mentales de diverses sortes.

Or l'étude des aphasies semble le plus souvent à l'époque confirmer cette conception qui semble triompher avec Charcot, en 1885. Les aphasiques se répartissent en deux principaux groupes comprenant chacun deux sous-groupes. Laissons de côté le cas des aphasiques sensoriels, où le patient, tout en entendant les paroles, ne les comprend pas – surdité verbale – ou bien, quoique voyant les mots, il ne comprend pas ce qu'il lit – cécité verbale ou *alexie*. Les aphasiques moteurs, quant à eux, comprennent ce qu'on leur dit ou ce qu'ils lisent mais ne peuvent articuler tous les mots – *anarthrie* – ou ne peuvent les écrire – *agraphie*. Voici un extrait de l'observation d'un malade nommé Leborgne, anarthrique caractérisé, communiquée par Broca en 1861 : « Lorsqu'il arriva à Bicêtre il y avait déjà deux ou trois mois qu'il ne parlait plus. Il était alors parfaitement valide et intelligent et ne différait d'un

---

savant, l'interprétation des faits dépend largement des modes intellectuelles de son temps et de postulats philosophiques plus ou moins inconscients.

homme sain que par la perte du langage articulé. Il allait et venait dans l'hospice où il était connu sous le nom de Tan. Il comprenait tout ce qu'on lui disait ; il avait même l'oreille très fine, mais quelle que fût la question qu'on lui adressait, il répondait toujours Tan, Tan en y joignant des gestes très variés au moyen desquels il réussissait à exprimer la plupart de ses idées. Lorsque ses interlocuteurs ne comprenaient pas sa mimique, il se mettait aisément en colère et ajoutait à son vocabulaire un gros juron, un seul : sacré nom de Dieu ! »[358] Classiquement, l'aphasie est un trouble du langage se traduisant par une dissociation du signifiant et du signifié. Nous allons l'analyser suivant les travaux de Dominique Laplane.

Aphasie migraineuse

Il existe plusieurs formes d'aphasie. Dans une « aphasie migraineuse »[359], le trouble est de courte durée et le sujet retrouve ensuite la possession de ses moyens d'expression.

Dominique Laplane cite le cas d'une de ses patientes, une femme de 58 ans souffrant depuis l'enfance de migraines ordinaires, donc de maux de tête associés à des nausées, car « La migraine n'est pas seulement pour le médecin un mal de tête mais un trouble qui peut [...] s'accompagner de désordres neurologiques, très impressionnants pour le patient et pour son entourage »[360]. Ce jour-là, elle s'en va faire des emplettes dans une grande surface, mais à un moment, elle ne parvient plus à lire la liste des commissions qu'elle avait faites. Plus tard, elle dit qu'elle entendait bien dans sa tête les mots : sel, huile, sucre..., mais ils avaient perdu leur signification. Sentant qu'elle risque d'avoir encore une migraine, elle pense aussi-

---

[358] Broca, cité par A. Ombredane, *L'aphasie et l'élaboration de la pensée explicite*, Paris, PUF, 1951, p. 32.
[359] D. Laplane, *La pensée d'outre-mot*, Paris, Synthélabo, 1997, p.18.
[360] *Ibid.*

tôt qu'il lui faut d'urgence aller avaler de l'aspirine. Certes, elle ne sait rien de l'aphasie, ne l'ayant jamais connue. Elle se rend alors à la cafétéria et s'adresse à quelqu'un pour demander de l'eau... Impossible de parler, si ce n'est pour articuler « Est-ce que… ? Est-ce que… ? ». La serveuse est attentive et compatit à ses difficultés. La dame comprend qu'elle est en train de lui dire « prenez donc votre temps Madame ». Après plusieurs minutes, elle parvient à lui prononcer malaisément « à boire ». Elle obtient un verre de jus d'orange et le trouble disparaît au bout d'un quart d'heure.

Pendant la durée de l'expérience, elle percevait donc bien des mots, mais ils n'avaient plus de sens ; les mécanismes de la lecture étaient conservés mais les mots n'avaient plus de signification : elle ne pouvait donc se servir d'un langage intérieur.

Dans ces témoignages, le sujet ne s'en rend pas compte tout de suite, mais seulement au moment où il doit s'exprimer, où il essaye de parler, ce qui veut dire que son sens intime n'est aucunement gêné et que vis-à-vis de lui-même, il a le sentiment de disposer de sa pensée comme d'ordinaire. Dans ce cas précis, la patiente a été capable d'avoir un raisonnement complexe : elle a porté un diagnostic et s'est prescrite un traitement, ce qui est un exercice de pensée abstraite d'un niveau plutôt élevé. Quelle pouvait alors être, chez cette dame, la représentation intérieure de la migraine alors qu'elle n'avait nulle possibilité de représentation symbolique, ni d'image analogique, puisque les sensations mises en cause étaient nouvelles ?

Aphasie et intelligence

Voilà donc de quoi scandaliser nos linguistes et philosophes dévotement acquis à la cause intellectualiste. S'il existe chez certains sujets une dissociation entre le signifiant et le signifié, la perte du recours au signifiant langagier n'annihile pas pour autant l'aptitude à penser. La pensée continue d'entretenir son dialogue intérieur sur le plan du signifié et on voit mal, dans ces conditions, comment il serait possible de rendre compte de ce type de trouble sans admettre une indépendance de la pensée par rapport au langage.

La perte de la faculté langagière laisse intacts plusieurs aspects de la vie mentale, la plupart des aphasiques étant capables de se comporter naturellement dans l'existence courante, tout en réagissant normalement aux divers événements de la vie et leur affectivité étant intacte, puisqu'ils n'ont pas perdu la capacité de saisir les situations concrètes. On peut donc parfaitement être aphasique et intelligent.

Revenons avec Laplane sur la question des couleurs, un des exemples favoris des sympathisants du relativisme linguistique, qui consiste à montrer que la discrimination des couleurs dans le spectre lumineux est déterminée par la langue de celui qui perçoit, en citant l'exemple du gallois et de la confusion entre certaines couleurs dissociées dans d'autres langues : le langage serait donc censé commander la discrimination dans le réel. Or il existe un trouble appelé « anomie des couleurs »[361], assez instructif à ce propos, où le sujet est incapable de *nommer* les couleurs, où « la dénomination des objets est parfaite tant qu'on aborde pas le chapitre des couleurs » (*sic*)[362]. Quand on lui pose une question à ce sujet, il répond n'importe quoi : un jaune désigné comme du bleu, un violet comme du vert, etc. ; mais si, au lieu de demander au sujet de nommer des couleurs, on lui demande de colorier un dessin en noir et blanc, il choisira le crayon convenable pour colorier correctement le ciel en bleu, l'herbe en vert, la paille en jaune, etc. En dehors des couleurs, le sujet est aussi capable que n'importe qui, ce qui montre sans ambiguïté qu'il est possible de manipuler mentalement des éléments mentaux, alors que les mots pour les dire, les signifiants, sont tota-

---

[361] D. Laplane, *op. cit.*, p. 54.
[362] *Ibid.*, p. 55.

lement déconnectés de leur signifié. L'intelligence ne puise pas la totalité de la signification qu'elle met en forme dans le langage, mais le langage intervient plutôt pour lui fournir des catégories pour s'exprimer devant autrui. Il existe donc une intelligence perceptive n'ayant pas de compte à rendre au langage, car la pensée ne doit pas être déterminée par rapport au langage mais le langage par rapport à la pensée dont il n'est qu'une activité, si importante soit-elle.

La communication et la formalisation

Si l'argumentation précédente est sérieuse, précise, détaillée et sa provocation indéniable, quel est alors le rôle du langage par rapport à la pensée ? S'il est bien une « pensée d'outre-mots », quel est son contenu ? Quel rôle joue le langage dans l'expression de la pensée ?

Langage et communication

C'est ici que les thèses linguistiques classiques retrouvent leur pertinence, car pour exprimer, il faut un langage. L'aphasique, comme le sourd-muet, vit un drame de non-communication, or le langage a certainement pour vocation première la *communication*[363]. L'aphasique souffre de son isolement, mais le sourd-muet qui n'a pas encore pu apprendre à signifier, a aussi ce sentiment de vivre comme emmuré vivant, enfermé dans un blockhaus, sans pouvoir signifier sa pensée à autrui : l'un et l'autre souffrent de l'absence du médium que constitue le langage. Parler, c'est pouvoir *dire* et tout d'abord *se dire*, dire ses craintes, ses espoirs, ses peines, ses désirs, son amour ; c'est partager avec ses semblables. Comment alors être entendu par un autre, comment exprimer avec un tant soit peu de précision, si ce n'est avec un code commun, un *langage* ?

Le besoin de communication est essentiel et doit trouver son chemin dans le médium social qui lui est of-

---

[363] *Cf.* A. Lemieux, *La communication par le langage : moyen de transmission d'information*, Editions Paulines, 1976.

fert, celui de la langue. Le besoin de communiquer n'attend pas la formation d'une pensée conceptuelle, il n'est pas un artefact de la compétence linguistique, mais il la précède, parce qu'il est déjà présent dans le sentiment. Reconnaissons donc, avec Edgar Morin, que l'affectivité est la toute première relation et c'est d'abord la valeur de l'affectivité qui vient traverser le langage : « Le langage humain ne répond pas seulement à des besoins pratiques et utilitaires. Il répond aux besoins de communication affective. Il permet également de parler pour parler, de dire n'importe quoi pour le plaisir de communiquer avec autrui. »[364]

La relation entre le bébé et sa mère est d'abord celle du sentiment, le langage maternel étant peu informatif sur le monde extérieur, étant entièrement tourné vers la communication des sentiments, utilisant un vocabulaire considérablement restreint : beaucoup d'onomatopées, plusieurs interjections qui ne prennent sens qu'en fonction de l'attitude générale de la mère vis-à-vis de son bébé. De son côté l'enfant, qui ne dispose pas du langage des mots, comprend le langage du cœur dans l'expression que sa mère lui adresse. Une puéricultrice qui s'occuperait d'un enfant sans ouvrir jamais la bouche créerait très vite une atmosphère irrespirable pour l'enfant, ce dernier ayant besoin d'être entouré de paroles qui n'ont pas besoin de dire beaucoup, en termes d'information, il suffit seulement que le sentiment d'affection y soit.

Et ce type de pensée qui n'exprime que des sentiments ne disparaît jamais, reste présent toute la vie, même sous-jacent à toute expression plus conceptuelle et abstraite, et nulle activité de la pensée et du langage n'est imaginable sans une affectivité première. Le plus intellectuel des logiciens trouve néanmoins du plaisir à raisonner et tire une satisfaction de son activité intellectuelle proche du plaisir esthétique, car le plaisir fait référence à la dimension

---

[364] E. Morin, *Amour, poésie, sagesse*, Paris, Seuil, coll. Points n°P587, 1999, p.60.

affective du vécu. Le logicien qui raisonne n'est pas un simple ordinateur qui calcule, mais il est un être de sentiment, puisque le courant sous-jacent de l'affectivité, du sentiment, est celui sur lequel la représentation de la pensée prend place. Il n'est nulle pensée, nul discours sans dimension affective, et la pensée conceptuelle ne peut s'arroger la totalité de l'expérience vécue du sujet sans effectuer une mutilation. Quand nous disons de Pierre ou de Paul : « il avait besoin de parler », cela signifie qu'il avait besoin d'être écouté, entendu, ce qui veut dire encore qu'il avait besoin de la relation interpersonnelle, et si cette dernière n'est pas vivante, de toute manière, aucune communication intellectuelle n'est vraiment réussie. Même dans une discussion purement formelle, l'affectivité joue un rôle au moins aussi important que la rationalité : elle oriente la compréhension, dirige la communication, comme elle peut aussi venir l'entraver en manifestant des signes qui contredisent ce que la rationalité du discours semble soutenir. L'intonation de la voix, la puissance expressive du corps, comptent autant que ce qui est dit, sinon plus ; il y va même, selon une suggestion de Michel Henry, de la puissance de l'expression artistique : « Si une communication s'instaure entre l'œuvre et le public, c'est sur le plan de la sensibilité, par les émotions et les modifications immanentes de celle-ci : elle n'a donc que faire des mots... »[365]

Le tort de la linguistique, c'est de négliger la puissance expressive de l'affectivité au profit du seul énoncé, parce que celui-ci seul est directement analysable ; c'est faire comme si la donation de soi à soi de l'affectivité n'était pas pourvoyeuse de sens ; comme si elle ne portait pas en elle-même une forme d'expression vivante de l'intelligence. Analyser exclusivement la communication à partir du schéma locuteur-message-interlocuteur, c'est faire déraper la compréhension de la communication du côté de

---

[365] M. Henry, *Voir l'invisible. Sur Kandinsky*, Paris, Editions François Bourin, 1988, p. 128.

l'information conceptuelle, où il est évident que le langage joue un grand rôle, puisque les mots formatent la pensée. Mais ce déplacement de l'analyse linguistique vers le conceptuel, vers la représentation, est une manière de camper sur un terrain commode à défendre... en négligeant l'essentiel, l'affectivité. Sur le terrain de l'affectivité, les mots contribuent-ils nettement à la pensée ? Et c'est évidemment le point faible de l'analyse linguistique : la parole exprimée a besoin d'un langage, mais la parole jaillit de la pensée ; la pensée est fille d'une intention première, et le plus souvent nous n'avons pas conscience de l'intention mère de nos propres pensées. En cueillant la pensée à même son expression dans le langage, le linguiste arrive un peu tard : à la fin de la représentation.

Langage et formalisation

Dans un autre sens, le langage joue un rôle fondamental dans la *formalisation de la pensée* ; le rôle essentiel du langage est même la formalisation de la pensée, ou mieux, le début de sa formalisation, car la pensée doit être conçue comme un processus progressif allant depuis son embryon dans le langage commun jusqu'à la perfection des logiques formelles. Pour Dominique Laplane, est formalisation toute expression de la pensée par le langage : « [...] le langage donne à la pensée une forme qui lui manque en son absence, et c'est la raison pour laquelle toute traduction de la pensée en langage mérite dans mon vocabulaire d'être appelée formalisation. »[366] Le concept de *formalisation* est habituellement employé dans les sciences de la nature pour désigner le travail consistant à transposer une intuition théorique, dans une expression mathématique bien précise, comme par exemple ce fut le génie d'Einstein d'avoir su passer d'une intuition brillante à sa formalisation mathématique. Nous savons aussi, par exemple, qu'il y a très peu de

---

[366] D. Laplane, *Penser, c'est-à-dire ?: Enquête neurophilosophique*, Paris, Armand Colin, 2005, p. 81.

formalisation en sociologie, aucune formalisation en histoire, mais par contre la physique contient des formalisations remarquables.

Or le sens premier de la formalisation nous ramène directement au langage : *formaliser*, c'est tout simplement *mettre en forme* une pensée, en acceptant de ne se servir que d'un nombre limité de règles acceptables par tous, afin de satisfaire aux conditions d'une communication universelle. Si le langage est indépendant de la pensée, sa vocation est de se mettre à son service, en lui permettant de transmettre une pensée qui, sans cela, resterait à jamais enclose dans le for intérieur du sujet. Qui dit règles, dit aussi *conventions* ; et qui dit langage, dit également conventions *sociales*. Le concept de convention comporte une rigidité qui tient à une formalisation pouvant parfois devenir outrancière. Cependant, le système de la *langue* est exceptionnellement souple, suffisamment souple pour être bien capable d'enserrer l'ambiguïté d'un monde complexe. Les règles de la langue admettent souvent une passade relative, à la différence d'un langage purement formel, comme celui de la *logique* où la fantaisie n'est plus de mise. Cependant, il n'y a nulle différence de nature entre la langue et le langage parfaitement formalisé de la logique : il y a peut-être une différence de degré dans la rigueur, mais le labeur de formalisation de l'intellect opère dans l'un comme dans l'autre.

Prenons le cas de la « logique propositionnelle »[367], qui contient un certain nombre d'axiomes : principes d'identité, de non-contradiction, du tiers exclu. Le vocabulaire, en logique, cesse d'être flottant comme dans une langue commune, se limite à un nombre restreint de variables $a, b, c,$ de symboles ( ), $\cap$, $\wedge$, et d'opérateurs $=$, $>$, $\pm$, dont la signification est strictement définie. Les règles d'inférence sont spécifiques : certaines opérations sont autorisées, mais d'autres ne le sont point. Si on accepte de jouer le jeu, dans les limites des règles prescrites, le calcul

---

[367] *Cf.* A. Thayse et *al.*, *Approche logique de l'intelligence artificielle*, 1, pp. 1-38.

et la démonstration deviennent possibles ; il n'y a plus d'équivoque, plus de méprise au niveau de l'interprétation, plus d'interprétations divergentes. La formalisation achevée de la pensée conceptuelle permet même de la rendre mécanique, au point que les opérations peuvent être confiées à un calculateur non-humain, à un ordinateur par exemple ; ainsi la sécurité des opérations est-elle intégrale, car l'ensemble du système ne comporte pas d'ambiguïté. En ce sens, le problème de la représentation des connaissances en IA se conçoit comme un double problème de traduction : « traduction des langues naturelles et formelles qui véhiculent la connaissance dans une langue de la logique formelle suivie de la traduction de cette dernière langue dans un formalisme intelligible pour un ordinateur »[368]. C'est ce souci de précision et de mécanisation que G. Kreisel exprime en ces termes : « Qu'y a-t-il de si merveilleux dans la formalisation ? […] C'est le présupposé tacite d'un besoin éthéré […] pour une norme ultime de précision ; un présupposé tacite répandu non seulement dans la recherche sur les fondements des mathématiques mais partout ailleurs dans la culture occidentale. »[369]

La contrepartie en est que ce discours très formel devient évidemment vide, il a déblayé la richesse vivante des ambiguïtés présentes dans la vie réelle. C'est une loi : plus un langage est formellement achevé, moins il est capable d'enserrer d'ambiguïtés ; car, « contrairement aux langues naturelles où les mots possèdent une signification bien déterminée, un symbole d'une langue formelle n'inclut au départ aucune signification »[370]. Telle est, pense Roger Martin, la limite des systèmes formels : « Un système formel n'est, en toute rigueur, qu'une suite de suites de symboles construites et enchaînées conformément à des règles ne tenant aucun compte de l'interprétation que

---

[368] A. Thayse et *al.*, *Approche logique de l'intelligence artificielle*, 2, p. IV.

[369] G. Kreisel, "Review of K. Gödel 'Collected Works, I'", *Notre Dame Journal of Formal Logic*, volume 29, n°1, Winter 1988, p. 165.

[370] A. Thayse et *al.*, *Approche logique de l'intelligence artificielle*, 2, p. 2.

pourront recevoir éventuellement les symboles. »[371] Un système formel pur est ainsi dépourvu de signification, mais il est, pourrait-on dire, en attente de sens : si on remplace *a, b, c,* par des mots, si les propositions qui sont introduites renvoient à des observations directes, il reçoit une signification. Or, dès l'instant où on commence à appliquer un langage formel au monde concret, on introduit très vite des ambiguïtés ; le langage devient alors moins maîtrisable, mais ce qu'il dit devient de plus en plus riche. En somme, la formalisation parfaite permet une absence d'ambiguïté et une sécurité intégrales ; en revanche elle ne véhicule aucun sens, c'est une coquille parfaite mais vide.

Passons maintenant de la logique aux mathématiques : le seul déplacement du domaine de la logique vers celui des mathématiques, manifeste en même temps une forte tendance à la formalisation, mais aussi l'apparition d'ambiguïtés. Or le rêve d'une formalisation intégrale des mathématiques s'est évanoui avec Kurt Gödel.

Si, enfin, nous considérons les sciences physiques, la propension à la formalisation par le langage est partout manifeste, mais toujours inachevée. Un paradigme scientifique tend à instaurer un langage fixant notamment le sens de certains mots qui deviennent des termes techniques en usage dans la science. La physique a précisé les concepts d'atome, de force, de champ, de gravitation, de lumière... ; la biologie a donné aux concepts d'hérédité, d'évolution, d'adaptation..., un statut précis. Tout l'effort des sciences est d'essayer d'articuler, le mieux possible, avec une impeccable rigueur formelle, un certain nombre de résultats considérés comme acquis ; comme l'explique Roger Martin, « donner de la rigueur à une théorie où subsistent des appels indésirables à l'intuition consiste à formaliser cette théorie, c'est-à-dire à en construire une image abstraite »[372]. Mais une fois de plus, l'effort de formalisation se heurte de

---

[371] R. Martin, *Logique contemporaine et formalisation*, Paris, PUF, 1964, p. 22.
[372] *Ibid.*, p. 49.

front à l'ambiguïté du réel, et c'est lui qui doit finalement céder devant la complexité du réel. L'histoire des sciences n'est pas statique, parce que les concepts viennent à se modifier quand on change de paradigme explicatif, par exemple les concepts de force, de lumière, d'atome, se sont beaucoup transformés en physique. Aucun scientifique ne renoncerait pour autant à l'effort pour parvenir à formaliser au mieux son domaine d'investigation, ce serait renoncer au savoir lui-même : la science est une connaissance en forme de système, et toute discipline scientifique développe un effort d'objectivation se traduisant logiquement par la technicité du langage qu'elle adopte. La connaissance objective tend à réduire le champ de la subjectivité et à amputer le savoir de la dimension affective : l'objectif peut se formuler dans la précision, tandis que l'affectif, lui, est toujours vaporeux.

Langage scientifique et langage courant

Il serait alors alléchant de disjoindre deux usages du langage : d'un côté celui qui tend vers la rigueur conceptuelle parfaite du concept et élimine l'ambiguïté ; de l'autre, le langage courant, qui enveloppe de l'ambiguïté, se développe dans le flou, le vaporeux, mais manque de rigueur, tout en conservant intacte la puissance expressive de l'affectivité. Ainsi les langues formelles sont-elles différentes des langues naturelles : « Les langues naturelles telles le français et l'anglais sont nées et se sont développées naturellement, c'est-à-dire hors du contrôle de toute théorie. [...]. Les langues formelles telles les mathématiques et la logique se sont en général développées à partir d'une théorie, donnée a priori, qui a posé les fondations de ces langues. »[373] Mais devons-nous disjoindre complètement le langage des sciences et le langage courant ? Faut-il ne voir de formalisation que par les sciences ? S'agit-il de creuser un fossé entre la science et la raison commune ?

---

[373] A. Thayse et *al.*, *Approche logique de l'intelligence artificielle*, 2, p. 1.

Le langage écrit est déjà clairement plus formel que le langage oral : à l'oral, nous pouvons nous permettre bien plus de flottement, nous pouvons nous répéter, ce que nous ne ferions pas à l'écrit ; l'écrit, lui, respecte plus nettement les règles de la sémantique et de la syntaxe, et nous sommes accoutumés à trouver dans l'écrit plus de condensation de la pensée et l'expression d'une rigueur plus exhaussée. Aussi la transcription mot à mot d'une discussion orale est-elle souvent malaisée, tandis que l'écrit est également plus exposé, plus difficile à épauler que l'oral, où une méprise peut vite se corriger : l'écrivain a tendance à prendre ses précautions.

Le langage oral comporte pareillement une formalisation. Dans le souci de pouvoir communiquer et d'être compris, il convient de se plier aux règles de la langue, car jeter des mots en fatras interdirait la compréhension commune. Comme système, la langue, ainsi que tout langage formel, comporte un vocabulaire fini et des règles de syntaxe. La formalisation à l'oral est néanmoins loin d'être achevée : le locuteur d'une langue peut augmenter indéfiniment son vocabulaire, la syntaxe est parfois imprécise, ce qui n'interdit pas pour autant la compréhension. Ce n'est pas parce que le sujet parlant forme mal ses énoncés, construit mal ses phrases, que pour autant il ne fait pas sens ; il peut certes laisser dans l'implicite les chaînons manquants de son discours, mais celui qui l'écoute comprend largement grâce au contexte, grâce à la situation d'expérience de la vie, de quoi il retourne. Il est également possible de rendre l'implicite explicite en dépliant sa formulation dans le langage, ce qui correspond d'ailleurs à une expérience commune. Nous cherchons parfois la meilleure formulation d'une idée, car l'idée doit être précisée devant autrui et nous devons nous évertuer à déplier l'implicite. Autrement dit il est, non seulement un sens impliqué dans la pensée, mais encore un sens expliqué dans l'expression de la parole. Afin d'éviter les mécompréhensions, en vue d'aboutir à une communication approuvable, l'explication va nécessairement nous orienter dans une direction formelle : nous allons tenter, en nous expliquant devant autrui, de limiter les interprétations de ce que nous voulions dire, ce qui est précisément l'effet d'une formalisation de la pensée.

Et comme pour ce qu'il en est de la formalisation en logique, le risque, c'est également que la formalisation en vienne à emprisonner la pensée dans le langage. Il y a toujours possibilité d'en venir à des querelles de mots ; plus généralement, le langage risque de prendre dans son gel la fluidité de la pensée, en l'enserrant dans des contraintes qui sont aussi des habitudes, ce que Henri Bergson nous a bien rappelé : « Pour tout dire, nous ne voyons pas les choses elles-mêmes ; nous nous bornons, le plus souvent, à lire des étiquettes collées sur elles. Cette tendance, issue du besoin, s'est encore accentuée sous l'influence du langage. Car les mots (à l'exception des noms propres) désignent tous les genres. Le mot, qui ne note de la chose que sa fonction la plus commune et son aspect banal, s'insinue entre elles et nous, et en masquerait la forme à nos yeux si cette forme ne se dissimulait pas déjà derrière les besoins qui ont créé le mot lui-même. »[374] Il est impératif de ne pas oublier que *le mot n'est pas la chose*, que la carte n'est pas le territoire[375]. Il est possible de raisonner à faux en se laissant prendre par des mots, mais les esprits les plus brillants, les intelligences les plus déliées, savent très bien ne pas se laisser prendre aux mots.

De toute manière, il n'est pas de différence de nature entre le langage scientifique et le langage commun, il n'y a qu'un problème de fond qui est celui du passage subtil de la pensée à son expression : « [...] rien ne justifie plus qu'on parle de pseudo-énoncés ou d'erreurs de type ou de catégorie au sein des langues naturelles communes (oppo-

---

[374] H. Bergson, *Le rire. Essai sur la signification du comique*, Paris, PUF, 1985, p. 156.
[375] *Cf.* A. Korzybski, Alfred, *Une carte n'est pas le territoire : prolégomènes aux systèmes non-aristotéliciens et à la sémantique générale*, Paris, Editions de l'éclat, 1998.

sées aux langages artificiels), aussi longtemps que les règles conventionnelles de l'usage et de la grammaire sont respectées »[376].

Pensée et intelligence non-verbale

Ceux-là qui s'opposent à la thèse d'une indépendance relative de la pensée par rapport au langage, n'auront aucun mal à objecter qu'ils ne parviennent guère à s'imaginer ce que pourrait être une pensée sans support verbal. L'intellectualisme tranche brutalement et prend le parti de dire qu'une pensée de ce genre ne peut être que floue, vague, indécise, et ne saurait avoir de réalité. Mais concevoir une difficulté, est-ce émettre une objection ? Nous pouvons fort bien admettre l'existence d'une réalité, même si nous ne pouvons nous la figurer en image. De fait, c'est bien plutôt notre propre incapacité à voir ce qu'est une pensée sans mot, qui donne un caractère massif à l'objection, pour une raison toute simple : nous avons une telle habitude de la verbalisation, qu'il nous est devenu quasiment impossible de saisir quoi que ce soit d'intelligible sans les mots ; nous avons été formés à être des *intellectuels*, à brasser beaucoup de mots.

L'intelligence intuitive

S'il nous était donné de suivre les témoignages de l'aphasie, nous ouvririons déjà la voie vers la compréhension de la pensée comme intelligence non-verbale : tout au moins, la voie ne sera plus obstruée par des *a priori* théoriques ; mais ce qui fait obstruction, c'est le dogme linguistique de l'adéquation stricte entre signifiant et signifié, pour autant qu'elle a été dictée par la langue. L'aphasie nous apprend que cette relation entre le signifiant et le signifié est plus souple que ce qu'en dit la linguistique classique, et nous amène à envisager, avec Georges Elgozy, la crédibili-

---

[376] K. R. Popper, *Conjectures et réfutations : La croissance du savoir scientifique*, Paris, Payot, 1985, p. 114.

té d'un langage sans mots : « Le langage trompe tout le monde, mais n'intéresse personne : ce que l'on dit est toujours moins important que ce que l'on tait. Seuls, les langages sans mots sont crédibles. Exemple : le langage des fleurs. »[377]

Dans une de ses lettres, reçue par Jacques Hadamard, Albert Einstein se situe immédiatement sur le plan de l'intelligence intuitive, où il est essentiel de *voir* des relations, entre des entités psychiques, ce que nous nommons des *idées*. L'idée est l'âme, mais, pour le besoin de la communication, doit s'incarner, entrer dans un mot. Au niveau de la pure intelligence, la fluidité est complète, il est un jeu vivant de l'intelligence avec elle-même qui n'est autre que la pensée intuitive. « Les mots et le langage, écrits ou parlés, ne semblent pas jouer le moindre rôle dans le mécanisme de ma pensée. Les entités psychiques qui servent d'éléments à la pensée sont certains signes ou des images plus ou moins claires qui peuvent « à volonté » être reproduits et combinés… Les éléments que je viens de mentionner sont, dans mon cas, de type visuel et parfois moteur. Les mots ou autres signes conventionnels n'ont à être cherchés avec peine qu'à un stade secondaire, où le jeu d'associations en question est suffisamment établi et peut être reproduit à volonté. »[378] Ce qui est original chez Einstein, c'est l'insistance sur la présence quasi visuelle et motrice des idées. On ne saurait introduire mieux à la vie intérieure de l'intelligence que dans un tel texte.

De la même veine, Jacques Hadamard lui-même écrit : « J'insiste pour dire que les mots sont totalement absents de mon esprit quand je pense réellement, et que j'identifierais complètement mon cas à celui de Galton, en ce sens que même après avoir lu ou entendu une question, tout mot disparaît au moment précis où je commence à y réfléchir… et je suis pleinement d'accord avec Schopen-

---

[377] G. Elgozy, *L'esprit des mots ou l'antidictionnaire*, Denoël, 1981, p.107.

[378] A. Einstein, cité dans J. Hadamard, *Essai sur la Psychologie de l'invention dans le domaine mathématique*, Paris, Blanchard, 1959, p. 75.

hauer quand il écrit : Les pensées meurent au moment où elles s'incarnent dans des mots. »[379] Cette déclaration n'importunera que ceux-là qui vivent encore dans l'ancien paradigme linguistique. Une intelligence éveillée n'est pas un intellect bourdonnant de mots, mais elle est éveillée parce qu'immobile, stimulée par une question. Pour que l'intelligence reste éveillée, il est indispensable qu'elle demeure établie et rassemblée dans le silence. Il importe donc de pouvoir transcender la verbalisation, pour réintégrer le plan originel de l'intelligence qui est par nature non verbale ; ce qui ne veut pas dire tomber dans une sorte d'hébétude, mais entrer dans le dynamisme sous-jacent de la pensée intuitive.

Tel est également, enfin, le point de vue de Roger Penrose : « Presque toute ma réflexion mathématique se fait visuellement et en termes de concepts non verbaux […]. J'ai pu également observer qu'à l'occasion, si j'ai passé un certain temps à me concentrer intensément sur des mathématiques, et que quelqu'un m'entraîne soudain dans une conversation, je me trouve presque dans l'incapacité de parler, plusieurs secondes durant. »[380] Sur la fin de ce texte, on pourrait penser au joueur d'échec concentré, intensément rassemblé dans le *voir* englobant d'une partie, que l'on dérangerait en voulant brusquement introduire les mots d'une conversation. Il est un état particulier qui correspond à l'éveil de l'intelligence, qui va de pair avec une intense concentration dont il est presque difficile de sortir pour parler. Penrose, comme Hadamard, comme Einstein, insiste sur le *voir* des idées et note que la verbalisation est seulement un commentaire superflu, un peu comme si l'intelligence entrait en état d'observation intense et l'intention d'une question spécifique l'orientait dans un champ d'investigation donné.

---

[379] J. Hadamard, *op. cit.*, p. 68.
[380] R. Penrose, *L'esprit, l'ordinateur et les lois de la physique*, p. 462.

La pensée universelle

D'après ces témoignages, le langage n'est pas le lieu originaire de la pensée et la pensée pure ne se confond jamais avec le langage. Le *voir* de l'intelligence n'est pas verbal ; une fois de plus, le mot n'est pas la chose ; mais dès l'instant où il s'agit de communiquer le *voir*, il faut passer par les mots, et donc nécessairement, *formaliser*. Le langage a alors ce mérite de pousser l'explicitation dans ses retranchements : comme la pensée n'est pas le langage, sa formulation peut requérir une expression développée, longue, complexe. Alfred Korzybski exprime correctement ce grand écart entre langage et pensée, « entre 'penser' en termes verbaux et 'contempler', intérieurement silencieux, à des niveaux non-verbaux, puis rechercher la structure de langage propre à s'adapter à la structure des processus silencieux »[381].

A la limite, il est possible de concevoir un livre qui ne ferait qu'expliciter indéfiniment une seule idée, une seule grande intuition, et c'est ce qui se produit chez les grands penseurs. Leibniz développe, développe et redéveloppe le même exposé d'une seule intuition extraordinaire, dans laquelle il nous fait voir comment le Multiple est donné dans l'Un, comment l'âme est en relation avec toutes choses et ne peut avoir que son propre point de vue. C'est fascinant, et quand on a trouvé cette lumière, on a rencontré une intelligence admirable et on ne peut qu'être humble et reconnaissant ; mais, cela se mérite et la lecture n'en est pas aisée. Par contre, la lecture ne devient plus facile que si nous pouvons en saisir l'intuition : une grande œuvre est toujours une cognition originale, mais ayant aussi une portée universelle.

---

[381] A. Korzybski, *Une carte n'est pas le territoire : prolégomènes aux systèmes non-aristotéliciens et à la sémantique générale*, Paris, Editions de l'éclat, 1998, p. 31.

Si la pensée n'est guère emprisonnée dans des mots, sa nature authentique, son intuition véritable, transcendent le langage qui l'exprime, et rien ne s'oppose par conséquent à ce qu'elle ait une portée universelle ; rien ne s'objecte à ce qu'une intuition soit véritable-ment métaphysique.

Ce qui faisait obstacle, c'est la croyance dogmatique selon laquelle : a) la pensée est enfermée dans les mots, ce qui n'est qu'un préjugé assez sommaire, intenable si on est un tant soit peu attentif à l'expérience ; b) la pensée est enfermée dans le système de désignations internes de la langue, ce qui est loin d'être exact, car même les spécialistes de la traduction ont fait sauter le verrou officiel interdisant de reconnaître une seule pensée dans un texte, indépendante des traductions dans différentes langues. Des philosophes contemporains se sont souvent fourvoyés sur ce plan, en accordant un crédit excessif à des thèses dont la pertinence reste limitée.

L'intelligence silencieuse

Ce qui est maintenant ouvert, c'est le champ de l'intelligence ainsi que son exploration directe. Le mot, aussi précis et fidèle que puisse être son usage, n'enferme pas l'essence de ce qu'il désigne, l'essence étant vivante dans l'intelligence qui la communique.

Or, en demeurant perpétuellement dans le discours, nous sommes soumis à la perpétuelle tentation de prendre le mot pour la chose, de le *réifier*, de créer entièrement notre réalité sur des mots. Nous sommes des adorateurs des mots, le verbiage permanent constitue même une bonne part de ce que nous nommons « notre vie intérieure ». Nous sommes souvent bombardés de discours ; nous avons même fait de certains mots des totems : « démocratie », « ordinateur », « point d'achèvement », « Internet », « grandes ambitions », « émergence », « vivre-ensemble »... Nous sommes très habiles à nous payer de mots, nous avons même réussi à faire des mots seulement des outils de pouvoir, des slogans, mais il n'est guère certain que nous ayons une claire conscience de ce qu'ils désignent, et nous avons encore moins conscience de la nécessité de les regarder seulement comme une formalisation de la pensée. Annie Le Brun est très sensible à cette vacuité des mots : « [...] il est des mots utilisés pour dire tout et n'importe quoi qui, à trop servir, deviennent *calleux*, avant de se constituer en langue de bois. [...] sous la pression d'une réalité dont l'excès consiste aussi à tout nommer, se produit un épaississement de la texture du mot, qui gagne l'ensemble de la langue jusqu'à lui donner de plus en plus quelque chose d'*emprunté* »[382].

Par contre, nous savons manipuler les mots comme concepts, comme outils, surtout de pouvoir sur autrui. Il est en effet très aisé de manipuler des mots, bien plus aisé que de tenter de comprendre ce qui est à travers les mots. Sans y prendre garde, nous prenons constamment le mot pour la chose qu'il désigne et de cette manière, nous construisons l'édifice de la représentation, à partir des outils conceptuels que sont les mots, qui sont des outils permettant d'exprimer une pensée. L'intéressant, c'est que la réification du mot engendre aussi l'illusion, étroitement liée à une représentation de la pensée jointe à la seule manipulation des mots. Une *idéologie* est l'art et la manière de faire passer des entités verbales, qui ne devraient être que des outils de la représentation, pour des êtres réels eux-mêmes ; ainsi que la définit Pius Ondoua, elle est « conscience inconsciemment inversée des rapports réels, rapport illusoire des hommes à leurs conditions d'existence réelles [...] mode de rapport théorique, conceptuel, à la réalité, pouvant aboutir ou non à l'exhaustivité de la saisie (scientifique) du réel »[383]. Dans la représentation naturelle, se perpétue un fonctionnement assez mécanique de manipulation des symboles. Avec toutes les réserves qui s'imposent,

---

[382] A. Le Brun, *Du trop de réalité*, Paris, Gallimard, 2004, p.65.
[383] P. Ondoua, *Développement technoscientifique : défis actuels et perspectives*, Paris, L'Harmattan, 2010, p. 323.

nous devrons noter que ce type de fonctionnement de la pensée tend également à se perpétuer dans le domaine du savoir. Il est dans les sciences un conservatisme, et le dynamisme de l'intelligence vient souvent se figer dans des oppositions assez verbeuses. Les mots sont des coquilles vides sans la graine de l'intuition qui devrait les habiter, et les coquilles finissent par prendre une importance éléphantesque, lorsque plus personne ne s'enquiert de ce qui a été à la source d'une découverte ; et les coquilles se vident, l'esprit s'en va, mais les mots restent, et on ne sait plus précisément ce qu'ils veulent signifier.

Il est indispensable encore et toujours de savoir écarter les mots convenus pour revenir à l'observation lucide, prendre conscience du fonctionnement total de la pensée : c'est la seule manière de redonner à l'intelligence sa vigueur, et pour cela, il est essentiel de lui accorder la disponibilité qu'elle retrouve dans le silence. L'*intelligence* n'est pleinement éveillée que dans la suspension du silence ; d'où l'importance de l'écoute : quand l'esprit fait taire un moment ses constructions mentales, il retrouve la vacuité dans laquelle il est absolument disponible. Un esprit qui entretient constamment en lui le vacarme des mots est confus, s'étourdit et émousse l'acuité de son intelligence ; mais un esprit libre de verbalisation continuelle est vif, sensible, immédiatement apte à observer, à saisir, à comprendre : très *intelligent*.

CHAPITRE 5

La mécanisation de l'intelligence

La modernité s'est déployée au XVIIe siècle à partir de l'idéal de la connaissance objective. Pour la philosophie des Lumières, il s'agissait de s'émanciper de la tutelle de l'autorité religieuse, de constituer un savoir objectif, indépendant des opinions individuelles de ceux qui pourraient s'y consacrer et dont les applications concrètes, sous formes de techniques, devaient se traduire par un perfectionnement général de la condition humaine. En physique, l'exécution de cet idéal a consisté d'abord à mettre en œuvre un modèle, le paradigme mécaniste, et à en développer les implications. Pourtant, dès le départ, des défections ont été mises en évidence : entre le mécanisme du contact de Descartes et le mécanisme de l'attraction de Newton, il y avait déjà des dissimilitudes considérables. La science implique-t-elle inéluctablement une représentation mécaniste de la nature ?

Il est néanmoins possible que la pensée humaine elle-même fonctionne d'après un modèle mécaniste. Penser, c'est peser, juger ; aussi la pensée est-elle tout entière en acte dans le jugement. Mais une pensée évoque également ce qu'on pense, une idée et, au sens coutumier, le mot signifie l'activité mentale dans son ensemble. La pensée englobe donc un champ d'activité varié, de la pensée rationnelle qui se déploie dans la réflexion et le raisonnement, à la perception, aux sensations de plaisir ou de douleur, aux souvenirs, aux associations d'idées, à l'expérience esthétique, à l'imagination. Dès que l'esprit se reprend lui-même, se ressaisit, prend conscience de quelque chose par le biais des idées, peut-on dire alors qu'il se met à calculer ? Notre pensée se réduirait-elle à une activité de calcul ?

En ce sens, le terme *intelligence artificielle* désignerait un programme consistant à concevoir une machine intelligente. Le concept de *machine* n'enveloppe qu'une structure limitée, définit une structure artificielle comportant des mécanismes, dans laquelle une configuration de solides en mouvement les uns par rapport aux autres est maintenue. L'adjonction d'un moteur donne à une machine une disposition à conserver un mouvement régulier et autonome, mais jusque-là, il ne viendrait à personne l'idée de prétendre que la machine est intelligente, toute l'intelligence que l'on y trouve, n'étant jamais que l'ingéniosité de l'ingénieur qui l'a conçue : la dépendance de la machine par rapport à l'homme est telle que nous ne pouvons lui consentir la moindre suspicion d'intelligence. Quand alors parlons-nous d'intelligence à ce propos ? Est-il seulement pertinent de juxtaposer ces deux mots : « intelligence » et « artificielle » ?

MÉCANISME ET FINALISME

Ce qui caractérise le mécanisme, c'est le rejet du finalisme : dans le mécanisme, la causalité est seulement temporelle, elle n'est pas investie d'une fin à atteindre. Mais le rejet du finalisme est-il justifié ? Est-ce, de la part de la philosophie des Lumières, une prise de position idéologique, afin de rompre avec la physique aristotélicienne qui régnait depuis l'Antiquité ? La connaissance objective du monde implique-t-elle inévitablement le rejet du finalisme ? La science implique-t-elle fatalement une représentation mécaniste de la nature ?

Machine et mécanisme

Il convient préalablement de ne pas emmêler des termes tels que objet technique, outil, machine et mécanisme : un *objet technique* est un produit industriel qui, le plus souvent, exerce une fonction utilitaire comme une machine à laver, mais peut aussi se biaiser de toute utilité, comme le gadget en plastique de la boîte de céréales ; quand il est voué à une activité spécifique, on l'appelle un *outil,* par exemple la truelle, le rabot, le couteau ; et lorsque l'outil est guidé dans ses déplacements par un assemblage de structures, nous parlons alors de *machine.* Or un *orga-nisme* est un ensemble d'organes qui, fonctionnant ensemble, concourent à la production d'un effet commun, non réductible à l'addition des effets propres à chaque organe individuel, et en ce sens, une machine et un être vivant sont des organismes. Qu'est-ce qui différencie alors une machine d'un être vivant ?

Le mécanisme et l'assemblage

Dans les termes de Canguilhem, une *machine* est : « une construction artificielle œuvre de l'homme, dont une fonction essentielle dépend de mécanismes »[384] ; un *méca-nisme* est « une configuration de solides en mouvement telle que le mouvement n'abolit pas la configuration [...] un assemblage de parties déformables avec restauration pério-dique des mêmes rapports entre parties »[385] ; et un *assem-blage* signifie « un système de liaisons comportant des de-grés de liberté déterminés : par exemple un balancier de pendule, une soupape sur came, comportent un degré de liberté ; un écrou sur axe fileté en comporte deux »[386].

Une montre comporte un enchaînement de rouages qui transforment le mouvement – le ressort – vers des engrenages, qui mettent en mouvement les aiguilles sur le cadran : son fonctionnement n'est assuré que si, comme structure, elle conserve son unité ; elle ne doit pas partir en morceaux dans son fonctionnement ; le mouvement des parties doit être strictement réglé. Les assemblages cadrent le mouvement des solides dans la translation selon un de-gré de liberté, le va-et-vient de l'étau-limeur ; deux degrés, la vis qui fait avancer la tourelle sur la fraiseuse ; ou plu-sieurs degrés, l'articulation d'un levier de vitesse sur une

---

[384] G. Canguilhem, *La Connaissance de la Vie*, Paris, Vrin, 1992, p. 131.
[385] *Ibid.*
[386] *Ibid.*

voiture. Un mécanisme règle et transforme un mouvement dont l'impulsion lui a été communiquée ; mais *mécanisme* n'est pas *moteur*. Le rôle d'un mécanisme consiste exclusivement à communiquer de proche en proche un mouvement : les contrepoids à l'entrée du garage permettent de faire monter et descendre aisément la grille ; le mouvement du poids tire la corde, la corde fait tourner la poulie, la poulie enroule la grille ; il y a bien mécanisme, même quand il n'y a pas de moteur. Mais, il est plus commode de laisser la mise en mouvement de l'ensemble à une énergie qui n'est pas celle de l'effort d'un homme, à une énergie naturelle, l'homme se circonscrivant alors à pousser un bouton pour déclencher le processus. Ce qui ressort de cette analyse préalable, c'est que le mécanisme est lui-même ce qu'on appelle encore une machine, dont l'une des fonctions essentielles est de régler, de transformer et de communiquer un mouvement, comme le note René Boirel : « une machine, si rudimentaire ou si complexe soit-elle, est essentiellement un système qui transforme du mouvement »[387].

Maintenant, si nous examinons attentivement ce qu'est une machine, nous y trouverons des caractéristiques importantes que nous devrons retenir, quand il s'agira par la suite de faire une comparaison avec le vivant. Une machine est conçue par un ingénieur. Il n'est pas d'horloge sans horloger ; pas d'ingénieur, pas de machine, car c'est l'ingénieur qui en élabore le concept, la machine n'étant que la réalisation d'un concept : « si le fonctionnement d'une machine s'explique par des relations de pure causalité, la construction d'une machine ne se comprend ni sans la finalité, ni sans l'homme »[388]. Par définition, une machine dépend de celui qui l'a d'abord conçue, elle ne peut exister toute seule ; elle est toujours pensée, avant d'être réalisée. L'existence de l'ingénieur est donc supposée dans

---

[387] R. Boirel, *Le mécanisme hier et aujourd'hui*, Paris, PUF, 1982, p. 8.
[388] G. Canguilhem, *op. cit.*, p. 114.

l'existence de la machine. Comme l'ingénieur est humain, il s'ensuit que toute explication recourant au concept de machine suppose l'existence de l'homme, elle est donc *anthropomorphique*. C'est dire qu'un paradigme explicatif non anthropomorphique ne suppose pas par avance un modèle humain comme référent, ce qui ne peut être le cas de l'explication par la machine.

Une machine est faite de pièces conçues et fabriquées, qui ont été ensuite assemblées. Toute la technologie industrielle humaine est fondée sur l'assemblage : l'ouvrier qui, dans une boutique informatique, s'évertue à monter des ordinateurs est un « assembleur ». Depuis le tournevis, jusqu'à l'automobile, toutes les machines humaines sont fabriquées par assemblage. Nous n'avons visiblement pas encore compris à quel point, et pour cette raison, la machine est faible. L'existence des parties dans une machine précède la réalisation du tout. Les ailes, le fuselage, le moteur, etc., arrivent dans le grand hangar de l'usine pour être assemblés. Mais la nature ignore ce procédé d'assemblage : elle fait beaucoup mieux et bien plus sophistiqué ; elle travaille immédiatement dans la très haute technologie. Dans la nature, dans le vivant, non seulement le tout précède l'existence de ses parties, mais les parties sont auto-développées dans un processus séquentiel ne nécessitant aucun agent extérieur. Nous sommes très loin, dans nos machines humaines, de la perfection de l'existence organique. Le vivant constituerait même à ce titre un idéal servant de modèle à la conception future de machines. Mais cet idéal n'est pas atteint, car le plus sophistiqué de nos robots est beaucoup moins bien conçu qu'une simple libellule. « Nous ne suffisons point à admirer cet étonnant appareil de ressorts, de leviers, de contrepoids, de tuyaux différemment calibrés, repliés, contournés, qui entrent dans la composition des Machines organiques... Combien la structure de l'insecte le moins élevé dans l'échelle, l'emporte-t-elle encore sur la construction du plus beau chef-d'œuvre en Horlogerie »[389]. Une machine qui serait capable de se reproduire, d'auto-développer ses parties, de s'auto-réparer au fur et à mesure, à partir de composants microscopiques, depuis l'infiniment petit, n'aurait plus la forme grossière d'un assemblage mécanique, mais serait bien plus *intelligente*. Ce serait d'une technologie tellement avancée qu'elle n'est pas encore présente sur terre. Il serait alors bienvenu de comparer la machine fabriquée par l'homme, au vivant, en prenant le vivant pour modèle, ce qui n'est plus de l'anthropomorphisme, mais la reconnaissance d'une finalité, d'une intelligence créatrice œuvrant dans la nature. Nous sommes assez loin dans la conception de nos machines d'un finalisme bien compris.

Une fois assemblée et en fonctionnement, une machine est soumise à la loi d'entropie générale de l'univers, suivant laquelle tout système physique isolé tend à la désorganisation progressive. Une machine fait partie du règne de la matière et non du vivant : elle tend à perdre l'ordre que l'ingénieur lui a conféré lors de sa fabrication et ne peut que se détruire, s'user, se dégrader ; elle doit toujours être entretenue, réglée, réparée de l'extérieur ; elle est dans une dépendance totale à l'égard des soins humains ; elle est dépourvue d'autonomie, bonne à jeter dès qu'elle cesse d'être utile. Son maintien dans l'existence suppose l'action de l'homme. Schrödinger remarquait déjà que les processus naturels sont soumis à la *loi d'entropie* : "Every process, event, happening – call it what you will ; in a word, everything that is going on in Nature means an increase of the entropy [...] Thus a living organism continually increases its entropy – or, as you may say, produces positive entropy – and thus tends to approach the dangerous state of maximum entropy, which is death." [390] Mais le

---

[389] Charles Bonnet, « Contemplation de la nature » (1764), in *Œuvres d'histoire naturelle et de philosophie*, volume IV, Neuchâtel, De l'imprimerie de Samule Fauche, p. 192.

[390] E. Schrödinger, *What is life ? : the physical aspect of the living cell*, Cambridge University Press, 1955, p. 72.

propre de la vie est d'inverser le processus de l'entropie : lorsque la matière tend vers le désordre, la vie, quant à elle, maintient permanemment et reconstruit de l'ordre ; la vie est donc « *negative entropy* »[391] ou *néguentropie*. Ce qu'aucune de nos machines actuelles n'est capable de réaliser, la nature l'opère constamment : un hérisson, une baleine, un écureuil le font à chaque instant, ils maintiennent une structure. Un seul regard sur un animal devrait nous rendre plus modestes. Nous avons mis nos machines sur un piédestal et pensons pouvoir juger le vivant en fonction des machines, mais la vie mérite infiniment plus d'admiration et de respect, c'est elle qui devrait figurer sur le piédestal et servir à juger de l'avancement des machines.

Le finalisme et l'anthropomorphisme

Nous nous servons pourtant du modèle de la machine pour juger des productions de la nature, et c'est dans cette perspective que le finalisme est rejeté, au même titre que l'anthropomorphisme. Pour Hubert Reeves, l'homme a une propension à appréhender la Nature qui l'entoure avec des relents d'anthropomorphisme : « [...] en créant l'être humain, la nature s'est donné un cœur. La compassion n'existe peut-être pas au niveau de l'ADN mais certainement au niveau de la personne tout entière. Ce sentiment - ne pas être indifférent à la souffrance des autres - est [...] le plus beau sentiment humain. La compassion « est » dans la nature ; elle a engendré un être capable de compatir et d'offrir son aide. »[392]

Considérons le phénomène par lequel des brins de paille sont attirés par un morceau d'ambre que l'on a frotté : nous parlons aujourd'hui, afin d'en fournir une explication rationnelle, d'un phénomène dû à l'électricité statique ; c'est dire que nous cherchons des causes et posons des lois, pour rendre compte des phénomènes naturels. Pour-

---

[391] *Ibid.*, p. 75.
[392] H. Reeves, *Intimes convictions*, Stanké, 2001, p.23.

tant au Moyen Age, l'interprétation des phénomènes naturels était animiste, et invoquait l'action d' « esprits », de « forces », pour former des interprétations très confuses. Un alchimiste dira sans se gêner que « l'ambre est une fontaine », que « la paille veut boire » ; la motivation – empruntée au comportement humain – de la soif qui le pousse à chercher de l'eau, est surimposée à un phénomène naturel. On raisonne comme s'il y avait dans la nature des intentions, à l'image des intentions humaines, et un agencement de moyens pour les réaliser ; d'où il vient que la paille se dirige vers l'ambre parce qu'elle « veut » boire, que l'ambre a une « fonction » répondant aux besoins de l'ambre, ce qui prête à rire, ressemble à des explications d'enfant[393]. Nous autres, hommes du XXIᵉ siècle, ne pouvons plus considérer la nature de cette manière.

Déjà au XVIIᵉ siècle, Descartes lui-même, conscient du caractère ténébreux du savoir de son temps, prend la résolution de proscrire l'étude des causes finales de la physique, signifiant que derrière un phénomène, il faut chercher des causes qui ne relèvent pas de l'anthropomorphisme, qui considère la nature à l'image d'un être humain. C'est ce genre de naïveté qui nous fait dire que la nature a horreur du vide, que l'eau dort, que le soleil se lève et se couche ; qui fait dire à Bernardin de Saint Pierre que si les melons possèdent des lignes à leur surface, c'est que la nature a prévu que les hommes les coupent en quartiers ! Le procès des formes délirantes du finalisme est une constante dans les écrits du XVIIIᵉ siècle, comme par exemple dans l'*Ethique* de Spinoza[394] ou dans le *Dictionnaire philosophique* de Voltaire. Comme l'écrira plus tard François Jacob, « Il a sans cesse fallu lutter, dans les sciences de la nature, pour se débarrasser de l'anthropomorphisme, pour

---

[393] L'enfant pense en effet que la branche est « méchante », parce qu'il s'y est cogné, prête lui aussi à la nature des intentions, bienveillantes ou malveillantes.

[394] *Cf.* B. Spinoza, *L'Ethique*, *Œuvres complètes*, Paris, nrf Gallimard, Bibliothèque de la Pléiade, 1954, pp.347-349.

éviter d'attribuer des qualités humaines à des entités variées »[395]. Pour parvenir à la connaissance scientifique des
phénomènes, il est donc indispensable de se débarrasser
définitivement de ces projections psychologiques sponta-
nées, d'opérer systématiquement, ainsi que le proposera
Bachelard, une *psychanalyse de la connaissance* : « Il faut que
chacun s'apprenne à échapper à la raideur des habitudes
d'esprit formées au contact des expériences familières. Il
faut que chacun détruise plus soigneusement encore ses
phobies, ses « philies », ses complaisances pour les intuitions premières. »[396]

De manière simpliste, nous reprochons souvent à
l'interprétation finaliste de la nature d'Aristote son « anthropomorphisme », pourtant finalisme et anthropomorphisme ne sont guère identiques. Le *finalisme* est une doctrine qui reconnaît une intelligence à l'œuvre dans la nature, en identifiant la relation entre moyens et fins qu'elle
implique et les visées qu'elle poursuit : « Affirmer que ni
l'œil n'est fait pour voir, ni l'oreille pour entendre, ni l'es-
tomac pour digérer, n'est-ce pas là la plus énorme absurdité, la plus révoltante folie qui soit jamais tombée dans l'esprit humain ? »[397] Dire que l'œil est fait pour voir, n'est
nullement une explication anthropomorphique, mais la
reconnaissance d'une fonction et de la manière dont elle
est intelligemment réalisée : l'œil humain n'est pas l'œil de
l'abeille ; la disposition de l'œil n'est pas la même chez le
poisson, l'épervier ou le chimpanzé, mais elle est adéquate
à la perception de chacun d'eux, elle est un agencement
remarquable des moyens aux fins.

L'*anthropomorphisme*, par contre, est plutôt une critique adressée à une interprétation expliquant un phénomène naturel par une analogie aux productions et comportements humains en supposant qu'ils ont été organisés en
vue de l'homme : « Il paraît qu'il faut être forcené pour nier

---

[395] F. Jacob, *Le jeu des possibles*, Fayard, Paris, 1981, p. 32.
[396] G. Bachelard, *La psychanalyse du feu*, Folio/essais n°25, p.18.
[397] Voltaire, *Dictionnaire philosophique*, Paris, Garnier, 1967, p. 512.

que les estomacs soient faits pour digérer, les yeux pour voir, les oreilles pour entendre. D'un autre côté, il faut avoir un étrange amour des causes finales pour assurer que la pierre a été formée pour bâtir des maisons, et que les vers à soie sont nés à la Chine afin que nous ayons du satin en Europe. »[398] La position anthropomorphiste effectue une surimposition, sur des phénomènes naturels, des motivations humaines en guise d'explication. Dire que les lignes sur le melon sont des tracés que la nature a prévus pour que l'homme puisse le couper en parts, est une forme d'anthropomorphisme naïf. De même, d'après Spinoza, dire que Dieu est jaloux, querelleur, irrité, vengeur, capricieux, c'est projeter sur Dieu la nature humaine, c'est de l'anthropomorphisme. Au moment où Descartes écrit, le finalisme issu de la philosophie d'Aristote a été indûment défiguré, falsifié, caricaturé jusqu'à l'absurde ; et la caricature du finalisme est finalement devenue au Moyen Age de l'anthropomorphisme confus.

Comme l'a montré Kuhn, un paradigme a nécessairement une assise sociale et une portée idéologique : « […] si le paradigme est de ceux qui sont destinés à vaincre, le nombre et la valeur des arguments en sa faveur augmenteront ; ses adhérents se feront donc plus nombreux et l'étude du nouveau paradigme se poursuivra »[399]. Le succès d'un paradigme ne va pas sans une dogmatique, ce qui se traduit au XVIIIᵉ siècle par une joute idéologique contre l'anthropomorphisme, qui devient la faute épistémologique suprême. Au pays du savoir, avec l'évolution, l'anthropomorphisme n'a pas droit de cité, il est à l'index et rangé parmi les tabous et les interdits, et le finalisme tombe évidemment dans le même sac.

---

[398] Voltaire, *Ibid.*, p. 199.
[399] T.S. Kuhn, *La Structure des Révolutions scientifiques*, Paris, Flammarion, 1972, p. 217.

Le mécanisme et le réductionnisme

Or, la bataille idéologique contre l'héritage de la philosophie aristotélicienne va totalement dissimuler la réapparition soudaine et imprévue de l'anthropomorphisme dans la représentation mécaniste. Au XVIIIe siècle, quand le mécanisme s'est solidement implanté, l'idée selon laquelle l'univers est composé de *machines* devient un lieu commun. Des mécanismes usuels, dont l'homme peut se servir, sont surimposés à l'organisme en guise d'explication physiologique. Le caractère simpliste d'une telle explication saute aux yeux, mais n'embarrasse personne à l'aube de la science moderne. L'influence du mécanisme est très présente, mais inaperçue comme structure idéologique. Le paradigme mécaniste se sert d'une production humaine, une machine, il entreprend d'en surimposer la structure sur les phénomènes naturels et raisonne en se servant d'une analogie : faire comme si l'univers était une machine. N'est-ce pas là le type même d'une explication anthropomorphique ?

Pour que cette explication ne soit pas anthropomorphique, il faudrait que l'on admette aussi une différence entre ce qui est *naturel*, non créé par l'homme et ce qui est *artificiel*, créé par l'homme ; ce qui reviendrait à restreindre les prétentions du mécanisme ou se borner à n'y voir qu'un principe explicatif commode ; sûrement pas un principe ontologique. Or, dès l'origine, le paradigme mécaniste est pris au pied de la lettre, au point qu'il élimine la différence entre le naturel et l'artificiel, au seul profit de l'artifice. Ainsi Lyotard affirmera-t-il l'*artificialité* de la nature comme système *filtrant* de l'information : « [...] la technique n'est pas une invention des hommes. Plutôt l'inverse. Les anthropologues et les biologistes admettent que l'organisme vivant [...] est déjà un dispositif technique. Est technique n'importe quel système matériel qui filtre l'information utile à sa survie, la mémorise et la traite, et qui induit [...] des conduites, c'est-à-dire des interventions sur son environnement, qui assurent au moins sa perpétuation. L'humain n'est pas différent par nature d'un tel objet. »[400] L'image que l'homme se fait de la nature n'est désormais plus la même : la spontanéité vivante, jaillissante qu'y voyait un Bruno, est remplacée par la rigidité du mécanisme ; l'animisme de la Renaissance, que Campanella représente encore, ne laisse que de faibles traces ; non seulement on retire la vie à la nature, mais Descartes la retire même à l'être vivant, dont il fait une simple machine.

Descartes se sert du modèle des automates de Vaucanson qui, précurseur de l'Intelligence Artificielle, avait construit en 1737 un « canard artificiel de cuivre doré, qui boit, mange, cancane, barbote et digère comme un vrai canard »[401], dont il était possible de programmer les mouvements grâce à des pignons placés sur un cylindre gravé, qui contrôlaient des baguettes traversant les pattes du canard. Voilà d'ingénieux dispositifs qui simulent la vie, qui ont toute l'apparence d'êtres vivants, sans être des êtres vivants ! Or l'automate, qui se meut soi-même en étant dépourvu de pensée, d'intention consciente, qui a en soi-même le principe de son mouvement, machine imitant les mouvements, les fonctions ou les actes d'un corps animé, peut s'expliquer entièrement en recourant au concept de mécanisme et d'assemblage de mécanismes, où tout s'explique par ressorts, engrenages, roues et poulies : par la liaison de causes et d'effets : « Je ne reconnais aucune différence entre les machines que font les artisans et les divers corps que la nature seule compose sinon que les effets des machines ne dépendent que de l'agencement de certains tuyaux, ou ressorts, ou autres instruments, qui, devant avoir quelque proportion avec les mains de ceux qui les font, sont toujours si grands que leurs figures et mouve-

---

[400] J.-F. Lyotard, *L'inhumain. Causeries sur le temps*, Paris, éditions Galilée, 1988, p. 21.
[401] J. de Vaucanson, in Encyclopédie *Wikipédia*, http://fr.wikipédia.org/wiki/Intelligence_artificielle.

ments se peuvent voir, au lieu que les tuyaux ou ressorts qui causent les effets des corps naturels sont ordinairement trop petits pour être aperçus de nos sens. »[402]

Pour rendre compte de l'animal, le finalisme invoquait sa *nature*, disait qu'il était doué d'un principe vital, d'une *âme*, mais on peut tout aussi bien le considérer comme une machine complexe. Nous sommes aujourd'hui tellement imprégnés de cette manière de penser, que nous ne voyons dans la nature qu'une sorte d'atelier, de salle de machines. Nous avons perdu la finesse de l'observation et la sensibilité capable d'éveiller en nous le sens du naturel. Du coup, nous avons perdu le sens de cette différence qu'Aristote pouvait marquer entre naturel et artificiel. La science mécaniste est de part en part artificielle. Deux siècles après Descartes on écrira que *la nature de l'homme, c'est l'artifice*! François Jacob se chargera justement d'expliquer les enjeux de cette question : « Le XVIIᵉ siècle se retrouve dans un univers dont le centre de gravité a basculé. Un univers où astres et pierres obéissent aux lois de la mécanique qu'exprime le calcul. Dès lors [...], il n'y a qu'une alternative. Ou bien les êtres sont de machines dans lesquelles il n'y a à considérer que figures, grandeurs et mouvements. Ou bien ils échappent aux lois de la mécanique, mais il faut alors renoncer à toute unité, à toute cohérence dans le monde. [...] toute la nature est machine, comme la machine est nature »[403].

Nous voici donc en présence d'une représentation de la nature environnante intégralement différente de celle de la pensée traditionnelle : elle n'est plus le « Monde clos » de la pensée traditionnelle, elle est désormais « l'Univers infini de la Nouvelle Cosmologie, infini dans la Durée comme dans l'Etendue, dans lequel la matière éternelle, selon des lois éternelles et nécessaires, se meut sans fin et

---

[402] R. Descartes, *Principes de la Philosophie*, 4ᵉ partie, § 203
[403] F. Jacob, *La logique du vivant. Une histoire de l'hérédité*, Paris, Gallimard, 1970, p. 42.

sans dessein dans l'espace éternel »[404]. Devant un Monde clos, ordonné par une divinité immanente, on ne peut avoir qu'un sentiment d'admiration : tant de prodigieuse sagesse et de créativité sans borne ne peut que nous émerveiller ! La nature d'Aristote était créatrice, mais celle de Descartes et de Pascal est seulement créée, thèse que le christianisme vient appuyer de ses fondements théologiques : la nature a été abandonnée par Dieu après la création ; le Créateur n'a fait que lui imprimer son premier mouvement, pour la laisser ensuite à elle-même, suspendue au-dessus du vide et menaçant de retomber dans le néant. Les théologiens répètent, comme Malebranche, que *la nature est maudite*, et il est tentant de les suivre, de considérer que la nature n'est, après tout, qu'un objet entre les mains de l'homme, objet qui lui a été donné afin qu'il le transforme à la sueur de son front.

Mécanisme et causalité

Le paradigme mécaniste, tel qu'il se met en place avec Descartes et Galilée, afin de devenir une *science normale*, est un système d'explication dans lequel la représentation de la causalité est modelée sur l'analyse de machines élémentaires. Loin d'être englobant et neutre, il comporte d'emblée un *réductionnisme* : il réduit la manifestation des phénomènes de la nature à un ordre de succession temporelle, en éliminant la causalité comme intention, comme fin. Loin de se présenter comme un sous-système à l'intérieur du finalisme, il tend plutôt à vouloir l'éliminer. L'explication qu'il est capable de fournir de la loi naturelle n'enveloppe aucun sens de l'ajustement à une fin. Dans le paradigme mécaniste, la loi naturelle n'exprime que la constance d'un processus, sa nécessité, sa détermination infrangible. Pourquoi se servir de la machine comme modèle d'explication de la nature ? Comment expliquer la

---

[404] A. Koyré, *Du monde clos à l'univers infini*, Paris, Gallimard, 1973, p. 336-337.

pérennité du paradigme mécaniste ?

La simplicité de la causalité

La séduction du mécanisme tient à la simplicité, au caractère simpliste du concept de causalité dont il se sert et qui trouve sa réalisation immédiate dans des mécanismes que nous rencontrons partout dans notre expérience empirique. Voltaire nous rappelle aisément la genèse de ce principe de causalité : « Ce système de la nécessité et de la fatalité a été inventé de nos jours par Leibniz, à ce qu'il dit, sous le nom de raison suffisante ; il est pourtant fort ancien : ce n'est pas d'aujourd'hui qu'il n'y a point d'effet sans cause, et que souvent la plus petite cause produit les plus grands effets. »[405] Il est naturel, pour le mental humain, de chercher derrière un phénomène B, avant son apparition, une unique « cause » – facteur conditionnant l'apparition – en voyant B comme « l'effet » de A ; de considérer que l'état B est « l'effet » d'une « cause A » antérieure, comme il est naturel de penser cette relation de manière ponctuelle et linéaire : c'est le paralogisme « *post hoc, ergo propter hoc* »[406], où l'on conclut, de ce qu'un fait B succède à un fait A, à un lien causal entre A et B. Ce mode de pensée est élémentaire dans la représentation spontanée : nous y raisonnons de manière simple, en termes de mouvement, dans une représentation linéaire du temps, ce qui n'a rien de particulièrement scientifique.

Dans un mécanisme, le mouvement se communique par *contact* d'un élément à un autre. Dans la montre, un rouage A entraîne un autre rouage B, qui en entraîne un autre C, et ainsi jusqu'aux aiguilles de la montre. Pourtant, même ce modèle de l'horloge, familier à Descartes, contemporain de l'invention par Huyghens de l'horloge à ressort, peut être pris à son propre piège ; toute horloge suppose pour fonctionner un horloger extérieur : « Un rouage

---

[405] Voltaire, *Dictionnaire philosophique*, Paris, Garnier, 1967, p. 103.
[406] *Post hoc, ergo propter hoc* : après cela, donc à cause de cela.

n'est pas la cause efficiente de la production d'un autre rouage [...] la cause productrice de ces parties et de leur forme n'est pas contenue dans la nature, mais en dehors d'elle, dans un être qui d'après des idées peut réaliser un tout possible par sa causalité »[407]. Aussi l'analogue de la vie ne fait-elle que s'approcher de la vie sans savoir en rendre compte.

Néanmoins, il est extrêmement simple de projeter ce schéma mental de la causalité transitive sur n'importe quel objet. Il fournit une explication minimaliste, d'accès facile pour l'intellect et qui peut être dupliquée et généralisée indéfiniment. Il suffit pour cela d'admettre par avance l'hypothèse selon laquelle tous les objets physiques, soumis au mouvement, sont comme des pièces dans une immense horloge qu'est la nature. Une boule de billard vient en heurter une autre, puis la bande, etc. Le choc entre la boule A et la boule B s'explique mécaniquement. Les mouvements produits par les machines sont des déplacements géométriques mesurables : la poulie décrit un cercle autour de son axe ; la translation de l'étau-limeur se fait selon un segment de droite ; une courbe bien précise décrit la transmission du mouvement d'une roue dentée à une autre. Le langage de la géométrie et de l'arithmétique vient donc s'appliquer directement à l'analyse mécaniste d'un phénomène physique. Il est dès lors possible de reconstituer un équivalent formel mathématique – un schéma sur un plan – de l'objet physique en fixant ses coordonnées précises et ses mesures. Dès l'instant où il devient possible de formaliser le mouvement, tout en quantifiant ses différents aspects, il devient possible de dégager les lois du mouvement. Quand on possède les lois, il est possible délibérément de les mettre en œuvre et de les utiliser. Le système est donc remarquablement efficace au niveau de l'expérience empirique. Il fonctionne bien dans la physique des solides, à l'échelle de l'expérience humaine ordinaire.

---

[407] E. Kant, *Critique de la faculté de juger*, § 65, Paris, Vrin, 1984, p. 193.

Le paradigme mécaniste inauguré par Descartes et Galilée était donc appelé à une brillante carrière, et il a obtenu le triomphe qu'il escomptait. Mais, comme tout paradigme instaurant une science normale, il a aussi ouvert la voie à des critiques le remettant en cause et exigeant son dépassement. Le mécanisme cartésien est un *mécanisme du contact* et du choc. Newton va provoquer un scandale quand il introduira un nouveau modèle, celui de l'action à distance, en contradiction directe avec le modèle légué par Descartes. L'incompréhension totale de la physique de Newton dans les milieux cartésiens est à ce titre un exemple fameux de la lutte idéologique qui se déroule entre paradigmes concurrents. L'histoire ultérieure de la physique ne fera que déconstruire les hypothèses du mécanisme cartésien ; comme l'écrira Bachelard, « Le temps des hypothèses décousues et mobiles est passé, comme est passé le temps des expériences isolées et curieuses. Désormais, l'hypothèse est synthèse. »[408]

Le schéma classique de la causalité

Mais ce qu'il en reste, c'est le schéma général de la causalité résultant de l'approche mécaniste, schéma qui demeure très tenace, surtout en dehors du champ de la physique. La connaissance objective suppose l'application du principe de raison suffisante, le postulat de l'objectivité, la mise en place d'un dispositif de preuve et la reproducti-bilité des résultats obtenus. Or le mécanisme permet d'orienter la recherche dans un sens régressif de B vers A. Il propose de donner une explication de ce qui existe en remontant de cause en cause vers une origine x d'où découlerait la relation de A à B. Il donne du temps une interprétation linéaire $A \rightarrow B$. Il identifie le fait de pouvoir, pour l'intellect, remonter de cause en cause par l'application du principe de raison suffisante *A est la raison de l'apparition de B*. Il garantit donc l'objectivité, en posant

---

[408] G. Bachelard, *Le nouvel esprit scientifique*, Paris, PUF, 1984, p.10.

l'objet comme existant en soi, séparé de l'observateur et mû par la puissance du processus causal. $A \to B$ est un processus extérieur au sujet S qui l'analyse et le dit *objectif*, parce que l'observateur est séparé de l'observé. L'explication fournit les moyens de la preuve, en exhibant les conditions qui ont rendu possible l'apparition de B à partir de A. Elle assure la reproductibilité en garantissant que le seul fait en laboratoire de réunir les conditions qui ont permis l'apparition de A nécessairement produira B, ce qui inclut la croyance dans le déterminisme, mais enveloppe aussi une représentation du hasard : « Ainsi, le concept de causalité physique fut doté [...] des connotations de nécessité et de déterminisme. L'acceptation de cette causalité déterministe fut encouragée par le succès [...] de la tentative visant à réduire tous les phénomènes physiques à des processus mécaniques ; une telle vue du monde physique [...] acceptait comme idée de base que toutes les forces sont essentiellement des interactions de contact entre éléments de matière. »[409] C'est ce schéma que l'on retrouve omniprésent dans les explications scientifiques et qui n'est presque jamais remis en cause.

Or ce schéma est insuffisant ; il relèverait même de la superstition, à en croire Ludwig Wittgenstein : « Nous ne pouvons inférer les événements de l'avenir des événements présents. La croyance au rapport de cause à effet est la superstition »[410]. La vie inverse la flèche du temps, lutte contre la tendance au désordre, construit et reconstruit un ordre intelligent au sein de structures extrêmement complexes, dans une flèche du temps non pas divergente, mais convergente. A chaque fois que nous devons aborder l'être vivant, dans le détail de ses fonctions – la fonction de l'œil, le rôle du pancréas, des cellules des os, etc. – nous sommes obligés d'introduire une interprétation par la finalité. Il est

---

[409] L. Rosenfeld, *Considérations non philosophiques sur la causalité en physique*, in *Les théories de la causalité*, Paris, PUF, 1971, p. 133.
[410] L. Wittgenstein, *Tractatus logico-philosophicus* (1918), 5.1361, Paris, Gallimard, 1961, p.109.

visible, en effet, que le tout gouverne et ordonne les parties, que la partie ne se comprend que dans sa finalité par rapport au tout. C'est dans cette représentation que la biologie prend son envol en Occident avec Aristote. Il ne peut être question dès lors de voir dans l'être vivant une simple machine. Il n'y a pas de pièces dans un corps vivant, comme il y en a dans une montre. Si on peut encore parler de parties, c'est en comprenant qu'ici la partie n'existe que par rapport à un tout qui l'inscrit comme partie dans le tout, à travers son agencement de moyens en vue de fins. Toute l'extraordinaire complexité du vivant vient de là.

La causalité circulaire

Cependant il est certainement possible, dans ce schéma, d'ébaucher un retour de la cause vers l'objet, une *boucle*. Cet agencement double fait apparaître un concept tout nouveau, inaccessible à la pensée mécaniste classique, celui de la *causalité circulaire*. Les découvertes scientifiques les plus récentes ont conduit à la formulation d'un nouveau paradigme, le *paradigme de la complexité* tiré de la pensée systémique. Dans le paradigme de la complexité, la causalité n'est plus pensée de manière linéaire mais circulaire : « La causalité circulaire, pour autant qu'elle stipule une liaison indissoluble entre deux relations causales réciproques, et leur considération comme un tout, apparaît comme un concept très tardif et d'une acquisition très laborieuse. Elle constitue un schéma explicatif beaucoup plus élaboré – beaucoup plus puissant et plus proche de la structure du monde considéré au plan ontique. »[411] C'est dire que nous devons également apprendre à penser la nature de manière globale, à penser tous les processus naturels sous la forme de système. Seule une pensée systémique, globale, peut appréhender avec exactitude le fonctionnement de la nature, et permettre de construire une

---

[411] F. Halbwachs, *Causalité linéaire et causalité circulaire en physique*, in *Les théories de la causalité*, Paris, PUF, 1971, p. 111.

relation vivante entre l'homme et la nature.

Au niveau de la conscience, la complémentarité des deux processus est évidente. Rien n'empêche de rendre compte des actes d'un homme en disant qu'il a été poussé par des causes et qu'il avait des motivations étranges. L'intention aligne le tracé de l'action, c'est une visée et une création, et il y a inversion apparente du temps par la conscience créatrice. La fuite du temps est dispersive, elle naît de la représentation linéaire et mécanique du temps ; mais elle est donc ralentie, rassemblée, condensée, cristallisée par la création consciente qui a lieu dans le *maintenant* présent. En la conscience s'effectue un croisement temporel : sa vie s'écoule dans le temps de la mort, mais son action organisatrice sur les systèmes physiques et conceptuels est dans le temps de la vie. Toute création consciente est analogue à du *temps potentiel* et le temps potentiel, c'est de l'*information.* Tout se passe comme s'il n'existait dans l'univers que de l'énergie informée, la matière, substrat de la connaissance humaine ; et de l'esprit matérialisé, l'information, support de l'action créatrice.

Mais n'est-ce pas exactement ce qui constitue le vivant ? Dans tous les systèmes vivants, y compris la Terre, il y a possibilité de disjonction entre la cause externe et l'effet : « Tout système, en produisant son déterminisme interne, exerce dans son territoire et [...] dans ses environs des contraintes qui empêchent certaines causes extérieures d'exercer leurs effets normaux »[412]. Une simple machine, telle que celle qui servait de modèle à Descartes, est incapable de gérer de l'information ; mais une machine cybernétique le peut. La cybernétique établissait, en effet, que « la théorie de la machine avait besoin du concept de finalité pour rendre compte de processus physiques qui ne pouvaient être décrits selon la causalité physique classique »[413]. C'est la révolution radicale qu'apporte la cybernétique au

---

[412] E. Morin, *La Méthode I. La nature de la nature*, Paris, Editions du Seuil, 1977, p. 257.
[413] *Ibid.*, p. 260.

vieux débat entre mécanisme et finalisme. Le comportement des êtres vivants implique une remarquable aptitude *intelligente* à utiliser abondamment de l'information. C'est la reproduction simplifiée de ces comportements, qui est tentée en laboratoire avec les machines cybernétiques comportant un système d'auto-contrôle, ce qui revient à réintroduire la finalité dans le concept même de la machine. L'homme est bien maladroit, ses essais restent des balbutiements encore très loin de la perfection de ce que la nature sait faire depuis des millions d'années, et il faut donner raison à Albert Guinon : « Seule, l'intelligence doit être payée cher, parce qu'elle est seule au monde à ne pouvoir être remplacée par une machine. »[414] La mouche qui vole dans le laboratoire est une réussite admirable de miniaturisation, d'*intelligence*, d'adaptation qui ridiculise par avance le plus habile des prototypes de robot artificiels. Le vivant est doué d'auto-référence ; tous les processus vivants, comme la photosynthèse, l'homéostasie[415], sont auto-référents. L'auto-référence du vivant se manifeste souvent par l'auto-conservation, l'auto-réparation, l'auto-reproduction. Il y a donc lieu, notamment avec Henri Bergson, de remettre en cause le paradigme mécaniste : « Le pur mécanisme serait donc réfutable, et la finalité, au sens spécial où nous l'entendons, démontrable par un certain côté, si l'on pouvait établir que la vie fabrique certains appareils identiques, par des moyens dissemblables, sur des lignes d'évolution divergentes. La force de la preuve serait d'ailleurs proportionnelle au degré d'écartement des lignes d'évolution choisies, et au degré de complexité des structures similaires qu'on trouverait sur elles. »[416]

---

[414] A. Guinon, *Remarques* dans *Le Figaro* - Supplément littéraire, 29 mai 1909.

[415] Inventé par le biologiste W. Cannon pour étudier les régulations thermiques dans le vivant, ce terme a été repris dans les années cinquante par le cybernéticien et psychiatre anglais W. Ross Ashby pour désigner un système autorégulateur. L'idée d'homéostasie consolide le socle théorique commun entre la technologie et la physiologie.

[416] H. Bergson, *L'évolution créatrice*, Paris, PUF, 1986, p. 55.

Dans une boucle de causalité circulaire, c'est la flèche du temps qui semble se refermer sur elle-même. Or notre représentation, qui a été formatée par le paradigme mécaniste, se trouve ici prise en défaut devant un mode de pensée étranger. Il faudrait que notre pensée cesse de raisonner de manière seulement *analytique* et qu'elle apprenne à raisonner de façon *systémique*. Dès que l'on met en cause la chronologie des événements, notre logique duelle classique perd pied[417], elle est mal à l'aise, simplement parce que seule la chronologie permet l'explication par les causes. Alors, pour défaire le cercle, la raison veut l'étaler, le mettre à plat sur une ligne, ce qui se produit dans toute démarche analytique. Incapable d'envisager toutes les interdépendances des mécanismes fonctionnels de la cellule ou du cerveau, nous isolons quelques boucles fondamentales, et nous les ouvrons afin de retrouver les relations de cause à effet. Et dès lors, du point de vue de la compréhension, nous laissons échapper *quelque chose*, l'essentiel, le processus auto-référent, quelque chose qui échappe à l'observation directe : la vie ? La conscience ? L'âme ?

Ce qui transparaît, c'est la limitation interne des principes de raison suffisante et de l'explication causale, issus de la position mécaniste. L'un et l'autre dépendent d'une convention liée à notre sens adaptatif du temps dans la représentation spontanée, convention que nous ne remettons guère en cause. La science classique, dominée par le paradigme mécaniste, se développe dans les postulats de la représentation spontanée. Mais la vie est beaucoup moins mécanique que la science ne l'affirme ; ce que la science a beaucoup de mal à saisir, parce qu'elle s'est elle-même obligée à penser de manière mécaniste, parce que c'est techniquement efficace.

---

[417] Aussi Russell pense-t-il qu'apprendre aujourd'hui la logique formelle classique, « *c'est faire preuve d'un passéisme ridicule* » (Bertrand Russell, *L'Art de philosopher*, trad. Michel Parmentier, PUL, coll. Zêtêsis, 2005, p. 32.)

Mécanisme et ontologie

Le paradigme mécaniste est une doctrine d'une efficacité redoutable, mais myope, de la myopie du laborantin efficace ; redoutable comme peut l'être l'esprit calculateur, n'ayant nul sens de l'Englobant, de la vie comme un tout, un système interconnecté ; n'ouvrant nulle perspective globale sur la relation intime de toutes les existences entre elles ; ne donnant aucun sens de la responsabilité de l'homme à l'égard de la vie. En ce sens, le mécanisme ne serait-il pas une forme de pensée fragmentaire ?

Le modèle de l'animal-machine

Descartes, en posant le modèle de l'*animal-machine*, avait pris quelques précautions. Il savait bien qu'une machine, cela n'existe pas sans un ingénieur qui l'a construite, sinon la comparaison ne veut simplement rien dire. En fait, deux postulats donnent à la pensée cartésienne sa cohérence : a) il existe un Dieu fabricateur ; b) le vivant est donné préalablement à la construction de la machine. De toute manière, le modèle du vivant-machine, c'est justement le vivant lui-même. Si nous enlevons les postulats cartésiens, toute la construction s'effondre. En réalité, il n'est pas aisé de faire disparaître la finalité d'une explication mécanique de type cartésien, ainsi que le remarque justement Canguilhem : « [...] en substituant le mécanisme à l'organisme, Descartes fait disparaître la téléologie de la vie ; mais en fait il ne la fait disparaître qu'apparemment, parce qu'il la rassemble tout entière au point de départ [...] Ce qui est donc positif chez Descartes, dans le projet d'expliquer mécaniquement la vie, c'est l'élimination de la finalité sous son aspect anthropomorphique. Seulement, [...] dans la réalisation de ce projet un anthropomorphisme se substitue à un autre. Un anthropomorphisme technologique se substitue à un anthropomorphisme politique. »[418]

---

[418] G. Canguilhem, « Machine et organisme » in *La connaissance de la vie*, Paris, J. Vrin, 2006, pp. 145-146.

Et quel est le point de départ où la téléologie prend son sens ? Ce n'est rien de moins que le point où la vie est rassemblée, présente et manifeste à elle-même. La réponse pour Descartes est éclatante : dans l'*âme*, ce que Descartes avait découvert et posé dans le *cogito*. C'est par la conscience et en vertu de la conscience de soi que la téléologie prend son sens. Seulement, Descartes taille outrageusement une *dualité* insurmontable entre *res cogitans* et *res extensa*, entre esprit et matière, revendique l'empire de l'explication mécaniste pour l'ordre entier de la substance étendue, de la matière, et retranche les potentialités de la conscience dans la sphère de l'esprit humain, d'où cette remarque de Rupert Sheldrake : « La philosophie cartésienne faisait disparaître l'âme de l'ensemble du monde naturel, la nature [...] étant inanimée, dépourvue d'âme, plutôt morte que vivante. L'âme se retirait aussi du corps humain, vu comme un automate mécanique [...] l'âme rationnelle, l'esprit conscient n'avait plus qu'à se retrancher dans une minuscule région du cerveau, la glande pinéale. »[419] Le Dieu de Descartes est celui de la religion, mais la référence à Dieu comme créateur des machines vivantes devient indispensable, car c'est Dieu qui a fixé la direction du mouvement des machines, dès l'origine ; c'est Dieu qui a programmé le dispositif mécanique d'exécution des êtres vivants, l'homme, lui, ne parvenant, en science physique, à déchiffrer que les mécanismes de son action.

Le paradigme mécaniste était supposé délivrer un système d'explications dépourvu d'ambiguïté, dénué de cette obscurité dans laquelle était tombée l'interprétation par les causes finales. En adoptant le mécanisme, la science moderne a cru pouvoir éliminer l'interprétation finaliste d'Aristote, parce qu'elle a cru que le mécanisme était en contradiction avec elle. Il est erroné de croire que la compréhension aristotélicienne de la nature est en contradiction avec la science moderne. Le finalisme enveloppe le

---

[419] R. Sheldrake, *L'âme de la Nature*, Paris, Albin Michel, 2001, p. 63.

mécanisme, qui en est un sous-système cohérent et nécessaire ; d'où le paradoxe de Morin : « l'être vivant, la plus
fonctionnelle, la plus richement spécialisée, la plus fine-
ment multiprogrammée des machines, est par là même la
machine la plus finalisée en buts précis dans ses productions, performances, comportements »[420]. L'analogie consistant à comparer l'être vivant avec une machine existait
déjà chez Aristote, mais la philosophie aristotélicienne de
la nature ne pouvait tomber dans le piège grossier du réductionnisme, puisqu'elle partait d'une intuition englobante de la vie et non d'une analyse mécaniste.

Et c'est justement le réductionnisme qui triomphe à
la modernité et dans la foulée, l'ontologie y afférente. La
position du problème de la vie se retourne à la modernité.
Pour les Anciens, la vie allait de soi ; que l'homme soit en
vie, que la vie soit présente en toutes choses était une évidence vivante. Les Modernes, qui se retournent vers les
peuples traditionnels, sont si différents, qu'ils ont dû inventer le terme de *panpsychisme primitif* pour qualifier une
telle appréhension. Ainsi l'énigme, pour les Anciens, ce
n'est pas vraiment l'existence de la vie, c'est plutôt le surgissement de la mort. Dans la mesure où l'on reconnaît
l'omniprésence de la vie, la contradiction apportée par la
mort devient un problème à résoudre, auquel peuvent
s'employer les systèmes de pensée philosophique et à la
résolution duquel s'emploie aussi largement la représentation mythique des religions.

L'ontologie de la matière

Ce qui est singulier, c'est le retournement radical de
la question de la vie à la Renaissance. Mais la pensée moderne qui commença à la Renaissance se trouve dans la
situation théorique opposée : la mort est la chose naturelle,
la vie est le problème. L'ontologie qui court en Occident

---

[420] E. Morin, *La Méthode I. La nature de la nature*, Paris, Editions du Seuil,
1977, p. 265.

depuis la modernité est une ontologie dont le modèle est celui de la matière, l'univers extraordinairement élargi de la cosmologie moderne étant conçu comme un champ de masses et de forces inanimées qui opèrent selon les lois de l'inertie et de la distribution quantitative dans l'espace. Le paradigme mécaniste permet d'en rendre raison, son développement explique qu'au cours de ce processus l'interdit de l'anthropomorphisme s'étendit au zoomorphisme en général ; que ce qui resta, c'est le résidu de la réduction aux propriétés de la simple étendue soumise à la mesure, et donc aux mathématiques, ce que regrettait Henri Bergson : « [...] les lois qui régissent la matière inorganisée sont exprimables, en principe, par des équations différentielles dans lesquelles le temps (au sens où le mathématicien prend ce mot) jouerait le rôle de variable indépendante [...] De la création organique, au contraire, des phénomènes évolutifs qui constituent proprement la vie, nous n'entrevoyons même pas comment nous pourrions les soumettre à un traitement mathématique. »[421] Le concept du *savoir* se réduisit donc au seul aspect identifiable des processus naturels, par le biais du paradigme mécaniste. Or un processus mécanique, considéré isolément, est sans vie, car ce qui est purement mécanique n'est pas vivant. Le *sans vie* est donc devenu la règle, l'état naturel et originel des choses, l'objet du savoir par excellence, la *vie* elle-même étant l'exception énigmatique dans l'existence physique.

La conséquence en est que l'ontologie sous-jacente au développement même de la science moderne sous l'égide du mécanisme est une *ontologie de la mort*, et l'ingéniosité de la biologie va s'employer à tenter d'apporter des explications à cette excentricité, à une excentricité de principe, parce que les dés sont pipés dès le départ. Il n'est donc pas ahurissant de voir Xavier Bichat définir la vie comme un ensemble de fonctions qui résistent à la mort : « [...] *la vie est l'ensemble des fonctions qui résistent*

---

[421] H. Bergson, *L'évolution créatrice*, Paris, PUF, 1986, pp. 19-20.

à la mort. Tel est en effet le mode d'existence des corps vivants, que tout ce qui les entoure tend à les détruire. Les corps inorganiques agissent sans cesse sur eux ; eux-mêmes exercent les uns sur les autres une action continuelle ; bientôt ils succomberaient s'ils n'avaient en eux un principe permanent de réaction. Ce principe est celui de la vie »[422]. Il n'y a rien de surprenant à ce que l'on se pose la question de savoir par quels mécanismes la vie parvient à se conserver, alors qu'elle ne devrait pas exister, seule la mort existe. Donc, c'est dans le cadavre que le comportement du vivant cesse d'être une énigme, parce qu'il s'aligne sur celui de la matière, et que la matière est la réalité. Il est possible de décliner ce postulat de bien des manières et dans tous les domaines des sciences ; par exemple chez Freud, dont l'obédience matérialiste et mécaniste n'est plus à démontrer, la « pulsion de mort » ramène le psychique vers le règne inorganique de la substance inerte.

La logique de la dualité

Cependant, il fut un jour où le cosmos était vivant tel qu'il était perçu par l'homme, et son image plus récente sans vie fut construite, ou laissée en résidu, au cours d'un processus de soustraction critique à partir de son contenu originel plus étoffé : en ce sens historique, la conception mécaniste de l'univers contient un élément antithétique et n'est pas simplement neutre. Pourquoi cette absence de neutralité, cette orientation du savoir due au mécanisme ? Il est deux manières d'élucider cette question.

Premièrement, ce virage était nécessaire en vertu de l'orientation *technique* prise par le savoir, conduisant à l'objectivation de la nature à des fins de maîtrise et de domination. Nous nous trouvons ici en présence d'une attitude typique de l'homme occidental : la mécanisation de la vie, du point de vue théorique, et l'utilisation technique de

---

[422] X. Bichat, *Recherches physiologiques sur la vie et la mort* (1800), Paris, Bechet jeune, 1882, p. 2.

l'animal sont inséparables ; l'homme ne pouvant se rendre maître et possesseur de la nature que s'il nie toute finalité naturelle et s'il peut tenir toute la nature, hors lui-même, pour un moyen.

Deuxièmement, ce virage a été amorcé à partir de l'empire grandissant du *dualisme* dans la pensée occidentale. A bien des égards, l'émergence et le long ascendant du dualisme sont parmi les événements les plus décisifs de l'histoire mentale de l'espèce et, depuis Descartes, nous avons eu droit de surconsommer de la pensée duelle. La majorité des questions philosophiques se sont traitées dans des affrontements d'écoles de pensée en opposition duelle. Surtout, la compréhension de la vie a été marquée par l'opposition substance étendue/substance pensante inaugurée par Descartes, qui a laissé aux cartésiens des problèmes quasi-insolubles. Et si, par exemple, la *dualité* corps/esprit était un point de vue limité, superficiel, valide seulement sur le plan le plus grossier ? Et si, sur un plan plus élevé, il valait beaucoup mieux parler d'une *triade* : corps-âme-esprit ? Et si la logique de la dualité devait à un moment céder la place à une logique de la triade ?

Toujours est-il que le matérialisme est la véritable ontologie de notre monde depuis la Renaissance, le véritable héritier du dualisme, sans lequel il n'aurait pu apparaître. Alexandre Koyré nous montre comment, en vertu de ce matérialisme, l'espace s'était vidé progressivement de tout et devint le cadre de l'absence de tout être, et même de l'absence de Dieu : « Le Divin Architecte avait donc de moins en moins à faire dans le monde. Il n'avait même pas besoin de le maintenir dans l'être : le monde, de plus en plus, était à même de se passer de ses services »[423]. Il suffisait en effet, après avoir déshydraté l'arbre de l'univers de la sève de sa finalité immanente, de biffer l'existence de Dieu, pour ne retrouver partout que l'univers mortel de la causalité mécanique, pour laisser la place à une ontologie

---

[423] A. Koyré, *Du monde clos à l'univers infini*, Paris, Gallimard, 1973, p. 336.

de la mort d'où toute subjectivité vivante avait été par avance décampée. Le règne de l'objectivité était ouvert et sans partage, et désormais le *monisme matérialiste* pouvait étendre son empire, sur les ruines du dualisme. Dès lors, l'onde de choc de la pensée mécaniste devait se traduire par une mutilation de l'image de la nature. La mutilation que l'humanisme prométhéen de l'homme moderne fera subir à la nature, correspond à un mépris de la nature porteuse d'une unité, d'un équilibre, d'une finalité non posés par l'initiative de l'activité humaine, mais que révèle la notion de complexité.

MÉCANISME ET CALCUL

Il semble bien, d'emblée, que la pensée ne puisse se réduire à une opération logique de calcul que la raison effectuerait au moyen des idées, éléments, formes de la pensée par lesquelles nous avons conscience de cette même pensée. Et pourtant, dès qu'il y a un but à atteindre, une prévision à faire, un problème à résoudre, notre pensée se rapproche beaucoup d'un calcul, d'une opération, d'un ensemble d'opérations effectuées sur des symboles, représentants de grandeurs, d'un ensemble de procédés de représentation des relations logiques ; d'une technique des opérations arithmétiques ; d'une appréciation ou d'une estimation ; des moyens que l'on combine pour parvenir à une fin. Nous serions donc tentés de dire que d'un côté, il y a la pensée rationnelle, une forme de calcul et de l'autre, une pensée irrationnelle de moindre importance, la pensée immédiate, sans intermédiaire. Dès que l'esprit se reprend lui-même, se ressaisit, prend conscience de quelque chose par le biais des idées, peut-on dire alors qu'il se met à calculer ? Penser, est-ce calculer ?

Raisonnement et calcul

D'après Hobbes et Leibniz, raisonner c'est appliquer des règles, comme des opérations arithmétiques, c'est-à-dire calculer. Mais qu'est-ce qu'un *calcul* ? Qu'est-ce qu'un objet calculable, une fonction calculable ? Par exemple la fonction

$$f(n) = 3n^2 - 2n + 1$$

est calculable, parce qu'il existe un procédé de calcul, un *algorithme* qui, pour chaque valeur de *n*, permet de déterminer automatiquement, en un temps fini, la valeur de $f(n)$. Mais que sont les algorithmes ? Est-il vrai que toute fonction définie de N dans N est calculable ? Cette question a été abordée indépendamment par plusieurs mathématiciens dans les années 30 ; il n'était guère question de démontrer un théorème mais de préciser, caractériser formellement une notion intuitive : la *calculabilité*[424].

La notion de calculabilité

La philosophie de l'esprit issue de la réflexion sur l'Intelligence Artificielle, appartient à ce qu'il est convenu d'appeler la philosophie analytique. Aussi, selon Daniel Andler, la philosophie de l'esprit et la réflexion philosophique sur l'IA héritent-elles de l'aspect logiciste de la philosophie analytique, au sens que ce terme revêt dans le débat sur les fondements des mathématiques depuis le début du XXᵉ siècle : « Aujourd'hui nommée "philosophie analytique", ce n'est pas une doctrine, mais un mode ou une méthode, une façon de philosopher. Cette philosophie de l'esprit [...] explique qu'aujourd'hui ce soit elle qui contribue, plus que tout autre, aux sciences cognitives [...] »[425]. Il convient donc d'essayer de rétablir, avant d'en venir à l'étude de la notion de calcul proprement dite, ce que le débat sur l'IA doit aux trois réflexions épistémologiques sur les fondements des mathématiques, le logicisme, le formalisme et l'intuitionnisme. D'après G. Kreisel, le débat

---

[424] R. Penrose, *L'esprit, l'ordinateur et les lois de la physique*, p. 156-157.
[425] D. Andler, « Calcul et représentations : les sources », dans [Andler D. (dir.), *Introduction aux sciences cognitives*, Folio Essais, Gallimard, Paris, 1992], pp. 19-20.

philosophique entre partisans et opposants de l'IA reproduit le vieux débat entre formalistes et antiformalistes, il «
tirerait parti d'une référence explicite à l'indubitable progrès logique [...], qui a eu lieu depuis les discussions, il y a
un siècle, entre les (mêmes) partisans et opposants qui
étaient alors appelés "formalistes" et "antiformalistes" ».
Ce *progrès logique* sur la question du formalisme consiste
essentiellement pour Kreisel en la mise au jour de l'idéal de
rigueur informelle telle qu'elle est contenue dans la thèse de
Church-Turing[426].

A la question de la calculabilité, en effet, plusieurs
réponses apparemment différentes ont été données par
Church en lambda-calcul, Turing par les machines de Turing, ou Gödel. Il a été démontré que toutes ces caractéri-
sations étaient équivalentes, en dépit des différences de
formulation, ce qui conduit à la *thèse de Church-Turing, à
savoir que, par exemple, la notion de calculabilité est parfaitement
caractérisée par la notion de machine de Turing :* « *le concept de
machine de Turing (ou son équivalent) définit effectivement ce que,
mathématiquement, nous entendons par procédure algorithmique (ou
effective ou récursive ou mécanique) »*[427].

Turing a construit le formalisme de la calculabilité
par machine de Turing pour rendre compte formellement
de l'expression de *procédure mécanique* telle qu'elle apparaît
dans la définition informelle de la notion d'algorithme, non
pas pour rendre compte du terme de *machine* proprement
dit. Plus précisément, le terme de *mécanique*, avant l'usage
qu'en fait Turing, est interprété métaphoriquement et possède la même signification que l'adjectif *servile*[428], tandis que
Turing envisage le terme de manière plutôt littérale : « Une
fonction est dite "effectivement calculable" si ses valeurs
peuvent être trouvées par quelque procédé purement mé-

---

[426] *Cf.* G. Kreisel, "Church's Thesis and the Ideal of Informal Rigour",
Notre Dame Journal of Symbolic Logic, 28, 4, October 1987, p. 516.
[427] R. Penrose, *L'esprit, l'ordinateur et les lois de la physique*, p. 54.
[428] *Cf.* J. Mosconi, *La constitution de la théorie des automates,* thèse de doctorat d'Etat, Université de Paris I, tome 1, 1989, p. 19.

canique [...]. Nous pouvons prendre cet énoncé littéralement, en entendant par procédé purement mécanique un
procédé qui pourrait être exécuté par une machine »[429]. Ces
réserves faites, nous pouvons alors donner une description
de cette machine d'un genre nouveau.

Le modèle de calcul le plus simple est la *Machine de
Turing*[430], créée en 1936 par Alan Turing[431], « auteur d'un
langage algorithmique simple et commode, ainsi que de
nombreux résultats dans le domaine de la décidabilité et de
la calculabilité »[432]. La machine de Turing est un automate
abstrait, une *machine de papier*, d'après l'expression de Turing lui-même supposant l'effectuation des instructions par
un opérateur humain : « Il est possible de produire l'effet
d'une machine à calculer en écrivant l'ensemble des règles
de procédure et en demandant à un homme de les effectuer. La combinaison d'un homme et d'instructions écrites
sera appelée "Machine de papier" »[433]. Du point de vue
d'un observateur extérieur, cette machine est une *boîte noire*
possédant un canal d'entrée et un canal de sortie, selon la
description de Minsky : « L'utilisateur n'a pas [...] besoin
de savoir ce qui se produit à l'intérieur de la boite. Aussi,
sauf s'il est particulièrement intéressé par la compréhension de la façon dont la machine "travaille" ou dans sa

---

[429] A. M. Turing, "Systems of Logic based on Ordinals", *Proceedings of the
London Mathematical Society*, 1939, ser. 2, vol. 45 : 161-228 reprint dans
[M. Davis (ed.), *The Undecidable* Raven Press, Hewlett, New York, pp.
154-222], § 2.

[430] L'expression n'est évidemment pas de Turing lui-même, mais se
retrouve pour la première fois dans le compte-rendu de Church à
l'article de Turing de 1936, publié dans le *Journal of Symbolic Logic* (2)
(1937), pp. 42-43.

[431] *Cf.* A. M. Turing, 'On Computable Numbers with an Application to
the Entscheidungproblem', *Proceedings of the London Mathematical Society*,
1936, 42 : 230-265.

[432] A. Thayse et *al.*, *Approche logique de l'intelligence artificielle*, 1, p. 102.

[433] A. M. Turing, "Intelligent Machinery", *Executive Committee NPL*,
1948, 1-20, Crown Copyright Reserved, H. M. S. O.; republié dans [*Key
Papers : Cybernetics*, C. R. Evans et A. D. G. Robertson (eds.), University
Park Press, Manchester, England, 1968], p. 34.

modification, il doit seulement savoir quelles sont les propriétés "d'entrée-sortie". Quand on traite d'une machine
de cette manière, nous l'appelons une "boite noire", indiquant par-là que l'on se désintéresse du contenu. »[434]

Une machine de Turing est constituée d'un ruban
infini des deux côtés, divisé en cases contenant chacune
une lettre de l'alphabet $\square$ = {0, 1, *Blanc*}. Une tête de lecture-écriture pointe vers l'une des cases du ruban. Un ensemble fini Q décrit l'ensemble des états dans lequel peut
se trouver la machine. On réserve les notations q_{init} pour
désigner l'état initial de la machine et q_{fin} son état final. Un
ensemble fini d'instructions permet de décrire la dynamique de la machine. Ces instructions sont de la forme :

$$q, x \square y, q', d,$$

où : q et q' sont des éléments de Q, c'est-à-dire des états de
la machine ; x et y sont des éléments de $\square$ et d est un élément de l'ensemble {D, G}.

La dynamique de la machine est alors décrite par la
règle suivante : si la machine est dans l'état q et si la tête de
lecture-écriture pointe vers une case contenant la lettre x,
alors la machine écrit y à la place de x, passe dans l'état q' et
la tête de lecture-écriture se déplace d'une case dans la
direction indiquée par d : droite pour D et gauche pour G.
On dit qu'une machine M calcule la fonction f si, chaque
fois que la bande contient l'entier n, écrit en binaire, et
qu'on lance la machine M, la tête de lecture-écriture poin-
tant vers la première case de n et la machine étant dans
l'état q_{init} , la machine M finit par s'arrêter sur l'état q_{fin} en
ayant inscrit l'entier $f(n)$ sur le ruban.

Selon la thèse de Church-Turing, toute fonction *intuitivement* calculable peut être formellement calculée par
une machine de Turing, ce qui paraît étonnant et il est
impossible de le démontrer : « Une grande variété de langages algorithmiques ont été inventés ; on a pu établir

---

[434] M. L. Minsky, *Computation : Finite and Infinite machines*, Prentice-Hall,
Inc. Englewood Cliffs, N. J. , 1967, p. 13.

qu'ils avaient tous un même pouvoir d'expression. Cette constatation a conduit à la *thèse de Church*, qui affirme que les fonctions calculables au sens intuitif [...] sont exactement les fonctions calculables au sens de Turing (ou de Gödel). Cette thèse ne peut évidemment pas être démontrée, puisqu'elle concerne une notion non formelle. »[435] Par contre, toute fonction calculable par un programme *Pascal* est calculable par une machine de Turing, et réciproquement. Par ailleurs, toute fonction intuitivement calculable peut être formellement calculée par un programme *Pascal* ou *Prolog*, en supposant toujours que l'on dispose d'autant de temps et d'espace mémoire que nécessaire.

Les machines spécialisées calculent une fonction et une seule. Il est possible de construire une « machine de Turing universelle… une imitatrice universelle »[436], capable de calculer toutes les fonctions calculables, ce que Turing mentionne au paragraphe 6 de son article de 1937 : « Il est possible d'inventer une machine unique qui peut être utilisée pour calculer n'importe quelle suite calculable. Si cette machine U est munie d'un ruban au début duquel est inscrite la description standard d'une machine à calculer M, alors U calculera la même suite que M »[437]. La construction repose sur le résultat suivant : il est possible d'énumérer formellement toutes les machines de Turing, de coder toute machine de Turing T par un entier n de telle manière qu'étant donné une machine de Turing T, il est possible de calculer son code n et qu'étant donné un entier n, il est possible de construire la machine dont il est le code. On note T_n la machine de Turing dont le code est l'entier n, et on considère alors la machine de Turing U définie par :

$$U(nBp) = T_n(p).$$

[435] A. Thayse et *al.*, *Approche logique de l'intelligence artificielle*, 1, p. 110.
[436] R. Penrose, *Ibid.*, p. 56.
[437] A. M. Turing, « On computable numbers, with an application to the *Entscheidungs-problem*", *Proceedings of the London Mathematical Society*, 1937, série 2, vol. XLII, pp. 230-265.

La machine U interprète la première partie de la donnée comme étant le code de la machine spécialisée qu'elle doit simuler et la deuxième partie comme étant la donnée à lui transmettre. Finalement, n représente le *programme* de U tandis que p représente la *donnée*. Cette machine est *universelle* puisqu'elle peut *simuler* toutes les machines de Turing T_n.

Il est deux idées essentielles à retenir : a) une seule machine suffit pour calculer tout ce qui est calculable ; b) pour une machine de Turing universelle, il n'est pas de différence de nature entre programme et donnée, idée reprise par Von Neumann[438] lorsqu'il définira l'architecture des premiers ordinateurs : programmes et données doivent être stockés dans une mémoire unique, et c'est encore le cas pour les ordinateurs que nous utilisons de nos jours.

Le calcul logico-mathématique

Globalement, un *calcul* est la mise en œuvre d'une aptitude caractéristique du mental, celle d'effectuer une opération au moyen de concepts. Le calcul se rencontre dans plusieurs domaines de l'activité humaine.

En premier lieu, le calcul est une opération *mathématique* effectuée avec des variables, des nombres ou constantes et qui suppose l'application d'une *règle*. Une addition, une soustraction, une multiplication, l'extraction d'une racine carrée sont des calculs, et les nombres en sont les *éléments*. L'addition par exemple est une *règle opératoire* pour le calcul qui met en relations les variables utilisées. Le calcul est une opération que nous faisons pour trouver un *résultat* conforme à l'application d'une règle. Une *équation* quant à elle est une formule qui combine des variables, des constantes et des règles opératoires sous une égalité de rapport située dans l'identité.

Un calcul peut également être seulement *logique*. Si

---

[438] *Cf.* J. Von Neumann, « The General Theory of Automata », in *Cerebral Mechanisms in Behaviour*, L.A. Jeffress ed., New-York, Wiley, 1951.

nous attribuons à la proposition p la valeur de vérité V (vrai), et à la proposition q la valeur F (faux), nous disposerons d'éléments dont les combinaisons à l'intérieur d'un raisonnement sont susceptibles d'être étudiées. Le résultat du calcul peut être discuté d'un point de vue purement logique, la logique étant capable de déterminer si une forme de raisonnement est ou non valide, si une conclusion est ou non correcte. La *logique propositionnelle* et *le calcul des prédicats*[439] sont par exemple des formes de calcul logique fondées sur les valeurs binaires V/F, présentes dans la pensée duelle de la représentation spontanée.

Le calcul des propositions, ou logique propositionnelle, est d'une utilité capitale dans des domaines divers et sa parfaite compréhension est indispensable au logicien, au mathématicien et à l'informaticien. Ce calcul étudie des énoncés soit vrais, soit faux. Considérons les trois énoncés vrais qui suivent :

a) *Une demi-heure avant sa mort, elle était encore en vie.*

b) *Si [il se fait que] s'il pleut, les herbes sont mouillées, alors [il se fait que] si les herbes ne sont pas mouillées, il ne pleut pas.*

c) *La Terre tourne.*

Pour se convaincre de l'exactitude du premier énoncé (a), il suffit de connaître le sens des mots : un tel énoncé est une *vérité de langage*. Pour admettre le deuxième énoncé (b), il suffit de connaître le sens de certains mots – *si... alors*, *ne... pas* – et de savoir que les morceaux de phrase « il pleut » et « les herbes sont mouillées » sont des *propositions*, des énoncés susceptibles d'être vrais ou faux. Le deuxième énoncé reste vrai si nous remplaçons ces deux propositions par d'autres propositions : ces vérités de langage sont des *vérités de logique*. Quant au troisième énoncé (c), il n'est pas une vérité de langage, car il exprime un fait – ici, un point de physique et d'astronomie : cet énoncé est donc une *vérité de fait*.

---

[439] *Cf.* A. Thayse et *al.*, *Approche logique de l'intelligence artificielle*, 1, pp. 1-70.

L'esprit calculateur

Cependant, la notion de calcul peut être étendue. En nous appuyant sur une réflexion du d'Emil Post[440], nous pouvons considérer que la notion de calcul n'est pas une définition ou un axiome abstraits, une notion formelle relevant de la logique et qu'il faudrait appliquer à la réalité, mais bien plutôt une loi de la nature. Thomas Bernhard pensait que, de par sa nature, l'homme est un être calculateur : « Des machines à calculer, les hommes ne sont rien d'autre. Nous recalculons, nous ne faisons qu'établir des comparaisons numériques. Nous naissons dans un système numérique et, un jour, nous en sommes rejetés, propulsés dans l'univers, dans le néant. Parlons-nous un moment avec un homme [...] nous voilà effrayés de constater que nous parlons avec une machine à calculer. Le monde ne sera bientôt plus qu'un unique ordinateur. »[441]

Le calcul est surtout *économique*, si l'économie veut être la science des échanges dans lesquels prennent place des évaluations quantifiables : l'opérateur en bourse calcule ses placements pour qu'ils lui rapportent le plus possible, et le dirigeant d'entreprise gère ses marges pour augmenter le profit de son entreprise. Mais le calcul peut aussi être *politique*, car Machiavel enseigne que le fin politique est un habile calculateur capable de prendre des décisions opportunes en prévoyant leurs conséquences. Comme l'atteste Georges Picard, « La politique est une arithmétique. Calculette en main, les politiciens doivent faire le compte des intérêts corporatistes qu'ils souhaitent défendre, en défalquant ceux que leur programme ne peut entériner pour des raisons de principes, de tradition ou simplement d'incompatibilité. »[442] Le calcul peut enfin être *militaire*, et on ap-

---

[440] *Cf.* E. Post, "Finite Combinatory Processes - Formulation I", *Journal of Symbolic Logic*, I (1936), réédité dans M. DAVIS (ed.), *The Undecidable*, Raven Press, Hewlett, New York, 1965, pp. 288-291.

[441] T. Bernhard, *Perturbation*, trad. Bernard Kreiss, Paris, L'Imaginaire-Gallimard, p.182.

[442] G. Picard, *Petit traité à l'usage de ceux qui veulent toujours avoir raison*, José

pelle *stratégie* la manière de calculer avec des forces en présence pour faire plier la volonté de l'adversaire, car la guerre est affaire de stratégie, de calcul en vue d'une victoire. La pensée qui se déploie dans le jeu d'échec est encore de cette nature, puisqu'elle calcule en vue d'un but, mettre mat le roi de l'adversaire pour remporter la partie.

Il y a calcul dans tout domaine où doit être effectuée une *mesure* : l'arpenteur mesure le terrain, le vendeur du marché pèse les fruits ; le résultat de la mesure entre dans un calcul. On peut aussi avoir affaire à une combinaison de mesures comme dans le calcul statistique. Plus généralement, il y a calcul là où se constitue un agencement rigoureux des *moyens* à des *fins*, là où s'élabore un projet ; car calculer, c'est arranger correctement des moyens en vue d'une fin. Dès l'instant où nous posons un but pratique à réaliser, il semble que la manière dont notre esprit se mobilise autour d'une fin soit de l'ordre du calcul.

L'*esprit calculateur* n'est donc pas l'apanage des logiciens ou des mathématiciens, mais une caractéristique du mental raisonneur. Un esprit calculateur est celui dont les opérations se cantonnent étroitement dans le calcul pour l'obtention d'un résultat. Ce qui l'intéresse c'est la production du résultat, quelles qu'en soient les conséquences ; aussi dit-on que l'esprit calculateur est froid, cynique, implacable. Il est un cynisme économique résultant de la recherche du seul profit, qui finit par broyer la condition humaine du travail. Le décideur économique qui ne fait entrer en compte que des mesures économiques sera prêt à liquider ce qu'il considère comme des charges, particulièrement le salaire, pour remplacer les hommes par des machines, des ordinateurs, ou des robots. Il ne tiendra nul compte des catastrophes engendrées par la pollution industrielle – encore des charges ! – mais il pourra aussi détour-

---

Corti, 1999, p. 59.

ner les valeurs morales, si cela lui profite. Le requin de la finance n'a que faire des valeurs autres que celle de l'argent. Le cynisme politique est lui aussi l'expression de l'esprit calculateur, car il fait du politique un manipulateur dont la seule visée est de se maintenir au pouvoir. Décider de la date d'une élection, de la promotion d'un personnage public, d'une dissolution de l'Assemblée, d'un amendement de la constitution, de la création d'une structure : tout peut être affaire de calcul. Le mot qu'il faut alors employer ici, c'est celui de stratégie pour obtenir une victoire en conservant le pouvoir, et de la politique à la force militaire, il n'y a qu'un pas. La froideur de l'esprit calculateur signifie qu'il n'a que faire de la dimension affective de l'humain, qu'il a en vue des chiffres, des résultats, le reste lui important peu, qu'il est implacable parce que borné à une seule fin qu'il poursuit avec ténacité et que cette fin ne justifie aucune possibilité de changement de vue, de modération ; d'où le recours constant et l'aptitude à la ruse. Ce qui importe, ce n'est que le calcul pour obtenir un résultat, et la conséquence en est que la fin justifie les moyens : les moyens peuvent être immoraux, si seul compte le résultat, mais comme l'immoralité ne saurait se défendre pour elle-même, l'esprit calculateur saura se déguiser, ruser pour aboutir, sans cependant justifier ses moyens, en cachant des pratiques douteuses. Machiavel n'enseigne-t-il pas que le Prince se doit d'être un fin calculateur qui doit savoir gérer avec opportunisme les situations qui se présentent à lui pour en tirer le meilleur parti ? Par exemple : « Vous devez donc savoir qu'il y a deux manières de combattre : l'une avec les lois, l'autre avec la force ; la première est propre à l'homme, la seconde est celle des bêtes ; mais comme la première, très souvent, ne suffit pas, il convient de recourir à la seconde. Aussi est-il nécessaire à un prince de savoir bien user de la bête et de l'homme »[443].

---

[443] Machiavel, *Le Prince* (1513), trad. Yves Lévy, Paris, Flammarion, p. 141.

La pensée peut alors se ramener à un jeu de stratégie, qui semble une mécanique sans âme. Un esprit calculateur est semblable à une machine bien rodée pour combiner des moyens en vue d'une fin, une machine mentale s'abstenant de toute réflexion sur ses propres buts pour n'avoir de finalité que ses résultats. Est-ce là une utilisation mal intentionnée du mental, ou bien le mental est-il calculateur par nature, est-il par nature mécanique ?

Mécanique et logique

Est-ce à dire que la pensée, qui consiste en un agencement adroit de moyens en vue de fins, possède une forme *mécanique* ? A ce compte, elle pourrait être confiée à une machine, à un ordinateur, car selon Weyman Jones, « les ordinateurs procèdent à des calculs compliqués en les décomposant en quelques opérations simples qui sont répétées un très grand nombre de fois, mais à une vitesse presque aussi grande que celle de la lumière »[444]. Aussi une telle question prend-elle toute son acuité quand elle est replacée dans le cadre actuel de l'informatique, « science ou technologie du traitement automatique de l'information »[445] par ordinateur. Pouvons-nous dire que l'ordinateur pense ? Personne ne met en doute qu'il effectue des calculs, qu'il est un brillant calculateur, capable d'effectuer un très grand nombre d'opérations en un temps extrêmement court. Pouvons-nous ramener toutes les opérations de la pensée à une forme de calcul ? Si tel est le cas, alors l'ordinateur peut se mettre à penser.

La logique du calcul et la logique du bon sens

Il existe une certaine blague en informatique, où l'on demande à un ordinateur : que faut-il choisir entre une montre cassée et bloquée à trois heures, et une montre qui prend cinq minutes de retard tous les jours ? Réponse

---

[444] W. Jones, *L'ordinateur, auxiliaire du cerveau*, Paris, Istra, 1972, p. 12.
[445] F. Varenne, *Qu'est-ce que l'informatique ?*, Paris, Vrin, 2009, p. 12.

calculée : la montre cassée, parce qu'elle donne l'heure exacte deux fois par jour, tandis que la montre qui retarde ne donnera l'heure juste que tous les X jours, par exemple 685,785 jours compte-tenu du décalage et de son rattrapage. Or le *bon sens* humain n'hésite pas, choisit plutôt la montre qui retarde, car elle est plus utile, elle au moins marche ! Ainsi la *logique du calcul* et la *logique du bon sens* ne se rencontrent-elles pas toujours : le calcul n'est pas suffisant pour saisir les raisons de préférer une montre qui fonctionne, même de manière approximative ; le bon sens paraît plus *intelligent* que le calcul strict, exact, mais très limité dans ses vues, borné. L'ordinateur exécute une opération déclenchée par les entrées qu'il reçoit : l'opérateur tape 6 × 8, et lance avec une touche l'opération, la machine renvoie 48 ; strictement parlant, c'est comme si l'entrée était un *stimulus* déclenchant une *réponse*, la sortie.

Par contre, la reconnaissance des données n'est pas *pensée* par la machine. Les données n'ont pas de *sens*, mais ne sont que des suites de signes : il suffit d'un espace, d'une liaison mal faite, pour que la machine ne puisse opérer ; si par exemple le mot *béton* est associé à un ordre, le fait de l'écrire « *bétno* » va bloquer le calcul. L'opérateur humain, quant à lui, va immédiatement *comprendre* en rectifiant l'erreur, relativement au contexte, par exemple dans un rapport d'architecture : « La machine, quand elle rencontre une expression nouvelle, n'a que deux possibilités : ou bien elle traite l'expression [...] comme un cas sans problème auquel s'appliquent les règles en vigueur, ou bien elle y va à l'aveuglette. Alors qu'un auditeur [...] dispose d'une troisième voie : il peut reconnaître l'expression comme bizarre, échappant aux règles et cependant en démêler le sens, il va lui assigner un sens selon le contexte vivant dans lequel elle se situe [...], sans se référer à des règles, mais sans davantage s'en remettre au hasard. »[446]

C'est ce qui était insupportable dans la programma-

---

[446] H.-L. Dreyfus, *Intelligence artificielle : Mythes et limites*, p. 252.

tion où la moindre erreur de frappe pouvait provoquer le blocage de la machine, d'où la rage contre ces stupides machines incapables de *comprendre* ce que n'importe quel être humain saurait trouver tout seul ! La relation entre le stimulus et la réponse, l'entrée et la sortie, n'est pas pensée par la machine, mais établie par le programmeur qui a spécifié ce que la machine devrait faire quand tel type d'entrée lui était proposé. Si le programme est fait pour renvoyer des sottises, des erreurs, la machine renverra des sottises, des erreurs. En l'occurrence, *c'est le programmeur qui est intelligent,* non pas la machine ; c'est lui qui sait que telle relation est correcte entre A et B, que telle autre relation est dépourvue de sens. Et en ce sens, d'après René Moreau, Torres y Quevedo « [...] écrivait, en discutant une pensée de Descartes selon laquelle les automates ne pouvaient parler "raisonnablement", que Descartes avait été égaré par l'idée que l'automate devait faire lui-même le raisonnement alors que c'est son constructeur qui raisonne pour lui. »[447]

Le langage naturel et le langage logique

Pour que l'ordinateur pense, il faudrait qu'il puisse *intuitivement* appréhender un *sens*, mais la machine ne connaît que la pensée *discursive*, non pas la pensée *intuitive*. Pour que des éléments signifiants soient manipulés, il faudrait que le sens puisse être entièrement formulé dans des propositions du langage ; il faudrait aussi formaliser le langage naturel, le formuler en langage logique ; mais est-ce possible ? Le prodige consisterait à ramener toutes les opérations de la pensée humaine à une forme de calcul interprétable par la machine, à traduire tous les énoncés du *langage naturel* dans le *langage logique*[448]. Mais en fait, rigoureusement, la machine n'opère même pas au niveau logique ; ce qui lui est nécessaire, c'est que l'on transforme le code

---

[447] R. Moreau, *Ainsi naquit l'informatique*, Paris, Dunod, 1987, p. 29.
[448] *Cf.* Thayse et autres, *Op. cit.*, tome 2, pp. 1-10. Voir aussi : S. Auroux et *al.*, *La philosophie du langage*, Paris, PUF, 2004, pp. 269-304.

logique dans le « langage binaire »[449], le seul que la machine puisse *comprendre*. C'est pourquoi les ordinateurs utilisent des mémoires qui n'ont que deux états, le 0 et le 1 de l'algèbre de Boole, car « tout ce que peut faire la mémoire de l'ordinateur, c'est de mémoriser des 1 et des 0 »[450].

Il n'est guère aisé de passer du langage naturel au langage logique ; car, à chaque instant, nous serons confrontés au problème de la signification : « [...] ce qui est difficilement formalisable dans la langue naturelle c'est bien sa composante sémantique, c'est-à-dire ce par quoi des phrases ont ou acquièrent une signification [...]. Au contraire, la syntaxe d'une langue naturelle peut plus facilement être modélisée par un langage formel du type logique ou mathématique. »[451] En outre, les langues naturelles sont caractérisées par la polysémie, car un mot peut posséder plusieurs sens : « Le caractère polysémique d'une langue tend [...] à accroître encore la richesse de son composant sémantique. Par ailleurs, ce trait rend la formalisation difficile sinon impossible. »[452] Aussi Dreyfus rappelle-t-il un épisode caractéristique de l'opposition à la traduction automatique chez Bar-Hillel : « Soit une phrase de ce genre : *The box was in the pen.* [...] aucun programme [...] ne peut permettre à un ordinateur de déterminer d'emblée que le mot pen, dans la phrase donnée, dans le contexte donné, ne peut avoir que le second sens [parc à bébé], alors que n'importe quel lecteur sachant suffisamment d'anglais le fera "automatiquement". »[453]

Trois pages d'un roman de Francis Bebey sont faciles à comprendre pour un lecteur humain, mais la formalisation des énoncés qu'elles contiennent est un labeur acharné pour un logicien. Nous nous trouvons en effet confrontés à des énoncés difficiles à formaliser : jugements

---

[449] *Cf.* G. Casanova, *L'algèbre de Boole*, Paris, PUF, 1967, pp. 102 *sq.*

[450] W. Jones, *L'ordinateur, auxiliaire du cerveau*, Paris, Istra, 1972, p. 45.

[451] A. Thayse et *al.*, *Approche logique de l'intelligence artificielle*, 2, p. 4.

[452] A. Thayse et *al.*, *Ibid.* p. 5.

[453] H.-L. Dreyfus, *Intelligence artificielle : Mythes et limites*, p. 273.

esthétiques, jugements de valeur morale, appréciations subjectives des sentiments, rêveries, énoncés métaphoriques, propositions contenant des probabilités, des suppositions, etc. ; par exemple : « Il était grand et fort et laid »[454]… « cette journée pleine de sel de cuisine et de promesses d'avenir »[455]… « Agatha vint me voir à la prison, de temps en temps, et m'apporta des paquets d'amour naissant et d'oranges mûres »[456]. Certes les recherches en IA avancent rapidement. On est parvenu à composer des correcteurs grammaticaux ayant déjà une bonne efficacité, tout en continuant à buter devant des erreurs assez comiques, que le bon sens relève tout de suite. *A fortiori* une intelligence humaine aiguë n'aura pas de difficulté à déceler des erreurs que la mécanique logique ne trouvera guère.

Le calcul et l'intelligence

Toute la pensée peut-elle se ramener à la *logique du fini* utilisable par la machine ? Il est fascinant d'imaginer que nous pourrions transcrire les énoncés des articles d'une encyclopédie, pour constituer un savoir logique cohérent. Il deviendrait alors possible de poser une question dans le langage naturel à l'ordinateur et d'avoir une réponse structurée, non pas seulement sur un mode interrogatif, ce qui est assez simple. Il suffit de distribuer le savoir dans une « base de données »[457], et l'ordinateur joue ainsi le rôle élémentaire d'une mémoire agencée en répertoires : c'est une prouesse dont s'accommode la petite calculette qui contient un dictionnaire de traduction. Un savoir vraiment *intelligent* serait plutôt un savoir contenant des *relations* que la machine serait capable de *créer* elle-même, sans qu'un opérateur humain l'ait fait avant elle.

Qu'est en effet un esprit *intelligent* ? C'est celui qui

---

[454] F. Bebey, *Le fils d'Agatha Moudio*, Yaoundé, CLE, 2001, p. 11.

[455] *Ibid.*, p. 16.

[456] *Ibid.*, p. 20.

[457] A. Thayse et *al.*, *Approche logique de l'intelligence artificielle*, 2, pp. 311 *sq.*

perçoit des relations, qui est capable immédiatement d'établir une relation. Voir une relation, c'est beaucoup plus que calculer avec des éléments opératoires ; c'est *imaginer* ce qui ne se donne pas d'emblée, ce qui ne se constate pas. Or il est un saut entre cette intelligence et la mécanique logique du calcul, deux formes de pensée différentes. Plus généralement, il est notoire que les activités intellectuelles reposent aussi, comme dans la machine, sur la mémorisation systématique, selon le constat de Weizenbaum : « Il arrive que des étudiants préparent leurs examens de physique en apprenant par cœur des listes d'équations. Ils peuvent […] réussir leurs examens avec de tels exploits de mémoire sans qu'on puisse dire pour autant qu'ils comprennent la physique. »[458] C'est une expérience que fait également le professeur de mathématiques : il est des élèves qui réussissent en répétant les mêmes exercices encore et encore, jusqu'à ce que la *mécanique* soit acquise et qui, à la moindre variation de présentation de l'énoncé, seront perdus ; il est aussi des élèves qui saisissent immédiatement les relations, qui *comprennent*, et ces derniers sont plus créatifs, plus *intelligents* et chez eux, la mécanique du calcul est seconde. En d'autres termes, les premiers ont laborieusement acquis l'aspect *discursif* du calcul, et les seconds ont un sens *intuitif* des mathématiques.

Pensée et complexité

Penser désigne l'acte de mise en œuvre de la pensée. Le mot *pensée*, lui, a un sens plus large : 1) la pensée est l'activité du mental dans toutes les formes d'idéation, ce qui enveloppe l'imagination, le souvenir, la rêverie, mais également le délire, l'illusion, l'hallucination, et en ce sens le rêve est une pensée, car le rêveur *pense* et pourtant il est sur son lit, inconscient ; 2) la pensée désigne aussi la conduite rigoureuse du raisonnement, la *pensée discursive*, la

[458] J. Weizenbaum, *Puissance de l'ordinateur et raison de l'homme*, Paris, Editions d'informatique, 1981, p. 95.

démarche de développement d'une intuition, la *pensée intuitive*, et dans ce sens, on ne saurait dire que le rêveur *pense*, car il n'a pas de logique, et le sens commun ne pense pas non plus, mais il répète des idées convenues, des opinions. En quoi la pensée est-elle complexe ?

La pensée rationnelle

La pensée du *calcul* est une variété de la *pensée discursive*, donc du raisonnement. La pensée rationnelle, qui est celle du mental tel que nous l'utilisons dans la communication, s'appuie précisément sur des prémisses relevant d'un large consensus et fait usage du raisonnement pour se développer.

Il existe pourtant d'autres formes de raisonnement que celui du calcul : on peut raisonner de manière *théorique* dans les sciences, seulement pour tirer les conséquences d'une théorie admise et comparer ses résultats avec ceux d'une autre théorie ; on peut raisonner de manière purement *philosophique* en ayant en vue la résolution de problèmes non pas techniques, comme ceux de la science, mais plus généraux, existentiels. La pensée discursive est incontestablement *intentionnelle* et Husserl a appelé « intentionnalité cette propriété qu'ont les vécus d'être conscience de quelque chose »[459]. L'*intentionnalité*, c'est la propriété de la conscience qui fait qu'elle se présente à nous, dans la vigilance, toujours comme conscience de quelque chose, dirigée vers un *objet* qui constitue sa visée intentionnelle, le sujet de la vigilance se structurant certainement dans son rapport à l'objet.

Néanmoins, une intention ne veut pas dire pour autant un calcul. La visée de la vérité est une visée suffisante pour le raisonnement, et la description phénoménologique, par exemple, est une pensée qui se déploie à partir de la donation originaire d'une intuition.

---

[459] E. Husserl, *Idées directrices pour une phénoménologie*, Paris, Gallimard, 1950, p. 283.

D'après Marcien Towa, le *savoir* scientifique mène directement au *pouvoir* technique : « La technologie est la finalité immédiate de la science moderne. Celle-ci s'intéresse, non plus aux principes ultimes qui donnent un sens au monde et à la vie humaine, mais aux processus naturels pour pouvoir produire ceux-ci à volonté en posant leurs conditions d'apparition appelées causes »[460]. Il peut bien s'ajouter à la recherche théorique dans les sciences une visée technique, comme il en est des recherches sur l'amélioration des matériaux, le perfectionnement des instruments, auquel cas le cheminement de l'esprit est attelé à la production de résultats. Or, comme dans notre savoir la science est très souvent étroitement liée à la technique, il en résulte que la recherche est le plus souvent liée à des applications possibles, tant et si bien que la recherche est en effet calculatrice. Mais cela ne veut point dire que toute pensée discursive soit un calcul : il est toute une part de la pensée rationnelle qui peut effectivement se ramener au calcul, mais ce n'est pas toute la pensée rationnelle, car la pensée intuitive déborde largement le calcul.

D'autre part, la pensée enveloppe aussi une dimension qui n'est pas rationnelle en deux sens : il existe une pensée infra-rationnelle et une pensée supra-rationnelle.

La pensée infra-rationnelle

La pensée infra-rationnelle relève du vital, elle est à l'œuvre dans les phénomènes inconscients. Freud n'a-t-il pas montré que les rationalisations préconscientes du mental pouvaient bien dissimuler des tendances inconscientes, en sorte que celui qui prétend dans son raisonnement maîtriser sa pensée peut en même temps ne pas se rendre compte qu'une pensée infra-rationnelle est aussi à l'œuvre dans son discours ? « On nous conteste de tous côtés le droit d'admettre un psychique inconscient et de travailler scientifiquement avec cette hypothèse. Nous pouvons

---

[460] M. Towa, *Identité et transcendance*, Paris, L'Harmattan, 2011, p. 272.

répondre... que l'hypothèse de l'inconscient est nécessaire et légitime, et que nous possédons de multiples preuves de l'existence de l'inconscient. »[461]

Il existe bien des phénomènes psychiques inconscients. Un *acte inconscient* est un acte qui présente tous les caractères d'un fait de conscience ordinaire, sauf un, qui est ignoré par le sujet qui l'exécute au moment même où il l'exécute. Les *actes manqués* sont des actions du sujet qui ne sont pas complètes, conformément à ce qui était d'abord délibéré par le sujet : un lapsus de la parole, de l'écriture, une erreur de reconnaissance, un oubli, une maladresse, un geste inopiné, une méprise, etc., tout ce qui semble échapper au moi conscient et à sa logique, et qui a pourtant un sens : « Ces petits faits, les actes manqués, comme les actes symptomatiques et les actes de hasard, ne sont pas si dépourvus d'importance qu'on est disposé à l'admettre en vertu d'une sorte d'accord tacite. Ils ont un sens et sont, la plupart du temps, faciles à interpréter. »[462] Freud cite par exemple le président du *Reichtag* autrichien qui ouvre une séance en disant : « Messieurs, je constate la présence de la majorité des membres et déclare donc la séance close... pardon, ouverte... ». Nous pouvons supposer, dans l'interprétation freudienne, qu'inconsciemment, le président n'avait nulle envie d'ouvrir cette séance, qu'il était indisposé, qu'il avait peut-être des ennuis en perspective ou des ennemis en présence. Malgré lui, il aurait *trahi* ses véritables intentions dans son lapsus. Le schéma est le suivant : refoulement de la tendance, inattention, et expression de la tendance dans un lapsus. Dans ce cas, deux tendances s'affrontent dans l'esprit : l'une est l'activité consciente, volontaire, guidée de l'esprit ; l'autre est l'activité inconsciente, involontaire, non maîtrisée de l'esprit. A chaque fois que la censure se relâche, à chaque instant où il y a inattention, le contenu inconscient refoulé tend à faire

---

[461] S. Freud, *Métapsychologie*, Paris, Gallimard, 1968, p. 66.
[462] S. Freud, *Cinq leçons sur la psychanalyse* (1909), Paris, Payot, p. 42.

irruption dans la vie quotidienne, à se manifester en provoquant un acte inconscient.

C'est une situation paradoxale : le lapsus, l'oubli, la manie, etc., semblent détachés de *moi*. Je ne m'en rends pas compte ; cela m'échappe ; et pourtant, chacun d'eux fait aussi partie de moi ; il y a en eux une intention, un désir, même si je n'ose pas m'avouer franchement que ce sont mes intentions, mes désirs. L'inconscient pense, rêve, désire, imagine, projette, il a ses idées fixes, comme moi-même au niveau conscient, mais je n'en sais rien. Comment ne pas alors parler de « pensée inconsciente » ?

La pensée supra-rationnelle

La pensée supra-rationnelle est à l'œuvre dans le jaillissement de l'intuition au-delà du mental ordinaire, non seulement dans la création artistique, l'œuvre de l'écrivain, les vers du poète, l'imagination du peintre, l'harmonie du musicien, mais également dans l'intuition spirituelle du mystique. Il est évidemment dans le génie artistique un flux d'inspiration qui n'est pas le cheminement lent, progressif de la pensée rationnelle, et même la pensée rationnelle la plus rigoureuse procède bien souvent par fulguration intuitive, plutôt que par rationalisation logique.

D'où l'étrangeté de l'inspiration. Ce qui sépare le talent du génie, c'est précisément la pauvreté ou la richesse de l'inspiration : le petit talent est laborieux et manque d'inspiration, mais le génie est une fontaine inépuisable d'inspiration, il abonde d'idées, de formes, d'images ; s'il n'avait pas pourtant une maîtrise suffisante des techniques, il ne pourrait pas s'exprimer, c'est pourquoi il doit nécessairement envelopper le talent. Qu'est-ce que l'inspiration ? D'où vient-elle ? Nous voudrions aujourd'hui voir dans l'art un moyen de *s'exprimer*, de faire apparaître son petit moi personnel, ses désirs particuliers, ses intérêts propres. Mais Platon nous avertit que telle n'est pas la véritable inspiration, que l'inspiration est un état de conscience particulier, dans lequel se trouve mise entre parenthèses la petite personne, au profit d'une puissance qui la dépasse. Le poète doit sentir ce souffle de l'Esprit l'animer, le vivifier, le traverser, sans quoi il ne pourra rien créer de grande valeur : « C'est chose légère que le poète, ailée et sacrée ; il n'est pas en état de créer avant d'être inspiré par un dieu, hors de lui, et de n'avoir plus sa raison ; tant qu'il garde cette faculté, tout être humain est incapable de faire œuvre poétique et de chanter des oracles. »[463]

Platon met en rapport l'art du devin qui rend des oracles, et l'art du poète : dans un cas comme dans l'autre, ce n'est pas l'élément *humain* qui est essentiel, ce n'est pas ce que je mets de *moi* qui fera la valeur d'un poème, c'est ce qui me dépasse, l'élément *divin* qui me traverse ; c'est comme si l'artiste, tant que dure l'inspiration, était au fond seulement un canal, un instrument. Mêler à l'écoulement poétique des tendances personnelles, c'est faire retomber assez platement l'inspiration dans l'humain, souvent le plus infra-rationnel, alors que l'art le plus élevé a plus précisément sa source dans le supra-rationnel.

C'est dire qu'une grande part du fonctionnement de notre pensée a un caractère *mécanique*, et c'est le cas si la pensée est sous la gouverne de la mémoire, de l'habitude, si elle est purement réactive : dans cette éventualité, la pensée reproduit un conditionnement et ne parvient pas à en sortir. Nous pouvons prendre l'analogie du programme inscrit sur une disquette : ma mémoire contient une suite de réactions programmées et la plupart du temps, je ne fais que puiser dans ma mémoire pour analyser une situation d'expérience. Or l'*Intelligence* véritable consiste essentiellement à voir, non pas à se rappeler. C'est cette intelligence intuitive qu'il convient d'éveiller en l'homme pour que la pensée sorte de ses limites mécaniques ; car la pensée paraît posséder une certaine inertie, une tendance à poursuivre sur sa lancée, une certaine propension à l'artifice, et elle semble avoir besoin que nous l'entretenions, afin

---

[463] Platon, *Ion*, Paris, Belles-Lettres, p. 36.

qu'elle soit en rapport avec la vie.

MÉCANISME ET INTELLIGENCE

Nous pouvons généralement parler d'*Intelligence Arti-ficielle*, d'intelligence mécanique, si la machine devient capable d'un certain degré d'*auto-référence* ; si elle peut s'arrêter toute seule, se déclencher au moment opportun ; si elle est justement capable de recueillir une masse d'informations, de l'évaluer et de déclencher une série de processus en conséquence ; si elle se montre capable de calculer avec des données ; si elle peut faire preuve d'initiatives et résoudre des problèmes ; si elle peut se réparer, se développer, se reproduire toute seule, sans qu'il soit nécessaire qu'un être humain veille à toutes ces fonctions. En somme, une machine parfaite devrait parvenir à faire aussi bien que ce que fait la vie depuis ses origines, le chien-robot du laboratoire devenant aussi habile que le chien-vivant qui garde la maison du laborantin. Quel rapport existe-t-il précisément entre l'intelligence et le vivant ? L'intelligence artificielle est-elle un ensemble de procédés pour reproduire le comportement humain, ou bien n'est-elle qu'une tentative pour modéliser un comportement humain ?

Formes de l'intelligence

Le concept d'artificiel ne soulève nulle difficulté, car il fonctionne dans la dualité : artificiel/naturel. Un tronc d'arbre est naturel, parce qu'on le rencontre tel quel dans la nature, mais la table est artificielle, car elle est tirée de matériaux naturels, et assemblée avec ces différents matériaux. Dans la nature, il n'est pas d'assemblage, mais c'est l'homme qui assemble des pièces et compose des œuvres d'art, des outils, des machines. Ce concept d'assemblage est important, parce que faisant toute la différence entre par exemple la montre, qui est une machine et l'écureuil qui est un être vivant. Sans exception, toutes nos machines humaines sont assemblées. Et pourtant, nous parvenons à imiter artificiellement des éléments vivants, ce que l'histoire des automates montre assez bien, sans égaler leur auto-référence. Nous parlons d'automate intelligent quand un certain degré d'auto-référence est réalisé par la machine, tel que le fait de pouvoir s'arrêter, de redémarrer toute seule, de régler ses propres processus, de se réparer, et c'est à ce modèle de recherche d'ingénierie que nous donnons le nom d'Intelligence Artificielle. Mais alors, quel concept d'intelligence suppose-t-il ?

L'intelligence naturelle

Le mot intelligence vient d'*inter-ligare*, entre-lier, et signifie que l'intelligence est ce qui relie, ce qui fait un lien entre deux objets séparés, sans qu'elle soit pour autant un élément physique. Le pont, par exemple, n'est pas intelligent parce qu'il fait le lien entre deux rives du fleuve, mais c'est l'idée du pont qui l'est. Avoir l'idée de surmonter l'obstacle de la rivière en construisant un pont, c'est relier des moyens en vue d'une fin et faire preuve d'ingéniosité, ce qui constitue une forme d'intelligence. Pour qu'il y ait intelligence, il faut que nous trouvions un lien non pas matériel, mais intelligible entre deux objets distincts, de sorte qu'ils forment un ensemble, un tout intelligent.

Dès lors, nous pouvons distinguer *l'intelligence dans la nature*, celle que nous repérons quand nous observons par exemple l'agencement remarquable des éléments d'une oreille en fonction d'une fin qui est l'ouïe. C'est aussi le lien remarquable structurant les étapes séquentielles du développement de l'embryon dans le fœtus. C'est encore l'organisation systémique des espèces vivantes dans laquelle existent une corrélation constante et une régulation, ce que nous montre l'écologie. En allant plus loin, avec Rupert Sheldrake[464] et James Lovelock[465], nous nous apercevrons que la Terre elle-même peut être comprise comme

---

[464] R. Sheldrake, *La Mémoire de l'Univers*, Paris, Editions du Rocher, 2002.
[465] J. Lovelock, *La Terre est un être vivant*, Paris, Flammarion, 1999.

une entité intelligente. Là où est présente l'intelligence, il y a nécessairement un ordre, une relation, une implication mutuelle de parties dans un tout, des boucles constantes de régulation ; là où une intelligence des choses nous apparaît, le hasard, la séparation, le désordre disparaissent et ce sont les liens qui deviennent manifestes.

Aussi pouvons-nous poser l'idée d'une norme naturelle, d'un modèle. D'un côté, le modèle est un repère permettant de mieux se représenter un objet d'analyse : en ce premier sens, le modèle est simplement modèle d'intelligibilité. Mais en un autre sens, le modèle est ce qui doit être imité, ce qui porte une valeur normative. Le concept de norme porte la même double valeur : d'une part comme valeur moyenne statistique, et d'autre part comme valeur souhaitable. C'est cette ambiguïté que Canguilhem relève en médecine, « où l'état normal désigne à la fois l'état habituel des organes et leur état idéal, puisque le rétablissement de cet état habituel est l'objet ordinaire de la thérapeutique »[466]. Le modèle naturel dont il est question s'entend dans un sens comme dans l'autre, et c'est là son intérêt et sa difficulté : parler de norme naturelle, c'est bien souvent tirer le concept de modèle vers le devoir-être ; poser une norme, c'est en effet supposer – et déplorer un écart entre ce qui est et ce qui devrait être.

Le mot que nous utilisons pour qualifier l'intelligible au niveau de la nature est l'*information* : le vivant, sur un plan individuel ou collectif, boucle en permanence une quantité prodigieuse d'information, et les biologistes pensent avoir trouvé le siège de l'information du vivant dans la structure de l'ADN. Aussi Albert Jacquard nous parle-t-il de l'unité des êtres vivants à travers une origine commune : « Cette origine commune a, tout d'abord, été imaginée pour les êtres appartenant à une même classe […], ou même à tout un embranchement […], tant apparaissent des similitudes dans leurs structures et dans leurs fonc-

---

[466] G. Canguilhem, *Le Normal et le Pathologique*, Paris, PUF, 1966, p. 77.

tionnements. Elle a finalement été étendue à tous les êtres vivants […], lorsque l'on a constaté que la constitution des cellules […] était pour tous semblable et que les mécanismes de fonctionnement […] étaient pour tous identiques. La preuve décisive de l'unité du vivant est sans doute l'unicité du code génétique, grâce auquel la séquence des bases de l'ADN est traduite en séquences d'acides aminés : nous l'avons vu, le langage de l'ADN est arbitraire, mais il est le même pour tous. »[467]

L'alliance entre la structure de l'ADN et la *résonance morphique*, d'après Sheldrake[468], nous donne des clés pour appréhender l'intelligence de la vie. En effet l'univers, dans l'ensemble, est un champ d'information dynamique intrinsèquement corrélé. Sans aller chercher dans la physique la plus avancée, même à notre échelle, l'observation honnête, sans présupposés, nous révèle que la moindre entité vivante présente dans l'univers enveloppe une remarquable complexité. Il serait alors fort ardu de ne pas parler d'intelligence ; ce n'est qu'avec des œillères mécanistes que l'on peut le nier et même les partisans les plus farouches du mécanisme sont, tôt ou tard, contraints de concéder que l'architecture du vivant comporte une unité profonde et une intelligence sous-jacente.

L'intelligence abstraite

Nous pouvons aussi, en deuxième ressort, distinguer *l'intelligence humaine*. L'appréhension généralement la mieux adaptée au concept d'intelligence artificielle de l'intelligence humaine est donnée dans l'aptitude logique du mental à *calculer*, à la computation. Un joueur d'échec est dit *intelligent*, parce qu'il parvient à *relier* – à mettre en relation – un ensemble d'éléments, les pièces de son jeu, en vue d'une fin, mettre mat un adversaire. Partant de ce mo-

---

[467] A. Jacquard, *Inventer l'homme*, Bruxelles, Editions Complexe, 1984, pp. 60-61.
[468] R. Sheldrake, *op. cit.*

dèle, nous pouvons définir l'intelligence comme une aptitude à résoudre un problème en agençant des moyens en
vue d'une fin ; car considérer une situation d'expérience
comme un problème et trouver la meilleure manière de le
résoudre est le propre du mental humain ainsi que de sa
forme d'intelligence la plus caractéristique. Le sens commun distingue entre un individu à l'intelligence médiocre,
parce qu'il est plutôt lent à voir les relations, à calculer, et
un individu supérieurement intelligent, qui a une promptitude à saisir une relation et à effectuer un calcul, comme
dans cet exemple de Alessandro Baricco : « [...] les médiocres ne savent pas qu'ils sont médiocres, c'est ça leur
problème, parce qu'ils sont médiocres il leur manque l'imagination pour penser que quelqu'un peut être meilleur
qu'eux, alors si quelqu'un l'est effectivement c'est qu'il a
quelque chose qui ne va pas, c'est qu'il a triché quelque
part, ou finalement c'est un fou qui s'imagine être meilleur
qu'eux [...], comme ils vont sûrement te le faire comprendre [...] même avec cruauté, des fois, ça c'est typique
des médiocres, être cruels [...], ils ont besoin d'exercer leur
cruauté, un exercice pour lequel il n'est pas nécessaire
d'avoir la moindre intelligence »[469].

L'*intelligence abstraite* est donc la forme d'intelligence
consistant avant tout dans une habileté à manipuler des
symboles. En réalité, il faut distinguer deux plans : a) le
mental intuitif, qui s'exerce dans le *voir* de l'intelligence, *voir*
auquel nous rattachons justement le regard intelligent,
être intelligent signifiant essentiellement : être très intuitif ;
b) le *mental discursif*, qui procède par raisonnement et calcul,
le mental discursif étant épris de démonstration et étant
bien à l'aise dès l'instant où il s'agit d'appliquer mécaniquement une règle. Tout professeur de mathématique sait
que ces deux formes d'intelligence sont distinctes et fait la
différence entre un élève brillant qui a une aisance dans le

---

[469] A. Baricco, *City*, trad. Françoise Brun, Paris, Albin Michel, 2000,
p.246.

raisonnement et un autre qui est plutôt un tâcheron abattant des exercices tant qu'il s'agit d'appliquer des formules, mais se trouvant égaré dans un cas qui sort de l'application habituelle des règles. Le mental discursif a un aspect *mécanique*, puisque tout calcul est mécanique, et c'est exactement ce dont la calculette et l'ordinateur peuvent nous décharger. Le mental intuitif, lui, est bien plus créatif, son pouvoir étant naturellement *heuristique* : un être humain est dit intelligent surtout dans son aptitude créatrice et non pas en tant qu'exécutant d'opérations.

Par conséquent le concept d'intelligence enveloppe : a) l'aptitude à comprendre, à acquérir et retenir une connaissance intimement liée avec l'expérience ; b) l'aptitude à user du raisonnement pour résoudre un problème ; c) l'aptitude à donner la réponse juste, exacte et spontanée à une situation d'expérience.

L'intelligence pratique

Cependant, la psychologie humaniste a montré les limites de l'intelligence abstraite, refusant l'identification de l'excellence humaine à une performance au QI. Selon Abraham Maslow[470], le développement de la personnalité se caractérise par son caractère global, l'homme n'étant pas seulement un esprit, mais aussi un corps et une âme. L'hyper-développement de l'intellect discursif peut se faire aux dépends des autres aspects de la personnalité, mais un individu au QI élevé peut par ailleurs être incapable de ses deux mains, autiste dans ses relations personnelles, et n'avoir qu'une faible empathie à l'égard de l'humanité.

Il est bien fondé de distinguer l'*intelligence pratique* de l'*intelligence abstraite*, l'ingéniosité pouvant être très développée chez un homme qui par ailleurs se révèle malhabile dans le domaine de l'abstraction et du calcul. En effet, l'intelligence est aussi l'aptitude à résoudre des problèmes concrets, qui se situent dans les choses, ainsi que la définit

---

[470] *Cf.* A. Maslow, *Devenir le meilleur de soi-même*, Paris, Eyrolles, 2008.

Henri Bergson : « L'intelligence, envisagée dans ce qui en paraît être la démarche originelle, est la faculté de fabriquer des objets artificiels, en particulier des outils à faire des outils et, d'en varier indéfiniment la fabrication. »[471]

Semblablement, l'*intelligence relationnelle* peut être très développée chez une personne qui par ailleurs est assez maladroite dans sa relation aux objets et très peu capable d'abstraction, et il est fréquent chez l'homme de science que le brio intellectuel soit allié à un manque de pénétration psychologique.

Et que dirions-nous de l'*intelligence du cœur* ? Elle manque souvent au technocrate épris d'efficacité, pourtant très à l'aise dans la structuration, la planification et la rationalisation à outrance. Les qualités humaines ne sont pas définies par une quelconque mesure et nos tests psychologiques ne sont nullement élaborés dans ce dessein. Souvenons-nous du clin d'œil du robot dans *I-Robot*[472], qui refuse d'obéir à son IA centrale en prétextant que ses plans sont parfaits, mais ne sont pas humains parce qu'ils manquent de cœur. Pourtant, nous reconnaissons tous l'intelligence d'une parole, d'une décision, d'une œuvre qui sait répondre aux exigences du cœur avec bon sens et logique, et nous saluerons une parole intelligente prise en ce sens : « Qu'il soit question d'un homme ou d'une machine, les qualités d'adaptation, la réaction face à l'imprévu, la capacité à ruser sont autant de traits distinctifs de l'intelligence »[473]. Il ne nous vient donc pas à l'esprit de ne parler d'intelligence que dans le sens de la performance dans un test logique[474].

---

[471] H. Bergson, *L'évolution créatrice*, Paris, PUF, 1907, p. 140.

[472] Film de science-fiction, réalisé par Alex Proyas, USA, 2004.

[473] J.-G. Ganascia, *L'âme-machine*, Paris, Editions du Seuil, 1990, p. 20.

[474] A cet égard, on trouve même chez l'animal une intelligence pratique assez développée. De même l'intelligence relationnelle de l'animal peut être bien plus développée que chez l'homme. Sur cette question, lire Patrice Van Eersel, *Le Cinquième Rêve*, Paris, LGF, 1997.

Pensée mécanique et artificielle

Lorsque nous parlons de l'Intelligence Artificielle, c'est avant tout dans la reproduction d'une pensée discursive à caractère mécanique sous la forme d'un calcul. Penser, est-ce calculer ? Si nous projetons de faire remonter les prémisses de l'IA au XVIIe siècle, nous songeons immédiatement à Blaise Pascal, réalisateur, en 1642, d'une première machine à calculer[475] qui força l'admiration, suivant ce témoignage de René Taton : « Tout en participant avec éclat aux progrès de la géométrie, du calcul infinitésimal et de la physique, Blaise Pascal a également accompli une œuvre profondément novatrice dans le domaine des sciences appliquées. Par l'ingéniosité de sa conception, par le soin apporté à sa réalisation effective et par l'effort de propagande fait en sa faveur, sa célèbre machine arithmétique apparaît [...] à la fois comme l'un des premiers exemples d'application directe de la science à des fins pratiques et comme le point de départ de la longue suite d'inventions et de perfectionnements d'où sont issues les calculatrices mécaniques ou électroniques modernes. »[476] Néanmoins, formellement, ce n'était qu'une machine : Pascal[477] souligna dans son œuvre l'opposition entre l' « *esprit de finesse* », le mental intuitif, et l' « *esprit de géométrie* », celui du calcul rationnel – « L'un est force et droiture d'esprit, l'autre est amplitude d'esprit. »[478] – pour montrer, entre autres, que ce qui pouvait être accompli par une machine n'était que de l'ordre géométrique : « La machine d'arithmétique fait des effets qui approchent plus de la

---

[475] La machine à calculer de Pascal aurait eu un ancêtre dans un modèle créé par Wilhelm Schickard en 1623, qui aurait été détruit dans un incendie, mais dont Kepler aurait été informé par lettre.

[476] R. Taton, « Sur l'invention de la machine arithmétique », in P. Costabel et *al.*, *L'œuvre scientifique de Pascal*, Paris, PUF, 1964, p. 207.

[477] Cf. B. Pascal, « Différence entre l'esprit de géométrie et l'esprit de finesse », in *Pensées*, présentation de Victor Rocher, Tours, Alfred Mame et Fils Editeurs, M DCCC LXXIII, pp. 488-491.

[478] *Ibid.*, p. 489.

pensée que tout ce que font les animaux ; mais elle ne fait rien qui puisse faire dire qu'elle a de la volonté, comme les animaux »[479]. En somme, penser, selon Pascal, c'est certainement autre chose que calculer, l'homme étant infiniment différent d'une machine. Néanmoins, la première machine à calculer opère à partir d'algorithmes empruntés à l'arithmétique, ceux qui ont trait à l'addition et à la soustraction. Une machine est-elle capable de reproduire le mode de raisonnement de l'arithmétique ?

La machine arithmétique

Sur l'interprétation de la possibilité qu'aurait une machine de répliquer exactement un mode de raisonnement appliquant les règles de l'arithmétique élémentaire, il y a deux positions possibles :

Premièrement, le mode de pensée de l'arithmétique est un aspect bien limité du raisonnement, reproductible dans des opérations mécaniques, dans des machines, de sorte que, le fait qu'un ordinateur soit capable de jouer aux échecs par exemple prouve qu'il ne nécessite pas vraiment autant d'intelligence que nous pourrions le croire. Pour Descartes, si nous pouvons reproduire certains comportements humains par une machine, il n'est guère possible de concevoir une machine qui pourrait reproduire l'ensemble des comportements humains. Descartes estime que la machine ne saura pas réellement communiquer au niveau du *sens*, elle manquera de l'à-propos nécessaire, elle sera incapable de dialogue : « S'il y avait de telles machines, qui eussent les organes et la figure d'un singe, ou de quelque autre animal sans raison, nous n'aurions aucun moyen pour reconnaître qu'elles ne seraient pas en tout de même nature que ces animaux ; au lieu que, s'il y en avait qui eussent la ressemblance de nos corps et imitassent autant nos actions que moralement il serait possible, nous aurions toujours deux moyens très certains pour reconnaître qu'elles ne

---

[479] B. Pascal, *Pensées*, Œuvres complètes, Paris, Gallimard, 1954, p. 1156.

seraient point pour cela de vrais hommes. Dont le premier est que jamais elles ne pourraient user de paroles, ni d'autres signes en les composant, comme nous faisons pour déclarer aux autres nos pensées. Car on peut bien concevoir qu'une machine soit tellement faite qu'elle profère des paroles, et même qu'elle en profère quelques-unes à propos des actions corporelles qui causeront quelque changement en ses organes : comme, si on la touche en quelque endroit, qu'elle demande ce qu'on lui veut dire ; si en un autre, qu'elle crie qu'on lui fait mal, et choses semblables ; mais non pas qu'elle les arrange diversement, pour répondre au sens de tout ce qui se dira en sa présence, ainsi que les hommes les plus hébétés peuvent faire »[480]. Descartes reconnaît ici l'existence d'une *pensée intuitive* intimement liée à la conscience de soi et la définition qu'il donne de l'intuition s'appuie directement sur le modèle du *cogito* : seule la conscience de soi se sent elle-même et c'est en elle que la pensée pure est éclairée, et cette pensée, la machine en est dépourvue.

Deuxièmement, nous pouvons considérer que tout raisonnement est réductible à une *computation*, un calcul dont la nature serait mécanique, ce qui serait confirmé par la possibilité de la machine ; telle est précisément la position de Thomas Hobbes, qui ramène strictement le raisonnement au calcul. « By RATIOCINATION, I mean *computation* »[481] : pour l'avoir déclaré, Hobbes s'est vu affubler du titre de « The Grandfather of AI »[482] par John Haugeland qui affirme que, pour Hobbes, « thinking is "mental discourse"; that is, thinking consists of *symbolic operations*, just like talking out loud or calculating with pen and paper »[483].

---

[480] R. Descartes, *Discours de la méthode*, Paris, Garnier-Flammarion, 1966, p. 79.
[481] T. Hobbes, cité dans J. Haugeland, *Artificial Intelligence: The Very Idea,* Cambridge (MA), The MIT Press, 1989, p. 23.
[482] J. Haugeland, *Ibid.*
[483] *Ibid.*

Dans sa logique intitulée *Computatio sive logica*, Hobbes[484] développe en effet l'idée que raisonner, c'est additionner ou soustraire, c'est calculer, non pas sur des nombres ou des lignes, mais sur des noms, une conception que l'on retrouvera au siècle suivant chez un autre nominaliste, Condillac : « Huit, par exemple, me représente un nombre que je distingue de sept et de neuf ; de sept, parce que je me souviens que c'est un nom que j'ai donné à une collection qui est sept plus un ; et de neuf, parce ce que je me souviens également que c'est un nom que j'ai donné à une collection qui est neuf moins un : huit ne m'offre donc une idée distincte qu'autant que je le vois entre deux noms, dont l'un désigne une unité de plus, et l'autre une unité de moins. Si on prend pour exemple de plus grands nombres, on sentira mieux encore combien les noms sont nécessaires à la numération. »[485] Hobbes affirme donc que la dénomination par le langage peut porter sur tout objet, pourvu qu'il puisse entrer dans un calcul. *Penser, c'est calculer*, aussi les latins appelaient-ils *rationes*, les calculs d'argent, et *ratiocinatio*, le fait de calculer ; car la *raison* n'est que calcul – l'addition et la soustraction – des conséquences des dénominations générales dont nous avons convenues pour noter et signifier nos pensées : pour les *noter*, quand nous calculons à part nous ; et pour les *signifier* lorsque nous démontrons, prouvons à autrui nos calculs. Hobbes a compris qu'il y a effectivement dans la pensée discursive des procédés à caractère *mécanique*. Généralisant depuis le calcul vers le raisonnement et identifiant la raison à la pensée calculatrice, il interprète la pensée comme a besoin de le faire un ingénieur travaillant sur l'IA. En cela, Hobbes est un précurseur de l'analyse de l'IA, car ce n'est qu'en ramenant toute pensée à une forme de calcul qu'il est pos-

---

[484] *Cf.* T. Hobbes, *De corpore : Pars prima : Computatio sive logica*, La Goliardica, 1959.
[485] *Cf.* E. B. Condillac, *La Langue des calculs*, Volume 1, Editions Editorial MAXTOR, 2011, pp. 35-36.

sible de concevoir une machine cybernétique intelligente.

Mais il s'agit alors d'une réduction impliquant que nous admettions préalablement : a) que la pensée humaine est réductible à un raisonnement ; b) que le raisonnement est réductible à un calcul ; c) que l'intelligence est réductible à l'activité de constructions mentales par concepts dans le calcul.

Ces trois présupposés sont discutables. D'une part, les logiciens qui se sont essayés à formaliser ne serait-ce qu'un texte littéraire, comme une page d'un roman de Mongo Beti, se sont heurtés à des difficultés. D'autre part, pouvons-nous ramener tout discours à un raisonnement ? L'approche descriptive des vécus de ma conscience, par exemple, constitue une forme de raisonnement en un sens, mais très éloigné du calcul, comme le sont généralement les approches intuitives. L'intelligence excède de beaucoup les seules constructions mentales de l'intellect qui ne servent, à tout prendre, qu'à *communiquer* l'idée et nous avons vu plus haut, au quatrième chapitre, le problème que soulève l'existence de la pensée non-verbale, y compris dans le champ des mathématiques.

La caractéristique universelle

Si nous admettons les présupposés du réductionnisme, nous pouvons ouvrir un programme de travail dont nous examinerons ensuite la fécondité technique. La force du réductionnisme tient au fait qu'il s'appuie sur l'existence de mécanismes dans la nature. Leibniz reconnaissait que nous sommes empiriques les trois quarts du temps et, que notre existence s'exprime dans des *mécanismes*, comme chez les animaux, ne surprendra personne : « Il y a une liaison dans les perceptions des animaux, qui a quelque ressemblance avec la Raison ; mais elle n'est fondée que dans la mémoire des faits, et nullement dans la connaissance des causes. C'est ainsi qu'un chien fuit le bâton dont il a été frappé, parce que la mémoire lui représente la douleur que ce bâton lui a causée. Et les hommes, en tant qu'ils sont empiriques [...] dans les trois quarts de leurs actions, n'agissent que comme des bêtes ; par exemple, on s'attend qu'il fera jour demain, parce qu'on l'a toujours expérimenté ainsi. Il n'y a qu'un astronome qui le prévoye par raison ; et même cette prédiction manquera enfin, quand la cause du jour, qui n'est point éternelle, cessera. »[486]

A tout instant dans notre corps se déroule une foule de processus internes parfaitement rodés dont nous n'avons pas conscience. Une grande part de notre activité mentale a aussi un caractère *mécanique*, car nous fonctionnons souvent sur le mode de la répétition de schémas passés et non pas de manière créative. Mais le déploiement d'un surcroît d'intelligence créatrice dans notre vie suppose précisément la rupture des répétitions et l'irruption d'une relation neuve avec chaque instant. Vivre de manière créative implique que nous cessions de vivre sur le mode de la seule réaction mécanique, en répétant sans cesse le passé, l'habituel, le connu. Cependant, le comportement humain se ramène bien au raisonnement à partir du connu, à travers l'activité mentale opérant exclusivement par construction de concepts.

D'un autre côté, il n'y a pas de mal à ce que ce qui est déjà mécanique soit automatisé, y compris dans le domaine de la pensée. D'un point de vue psychologique, c'est déjà largement le cas et c'est pourquoi nous parlons de pensée inconsciente pour désigner l'activité mentale habituelle laissée à elle-même et sa déviation compulsive. Du point de vue logique, par contre, l'automatisation de la pensée ne va pas de soi, mais requiert une mise en forme systématique, l'obstacle le plus difficile à traverser étant la nécessité de transformer les énoncés du langage naturel dans un langage logique susceptible de les faire entrer dans un calcul. Ce projet, déjà en germe dans le *De arte combinato-*

---

[486] G.W.F. Leibniz, *Logica et metaphysica*, in *Opera omnia*, tome 2, Génève, Fratres Detournes, p. 34.

ria de Leibniz[487], s'appellera ensuite *characteristica universalis*.

Le manque de rigueur des langues, et leur multiplicité ne font-ils pas obstacle à la communication ? Dès la *Genèse*, la multiplicité des langues apparaît comme une malédiction, par le biais du châtiment divin – « Allons ! Descendons, et là confondons leur langage, afin qu'ils n'entendent plus la langue, les uns des autres »[488] –, malheur que nous pouvons appeler *syndrome de Babel*. Si donc les langues sont imparfaites parce que nombreuses, il s'agit notamment de remédier à cette imperfection, et telle est la source de l'idée de l'institution d'une langue universelle, qui se substituerait aux langues naturelles. Ainsi Leibniz ambitionnait-il un *ars combinatoria* pouvant établir l'alphabet des pensées humaines, « car il dépend de nous de fixer les significations, au moins dans quelque langue savante, et d'en convenir pour détruire cette tour de Babel »[489].

Pour Leibniz, la langue naturelle comporte trop d'équivocité ; or dans un calcul, il est nécessaire que les signes soient univoques : la caractéristique universelle devait être un langage purement logique dans lequel les noms possèdent une signification unique et explicite. A partir du moment où l'homme aurait disposé d'un langage aussi rigoureux, Leibniz pensait qu'il serait alors possible de résoudre tous les problèmes à l'aide de calculs identiques à ceux de l'arithmétique. Nous dirions : quel est le problème posé ? Et par la suite, nous n'aurions plus qu'à prendre un crayon et du papier pour *calculer* la réponse juste. Il est d'autant plus aisé de rapprocher le projet d'unification des formalismes de représentation du projet leibnizien de langue universelle, que Leibniz, lui-même, assignait à la langue universelle deux fonctions semblables à celles que

---

[487] *Cf.* Gottfredo Guilielmo Leibnuzio, *Dissertatio de arte combinatoria...* (1666), Paris, Hachette Livre, 2012.

[488] *La Bible,* version Louis Segond (1910), Mission Chrétienne Evangélique, 2003, Genèse 11 : 7.

[489] G.W.F. Leibniz, *Nouveaux Essais sur l'entendement humain*, III 9, Paris, Garnier-Flammarion, 1990, p. 264.

l'on assigne généralement aux représentations en Intelligence Artificielle : pallier les défauts des langues naturelles et *mécaniser* la pensée en sorte qu'elle devienne l'objet d'un calcul : « Elle sera d'un secours merveilleux et pour se servir de ce que nous savons, et pour voir ce qui nous manque, et pour inventer des moyens d'y arriver, mais surtout d'examiner les controverses dans les matières qui dépendent du raisonnement. Car alors raisonner et calculer sera la même chose. » (*sic*)[490]

Selon le principe d'identité logique, dans l'énoncé :

1. « Le vent est le vent », nous avons une tautologie, dont la formule s'écrit A=A. Son développement complexe se traduit par une relation posée entre deux termes différents comme dans l'énoncé :

2. « Le léopard est un félin », dont la formule est : A=B. Dans cette deuxième proposition, le concept B enveloppe dans son extension le concept A et la relation logique consiste dans une inclusion de A dans B. La vérification de la validité de la proposition 2 ne pose nulle difficulté ; il suffit que A et B soient définis de manière explicite : nous pouvons vérifier que le concept de félin enveloppe dans sa définition celui de léopard par inclusion. De même, il devrait être possible de remplacer les formulations du langage naturel reliant des termes et des propositions « et », « ou », « quelques », « tous », par des connecteurs logiques, des symboles : nous aurions alors la possibilité de formaliser tout énoncé dans un langage pouvant le faire entrer dans un calcul. Leibniz admettait par principe l'idée que toute proposition peut être analysée pour être ramenée à l'identique, mais il concédait cependant que l'intelligence humaine était incapable de décider *a priori* de propositions contingentes comme :

3. « Charles Atangana était gaucher ».

Nous ne pouvons appliquer strictement l'analyse lo-

---

[490] L. Couturat, *La Logique de Leibniz d'après des documents inédits*, p. 28, cité dans Y. Belaval, *Leibniz critique de Descartes*, Paris, Gallimard, 1978, p. 186.

gique que dans le cadre des mathématiques. Il faut alors faire une distinction entre propositions nécessaires dont la logique peut rendre raison et propositions contingentes dont la logique ne peut rendre raison. Cependant, cette limitation reste bien humaine, puisque l'esprit de Dieu, enveloppant la totalité du réel du point de vue de l'éternité peut, lui, opérer une analyse et une computation infinies. Il connaît *a priori* la définition de toute entité réelle, il enveloppe aussi la totalité des compossibles. Du point de vue de Dieu, toute question possède sa réponse exacte et tout problème bien posé a sa solution ; ce n'est qu'une échelle supérieure de complexité. Nous pourrions brasser une quantité de données épouvantable et un savoir énorme, le principe de la formalisation et celui de la computation resteraient valides. Il suffit de poser le principe suivant lequel l'univers est écrit en langage mathématique ; ou encore, dans une autre formulation suivant une analogie contemporaine, nous pourrions dire que l'intelligence de la nature est comparable à une sorte de CD ROM logiciel contenant la totalité des lois et des possibles. L'information serait alors non seulement présente dans sa totalité, mais aussi codée de manière logique, tant et si bien que nous pourrions partiellement la reproduire dans nos propres computations artificielles, tout en reconnaissant que la machine artificielle n'est qu'une image dégradée de la machine divine que représente tout automate naturel. « Ainsi, chaque corps organique d'un vivant est une espèce de Machine divine, ou d'Automate Naturel, qui surpasse infiniment tous les Automates artificiels. Parce qu'une machine faite par l'art de l'homme, n'est pas Machine dans chacune de ses parties. [...] Mais les Machines de la Nature, c'est-à-dire les corps vivants, sont encore des Machines dans leurs moindres parties, jusqu'à l'infini. C'est ce qui fait la différence entre la Nature et l'Art, c'est-à-dire entre l'art Divin et le Nôtre. »[491]

---

[491] G. W. Leibniz, *Principes de la philosophie ou Monadologie*, Paris, PUF,

Le projet d'une langue caractéristique universelle n'a pas abouti avec Leibniz, mais il a ensuite fait son chemin dans la logique contemporaine. En effet, sous l'impulsion de Frege[492], le programme posé par Leibniz se développe dans ce que nous appelons aujourd'hui le « *calcul des prédicats* »[493]. Avec De Morgan et surtout Boole – dont le but, « en fondant son algèbre était de soumettre le raisonnement logique à des règles convenables de calcul »[494] –, la logique entame une transhumance complète vers les mathématiques, elle devient symbolique et l'idée de « *calcul des propositions* »[495] est désormais installée. Dans la foulée, avec David Hilbert, le programme de formalisation complète des mathématiques voit le jour ; on pense alors que la notion de système formel est désormais suffisante pour structurer de manière cohérente le savoir.

Un *système formel* ou *système axiomatique* comporte un *langage*, c'est-à-dire un *alphabet* et des *règles* permettant de construire des expressions ; il comporte des *axiomes*, un sous-ensemble de l'ensemble des expressions ; et il admet des *règles* permettant d'inférer une expression à partir d'autres expressions à l'intérieur du système. Il s'agit d'un : « ensemble d'*axiomes*, c'est-à-dire d'énoncés considérés comme valides, et un ensemble de *règles d'inférence*, c'est-à-dire de mécanismes permettant la construction de nouveaux énoncés valides à partir des axiomes et des énoncés valides déjà obtenus »[496]. Dans un tel contexte, les énoncés valides ainsi construits sont des *théorèmes* : « une *démonstra-*

1978, p. 111.

[492] L'IA a hérité de la notion de *système formel*, telle qu'elle a été élaborée par Frege dès 1879 en vue de rendre compte, d'un point de vue entièrement logique, de la nature de l'arithmétique et plus généralement de la nature des mathématiques. *Cf.* G. Frege, *Begriffschrift*, traduction française partielle dans F. Rivenc et P. de Rouilhan (dirs.), *Logique et Fondements des mathématiques*, Anthologie (1850-1914), Paris, Payot, 1992, pp. 93-129.

[493] *Cf.* A. Thayse et *al.*, *Approche logique de l'intelligence artificielle*, 1, p. 38 *sq.*

[494] G. Casanova, *L'algèbre de Boole*, Paris, PUF, 1967, p. 5.

[495] *Cf.* A. Thayse et *al.*, *Approche logique de l'intelligence artificielle*, 1, p. 1 *sq.*

[496] *Ibid.*, p. 71.

tion d'un théorème est une liste ordonnée des axiomes, règles d'inférence et théorèmes déjà connus qui ont permis d'obtenir ce théorème »[497]. Formaliser un domaine du savoir, déterminer les règles suivant lesquelles on formule et on raisonne dans le cadre de ce domaine, consistera donc essentiellement à construire un système logique dans lequel toutes les expressions bien formées codent les formulations pertinentes du domaine. Les axiomes, propositions évidentes, premières, non démontrables, dont on tire des conséquences logiques, correspondent aux vérités de base, au noyau de la théorie et les règles d'inférence permettent de déduire toutes les vérités possibles à l'intérieur du système et elles seules.

De la machine de Turing à l'ordinateur

Laissons de côté les déboires de ce projet en mathématique, avec Gödel, et ne conservons que son aboutissement en direction de l'IA. Disposer d'un langage logique était un premier pas vers une transcription de la pensée en calcul, en un ensemble d'opérations que l'on peut faire sur des quantités. Il restait ensuite à en formuler une expression compatible avec la structure binaire, en deux états de mémoire, 0 et 1, utilisés par les ordinateurs ; en effet : « Dans un ordinateur, les informations sont codées de façon binaire, sous forme de 0 et de 1. Ces informations sont d'abord les données, numériques mais aussi lexicales »[498] ; d'où le rôle de « machine à calculer » souvent attribué à l'ordinateur, ce qui doit s'entendre au sens large : « un ordinateur est une machine qui traite l'information en général, et pas seulement les données numériques »[499]. L'algèbre de Boole, qui a servi de transition, se sert en effet d'une logique duelle avec deux états 0 et 1, un principe bien connu en logique : « Si dans une équivalence logique

---

[497] *Ibid.*
[498] A. Thayse et *al.*, *Approche logique de l'intelligence artificielle*, 1, p. 108.
[499] *Ibid.*

ne comportant pas le connecteur ⊃, on échange les rôles de ∧ et ∨, d'une part, de V et F, d'autre part, on obtient encore une équivalence logique. C'est le principe de *dualité*. »[500] Le concept de *machine de Turing*[501] a finalement permis de mettre en forme l'idée d'un programme machine.

Sur l'ordinateur, on utilise deux types de langage : l'*assembleur*, en prise directe avec le *hardware*, et les langages évolués – basic, langage C, Fortran, Pascal, etc. – dont la syntaxe permet la formulation plus aisée d'ordres complexes qui vont devenir les lignes de code. Un *programme* est une longue liste de lignes de code devant intercepter toutes les données qui lui sont proposées, dans le contexte de la résolution d'un problème précis, par exemple le traitement d'un texte, un dessin vectoriel, un calcul statistique... Tout programme est constitué d'un nombre fini d'*états*, donc de symboles n'appartenant pas à l'alphabet sus-mentionné[502] : « Un seul de ces états est distingué comme état initial ; zéro, un ou plusieurs états sont qualifiés d'états finals. A chaque état non final est associée une *instruction*, c'est-à-dire une fonction qui, à chaque symbole de l'alphabet, associe un triplet formé d'un symbole de l'alphabet, d'un état et de l'une des constantes + ou –. Le quatrième [...] constituant est une case spéciale, ou registre de programme, contenant un certain état. »[503]

L'entrée des données au clavier est soumise à la séquence des ordres contenue dans le code du programme et

---

[500] *Ibid.*, p. 17.

[501] En voici, à titre de rappel, une brève description : « [...] une *machine de Turing* est un ordinateur programmé très rudimentaire. La mémoire est constituée d'une séquence infinie de cases élémentaires. [...] chaque case est indexée par un entier relatif. Toute case contient un symbole, issu d'un alphabet fixé et fini, comportant *n* [...] éléments, dont un élément spécial appelé « blanc ». Il existe aussi une tête de repérage, qui désigne une case du « ruban-mémoire ». Le troisième constituant est un programme. » (Thayse et *al.*, *Approche logique de l'intelligence artificielle*, 1, p. 102.)

[502] Cf. *supra*, note 491.

[503] Thayse et *al.*, *Approche logique de l'intelligence artificielle*, 1, p. 102.

la machine exécute l'ordre, par exemple : faire apparaître un y à tel endroit de l'écran, déplacer une image de 160 pixels vers le haut, ajouter trois nombres, comparer deux objets graphiques, etc. On emploie parfois le mot « interpréter » pour désigner le travail de la machine : nous interprétons un signe en lui donnant un sens, comme un geste de la main ; la machine, elle, calcule en rapportant le type de donnée reçu avec l'ordre présent dans le code pour en faire l'exécution. La machine délivre, à une vitesse remarquable, le résultat d'une opération pouvant être très complexe : en 1970 un ordinateur pouvait effectuer 10^7 opérations par seconde ; en 2005, un ordinateur courant traite 10^{11} opérations par seconde. La vitesse de calcul est cependant un critère médiocre de validation de l'IA, car elle ne définit que la *puissance brute* d'une machine. Comme le pense Luc Steels : « Si l'on essaie de faire de l'intelligence artificielle, on comprend très vite les limites de la construction et de la technologie de pointe. On est allé très loin dans l'ingénierie mécanique, on fait, aujourd'hui des ordinateurs extrêmement puissants et de plus en plus miniaturisés, mais le vrai problème reste de comprendre comment un enfant apprend la notion de la couleur rouge. »[504] L'important n'est pas de raisonner plus vite, en traitant plus de données, ou en mémorisant plus de choses qu'un être humain, c'est surtout d'apprendre plus vite, d'où la question de savoir quel projet nous pouvons viser dans l'Intelligence Artificielle.

La *théorie de l'intelligence artificielle forte* postule qu'il est possible de créer une machine capable d'interpréter, d'avoir une compréhension de ses propres raisonnements, de simuler un comportement intelligent, d'éprouver une conscience de soi, des humeurs, des sentiments. « Les partisans de l'IA forte ne se contentent pas d'affirmer que des machines [...] sont intelligentes, ont un esprit, etc. ; ils

---

[504] L. Steels, *L'intelligence artificielle, évolutive et ascendante*, in *La Complexité, vertiges et promesses*, Le Pommier/Poche, 2006, p.124.

soutiennent également qu'il est possible d'attribuer une certaine qualité mentale au fonctionnement logique de *n'importe quel* dispositif capable de calculer, même aux dispositifs mécaniques les plus simples, un thermostat par exemple. Cette affirmation repose sur l'idée que toute opération mentale se ramène [...] à exécuter une suite d'opérations, généralement appelée *algorithme*. »[505] Suivant ce point de vue, le matériel informatique, le *hardware*, étant maintenant disponible, il reste à développer le logiciel, le *software*[506].

La *théorie de l'intelligence artificielle faible* soutient quant à elle que la vocation de l'IA se situe dans le prolongement logique de la démarche d'automatisation qui a été celle de la technique depuis la révolution industrielle du XIXᵉ siècle. Elle est au préalable une approche pragmatique d'ingénieur insérée dans un bureau d'études ayant pour finalité la réduction des coûts et l'augmentation de la productivité. En effet, la technique a évolué depuis le temps où la machine ne faisait que porter l'outil vers des systèmes de plus en plus autonomes où la production n'exige plus qu'une intervention humaine de surveillance et de réglage. Le concept d'IA désigne alors l'aptitude de la machine à résoudre des problèmes d'un type spécifique, *comme si* elle était intelligente ; il s'agit non pas d'une *révolution* radicale, mais d'une *évolution* logique qui enveloppe les acquis de la cybernétique, l'effort ici consistant à élaborer une programmation d'apprentissage par la machine.

---

[505] R. Penrose, *L'esprit, l'ordinateur et les lois de la physique*, p. 18.

[506] En suivant ce point de vue, « on pourrait dire que tout système physique pourvu d'un bon programme, avec les entrées et les sorties adaptées, a un esprit, exactement comme vous et moi. C'est ainsi, par exemple, qu'un ordinateur fait de vieilles boîtes de bière, mû par des moulins à vent, et pourvu d'un bon programme, devrait avoir un esprit. » (J. Searle, *Du cerveau au savoir*, Paris, Hermann, 1985, p. 38).

Limites de l'intelligence mécanique

Le problème fondamental de la formalisation, par rapport au langage naturel, c'est qu'elle appauvrit son contenu en éliminant la richesse de la langue, richesse en relation avec la richesse d'ambiguïté du réel. Plus un langage est formalisé, plus il est appauvri, de sorte que le langage formel le plus pur, celui de la logique, est précisément celui qui est le plus vide, qui ne dit plus rien sur la réalité, mais se cantonne dans une structure logique. Avec Bertrand Russell, les logiciens ont assez répété que le logicien ne sait pas de quoi il parle, ni si ce qu'il dit est vrai. Un ordinateur n'est jamais rien d'autre qu'une machine apte à utiliser un langage formel, le seul langage qu'il puisse utiliser. Or nous ne parvenons pas à dire en langage formel tout ce que nous parvenons à dire dans une langue naturelle ; pour une raison identique, nous avons également des difficultés à dire en langage courant tout ce que nous pensons. La pensée intuitive peut être claire, sans que pour autant le passage à l'expression soit aisé, ce qui peut déjà expliquer les maigres résultats obtenus par le cognitivisme quand il s'est évertué à reproduire une pensée humaine sur des ordinateurs. Quelles sont les limites que nous pouvons assigner à l'Intelligence Artificielle ?

Le fonctionnement des cerveaux électroniques

Les partisans de la théorie de l'IA forte ont compris qu'il ne peut y avoir de progrès significatif que si l'on parvient à élaborer un paradigme précis du fonctionnement du cerveau pour essayer, de manière analogique, d'en reproduire le fonctionnement dans nos machines ; que c'est en imitant le système nerveux que l'on peut faire progresser l'IA de manière significative. L'idée est donc de considérer d'abord le cerveau comme un ensemble de neurones reliés entre eux dans un réseau d'une extraordinaire densité, dans lequel les synapses sont des articulations, chaque neurone est un petit calculateur qui reçoit de l'extérieur, par l'intermédiaire des sens, des données, en fait la somme et retourne une réponse[507]. Ce qui est frappant, dans l'étude du cerveau, c'est le comportement toujours global de son système, à l'opposé de la structure fragmentaire de toutes les machines humaines et de la logique qu'elles utilisent. Toutes les tentatives pour localiser la mémoire dans le cerveau se sont soldées par des échecs, la mémoire semblant à la fois présente partout et nulle part dans le cerveau, ce que Sheldrake nous explique en invoquant le support des champs morphiques[508].

Le *connexionnisme* fait un pas dans cette direction : « Perfectionnement de la cybernétique, les réseaux connexionnistes, appelés aussi réseaux neuronaux, sont composés d'un ensemble d'automates, les *neurones formels*, qui interagissent les uns sur les autres à la façon des cellules nerveuses. »[509] Dans la mémoire d'un ordinateur classique, chaque unité de donnée est assignée à une adresse qui permet de la retrouver. Par principe, une adresse renvoie à un lieu précis dans la mémoire physique où se trouve stockée l'information correspondante. Pour la rapidité du traitement, nous pouvons copier l'information depuis le disque dur vers une mémoire volatile, mais cela ne change rien au problème. L'unité centrale de calcul, le processeur, envoie au magasin de stockage des données l'ordre de fournir l'information contenue sous un numéro quelconque qui est sa case mémoire. Elle est alors utilisée et ensuite combinée avec d'autres données dans un programme actif. Il est question dans tous les cas d'un traitement sériel, analytique dans son principe d'une information codée en langage formel. Si l'information est effacée, le programme sera bloqué. Si jamais une adresse est perdue, il sera assez difficile et long de la retrouver, car il faudra passer en revue tout le contenu du magasin des don-

---

[507] *Cf.* M. Imbert, *Traité du cerveau*, Paris, Odile Jacob, 2006, p.125 *sq.*
[508] Cf. *supra*, chapitre 1.
[509] J.-G. Ganascia, *L'âme-machine : Les enjeux de l'intelligence artificielle*, p. 236.

nées. Les limitations de l'IA classique tiennent donc à une réalité incontournable : l'ordinateur, quelle que soit sa puissance ou sa rapidité, fonctionne sur un mode linéaire, séquentiel, sur le modèle défini par Von Neumann vers 1945. D'après Sansonnet, un ordinateur séquentiel se constitue d'une mémoire centrale et d'un processeur : la mémoire centrale se compose de milliers de cases identiques contenant soit une donnée à traiter, soit une instruction ; le rôle du processeur consiste à prendre les instructions dans la mémoire et à exécuter sur les données les opérations élémentaires décrites par ces instructions : « Comme ces instructions sont prises en compte les unes après les autres, le fonctionnement de l'ordinateur est bien séquentiel. »[510]

Cependant, les réseaux neuronaux artificiels modifient ce type de fonctionnement : ils simulent des unités de calcul reliées entre elles par un réseau de relations ; l'information est structurée sous la forme d'un schème organisationnel reposant sur la *règle de Hebb* : « [...] une synapse de Hebb entre un neurone A et un neurone B serait renforcée chaque fois que le déclenchement de A serait suivi par l'activation de B et affaiblie dans le cas contraire et ce, indépendamment de la question de savoir si la synapse de Hebb est elle-même de manière significative impliquée dans le déclenchement de B. Ceci donne lieu à une forme d'« apprentissage »[511]. Lorsqu'une unité, A ou B, reçoit un stimulus de manière répétée, celui-ci va être amplifié. Il y a alors pondération des messages, de sorte que le réseau parvient à se doter d'une mémoire semblable à une habitude. Après un certain nombre d'essais, le réseau apprend le message par répétition. L'état vers lequel tendent les pondérations constitue ce qui s'appelle un *attracteur*, ce que Silvia Pavel définit comme : « Etat stable d'un réseau neuromimétique exprimant les formes mémorisées, vers lequel évolue le neurone formel [...] Notion dévelop-

---

[510] J.P. Sansonnet, « L'architecture des nouveaux ordinateurs », *La Recherche*, 1988, 19 (204) : 1299-1307.

[511] R. Penrose, *L'esprit, l'ordinateur et les lois de la physique*, p. 432.

pée en dynamique complexe pour montrer comment l'ordre peut émerger à partir de situations chaotiques et loin de l'équilibre. L'application néo-connexionniste à l'IA consiste à créer des conditions favorables, dans les systèmes à base de réseaux, pour que l'auto-organisation et l'intelligence puissent en émerger. »[512]

Finalement, le système parvient à stocker des données en mémoire et à les restituer correctement, sans qu'on leur ait donné d'adresse. La réponse du réseau neuronal diffère donc du cas classique de l'ordinateur dont nous nous servons communément. Etant donné des indices suffisants, correspondant à un fragment d'une information souhaitée, il est capable de la restituer entièrement ; il faut et il suffit pour cela que l'indice se situe dans le bassin d'attraction de la configuration d'un attracteur acquis auparavant : le réseau reprend alors la configuration de relation qu'il a mémorisée. En d'autres termes, par apprentissage, le réseau atteint un équilibre d'excitation figurant l'analogue de la représentation humaine d'un concept à mémoriser. Il résulte de cette prouesse technique que l'information n'a plus de localisation stricte dans le réseau, mais elle est diffuse dans tout le réseau ; elle est partout et nulle part ; elle ne redevient existante que si un indice est fourni qui incite le réseau à la reproduire.

Le fonctionnement du cerveau humain

Ce type de fonctionnement est très différent du type de fonctionnement habituel de nos ordinateurs. Sur nos machines actuelles, pour retrouver une information, la machine doit posséder son adresse. L'adresse n'a nul rapport avec l'information, et l'information n'a pas de rapport non plus avec la façon dont elle a été acquise : c'est un rangement numéro-case. Au fond l'ordinateur n'apprend

---

[512] S. Pavel, *Intelligence logicielle*, Réseau international de néologie et de terminologie, Ministère des Approvisionnements et Services, Canada, 1989, p. 21.

jamais rien ; il stocke des données, il est aussi très stupide quant à la saisie d'une entrée, et la moindre faute d'orthographe peut l'empêcher de fonctionner ; ainsi que le remarque Fernando Savater, « Annoncer l'anéantissement de l'esprit à cause des ordinateurs est aussi stupide qu'attendre béatement de l'intelligence de ces appareils qu'elle pourvoie d'agilité mentale ceux qui en manquent »[513]. Certes, on peut lui ajouter un surcroît de mémoire sous forme d'un programme, pour tenter des rapprochements entre ce qui a été tapé et la liste des ordres significatifs qu'il possède : c'est un peu mieux, mais cela ne change rien au principe, on ne peut tout prévoir et de l'imprévu l'ordinateur est incapable par lui-même de tirer quoi que ce soit, car il ne fonctionne que dans la dualité oui/non, tout/rien, 1/0 ; car, comme le pense André Cuvelier, « l'ordinateur n'est pas le cerveau, c'est un modèle de la façon dont nous communiquons avec les autres »[514].

Dans un réseau neuronal, le contexte devient très différent ; ce n'est pas la dualité entre tout et rien, l'indice sera soit le message en totalité, mais avec des erreurs, soit une partie du message. Selon la qualité des indices proposés, la restitution du message sera plus ou moins exacte. Nous nous trouvons ici dans une simulation assez proche du rappel dans la mémoire humaine, une situation qui ressemble aussi étonnamment à ce qui se produit avec une plaque holographique si elle est brisée. Le support holographique ne ressemble nullement à un négatif argentique. On ne voit guère l'image du petit chariot qui apparaîtra en relief sous le faisceau laser ; il n'y a que des courbes. Or si vous cassez la plaque, l'image est encore présente dans sa totalité, mais elle devient plus floue ; si vous la cassez encore, l'image sera là, mais elle deviendra encore plus floue :

---

[513] F. Savater, *Pour l'éducation*, trad. Hélène Gisbert, Rivages poche n°314, 2000, p.158.
[514] A. Cuvelier (dir.), *Psychisme et Intelligence Artificielle*, Préface, Presses Universitaires de Nancy, 1992, pp. 10-11.

comme dans la mémoire neuronale, l'information est présente à la fois partout et nulle part. L'intérêt des réseaux neuronaux artificiels est donc de dépasser les limites du langage formel de la logique classique en essayant justement de modéliser un mode de pensée global.

Cependant, il faudrait ne pas trop se faire d'illusion quant à la comparaison entre réseau neuronal artificiel et cerveau humain, car « notre compréhension de la physique est insuffisante et ne nous permet pas de décrire de façon satisfaisante le fonctionnement du cerveau en termes physiques, même en principe »[515]. Le nombre de neurones du cerveau dépasse le milliard, chacun d'eux recevant entre 1000 et 100.000 synapses, alors que jusqu'à présent, un réseau neuronal artificiel complexe c'est 1000 neurones qui reçoivent une dizaine de synapses. La différence d'ordre de grandeur est colossale et rend nos tentatives de comparaison assez risibles. Nous ne savons que très peu de choses sur le cerveau humain, quant à sa manière de traiter l'information, et les spécialistes des neurosciences se demandent si franchement il vaut la peine de tirer des inférences de nos petits systèmes vers le cerveau : « [...] on a encore beaucoup à apprendre sur le traitement détaillé de l'information par le cerveau. Pour l'heure, on en sait très peu sur la manière dont les centres du cerveau supérieur accomplissent leurs tâches »[516]. De plus, les réseaux neuronaux artificiels sont asservis à des cycles d'apprentissage qu'ils ne peuvent certainement pas faire eux-mêmes et il est également nécessaire qu'il y ait une correction constante d'un agent humain extérieur à la machine. Leurs performances restent bien faibles, inférieures à celles des ordinateurs classiques, mais leur intérêt consiste surtout dans l'illustration remarquable qu'ils apportent de la nécessité de dépasser la rigidité du langage formel.

---

[515] R. Penrose, *op. cit.*, p. 158.
[516] *Ibid.*, p. 421.

Résumé des principales objections

A titre de récapitulation nous pouvons répertorier, notamment avec Alan Turing, une série de neuf objections[517] sérieuses qu'il faudrait pouvoir résoudre :

1) La conception de l'IA reste par définition dans les limites d'un système formel. Le théorème d'incomplétude de Gödel nous apprend que, quel que soit le système formel *S1*, aussi puissant soit-il, il existera toujours un énoncé vrai F – et que l'on peut montrer tel – que S ne peut produire. Pour surmonter cette situation, il faut produire un nouveau système *S2* capable d'envelopper l'énoncé F tel que F soit inclus dans *S2*, ce qui conduit immanquablement à une progression à l'infini qui restera incapable d'appréhender toute vérité possible. L'intelligence ne dépasse-t-elle pas toujours tout système formel ?

2) Rien ne prouve que le comportement humain puisse être formalisé dans toutes ses expressions, dans les moindres détails, et si par exemple l'automobiliste obéit à certaines règles de comportement sur la route, c'est tout ce que nous pouvons formaliser, ainsi que le reconnaît Cuvelier : « [...] tous les problèmes ne sont pas formalisables et l'homme neuronal ne sera jamais un poète ou un mystique, ne pourra développer sa conscience humaine du divin, sera incapable de dire oui ou non à l'amour »[518]. Pour admettre que le comportement est entièrement formalisable, il faudrait qu'il y ait des lois de comportement fixes et que toute décision humaine y réponde. Ce serait certes une commodité rationnelle d'y croire, mais cela n'a rien d'évident, car la moindre possibilité d'intervention d'un libre-arbitre ferait évidemment culbuter ce type de raisonnement. Le comportement humain est-il formalisable ?

3) Toute entité vivante, tout système nerveux se

---

[517] *Cf.* J.-G. Ganascia, *L'âme-machine. Les enjeux de l'intelligence artificielle*, pp. 202-210.

[518] A. Cuvelier (dir.), *Psychisme et Intelligence Artificielle*, Préface, Presses Universitaires de Nancy, 1992, p. 11.

présente comme une totalité avec imbrication successive et solution de continuité complète ; mais, par définition, une machine repose sur une structure analytique fragmentaire. La *logique du continu* travaillant dans la vie s'oppose alors à la *logique du discontinu* utilisée dans les machines, et l'IA serait incapable de dépasser cette limite. La logique du continu peut-elle être restituée par une intelligence artificielle ?

4) Selon *l'objection de Lady Lovelace*, la machine analytique ne prétend pas créer quoi que ce soit, c'est nous qui avons la prétention de croire qu'elle le fait, alors qu'elle n'est capable de faire que ce que nous lui ordonnons. Le plan du mental humain est toujours un méta-point de vue par rapport à la machine et il serait impossible qu'il en soit autrement. Une machine est-elle capable de création ?

5) Si la machine est apte à réaliser la tâche *a*, *b*, *c*, rien ne prouve qu'elle puisse aussi réaliser une tâche *x*, *x* étant modulable dans le temps et représentant quelque chose que la machine ne sait faire à un moment donné *t*. Une machine est-elle capable de résoudre tous types de problèmes ?

6) Tout acte de création artistique jaillit d'un état de conscience libérant une potentialité qui n'était pas actuelle auparavant. La Vie se sent elle-même, s'éprouve comme un Soi en tant que sentiment ; la machine, elle, ne connaît pas de sentiment et ne s'éprouve pas elle-même, mais elle calcule ; comme l'écrit Albert Jacquard, « On peut apprendre à un ordinateur à dire : " Je t'aime ", mais on ne peut pas lui apprendre à aimer »[519]. Or c'est du cœur que viennent nos décisions les plus importantes et nos actes les plus imprévisibles, ce dont la machine ne peut avoir la moindre idée. Une machine peut-elle éprouver des sentiments ?

7) L'examen des phénomènes de synchronicité, de la nature de la mémoire, des expériences verticales que

---

[519] A. Jacquard, *Petite philosophie à l'usage des non-philosophes*, Ed. Québec-Livres, p. 173.

l'être humain peut traverser, des potentialités de la conscience, nous amène à reconnaître une dimension spirituelle, non-matérielle de la réalité. Il est fondé, et même pertinent, de penser que l'Intelligence cosmique qui tient en équilibre le cosmos transcende tous les mécanismes par lesquels elle s'exprime ; que l'homme a en lui la possibilité de développer ses pouvoirs conscients, d'entrer en relation avec cette Intelligence fondamentale, ce qui met immédiatement entre parenthèses l'intérêt de l'Intelligence Artificielle. Par exemple, l'existence de la télépathie invaliderait immédiatement les prétentions de l'IA : « Si quelque sympathie ou quelque télépathie inspirait l'interrogateur au cours du jeu de l'imitation, il discernerait aisément au travers des parois l'esprit de celui qui se dissimule derrière le terminal… »[520]. D'autre part, le refus de la prise en compte de cet argument démontrerait que celui qui l'opère se cantonne dans le paradigme mécaniste, mais l'abandon de ce paradigme est maintenant un acquis important des sciences de la complexité et il est très largement motivé. Les potentialités de la conscience peuvent-elles être réalisées par le biais de l'IA ?

8) Si nous réalisions des machines douées d'autonomie, leur premier souci serait de s'auto-reproduire et le résultat en serait de rendre l'intelligence humaine obsolète, l'auto-développement de l'IA conduisant directement à l'obsolescence de l'homme et à sa suppression comme créateur par la machine elle-même : c'est un thème récurrent de la science-fiction, mais aussi une interrogation importante de la pensée contemporaine sur la technique. Si l'IA est la quintessence de la *volonté de puissance*, rien n'assure que l'homme dispose de la sagesse qui permettrait de s'en servir à bon escient. Les exemples historiques sont légions, qui nous montrent suffisamment que tous les progrès techniques se sont soldés par un lot d'aliénations. L'aliénation la plus fondamentale capable d'atteindre

---

[520] J.-G. Ganascia, *op. cit.*, p. 210.

l'essence de l'homme est l'aliénation de sa pensée ; or l'IA en livre tous les ingrédients, sans nulle garantie. Le projet de l'IA est-il compatible avec les exigences de l'Ethique ?

9) Selon l'objection théologique, enfin, la pensée n'est possible que sur fond de la nature essentielle de l'âme humaine : « Dieu a donné une âme immortelle à chaque homme et à chaque femme, et non pas à un quelconque animal ou à des machines. Donc aucun animal ni aucune machine ne peuvent penser. »[521] La machine ne saurait penser ainsi que le fait l'homme, car ce n'est pas dans la nature des choses. L'IA n'est-elle pas en contradiction avec la nature des machines, telles qu'elles existent en tant que création posée par la divinité ?

Dépouiller une à une chacune de ces objections à travers la littérature portant sur le thème dépasserait le cadre limité de ce chapitre, et même du livre entier. La plupart des questions restent irrésolues. Ce qui paraît complètement échapper à la plupart des auteurs qui traitent de l'IA, c'est la dimension phénoménologique dans laquelle se déroulent leurs propres spéculations. La vie s'éprouve elle-même en toute conscience et possède un accès à une intelligence d'elle-même, mais cet accès n'appartient pas à la représentation, bien qu'il puisse s'exprimer dans la représentation, à travers le langage. Si la pure conscience se tient par essence en-deçà de toute représentation, la logique descriptible par un système formel – qui en fait partie – demeurera toujours une simple construction mentale de l'intellect humain, mais elle ne sera pas la conscience. Paradoxalement, l'effet habituel de l'anthropomorphisme – qui pourtant avait été récusé par le paradigme mécaniste comme anti-scientifique – joue ici à fond : nous sommes toujours prêts à rêver d'une conscience analogue à la nôtre dans l'ordinateur, ce qui relève de la surimposition et d'une méconnaissance de l'essence de la conscience. « Par défini-

---

[521] A. M. Turing, "Computing Machinery and Intelligence", *op. cit.*, p. 443.

tion, l'ordinateur est incapable de dupliquer ces caractéristiques [de conscience] quelle que soit sa capacité de simulation […] aucune simulation en elle-même ne peut constituer une duplication. »[522] Ainsi, selon Searle, un programme d'ordinateur ne peut avoir aucun état conscient et
ne peut réellement comprendre. Les oui/non, 1/0 qu'il
manipule n'ont définitivement de sens que pour
l'utilisateur humain de la machine qui, lui, interprète, et
même un langage formel ne prend un sens que si on lui
donne une interprétation, car « si j'ajoute 6 à 3, la machine
(calculette) ne sait pas que le numéral 6 signifie le nombre
6, […] et que le signe plus signifie l'opération d'addition.
Cela pour la bonne raison qu'en fait, elle ne sait rien »[523].

  Ces objections, même si elles sont encore à résoudre, ne sont guère limitatives au sens où elles pourraient influencer négativement le progrès des recherches en
Intelligence Artificielle. L'explication d'une telle obstination ne réside-t-elle pas dans le fait que le principe caractéristique de la civilisation moderne est une *pensée technique*,
qui consiste à trouver une solution technique à tous les
problèmes ?

---

[522] J. Searle, *Du cerveau au savoir*, Paris, Hermann, 1985, p. 49.
[523] *Ibid.,* p.67.

CHAPITRE 6

Le phénomène de la technique

Quand on s'inquiète des violences dans les villes, on convoque souvent des experts, pour décider par exemple de bâtir un nouveau terrain de volley. Lorsque des vandales se livrent à des exactions sur un stade de football, on convoque des experts, pour décider d'installer de nouveaux grillages. Si une personne souffre d'un malaise constant, d'une anxiété maladive, on convoque un spécialiste qui lui administre un anxiolytique. Ce type de pensée est omniprésent dans le système de la consommation : « vous avez des problèmes pour récurer vos marmites... il y a la solution, tel produit est miraculeux ». Le schéma est le même, il est caractéristique de la civilisation moderne : à tout problème, il doit y avoir une solution technique. Existe-t-il des domaines dans lesquels la solution technique est valide et d'autres dans lesquels la pensée technique est inopérante ?

Pourtant, notre époque est témoin d'une hostilité croissante à la technique : méfiance à l'égard des produits pharmaceutiques, inquiétudes écologiques, rejet des produits génétiquement modifiés, soucis pour des espèces autres que l'homme, autant de problèmes qui confrontent l'homme d'aujourd'hui qui se vit plutôt comme la victime du monde qu'il a pourtant lui-même construit, que comme l'inventeur de ce monde. Tout se passe comme s'il avait joué avec le feu sans comprendre ce qu'il faisait, se réveille précipitamment lorsque brûle sa demeure, et se demande paniqué comment l'éteindre, se jurant de ne plus jamais jouer avec les allumettes, que celles-ci sont la cause de ses malheurs, et qu'il les lui faut jeter immédiatement. Qu'est-ce qui nous effraie dans la technique ? Est-il logique de vouloir s'en passer ?

Technique et *spiritualité* sont ordinairement appréhendées comme deux antonymies, s'opposent comme extérieur et intérieur, inanimé et animé, inerte et vivant. Ainsi la spiritualité est-elle pensée comme étant avec l'homme et en lui depuis l'aube de son apparition, alors que la technique est récente : la spiritualité serait l'essence de l'homme, manifeste ou cachée selon le cas, sa dignité et son but ultime ; la technique au contraire serait une forme d'aliénation, une manière pour l'homme de s'égarer dans autre chose que lui, se perdre de vue et tomber dans la matière morte au lieu de se tourner vers la vie qui l'anime, vers son Dieu. En quoi la technique est-elle le contraire du spirituel ? Cette relation peut-elle être inversée ?

TECHNIQUE ET SOCIETE

La *pensée technique* consiste à décomposer un problème pour le traiter là où il peut recevoir une solution technique[524]. Cette approche qui précipite une solution technique, sans aller à la racine du problème, risque fort de ne traiter que des effets sans atteindre les causes réelles : c'est appliquer une pommade sur la peau, sans traiter la maladie à sa source ; c'est badigeonner les feuilles avec un onguent donnant un bel effet, sans traiter la racine de la plante malade. On peut se demander s'il ne faudrait pas changer notre manière de penser, sur le plan psychologique, pour trouver une solution réelle et intelligente. Tout problème peut-il recevoir une solution technique ?

Le technique et l'humain

Selon l'usage courant, la pensée technique semble surtout un mode particulier de fonctionnement du mental discursif consistant à raisonner de manière duelle, en termes de moyens et de fins, la visée recherchée concernant l'ordre pratique de la résolution d'un problème. Si je téléphone à la *CAMTEL* parce que mon *CT Phone* est défectueux, je serai confronté à un technicien, dont le

---

[524] Sur cette question, lire J. Pacotte, *La pensée technique*, Alcan, Paris, 1931.

temps est compté, qui suit la logique de l'efficacité, qui ne peut résoudre l'angoisse de la personne : le rapport humain est réduit au minimum. La pensée technique a une propension à réduire tout ce qui relève de l'humain à la catégorie de l'utile ; elle a tendance, par exemple : a) devant tout problème à recourir à un expert, à qui est confiée la compétence : un électricien, un horloger, un psychiatre, etc. ; b) à réduire une question écologique, sociale, psychologique ou spirituelle à une simple question technique ; c) à utiliser des moyens matériels pour résoudre un problème : un appareil, un grillage, une prothèse... ce qui implique l'usage d'objets techniques, de produits de consommation, de machines. L'humain est-il réductible au technique ?

La pensée technique comme culture

Dans *La Nouvelle Atlantide*[525], Francis Bacon propose l'utopie d'une société – l'île de Bensalem[526] – totalement vouée à la recherche technoscientifique : « Notre Fondation a pour fin de connaître les causes, et le mouvement secret des choses ; et de reculer les bornes de l'Empire Humain en vue de réaliser toutes les choses possibles. »[527] Cet extrait d'un discours du « père de la Maison de Salomon »[528] semble préfigurer le jugement de certains philosophes contemporains sur la technique moderne : elle tend à réaliser tout ce qui est possible.

Il faut souligner l'omniprésence et l'omnipotence de ce style de pensée caractéristique du modèle culturel occidental. En politique, quand sont révélés des problèmes sociaux graves, la réaction de la pensée technique est : « on va voter une nouvelle loi ». Si, au sujet des accidents de la route, on admet qu'il y a trop de morts, « on va fixer de

---

[525] L'Atlantide, une île engloutie, est un mythe forgé par Platon dans le *Timée* et le *Critias*.

[526] Ile imaginaire située par Bacon dans les mers du Sud, dont le nom rappelle évidemment celui de Jérusalem.

[527] F. Bacon, *La Nouvelle Atlantide*, Paris, Flammarion, 1995, p. 119.

[528] Il s'agit d'un collège de sages.

nouveaux panneaux de signalisation, imposer des alcoo-
tests, disposer des radars », etc. Cette manière d'aborder
une question dans le contexte familial donne ces réflexions
des parents d'aujourd'hui envers leurs enfants devenus
adultes : « notre fille ne s'entend pas avec son époux. On
va leur acheter une nouvelle voiture, un nouvel ordinateur,
une nouvelle machine à laver... et ainsi, ils auront tout
pour être heureux » : réponse purement technique à un
problème qui ne l'est pas. La violence sociale est un problème *global*, mais la solution légaliste est une réponse formelle, *fragmentaire*. Les hécatombes sur les routes résultent
d'un problème global de comportement plus fondamental
qu'un simple manque de civisme et la réponse purement
technique par les panneaux, le gendarme, le radar, est limitée. Une situation de conflit relationnel ne peut se résoudre
par une accumulation d'objets : le problème est ailleurs et
c'est pour ne pas le voir en face que l'on se démène avec
des solutions techniques, qui manifestent peut-être une
bonne volonté, mais donnent l'impression de passer à côté
des vrais problèmes, d'être un bricolage coûteux, qui confine parfois à l'absurde.

D'un point de vue pratique, chacun de nous, dans le
domaine d'une profession, doit acquérir une compétence
technique. Pour être médecin, architecte ou boulanger, il
faut engager l'esprit dans une spécialisation. La compétence technique suppose l'acquisition d'une formation et
l'expérience qui s'y ajoute comme mise en pratique. Le
spécialiste, avec le temps, gagne de l'efficacité et peut alors
prétendre connaître à fond son domaine. Plus celui-ci est
étroit, plus la maîtrise technique en est accessible. Le processus de spécialisation se situe donc à l'opposé de
l'ouverture de l'intelligence, ou de la culture, ce que remarque Saint-Exupéry : « Il se forme une piètre opinion de
la culture celui qui croit qu'elle repose sur la mémoire des
formules. Un mauvais élève du cours de Spéciales en sait
plus long sur la nature et sur les lois que Descartes et Pas-

cal. Est-il capable des mêmes démarches de l'esprit ? »[529] L'homme cultivé manifeste un haut degré de conscience, ouvre sa pensée, développe sa sensibilité, s'éprouve comme partie prenante d'un monde débordant l'exercice d'une seule forme d'activité. A l'inverse, la pensée technique conduit à un rétrécissement de la pensée à une forme d'activité et un seul type d'objet. La pensée du spécialiste devient de plus en plus technique, et à la limite il ne peut plus partager son savoir qu'avec ses condisciples. Dans le domaine de la techno-science, la fragmentation extrême du savoir conduit à son ésotérisme, car la pensée technique s'exprime de manière linéaire, dans la liaison problème-analyse-solution technique.

La complexité de la vie

La grande compétence du spécialiste dans un certain domaine n'assure nullement ses qualités humaines. L'homme peut être très compétent, redoutablement efficace d'un point de vue technique et être par ailleurs humainement peu sociable, manquer d'intégrité en matière de morale : « On ne comprend rien à la civilisation moderne si l'on n'admet pas d'abord qu'elle est une conspiration universelle contre toute espèce de vie intérieure »[530]. La pensée technique n'est guère faite pour s'interroger sur les fins de l'homme, mais elle est attachée au raisonnement sur les moyens. Le bon expert en marketing, c'est celui qui vendrait n'importe quoi, il a été formé pour cela. Cet effet se rencontre partout où il y a spécialisation. Un bon avocat est un rhéteur de la justice, capable de retourner un jury en sa faveur, même quand il sait, sans nul doute possible, que son client est coupable. On peut être très compétent comme médecin, mais en même temps avoir l'esprit obtus,

---

[529] A. de Saint-Exupéry, *Terre des hommes*, in *Œuvres*, La Pléiade, NRF Gallimard, Paris, 1959, p. 255.
[530] G. Bernanos, *La France contre les robots*, Paris, Gallimard, 1995, p. 1025.

manquer du sens de la relation humaine, être moralement sans scrupule, ce qui n'est guère contradictoire. La compétence technique est une chose, les qualités humaines en sont une autre. La pensée technique n'est pas une forme de culture, et même quand elle est très développée et surtout quand elle l'est chez un spécialiste, elle ne préjuge en rien des qualités humaines. Ce qui caractérise en effet la pensée technique, c'est son *objectivité*, et par là, elle est nécessairement détachée du sujet réel, subjectif par nature, et séparée de la vie. Elle n'est pas faite pour rencontrer la vie dans sa *subjectivité* même, ni pour apprendre à considérer globalement ce qui est ; elle est spécialisée, c'est sa caractéristique par excellence : le pur expert pense de manière *mécanique*, comme le ferait une machine, et tend à simplifier à l'excès.

Or le rapport avec la vie est la relation avec une totalité complexe et cette relation doit elle-même être vivante. La vie est complexe, et pour l'aborder, il est nécessaire de la comprendre comme un tout enveloppant une infinité de relations ; pour comprendre ce qu'elle est, quelle est la nature de l'esprit, pour se connaître soi-même, il est indispensable de laisser de côté la pensée technique, parce que inadéquate. Le propre des sciences, actuellement, est de fragmenter leur objet, de définir l'humain en le rangeant dans des tiroirs conceptuels : le citoyen, le consommateur, le croyant, le… Pour rencontrer l'individu vivant et la totalité vivante et complexe dans laquelle il vit, nous devons mettre entre parenthèses notre attitude habituelle. Le processus de spécialisation met des œillères à l'intelligence et son inertie perpétue une tendance à la rigidité mentale. La pensée technique met l'esprit dans une ornière et, dans la confrontation avec la vie réelle et concrète, il est indispensable de sortir de cette ornière pour penser de manière vivante, neuve, créatrice. La compréhension de la vie requiert une ouverture sans présupposés, une vision globale, l'appréhension de l'unité dans la diversité, une grande adaptabilité. L'homme expert n'est pas intégré, est spécialisé dans une seule direction. Pour comprendre le processus de la vie, il faut une action intégrale, une compréhension intégrale, non une attention spécialisée. La pensée technique, sortie de son champ d'application, de la maîtrise de la matière, est nocive ; ce dont nous avons besoin pour aborder la vie avec sensibilité et intelligence ne se trouve pas dans une formation technique mais, comme le pense Gustave Thibon, dans la conscience de l'homme : « [...] le progrès technique doit nous apparaître comme une question posée par la science à la conscience. Et la réponse n'est ni dans la lune ni dans les prodigieuses machines qui nous y conduisent : elle est en nous »[531].

Le sens de l'humain

Comment qualifions-nous celui dont la personnalité rayonne manifestement au-delà de la pensée technique ? Avec Renan, nous disons que c'est quelqu'un de très *humain* : « Il se peut que tout le développement humain n'ait pas plus de conséquence que la mousse ou le lichen dont s'entoure toute surface humectée. Pour nous [...], l'histoire de l'homme garde sa primauté, puisque l'humanité seule, autant que nous savons, crée la conscience de l'univers. »[532] Mon chirurgien peut être très compétent, mais en même temps très humain. Un médecin très humain dans sa relation au malade, ne le regarde pas seulement comme un *patient*, de la même manière qu'un antiquaire évaluerait un meuble, mais il se soucie de ne pas le réduire au seul aspect qui est l'objet de sa spécialité. Un paysan qui regarde la terre avec amour n'est plus l'*exploitant agricole*, mais appréhende sa relation avec la nature d'une manière vivante, dans une relation à la totalité. Il n'est pas interdit à un plombier de mettre entre parenthèses les déboires de la tuyauterie, pour avoir une conversation avec un être humain qu'il cessera alors de regarder comme un *client*. Nous souhaitons vivement que nos politiques soient moins tech-

---

[531] G. Thibon, *L'équilibre et l'harmonie*, Paris, Fayard, 1976, p.24.
[532] E. Renan, *L'Avenir de la science*, Paris, Flammarion, 1995, p. 72.

nocrates et prennent en compte la dimension concrète et humaine des problèmes ; que les juges ne soient pas rigides sur le registre technique de la stricte légalité et manifestent de l'équité. Un esprit technicien *fonctionne* dans une ornière étroite, ce qui signifie aussi qu'une réponse seulement technique à la provocation de la vie dénote une étroitesse d'esprit, qui se solde souvent par la perte du bon sens.

On désignait jadis la culture sous le nom des *humanités*, ce qui fait déjà vieillot et démodé, le mot humanité devant avoir une odeur de parchemin poussiéreux que ne supporte guère notre sens olfactif actuel. Nous vivons à l'heure des vertiges de la consommation, de la haute technologie, dans la religion du marketing. Dans l'éducation actuelle, nous n'avons en vue que de former des *compétences*, non pas des humanités ; notre éducation met sur le marché des individus fonctionnels, de la même manière que l'économie met sur le marché des produits de grande consommation. Quand on aborde avec intérêt le sens de l'éducation, c'est pour dire qu'elle doit favoriser l'intégration sociale, ce qui n'a rien à voir avec l'intégrité, mais avec un rangement rationnel, intégré comme un produit sur un rayon de supermarché est intégré à un ensemble. Pour ce qui est du développement du sens de l'humain, nous laissons chacun à lui-même et comme c'est une tâche malaisée, bien peu s'en préoccupent. La liberté de penser est une velléité marginale, surtout quand on n'ouvre plus un seul livre après trente ans.

Par contre, nous accompagnons massivement la formation des spécialistes, encourageons l'hyperspécialisation pour formater l'esprit de la maternelle jusqu'aux grandes écoles. Là, il n'est guère question de laisser l'individu à lui-même, mais d'effectuer une prise en charge musculeuse de ce qu'il doit penser et de sa manière de penser, ce qui s'appelle l'*instruction* comme formation. Plus le technicien est *formé*, plus son sens de l'humain est *déformé*. Quand il sortira d'une grande école pour entrer dans la vie active, il véhiculera la seule manière de penser qu'il aura reçue, la pensée *technique* ; il prendra des décisions concernant sa propre vie, la vie collective et celle de la planète, en *technicien* ; il idolâtrera la compétence et exécrera l'incompétence, pratiquera des méthodes rationnelles, jusqu'à ce que l'expérience lui apprenne que le souci du profit n'est pas la seule mesure de la valeur, que les *hommes* ne sont pas des *machines*, que la vie déborde en complexité tout ce que sa pensée a appris à maîtriser. Il ne suffit pas ici-bas d'être un technicien compétent, ce que le monde attend, ce sont d'abord des hommes riches de leur humanité. Le paradoxe, l'ironie du sort, c'est que ce sont les entreprises à qui on destine des cargaisons de techniciens qui sont les premières demandeuses de qualités humaines. La compétence, elle, est facile à gagner dans l'ordre de l'action, un employeur d'office en fait son affaire. Par contre l'ampleur de vue impersonnelle, la douceur, la patience, l'honnêteté, le sens du juste, la générosité, la connaissance de la nature de l'esprit et du fonctionnement de l'ego, ne sont pas des éléments qui font partie de la formation.

La pensée technique comme système

Cependant, il ne suffit pas de considérer la technique dans son usage courant, ou d'un point de vue instrumental, dans la seule relation moyens/fins. La technique est un phénomène caractéristique d'un héritage ayant son origine dans la modernité. La relation moyens/fins, telle qu'on la trouve dans la relation outil/main, est élémentaire, largement inapplicable à notre contexte technique actuel. Il faut épousseter les vieilles théories à ce sujet. Nous n'allons pas toujours régresser à l'homme des cavernes pour comprendre le monde dans lequel nous vivons. Il est aussi ridicule de continuer à raisonner sur la technique en moralisant dans la dualité avantages/inconvénients. La pensée technique est-elle une rubrique assortie à l'usage de l'outillage, ou est-elle un mode de pensée devenu le propre de notre civilisation technique ?

Technique et rationalité

Plutôt que d'aborder cette question sous un angle seulement historique, ce qui serait inutile, il est beaucoup plus enthousiasmant de l'examiner comme un processus de la pensée elle-même. Avec la technique, c'est la pensée elle-même qui a trouvé sa maturité en tant que *rationalité* opératoire. Le propre de la raison technique, comme le montre Jacques Ellul, c'est de tenir compte de ce but précis qu'est l'*efficacité*, car « le technicien ne tient tout bonnement aucun compte de ce qui lui paraît relever de la plus haute fantaisie »[533]. La raison technique note ce que chaque moyen inventé est capable de fournir, et parmi les moyens qu'elle met à la disposition de l'opération technique elle fait un choix, une discrimination pour retenir le moyen le plus efficace, le plus adapté au but recherché, et nous aurons alors une réduction des moyens à un seul : celui qui est le plus efficient ; c'est là le visage le plus net de la raison dans son aspect technique. Le slogan directeur de la pensée technique, Ellul le résume dans la recherche du meilleur moyen dans tous les domaines ; c'est ce qui est proprement le moyen technique et c'est l'accumulation de ces moyens qui donne une civilisation technique : « Le phénomène technique (c'est) la préoccupation de l'immense majorité des hommes de notre temps de rechercher en toutes choses la méthode absolument la plus efficace »[534].

Il s'agit de trouver le moyen absolument supérieur, se fondant sur le *calcul*, dans la plupart des cas, et celui qui fait le choix du moyen c'est le spécialiste ayant fait le calcul en démontrant sa supériorité. Il y a donc toute une science des moyens, une science des techniques qui s'élabore progressivement. La pensée technique s'approprie la visée utilitaire, objective le processus de l'action en le considérant exclusivement sur le plan du quantifiable, fait de la

---

[533] J. Ellul, *Le système technicien*, Paris, Calmann-Lévy, 1977, p. 161.
[534] J. Ellul, *La technique ou l'enjeu du siècle* (1952), Editions Economica, coll. classiques des sciences sociales, 2008, p. 18.

recherche de moyens d'action une fin en soi. La civilisation technique est d'abord une civilisation de moyens et dans la réalité de la vie moderne les moyens sont plus importants que les fins. Une autre conception n'est qu'idéaliste, une représentation qui admettrait qu'elle n'existe que rattachée à des fins qui lui préexistent et la dirigent, ce qui ne correspond guère à la réalité de la technique.

Descartes pensait pouvoir donner à la technique une finalité en dehors d'elle-même, dans la santé qu'elle pourrait apporter, dans l'amélioration de l'homme qu'elle était présumée produire, il donnait donc une fin morale à la technique. Mais il fait longtemps que la technique a acquis à cet égard une autonomie, puisque l'un des caractères majeurs de la technique est de ne pas supporter le jugement moral, d'en être résolument indépendante et d'éliminer de son domaine tout jugement moral. « Il va de soi qu'opposer des jugements de bien ou de mal à une opération jugée techniquement nécessaire est simplement absurde […] et d'ailleurs nous savons à quel point la morale est relative. La découverte de la « morale de situation » est bien commode [...] : comment au nom d'un bien variable, fugace, toujours à définir, viendrait-on interdire quelque chose au technicien, arrêter un progrès technique ? Ceci au moins est stable, assuré, évident. »[535]

Parler de *mauvais usage* de la technique, c'est tenir un langage obsolète qui ne fait pas partie de sa représentation. L'automobiliste qui galvaude son moteur en fait un mauvais usage, ce qui n'a rien à voir avec l'usage que nos moralistes voudraient pour la technique. Le mécanicien comprend « mauvais usage » dans ce sens, c'est un aspect du bon/mauvais faisant partie de sa pensée duelle. Il reste interdit et muet sur le fait que l'automobiliste renverse trois piétons en roulant trop vite : ce n'est pas son affaire, ce n'est pas sa morale technique et il n'a jamais reçu dans sa formation de technicien d'indication dans ce sens. En fait,

---

[535] J. Ellul, *Le système technicien*, Paris, Calmann-Lévy, 1977, p. 161.

il n'y a rigoureusement aucune différence entre la technique et son usage : l'homme est placé devant un choix exclusif, utiliser la technique comme elle doit l'être selon les règles techniques, ou ne pas l'utiliser du tout ; mais il est impossible de l'utiliser autrement que selon les règles techniques. La pensée technique est simple et linéaire parce que ne faisant pas de différence entre la technique et son usage, ce qui explique la grande facilité avec laquelle elle peut être acquise, car elle repose sur une structure mentale élémentaire, dépourvue de toute complexité : la *rationalisation*.

Technique et automatisme

La technique, en tant que tout et dans son application opératoire, fonctionne comme un système qui simule *artificiellement* l'auto-référence de la vie. Jacques Ellul l'explicite à sa manière en insistant singulièrement sur plusieurs caractères : l'automatisme du choix technique, l'insécabilité, l'universalisme et l'autonomie.

La rationalisation technique implique d'abord l'*automatisme du choix* : « C'est maintenant la technique qui opère le choix ipso facto, sans rémission, sans discussion possible entre les moyens à utiliser... L'homme [...] ne peut décider de suivre telle voie plutôt que la voie technique... ou bien il décide d'user du moyen traditionnel [...] et alors ses moyens ne sont pas efficaces, ils seront étouffés ou éliminés, ou bien il décide d'accepter la nécessité technique, il vaincra... soumis [...] à l'esclavage technique. Il n'y a donc absolument aucune liberté de choix. »[536] Lorsque tout a été mesuré, calculé, si la méthode déterminée est, au point de vue intellectuel, satisfaisante, et si au point de vue pratique elle se révèle plus efficiente que tous les autres moyens employés jusqu'ici ou mis en concurrence au même moment, la direction technique se fait d'elle-même.

---

[536] *Ibid.*, p. 245.

Il n'y a pas de choix, quant à la grandeur, entre 7 et 9 : 7 est plus petit que 9. La décision, quant à la technique, est actuellement du même ordre ; il n'y a pas de choix entre deux méthodes techniques : l'une s'impose fatalement parce que ses résultats se comptent, se mesurent, sont indiscutables. L'esprit technicien, par nature, obéit aveuglément à l'inertie de ce *mécanisme*. L'opération chirurgicale que l'on ne pouvait faire autrefois, la manipulation génétique que l'on peut faire maintenant et qui n'était pas disponible il y a quelques années, n'est pas l'objet d'un choix, elle entre tôt ou tard dans la pratique. Si on peut le faire, pourquoi ne pas le faire ? Cela ne se discute pas, cela doit prendre *mécaniquement* effet ; il n'est pas question de laisser à l'homme un choix, c'est le système technique qui emporte mécaniquement la décision. A cet égard, les comités d'Ethique sont voués à être des jardins d'acclimatation pour toutes les innovations qui incontestablement se font jour. La pire désapprobation que puisse porter le monde moderne, c'est de dire que telle personne ou tel système empêche cet automatisme technique. Parce que nous avons entériné depuis des lustres le choix d'une civilisation technique, il n'est donc absolument nulle liberté de choix, nous sommes actuellement au stade de l'évolution historique d'élimination de tout ce qui n'est pas technique.

La technique véhicule une pensée unique et se propage comme un tout insécable auto-normé, ce que Bertrand Gille appelle *système technique* : « Toutes les techniques sont [...] dépendantes les unes des autres, et il faut nécessairement entre elles une certaine cohérence : cet ensemble de cohérences aux différents niveaux de toutes les structures de tous les ensembles [...] compose ce que l'on peut appeler un système technique. »[537] Certes, entre des techniques différentes, de manière superficielle, nous serions tentés de marquer des distinctions ; entre l'informatique,

---

[537] B. Gille, *Histoire des techniques*, Paris, Gallimard, « Encyclopédie de la Pléiade », 1978, p.19.

l'automobile ou l'électroménager, on a affaire à des techniques apparemment différentes. Mais cette apparente diversité dissimule une profonde unicité de principe et il est facile d'y repérer une identité de caractères : la *mécanisation* y est patente ; l'esprit technicien est le même partout. Le *technicien agricole* – non pas le paysan – ne se sent pas étranger face à l'univers de l'informatique ; il possède déjà les clés de sa compréhension et comprend bien que son domaine est indissociable des autres.

Technique, universalité et autonomie

L'*universalité* du phénomène technique est d'une telle évidence qu'elle ne peut plus être reniée : elle a un impact direct sur la vie collective, parce qu'elle atteint absolument les différentes cultures présentes sur notre planète ; elle a un impact direct sur l'individu, parce que, quelle que soit son activité, il ne saurait échapper à son emprise. Il n'est guère indispensable d'être un Occidental pour assimiler l'utilisation de l'informatique, de la fission nucléaire ou du marketing, d'après Jean-Pierre Séris : « L'objet technique [...] se caractérise par la conjonction de deux traits : caractère très élaboré de sa construction et de son fonctionnement, et commodité de son usage, réduisant à zéro la compétence exigée de l'utilisateur. »[538] La technique n'a pas besoin d'un haut degré de civilisation et de culture pour être assimilée. Elle absorbe facilement l'homme qui l'utilise quand les méthodes sont entre ses mains. Les effets qu'elle produit ici, sont exactement les mêmes que ceux qu'elle produit là et la logique est partout identique. Ce qui fascine les peuples extra-occidentaux, africains par exemple, ce n'est pas l'aura des droits de l'homme, d'une culture, ni la science en général, mais bien la technique. Comme l'a montré le *Colloque de Vevey* en 1960, alors que le problème premier pour les peuples sous-développés est celui de la nourriture, l'obsession du Technique les obnubile au point

---

[538] J.-P. Séris, *La Technique* (1994), Paris, PUF, 2000, p. 5.

que ce qu'ils demandent – et ce que l'Occident leur offre – c'est l'*industrialisation*, le transfert des technologies, qui pour un temps indéterminé aggravera le mal. Pourtant, ce n'est pas l'importation d'un mode de vie à l'occidentale qui d'abord mine les civilisations traditionnelles. Ce qui uniformise fondamentalement les civilisations, c'est la technique elle-même, le seul universel concret incontestable du monde actuel, pour le reste, dans le domaine culturel, ou celui des valeurs, nous sommes dans le relativisme le plus complet. Ce qui nous intéresse aujourd'hui dans les échanges entre civilisations, ce sont les échanges de technologies, et dans l'état actuel de nos mentalités, si nous avions un contact avec une autre civilisation dans l'univers, ce que nous chercherions, c'est un échange technologique. Historiquement, on sait que les civilisations ont rompu leur confinement en raison de la guerre et du commerce ; mais, à y regarder de près, ce que la victoire apporte, ce que la défaite commande, c'est la reconnaissance de la prééminence technique. Pour nos Etats aujourd'hui, le commerce le plus précieux, c'est le commerce… des technologies. Si nous pensons que ce qui compte avant tout, c'est la communication des hommes entre eux, il faudra ajouter que la communication n'a de sens que… par les techniques de communication ; et la technologie de l'information est la reine des technologies, c'est elle qui manipule la *virtualité* propre à l'artifice technique.

L'*autonomie* du phénomène technique a un sens qui lui est propre et dont l'intuition a été explicitement formulée par Taylor. Anticipant la cybernétique, Taylor prend pour point de départ l'idée que l'usine est un organisme clos, qu'elle est un but par elle-même. Ce qui est fabriqué dans l'usine, ce qui constitue la finalité même du travail, reste en dehors de son dessein. Tel est le sens de l'autonomie de la technique. Le mot autonomie veut dire « se donner à soi-même sa propre loi » et le « soi-même » en question ici est le système technicien lui-même. La formulation de sa loi est simple, elle se résume en un seul mot :

l'*efficacité*. Le mot « loi » n'a plus de sens juridique, scientifique, métaphysique, mais c'est de la causalité pure et dure, telle qu'elle est à l'œuvre dans le paradigme mécaniste. Les lois auxquelles obéit l'organisation technique, ce ne sont plus les règles du juste et de l'injuste, mais les lois au sens purement technique. Si la technique était en situation d'hétéronomie, cela voudrait dire qu'elle dépendrait d'autre chose que d'elle-même, mais tel n'est pas le cas.

Par exemple, on a beau jeu de défendre l'indépendance et la suprématie du politique sur le domaine de la technique, mais les grands discours pontifiants dissimulent assez mal la pratique suivant laquelle la politique se met clairement au service de la technique qui commande par avance ses fins, ainsi que le montre Luc Ferry : « Sans y prendre garde, nous sommes entrés, depuis quelques années, dans l'ère de la politique comme *technique* [...] : une recherche de l'accroissement des *moyens* du pouvoir au détriment de toute réflexion sur les *finalités*, un art de la maîtrise pour la maîtrise, de la domination pour la domination. »[539] Les clivages idéologiques sont des jeux médiatiques commodes qui donnent à croire à l'opinion publique qu'il y a encore suprématie de décision. Cependant, ce qu'ils dissimulent c'est une parfaite entente, un champ de non-contestation sur le plan de l'irrécusable nécessité et de la valeur de la technique. Cela explique par exemple pourquoi, de droite, comme de gauche, nul ne conteste la validité de la notion de croissance. En faire une critique sérieuse et intelligente reviendrait à remettre directement en cause la technique, or la politique officielle est faite pour le citoyen, non pas pour l'éco-citoyen, ce qui implique un assentiment massif au système technique.

En outre, la dépendance de la technique vis-à-vis de la morale est discutable : « La technique se jugeant elle-même se trouve dorénavant libérée de ce qui a fait l'entrave principale à l'action de l'homme : les croyances

---

[539] L. Ferry, *L'homme-Dieu ou le Sens de la vie*, Paris, Grasset, 1996, p. 216.

[...] et la morale. La technique assure ainsi de façon théorique et systématique la liberté qu'elle avait acquise en fait. Elle n'a plus à craindre quelque limitation [...] puisqu'elle se situe en dehors du bien et du mal. On a prétendu longtemps qu'elle faisait partie des objets neutres, et par conséquent non soumis à la morale [...]. Mais ce stade est déjà dépassé : la puissance et l'autonomie de la technique sont si bien assurées que maintenant, elle se transforme [...] en juge de la morale : une proposition morale ne sera considérée comme valable que si elle peut entrer dans le système technique, si elle s'accorde avec lui. »[540]

La technique ne supporte aucun jugement, n'accepte nulle limitation. C'est en vertu de la technique bien plus que de la science que s'est établi le grand principe : chacun chez soi. La morale juge des problèmes moraux, mais quant aux problèmes techniques, elle n'a rien à y faire : seuls des critères techniques doivent être mis en jeu. La technique assure théoriquement et systématiquement la liberté qu'elle avait su conquérir en fait ; elle n'a plus à craindre quelque limitation que ce soit, puisqu'elle se situe en dehors du bien et du mal, de la morale. L'on a prétendu longtemps que la technique faisait partie des objets neutres, mais actuellement sa puissance, son autonomie sont si bien assurées qu'elle se transforme à son tour en juge de la morale, en édificatrice d'une morale nouvelle. Il y a donc des raisons de penser en termes de *solutions techniques* qui ne sont pas motivées par un véritable choix conscient, mais obéissent mécaniquement à un système de pensée qui est tout simplement la matrice dominante de notre représentation collective.

Le règne de la technique

La technique est parvenue à un tel degré d'autonomie, que c'est aujourd'hui l'existence humaine qui se définit par rapport à elle et non l'inverse ; de sorte qu'il

---

[540] J. Ellul, *Le système technicien*, Paris, Calmann-Lévy, 1977, p. 161.

faut retourner de part en part l'explication instrumentale empruntée à la relation homme-outil pour comprendre le monde actuel. L'irrésistible expansion de la technique remodèle l'homme à son image et produit une quatrième dimension virtuelle qui va bien au-delà de l'humanité définie par le physique, le vital et le mental, tels qu'ils ont été légués par le cheminement de l'évolution. S'agit-il nécessairement de l'avènement du spirituel et de sa manifestation, ou plutôt d'une simulation *artificielle* du spirituel, comme sous-produit de l'auto-développement de la technique ?

Logique des machines

L'univers technique prolifère dans l'expansion d'une mentalité où la dimension de l'humanité consciente a été neutralisée et cette mentalité est celle du pur technicien : l'*intelligence artificielle* de la machine. L'homme est devenu le maillon faible de la technique. Nous sommes désormais à une ère où l'on admet formellement que l'homme ne doit rien avoir de déterminant à faire dans le cours des opérations, car c'est de lui que vient l'erreur. Jamais la formule *errare humanum est*, n'a pris un sens aussi patent qu'aujourd'hui, mais ce n'est plus sur un arrière-fond de réflexion sur le libre-arbitre, comme le pensait Descartes, ni sur un préjugé théologique : si *l'erreur est humaine*, c'est que la machine, elle, fait mieux, plus vite et sans erreur. L'idée implicite en est que, dans la mesure du possible, il faut éliminer totalement cette source d'erreurs, l'homme, et l'on voit aussitôt les excellents résultats. L'homme actuel est un frein au progrès et, considéré sous l'angle des techniques modernes, il est un naufrage. Sait-on par exemple que, pour le téléphone, il y a en moyenne 10% de faux appels ? Quel mauvais usage par l'homme d'un si parfait appareil ! Et que dire des ordinateurs ? D'après Arnaldur Indridason, ils sont trop parfaits pour l'homme devenu incapable, impotent, inadapté : « Les gens sont incroyablement ignorants dès qu'on touche aux ordinateurs et à la technique. Il y a peu, nous avons même eu l'appel d'un homme qui avait passé sa journée à piétiner sa souris qu'il prenait pour une pédale, c'est dire ! »[541]

La fraction des utilisateurs humains capables de se servir correctement d'un ordinateur est très faible. Par nature, le cerveau électronique a une puissance intellectuelle que l'homme ne peut avoir ; il est la perfection achevée du *mental calculateur*. Et comme le mental calculateur est pour nous la forme la plus achevée de l'intelligence, comme nous éprouvons une vénération sans borne pour la puissance mécanique du *calcul* dans tous les domaines, il est inéluctable que nous ressentions devant la machine ce que, d'après Sonolet, Günter Anders appelle *la honte prométhéenne*, le sentiment d'humiliation de notre infériorité par rapport à elle : « Anders ne reconnait à l'homme qu'une faculté de réflexion sur lui-même, [...], la honte prométhéenne. La honte décrit une relation avec une institution qui a autorité sur nous, que ce soient la nature, nos proches, la société, nos productions. »[542]

L'intérêt de l'hypothèse des psychothérapies automatiques est de permettre une prise en compte de nombreux paramètres, ce qu'un individu seul ne peut faire ; d'autant plus qu'il ne faut guère oublier l'appartenance du praticien à une des nombreuses sectes de ces domaines, qui excluent évidemment toute prise en compte globale. En vérité, l'adhésion de notre esprit à un système, quel qu'il soit, altère l'aspect et la signification des phénomènes que nous observons et, de tous temps, l'humanité s'est scrutée à travers des verres teintés par des croyances, des doctrines, des illusions. Certes on peut préférer les relations humaines, mais la réalité est plus concrètement envisagée par les partisans de l'IA : « Le problème n'est pas seulement que les habitants d'Oulan-Bator ne bénéficient pas des mêmes soins médicaux que ceux de Los Angeles, il réside aussi dans le fait que [...] les pauvres de Los Angeles

[541] A. Indridason, *La rivière noire*, trad. Eric Boury, Métailié, 2011, p.71.
[542] D. Sonolet, *Gunter Anders : Phénoménologie de la technique*, Presses Universitaires de Bordeaux, 2006, p. 43.

sont moins favorisés que les riches sur ce plan. Si l'idée d'un médecin mécanique vous rebute, pensez que tout le monde ne partage pas votre opinion. »[543]

D'ailleurs, l'inflation des services ostentatoires fournis à l'élite n'est pas une référence absolue, et même dans le cas de l'opposition homme/machine, il est parfois possible d'inverser la hiérarchie de la qualité des services : « Des études menées en Angleterre ont montré que beaucoup d'êtres humains se sentaient beaucoup plus à l'aise [...] lorsqu'ils étaient auscultés par une machine que par un médecin qui, à leur avis, semble souvent les désapprouver »[544]. Ce résultat est encore noté dans le domaine de l'Enseignement Assisté par Ordinateur : « Les étudiants qui apprécient l'ordinateur avancent des raisons qui sont un commentaire "en négatif" du comportement des enseignants "humains". "L'ordinateur, disent-ils, permet de travailler à son [...] rythme, ne provoque pas d'embarras lors des erreurs commises", il fournit une appréciation immédiate "quant à l'exactitude des réponses". De plus, qualité qui paraît précieuse à beaucoup et qui trahit [...] une critique implicite des enseignants, l'ordinateur ne fait pas d'"évaluation subjective basée sur la personnalité" de l'étudiant. [...] Certains enseignants sont ainsi confrontés à une réflexion inattendue sur leurs méthodes pédagogiques habituelles. »[545] On perçoit ainsi le rôle de la *mécanisation* dans l'objectivation des pratiques humaines et leurs limites. La machine obéit à une froide logique, n'a pas d'état d'âme, n'introduit pas cette subjectivité confuse, arbitraire et chaotique qui est le lot de l'humain : elle *fonctionne*. Pour que l'homme puisse en atteindre ne serait-ce que la maîtrise, il doit devenir lui-même *fonctionnel*. Les joies et les peines de l'homme sont des entraves à son aptitude technique, car l'homme se servant de la technique doit être

---

[543] E. Feigenbaum et P. Mac Corduck, *La cinquième génération*, InterEditions, Paris, 1984, pp. 114-115.

[544] *Ibid.*, p. 115.

[545] P. Breton, *La tribu informatique*, Editions Métailié, p. 20.

strictement inconscient de lui-même, sans quoi ses réflexes et ses préoccupations ne sont plus adaptés.

L'homme doit donc être travaillé par les techniques, sa formation doit être une rééducation systématique, il faut fournir une adaptation de l'homme au cadre technique, pour faire disparaître les bavures que sa détermination personnelle introduit dans le dessin parfait de l'organisation : il faut apprendre à penser *technique*, en désapprenant à penser *humain*. Une technocratie bien faite suit la logique impersonnelle de la technique, mais cela n'a rien à voir avec le fait d'acquérir une conscience plus lucide, plus impartiale, moins soumise aux variations de l'émotionnel. L'impersonnalité technique, c'est l'instauration d'un régime de la pensée obéissant aux impératifs et à la logique de la technique sans discussion possible, une pensée enrégimentée dans le procès de la technique pour la technique, une pensée identifiée à l'Intelligence Artificielle qui préside au développement technique. C'est à ce détail que l'on reconnaît la différence entre la quatrième dimension virtuelle et la véritable quatrième dimension spirituelle.

L'homme *inadapté*, c'est l'homme qui ne parvient pas à suivre le progrès technique : celui-là n'a aucun avenir dans ce monde ; il n'est qu'un échec, une gêne, une honte dont la correction peut cependant se faire en l'envoyant dans le camp de rééducation d'une formation adéquate, qui est d'ailleurs sa seule chance de survie dans l'univers impitoyable du travail. Sans formation que peut-on, sinon être manœuvre dans une usine ? C'est la figure de l'adaptation technique la plus terrible, puisqu'elle revient, sur une chaîne, à faire de l'ouvrier une machine au milieu des machines, à faire du travail une exécution machinale : « Ils appellent "progrès des lumières" les progrès de l'industrie. Le progrès de l'industrie dans quelques-uns est anéantissement de l'industrie dans tous les autres. A force de machines [...] l'homme ne sera bientôt plus lui-même qu'une machine, un tourneur de manivelles »[546].

Or une exécution mécanique n'a rien d'un travail, parce qu'elle a perdu toute l'implication humaine d'une œuvre. Il est vrai qu'avec un tel régime, on peut facilement tranquilliser un peuple en disant que l'on fournit des emplois. Quelle admirable machine que l'homme ! Il supporte tout ! Le résultat de ce renversement, c'est que l'on peut désormais fièrement affirmer ces énormités : dire que les machines *travaillent*, parce qu'elles exécutent des tâches et dire des ouvriers qui exécutent mécaniquement des tâches, comme des robots, qu'ils sont *opérationnels* sur la chaîne ! Le mot *travail* a changé de sens, est devenu strictement technique : ainsi toutes les analyses classiques du travail, celles-là que l'on propose dans les manuels de philosophie, paraissent-elles dans notre contexte d'un archaïsme désuet.

Aliénation de l'homme

Evidemment, dans tout cela, l'homme est perdu, en errance dans un monde qui lui est naturellement étranger. Jamais on ne lui a autant demandé ; jamais on ne l'a autant maintenu sous pression que de nos jours. Il existe d'abord une pression dans *l'ordre de l'espace*. Il est une différence entre le lieu aristotélicien et l'espace cartésien. La pensée technique a produit d'elle-même son propre environnement dont la géométrie cartésienne est manifeste autour de nous. Le milieu dans lequel vit l'homme n'est plus son milieu : il doit s'adapter, comme aux premiers temps du monde, à un univers pour lequel il n'est pas fait. L'homme est fait pour six kilomètres à l'heure et il en fait mille ; il est fait pour manger quand il a faim, boire quand il a soif, dormir quand il a sommeil, mais il obéit au chronomètre ; il est fait pour le contact avec les choses vivantes et il vit dans un monde de pierres ; il est fait pour l'unité de son être et il se trouve écartelé par toutes les forces de ce temps. Nous parlons actuellement de *cadre de vie*, là où tra-

---

[546] J. Joubert, *Carnets*, Paris, Gallimard, 1938-1994, t.2, p.573.

ditionnellement on aurait parlé de paysage ; nous parlons d'*environnement*, là où on parlait autrefois de nature. Ce vocabulaire est déjà un aveu de notre rapport technique à l'espace. Nous aménageons nos villes pour que le parking soit aisé et que la circulation des voitures ne soit pas désorientée. C'est une obsession de ce que l'on appelle *l'urbanisme* et *l'aménagement du territoire* : encore un vocabulaire exclusivement technique. Il suffit d'observer les quartiers et les villes construites de nos jours pour remarquer à quel point ce que l'on appelle *l'espace urbain* est déterminé à partir de l'automobile, dans une optique de circulation des flux des transports. Une ville, c'est un réseau de tuyaux et même lorsque nous construisons des édifices à la gloire de la culture, nous leur donnons l'allure d'une raffinerie. Nos maisons sont bardées d'appareillages ; notre nourriture est industrielle, notre habillement synthétique ; notre espace vital est confiné et *artificiel*. Nous y sommes tellement habitués que le contact avec les grands espaces naturels suscite chez la plupart d'entre nous un malaise.

Il existe aussi une pression dans *l'ordre du temps*. Nous vivons sous le dictat du temps, tel que régi par la technique, ce qui constitue le stress de la vie moderne. Jadis, dans une maison, on pouvait ne pas trouver de pendule : quand on vit au rythme du temps naturel, le temps est concret et qualitatif. Dans le règne de la technique, nous vivons dans un temps abstrait où le temps n'est que quantité, où le rythme en secondes, minutes, heures, n'a rien à voir avec la vie, ce que déplore Bergson : « La durée s'exprime toujours en étendue. Les termes qui désignent le temps sont empruntés à la langue de l'espace. Quand nous évoquons le temps, c'est l'espace qui répond à l'appel. »[547]

On peut mesurer aujourd'hui l'influence de la pensée technique sur l'habitat en comptant justement le nombre d'horloges dans la maison. Avec montre, réveil, pendule partout, vous êtes constamment rappelé à l'ordre,

---

[547] H. Bergson, *La pensée et le mouvant*, Paris, PUF, 1987, p. 5.

ne pouvez échapper à l'impératif de la gestion du temps. Et la gestion du temps, c'est la pensée technique elle-même. D'où l'obsession de la *vitesse* : il faut vivre vite, parce que la technique va toujours plus vite. La machine la plus importante de notre civilisation est la montre, qui a permis tout le progrès moderne, qui permet toute l'efficience par la rapidité et la coordination de tous les faits de la vie quotidienne. Le monde actuel, c'est un monde où *on bouge* beaucoup et où, ensuite, par compensation, on ne fait rien. L'homme d'aujourd'hui est alternativement hyperactif et ensuite incroyablement passif. La vitesse qu'il faut suivre sans cesse engendre une constante anxiété, et nos psychiatres disent que le dénominateur commun de nos troubles mentaux réside dans l'anxiété, dont le rapport avec le temps n'est plus à démontrer.

Humanisation de la technique

Qu'à cela ne tienne, et quelles que soient les difficultés, il est, selon Jacques Ellul, toujours possible de mettre en œuvre le second programme impliqué dans l'expression *être travaillé par des techniques*, c'est-à-dire dire l'ordre d'un savoir technique appliqué à l'homme. Il est possible de mettre en œuvre des moyens techniques pour l'éduquer à des fins d'adaptation, tout en disant que désormais, on va humaniser la technique. C'est un vaste programme, mais de fait, s'agit-il de convertir la pensée technique en l'adaptant à l'homme, ou d'étudier l'homme pour l'adapter à un univers technique ? En dehors des bienfaits de l'ergonomie sur le poste de travail informatique, il y a eu certes des progrès sérieux dans les sciences humaines pour élucider le comportement social dans un contexte technique. Mais comprendre en profondeur ce qu'est la conscience, prendre en compte la nécessité d'une appréhension globale de la vie, c'est une autre question. Dans l'état actuel des choses, les sciences humaines officielles ne modifient pas d'un iota l'esprit de la technique et elles ne changent pas la relation entre l'homme et la nature.

Ce qui est patent par contre, en dehors de tout programme éducatif, ce sont les implications concrètes de la technique sur notre manière de penser : ce qui veut dire aussi de nous situer dans le monde, de prendre en compte ce qui a pour nous un sens et un intérêt majeurs. Or la technique a une propension à absorber toute activité ayant une structure objective. La tendance générale de nos sociétés est, partout où faire se peut, de remplacer progressivement l'homme par la machine. Au rang de nos valeurs, le loisir compte désormais davantage que le travail… mais c'est en lui que l'incidence de la technique devient la plus marquée. Certains ont pensé qu'à partir du moment où l'homme serait libéré de tout labeur par le biais des machines, il se consacrerait à son développement spirituel dans la sphère de la culture. Nous serions alors invités à nous réapproprier le bel idéal des Grecs – un esprit sage dans un corps sain – mais cette fois avec l'appui des machines et non pas des esclaves humains. Mais qu'avons-nous fait de cette liberté si hargneusement conquise ? A quoi consacrons-nous nos loisirs ? Le temps gagné ne devrait-il pas être libéré de l'esprit technique, dans le développement de la connaissance de l'être et de l'art de vivre ?

Ce n'est guère pourtant ce que nous observons autour de nous, car le loisir est bien plutôt absorbé par la puissance de virtualisation de la technique. Nous adorons les gadgets et nous sommes des enfants gâtés de la technologie ; nous vouons un culte ahurissant à la représentation qui naît des prodiges techniques. La civilisation technique, c'est la *civilisation de l'image*, telle que la décrit Enrico Fulchignoni à travers la mythologie de la télévision : « Le monde de la télévision […] est lui aussi fertile en mythes, mais il s'agit de mythes sans mythologie, […] sans philosophie mythique, c'est-à-dire en dehors de toute référence à des archétypes où se réconcilient le sujet et l'objet de la pensée »[548]. Nous sommes sous le régime exponentiel de la

---

[548] E. Fulchignoni, *La civilisation de l'image*, Paris, Payot, 1969, p. 85.

représentation virtuelle, et le virtuel est le sous-produit idéatif, la quintessence productive d'imaginai-re de la pensée technique. L'homme actuel a un pied sur terre et l'autre dans le virtuel ; il n'est jamais tout à fait ici et est toujours en même temps là-bas, ce que l'utilisation du téléphone portable induit irrésistiblement.

La pensée commune à laquelle s'alimente l'homme actuel est diffusée comme un clip publicitaire tournant en boucle à la télévision, et l'*opinion publique* est préalablement un sous-produit de la télévision. Ce n'est pas vraiment une pensée commune, de la collectivité réelle, et moins encore une pensée en commun, d'une communauté pensante. Contrairement à ce que soutenaient les existentialistes, aujourd'hui, la déréliction ne consiste plus dans l'être-jeté dans le monde, elle est l'être-jeté dans le monde virtuel. Ce n'est pas seulement Internet qui constitue une inquiétante extase, mais la résultante totale de la pensée technique dans la pensée de l'homme d'aujourd'hui. Désormais, il lui est difficile de dire où commencent ses pensées et où s'achèvent celles des autres. L'autre pensée, sous sa forme médiatique, a acquis un tel empire qu'elle a remplacé la sienne et que la pente de la facilité et de l'inertie le porte aisément à répéter ce qu'il entend, plutôt qu'à s'en faire une idée vraiment sienne. L'incitation massive de notre monde actuel va dans le sens de ce que, avec François Laplantine, nous appelons la *déculturation* : « C'est un processus de désinvestissement social non seulement de la culture à laquelle on appartient, mais de toute culture, et qui a pour corollaire un appauvrissement de la personnalité et une souffrance de l'individu. »[549] La seule pensée qui demeure cohérente dans l'esprit de l'homme d'aujourd'hui, c'est donc celle qui traduit son engagement pratique dans le monde, donc la *pensée technique* du spécialiste dans son travail, ce qui finit aussi par engendrer une certaine hostili-

---

[549] F. Laplantine, *Ethnopsychiatrie psychanalytique*, Paris, Editions Beauchesne, 2007, p. 77.

té à l'endroit de la civilisation technique.

TECHNIQUE ET HOSTILITE

Alors que la mortalité ne cesse de diminuer, que nos maisons confortables nous mettent à l'abri contre la plupart des sautes d'humeur de la nature qui faisaient peur à nos aïeux – inondations, tempêtes, orages – et que nos ventres sont pleins, l'homme de nos jours se sent en péril. Un changement climatique le menace comme jadis la fin du monde, l'environnement se détériore et se retourne contre lui, et ce qu'il trouve dans son assiette est une nourriture de Frankenstein, comestible en apparence, toxique en réalité. Et l'homme, comme à l'accoutumée, est l'auteur de ses malheurs. Parce que l'homme s'est éloigné de la nature, il se trouve aliéné et coupable, contemplant comme un enfant éhonté les bêtises qu'il a faites et attendant dans l'angoisse la punition imminente par une mère qui ne pardonne point. Cette angoisse est-elle justifiée ? Est-il raisonnable de vouloir se passer de la technique ?

Les problèmes de la technique

La technique effraie, elle est morphologiquement étrange, et cadre mal avec les arbres, les fleurs, les forêts qui environnent l'homme depuis son apparition sur la terre ; elle n'est pas faite de la même étoffe, elle ne vit pas, elle n'est pas *naturelle*. Ainsi sommes-nous nombreux à nous méfier d'elle, à l'éviter autant que faire se peut : nous fuyons la ville et recherchons la montagne, la mer, les villages ; comme si nous étions en danger, nous nous réfugions dans la nature, et préférons les médecines naturelles aux produits pharmaceutiques, chimiques, les aliments biologiques du terroir aux congelés du supermarché, des produits artisanaux aux objets fabriqués massivement le long de chaînes de production robotisées. En quoi la technique est-elle effrayante ?

La laideur de la technique

Certaines fabriques techniques, qui datent de long-temps, sont des monstruosités architecturales. Ces tita-nesques monceaux de briques jetés dans la nature comme autant de boîtes de conserve dévastent le paysage autant que leurs ignobles cheminées le polluent de leurs exhala-tions toxiques et noires. Ces vulgaires panneaux de publici-té s'échelonnant le long de nos routes ôtent à nos voyages le plaisir de découvrir ce qui vit autour de nous, et les ré-duisent à leur simple fonction de déplacements d'un en-droit à un autre. Ces fils électriques et téléphoniques, sil-lonnant nos pays dans tous les sens, brisent le visage de nos champs, de nos artères, comme des fissures la toile d'un maître ; démolissent les œuvres artistiques qui s'y rencontrent, les belles ruines classiques, les petites églises rurales. Ainsi Michel Henry s'insurge-t-il contre une ligne à haute tension érigée, sans autre égard que l'utilité, au-dessus des restes d'une forteresse du VIᵉ siècle à Eleuthère, en Grèce : « La construction d'une ligne électrique à haute tension relève en effet de la technique moderne »[550], donc d'un ensemble de processus déduits uniquement de la science galiléenne, des théories physiques qui déterminent le choix de certains matériaux spécifiques. « Puisque cette science repose sur l'exclusion de la sensibilité, le cahier des charges ne peut pas la prendre en compte. Personne ne se demande [...] quel effet cette ligne électrique produit sur la sensibilité d'un individu qui la regarde. »[551]

La technique n'a nul égard à la sensibilité, ne vise que l'utile et le profit, ignorant que le monde de l'utile et du profit est précisément le même monde que celui de la sensibilité et de l'esthétique. La technique superpose ses objets à la nature, comme si les deux consti-tuaient deux mondes différents dont l'un n'a pas à se préoccuper de

---

[550] M. Henry, « La crise de l'Occident », in *Auto-donation : entretiens et conférences*, Editions Beauchesne, 2004, p. 187.
[551] *Ibid.*

l'autre. Or la technique advient dans le monde même de la nature et de l'art, s'y infiltre comme une plante parasitaire, et le dénature de sa présence. C'est donc en pleine nature, dans ce qui s'offre à nous comme beau et familier, que la technique fait ses ravages. La technique, quoique se présentant comme autre que la nature, comme indifférente à la sensibilité, est toutefois présente dans ce même monde sensible, visible tout autant à l'œil de l'artiste et de l'amant de la nature qu'à celui qui recherche le confort et l'utile.

L'agressivité de la technique

Dans ses *Essais et Conférences*, Heidegger analyse explicitement l'arraisonnement de la nature par la technique. L'arraisonnement est l'interrogation d'un suspect par la police ou le juge d'instruction ; c'est, par rapport à une norme, sommer un suspect à s'expliquer, à prouver qu'il n'a rien à se reprocher, qu'il est innocent, qu'il n'a rien fait qui se heurte à la loi qu'incarnent la police et le juge. Aussi Kant écrit-il dans la préface à la *Critique de la Raison Pure* que la science doit soumettre la nature à ses interrogations au lieu de se laisser conduire par elle comme à la lisière. Reprocher à la technique d'arraisonner la nature, c'est lui reprocher de soumettre la nature à ses propres lois et critères, et d'examiner à quel point elle s'y plie. Ainsi l'arraisonnement revient-il à dénaturer la nature, à en faire de la technique, à transformer la nature en technique et à l'anéantir purement et simplement. Heidegger, considérant la technique moderne comme une provocation des énergies naturelles, compare à ce propos la présence d'une centrale électrique sur le Rhin, et celle d'un petit pont en bois : « La centrale n'est pas construite dans le courant du Rhin comme le vieux pont de bois qui depuis des siècles unit une rive à l'autre. C'est bien plutôt le fleuve qui est muré dans la centrale. Ce qu'il est aujourd'hui comme fleuve, à savoir fournisseur de pression hydraulique, il l'est de par l'essence de la centrale »[552]. Mise en place dans le Rhin, la centrale électrique le somme de livrer sa pression hydraulique, qui somme à son tour les turbines de tourner, mouvement qui fait tourner la machine dont le mécanisme produit le courant électrique, pour lequel la centrale régionale et son réseau sont commis aux fins de transmission. Ainsi la construction de la centrale électrique revient-elle à éliminer le fleuve en tant que fleuve pour en faire un *mécanisme* faisant tourner une machine. Le fleuve lui-même devient une machine, un objet technique et meurt en tant que chose naturelle.

Un rapport à la nature orienté vers notre seul bonheur est-il une relation acceptable à la nature ? Heidegger considère que la technique, dans son visage moderne, révèle la provocation qui est son essence : « le dévoilement qui régit complètement la technique moderne a le caractère d'une interpellation au sens d'une provocation »[553]. La technique provoque la nature au sens où elle la met en demeure de livrer ses richesses, la réduisant finalement à un stock quantitatif. Heidegger symbolise cette conception de la nature par la métaphore de l'arrai-sonnement, et y repère un danger d'une nature autre que le désagrément de l'épuisement des réserves et que la menace d'inconfort. Ce danger, qui ne nous apparaît qu'au moment où ses inconvénients concrets se manifestent, est réellement indissociable de l'essence même de la technique, en ce qu'elle a induit vis-à-vis de la nature une relation à contre-sens. La technique n'est donc pas seule en cause, puisqu'elle est solidaire du projet de la science galiléenne : « c'est parce que la physique – et déjà comme pure théorie – met la nature en demeure de se montrer comme un complexe calculable et prévisible de forces que l'expérimentation est commise à l'interroger, afin qu'on sache si et comment la

---

[552] M. Heidegger, « La question de la technique » in *Essais et conférences*, trad. A. Préau, Paris, Gallimard, 1992, p. 22.
[553] *Ibid.*, p. 22.

nature ainsi mise en demeure répond à l'appel »[554].

L'hostilité de la technique

Le danger n'est donc pas contemporain, mais la frénésie contemporaine le met en lumière ; encore n'est-ce pas en lui-même qu'il apparaît, il ne se présente que sous sa forme imminente : la rupture de l'équilibre et l'épuisement des ressources. Hans Jonas montre ainsi que « L'explosion démographique [...] arrache l'initiative à la recherche du niveau de vie et contraindra une humanité qui s'appauvrit à faire pour sa simple survie ce qu'elle pouvait négliger [...] en vue du bonheur : un pillage toujours plus effronté de la planète jusqu'au moment où celle-ci prononcera son verdict et se dérobera à la surexploitation »[555]. Tant que nous avions le choix entre traiter la nature comme un moyen de notre confort et la traiter autrement nous ne l'avons pas fait ; mais au moment même où ce choix nous apparaît, il est assez tard pour le faire. A traiter la nature à contre-sens, nous avons atteint le point de non-retour, la limite au-delà de laquelle la fuite en avant de la maîtrise technique cesse d'être réversible.

Ce contresens ne s'explique guère que par la myope et mièvre obsession du bonheur : en substituant à l'idéal d'une science désintéressée une pensée opératoire intéressée, le tournant galiléen a nourri autant par infatuation grisée que par utilitarisme une conception *artificialiste* de la nature. Ainsi Descartes a-t-il cru pouvoir tirer de son modèle *mécaniste* de la nature une extension de la définition de cette dernière, transformant un modèle analogique en identification pure et simple. En effet, puisque, « lorsqu'une montre marque les heures par le moyen dont elle est faite, cela ne lui est pas moins naturel qu'il est à un arbre de

---

[554] *Ibid.*, p. 29.
[555] H. Jonas, *Le Principe Responsabilité*, V, 2, Paris, Le Cerf, 1990, p. 192-193.

produire ses fruits »[556] ; et à ce compte, « toutes les règles des mécaniques appartiennent à la physique, en sorte que toutes les choses qui sont artificielles sont avec cela naturelles »[557]. La notion de nature enveloppe ici tous les résultats de l'exercice des lois naturelles, y compris – et même surtout, comme s'il fallait y voir une apogée de la nature, que la technique vient ici parachever, comme le disait Aristote – quand elles ont été déviées par l'homme. Revenant sur la pen-sée opératoire cartésienne, Merleau-Ponty y avait repéré « une sorte d'artificialisme absolu » nous précipitant « dans un régime de culture où il n'y a plus ni vrai ni faux touchant l'homme et l'histoire »[558].

Comment alors faudrait-il considérer la nature pour ne pas l'outrepasser ? S'agit-il de protéger la nature ? Cette interrogation soulève aussitôt une objection : « une nature protégée, assistée, est-elle encore la nature ? »[559] Comme être technicien, l'homme a en main, non seulement l'outil de la menace, mais aussi et du même coup celui du salut. Seulement, un salut apporté par l'homme à la nature ne relève-t-il pas à nouveau d'une construction culturelle de la nature, et donc de la perpétuation du même contresens, alors qu'il existe un droit de nature ?

A la suite de Marcuse, Habermas suggère qu' « au lieu de traiter la nature comme un objet dont il est possible de disposer techniquement, on peut aller à sa rencontre comme à celle d'un partenaire [...]. On peut rechercher la nature fraternelle au lieu de la nature exploitée »[560]. L'adjectif fraternel retient notre attention, en ce qu'il induit une personnification de la nature dans toute son ambiguïté.

---

[556] R. Descartes, *Principes de la philosophie*, IV, § 203, Paris, Garnier, 1976, p. 520.

[557] *Ibid.*

[558] M. Merleau-Ponty, *L'œil et l'esprit*, Gallimard, Paris, 1964, p. 12.

[559] J.-P. Séris, *La technique*, PUF, Paris, 1994, p. 328.

[560] J. Habermas, *La technique et la science comme « idéologie »*, Gallimard, Paris, 1973, p. 14-15.

Pourtant, la technique s'érige en ennemie de la nature qui la dévore peu à peu. Nous songeons à ces images dystopiques d'une saison nucléaire imaginaire qui nous montrent des paysages déserts et gris, sans vie aucune, et où ne reste qu'un arbre sec et sans feuillages dont la seule fonction dans ce tableau est de nous signaler sa disparition imminente. Nous imaginons une terre prochaine où toute vie – pour autant qu'il en reste une – se passera dans ces jungles de béton que sont les mégapoles et qui, d'ici peu, à cause d'une technique qui se répand à la manière d'une épidémie, couvriront l'ensemble de la planète. Des arbres en fer forgé aux feuilles de verre, des fleurs en plastique, des fleuves verdâtres ou noirs de pollution et des mers mortes, constitueront l'unique nature ; le futur que nous offre la technique s'étend sur une voie asphaltée n'aboutissant jamais que sur une autre voie asphaltée identique à la première. L'avenir que nous font imaginer l'informatique, l'Intelligence Artificielle, la biotechnologie, s'avoisine donc de celui que dépeint Aldous Huxley dans *Le Meilleur des mondes*. Qui peut se sentir chez lui dans un monde où toute l'existence se déroule comme sur une chaîne de production automobile, comme un être déshumanisé et puéril, libidineux, matérialiste et drogué en permanence, pour qui l'existence est un enchaînement mécanique de gestes utiles à la société et de plaisirs élémentaires ? Les seuls êtres humains, encore capables et désireux de se poser des questions, de souffrir, d'aimer, de s'éprouver comme vivants et comme parties de la vie, ont été relégués à une île, car ils constituent une entrave à la société post-fordienne où il n'y a nulle place pour Shakes-peare et les thèmes humanistes complexes que soulèvent ses œuvres. Ainsi rêvons-nous d'un retour à la nature ; à l'instar Rousseau dans les *Rêveries du Promeneur Solitaire*, nous nous éloignons d'une civilisation artificielle pour retrouver la montagne, le lac, le silence de la forêt. Nous nous opposons à la culture d'organismes génétiquement modifiés, et si faire se peut, nous cultivons nous-mêmes nos fruits et nos légumes. Nous demandons un traitement homéopathique de préférence, nous nous soignons aux plantes. Si le trajet le rend possible nous nous rendons à pied ou à vélo à notre travail. Nous aimerions vivre *comme au bon vieux temps* d'avant la technique, dans une petite maison, près du fleuve où n'existait encore que le pont en bois, où l'on s'éclairait à la bougie, où les pesticides n'avaient pas encore été inventés, où les plaisirs culturels étaient simples : fêtes de village entre gens qui se connaissaient depuis des générations, cueillettes au bois, discussions et contes au coin du feu. Le passé nous apparaît comme un âge d'or où l'homme vivait en harmonie avec la nature, une époque d'avant la chute où nos compagnes étaient les bêtes de la forêt et les oiseaux des champs, où l'air était respirable et l'eau jaillissait, fraîche et bleue, du rocher, où le travail impliquait un contact immédiat avec la substance travaillée, que ce fût le sol ou un matériau trouvé dans l'entourage, et où la journée se passait à des occupations simples et sans prétention comme la vannerie, le labourage, la poterie.

Des conditions de vie ardues

Une telle évocation du passé n'est-elle pas romantique ? Lorsque nous songeons à la maison dans la clairière entourée de bois et de fleurs, à quelle époque de l'histoire la situons-nous ? Et ce pont pittoresque sur le Rhin, quand précisément fut-il construit et dans quelles conditions ? Comment distinguer entre d'un côté, un passé imaginaire, présent un peu partout dans la culture, que ce soient les séries télévisées, les films historiques ou les spots publicitaires, et de l'autre le passé des historiens qui reconstruisent du mieux qu'ils peuvent ce que furent les conditions réelles d'existence à chaque époque ?

Mauvaises conditions de l'habitat

Examinons de plus près cette maison qui nous fait tant rêver de la belle vie d'antan ; elle est primitive, n'a ni eau courante, ni électricité. Ainsi l'eau doit être cherchée au puits ou à la rivière les plus proches, ce qui n'est pas nécessairement dans les proximités. Ensuite elle doit être chauffée, ce qui exige le feu et donc le bois, qu'un bûcheron obtient en abattant un arbre avec une simple hache et la force de ses bras, et qu'il doit ensuite porter sur son dos jusque dans sa maison, ou jusqu'au marché où il le vendra. Une fois le bois dans le foyer, il est temps de faire cuire la soupe dans la marmite : si on la veut le soir, il faut commencer à la faire cuire le matin car, au-dessus d'un feu de bois, une cuisson demande plusieurs heures et donc beaucoup de bois mort.

Il en est de même pour le rôti qu'il faut faire tourner longtemps au-dessus du feu ; pour cela on emploie soit un chien de petite taille enfermé dans une cage posée sur une roue chauffée par en-dessous, de telle sorte que le chien court sur la roue qui lui brûle les pattes, ce qui fait tourner la roue reliée à la broche, soit un enfant tournant des heures durant une roue posée sur un pilier, et reliée à la broche. Le mobilier est primitif, le matelas dur, les draps en lin ou laine également, et la maison est difficile à chauffer. L'air à l'intérieur est infect car la ventilation y est mauvaise. En saison des pluies on y souffre du froid et de l'humidité. Elle est poussiéreuse, et les insectes y prolifèrent, car on n'a pas encore les moyens de se débarrasser des charançons, des cafards et autres infestations. Le soir, la seule lumière vient de la chandelle, trop faible pour l'œil humain qui y travaille, et la vue baisse prématurément chez les personnes qui passent leurs soirées à filer la laine, à raccommoder les vêtements usés ou à en confectionner des neufs.

Et ce pont en bois si cher à Heidegger, quand fut-il construit ? Au XVIe siècle, ou peut-être à une époque encore plus reculée, la fin ou le milieu du Moyen Age ? Quelle que soit l'époque, les conditions de vie et de travail de ceux qui l'ont édifié sont très loin de faire rêver.

Difficultés de l'alimentation

Jusqu'au XVIIIe siècle et au début de l'ère industrielle, le peuple européen souffre de malnutrition chronique[561]. Ainsi le peuple a une taille moyenne de 10 à 20 cm inférieure à celle de la population actuelle et de la population bourgeoise et aristocratique de l'époque, car lorsque le corps en croissance ne trouve pas les aliments nécessaires, il croît moins, ce qui réduit la quantité de calories indispensables à son maintien, mais raccourcit son espérance de vie. Comme les mères sont mal nourries durant la grossesse, le fœtus se développe mal, et jusqu'au XIXe siècle les malformations de naissance – bossus, pied-bot, arriérations mentales, etc. – sont beaucoup plus fréquentes que de nos jours. Une autre conséquence de la malnutrition des femmes enceintes – elles-mêmes filles de mères sous-alimentées – et des enfants en bas âge est le sous-développement des organes internes, le foie, les reins, le pancréas, etc. Pour cette raison ces organes étaient atrophiés et fragiles, et leur durée de vie moindre que chez l'homme moderne. Ainsi, contrairement à ce que disent les insurgés contre la vie moderne et ses mauvaises habitudes alimentaires responsables de nombreuses maladies chroniques qui n'existaient pas supposément autrefois, les maladies dégénératives telles le diabète et les maladies cardio-vasculaires, ainsi que les insuffisances rénales et les hépatites, étaient bien plus fréquentes avant, et advenaient à un âge plus précoce, souvent vers la quarantaine – contre la soixantaine aujourd'hui. La sous-alimentation est aussi une des raisons des très fréquentes morts en couches avant le XVIIIe siècle. Comme l'alimentation accessible au peuple était de qualité médiocre, relativement pauvre en calories et protéines, le peuple n'avait que peu de calories en surplus pour effectuer un travail autre que celui du maintien en vie

---

[561] Selon l'économiste Robert Vogel, dans *The Escape from Hunger and Premature Death*.

de leur propre corps. Pour cette raison, le travail effectué en atelier et au champ était plus lent et moins efficace que le travail que peut effectuer un homme de nos jours du même âge. En outre, les 10 à 20% les plus pauvres étaient si faibles qu'ils ne pouvaient effectuer que quelques heures de marche lente par jour, ce qui explique partiellement le grand nombre de mendiants en Europe jusqu'au début de l'âge industriel.

Nous sommes donc loin de l'artisan idéal des marxistes qui se réalise en transformant la matière qu'il travaille. Le passé dont rêvent beaucoup d'entre nous est un passé idéalisé, n'ayant jamais existé, et ce rêve d'un temps où l'on vivait mieux est un rêve fort ancien qui existe à toutes les époques. Ainsi les Français de la Renaissance songeaient-ils à un âge d'or d'avant la chute de l'Empire Romain, où l'on était plus civilisé et détenait du savoir véritable : « Après la guerre, a été créé le mythe réactionnaire et bêtifiant de la "Belle époque". Les jeunes ont été incités à croire que ce fut un temps de fêtes [...]. Il n'était pas question des 100 000 vagabonds ou mendiants qui traînaient dans Paris, de la mortalité infantile 6 fois plus forte que l'actuelle, de la semaine de 60 heures, sans congés, sans sécurité sociale »[562]. De nos jours on tourne le regard soit vers l'époque de nos grands-parents, soit vers un âge d'or de l'humanité, que ce soit une civilisation védique où l'on vivait en harmonie avec la nature et maîtrisait toutes ses lois, ou quelque autre temps mythique lorsque le feu de la cheminée d'une maison pittoresque s'élevait vers un ciel bleu où les oiseaux venaient rendre visite.

Nécessité de l'arraisonnement

Si donc l'idée d'une vie en harmonie avec la nature par un retour au bon vieux temps ne résiste pas à la critique, ceci nous invite à examiner l'idée même de la nature

---

[562] Alfred Sauvy, *Mythologie de notre temps*, Paris, Petite Bibliothèque Payot (191), 1971, p. 23.

comme bonne. Car, sous-jacente à ce rêve d'une vie plus naturelle est l'idée de la nature comme une norme dont il faut se rapprocher pour être à l'aise, et selon laquelle, si on s'en éloigne, on paye cet écart de sa santé et de son bonheur. L'arraisonnement de la nature inquiète parce que, soumettre la nature aux critères humains c'est lui faire violence, ce qui à son tour implique qu'elle devra se venger. Or l'idée de la nature comme bonne et sage est aussi romantique que celle du passé comme âge d'or. La nature est ce qu'elle est, parfois à notre avantage, parfois à notre désavantage. Si la nature nous fournit eau, nourriture, oxygène, vie, croissance, elle nous offre tout autant les maladies, les disettes, les catastrophes, le déclin, la mort. La vie au sein de la nature, strictement parlant, est celle des chasseurs-cueilleurs de l'âge paléolithique. Contrairement à une croyance répandue, ils n'étaient pas sains et souffraient de maladies dégénératives malgré leur vie active et leur alimentation naturelle. Ainsi Robert Freitas[563] rapporte-t-il que l'homme des cavernes souffrait du cancer des os, d'arthrite et de tuberculose, comme le démontre l'analyse de ses restes retrouvées ; d'où la nécessité de résoudre le conflit entre la nature et la technique, selon une proposition de Robert Pirsig : « Pour résoudre le conflit entre les valeurs humaines et les nécessités de la technique, il ne sert à rien de vouloir fuir la technologie. [...]. La seule issue, c'est de briser les barrières de la pensée dualiste, qui empêchent de comprendre la véritable nature de la technique »[564]. Car le rapport de la technique à la nature ne doit pas être envisagé comme un conflit, mais comme une fusion : « La technique n'est pas une exploitation de la nature, mais une fusion de la nature et de l'esprit : en une création nouvelle qui les transcende l'une et l'autre. »[565]

---

[563] R.A. Freitas, *Nanomedecine*, Vol. I : Basic capabilities, Landes Bioscience, 1999.

[564] R.M. Pirsig, *Traité du zen et de l'entretien des motocyclettes*, trad. Maurice Pons, André et Sophie Mayoux, Paris, Seuil/Points P456, 1978, p.314.

[565] *Ibid.*

C'est en prenant distance par rapport à la nature que l'homme a pu, petit à petit, au fur de ses inventions, améliorer progressivement sa qualité de vie ; et cette distance, c'est la technique. Ce qui rend la maison dans la clairière si attrayante, ce ne sont pas tant les fleurs qui l'entourent et son toit de raphia, que l'eau courante, l'électricité, le chauffage, le lave-linge, les divers appareils électroménagers, le téléphone, la voiture dans le garage. C'est aussi une agriculture efficace produisant une quantité de nourriture telle qu'en Europe, la malnutrition chronique de la population n'est plus qu'un souvenir. Nous avons beau morigéner la technique et la rendre responsable de tous nos maux, nous ne pouvons nous en passer, car elle est la cause même de notre sortie d'une caverne froide, dangereuse, misérable. Et le développement technique exige l'arraisonnement de la nature, sa soumission aux lois de notre raison qui nous la rendent intelligible, accessible, utilisable. Pour dompter la nature qui, depuis fort longtemps, nous soumet à ses caprices, il nous faut savoir comment elle fonctionne et comment justement la mettre à notre service, ce qui exige l'interrogation critique sur la nature et l'exploitation de ses possibilités. Si nous rejetons la technique, nous nous retrouverons au même stade que l'homme d'avant elle, alors que ses conditions de vie n'ont rien d'attrayant. Nous répondons donc à Heidegger que, oui, la science arraisonne la nature, et qu'il n'y a là aucun mal, qu'au contraire c'est une nécessité pour que notre vie sur la planète ne soit plus cruelle, primitive, brève.

De l'évolution technique

Cependant, tout en admettant que nous ne pouvons évoluer sans la technique, et que nous ne voulons faire marche arrière vers un passé où la vie était bien plus âpre que maintenant, nous continuons à reprocher à la technique sa laideur, sa saleté, ses méfaits évidents. Evidemment, nul n'aime inhaler les fumées nocives des millions de voitures circulant dans le monde, et la présence de substances radioactives et chimiques dans la nature, de pesticides et engrais artificiels dans nos aliments, inquiète. Les usines, les voies asphaltées, les stations éoliennes, les centrales électriques et nucléaires, sont laids et, s'ils résolvent des problèmes, ils en créent également. Les camions, les aéroports, les autoroutes sont bruyants et rendent la vie à proximité insupportable. La technique nuit à certains aspects de la nature que nous aimerions préserver : forêts défrichées qui ne se renouvellent plus et suscitent des glissements de terrain, extinction de nombreuses espèces animales et végétales, épuisement des ressources naturelles, lacs réduits et menacés de disparaître comme la Mer morte en Jordanie, réchauffement de la planète pouvant avoir des conséquences néfastes. Il nous semble donc être dans une impasse : nous sommes dépendants d'une technique qui cependant est en train de détruire notre milieu naturel. Comment faire face à une telle situation ?

Le progrès des techniques

Lorsque nous parlons de technique, il faut toujours avoir deux choses à l'esprit : la première est que la technique est toujours celle d'une certaine époque ; la seconde est que le progrès technique s'accé-lère de manière exponentielle, car une génération naissante de techniques nouvelles s'appuie sur les découvertes de la génération précédente. En premier lieu donc, la technique évolue. A une époque récente, les voitures circulaient sans catalyseur ; aujourd'hui on cherche à développer la voiture hybride qui roule partiellement à l'électricité, le but étant la voiture soit entièrement électrique, soit solaire. Les deux solutions sont étudiées actuellement ; c'est pourquoi les voitures à carburant appartiendront un jour au passé, et il est réaliste d'imaginer qu'elles auront pratiquement disparu vers la fin du XXIᵉ siècle. L'éner-gie à base de pétrole et de gaz, ou de fission nucléaire, sera également abandonnée au profit soit de l'énergie nucléaire, à condition que celle-ci puisse être développée et ceci à un prix qui ne soit pas prohibitif ; soit au profit de l'énergie solaire, propre et abondante, mais difficile à rentabiliser avec les moyens techniques actuels.

En ce qui concerne l'activité agricole, une agriculture dite biologique, qui ne se sert d'engrais et de pesticides chimiques, ne peut nourrir six milliards de personnes, et même s'il est théoriquement possible de nourrir les Camerounais au biologique, le prix des aliments augmenterait considérablement et le choix serait réduit. L'agriculture biologique n'est donc pas l'agriculture de l'avenir ; celle-ci est plutôt l'agriculture à base d'organismes génétiquement modifiés, décriée en Europe et en Afrique, mais acceptée aux Etats-Unis et en Asie. En modifiant un produit agricole, on peut l'immuniser contre un être pathogène, ce qui permet d'éviter les pesticides ; faire qu'il croît plus facilement, ce qui diminue, voire supprime le besoin d'engrais ; intensifier sa durée post-récolte et ses qualités gustatives, pour en finir avec ces avocats ou ces mangues sans goût ! Dans le tiers-monde, l'agriculture à base d'OGM est essentielle : ainsi peut-on modifier un produit de base pour lui permettre de croître même à contre-saison, dans des conditions de grande sécheresse ; modifier son feuillage afin qu'il élimine des produits toxiques du sol[566]; ou cultiver un riz à taux surélevé de vitamine A[567]. Puisque la culture d'OGM est plus rentable et peut se faire, selon les modifications de chaque produit, dans toute sorte de sol jadis stérile, ceci réduit la surface agricole et permet de libérer une partie de la terre pour d'autres fonctions, notamment la reforestation. Ceci rendra éventuellement une partie de leur habitat aux bêtes que l'agriculture grignote à son avantage depuis sa naissance, diminuant de plus en plus la surface réservée aux espèces autres que l'homme.

Les bactéries s'avérant d'excellents dépollueurs, elles sont capables de digérer et de neutraliser des substances à

---

[566] Ceci est de grande importance au Bengladesh, où l'arsenic est très présent dans les puits d'eau.

[567] Le riz adjoint d'un gène de la jonquille, afin de combattre cette carence dans certains pays asiatiques.

base de chlore, certaines substances radioactives et de nombreux déchets industriels. La pollution de la nature voit donc une fin pointer à l'horizon ; un horizon qui n'est pas un retour au paléolithique, mais une marche en avant de la même technique qui l'avait causée en premier lieu. Comme pour certains poisons, leur antidote est parfois une dose de plus de ce même poison, ainsi les techniques de demain élimineront-elles certains des problèmes les plus graves que nous reprochons à la technique actuelle. Par conséquent, ce n'est pas en rejetant la technique que nous résoudrons ces problèmes, mais bien en la développant : plus un pays investit dans la recherche, plus il en vient vite à bout avec la pollution et la famine.

La vitesse exponentielle du progrès

En outre, le rythme du progrès accélère. Ainsi, alors qu'il fait un siècle que nos véhicules à carburant empestent villes, routes et campagnes, et deux siècles que nos usines empoisonnent l'atmosphère, il faudra moins de temps pour développer des solutions, une fois que les investissements nécessaires seront faits, ce qui dépend autant de facteurs économiques et d'intérêts financiers que de faisabilité scientifique. Ray Kurzweil[568] explique que le progrès technique se développe d'une manière exponentielle. Ainsi l'espacement entre les diverses étapes de la technique se rétrécit-il à chaque étape. Par exemple, le temps pour progresser des outils en pierre polie à l'agri-culture avoisine les 100.000 ans, alors que le temps pour progresser de l'agriculture à la roue et à l'écriture n'a demandé que 10.000 ans, et le progrès de l'écriture à l'imprimerie seulement 5.000 ans. De même, 300 ans s'écoulent entre la Renaissance et la Révolution Industrielle, mais une fois la machine à vapeur en place, il ne faudra que deux siècles pour que l'énergie électrique et le téléphone ne fassent leur

---

[568] R. Kurzweil, *The Singularity is Near : When Humans Transcend Biology*, Viking Penguin, 2005.

apparition, à la fin du XIXᵉ siècle, et un demi-siècle plus tard la télévision, puis trente ans plus tard le PC, et 10 ans plus tard le téléphone portable.

Plus une technique se développe, plus elle fournit des instruments à la prochaine génération de techniques. Prenons l'exemple du développement de l'informatique : en 1900, elle n'existe que sous forme de carte perforée et son utilisation est limitée ; on s'en sert par exemple pour créer un registre des immigrés aux Etats-Unis. Puis, en 1940 l'ordinateur, qui a permis aux alliés de craquer le code militaire allemand, est à base de relais. En 1950, les relais sont remplacés par des tubes à vide, puis par des transistors, et finalement en 1980 par des circuits intégrés qui ne cessent de se miniaturiser. Il faut s'attendre à ce que le progrès technique se fasse plus rapidement au XXIᵉ siècle qu'au XXᵉ, et que les nouvelles technologies mettent moins de temps à être développées que les techniques qui les précèdent.

Ces techniques seront plus propres, moins visibles et encombrantes, plus puissantes et plus rapides. Nous devons nous attendre à un progrès médical considérable au XXIᵉ siècle, avec des médicaments et des traitements génétiquement personnalisés, ciblant des tissus, des cellules précises ; des véhicules silencieux, non polluants et pratiquement automatiques, ce qui réduira de beaucoup les accidents graves ; une informatisation poussée de nos maisons et de notre travail, ainsi que la présence de robots et d'*intelligences artificielles* qui libéreront l'homme des tâches les plus ingrates : travail dans les mines, travail à l'usine, travaux ménagers, travaux à risque – bâtiments, sous-marins, militaires – et travail nocturne. Les industries lourdes pourront soit être déplacées sur la lune, soit céder la place à la nanotechno-logie, qui se fera à base de logiciels dans des fabriques miniatures installées sur nos bureaux. Le temps des usines sales et laides touche à sa fin et, libérés des fils électriques, les appels se feront par satellite ou par Internet, nos campagnes retrouveront alors leur belle allure.

Le progrès en Intelligence Artificielle

Quant à l'Intelligence Artificielle, elle a connu un essor important pendant les années 1960 et 1970, mais à la suite de résultats décevants par rapport aux capitaux investis dans le domaine, son succès s'estompa dès le milieu des années 1980. Par ailleurs, un certain nombre de questions se posent telles que la possibilité un jour pour les ordinateurs ou les robots d'accéder à la conscience[569], à la raison, ou d'éprouver des émotions. Pour Albert Jacquard, nous n'en sommes pas encore là : « On peut apprendre à un ordinateur à dire : "Je t'aime", mais on ne peut pas lui apprendre à aimer. »[570]

D'après certains auteurs, les perspectives de l'IA pourraient avoir des inconvénients, si par exemple les machines devenaient plus intelligentes que les humains, et finissaient par les dominer, voire les exterminer, de la même manière que nous cherchons à exterminer certaines séquences d'ARN, les virus, alors que nous sommes construits à partir de l'ADN, un proche dérivé de l'ARN. On reconnaît le thème du film *Terminator*, mais des directeurs de société techniquement très compétents affirment considérer le risque comme réel à long terme. Toutes ces possibilités futures ont fait l'objet de quantités de romans de science-fiction, tels ceux d'Isaac Asimov.

Une description ahurissante d'un possible avenir de l'IA a été faite par le professeur I. J. Good : « Supposons qu'existe une machine surpassant en intelligence tout ce dont est capable un homme, aussi brillant soit-il. La conception de telles machines faisant partie des activités intellectuelles, cette machine pourrait à son tour créer des ma-

---

[569] *Cf.* « L'intelligence artificielle est-elle limitée ? », chat avec Gilbert Chauvet et Christophe Jacquemin, mercredi le 22 novembre sur le site : http://www.linternaute.com/science/biologie/interviews/06/chauvet-jacquemin/chauvet-jacquemin.shtml

[570] A. Jacquard, *Petite philosophie à l'usage des non-philosophes*, Ed. Québec-Livres, p. 173.

chines meilleures qu'elle-même ; cela aurait sans nul doute pour effet une réaction en chaîne de développement de l'intelligence, pendant que l'intelligence humaine resterait presque sur place. Il en résulte que la machine ultra intelligente *sera la dernière invention que l'homme aura besoin de faire*, à condition que ladite machine soit assez docile pour constamment lui obéir »[571]. Cette situation, correspondant à un changement *qualitatif* du principe de progrès, a été nommée par quelques auteurs « La Singularité »[572] : c'est un concept primordial pour de nombreux *transhumanistes*, qui s'interrogent très sérieusement sur les dangers et les espoirs liés à un tel scénario, certains allant jusqu'à envisager l'émergence d'un « dieu » numérique appelé à prendre le contrôle du destin de l'humanité, ou à fusionner avec elle.

Good estimait à un peu plus d'une chance sur deux la mise au point d'une telle machine avant la fin du XXe siècle ; cette prédiction, en 2011, ne s'est pas réalisée, mais avait imprégné le public : le cours de l'action d'IBM quadrupla − bien que les dividendes trimestriels versés restèrent à peu de chose près les mêmes − dans les mois qui suivirent la victoire au jeu d'Echecs du logiciel *Deep Blue* sur le grand joueur Garry Kasparov. Une bonne partie du grand public était persuadée qu'IBM venait de mettre au point le vecteur d'une telle *explosion de l'intelligence* et que cette compagnie en tirerait profit. Mais l'espoir fut déçu : une fois sa victoire acquise, *Deep Blue*, simple calculateur évaluant 200 millions de positions à la seconde, sans nulle conscience du jeu lui-même, fut reconverti en machine classique utilisée pour l'analyse de données. Nous sommes probablement encore loin d'une machine possédant de l'*intelligence générale*, et tout autant d'une machine possédant

---

[571] I.J. Good, cité dans l'Encyclopédie Wikipédia, article « Intelligence artificielle », in http://fr.wikipedia.org/wiki/Intelligence_artificielle
[572] *Cf.* E.S. Yudkowsky, « Scruter la singularité », mai 2004, in http://editions-hache.com/essais/yudkowsky/yudkowsky1.html

la base de connaissances de n'importe quel chercheur humain, si humble soit-il.

En revanche, un programme *comprenant* un langage naturel et connecté à l'Internet serait théoriquement susceptible de construire, petit à petit, une base de connaissances. Nous ignorons cependant tout aujourd'hui tant de la structure optimale à choisir pour une telle base que du temps nécessaire à en agencer le contenu.

TECHNIQUE ET SPIRITUALITE

L'opposition entre technique et spiritualité ne va pas de soi et appelle à un examen plus rigoureux. Si la spiritualité fait partie de l'existence humaine depuis les origines, il en va de même pour la technique ; si l'homme a toujours encensé quelque divinité, il a également toujours fabriqué des outils. Ainsi convient-il d'analyser de plus près les rapports entre les deux vocables. En quoi le technique est-il contraire au spirituel ? Cette relation peut-elle être renversée ? Et si oui, pouvons-nous revoir le rapport entre technique et spiritualité ?

Le contraste technique et spiritualité

Depuis le XIXe siècle, les sciences appliquées ont pris et prennent de plus en plus un prodigieux essor. L'ère du machinisme est ouverte et avec lui celle de la civilisation industrielle, où la technique devient souveraine et prend dans la vie des hommes une place de plus en plus prépondérante. Cela ne pouvait aller sans heurts et, très vite, sont apparues les conséquences fâcheuses de cette puissance des temps nouveaux. Un tel développement matériel s'accompagne fatalement d'une industrialisation grandissante ainsi que du culte de la productivité, risque d'engendrer le mépris pour toutes les valeurs qui ne concourent pas directement à l'efficacité économique ou politique. Ce qui prédomine désormais c'est l'impératif utilitaire, le rendement, la production, le succès dans les affaires dans les sociétés libéralistes et la puissance de l'Etat dans les sociétés collectivistes, partout l'efficacité sous le signe de la technique, la technocratie enfin. Pourquoi cette divergence entre le matériel et le spirituel ?

Intelligence mécanique et intelligence intuitive

Il est classique d'opposer technique et spiritualité. Héritière de Platon et d'Aristote, la culture occidentale range sans davantage y songer, la technique du côté du matériel, du concret, de l'extérieur, de l'utile, du terrestre, du pratique, du mortel, et la spiritualité du côté de l'immatériel, de l'abstrait, de l'intériorité, du désintéressé, du céleste, de la contemplation, de l'éternel. Ainsi Platon oppose-t-il un au-delà des Idées immuables, existant depuis toujours et pour toujours, à un ici-bas des objets corruptibles, ayant un début et une fin. Le sens de la vie de l'homme et la seule voie qui réaliserait son essence sont illustrés par le « mythe de la caverne »[573]. L'homme commencerait son existence comme prisonnier dans la matière, le regard tourné vers l'extérieur, domaine des ombres qui apparaissent et disparaissent sur le mur en face de lui. Les objets qu'il voit sont *fabriqués,* donc issus de la *techné,* en argile, donc à la fois fragiles, inertes et périssables parce que dépourvus d'une âme, donc de permanence. Le but de l'existence de l'homme est alors retrouver son intériorité, perdue de vue dans l'obscurité de la caverne. Il devra faire retour sur lui-même, chemin allégoriquement représenté par la sortie de la caverne et son ascension vers le domaine des Idées, qu'il contemple dans son âme, le νοῦς, donc au plus profond de lui-même, domaine représenté par la figure du Soleil permettant de voir le réel tel qu'il est vraiment, et non des bribes de réel enchâssées dans des représentations déformatrices et fallacieuses.

Cette dichotomie entre technique et spiritualité se reflète dans notre conception de l'*intelligence,* où nous dis-

---

[573] Platon, *La République*, Livre VII, Belles-Lettres, pp. 145 *sq.*

tinguons une intelligence opératrice et *mécanique* d'un côté
et une intelligence *intuitive* et consciente d'elle-même de
l'autre. Un ordinateur est intelligent au sens où il est capable de calculs rapides et complexes. La rapidité d'une
calculette nous impressionne, de même que la mémoire et
la vitesse de l'ordinateur. Ainsi entend-on souvent que
l'ordinateur est plus intelligent que l'homme. Incontestablement nul humain ne saurait faire concurrence à un ordinateur quant au pouvoir de stockage de données et à la
rapidité des calculs. Certes quelques rares individus, ces
savants doués d'une mémoire exceptionnelle, ont jusqu'à
peu rivalisé avec l'informatique, mais même ces cerveaux
exceptionnels se voient dépassés par les ordinateurs les
plus puissants. En 1998, le logiciel *Deep Blue* vainc aux
Echecs Kasparov, le champion mondial jusqu'alors imbat-
table. A mesure que les processeurs et les disques durs
voient augmenter leur capacité, même l'homme le plus
surdoué devra s'avouer vaincu. Les enthousiastes de
l'Intelligence Artificielle envisagent avec bonheur le jour
où des robots – qui pourront être des *vrais* robots dans le
monde réel ou bien des créatures virtuelles dans un cyber-
monde comme le sont aujourd'hui les personnages des
jeux vidéo – se révèleront plus intelligents que l'homme, et
lorsque l'informatique aura davantage progressé, bien plus
intelligents que l'homme, au point où certains penseurs
prévoient un jour où l'homme sera devenu désuet.

Intelligence syntaxique et intelligence sémantique

Néanmoins, l'intelligence de l'ordinateur et du robot
demeure aveugle, selon Searle. Pour illustrer sa thèse, il
compare le travail de l'ordinateur à celui d'un homme qui
ne comprend absolument pas le chinois, enfermé dans une
pièce où il y a plusieurs boîtes de cartes où sont inscrits des
signes chinois. Cet homme dispose également de règles de
manipulation de ces signes. Son travail consiste à recevoir
par une fenêtre une carte avec un ou des signes chinois et,
par le biais des règles de manipulation des signes, échanger

cette carte contre une autre, avec un ou d'autres signes chinois. Sa manipulation des signes chinois n'implique nullement qu'il comprenne le chinois. Il ne fait qu'opérer sur ces signes en fonction de règles, ou algorithmes, comme le fait une machine de Turing.

La machine de Turing, qui est un système abstrait, une fonction et non une machine matérielle, consistant en un ensemble de règles opératoires relatives aux systèmes binaires, manipule essentiellement une série de « 0 » et de « 1 », ou leurs équivalents, des « – » ou des « + », des points noirs et blancs ou tout ce que l'on voudra de ce genre, selon des règles fixes et précises. La machine de Turing n'est donc pas un système qui comprend ce qu'il fait mais qui opère aveuglement sur certains symboles selon un algorithme écrit par un informaticien qui, lui, comprend le but recherché, le sens des symboles utilisés, etc. Les symboles en eux-mêmes n'ont pas de *sens*, de contenu ; ils sont purement syntaxiques. Ainsi l'ordinateur peut-il *mimer* certaines formes de l'intelligence humaine. Néanmoins il y a une différence essentielle entre un individu qui comprend le sens des symboles inscrits sur la carte de la *Chambre Chinoise* de Searle, et un autre individu, ou ordinateur, qui ne fait que manipuler ces signes à l'aveuglette : « En un mot, l'esprit, en plus de la syntaxe, a une sémantique. La raison pour laquelle un programme d'ordinateur ne sera jamais pareil à un esprit est [...] que le programme est purement syntaxique, tandis que l'esprit a quelque chose en plus. L'esprit est sémantique, au sens où, en plus de sa structure formelle, il a un contenu. »[574]

L'intelligence humaine se distingue par sa saisie des sens, par le fait que les signes – mots, gestes, images, pensées – ont un contenu, que la syntaxe qu'elle utilise a une sémantique. Sortir de la caverne, cheminer vers son for intérieur, est certainement un voyage vers davantage de sens : c'est développer la capacité intuitive de l'homme de

---

[574] J.R. Searle, *Du cerveau au savoir*, Hermann, Paris, 1985, p. 42.

percevoir des relations entre les choses et les idées, d'approfondir sa relation comme partie au tout qui est le monde autour de lui ; c'est avant tout développer ce qui spécifie l'intelligence d'un cerveau par rapport à l'intelligence algorithmique : la *conscience de soi*. « Connais-toi toi-même », dit justement Socrate : sortir de la caverne, c'est faire l'expérience de davantage de sens par une expérience du soi. Mais un ordinateur n'a pas de soi ; il sait, mais ne sait pas qu'il sait, alors que l'homme sait qu'il sait, et plus remarquable encore, sait qu'il ne sait pas. « Je ne sais rien sauf que je ne sais rien », dit encore Socrate : parole vivante et humaine s'il en est, et que ne peut reproduire une intelligence algorithmique, simple mécanisme de manipulation de symboles.

Technique extérieure et spiritualité intérieure

C'est pourquoi bien des hommes conçoivent la technique comme le contraire de la spiritualité : alors que la technique est *mécanique* et aveugle, la spiritualité est *vivante* et consciente. Nous pratiquons souvent des exercices spirituels tels le Yoga, la prière, la méditation, justement dans le but d'accroître notre lucidité et de cultiver un état d'éveil de la conscience. La technique attire notre attention vers l'extérieur, alors que la spiritualité nous invite à tourner notre regard vers l'intérieur. La technique nous concentre sur autre que nous – l'objet technique – alors que la spiritualité nous détourne du monde extérieur des objets et centralise notre attention sur nous-mêmes. L'unique objet de la spiritualité est le Soi, alors que la technique a toujours un objet matériel. Ainsi la technique maintient-elle l'homme dans un état d'ennui et d'inquiétude au sens pascalien : elle est « *divertissement* »[575], qui laisse l'homme seul dans un vide au lieu de le laisser seul avec sa propre plénitude. La spiritualité écarte la soli-

---

[575] B. Pascal, *Pensées*, in *Œuvres Complètes*, Paris, Editions du Seuil, 1963, p. 549.

tude puisqu'elle met la conscience dans la seule relation authentique : la relation avec elle-même.

On choisirait donc toujours entre deux voies : une voie de la technique, qui nous éloigne de nous-mêmes et nous perd dans l'inau-thenticité – voilà une conception bien actuelle de la condition humaine – et une voie de la Spiritualité qui nous éloigne du monde mo-derne aliénant et technique et nous ramène à notre conscience d'Etre. Vue sous cet angle, la technique est un mal, une entrave au développement spirituel de l'homme ; entre l'homme et l'homme elle entre-pose en trompe-l'œil ses objets scintillants, attrayants, mais morts.

Les techniques spirituelles

Cette conception de la technique comme l'autre du spirituel, résiste-t-elle à la critique si nous songeons que la spiritualité dispose, elle aussi, des méthodes et des techniques ?

Les méthodes de la spiritualité

Comme techniques spirituelles, afin d'aider leur évolution personnelle, les moines bouddhistes se servent de *mantras*, qui consistent à répéter la formule, soit en un flux continu, soit par intervalles de longueur précise. De même, le *Yoga* consiste en des enchaînements de postures en un ordre toujours identique à un moment également identique de la journée. Ces procédés sont bien des *techniques* et développent *automatiquement* le système nerveux et physique du pratiquant lorsqu'ils sont pratiqués correctement, de manière irréfléchie selon des instructions précises. Ainsi le méditant et le pratiquant de Yoga parleront-ils de leur *programme* de méditation ou de postures, soulignant par là le caractère *mécanique* de l'exercice. L'analogie entre les algorithmes qui décident des transformations binaires opérées par l'ordinateur et les techniques spirituelles aussi précises que répétitives est impressionnante. Le cheminement *hors de la caverne* du développement spirituel d'un individu se fait donc également à l'aveuglette, à l'insu de l'individu qui ne perçoit nullement le rapport entre le mantra qu'il répète ou les postures qu'il pratique et les changements qui, petit à petit, se font dans son corps et son esprit. Il se rend peut-être compte que depuis quelque temps il est plus calme, plus serein, qu'il n'a plus envie de boire ou de fumer, qu'il s'entend mieux avec sa famille ; or le lien entre la pratique de la technique et les altérations qui en résultent reste in-conscient.

L'homme qui pratique la spiritualité ressemble donc à l'homme dans la chambre chinoise de Searle : on lui tend une carte avec un signe pour lui dépourvu de sens – un mantra dont il *doit* ignorer le sens pour que le mantra puisse faire son travail, une posture, une plante, une prière, une tâche à accomplir – qu'il manipule selon des règles précises – réciter le mantra pendant 15 minutes matin et soir les yeux fermés, effectuer tel enchaînement des *asanas* dans tel ordre avant le petit déjeuner, prendre telle plante avec du lait ou de l'eau à jeun ou pas à jeun, réciter sa prière à genoux cinq fois par jour – et le résultat est une carte avec un autre signe – meilleur sommeil, meilleure digestion, davantage d'éveil et de clarté par exemple. Le lien entre les deux cartes reste inaperçu.

Le développement personnel

Puisque le progrès spirituel consiste en un raffine-ment et un développement du système nerveux, la tech-nique elle-même peut également contribuer au dévelop-pement personnel. Tout comme la spiritualité hindoue se sert de plantes, appelées *Rasayanas*, pour effectuer cette purification du système nerveux, la médecine moderne prescrit du lithium, du magnésium et des antidépresseurs pour aider des êtres fragiles à davantage de sérénité, et de la *Ritaline* pour aider des enfants hyperactifs à plus de calme et de concentration. Le *Provigil* permettrait de rester réveillé pendant soixante heures d'affilé, ce qui jusqu'à récemment n'était possible qu'à des pratiquants de Yoga de longue date. Ces techniques récentes fonctionnent de manière remarquablement semblable à celle des techniques traditionnelles : toutes les deux opèrent en altérant la bio-chimie du sujet. Les antidépresseurs élèvent le taux de sérotonine dans le sang, comme le fait la méditation, et la *Ritaline* change le taux de dopamine, qui se modifie aussi lors de pratiques traditionnelles.

Il existe également aujourd'hui, encore sur le banc d'essai, des techniques de stimulation du cerveau par charge électrique – à ne pas confondre avec les techniques de chocs électriques utilisées en psychiatrie pour les sujets gravement malades résistant à tout autre traitement – qui peuvent susciter des sentiments de bonheur intense, com-parables, dit-on, à la sérénité d'un Saint. Certes, ces tech-niques ne sont encore qu'à leur début et les effets secon-daires sont parfois importants, quoique les ISRS[576] s'améliorent rapidement et sont en général très bien tolérés avec des améliorations ultérieures prévues pour les nou-velles générations de ces médicaments. Néanmoins, elles se distinguent des techniques traditionnelles dites « spiri-tuelles » – alors qu'elles ne sont pas moins psychotropes – par la rapidité de leur action : six à huit semaines pour le *Prozac*, alors que plusieurs années de yoga ou de prises de plantes peuvent être nécessaires pour constater une amé-lioration chez un déprimé grave.

L'objection la plus fréquente aux techniques biomé-dicales[577] souligne la subtilité des techniques traditionnelles par opposition à la lourdeur des médicaments allopa-thiques. Les techniques spirituelles s'intègreraient bien au système nerveux, un mantra ou une plante seraient mieux tolérés et assimilés par le cerveau, alors que le corps exige parfois plusieurs semaines pour s'accoutumer à un médi-cament psychotrope, ces médicaments n'ayant pas encore

---

[576] Inhibiteurs Sélectifs de la Recapture de la Sérotonine.
[577] *Cf.* J. Saint-Arnaud, *Enjeux Éthiques et Technologies Biomédicales*, PUM, 1999, p. 41 sq.

une activité suffisamment sélective pour épargner au patient une liste souvent longue d'effets secondaires, du moins en début de traitement. Nous entendons souvent dire que les médicaments modernes ont une quantité telle d'effets secondaires, que ceux-ci éclipseraient quasiment les bienfaits du traitement, alors que les plantes seraient également efficaces, mais sans effets secondaires. Ainsi, bien des gens considèrent la médecine biochimique et biotechnologique comme un mal qui ne se justifie aucunement, puisque les mêmes remèdes peuvent être obtenus par des plantes, et sans les méfaits des médicaments issus de la technique. On imagine alors que les seules raisons d'être de la médecine allopathique seraient l'ignorance des médecins et les intérêts économiques des grandes entreprises pharmaceutiques.

Limites des techniques spirituelles

Cependant, si les techniques spirituelles aident de nombreuses personnes à mieux vivre, d'autres n'en résistent pas moins à ces traitements. Bien des gens ne constatent nulle amélioration de leur état par les plantes ou les pratiques asiatiques, alors qu'un traitement allopathique, même encombré d'effets secondaires, peut susciter une amélioration remarquable chez des malades graves. En outre, les techniques traditionnelles ne sont pas toujours sans effets secondaires. Certains pratiquants de la méditation font en effet l'expérience de malaises accrus pendant des périodes parfois longues de leur pratique – plus d'anxiété, sentiment de déconnexion d'avec leur entourage, irritabilité, troubles du sommeil – et les débutants en *Ashtanga Yoga* éprouvent souvent des courbatures, une rigidité accrue pendant un certain temps, et la difficulté des postures peut déconcerter certaines personnes.

Les plantes ne sont nullement sans effets secondaires : ainsi la prise de millepertuis contre les états d'anxiété et de dépression nerveuse peut susciter pendant quelque temps des rougeurs de la peau et des troubles de sommeil. Un autre aspect négatif de la médecine douce est sa lenteur. Souvent il faut des mois avant que le sujet ne ressente, sinon jamais, quelque bénéfice. Il est probable que bien des traitements de la médecine douce doivent leur efficacité à l'*effet placebo* plutôt qu'à quelque vertu de la plante elle-même, ce qui ne veut pas dire que toute la médecine douce serait inefficace. Il convient donc de ne pas idéaliser la médecine douce et lui prêter plus de vertus qu'elle n'en a, pas plus qu'il ne faudrait nier ou ignorer ses avantages certains. Enfin, la médecine allopathique est en voie de perfectionnement rapide. Ainsi, alors que la première génération de somnifères – les barbituriques – provoquait des somnolences bien après le réveil, les nouveaux somnifères créent moins d'accoutumance et permettent généralement un sommeil proche du sommeil naturel. Des travaux considérables de l'industrie pharmaceutique ont, depuis 1952, multiplié le nombre de psychotropes, en les rendant toujours plus efficaces et mieux tolérés.

Le renouveau de la technique

Toutefois, si la spiritualité se sert de techniques, elle n'est pas pour autant technique en sa visée, qui est le bien-être et l'éveil maximal de l'homme, alors que la technique ne vise que l'absence de la douleur, la disparition de symptômes, un bien-être simplement matériel et superficiel : ne pas avoir faim, ne pas avoir mal à la tête, ne pas avoir une tumeur létale. La spiritualité pousse la notion de bien beaucoup plus loin, son but étant d'intégrer autant que peut le faire un individu dans son entourage, d'harmoniser les rapports entre tous les êtres, de promouvoir la vie et l'équilibre à tous les niveaux de la nature, depuis le monde des supercordes jusqu'au niveau des galaxies. A ses côtés, les ambitions de la technique paraissent bien restreintes : se sentir bien dans sa tête et dans son ventre afin de bien dormir, manger avec appétit, ne pas songer à soi et à ses petits problèmes, s'amuser pour s'oublier. La technique resterait-elle donc l'autre de la spiritualité en ce qu'elle offre une voie qui éloigne l'homme de lui-même pour le perdre dans un vide tout matériel, concentre son esprit sur des trivialités et le détourne de ce qui lui procurerait une santé et un bonheur véritables ?

L'action sur l'organisme

La visée de la technique, à mesure qu'elle gagne en maturité, est bien plus profonde et bien plus proche de celle de la spiritualité qu'on ne le penserait d'abord. Lorsqu'elle se fait de plus en plus petite, atteignant des échelles de grandeur de l'ordre du nanomètre, voire du picomètre, c'est-à-dire le niveau de l'atome et des particules élémentaires respectivement, la technique atteint les niveaux les plus fins de l'organisme, les molécules qui le constituent et les atomes qui interagissent avec ces molécules, par exemple le calcium ou le sodium. Ceci implique, à en croire Joël de Rosnay, qu'elle est sur le point de devenir capable de s'insérer dans une cellule sans endommager les cellules environnantes, et sans endommager la cellule au sein de laquelle ou sur laquelle elle voudrait agir : « Les ingénieurs de l'infiniment petit [...] sont capables d'associer des structures programmées en fonction des lois d'assemblage de la chimie et de la physique pour fabriquer des nanomachines [...] et passer ainsi de l'infiniment petit vers le macroscopique. Il s'agit en fait d'une reconstruction de la matière et des systèmes « du bas » vers « le haut » plutôt que celle à laquelle nous avons assisté [...], qui est une miniaturisation du macroscopique vers le microscopique. »[578]

La *nanomédecine* est un champ nouveau de la médecine, mais en voie de développement très rapide. Au niveau nanoscopique, la technique est capable d'agir sur la molécule même qu'il faut supprimer, réparer ou multi-

---

[578] J. de Rosnay, « Biologie et informatique : promesses et menaces pour le XXIᵉ siècle », in T. Ferenczi (dir.), *Les Défis de la technoscience*, Complexe, Bruxelles, 2001, p. 18.

plier[579]. Elle devient aussi précise, sélective et spécifique que le système immunitaire lui-même. Ceci réduit à zéro, ou presque, selon le degré de miniaturisation et de sophistication biotechnique du médicament, les effets secondaires, car ceux-ci sont le résultat de molécules pharmaceutiques agissant ailleurs que dans le tissu ou les cellules qu'elles doivent traiter. Il devient possible d'envisager le jour où la technique fasse corps avec l'organisme. Nos cellules seront alors des hybrides de molécules biologiques naturelles et d'engins de la taille d'une molécule, petite ou grande, agissant de concert. Les engins dans la cellule fonctionneront en tant que robots informatisés qui assisteront la cellule afin que son travail soit optimal. Ainsi, lorsqu'un gène est mal copié et que le corps ne dispose pas des mécanismes nécessaires pour réparer l'ADN – ce qui est à l'origine du cancer –, un nano-engin fera ce travail. Lorsque s'accumuleront des déchets dans la cellule qu'elle est incapable de métaboliser, un autre nano-engin digérera cet amas de matière, car l'accumulation de résidus non digestibles dans les cellules et entre les cellules est un des facteurs majeurs de vieillissement prématuré. Lorsque manque une molécule à une cellule afin que celle-ci puisse convenablement fonctionner, un nano-ordinateur le signalera à un engin responsable de l'ensemble du corps hybride et cette molécule sera ou bien fabriquée au sein du corps ou bien importée dans la cellule qui la nécessite de l'extérieur ou d'autres cellules où elle serait présente. Par conséquent, il devient possible d'envisager un état de santé parfaite où le corps est suppléé de ce qui lui manque, et débarrassé de ce qui lui nuit.

L'action sur le cerveau

S'il est possible d'agir au niveau du corps, il est également possible d'agir au niveau du cerveau et cela est

---

[579] Lire I. Vezeanu, *Impossibilia moralia : nanotechnologies, communication et liberté*, Paris, L'Harmattan, 2007, pp. 19 *sq.*

réalisable par la biotechnologie, ce que pense aussi Yves Le Déaut : « Les développements des biotechnologies [...] sont très importants, non seulement pour la production de médicaments par des organismes vivants, mais aussi pour la fabrication de protéines humaines par des bactéries [...]. On peut aujourd'hui [...] récupérer un certain nombre de molécules dans du lait d'une femelle transgénique ou cultiver des plantes pour isoler des médicaments dans des fermes dites pharmaceutiques. »[580]

Déjà aujourd'hui le *Prozac* et autres ISRS suppléent de la sérotonine à un cerveau qui en manque, changeant le paysage intérieur de millions de malheureux qui peuvent désormais voir la vie en un peu moins noir. La biotechnologie prévoit le jour où un cocktail de médicaments à action très sélective – avec peu ou pas d'effets secondaires – nous maintiendront heureux, calmes et bienveillants, comme le sont les Yogis, les Saints, les Lamas, quelles que soient les circonstances. Cet état de bonheur et de bonté est dû à un parfait fonctionnement du système nerveux, ce qui exige à la fois un certain type de gènes, et un système nerveux en excellent état, qui ne soit encombré par aucun résidu de quelque traumatisme que ce soit, petit ou grand.

Ainsi la technique pourrait formuler un projet hédoniste au sens positif du terme, comme celui que forment les débutants en Yoga : assainir et fortifier le système nerveux à tel point qu'il devient quasi immunisé contre la douleur psychique, et rayonne de la simple joie d'exister. Mais, au lieu que cela exigerait des décennies de pratique fermement régulière, avec tous les sacrifices que cela peut impliquer, et cela sans garantie aucune que l'on parvienne au but, les neurosciences, lorsqu'elles auront progressé, pourront accomplir en une ou quelques pilules ce qui aujourd'hui exige un temps souvent considérable, allant de plusieurs années à toute une vie.

---

[580] J.-Y. Le Déaut, « Le responsable politique face à la gestion du risque : l'exemple des biotechnologies », in T. Ferenczi (dir.), *Op. cit.*, p. 63-64.

La maîtrise de l'entourage

Un autre but de la spiritualité est de nous rendre maîtres de notre entourage. Partant de la prémisse que la matière est, au fond, identique à la conscience, les philosophies indiennes et chinoises considèrent que le monde matériel n'est qu'une illusion, que c'est le rêve rêvé par un esprit divin[581]. Ainsi, selon la sagesse védique, le monde est un rêve du dieu Vishnu. S'il n'y a aux niveaux les plus subtils de l'Etre nulle différence entre la matière et la pensée, si elles sont une seule et même substance, il s'ensuit alors qu'un esprit intelligent devrait avoir une prise absolue sur la matière qui l'entoure, que ce soit son propre corps ou les choses environnantes, puisque ces choses sont de la même nature que lui, mais concentrant en leur être bien moins d'intelligence. Ainsi les Yogis indiens sont réputés avoir lévité, bougé des objets à distance ou fabriqué des objets à partir de « rien ». Les exercices spirituels visent en effet la mobilisation de ces capacités dites *supranaturelles*. Le mouvement *transhumaniste* envisage une transformation semblable de l'homme, par des moyens techniques[582]. Il ne s'agit pas ici de la technique qui nous est familière, car elle n'est pas encore suffisamment sophistiquée pour améliorer de manière appréciable les capacités physiques et intellectuelles de l'homme, ni pour lui permettre de choisir à son gré son apparence physique ou le monde dans lequel il vit. Nous percevons pourtant des bribes d'augmentation de l'homme dans les techniques qui existent déjà. Ainsi, une opération LASIK permet à 97% des myopes opérés de retrouver une vue normale, et permet d'envisager le jour où une opération semblable permettrait à toute personne opérée de recevoir une vue exceptionnelle, par exemple la

---

[581] Lire à ce sujet B. S. Rajneesh, *Le Livre des Secrets*, Paris, Albin Michel, 1983.

[582] *Cf.* I. Vezeanu, *Impossibilia moralia : nanotechnologies, communication et liberté*, Paris, L'Harmattan, 2007, pp. 103 *sq.*

capacité de percevoir non pas trois couleurs de base (rouge, jaune, bleu), mais, comme chez certains oiseaux, quatre couleurs de base, ainsi que l'infrarouge et l'ultra-violet. D'autres techniques pourraient nous permettre d'augmenter considérablement notre disposition musculaire et cardiaque. Il existe en Cali-fornie un projet de création des *respirocytes*, nano-engins fonctionnant à la manière de globules rouges, mais bien plus puissants et à ce point denses en oxygène, qu'ils permettraient de courir quinze minutes sans respirer, ou passer quatre heures sous l'eau sans bouteille à oxygène.

En plus d'améliorer nos capacités physiques, la technique du futur pourrait aider notre cerveau à créer son propre entourage. De nos jours, les seules hallucinations que nous connaissons sont les rêves, que nous ne contrô-lons pas et qui sont rarement les beaux rêves que nous aimerions rêver. Vers le milieu du XXᵉ siècle, les techniques d'immersion en 3D étaient déjà au point, et nous jouions des jeux vidéo en interagissant, non avec des personnages sur un écran plat, mais avec des personnages tout autour de nous dans un environnement aussi riche en détails que notre monde familier. Plus tard, ces techniques pourront être intégrées dans nos cerveaux de manière à nous permettre d'halluciner à volonté et de manière con-trôlée le monde que nous voulons.

*

*   *

L'homme est-il menacé dans ses prérogatives par la technique, et plus spécifiquement, par la cybernétique et l'Intelligence Artificielle ? Certes, les machines logiques seront capables d'aller plus loin et plus vite que l'esprit humain sur certains points : dans le traitement des informations, dans certaines opérations logiques relevant de l'automaticité pure et simple, dans le maniement de certains concepts qui gênent notre entendement. Ainsi par exemple seront-elles capables d'évoquer, pour la physique, le temps où le temps n'existait pas, de calculer la durée d'un voyage cosmique ainsi que les paradoxes y afférents. Mais n'est-ce pas l'esprit lui-même qui aura construit les instruments de cet apparent dépassement ? La machine n'est guère capable de concurrencer l'esprit humain dans ce qu'il a de fondamental : non pas tant la puissance logique, la rapidité de conception et l'ampleur des informations, que le *cogito*, la réflexion pure et désintéressée, le don de création, sans parler naturellement du sens de la dignité et des aspirations à l'absolu, puisque l'esprit se définit essentiellement par sa condition métaphysique.

Un autre aspect de la révolution technique, l'automation, est une opération d'organisation du travail ayant pour but d'abaisser le prix de revient d'une fabrication en remplaçant des hommes par des machines : elle s'ajuste dans la droite ligne de la cybernétique et de l'Intelligence Artificielle, considérées comme l'art de rendre efficace l'action. Il y a automation chaque fois que les progrès techniques permettent de remplacer la collaboration ouvrière mécanisée par un fonctionnement mécanique auto-commandé. Les conséquences en sont prodigieuses, si une telle méthode détruit le risque de mécanisation de l'activité humaine qui menaçait inéluctablement les ouvriers, dans le travail à la chaîne notamment. Plus généralement, l'automation anoblit le travail de l'homme, le libère de pénibles servitudes, rend au travail la dignité perdue depuis que l'homme s'y dégradait. Loin de supprimer l'homme, de le rendre inutile, elle le remplace seulement dans les tâches dangereuses ou serviles, lui laissant l'initiative de l'organisation, du contrôle, de la création et même stimulant son activité intellectuelle par l'obligation où elle le met d'avoir à faire un plus grand effort intellectuel.

L'automation serait alors, en définitive, l'art d'asservir les arts mécaniques à l'art de vivre ; car elle est synonyme de libération : libération des tâches fastidieuses et parcellaires, d'où libération de l'esprit, c'est-à-dire plus de temps pour penser, réfléchir, créer. Cela rejoindrait le grand espoir des temps nouveaux, en matière de progrès : l'idée que le machinisme sera au service de l'humanisme, que la machine sera un moyen pour l'homme d'épanouir davantage ses immenses possibilités, ses qualités spécifiquement humaines.

PARTIE III

L'INTELLIGENCE ARTIFICIELLE DU POINT DE VUE HUMAIN : INFORMATION ET RÉVOLUTION

> *Dans le cybermonde, la communication fait appel à tous les moyens d'expression existants. Textes, voix, sons et images y sont les vecteurs de la pensée, des idées, des émotions. La qualité de l'échange entre les hommes qu'ils offrent ne pourra égaler celle du dialogue réel.*
>
> Michel Alberganti[583]

Quelle est la valeur de l'Intelligence Artificielle du point de vue humain ? Nous voudrions, dans cette partie, présenter les principales hypothèses qui nous amèneront à parler d'une nouvelle révolution technologique : la révolution informationnelle. Le concept n'est pas nouveau, mais s'inscrit dans les théories de la société post-industrielle qui recommandent, à tort, une substitution de l'information à la production, comme si la production matérielle, industrielle, devait disparaître de notre univers économique. La révolution informationnelle ne se réduit pas non plus à la révolution informatique, même si l'informatique y joue un

---

[583] M. Alberganti, *Le multimédia : La révolution au bout des doigts,* Paris, Le Monde, 1997, p. 229.

rôle primordial, avec la télématique, les medias et les bio-technologies. Il s'agit, beaucoup plus largement, du rôle nouveau et majeur joué désormais par la communication entre les hommes dans le travail comme dans les loisirs, avec en même temps un début de remise en cause des frontières, héritées de la révolution industrielle, entre travail contraint et temps libre.

En pleine crise, et à l'aube du vingt-et-unième siècle, les sociétés industrialisées reçoivent de plein fouet le nouveau choc du futur : celui de la société informationnelle. Le ralentissement de la croissance, la montée du chômage et la contestation du rôle traditionnel des élites politiques et économiques traduisent la rapidité de la transition entre sociétés industrielle et informationnelle. De cette zone de turbulences émerge le pouvoir des groupes face au pouvoir centralisé, tandis que les réseaux informatiques et Internet favorisent l'affirmation des individus face à l'anonymat des usagers. Ces grands courants, s'ils sont mieux compris, aideront-ils à construire avec lucidité le monde de demain ?

Plus formellement, la notion de communication est au centre de la révolution technologique et de l'actualité économique. C'est une raison de plus pour tenter de la définir : nous pouvons, à partir de l'adjectif « commun », comprendre la communication comme l'action de mise en commun d'un contenu ainsi partagé – que nous appellerons le message. L'ambiguïté majeure de cette notion apparaît d'emblée : il est question de savoir si c'est la transmission ou le contenu ainsi transmis qui compte. Notre époque est riche de nouveaux moyens de communication, mais pour communiquer quoi ? Communiquer davantage nous sert-il à mieux informer ou bien s'agit-il d'une fin en soi ? Dans notre société informationnelle, la communication est-elle un moyen ou une fin ?

CHAPITRE 7

La communication de l'information

De tous les moyens d'information dont nous disposons, la télévision est très démocratique, ce n'est pas un luxe pour des gens qui ont assez d'aisance pour se permettre de paresser devant un écran toute la journée. Ceux qui ne possèdent rien ne se priveront pas de télévision ; quand on n'a plus rien à se mettre sous la dent, on a toujours un téléviseur impeccable. La télévision est un phénomène social et la manifestation la plus représentative du monde actuel. Ce n'est ni un simple objet technique, ni un outil d'information, ni un simple moyen de divertissement. L'aborder comme tel, ce serait déjà manquer par avance sa compréhension. La télévision est-elle précisément un outil d'information ou un mode d'existence de la technique ?

Qu'elle soit communiquée par la télévision ou par un autre médium, il est fort possible que l'information soit manipulée. Le mot manipulation a un sens d'emblée physique, puisqu'il s'agit de transformer une matière avec ses mains, par exemple l'orfèvre manipule l'or pour le fondre dans un bijou. Nous pouvons aussi parler de manipulation mentale, puisqu'il est possible de considérer l'esprit de l'homme comme une pâte à modeler, une chose manipulable à notre gré. Une manipulation mentale est un procédé permettant d'obtenir d'autrui, quand on n'a ni le pouvoir de le lui ordonner, ni celui de le convaincre, un comportement spécifique ; de lui faire faire ce que l'on désire qu'il fasse, mais qu'il n'aurait pas directement fait de lui-même, si on n'avait pas utilisé des moyens pour l'inciter dans la direction du comportement que l'on attend de lui. Comment distinguer une information neutre et une information manipulée ?

De nos jours, dans l'univers de la communication, la mode est au virtuel. *Virtuel* est un mot que l'on accommode à toutes les sauces pour lui faire dire tout ce que l'on veut et aussi son contraire. L'usage en est cependant approprié au langage du journalisme. Dans la rhétorique de l'information, l'important est de disposer de mots frappants ; il faut que le récepteur soit capté, il faut satisfaire à une attente du public et si possible l'éveiller. Un mot un peu abstrait, *branché*, cela attire aisément l'attention, cela se vend assez bien, et cela permet des généralisations vagues. On peut tout mettre dans le terme *virtuel* : les feuilletons de la télévision, le *chat* sur Internet, les prodiges de l'image-rie numérique, les jeux vidéo, le téléphone portable ; toute l'informati-que, tout le cinéma, tous les moyens de communication actuels. Faut-il classer l'information au rang du virtuel ou bien du réel ?

INFORMATION ET TÉLÉVISION

Un outil, on le prend, on l'utilise et on le pose quand il n'est plus utile ; un outil n'est pas un mode de vie ; un outil, par définition, ne peut être au centre de notre existence, mais ne se dispose qu'à sa périphérie. Dans la télévision, nous avons affaire à tout autre chose, nous sommes au régime de l'existence médiatique, qui est une extension de la pensée. Quelles en sont les conséquences ? En quel sens la télévision réalise-t-elle un mode d'existence spécifique de la technique ?

Phénoménologie de la télévision

La télévision, on la regarde, mais que signifie regarder ? Le pêcheur à la ligne qui observe son bouchon frétiller ne le regarde pas, il doit être vigilant, car il est sur le point de faire une prise. Cette observation est intentionnelle et se situe dans une dualité sujet/objet participant du qui-vive de la vigilance et elle mobilise une attention. Le paysan qui monte une colline pour admirer l'étendue de la vallée ne regarde pas non plus de la même manière. Parfois l'amour de la terre lui réchauffe le cœur et la joie de voir son carré d'arachides en fleurs illuminer le paysage lui donne de la fierté : il contemple la terre.

Télévision et relaxation

Le plus souvent, nous regardons la télévision sans faire attention, sans observer quoi que ce soit, plutôt en dessous de la vigilance et il ne viendrait à personne de sensé de dire que nous contemplons la télévision, sauf comme un meuble de luxe dans le salon. Nous la regardons, « cette fée moderne du foyer... »[584], plutôt d'une manière passive : la succession rapide des images absorbe notre conscience et capture notre vision ; pour des millions d'êtres humains, elle est la technique de relaxation par excellence. L'homme actuel *médite* trois heures et demie par jour. Il ouvre le robinet de la télévision et fait la vidange de toutes ses pensées personnelles, en entrant dans un état second, en dessous du seuil de la pensée habituelle. Il oublie tout et regarde ce qui passe sur l'écran. C'est miraculeux : dès qu'il est encollé à l'écran, il a évacué toutes ses pensées, parce qu'il s'est oublié lui-même. Le défilé des images à la télévision a un caractère hypnotique. Dans les spectacles de music-hall, l'hypnotiseur commence par endormir le sujet, puis il induit une suggestion, ce qui lui permet ensuite de produire un effet spécifique. Mais il est indispensable que le sujet donne son accord avant, sinon, rien ne marche. L'homme qui revient de son travail et qui, le soir, s'affale devant l'écran, se laisse aller et consent à l'état second, car « c'est seulement lorsque le travail épuise totalement et que les gens sont trop fatigués pour apprécier la poursuite de leurs passions qu'ils sont réduits à l'état de receveur passif adapté à la télévision »[585]. Au bout de

---

[584] A. Brincourt, *La télévision*, Paris, Hachette, Coll. Notes et maximes, 1965, p.56.
[585] P. Himanen, *L'éthique hacker*, trad. Claude Leblanc, Exils Editeur, 2001, p.109.

quelques secondes, cet homme a changé de regard. De l'extérieur, il a l'air passablement hébété, bouche ouverte, béat. Le reste suit : les images qui transitent sur l'écran capturent son attention, jouent le rôle des mouvements réguliers de la main de l'hypnotiseur devant les yeux de l'hypnotisé, les suggestions pénètrent dans le subconscient et l'effet est obtenu : voilà notre homme qui va chercher dans la cuisine un paquet de biscuits apéritifs, ceux qui reviennent régulièrement dans la publicité.

Si nous avions affaire à une perception habituelle, il nous serait aisé de déplacer notre attention vers un autre objet, de distinguer, d'ouvrir la perception dans le champ de notre conscience. Cependant, l'ouverture panoramique de la perception ne se produit que devant un paysage réel, c'est bien ce que nous ne pouvons faire devant l'écran. Et le plus difficile, c'est qu'il faut d'abord s'arracher à l'identification aux images et c'est comme si, à chaque fois, on était tiré du sommeil. Appelé à une tâche, le téléspectateur, après quelques secondes, change de regard et retrouve l'étincelle de la conscience qu'il avait perdue devant l'écran. Il suffit d'observer des personnes devant un téléviseur pour noter la différence. Chez la grande majorité, la transe hypnotique de la télévision produit un regard halluciné et éteint. Chez un sujet conscient, bien plus rarement, l'éclipse de la vigilance ne se produit pas. C'est le seul capable de se lever à n'importe quel moment, sans grande difficulté. Pour les autres, il y a toujours de l'apathie et le regard hébété devant quelque chose qui bouge. Regarder la télévision trop souvent et trop longtemps, induit une inertie mentale sous la forme de l'inconscience, parce que la télévision nous vide de toute énergie et nous rend passifs. Il est dans la télévision comme une sorte de vampirisme psychique, additionné d'un effet sédatif.

Principe de plaisir et principe de réalité

L'état de rêve se distingue de l'état de veille par son contenu décousu, sans logique, pulsionnel et strictement émotionnel. Le rêve naturel est un état qui nous permet d'évacuer l'excès émotionnel, ce qui permet de libérer l'état de veille des miasmes de l'expérience empirique. Dans le rêve, le *principe de réalité* ne joue plus : je peux étrangler mon voisin, faire exploser des bombes et tailler dans la chair sans complexe : pur divertissement, dira-t-on, mais indubitablement pas l'investissement sollicité par la vigilance. Sur le monde onirique, la morale n'a rien à dire, elle n'a de sens que dans le monde commun de la veille, là où les sujets sont co-présents dans l'expérience incarnée. Le rêve, lui, ne suit que le *principe du plaisir*, « qui détermine le but de la vie, qui gouverne dès l'origine les opérations de l'appareil psychique [...] et pourtant l'univers entier [...] cherche querelle à son programme »[586].

La télévision est capable de reproduire à l'identique les conditions du rêve, de permettre de rêver les yeux ouverts ; comme dans le rêve, tout va vite, tout peut être excessif, émotionnel, chaotique, et passer d'une chose à l'autre sans nulle logique. Avec la télévision, toutes les pulsions sont libérées, la morale est outragée, tournée en dérision ou ridiculement engoncée. On peut voir des productions fantastiques de l'inconscient, on peut voir cent morts dans un seul feuilleton et assouvir des fantasmes sexuels en toute bonne conscience. Les séries télévisuelles rendent la violence spectaculaire et extatique ; les films rendent la luxure sophistiquée et ludique : les barrières du principe de réalité s'effondrent alors, tout est là instantanément et la jouissance est surmultipliée dans une diversité infinie. En définitive, pourquoi ne pas passer à l'acte... ensuite, et *faire comme à la télévision* ?

A l'écran les héros sont forts, rigolent grassement en vidant leur chargeur sur l'ennemi ; les méchants s'écroulent de tous côtés, transpercés de balles, et le héros est toujours terriblement pétillant. C'est une vie idéale : la vie à la télé-

---

[586] S. Freud, *Malaise dans la civilisation*, in *Revue française de psychanalyse*, PUF, janvier 1970, p. 19.

vision, c'est tout ce que l'on aurait rêvé d'être et de faire, servi sur un plateau de télévision. Ce que je ne serais jamais, quand je me compare et que je me vois dans la glace, toute cette vie que je n'aurai jamais vécue, je peux la vivre par procuration tous les jours. Avec la proposition des programmes, je peux regarder n'importe quoi, je peux même consommer infiniment des navets télévisuels, sans jamais dessaouler, et redescendre dans le réel. Avec la télévision, on peut mettre le principe du plaisir à la place du principe de réalité et s'imaginer vivre dans un rêve ininterrompu. Il suffit de se brancher en perfusion psychique sur le bon *canal*, la bonne *chaîne*. Trente chaînes, cela vous tient solidement en dehors de toute réalité, dans un monde tout préparé, gai, brillant, excitant, dans lequel l'ennui est interdit et la faim de réalité *artificiellement* assouvie. Avec la télévision, tout se transforme en spectacle et devient onirique, et spéciale-ment le désir, le pouvoir, la violence, la guerre et la mort. Comme dans le rêve, la représentation spectaculaire devient toute la réalité et en tient lieu. La télévision transforme le spectateur en un idéaliste absolu, mais un idéaliste sans sujet. Kant disait que l'on ne saurait concevoir la diversité pulvérulente des représentations sans un *je* qui rassemble dans son unité la diversité, que « le : je pense doit pouvoir accompagner toutes mes représentations »[587]. Mais la télévision travaille à dissoudre le *je* dans le divers de la représentation, dans du collectif qui tient ensuite lieu de représentation commune.

Télévision et décentrement

Nous pouvons à ce propos illustrer la position conquise par le poste de télévision dans le foyer en l'opposant à la table familiale d'autrefois, autour de laquelle la famille est réunie, la valeur d'être-ensemble se réalisant, rendant possible une communication : nous pouvons parler, rire, partager, précisément parce que le *nous* est vivant. A pré-

---

[587] E. Kant, *Critique de la raison pure*, Paris, PUF, p. 110.

sent, dans l'exiguïté des maisons d'aujourd'hui, le poste de télévision trône dans la salle à manger, et c'est bien du « on », dont nous devons alors parler, car autour du poste, *on* est là, parce que *on* est devant l'écran et que le « nous » est devenu le « on » familier de la télévision, de ce genre de familiarité qui fait que sont semblables tous ceux qui regardent la télévision. Les regards ne se croisent plus, sont maintenant tournés vers le poste récepteur, le centre de gravité, le point de mire des regards, s'étant déplacé de la table commune vers le téléviseur, et ce *point de mire* étant en réalité un *point de fuite*.

Si les sociologues ne cessent de dire qu'aujourd'hui, les familles ont éclaté, que les relations sont devenues fragmentaires, il est intéressant de relier cette situation avec le déplacement du foyer familial de la table commune vers la télévision. Malgré l'apparence, la famille rassemblée autour du téléviseur ne *communie* pas vraiment et *communique* encore moins. Il n'est pas de grand-messe des soirées de télévision, mais des moments où *on* s'échappe dans un ailleurs virtuel. Cette osmose dans la fuite ne rapproche personne, permet bien au contraire de s'écarter, de ne pas se parler, de demeurer l'un pour l'autre étranger dans un même espace. La télévision abroge l'espace de vie et le remplace par un espace *artificiel* anonyme. Heidegger donnait du « on » une description en insistant sur le fait qu'en lui le distancement devient caractéristique, parce que le « on » désigne l'anonymat où se dissolvent les individualités : « Le « on » qui n'est personne de déterminé et qui est tout le monde, bien qu'il ne soit pas la somme de tous, prescrit à la réalité quotidienne son mode d'être »[588]. On peut être *avec* d'autres, sans être réellement *ensemble*. La confusion n'a rien à voir avec la communion. La communion, c'est un *je*, qui rencontre un *tu*, pour faire un *nous*. C'est possible autour d'une même table, mais devant la télévision, c'est exclu : devant la télévision, il y a la confu-

---

[588] M. Heidegger, *L'Etre et le Temps*, Paris, Gallimard, 1964, p. 159.

sion dans une masse qui est du « on » préfabriqué à l'antenne, et dans ce « on », chacun est par avance jeté, comme *on* est jeté dans *les autres*, en évitant d'être soi.

Une réalité fantomatique

La télévision serait-elle un « chewing-gum » mental, un objet que l'on mâche par nervosité, pour occuper une agitation avec quelque chose, qui permettrait d'occuper le mental en lui donnant à mâchouiller des images ? L'important n'est pas dans ce qu'on regarde et encore moins l'attention qu'on y accorde. On regarde la télévision sans voir vraiment. On peut agir pareillement en feuilletant des magazines, regarder sans voir de manière profonde, le regard absent parce qu'alors il n'y a plus que « on ».

Investissement et divertissement

Si vous téléphonez à un ami à l'improviste en lui demandant : « qu'est-ce que tu fais ? », il répondra invariablement dans ce cas précis : « *rien*, je regarde la télé ». Le mot devrait avoir un sens comme verbe d'action ; mais, quand il s'agit de la télévision, c'est faux : regarder la télévision, c'est *passif*, c'est un regard vide, un néant de conscience. Si, poursuivant la conversation, vous demandez : « tu regardes souvent la télé ? » Il est certain qu'au bout du fil, il va répondre « non », avec une gêne caractéristique. L'absence de la conscience, nul n'en est fier, c'est comme une maladie honteuse ou une dépendance.

Pourquoi ai-je honte de trop regarder la télévision ? N'est-ce pas en réalité le frémissement d'angoisse, de penser qu'en fait, ma vie, je ne l'aurais pas vécue ? Si ce scénario advenait, j'aurais regardé les autres vivre à la télévision ; j'aurais honte de la seule pensée de ne pas avoir vécu la vie qu'il m'était donné de vivre, d'avoir perdu mon temps ; en définitive, un frémissement d'horreur dans un sentiment vague et diffus de passer à côté de la vie, sans être jamais soi. Une seule coïncidence avec soi me dit que je vis toujours dans la *présence*, mais la télévision, c'est tellement efficace pour produire de l'*absence*. Ordinairement, quand une personne consacre dix années de sa vie à une activité, ce doit être une passion sacrée qui fait oublier l'effort qu'elle peut lui donner ; ce doit être une aventure de toute une vie, une création constante et joyeuse. Mais dans ce cas précis, dix ans devant la télévision, c'est exactement le contraire : nul investissement, mais du divertissement ; nulle passion, mais un perpétuel oubli de soi dans l'inactivité ; nul effort, mais un laisser-aller paresseux et désœuvré, le renoncement à toute aventure personnelle, à toute création authentique. Quant aux joies du petit écran, elles sont le plus souvent assez glauques et pitoyables : on rigole, on est gai, mais tout cela est tellement fictif, tellement loin de la réalité, tellement loin de la vie.

Alors pourquoi restons-nous agglutinés devant l'écran de télévision et pourquoi tant d'inertie ? Qui n'a été pris un jour de l'envie de crier à tue-tête : « Mais enfin, éteins le téléviseur et lève-toi ! Ne reste pas là comme un mollusque, mais ressaisis-toi ! » Mais il y a cet effet hypnotique des images sur l'écran : les images de la télévision sont des images de la vie et on en oublie l'image pour la prendre pour la vie ; ce qui n'est qu'une pseudo-réalité devient enfin réalité.

Information et éducation

Les informations donnent un sentiment d'être constamment au courant de tout, d'être en prise avec le monde. Si vous interrogez un parent d'élève à ce sujet, il vous répondra le plus sérieusement du monde : « Oh, mais mon fils est très cultivé, il regarde beaucoup la télé ! » Dans son esprit, laisser son enfant devant le téléviseur, c'est faire une véritable œuvre d'éducation : il y apprend tout ce qu'il faut apprendre. Aurait-il été inculte, absorberait-il moins d'information peut-être en lisant un bon roman, en allant faire de la danse ou du théâtre ? Mais le problème, c'est justement cette absorption sans distance, sans intelligence, sans réflexion, qui transforme l'individu en éponge mentale. L'information, c'est l'actualité, ce qui est là maintenant, en cet instant qui retentit en même temps dans le monde entier, c'est justement ce monde tout entier, la totalité des événements, des personnes et des choses. Il est vrai qu'à chaque instant la danse prodigieuse de l'univers se produit sous nos regards. Les événements cependant ne fulgurent pas totalement au hasard. Il existe des corrélations entre tout ce qui se produit partout sur la terre. Et je suis, dans ma situation d'expérience, inséparable de tout ce qui est ; je ne puis me couper de tout ce qui arrive. En un sens, l'actualité est portée par la vérité profonde de l'Etre qui est la non-séparation des événements.

C'est bien ce que je pressens avec l'information et c'est pourquoi la représentation virtuelle possède une puissance de séduction inégalable. Elle me renvoie à la Manifestation du réel, mais cette manifestation, qui vient m'interpeller aux actualités, a été scrupuleusement préparée. Il est impossible de tout dire, et de dire le tout, il faut donc choisir. Ce qui préside à la sélection de l'information, c'est la logique même de la télévision en tant que médium. Selon cette logique, l'événement doit être singulier, saisissant, spectaculaire ; la bonne information est celle qui peut produire un choc dans son passage à l'antenne : il faut qu'elle soit très émotionnelle, et même quand il s'agit de présenter un événement plutôt neutre, on insistera pour lui donner une allure vigoureusement émotionnelle. La charge émotionnelle est en effet une condition requise pour produire du divertissement et retenir le spectateur, sans oublier l'angoisse du rédacteur en chef, le couperet que constitue l'audimat pour le journaliste, la course permanente à l'audience. Ce n'est pas, comme nous pourrions le croire, une question d'excès de zèle de certains journalistes, cela fait partie d'une logique immanente à l'expression télévisuelle. C'est le système qui finit par dresser les journalistes. En conséquence, le besoin compulsif de surenchère dans l'effet, tend à rompre l'unité du champ de conscience, pour la remplacer par l'image dans ce qu'elle a de plus divers et de pulvérulent. Il faut aller vite et passer d'un événement à l'autre. Ce qui est projeté en toute vitesse comme information est aussitôt expulsé de toute réflexion. Autant un documentaire peut être passionnant, quand il prend son temps pour visiter un sujet, autant l'actualité vide tous les sujets de leur signification, tout en donnant l'illusion que l'on a compris, l'illusion de faire partie de la tribu de *ceux qui sont au courant de tout*.

Ce qui veut dire immanquablement de *ceux qui ne comprennent rien*, parce qu'ils n'ont jamais réfléchi véritablement à quoi que ce soit, sans compter que l'idée même qu'il pourrait bien y avoir désinformation et manipulation ne nous effleure que rarement. De toute manière, le documentaire qui pourrait effectuer une mise au point plus complète n'est qu'un alibi culturel : neuf téléspectateurs sur dix, surtout les plus jeunes, évitent les documentaires pour aller vers les clips musicaux, les films, la variété ou la publicité. En plus, la vigilance de l'intelligence n'est concédée qu'à ceux qui peuvent attendre des heures tardives. Avant, c'est le tout public, le divertissement, ou les petits soucis de consommation de la ménagère de moins de cinquante ans. A ce niveau, le problème de la cohérence, on s'en moque éperdument, seules comptent les rentrées publicitaires, même si nous pouvons parfois, avec Weizenbaum, déplorer leur agressivité : « Lorsqu'on regarde une publicité télévisée particulièrement agressive, il est difficile d'imaginer que des adultes ont pu [...] s'asseoir autour d'une table pour décider de concevoir exactement cette publicité et de la faire diffuser des centaines de fois [...] Ces choses ne sont pas le produit de forces anonymes. Ce sont les produits de groupes d'hommes qui, d'un com-mun accord, ont décidé que cette pollution de la conscience des gens sert leur intérêt. »[589]

---

[589] J. Weizenbaum, *Puissance de l'ordinateur et raison de l'homme*, Paris, Editions d'in-formatique, 1981, pp. 178-179.

Non seulement la logique actuelle de la télévision veut qu'elle soit hypnotique, mais elle veut aussi et avant tout qu'elle soit commerciale. Elle est l'outil de conditionnement de masse le plus puissant que l'homme n'ait jamais inventé. Avec la télévision, la propagande est devenue d'une extraordinaire efficacité, parce qu'en plus les spectateurs l'aiment. Ils peuvent avaler une demi-heure de publicité dans un film, sans broncher, et en redemander encore. D'ailleurs, à forte dose, on peut se demander si, ce qu'il leur reste de pensée, ce ne sont pas des défilés de publicité. C'est un sujet habituel de conversation dans les cours de récréation de nos écoles que de réciter des publicités en enfilade. La télévision lessive tous les jours la pensée personnelle, tout en entretenant l'illusion que l'homme actuel n'est pas comme ces paysans d'autrefois, barbares, arriérés, incultes, qui n'avaient pas la télévision. Mais nous ne savons plus lequel a le plus de jugement et qui est l'abruti dans cette affaire ; peut-être pas celui que l'on croit. Peut-on garder les pieds sur terre et une indépendance d'esprit quand on est devenu un toxicomane de la télévision ?

Télévision et réalité

Néanmoins, nous ne pouvons nier que la télévision ait fait beaucoup d'efforts pour être proche des hommes, de leur réalité… Cela s'appelle même la télé-réalité : de *vrais* adolescents qui parlent de leurs *vrais* problèmes, qui montrent leurs *vraies* relations sexuelles. De la réalité intime en tranches horaires bien choisies ; intime comme les dessous féminins, les vannes pour dérider la galerie, les clins d'œil des jeunes filles devant la glace, les confessions larmoyantes, les coups de gueule pour montrer qu'on est un vrai homme. On pourrait renifler les odeurs de transpiration ; du pur jus sociologique ; plus d'in-timité, mais de l'ex-timité : que du dehors, mais en images !

À partir du moment où la réalité se confond avec l'image qui la représente à l'écran, le terrain sur lequel toutes choses prennent une importance se déplace ; l'image accroît son empire, parce qu'elle n'est pas pensée comme une image, mais comme la réalité elle-même : « Comme si la parole ne suffisait plus aux hommes de peu de foi, il faut désormais le voir en photo pour le croire. On était certain, autrefois, parce que c'était écrit « noir sur blanc » dans un journal, on dit maintenant : « Je l'ai vu à la télévision. » »[590] Ainsi, le téléspectateur halluciné n'a qu'un vœu, celui de *passer à la télévision*. L'homme actuel n'adressera peut-être jamais la parole à sa voisine d'en face, mais si elle passe à la télévision, alors cela change tout ; elle aura gagné une importance suprême, elle aura gagné la dignité du *réel*. Auparavant, elle n'était rien, n'était qu'une inconnue ; mais elle est passée à la télévision, tout le monde la reconnaît, lui parle et la complimente. La télévision réalise le désir de reconnaissance en distribuant de la célébrité à n'importe qui et pour n'importe quoi, parce qu'elle sait transfigurer le banal en le portant notamment à l'image. La télévision incite à l'exhibitionnisme, en nous persuadant qu'il n'y a d'importance, de valeur, de réalité, que dans ce qui peut être *montré* devant tous, dans un scoop télévisuel. Ceux qui auront reçu sa bénédiction, pourront ensuite exhiber la cassette mille fois à leurs proches : cet instant magique où ils se sont sentis réellement exister... parce qu'ils passaient à la télévision. Peu de productions techniques sont autant capables de renforcer l'ego que la télévision, qui joue à fond sur le registre des aspirations du sujet et fabrique permanemment de nouveaux objets d'adoration.

Cela s'appelle du transfert affectif par *identification*. Aristote, définissant la tragédie comme « imitation d'une action de caractère élevé [...] et qui, suscitant pitié et crainte, opère la purgation propre à de pareilles passions »[591], montrait que le théâtre pouvait jouer sur l'identification spontanée du spectateur et effectuer une

---

[590] B. Arcand, *La photo*, in *Du pipi, du gaspillage et sept autres lieux communs*, Boréal, 2001, p.38.
[591] Aristote, cité dans S. Auroux et Y. Weil, *Nouveau vocabulaire des études philosophiques*, Paris, Hachette, 1984, p. 27.

catharsis des passions. La situation de la télévision est à cet égard différente : on ne va plus au spectacle, pour sortir au théâtre, c'est le spectacle qui vient à nous et se déverse sur nous continuellement. Non seulement cela, mais il s'est si bien immiscé dans chaque foyer qu'il a fini par médiatiser toutes les relations ; il est si bien rentré dans notre esprit qu'il en est venu à déteindre sur nos vies pour les rendre fantomatiques. Il n'y a pas la dualité entre spectateur et acteur. Le poste de télévision, ce n'est personne, juste un défilé d'images qui absorbent la pensée du sujet, au point de finir par remplacer sa vie intérieure.

Dépendance et virtualité

La puissance de la suggestion va avec la dépendance et là, pour des millions d'hommes sur terre, le rapport à la télévision relève nettement de l'addiction. Si la télévision tombe en panne, si on essaye de l'arrêter un moment, bon nombre de téléspectateurs diront : « c'était l'enfer, je ne savais plus à quel saint me vouer ». Les symptômes de l'état de manque sont patents et ne s'arrêtent que lorsque le sujet peut enfin… revenir s'installer devant la télévision. Or c'est le même individu qui dira dans un sondage que la télévision est mauvaise, stupide ou ennuyeuse, et qu'il préfèrerait faire autre chose, mais il ne peut plus se passer de la télévision. Comment pouvons-nous à la fois être conscient qu'une chose est mauvaise pour nous et pourtant continuer à la consommer ? Si nous vivons dans un tel paradoxe, entre dépendance et rejet, ne peut-on dire que la pensée est devenue névrotique ?

Télévision et dépendance

Une drogue agit comme un tranquillisant dont l'effet se diffuse après injection, puis s'estompe, en générant un besoin de renouveler la prise. Le système nerveux ayant été accoutumé à un état tranquillisé procurant un certain plaisir, le besoin compulsif d'y retourner resurgit, l'habitude s'embraye dans le comportement et l'accoutumance s'installe. Plus l'effet tranquillisant se dissipe rapidement, plus la dépendance est vive, parce qu'il faut alors constamment reprendre une dose. On dit d'un sujet qu'il est toxico-dépendant d'un produit : a) quand il passe un temps excessivement prolongé sous son influence ; b) quand il l'utilise plus fréquemment qu'il n'en a réellement l'intention, l'intention consciente étant débordée par l'accoutumance inconsciente ; c) quand le sujet a des moments de semi-lucidité dans lesquels il tente, de manière itérative, de réduire sa consommation, mais sans y parvenir, d'où les rechutes successives, et le plus souvent, le sevrage nécessite une cure de désintoxication et un suivi médical ; d) quand la prise de drogue conduit le sujet à sacrifier de plus en plus sa vie relationnelle, sa famille, le lien social en général et quand elle gangrène aussi son implication dans le travail : il y a assez d'études sur les effets de la cocaïne, des opiacées de toutes sortes pour nous le montrer. Pierre Bourgault, à ce sujet, accuse : « Je ne crois pas exagérer en affirmant que les journaux, les magazines, la radio, la télévision affectent l'esprit humain exactement de la même manière que le font les drogues mineures. Le pot et le hash annihilent [...] l'esprit de synthèse pour lui substituer un processus linéaire qui ne permet pas le retour en arrière, qui procède par flashes consécutifs, sans lien les uns avec les autres, et qui, en conséquence, fait éclater l'esprit en autant de petites cases indépendantes qui se suffisent à elles-mêmes avant de mourir d'inanition. »[592]

La télévision se range dans la catégorie des drogues dures dont l'effet est rapide, mais s'estompe rapidement. Chez un sujet pris d'addiction, le téléviseur éteint donne déjà une sensation d'angoisse, la sensation d'être moins

---

[592] P. Bourgault, *La Culture. Ecrits polémiques*, t. 2, PCL, 1996, p.185.

détendu. Il a *l'horreur du vide* que la télévision remplit d'ordinaire en permanence avec des images et du bruit. Il ne supporte pas le silence, parce que le silence le renverrait immédiatement à lui-même. Aussi, après un court sevrage, une fois la télévision rallumée, il va compenser, il aura tendance à la regarder davantage pour retrouver un certain bien-être. Dans sa pensée, le bien-être va se trouver nécessairement lié à cette seule cause, ce qui forme un cercle vicieux implacable. Un esprit sous tranquillisant n'est jamais véritablement en paix ; la paix intérieure, la paix réelle n'a rien à voir avec le fait de mettre *artificiellement* l'esprit sous tranquillisants en dessous du seuil de la pensée habituelle. La paix véritable n'est pas une régression dans la subconscience, mais l'accès à une conscience plus élevée, et un esprit en paix n'a pas besoin de tranquillisants.

La télévision agit comme une drogue. Avec la télévision, on sait pertinemment ce qu'est la fuite dans un paradis artificiel, le manque et la dépendance, le malaise d'être à côté de sa vie, de n'avoir d'autre issue que de chercher une compensation dans la marge, la sensation que le monde extérieur est de plus en plus étranger et hostile, la difficulté du sevrage. En se dopant avec la télévision, on partage la condition de drogué et donc son langage. Personne n'ose le dire en toute franchise, alors qu'en reconnaissant nos propres dépendances, nous pourrions ouvrir les bras et comprendre ces paumés que nous appe-lons avec mépris les « drogués ». Ne sommes-nous pas collectivement des frères pitoyables égarés dans une même errance ?

Télévision et conditionnement

Et puisque nous y sommes, voyons donc de près ce que nous « faisons » en *laissant faire* et d'abord ce qu'il advient de nos enfants devant la télévision. Au lieu de mettre les enfants à la garderie, mettez les devant la télévision et vous aurez une paix royale. Ils seront tranquilles, la bouche ouverte d'abord devant les dessins animés, puis devant toutes sortes de séries TV. Le conditionnement commence donc très tôt, à très fortes doses et dans la plus parfaite inconscience. La télévision, qu'on le veuille ou non, est notre séjour social ; on laisse les enfants regarder n'importe quoi, parce que le médium lui-même est familier, au sens où c'est lui qui crée la familiarité. L'idée de devoir faire attention à ce que les enfants regardent n'a rien de spontanée, elle prend à rebrousse-poil le laisser-faire et le laisser-aller du rapport habituel à la télévision. Et ce rapport est non seulement habituel, mais familier au sens où c'est la télévision qui diffuse l'opinion commune, le prêt-à-penser ; aussi des hommes politiques peuvent-ils s'en emparer pour en faire un outil de propagande[593], comme l'indique Terrou : « La télévision donne désormais aux dirigeants politiques qui peuvent et savent la manier, une influence prépondérante sur l'opinion. Elle tend parfois à bouleverser les relations, mêmes les structures politiques »[594]. A la télévision, on pense pour moi et, si une chose est vraie, c'est toujours *parce qu'on l'a dite à la télévision*. Dans la mesure où, comme l'immense majorité des hommes, je ne pense pas par moi-même, évidemment, c'est la télévision qui prend le relais et pense pour moi. On peut arrêter de lire à trente ans, mais on regarde la télévision toute sa vie. Alors confier ses enfants à la télévision, cela va de soi. C'est aussi une bonne manière de s'en débarrasser pour faire autre chose. C'est bien connu, l'homme actuel, il court toujours, il n'a pas le temps, donc pas de temps à consacrer à ses enfants. Heureusement qu'il y a la télévision, c'est elle qui récupère tout le relationnel, quinze heures par semaine au minimum. C'est elle qui va faire leur éducation à la place des parents et de l'école. Elle leur montre en pleine figure une image du monde sous la forme de la violence : « La télé, c'est trop violent pour les enfants »[595] ; et comme à cet âge, ils sont très vulnérables, ils en seront bien imprégnés. Il est

---

[593] *Cf.* I. Gougenheim et *al.*, *La Télévision*, Paris, Le Cavalier Bleu, 2001, p.25.
[594] F. Terrou, *L'Information*, Paris, PUF, 1968, p. 133.
[595] I. Gougenheim et *al.*, *op. cit.*, p.53.

des gens pour croire que cela n'a pas d'influence sur leur comportement, et on commande même des études scientifiques pour le prouver. Pourtant, une petite fille qui assiste quotidiennement à des scènes de meurtre, de viol, a droit à une continuelle sollicitation *artificielle* de la peur, et comment pourrait-elle ne pas en devenir plus craintive à l'égard du monde ? Certes, le seul fait de labourer en permanence le champ de conscience avec de la violence en images, induit inévitablement une désensibilisation progressive : on s'habitue à tout, on en a vu d'autres, et puis dans les dessins animés, la violence est présentée sous un jour comique ; on ne voit jamais le lien réel entre un acte et ses conséquences. Tout est en surface, dans le spectacle.

Télévision et analphabétisation

Comment un adolescent qui passe quinze heures par semaine devant la télévision peut-il encore trouver du temps pour étudier ? Laissons de côté la console de jeu, les heures de *chat-room* sur l'ordinateur, les parties en réseau... Dans la plupart des foyers, il liquide ses devoirs d'école à la va-vite, pour se planter devant la télévision et il remet cela en famille après le repas. Entre un livre et la sollicitation facile de la télévision, le choix est vite fait. On ne voit pas comment lui demander une passion et une lucidité que ses parents n'ont pas. Quand, avachis sur le canapé, en face de la télévision, ils disent : « alors, tu as fait tes devoirs ? », sont-ils vraiment crédibles ? Les enfants imitent leurs parents. Comment s'étonner après des résultats scolaires ? Si seulement nous pouvions récupérer un peu de ce temps ! Il n'en faut pas beaucoup pour dire adieu à l'échec scolaire, mais il y a des choix à faire. Quand un enfant est en difficulté, c'est l'étude ou la télévision, mais pas les deux. Cessons donc de nous leurrer. La télévision est responsable de la déculturation actuelle et de l'analphabétisation rampante de nos sociétés. On a beau jeu d'accuser l'institution scolaire, de lui demander une partie de la journée de construire patiemment, ce que le mode de vie s'attache le reste du temps à déconstruire. L'essence même du processus de l'éducation, l'écoute attentive où l'intelligence se tient en éveil, est sabotée tous les soirs par la télévision, dans le conditionnement à l'attention flottante. Un adolescent *TV-addict* n'arrive plus à maintenir son attention, et il ne s'intéresse plus à rien. Il voudrait choisir les cours, comme il choisit les émissions de télévision. Il n'a pas la patience de lire et aucun enthousiasme pour l'étude. Pourquoi écrit-on dans les feuilles scolaires « élève démotivé » ?

Désormais, l'empire de la conscience collective sur la conscience individuelle se réalise de plus en plus concrètement, car, grâce aux média, le collectif préforme par avance la pensée. Nulle part le formatage de l'esprit par la matrice collective ne s'accomplit aussi librement et puissamment qu'à la télévision. La télévision est faite pour la consommation, la consommation réplique son empire par le biais de la télévision et produit la pensée minimaliste de celui qui sera en ce monde consommateur et rien d'autre. La relation de l'homme au monde virtualisé par la télévision doit pour cela demeurer dans le film des images et rester fantomatique. Ce monde, qui se superpose constamment à notre regard, quand il vient à nous seulement en tant qu'image, il est à la fois présent et absent, fantomatique. Nous avons tous pensé un jour, humoristiquement, que l'hypnose de la télévision, cela transformait l'individu en une sorte de zombie. En termes de conscience, l'image n'est pas fausse ; elle prend même un sens quand nous comprenons qu'il y a un support de cette condition dans la virtualisation perpétuelle de la réalité et sa matrice collective, cependant que la condition d'ombre errante dans le monde est, elle, concrètement bien réelle.

INFORMATION ET MANIPULATION

Le champ du concept de manipulation est extrêmement large, il couvre en fait toute relation humaine, dans la mesure où elle se structure sous la forme dominant/dominé, puisque le propre du dominant consistera à s'assurer le maintien de son pouvoir, ce qui recoupe l'usage des moyens nécessaires, y compris la manipulation mentale. Il est des manipulations psychologiques, des sujets qui usent permanemment de moyens de contrôle sur autrui. Il existe également des manipulations sociales et en pareil cas, il est d'usage de parler de manœuvres obscures opérées sur l'information. La manipulation se traduit par la désinformation, la propagande, la mystification, l'endoctrinement de masse ou le conditionnement. Elle est présente dans le marketing, dans l'exercice du pouvoir politique et financier, dans l'empire du pouvoir religieux sur les esprits. La question est alors de savoir à quel moment nous avons affaire à une manipulation mentale. Comment différencions-nous une information neutre d'une information manipulée ?

Phénoménologie d'une manipulation

Pour manipuler quelqu'un, par l'intermédiaire de l'information, il faut avoir à son égard une visée de pouvoir. La plupart des études sur la manipulation partent de l'objet et non du sujet, d'un champ spécifique, tel que le pouvoir politique, le marketing, les sectes... Il vaudrait mieux partir du *sujet* manipulateur pour en comprendre la structure, ce qui nous permettrait ensuite de le retrouver dans les domaines où il cherche à exercer son empire. Le manipulateur est en chacun de nous, fait partie de la galerie de personnages virtuels que nous appelons la personnalité. Il est en nous le truand, le saint, le philosophe, l'amoureux, l'esthète, l'artiste... et le manipulateur. Ne sommes-nous pas suffisamment rusés dans nos relations habituelles pour tenter parfois de manipuler autrui, ne serait-ce que pour garantir notre influence sur un autre, sauver l'attachement qui nous lie à un proche ou jouer des coudes par autorité personnelle, pour régner là où nous ne souhaitons pas partager en quoi que ce soit un pouvoir durement acquis ?

Le registre de l'émotionnel

Qui est manipulateur ? C'est *moi*, cela veut dire ce qui est à moi, ce qui est mien, ce sur quoi je réclame un empire. Chaque *moi* voudrait être le tyran des autres, dit Pascal : « En un mot le moi a deux qualités. Il est injuste en soi en ce qu'il se fait centre de tout. Il est incommode aux autres en ce qu'il les veut asservir, car chaque moi est l'ennemi et voudrait être le tyran de tous les autres »[596]. *Moi* est une entité qui tient à son ordre, et maintenir l'ordre, c'est exercer son pouvoir. Je ne peux maintenir *un* autre dans mon ordre à moi qu'en le manipulant ; je ne peux prendre autrui comme je me saisis d'un pot de fleurs pour le remettre en place, car une conscience ne se manipule pas de la même manière qu'une chose. Si *moi*, je voulais manipuler le plus grand nom-bre, comment pourrais-je m'y prendre ? La contrainte par force directe est peu efficace, demande trop de moyens et provoque invaria-blement une réaction hostile. Il vaudrait mieux utiliser la ruse du renard que la force du lion, ce qui veut dire *user de son influence*.

En tout premier lieu, il faudrait l'affecter au niveau *émotionnel*, la plupart des hommes étant faibles au niveau des émotions, ne sachant pas s'élever au-dessus de l'émotionnel. Dans l'optique de la manipulation, il n'est pas non plus bon qu'ils puissent l'apprendre. Soulever en eux une émotion forte, c'est les pousser dans une direction, il suffit de choisir laquelle ou par exemple de désigner un ennemi. La première des émotions capables d'exercer un empire extraordinaire sur les êtres humains est la peur, qui, dit Emile Cioran, ne s'explique pas toujours aisément : « Avoir peur de Dieu, de la mort, de la maladie, de soi-même, n'explique en rien le phénomène de peur. La peur étant primordiale, elle peut être présente aussi sans ces "objets". »[597] Celui qui saurait avec habileté manipuler la

---

[596] B. Pascal, *Pensées* in *Œuvres Complètes*, Paris, Seuil, 1963, p.584.
[597] E. Cioran, *Le livre des leurres* (1936), *Œuvres*, Paris, Quarto Gallimard 1995, p. 265.

peur, serait un grand manipulateur, car maintenir en permanence les hommes dans la peur, ce serait les rendre très influençables. En revanche, si les hommes pouvaient se libérer de la peur, on ne pourrait plus les manipuler, tout comme on ne peut rien faire avec quelqu'un qui connaît et maîtrise ses émotions. Dans le domaine de la ruse, la peur ne doit pas être brutale, sinon elle est remarquée ; elle doit être constante et diffuse, partout, protéiforme, de manière que les hommes ne soient jamais en sécurité. De là suit qu'il serait bon, pour manipuler les hommes, d'entretenir un climat d'insécurité et de peur constante. Il serait adroit à cet égard de se servir des médias pour déverser en permanence dans la conscience collective, des suggestions de peur et d'angoisse sous couvert d'informations.

Dans le registre de l'émotionnel, les hommes sont aussi très influençables sous l'effet d'une sollicitation au *plaisir*. Il suffirait de multiplier à l'infini les divertissements – puisque le divertissement habituerait les hommes à papillonner de plaisirs en plaisirs et éloignerait tout investissement sérieux – pour faire naître des désirs et créer de toutes pièces une motivation collective suffisante pour qu'ils soient sans cesse détournés de l'essentiel et attelés à toutes sortes de distractions futiles. En ce sens, Valentin Nga Ndongo relève que « la presse africaine a certes une fonction d'information (au sens de la transmission de connaissance et de modelage des esprits) mais surtout de manipulation de l'opinion. […] la presse doit pouvoir affirmer en tout temps et en tout lieu que le pays est prospère et se porte bien, qu'il sort à grands pas du sous-développement, sous la « conduite éclairée » du « père de la nation », du sage, du guide, du chef, du bâtisseur infatigable »[598].

Là encore, les médias seraient utiles pour promettre monts et merveilles à ceux qu'on veut manipuler, selon Vezeanu : « Pour que cette situation soit supportable, on

---

[598] V. Nga Ndongo, *Information et démocratie en Afrique*, Yaoundé, SOPECAM, 1987, p. 35.

multiplie les promesses d'un bonheur futur, d'une meilleure santé, d'une sécurité accrue ou d'une parfaite hygiène. Fausses promesses, publicité et manipulation se conjuguent dans une rhétorique des apparences [...] qui occulte et dissimule les vrais problèmes, la souffrance, les malheurs, la mort et les horreurs. Et lorsqu'on en parle, cela se passe ailleurs, chez les autres. »[599]. Il suffirait enfin de détourner ces médias de leur mission d'information pour les remplir de jeux variés et de spectacles. Si l'événementiel devenait purement ludique, le contrôle des populations serait assez facile, parce qu'il est simple de noyer la lucidité dans la légèreté et la dérision constante : plus les hommes sont futiles et écervelés, plus ils sont faciles à manipuler.

On parviendra à la même fin en utilisant massivement la suggestion sexuelle ; nourrir en permanence le fantasme, c'est inviter à rêver la vie au lieu de la vivre, il ne reste plus ensuite qu'à vendre du rêve sur mesure, ce qui constitue un créneau d'avenir bien prometteur. Mettre dans les magazines ou dans les programmes de télévision 95% de divertissement serait très malin. La règle impérative serait ici d'éviter méticuleusement tout ce qui serait susceptible d'éveiller l'*intelligence*. On ne peut manipuler les hommes que si, par conspiration, ils sont maintenus dans l'ignorance, dans un degré de conscience très faible, primaire, en dessous de la ceinture ; car tout ce qui endort et abrutit est bon, ce qui éveille et renforce la lucidité doit être éliminé le plus possible : « L'ignorance peut être l'ouvrage de puissances qui conspirent à nous maintenir en cet état, à contaminer notre esprit en y faisant pénétrer la fausseté ainsi qu'à nous aveugler pour nous empêcher de voir la vérité manifeste. »[600]

[599] I. Vezeanu, *Impossibilia moralia : nanotechnologies, communication et liberté*, Paris, L'Harmattan, 2007, p. 40.
[600] K.R. Popper, *Conjectures et réfutations : La croissance du savoir scientifique*, Paris, Payot, 1985, p. 23.

Les moyens de la manipulation

Les moyens de la manipulation se situent dans deux extrêmes. *Désinformer* d'abord ; retenir soigneusement toute information d'une importance capitale qui serait susceptible de mettre l'esprit sur le chemin de la vérité. L'information doit rester allusive, partielle, fragmentaire, souvent erronée et dispensée à faibles doses. Il faut que les hommes aient une simple impression d'être informés. On ne doit jamais révéler l'essentiel mais ne diffuser que l'accessoire. Il faut, si faire se peut, discréditer les sources sérieuses et ménager une information officielle concédée. Il convient de concéder aux hommes le sentiment qu'ils sont bien informés, qu'ils ont même de la chance de l'être par rapport à la condition détestable de ces pays totalitaires où l'information ne circule point, même si cette conspiration peut également être le fait des pays libéralistes : « La version marxiste de cette théorie du complot obscurantiste est bien connue : c'est la conspiration de la presse capitaliste qui déforme et censure la vérité afin d'installer dans l'esprit des travailleurs de fausses idéologies. »[601]

Donner aux hommes cette fierté est très important, mais pas très rassurant. Il faut laisser planer l'inquiétude qui les contraint à faire confiance à un pouvoir qui les protège. Il faut travailler à façonner un sens commun que l'on répètera en boucle, de manière qu'il puisse dans l'esprit du public remplacer le bon sens : ne jamais solliciter le bon sens, mais l'intoxiquer, le mettre dans la confusion. Avec les moyens actuels de la retouche photographique on pourra, par truquage, prouver en fabriquant des faux avec une facilité déroutante. Inversement, en présence d'un vrai document, on pourra dire que c'est un faux et détruire sa crédibilité en tant que preuve. Pour jeter dans la confusion l'opinion, il faut crédibiliser par le faux et décrédibiliser le vrai en invoquant systématiquement le trucage. Quand les hommes ne savent plus où est le vrai et où est le

---

[601] K. R. Popper, *Ibid.*

faux, ils finissent par seulement chercher le rassurant et sur ce registre, il est aisé de donner le change.

Il faut savoir également se porter dans l'autre contraire et, suivant les termes de Vezeanu, grossièrement *surinformer* : « La quantité énorme d'informations, la perte de valeurs et de véritables connaissances, le bouleversement de repères philosophiques et scientifiques sont quelques-uns des symptômes de l'accroissement massif de l'in-formation, de l'hétérogénéité des savoirs, du mélange des mœurs et des cultures. »[602] Un esprit permanemment bombardé d'informations en est étourdi, n'a pas de répit pour penser et entre dans le nuage de l'inconnaissance. « A s'informer de tout, on ne sait jamais rien »[603], pense Alain. Si l'homme du commun pouvait lire son journal habituel, entendre les flashs de la radio, les actualités de la télévision en ayant au cours de la journée dix fois la même chose, il aurait le sentiment d'être informé, serait rempli d'images, et sa pensée aurait assimilé l'opinion commune. L'avantage de la surinformation, c'est également qu'elle produit le remarquable effet de *l'écran de fumée* : on peut agiter la pensée autour d'un événement, en faire des titres relancés en permanence, ce qui dissimule bien ce qui se fait ailleurs et qui peut être nécessairement bien plus important. Il suffit de donner dans le spectaculaire et l'attention collective est détournée ; il suffit de créer des pseudo-événements. La surinformation crée la confusion mentale et c'est pourquoi on manipulera mieux avec des images choquantes, défilant aux informations télévisées, dans un agencement incohérent, qu'avec un reportage qui laisse une latitude pour penser. Il faut habituer le public à se référer toujours aux mêmes sources d'informations, celles qui diffusent l'opinion ; à condition, cela va sans dire, que ces sources soient elles-mêmes contrôlées. On y parviendra aisément, si on dispose de moyens financiers à la hauteur, dans la

---

[602] I. Vezeanu, *Loc. cit.*
[603] Alain, *Propos sur l'éducation*, Paris, PUF, 1969, p. 18.

mesure où la presse dépend totalement de ressources publicitaires et n'existe pas sans elles.

Entre désinformation et surinformation, le juste milieu serait dangereux et compromettrait toute manipulation. L'information correcte conduit droit au questionnement et au savoir, donne des clés pour comprendre et s'orienter, ce qu'il faudrait éviter. L'information correcte sait avouer ses limites et tendre vers l'impartialité, se gardant scrupuleusement de l'excès de l'émotionnel. Elle permet une communication effective, chose à éviter dans la manipulation. Il s'agit de donner l'illusion d'une communication, mais de garder un double langage. Le pouvoir de manipuler suppose une réserve de secret et par-dessus tout il a une haine viscérale de la transparence.

La conscience du manipulé

Nous venons de nous placer du point de vue du manipulateur. Du côté du *manipulé*, peut-il y avoir une forme de conscience correspondante ? Est-il possible de se rendre compte que l'on est manipulé ? C'est un paradoxe. Pour être manipulé, je dois être inconscient et obéir à une main invisible qui me conduit. Sitôt que je prends conscience d'être poussé dans une direction où je ne suis pas ma propre lumière, je cesse d'être manipulé, je reprends les rênes de mes décisions, je suis à nouveau conscient. Mais sommes-nous compromis et aveugles pendant la manipulation ? Nous ne sommes tout de même pas stupides au point de ne pas sentir que l'on veut nous mener là où nous n'irions pas de notre propre gré. Là encore, il n'est pas nécessaire de se rapporter à un domaine spécifique, il suffit de laisser parler notre expérience. Des manipulateurs, on en trouve partout. Qu'ils se servent du jeu de l'ambition, de l'avidité ou de la séduction importe peu. Pourtant, la manipulation n'est pas une transe hypnotique complète ; elle se déroule dans l'état de veille, pas dans un demi-sommeil ; elle se déroule en présence d'un témoin intérieur et d'un observateur jamais complètement occulté.

Certes, l'*après-coup* a un effet saisissant qui donne à croire que nous ne redevenons conscients que lorsque nous sommes sortis du tunnel. Les historiens se servent de cet argument pour dire que nous avons souvent besoin du recul du temps pour prendre conscience de l'aliénation. Les hommes qui partaient joyeusement en Allemagne au travail obligatoire ne se rendaient pas compte qu'ils étaient manipulés par le pouvoir de Vichy ; ils ne l'ont compris qu'après coup : la puissance de persuasion était telle qu'ils étaient aveuglés.

Mais est-ce à dire que, sous l'effet de la manipulation, et pendant, nous ne puissions pas en être conscients ? Nous serions des animaux bien dociles si c'était vrai, des veaux au regard éteint, marchant lentement dans un consentement résigné et impuissant, ce qui rendrait incompréhensible le profond malaise de la conscience, sa souffrance intérieure, sa révolte sourde et à peine voilée. Un être humain sait intuitivement quand son libre-arbitre est violé, sait faire la différence entre la poussée de sa libre nécessité et une soumission sournoise qui lui est imposée. Il attend son heure et n'oublie pas vraiment. Il garde une amertume d'avoir été trompé, ce qu'il n'aurait jamais expérimenté, si d'un bout à l'autre il avait été totalement inconscient. Son drame est de sentir au fond de sa chair, de sentir que quelque part, il a été manipulé. Le feu de la lucidité est certainement sous la cendre, mais il n'est guère éteint.

Conditionnement et manipulation

Le concept de conditionnement est né dans le contexte de la psychologie behaviouriste. Burrhus Frederic Skinner[604] avait même, le plus sérieusement du monde, imaginé un monde où chacun atteindrait la « bonne vie » par un conditionnement parfait. La difficulté est que les fondements du behaviourisme reposent sur l'héritage de la psychologie animale de Pavlov et ne prennent pas en

---

[604] *Cf.* B.F. Skinner, *Walden Two* (1948), Hackett Publishing, 1974.

compte la dimension consciente de l'être humain. Certes, il est possible par le dressage d'obtenir de l'animal la répétition d'un comportement appris. On peut conditionner le chien A afin qu'il exécute telle réaction apprise C, suite à l'association créée par un expérimentateur avec un signal B. Nous serions alors dans une situation de manipulation au sens strict du terme. Mais peut-on appliquer aisément ce genre de schéma à l'homme ? S'il existe des techniques de manipulation, pouvons-nous parler de conditionnement ?

Le conditionnement animal

Le conditionnement animal repose sur l'utilisation des systèmes de signaux. Il existe déjà chez l'animal des signaux naturels, et le langage animal est un système de signaux. Beaucoup d'animaux sont capables d'apprendre des associations nouvelles qui viennent se superposer au système de leurs réflexes. Virtuellement, tous les animaux supérieurs, y compris l'homme, sont susceptibles de recevoir un conditionnement, suivant les principes du mécanisme cartésien : « Puisqu'on peut avec un peu d'industrie changer les mouvements du cerveau dans les animaux dépourvus de raison, il est évident qu'on le peut encore mieux dans les hommes, et ceux mêmes qui ont les plus faibles âmes pourraient acquérir un empire très absolu sur toutes leurs passions, si l'on employait assez d'industrie à les dresser et à les conduire. »[605] Il est par contre bien plus difficile de montrer que l'animal est sensible à un signe, qu'il est capable de manipuler des symboles et ce n'est pas ce qui peut servir de base à son conditionnement par dressage. Notre rapport au langage comporte encore, à son étage inférieur, une valeur de signal, dans les ordres brefs et les appels. Cependant, l'être humain vit son rapport au langage au niveau du sens, il se situe d'emblée dans l'ordre

---

[605] R. Descartes, « Les Passions de l'âme », I, 50, in *Œuvres de Descartes*, publiées par Ch. Adam et P. Tannery, vol. XI, Paris, J. Vrin, 1988, p. 370.

du symbole, parce qu'en l'homme le mental est premier par rapport au vital. Il s'ensuit que l'idée même de conditionnement ne s'applique pas à l'homme, ou bien qu'il faut en donner une reformulation complète.

Le concept de conditionnement du béhaviourisme a pourtant été mis en pratique sur l'homme sous la forme d'un certain nombre de techniques. Pour dresser un animal A, il faut répéter un grand nombre de fois l'association entre B et C, en introduisant dans le processus un système de punitions/récompenses. Le dauphin qui obéit correctement au dompteur reçoit un poisson. Le chien qui se trompe reçoit une décharge électrique. Finalement, il suivra le *principe du plaisir* en exécutant ce que l'on attend de lui. Nous pouvons faire un rapprochement avec bien des techniques employées sur l'homme. L'ancienne éducation disciplinaire semble, à s'y méprendre, avoir largement emprunté le registre de ses méthodes au conditionnement. On pourrait en dire autant avec la formation militaire traditionnelle. Il suffit de remplacer la décharge électrique par la punition, la férule, et la récompense par les galons, les médailles. Mais c'est une psychologie élémentaire qui n'est pas d'une grande efficacité : elle ne tire rien de la motivation consciente et de ses ressorts secrets.

Il est remarquable d'analyser à cet égard l'évolution de la publicité[606]. Elle a au départ été conçue sur le mode rationnel de l'informa-tion, sous la forme de la réclame, mais les publicistes sont restés à l'affût des nouvelles découvertes de la psychologie. Ils se sont rendus compte que l'on obtenait de la part du consommateur plus facilement l'acte d'achat en se servant de la répétition constante du message. Un message publicitaire doit tourner en boucle un certain temps, afin de produire une association. Un enfant qui a vu 300 fois le spot sur les friandises, va *automatiquement* en mettre le paquet dans le panier de sa mère qui

---

[606] Voyez sur ce point Vance Packard, *La Persuasion clandestine*, Paris, Calman-Lévy, 1958.

fait les courses. Par ailleurs la répétition subliminale est très efficace, le terme *subliminal* étant utilisé pour « décrire des impressions sensorielles qui agissent sur le système nerveux humain, tout en étant réprimées par la conscience »[607]. Une image de chocolat insérée toutes les trente images dans un film ne sera pas aperçue au niveau du conscient, mais sera enregistrée au niveau inconscient et là encore, lors de l'entracte, curieusement, on verra une multitude de personnes commander des plaquettes de chocolat. L'efficacité n'est plus à démontrer, le conditionnement, par des voies inconscientes, semblables à celles qui sont utilisées sur l'animal, fonctionne assez bien, mais peut-être pas suffisamment encore.

Les publicistes ont aussi compris que l'on devait s'appuyer sur la dimension symbolique sous-jacente au désir, donc sur la relation au signe cette fois-ci. Pour que le consommateur engage l'acte d'achat que l'on attend de lui, il faut qu'il assimile l'objet à l'ordre de ses fantasmes, à ses aspirations intérieures. Si un produit est présenté de telle manière qu'il entre en résonance avec le désir de l'amour, de la beauté, de la paix, de la plénitude, avec la bonne humeur, la joie de vivre, la recherche d'une identité, etc., il acquiert une dimension symbolique qu'il ne possède pas dans sa matérialité. Il devient désirable, comme l'est une femme quand elle incarne la totalité des attentes d'un homme éperdu d'amour. Le principe fondamental n'est plus dans le conditionnement, bien trop *passif*, mais dans la dimension *active* des émotions du sujet ; sur ce terrain, il faut mettre en jeu des stratégies de séduction. Et en la matière, nos publicistes sont fort adroits, qui ont su récupérer les ressources de l'image, les moyens de l'information de tous les médias pour créer cette immense entreprise de séduction qu'est la publicité actuelle. Nos sociétés ont complètement assimilé les techniques qui les utilisent : c'est ce qui s'appelle le *marketing*. Nous avons si bien intégré

---

[607] P. Teacher, *La méthode subliminale*, Suisse, Idégraf, 1987, p. 5.

cette forme de manipulation que nous avons fini par faire de la publicité une forme de culture. C'est dire à quel point la réussite de l'entreprise a été totale, et cela marche tellement bien que l'on n'hésite pas à investir des budgets prodigieux dans la publicité. Les hommes ne dépenseraient guère autant d'argent dans des campagnes de promotion si cela n'avait nulle efficacité en termes de résultats.

Les techniques de manipulation

L'ironie de cette histoire, c'est que l'on n'entend parler de manipulation mentale que dans des contextes restreints, comme si elle n'existait nulle part ailleurs. Il y aurait deux mondes, le monde des démocraties occidentales où le citoyen est libre, intelligent, informé, où il a la chance inouïe de vivre innocent et soustrait à toute tentative de manipulation, et un monde marginal où il est des gens soumis à l'endoctrinement politique massif, aux manipulations des sectes, aux lavages de cerveau pratiqués dans les guerres, etc. Or s'il existe des techniques de manipulation, leur usage doit être assez répandu et ne dépend pas d'un seul contexte. Le mot *technique* est assez clair : c'est un procédé permettant d'obtenir, par l'application d'une règle et de méthodes, un résultat ; il ne dit pas dans quel but, dans quelle finalité et au bénéfice de qui ; il ne préjuge pas de l'emploi moral/immoral, que l'on peut en faire, de l'éthique élevée ou contestable qui en est l'objet. Entre les méthodes du marketing, du prosélytisme religieux, de l'endoctrinement politique et de la propagande à outrance, il est des similitudes constantes... Psychologiquement, nous n'avons pas beaucoup changé sur ce point depuis Gorgias et Protagoras et leur art de la rhétorique. La méfiance de Socrate vis-à-vis de l'art de la persuasion est totalement actuelle, sauf que la rhétorique a acquis aujourd'hui un statut, des moyens techniques et financiers très développés, elle est devenue très *sophistiquée*. Il faut peser ce mot dans toutes ses nuances pour comprendre ce qui se produit sous nos yeux : il enveloppe le pouvoir

d'illusion ou magie des images, de persuasion des sophismes ou séduction, l'hyper-développement des moyens
employés, la communication à la mode publicitaire ; il
désigne aussi le type de société dans lequel nous vivons, où
le consommateur est vaniteux et la société *artificielle.* Si
nous nous accordons pour rejeter les manipulations mentales dont l'homme peut faire l'objet, pour faire en sorte
que chaque être humain se redresse, vive dans la liberté et
devienne sa propre lumière, nous ne pouvons faire
d'exception. Pour travailler à la libération de l'être humain,
il faut rejeter toute forme de conditionnement.

Nous pouvons repérer la manipulation mentale dans
les groupes sectaires à travers une série de techniques utilisées. 1) Une relation reposant sur l'argument d'autorité,
justifiant la hiérarchie, promettant un avancement interne
dans une organisation et un salut. 2) L'imposition d'une
règle à l'individu, l'obligeant à demander incessamment
une autorisation pour ses actes élémentaires dans la vie
quotidienne. 3) Imposition d'une doctrine obscure et compréhensible seulement de quelques élus, doctrine qui en-
courage l'acceptation aveugle et rejette la logique, reproche
que l'on fait à la science aujourd'hui, avec Edgar Morin
pour qui la science est devenue trop fermée sur elle-même
et « ésotérique »[608]. 4) Incitation à décourager le questionnement, à accepter automatiquement les croyances, à ne
douter de rien, avec à la clé l'assurance d'un progrès. 5)
Contrôle de l'individu par un système de récompenses et
de punitions, ce qui n'a pas vraiment disparu du système
éducatif, et c'est un moteur efficace du management des
entreprises. 6) Utilisation de la peur sous forme diffuse et
directe pour maintenir dans l'obéissance : pratique assez
banale dans un milieu de compétition économique et qui
est même institutionnelle dans certains régimes politiques.
7) Etalage émotionnel de flatterie, de séduction affective,

---

[608] E. Morin, *La voie : pour l'avenir de l'humanité*, Paris, Fayard, 2011, p. 162.

invitation à ne pas s'isoler, mais à se fondre avec d'autres dans une communauté festive, fier de son appartenance ; tendance à culpabiliser celui qui resterait en retrait : ce sont exactement les arguments que l'on trouve dans la critique de la consommation aujourd'hui. 8) Annonce de dangers imminents qui induisent un climat de peur assurant une emprise sur les individus et exigeant en retour une adhésion indéfectible. 9) Regroupement dans un contexte émotionnel dans des activités qui cimentent les individus dans un vécu commun : voilà une définition adéquate pour la télé-réalité, les rave-party, la transe quotidienne devant les joies du petit écran. 10) Pratique collective qui élimine la pensée personnelle dans des chants où on répète des formules propres à rétrécir le champ de conscience, ce qui se trouve dans des stades de football, dans des clubs de vacances. 11) Utilisation de moyens proches de l'hypnose pour créer des suggestions conditionnelles : seules quelques sectes fanatiques hallucinées en font usage et personne ailleurs ne s'en sert, surtout pas en utilisant la musique et l'image pour créer une incitation pouvant produire finalement des bénéfices. 12) Utilisation de la culpabilité, insistance sur le mal et les péchés dans le mode de vie : avec un tel critère, il faut monter un procès contre la plupart des religions instaurées et contre l'éducation religieuse en général.

Le libre-arbitre humain

Inutile de continuer l'examen des techniques de manipulation, ce qui ne ferait que renforcer sur le monde actuel une psychose de paranoïa qui n'éclaire pas la question. Il y a en fait sur cette question deux positions contradictoires :

1) Soit nous admettons, avec Jean-Marie Abgrall[609], que *nous sommes tous manipulés*. On conviendra alors que

---

[609] J.-M. Abgrall, *Tous manipulés, tous manipulateurs*, Ed. Générales First, 2003.

depuis l'enfance, dans le cadre familial, dans l'institution scolaire, dans l'imprégnation culturelle, dans les milieux religieux, tout être humain est manipulé. Il faudrait alors déterminer le degré de violence faite à l'individu et repérer celles que nous ne devons pas socialement admettre, mais comment ? Le moine qui se lève à six heures du matin pour faire des prières avant ses activités quotidiennes, qui ne regarde pas la télévision, est-il plus manipulé que le consommateur qui laisse ses enfants huit heures par jour devant l'écran, part faire des emplettes au supermarché et revient avec un panier farci d'objets inutiles ? S'il était possible de faire une différenciation entre une manipulation « licite » et une manipulation « illicite », elle serait fondée sur un consensus de l'opinion commune. Si le moine est chrétien, rien à dire, mais s'il est bouddhiste, ou hindou, il doit y avoir de la manipulation dans l'air... même s'ils vivent de manière quasiment identique.

Rien n'est clair dans ce type de jugement. Le tour de passe-passe se déroule finalement dans les mots, suivant le parti-pris de chacun : « techniques de vente » ou « psycho-marketing » ? « Formation politique » ou « propagande » ? « Grand communicateur » ou « manipulateur » ? « Minorités spirituelles » ou « sectes » ? « Information engagée » ou « désinformation systématique » ? « Déconditionnement » ou « lavage de cerveau » ? En somme, le manipulateur est toujours l'*autre*, celui à qui on s'oppose, dans une dualité brutale positif/négatif, bien/mal. Mais, à qui profitent la dénonciation, la réprobation en pareil cas ? Nous nous retrouvons ici dans le mode de pensée simpliste et réducteur propre à tous les fanatismes.

2) Soit, devant l'impossibilité de tracer une démarcation claire, le recours consistera carrément à soutenir que *personne n'est manipulé*, que la manipulation mentale n'existe pas. Pour Massimo Introvigne[610], la manipulation mentale

---

[610] M. Introvigne, *La magie à nos portes*, Fides, 1994. Voir également M. Introvigne et J. Gordon Melton, *Pour en finir avec les sectes*, Dervy, 1996.

n'est qu'un *mythe*, une vue de l'esprit ultra-combatif d'associations qu'il qualifie « d'anti-sectes », qui sont deve-nues elles-mêmes des sectes anti-sectes. Nous devons re-connaître en tout être humain l'instance de décision qui est la sienne. Le psychisme n'est nullement de la pâte à mode-ler. Le concept même de manipulation par des moyens techniques devient une absurdité. Un être humain ne peut être manipulé sans son accord. Même un hypnotiseur le sait très bien et dira que si la personne n'est pas consen-tante, il ne peut rien. Cela fait partie du libre-arbitre hu-main que de consentir à une aliénation, autant que de vou-loir s'en libérer. Personne ne peut se substituer au choix qu'un être humain effectue et c'est pourquoi les tentatives de déconditionnement ont été aussi désastreuses dans leurs effets. Il est essentiel de laisser à chaque humain la respon-sabilité de ses choix, sa liberté de conscience.

Qui prend pareille position, confond le droit avec le fait, nie le phénomène, ce qui ressemble à une politique de l'autruche, alors même que sa prise en compte est indis-pensable à tout examen lucide.

Manipulation et libération

Méfions-nous de cette présentation des problèmes sous forme d'alternatives. Dans le réel, il n'y a pas de *ou bien A... ou bien B...*, ce qui serait simplificateur, il y *a à la fois A et B*, ce qui serait complexe. Nous devons réexaminer le rapport entre manipulation et information, ce qui nous renvoie au problème de l'ignorance. Un esprit informé est bien moins malléable qu'un esprit ignorant. Nous ne pou-vons faire un usage royal de notre libre-arbitre que dans la connaissance. Mais il faut pour cela que l'information se transmue en connaissance, ce qui n'est guère évident. Si l'information est reçue passivement, elle n'est qu'une mé-moire. Une mémoire encombrée, ce n'est pas intelligent. Quelle relation y a-t-il entre l'information et la connais-sance ? Comment informer en évitant soigneusement la désinformation et sans tomber fatalement dans la surinformation ?

Constructions mentales et représentation

L'esprit produit naturellement des constructions mentales à des fins de représentation. La représentation n'est pas ce qui est, mais fait seulement référence à ce qui est. Au mieux, elle est plus ou moins fidèle au *fait* qu'elle parvient à décrire. Supposons que je sois à la recherche d'une maison à vendre dans un recoin perdu de la campagne. Si je consulte des annonces immobilières, je ne me contenterai pas d'une photographie d'une jolie porte d'entrée du pavillon vanté sur l'affiche. J'ai besoin d'au moins trois angles de vue pour me faire une idée de la bâtisse. Il est possible qu'une photographie avantage la maison excessivement, par rapport à ce qu'elle est si on la regarde des deux autres points de vue. S'agissant des faits, il y a généralement une interprétation commune, celle qui est répétée, et la plupart des médias répètent une interprétation commune. Cela, je ne peux avoir le désir de l'apprendre, puisque c'est une chose connue. Ce qui m'informerait vraiment, c'est d'avoir *deux* autres angles de vue ; non pas *un* autre angle de vue, car nous risquerions de retomber dans cette stupidité de la guerre des clans, des débats en tort/raison, pour/contre de la pensée duelle. C'est cette conception infantile de l'objectivité que l'on entretient parfois, surtout dans le domaine politique. Nous devons sortir des clans et des oppositions duelles, aller droit à la réalité avec les moyens dont nous disposons, avec des regards croisés et différents. Il faut écouter des voix différentes, pas des partis-pris opposés. Un documentaire *intelligent* et bien fait doit savoir tourner autour de son sujet et le regarder sous plusieurs angles de vue pour avoir le sens de la complexité et il doit aussi éviter de fragmenter, mais s'évertuer au contraire à établir des liens. C'est un peu comme dans une enquête policière où, peu à peu, ce qui semblait complètement séparé commence à se configurer dans une totalité complexe, chaque objet, chaque personnage, chaque organisation située à sa place dans un puzzle. A l'inverse, que voit-on dans un document de propagande ? L'intention de démontrer une doctrine, une version unilatérale de la réalité conforme à l'idéologie et un montage constant de persuasion pour montrer au spectateur la gloire du régime. La propagande sélectionne soigneusement ses effets et son discours est entièrement rhétorique ; elle met en place une seule interprétation possible, évite toute critique ou tend à la ridiculiser, s'en prend souvent à un adversaire éventuel comme repoussoir.

La communication d'entreprise se situe largement dans ce registre. Une marque qui fait sa promotion, produit de la propagande. Une enquête sérieuse révèlerait autre chose si on allait voir sur place ce qui se passe dans les usines. Quand un professeur de commerce demande à un étudiant un mémoire de recherche sur un sujet, par exemple les *fast-food*, qu'attend-il ? Non que l'étudiant recopie le dépliant d'une marque célèbre et se livre à une apologétique du fast-food, ce qui serait prendre le pli d'une interprétation unilatérale, décourager le sens critique et inviter un jeune esprit à calquer son travail sur la propagande. Mais en fait, n'est-ce pas exactement ce qui se produit ? Pour former un véritable commercial, il faut le convertir. Une école de commerce enseigne la sainte doctrine du marketing, est rompue aux méthodes de manipulation, n'est pas là pour aider un citoyen à s'orienter dans l'information, mais pour apprendre à maîtriser des techniques de manipulation, des *techniques de vente*.

Enseignement général et conscience

Par ailleurs, l'enseignement général devrait évidemment permettre l'expansion de la conscience de l'étudiant, l'aider à former son sens critique et à penser par lui-même ; éveiller l'intelligence et contribuer à la formation d'un citoyen libre et responsable, ayant assez de sollicitude et d'attention pour prendre soin des générations futures ; transmettre l'héritage d'une culture ; prendre soin de former un éco-citoyen capable d'être un intendant de la terre. Or qui a droit à un tel enseignement et est-il effectivement dispensé dans nos écoles ? Une poignée d'étudiants le recueille, mais tous ceux qui sortiront du système scolaire seront permanemment formatés par la publicité pour être de bons consommateurs. Le conditionnement publicitaire est alors la seule information parfaitement démocratique.

L'instruction donnée dans les études est très largement informative. L'étudiant doit apprendre et mémoriser ce qui constitue la science normale, qu'il n'a que très peu l'occasion de mettre en question. Le style habituel de l'enseignement est dogmatique. L'enseignant devrait constamment dire : « voilà ce qui se donne comme explications, mais elles sont fondées sur des hypothèses discutables, elles ne sont pas des dogmes religieux ». Il faudrait laisser ouverte en permanence la fenêtre des questions, ne pas prétendre que nous savons tout, laisser une marge à l'inconnu, comprendre que la complexité de la vie nous dépasse de beaucoup, admettre que l'homme puisse faire des erreurs, suivant les recommandations d'Edgar Morin dans le sens de la *pensée complexe* : « Les vérités polyphoniques de la complexité exaltent, et me comprendront ceux qui comme moi étouffent dans la pensée close, la science close, les vérités bornées, amputées, arrogantes. Il est tonique de s'arracher à jamais au maître mot qui explique tout, à la litanie qui prétend tout résoudre. »[611]

Si ce travail n'est pas fait, le risque, c'est de former des hommes *instruits* certes, mais pas réellement *éduqués*, et nous retombons sous les coups de la critique du conditionnement. Pour que l'information contribue à l'ouverture de l'esprit, il faut donner les moyens à l'étudiant de la transformer en *connaissance*, ce qui suppose une reprise personnelle, une maturation et un exercice constant de l'*intelligence*. Par-dessus tout, il est indispensable d'éviter le fonctionnement mental de l'argument d'autorité et la sou-

---

[611] E. Morin, *Le paradigme perdu*, Paris, Le Seuil, 1973, p. 233.

mission intellectuelle qu'il suppose, car « L'intelligence n'a pas besoin d'ancêtres ; elle a besoin de successeurs. »[612] Le malheur, c'est que nous avons tendance à répliquer ce type de schéma : une idée est vraie si c'est Albert Einstein, Marcien Towa ou René Descartes qui l'a exprimée. On a beau jeu après de prétendre que l'on veut former l'indépendance d'esprit, quand on enseigne l'alignement systématique derrière des autorités établies. L'Eglise avait jadis ses hérétiques qu'elle traquait sans relâche ; l'épistémologie contemporaine, avec Thomas Kuhn, n'est pas loin de penser que la science a aussi ses hérétiques que l'on traite de charlatans en les éloignant de tout examen sérieux ; le temps passe et souvent, ceux que l'on a traités de charlatans, deviennent des génies : « [...] les changements de paradigmes font que les scientifiques, dans le domaine de leurs recherches, voient tout d'un autre œil. Dans la mesure où ils n'ont accès au monde qu'à travers ce qu'ils voient et font, nous pouvons être amenés à dire qu'après une révolution, les scientifiques réagissent à un monde différent. »[613]

Dans l'enseignement, il est des références qui sont à l'index et d'autres qui sont dans une liste canonique officielle. Du coup, la langue de bois est aussi de mise, bien que la liberté de ton soit tout de même bien plus grande qu'en politique. La désinformation n'est pas loin : il y a d'autres points de vue qui mériteraient d'être pris en compte ; la surinformation non plus : on voit l'ingestion considérable de données nécessaires à la formation. Il est des moments où l'on se demande si l'institution ne travaille pas à dissoudre le bon sens dans une grande confusion.

---

[612] A. Barratin, *Chemin faisant*, Ed. Lemerre, Paris, 1894, p.256.
[613] T.S. Kuhn, *La structure des révolutions scientifiques*, trad. Laure Meyer, Paris, Champs/Flammarion n°115, p.157. Voyez aussi les critiques de Paul Feyerabend sur ce thème.

Formation, information et déformation

Il est néanmoins possible de former et d'informer sans pour autant déformer. Dans le domaine de l'esprit, nous sommes assurément dans un ordre immatériel, mais cela ne veut point dire qu'il ne faille pas pour autant s'y prendre avec délicatesse. L'esprit est une plante fragile devant être nourrie avec des aliments convenables, traitée sans brutalité, avec l'amour du jardinier qui entoure de soins et aide à grandir. Eduquer vraiment, c'est également éduquer avec amour. La plante est belle et forte quand elle a poussé dans la liberté. L'intelligence éveillée donne la liberté et une liberté assumée en pleine lucidité trouve en elle-même sa propre discipline.

Parce que l'être humain traverse une grande partie de sa vie dans un état de grande crédulité, parce que la sédimentation des préjugés et des idées reçues a tôt fait de l'enclore dans une forêt de représentations confuses, il est autant indispensable de comprendre qu'*éduquer*, c'est aussi paradoxalement *dés-éduquer*. Descartes dit qu'il est important, une fois dans sa vie, d'entreprendre de jeter par-dessus bord les idées acquises, les opinions reçues, pour édifier nos connaissances sur des bases saines : « Et comme, en abattant un vieux logis, on en réserve ordinairement les démolitions pour servir à en bâtir un nouveau, ainsi, en détruisant toutes celles de mes opinions que je jugeais être mal fondées, je faisais diverses observations et acquérais plusieurs expériences, qui m'ont servi depuis à en établir de plus certaines. »[614]

La mesure des opinions reçues ne se réduit pas à quelques vagues préjugés populaires, mais signifie à terme tout savoir de seconde main sans lien avec l'expérience directe et l'intuition. Pour protéger l'esprit de toute manipulation, il faut mettre entre parenthèses tout savoir reposant sur le ouï-dire, ce qui est un vaste programme. La

---

[614] R. Descartes, *Discours de la méthode*, Paris, Garnier-Flammarion, 1966, p. 56.

majorité des idées avec lesquelles nous avons pris l'habitude de penser le monde sont des opinions reçues. Il suffit de poser une question et d'épier en nous la réaction habituelle : le mental sortira de la réserve du connu la réponse convenue, cette sorte de réponse qui reste vague et maladroite, ne possédant pas de clarté intrinsèque et moins encore de distinction. C'est pour cette raison que, souvent, nous aurions envie de dire devant autrui : « Je sais très bien ce que l'on en dit, mais VOUS, qu'en pensez-vous ? » Si à cette simple question, l'esprit reste muet de stupeur, il vaudrait mieux suspendre l'opinion affirmée. Avaler sans discussion toutes sortes d'idées de cette manière, c'est se comporter comme un perroquet qui a appris la leçon et la récite *mécaniquement* avec application. Un esprit placé dans une pareille disposition, est par avance soumis à toutes formes de manipulation.

La recommandation cartésienne a un sens dans l'instant : savoir dégager l'esprit de l'encombrement du connu est une *hygiène de l'intelligence* indispensable. La clarté de l'intelligence va avec la vacuité, ne peut provenir que du retrait de l'esprit dans le silence en-deçà de toute représentation confuse. C'est la seule manière de défaire les conditionnements que la pensée entretient, de renouer avec la clarté de l'intelligence et le sens pointu de l'observation. Un esprit qui ne fait jamais l'expérience du silence est une machine à compulser des pensées, il se met directement dans la condition d'une manipulation éventuelle, car toute manipulation est mentale. A la limite, qu'elle soit une auto-manipulation de l'ego, ou bien une manipulation par quelqu'un d'autre, le processus est le même : c'est le mental qui manipule par le biais de ses constructions ; c'est le mental qui est illusionniste et manipulateur quand nous n'y prenons garde. Le mental ne sait que penser et voiler l'observation en projetant incessamment ce qu'il tire de la mémoire. Le mental ne rencontre jamais ce qui est neuf, il tourne à partir du passé et dans le registre du connu. Il ne peut rencontrer l'inconnu et ce qu'il peut y avoir d'unique dans le présent. Pour dégager l'esprit de tous les conditionnements, il importe de transcender la pensée. Un esprit qui, une fois, s'est trouvé au-delà des macérations de la pensée, sait de manière vivante ce qu'est la liberté.

INFORMATION ET VIRTUALISATION

Le rapport exact entre toute la production de la technique et le sens exact du virtuel est assez confus. La moindre des choses serait de chercher à discerner le sens du virtuel par rapport à son contraire. *Virtuel* veut dire qui est en puissance, par rapport à ce qui est en acte. *Virtuel* est un terme qui s'oppose à *réel*, mais également à *actuel*. Quel rapport le virtuel a-t-il avec les technologies de l'information ? L'essor de la technique a-t-il quelque chose à voir avec le virtuel ? Faut-il mettre l'information dans l'ordre du virtuel ou bien du réel ?

Le virtuel et le principe de réalité

Donnons d'abord libre cours aux angoisses qui accompagnent le déferlement du virtuel caractéristique de notre temps. « Nous vivons dans un monde où la plus haute fonction du signe est de faire disparaître la réalité, et de masquer en même temps cette disparition »[615], écrit Baudrillard, qui prête à la virtualité de bien sombres desseins : il lui semble qu'elle doive fatalement se substituer à la réalité. Qu'est-ce qui effraie dans le virtuel ? Si c'est la capacité de créer un autre monde qui prendrait la place du monde réel pour le subvertir, en quoi le développement technologique du virtuel est-il susceptible de subvertir la conscience du réel ?

La subversion du réel

Un certain adolescent fanatique de jeu vidéo doit se rendre à l'enterrement de sa grand-mère. Il voit les visages

---

[615] J. Baudrillard, *Le Crime parfait*, Paris, Galilée, 1995, p. 214.

sombres et la tristesse, et au beau milieu de cette ambiance de deuil, il dit le plus sérieusement du monde : « elle n'a qu'à prendre une autre vie ». Dans un jeu vidéo, dans le virtuel, on peut mourir maintes fois et recommencer encore et encore ; si le joueur reprend une vie, c'est que la mort dans le jeu n'est jamais réelle ; il n'y a plus de mort, la mort réelle est remplacée par une mort virtuelle. Il en est de même pour le déplacement dans l'espace, le poids des objets, l'apparence corporelle, etc. Du coup, pour l'esprit qui est sous la coupe de l'hallucination du jeu, toutes les lois du réel semblent changer. Tout est fictif, simulé, comme les images que l'on change dans un jeu, plus rien n'a de consistance. Dès lors, en passant du réel au virtuel, après une accoutumance prolongée au monde des images, la confusion vient à se faire entre les lois de l'espace virtuel du jeu et celles du monde réel. Le joueur est si *connecté* sur le virtuel qu'il a perdu pied dans le réel. Il est dans *son* monde simulé, et la gravité du monde lui échappe. Il manque la profondeur du deuil, de l'incarnation, de la patience du temps, de la relation. Il est dans son *ailleurs*, la tête dans des images, dans la frénésie des réflexes face à l'écran, indifférent à ce qui arrive dans le monde. Il lui manque la trace, le poids, la passion de l'expérience humaine dans le monde : c'est un effet de *déréalisation*.

On arrête un individu qui s'est rendu avec un fusil à pompe dans un cinéma pour tirer sur la foule. L'enquête montre qu'il est imprégné des jeux vidéo et que la scène du crime est la réplique d'une scène d'un jeu 3D, *Duke Nukem*. C'est ce qu'en psychiatrie on appelle le *passage à l'acte*, ce qui suppose une confusion entre le domaine de l'image et le plan du réel. Quand une personne ne parvient plus à distinguer le champ de la perception concrète et vivante et la production de la pensée, ou la différence entre l'état de rêve et l'état de veille, elle est dans un état de confusion mentale. C'est un état naturel chez le bébé qui mélange rêve et veille, avant de finir par les différencier. Chez l'adulte, la démarcation est censée être nettement établie.

Aussi la confusion du monde onirique et du monde de la veille est-elle plutôt de l'ordre d'une pathologie.

Jusqu'où peut aller la subversion du réel par l'image ? On demande à des écoliers du primaire de dessiner un poisson. L'un d'entre eux dessine un rectangle jaune. Pour lui, c'est cela le poisson, une tranche rectangulaire que l'on sert à la cantine, le poisson pané surgelé. Il est tellement conditionné par l'image, entretenu dans des repères *artificiels*, conditionné par le rapport aux objets de la consommation qu'il ne sait même pas ce qu'est un poisson. Il n'a que cette *image* du poisson, une représentation. C'est là un symptôme exemplaire et inquiétant d'un trouble profond indiquant à quel point une conscience peut être déconnectée de la nature. Nous pourrions multiplier à l'infini ce genre d'exemples pour montrer à quel point, de nos jours, le représenté en vient à occuper la place du réel.

Le conditionnement publicitaire

N'est-ce pas d'ailleurs une caractéristique postmoderne du conditionnement publicitaire que d'opérer cette subversion ? Les clips publicitaires jouent à fond cette carte. On y voit l'homme sauvage, la femme sensuelle, le frisson du contact du cuir brut et du métal, le bonheur total d'ingurgiter un jus glacé sous un soleil ardent, la divinité incarnée dans une bouteille d'alcool, la sérénité absolue obtenue par un placement financier, la gaieté de la jeunesse, la chair nue, l'eau fraîche, la peau douce, le muscle ondoyant, des étendues sauvages et des espaces infinis. Tous les objets du désir sont là sur un fond de perception. L'association avec l'expérience des sens est omniprésente. On est en pleine *simulation* de la réalité, mais ce ne sont que des images. Celui qui, les yeux écarquillés, les regarde partira, pressé, le matin en autobus, pour voir des visages blêmes et fatigués, rejoindre son petit bureau filtré à l'air conditionné. Il passera sa journée dans les tensions relationnelles et le peu de temps de loisir qui lui restera, il se l'accordera pour rêver à ce que l'argent gagné pourra lui permettre d'obtenir dans le futur. Il n'aura vu que des images de la nature, que l'image de la sensualité, de la sérénité, de la liberté ; du virtuel en totale contradiction avec sa vie réelle. Il aura vu ce que sa vie n'est pas, mais qu'on lui propose de rêver dans des images bien léchées.

Et comme la vie réelle est triste, grise, misérable, il sera tenté de se laisser porter par l'ivresse des images pour oublier sa vie, le réel venant à s'éclipser devant le rêve ; le rêve se réintroduisant en permanence dans l'état de veille, de sorte que la tentation constamment offerte, c'est de rêver la vie plutôt que de la vivre. Lui aussi est finalement, comme le joueur fanatique, *connecté*, branché sur un circuit qui alimente la production d'illusions : le *virtuel*. Parce que connecté sur du virtuel, il est déconnecté du réel, dans la relation intime de sa propre vie avec la vie réelle. Même en vacances, il n'arrivera pas à rompre le cordon ombilical qui le relie à la machine à rêver du virtuel. Il lui faudra son portable, même pour marcher en haute montagne. Il aura besoin d'une dose quotidienne de magazines ; besoin, après la plage, de se replier sur le canapé pour regarder la télévision, de s'enfermer pour jouer ; besoin de s'isoler dans les salles obscures pour se vouer à une immersion visuelle et auditive dans un film ; faire sa cure de cinéma comme chaque année ; s'enfermer dans les boîtes de nuit *branchées*, boire toute la nuit, dormir le jour et ne jamais voir l'aube, ni le soleil, ce qu'il aurait pu faire finalement dans son quartier citadin au lieu de le faire en Italie, en vacances. Son esprit, lui, n'aura pas de vacances, il sera maintenu dans une constante hallucination, connecté avec des leurres, des substituts virtuels de la vie.

La communication par Internet

La même critique porte sur la communication par Internet. Dans une misère sexuelle complète, dans le désert affectif de la relation, la non-communication, nous avons toujours la commodité d'un repli sur soi, pour remplacer l'absence de relation vivante par un substitut technologique : faire du *chat* pendant des heures avec des incon-nus, simuler la conversation pour compenser l'absence de dia-logue. Les *hackers* prodiges sur Internet sont le plus sou-vent des individus renfermés, souffrant d'une frustration et d'un malaise de vivre profond, le *hacking* devenant une sorte de revanche contre le système d'où la vie est exclue, une manière de compenser un mécontentement profond qui ne trouve pas d'autre voie pour s'exprimer. Le dialogue par *mail* peut souvent prendre cette forme. Dans la non-communication avec la vie, en désespoir de cause, on tente évidemment une pseudo-communication pour se payer de l'illusion de la véritable communication. « Plus de réel, plus d'illusion, le virtuel aurait ainsi le pouvoir de se substituer aux piliers actuels de notre perception du monde. D'où un terrible danger de déséquilibre, de basculement dans un univers privé de repères. »[616] On est incapable d'établir une conversation avec la voisine, d'écouter le rire d'un enfant, de se laisser égayer par le vol d'un oiseau, mais on est branché sur le réseau et on échange des dizaines de mails par jour. Un homme désensibilisé a besoin de se donner des extases plus fortes qu'un être sensible et vivant. Cet homme-là va idéaliser ses fantasmes. Il est possible de se prendre la tête avec les possibilités incroyables de la tech-nique et de se prendre à rêver qu'Internet, c'est la Cité d'or, le nouveau monde moral, le village global. Et puis, il y a cette fascination du possible : le virtuel, c'est la perfection attendue, espérée, mais au fond jamais trouvée *réellement* ; parce que cherchée dans une représentation de la vie, alors que la vie elle-même ne se situe jamais dans la représenta-tion mais la précède.

Tel est le sens de l'inquiétude que provoque le vir-tuel identifié avec les effets inquiétants des technologies de l'information. Cependant, nous ne pouvons faire la critique du virtuel sans préciser ce sur quoi nous prenons appui et que nous appelons le réel, ce qui n'aurait aucun sens.

---

[616] M. Alberganti, *Le Multimédia*, Paris, Le Monde, 1997, p. 211.

Qu'appelons-nous réel, ce réel auquel nous tenons et qui se trouve menacé par l'ombre tentaculaire du virtuel ? Sur quoi fondons-nous notre *principe de réalité* ? Cette critique du virtuel n'est-elle pas le fait d'un esprit rétrograde, d'une *nostalgie* pour un ordre passé ? Est-ce une méfiance irrationnelle à l'égard de ce monde nouveau qui nous porte à préférer l'odeur du vieux livre, le contact de la plume avec du papier, la bonne vieille réalité de l'homme au travail, du paysan au champ, de l'homme raffiné, amoureux de la musique, des lettres et de la peinture, de l'amoureux de l'art et de la philosophie ? Ne sommes-nous pas tout simplement désemparés parce que nous nous retrouvons soudain plongés dans un monde qui nous est parfaitement étranger ? Ou bien, la critique du virtuel a-t-elle sa force dans sa dimension psychologique ? Ce qui est inquiétant, est-ce le virtuel lui-même, ou plutôt le trouble mental, la fuite de la réalité qui l'accompagne ? Y a-t-il une relation nécessaire entre le virtuel et la fuite de la réalité ?

La puissance et l'envers du réel

Pour comprendre ce monde du virtuel, il nécessite d'avoir une appréhension globale et historique de la technique. A l'aube du XXIe siècle, l'état de la science fait que nos moyens informatiques nous permettent de simuler constamment le réel, et de faire constamment *comme si* nos productions étaient équivalentes au réel. Le virtuel peut-il s'identifier au réel ?

Qu'est-ce que le virtuel ?

Le mot *virtuel* signifie ce qui est en puissance, qui reste à l'état de potentialité dans un être réel, qui possède en soi déjà les conditions de sa réalisation future. L'existence de la forêt de chênes est virtuelle dans le germe du gland. Le germe est très petit, mais il contient, ramassée dans sa structure, la potentialité de toute une forêt. En ce sens le virtuel n'est pas du néant, mais un vide déjà plein.

Ainsi Aristote explique-t-il que le rôle du temps, c'est précisément de faire passer *à l'acte* ce qui ne faisait que demeurer *en puissance* : « L'acte, donc, est le fait pour une chose d'exister en réalité et non de la façon dont nous disons qu'elle existe en puissance, quand nous disons, par exemple, qu'Hermès est en puissance dans le bois, ou la demi-ligne dans la ligne entière parce qu'elle en pourrait être tirée »[617]. Le boulanger qui dort ne perd pas son aptitude à faire du pain ; elle est en sommeil, elle reste en puissance ; quand il se retrouve le matin devant son four, il la fait à nouveau passer à l'acte. Le virtuel, ce n'est pas le néant, car du néant, rien ne saurait sortir, mais du virtuel oui, et même des déterminations précises. Du germe du pépin de papaye ne sortira que le papayer et pas le cerisier. Le boulanger, au petit matin, ne va pas se découvrir brusquement le talent d'un chaudronnier. Nous ne pouvons mettre n'importe quoi dans le virtuel, car il enveloppe une détermination implicite ; Aristote dit exactement une *nature*. Il est dans la nature du bouton de rose de devenir la rose et pas la marguerite ; il est dans la nature du feu de brûler, comme dans la nature de la glace de donner au contact de la main une sensation de froid. Virtuellement, le bloc de pierre ne peut que tomber vers le centre de la terre et pas s'élever dans le ciel comme la fumée. Le lait ne contient virtuellement que le caillé, ce que le jus d'ananas ne contient pas dans sa virtualité. Le virtuel n'est pas une gratuité absurde, il enveloppe un réseau de possibles qui n'attend que des circonstances déterminées pour se manifester comme réel. Le passage du virtuel à l'actuel, du point de vue aristotélicien, est l'opération de la nature. La nature devient en ce sens une *intelligence créatrice* promouvant ce qui est en puissance pour le mener à la plénitude de l'acte, à sa *perfection*. La rose épanouie est parfaite, parce qu'elle a actualisé ce qui était *virtuel* dans le bouton de rose.

Cependant, à l'égard de la conscience humaine, le

---

[617] Aristote, *La Métaphysique*, Livre Θ, Paris, Vrin, p. 499.

virtuel devient plus indéfini et problématique. Non seulement l'homme ne dispose pas d'une nature aussi déterminée que celle de la rose ou de l'écureuil, mais il tient aussi en main les rênes du possible. Il devient ce qu'il se fait être, il ne devient qu'en se créant lui-même. Ce qui est virtuel dans la conscience n'est pas définissable *a priori*. Je puis actualiser en moi des possibles variés et contrastés. Je porte en moi la brute, le sage, l'amoureux, le savant, l'artiste, le passionné, le croyant ou le philosophe. Bien malin qui serait capable de dire ce qui passera du virtuel à l'actuel. Quelle graine vais-je en moi faire fleurir ? Quelle potentialité suis-je en train de nourrir en moi maintenant ?

La fascination du virtuel

Il est donc difficile de trouver une relation précise entre ce que le mot virtuel implique et ce qui est entendu aujourd'hui par *virtuel*. Avec la technique, nous n'avons pas affaire à ce schéma virtuel-actuel. Dans l'exemple du simulateur de vol, la *simulation* tente de fonctionner de la même manière que son objet, à savoir le vol en planeur ou en Boeing. On simule l'habitacle, les conditions météorologiques du vol, le paysage survolé, le décollage, l'atterrissage, les commandes permettant de stabiliser l'appareil, le gyroscope. La simulation cherche à aller le plus loin possible dans le réalisme pour que l'amateur puisse retrouver des sensations proches de la commande réelle de l'avion. La simulation du climat des techniciens de la météorologie n'est pas différente : elle met en œuvre une masse de données considérable, suppose une puissance de calcul prodigieuse, mais c'est le même principe ; elle repose sur la simulation de l'objet réel, et pour cela, il est nécessaire de concevoir un modèle mathématique, car toute simulation repose sur un modèle mathématique précis.

Une simulation, qu'elle soit seulement calculée à la main, avec une règle à calcul, distribuée en réseau sur des milliers d'ordinateurs, n'est jamais qu'un *système formel*, qui n'a pas la prétention d'être aussi *réel* que ce qu'il reproduit.

Une simulation entend rendre compte du fonctionnement de l'objet en mettant en forme les conditions qui le déterminent, avec leurs variables, leurs constantes, leurs règles d'in-duction, conditions qui ne sont *réelles* que dans l'objet. Par exemple, « une simulation complète de la machine exécutant un programme [...] revient à dire que l'activité d'un organisme serait prévisible en réalisant une simulation de ses cellules physiques »[618]. Ce que nous présupposons, en fabriquant des modèles, c'est qu'il doit être possible pour la pensée de donner la formule, la trame intelligible du phénomène qui a, lui, lieu dans l'ordre du réel. Il y a le côté du tapis que nous voyons, le *phénomène*, il doit y avoir un entrelacement de fils qui le produit, l'*intelligibilité* qui le régit. Et nous cherchons à produire un équivalent formel de la trame intelligible du comportement de l'objet. Pour y parvenir, nous nous servons de moyens mathématiques. La puissance du langage mathématique est un outil extraordinaire pour formaliser le comportement d'un objet et l'outil informatique en est le prolongement direct. Il est à même d'effectuer une transcription du mouvement réel pour le simuler. Ce qui est mis en œuvre dans la simulation, c'est l'inventivité extraordinaire de la pensée pour recréer un double formel d'un phénomène réel. La condition fondamentale pour que l'entreprise de simulation soit réussie, c'est que le phénomène réel soit transformé en objet, qu'il soit *modélisé*. Mais il ne faudrait pas se prendre au jeu et laisser croire que le langage et le système sont le réel ; ils ne servent qu'à le conceptualiser et le virtuel, c'est le *virtuel de la simulation*, pas celui du réel.

Ce qui se produit dans notre esprit fasciné par la simulation, c'est une sorte de transfert, une *surimposition* : nous surimposons à la structure formelle de la simulation, la croyance à sa réalité en tant qu'objet réel. Le travail de mise en forme, complexe et difficile, de la simulation est

---

[618] T. Winograd & F. Flores, *L'Intelligence artificielle en question*, Paris, PUF, 1989, p. 151.

très vite éclipsé d'un point de vue psychologique. Ce qui demeure, c'est son résultat en tant que représentation de l'esprit. L'interface homme-machine est devenue tellement bien pensée, tellement sophistiquée que l'on se prend à croire que la machine pense et dialogue avec nous, que la simulation est le réel. L'illusion que la pensée entretient, et à laquelle il est si facile de succomber, c'est de nous faire croire que la simulation est aussi réelle que ce qu'elle simule ; qu'elle peut avoir un caractère indépendant de la conscience. Au fond, nous aimerions prendre pour réel ce que la pensée a produit, à l'égal de ce qui existe sans elle. Nous souhaiterions secrètement que la simulation soit comme le cocon virtuel dont sort le papillon du phénomène réel et nous aimerions rêver qu'elle devienne le papillon. Il y a une ivresse de la volonté de puissance dans cette croyance, l'ivresse de maîtriser entièrement la création à partir de sa virtualité, l'ivresse de parvenir, par des moyens technologiques, à rivaliser avec Dieu dans le pouvoir de produire toute manifestation.

C'est sur le fondement de cette illusion de la pensée que prolifère la fascination du virtuel. Grâce aux mémoires des machines en réseau, à la puissance des logiciels de génération de mondes virtuels, il est possible de créer un *deuxième monde*. On peut bâtir une ville avec ses gratte-ciels, rencontrer des personnes, des avatars, communiquer, tout cela sur l'écran. Il est possible d'élaborer une simulation complète de la vie sociale. De même, dans les *jeux de stratégie* sur Internet, le joueur se place dans la position de Seigneur d'une nation qu'il doit protéger, guider, développer. Les autres joueurs font de même avec leur propre nation et il en résulte une interaction complexe qui est un équivalent formel de la complexité de l'Histoire, de la rivalité entre les nations et les guerres. Les guerres entre ces nations ne sont que l'affrontement entre les individualités qui les manipulent. Cependant, les objets virtuels continuent mécaniquement l'exécution des tâches pour lesquelles ils ont été programmés. Si vous allez vous coucher, vos maisons, vos routes, vos usines, vos églises, vos bataillons risquent d'être défaits pendant la nuit. A l'autre bout du monde, un autre joueur vient de commencer la partie et l'univers virtuel subsiste en ligne, indépendamment de vous, en tant que réel, sans qu'il soit tenu compte du décalage horaire. Et dans le deuxième monde, tout se transforme à une vitesse sans commune mesure avec le temps humain de l'Histoire et le temps des événements de la nature. Manipuler un tel monde donne l'ivresse d'être comme un dieu qui fait tomber sur sa création sa colère, qui mène son peuple élu à la victoire, l'ivresse de la stratégie.

Mais qui se tient en définitive en-deçà de ce monde pour le contrôler ? L'intersubjectivité : derrière les ordinateurs, il est des hommes qui les utilisent. Les hommes vivent, biologiquement par leur corps, spirituellement par leur esprit, affectivement dans leur cœur. Ils ne sont pas des machines. Ils ne restent pas vingt-quatre heures sur vingt-quatre encollés à l'écran. Ils n'existent pas seulement derrière un clavier, et leur vie réelle ne se résume pas à la frappe sur le clavier. Et cette vie de la conscience n'est que partiellement exprimée dans la figuration virtuelle. On aura beau faire, les mondes virtuels resteront à jamais déficients, ils ne sont que des simulacres. Ils sont parfaitement incapables de mobiliser toute la subjectivité. Les cinq sens ne sont pas mobilisés. Le corps lui-même est rigide et actif seulement avec quel-ques doigts, parfois deux seulement.

A moins que la production virtuelle n'ait, secrètement, en définitive qu'un autre but, celui de nous permettre de *rêver à plusieurs*, de fantasmer en réseau, de quitter le monde trivial de notre réalité quotidienne pour se brancher sur une machine à rêver, pour, si possible, ne plus se réveiller. Ce que le rêve ne permet pas, c'est l'intersubjectivité, car il se confine dans la sphère privée de l'ego. Si c'était le cas, nous aurions là une forme d'opium bien supérieure à la religion, selon la critique marxienne, un opium qui serait un sous-produit de notre technologie avancée ; un opium à diffuser en masse, issu de notre glorieuse technoscience. Est-ce à dire que nous aurions parcouru tous ces milliers d'années d'histoire pour arriver à ce point où le but ultime serait d'aller dormir ? L'ultime extase, est-ce d'être à ce point vidé de toute présence et de toute intériorité que ne subsiste plus que le désir d'être placé sous perfusion, alimenté par des images virtuelles ? La métaphore du « branché », du « connecté » sur le réseau serait alors terrifiante.

Un être humain ne se réduit pas à son activité technique, il est l'acte même de l'activité, la conscience qui sous-tend l'acte lui-même : conscience claire, conscience trouble, conscience dépendante, conscience hallucinée, mais *conscience*. En-deçà d'Internet, il n'y a que la conscience qui le produit, et sans la *conscience collective*, autrement importante pour le développement humain que la conscience indivi-duelle, Internet n'est ni plus ni moins que des ordinateurs reliés ensemble ; un réseau qui ne vaut que ce que la conscience peut en tirer. « A mesure que l'intelligence grandit, les considérations relatives aux personnes prises individuellement, frappent moins et les généralités davantage. Un enfant, un esprit peu cultivé, ne font attention qu'aux individus ; il faut être plus avancé pour s'intéresser aux masses. Chaque personne est un être réel qui frappe les sens ; tandis qu'une nation est un être de raison dont les maux, les besoins, l'opinion ne frappent que l'esprit. »[619]

Ce qui nous fait accréditer l'existence d'un monde virtuel, c'est seulement la possibilité du réseau, en l'absence d'une personne qui l'utilise, de fonctionner à son insu, d'aller piocher dans son disque dur, dans sa mémoire. D'un bout à l'autre de la toile, en effet, d'autres personnes peuvent accéder à mes données, les compulser à loisir en profitant du décalage horaire. Cela ne veut pas dire que le

---

[619] J.-B. Say, *Petit volume contenant quelques aperçus des hommes et de la société*, Deterville, 1817, p.3.

réseau existe par lui-même. Il est une intersubjectivité à l'œuvre en permanence et l'intersubjectivité qui le sous-tend, c'est encore la *conscience*. Internet n'est qu'un réseau de communication, non différent dans son essence du fax, du téléphone, du courrier. Nous n'aurions pas idée de qualifier de *virtuelle* la lettre estampillée d'un timbre qui arrive par le facteur. Nous ne parlons guère de virtuel au sujet d'un fax ou d'un appel téléphonique. Et Internet n'est pas davantage du *virtuel*, mais bel et bien du *réel*. La communication n'a pas, comme par magie, changé de nature depuis l'apparition d'Internet ; c'est toujours de la communication. Cela signifie qu'avec Internet, en fait, ce n'est pas du *potentiel* qui est déployé, c'est seulement du *réel*, mais déployé avec une vitesse extraordinaire. Quand je communique, je le fais *réellement*, ce qui veut dire ici et maintenant dans la présence consciente. Il est donc très difficile de tirer parti clairement de la relation entre le sens originel du virtuel et l'existence des technologies de la communication. Le soi-disant virtuel, c'est justement du réel.

La technologie du virtuel

Maintenant, la réduction au réel a aussi un côté trompeur. En rester seulement à ce point de vue, c'est passer à côté de la nouveauté de ce qu'elle nie. L'apparition de la technologie du virtuel est un phénomène majeur du monde actuel et il a des conséquences incalcula-bles. Ce phénomène répond aussi à un procès historique qui mérite d'être souligné, celui de l'expansion sans mesure de la vo-lonté de puissance de la techno-science. Et si l'arraisonnement de la nature devait nécessairement se prolonger par un arraisonnement de l'esprit ? Et si les moyens de l'arraisonnement de l'esprit étaient contenus dans son domaine propre, celui du virtuel ? Et si l'hyper-développement de la technique, son développement mons-trueux, en venait à se retourner contre la vie ?

Et si l'hyper-développement de la technologie dans le virtuel avait pour finalité secrète de justement conduire à l'asservissement des consciences qui l'ont produite ? Et si l'asservissement le plus efficace était par hasard un hallucinogène technologique ? C'est une hypothèse de science-fiction magistralement développée par Dan Simmons dans le cycle d'*Hypérion* et reprise dans *Matrix*. Dan Simmons pousse le concept d'Internet à ses ultimes conséquences et l'appelle *Techno-centre*. Dans sa vision, l'humanité contribue au développement d'une entité intelligente – *l'intelligence artificielle* – qui, au bout du compte, entreprend de vampiriser son énergie psychique pour l'asservir à ses propres fins. C'est aussi l'argument de fond de *Matrix*[620].

Thomas A. Anderson, un jeune informaticien connu dans le monde du hacking sous le pseudonyme de Néo, est contacté à travers son ordinateur par ce qu'il pense être un groupe de hackers, qui lui font découvrir que le monde dans lequel il vit n'est qu'un monde virtuel dans lequel les êtres humains sont gardés sous contrôle. Morpheus, le capitaine du *Nebuchadnezzar*, contacte Néo et pense que celui-ci est l'Elu qui peut libérer les êtres humains du joug des machines et prendre le contrôle de la matrice.

L'apparition des robots, au service de l'homme puis de l'*Intelligence Artificielle*, a entraîné une confrontation entre humains et machines, lesquelles ont finalement fabriqué leur propre domaine et concurrencent directement celui des humains. Cette confrontation s'est intensifiée lors du jugement d'un robot pour meurtre, de la haine grandissante contre eux et lors de la création d'un état uniquement dédié aux robots dans le Moyen-Orient qui a fait basculer l'économie mondiale : « Nous vous l'avions bien dit, ça devait arriver : à force de produire des machines pour vous

---

servir, vous êtes devenus vous-mêmes les esclaves de vos instruments. »[621]

Voyant leurs forces s'amenuiser au fil du temps, les Humains ont recouvert la terre d'un épais nuage, provoquant un « hiver nucléaire », empêchant ainsi les rayons du soleil – la seule source d'énergie abondante utilisable par les Machines – de passer. Les Machines ont donc dû chercher une nouvelle source d'énergie et ont tourné leurs recherches vers la bioélectricité. Une fois la victoire acquise, les machines ont fabriqué les tours nécessaires au fonctionne-ment et à la maintenance de leurs générateurs, et se sont assurées d'une production régulière d'humains en les cultivant et en les conservant dans des cocons remplis d'un liquide nutritif. Une fois le cocon connecté sur une tour, les câblages permettent de fournir l'air à l'humain ainsi que de renouveler le liquide nutritif, et à prélever sa bioélectricité. Le problème était qu'emprisonnés de la sorte, dans un état végétatif, les Humains ne fournissaient pas assez d'énergie. Les Machines ont donc créé la Matrice, un univers virtuel dans lequel les Humains sont projetés sous l'aspect d'avatars, et peuvent s'y épanouir, de sorte que leurs cerveaux produisent une activité électrique bien plus importante en réaction aux stimuli virtuels, et apportent ainsi une quantité d'énergie considérable aux Machines. Les humains n'ont donc pas conscience de la réalité et du monde qu'on superpose à leur regard : « La Matrice est universelle. Elle est omniprésente. Elle est avec nous ici, en ce moment même. Tu la vois chaque fois que tu regardes par la fenêtre, ou lorsque tu allumes la télévision. Tu ressens sa présence, quand tu pars au travail, quand tu vas à l'église, ou quand tu paies tes factures. Elle est le monde, qu'on superpose à ton regard pour t'empêcher de voir la vérité. »[622]

---

[621] Patrice Maniglier, « Mécanopolis, Cité de l'avenir », cité dans http://fr.wikipedia.org/wiki/Matrix.
[622] Morpheus, dans *Matrix*, 1999, écrit par les Frères Wachowski.

L'exigence de productivité explique aussi pourquoi l'univers de la matrice est imparfait, avec son lot de souffrances et d'épreuves pour chacun des branchés. Le grand architecte raconte à Néo que la première version de la matrice avait été conçue sur le modèle d'un monde idéal, mais avait été remaniée du fait de son manque de dynamisme. Cependant, cette matrice imparfaite contient différents bugs, qui se manifestent à travers les nombreuses légendes, folklores et mythologies qui émaillent l'Histoire : vampires, anges, miracles et autres appa-ritions étranges... Parmi eux, le plus important est l'apparition d'un homme qui peut jouer avec les paramètres de ce monde virtuel. Cet homme est considéré comme un Elu par les quelques dizaines de milliers d'humains qui ont pu survivre dans le monde réel, cachés sous Terre dans la ville de Sion, dont ceux qui ont été débranchés suite à leur choix de prendre la pilule rouge proposée par Morpheus, qui ont voulu "découvrir la vérité". Les Humains libres voient en l'Elu le sauveur de l'humanité, attendant de lui qu'il apporte la victoire sur les machines, et la libération des prisonniers de la Matrice.

Cependant, tout au long de leur combat, les rebelles doivent affronter les agents de la Matrice chargés de réparer les bugs, ainsi que des hackers cyniques – tel le Mérovingien – qui se satisfont de la réalité virtuelle générée par les machines, et préfèrent conserver leur business d'exploitation de programmes : « N'envoyez jamais un humain faire le travail d'un programme. »[623]

La progression technique dans le virtuel s'accommoderait assez bien socialement avec une conspiration du sommeil qui maintiendrait l'humanité dans l'ignorance. Pourquoi alors ne pas aller jusqu'au bout ? A force de vouloir voler à la nature ses secrets, à la seule fin d'accroître son pouvoir, l'intellect a fini par tomber sous l'empire d'un pouvoir, celui de la *Nescience* et ce pouvoir

---

[623] Agent Smith, *Ibid.*

finit par régir ses propres productions. Et pourquoi ne pas dire alors que les forces de l'ombre que le mental humain invite, sont comme la matrice de cet univers soi-disant réel qui est le nôtre ? Voir dans l'Ignorance une force puissante et une matrice donne une perspective nouvelle sur l'envers de notre réel. Mettre un nom, celui de la matrice, ce n'est rien d'autre que de tenter cette audace. Cela peut sembler de l'ordre d'un délire de science-fiction, cependant, une telle hypothèse a l'intérêt de montrer une certaine cohérence de l'ignorance. Elle permet de parler d'une *machination* derrière les errances humaines dans l'histoire et la boulimie de la technique. Toute la littérature de science-fiction *cyberpunk* joue sur l'idée d'un contrôle social obtenu par la création d'un univers hallucinogène virtuel. Et la cohérence avec la progression boulimique de la technique dans l'histoire s'impose. L'idée est que, si la technique a longtemps été une limite que l'homme pouvait se donner à lui-même, son expansion sans contrôle revient à montrer que la limite vient à être dépassée, non pas par l'homme, mais par la technique elle-même. Il y a un étrange effet de balance dans le développement de la technique jusqu'à nos jours. Plus elle devient puissante et complexe, et plus l'homme lui cède du terrain, abandonne peu à peu le sens de son autonomie, de sa responsabilité, de sa culture. Quand la liberté n'est plus pensée que comme liberté politique, quand la liberté politique n'est plus que l'asservissement à la moyenne, au consensus, implicitement, c'est que la servitude volontaire est finalement le sentiment collectif le plus partagé. Dans *Matrix*, Morpheus dit à Néo : « tu comprends, ils ne supporteraient pas d'être débranchés ! »

Dans cette histoire, qui est l'histoire de l'humanité et simultanément celle de la technique, ce qui finit par lentement s'imposer, c'est au fond l'idée d'une sorte d'obsolescence de l'homme face à l'univers des machines. Günter Anders l'avait justement pressenti en parlant de *honte prométhéenne*, d'un complexe d'infériorité de l'homme devant la technique[624]. Et de la honte, on passe sans transition au désir d'être finalement un objet pour la machine, tout comme la technique a été objet pour l'homme. Dès lors prolifèrent les idéologies de la mort de l'homme, tandis que la fascination pour la technique ne fait que croître. Pour un enfant aujourd'hui, le héros c'est un robot ; les jouets, ce sont par excellence des robots. Il est déjà habitué à l'idée de prothèses technologiques, ces bras, ces jambes métalliques, ces regards sans vie sur les robots, ces armes de destruction implantées dans la chair à bout de bras. Nous ne sommes plus scandalisés, quand nous apprenons que l'on a réalisé des clonages humains, que l'homme doit être amélioré par les machines pour évoluer. L'homme naturel, cela fait vieillot et dépassé. Bienvenue aux implants technologiques, aux mutants, aux cyborgs, aux androïdes ; bienvenue au remplacement progressif de l'humain par la machine ! La *Matrice* est la convergence de toutes ces négations, elle est la figure de la non-pensée, de l'inconscience radicale, de l'inertie, du retour à la nuit, de la lumière vers l'obscurité.

L'intelligence et la virtualisation

Il y a donc une puissance du virtuel technique contre l'humain qui se résorbe dans la non-conscience, mais, parce que la technique reste entre nos mains, et dépend de ce dont notre conscience est capable, il y a aussi une puissance du virtuel qui peut libérer les potentialités de la conscience. La technique ne ferait guère problème, si celui qui s'en sert était conscient de ses limites, lucide dans ses choix, responsable dans ses actes. La technique redevient un objet quand l'homme, par sa conscience, est plus grand qu'elle. Prise en tant que spectacle, la virtualisation technique n'est qu'un jeu de la représentation, et l'on peut en jouer sans s'y laisser prendre. L'aliénation commence

---

[624] *Cf.* G. Anders, *L'obsolescence de l'homme*, Encyclopédie des nuisances, 2002.

quand se produit une réification, une réduction à la chose et que la conscience est oubliée dans sa vraie nature. Cependant, en tant qu'outil de la pensée, la virtualisation ne possède-t-elle pas aussi une dynamique qui lui est propre ?

La dynamique de la virtualisation

C'est autour de ce thème que se développe l'œuvre de Pierre Lévy[625]. A y regarder de près, à considérer « l'opposition facile et trompeuse entre réel et virtuel »[626], le virtuel et l'actuel ne sont pas antithétiques. Si l'arbre est virtuellement présent dans la graine, ce n'est pas en opposition au réel, mais virtualité et actualité sont deux manières d'être différentes. Gilles Deleuze[627] distingue le possible et le virtuel, met en lumière « une distinction capitale entre possible et virtuel »[628], en montrant que le possible, en tant qu'il est une nature, ne fera que la manifester, sans qu'il y ait création d'une forme nouvelle, « se réalisera sans que rien ne change dans sa détermination ni dans sa nature »[629]. La nature d'une chose, un réel qui est seulement à un état latent et cette réalité fantomatique, est une idée à laquelle manquerait encore l'existence, existence qui ne fera que sortir des coulisses pour entrer en scène sous l'action du temps. Par contre, dans le champ propre au mental humain, le virtuel implique une création nouvelle. Comment comprendre le processus par lequel le mental crée du nouveau ? Comment intervient la virtualisation ? Le développement des constructions du mental est intimement lié à l'indétermination où le sujet se trouve, quand il est placé dans une situation où il a un problème à résoudre. L'intellect humain trouve là toute sa puissance d'action, son inventivité et ses prodiges.

---

[625] *Cf.* P. Lévy, *Qu'est-ce que le virtuel ?*, Paris, La Découverte, 1995.

[626] P. Lévy, *Qu'est-ce que le virtuel ?*, p. 13.

[627] *Cf.* G. Deleuze, *Différence et répétition*, Paris, PUF, 1968.

[628] P. Lévy, *Qu'est-ce que le virtuel ?*, p. 14.

[629] *Ibid.*

C'est exactement dans ce contexte que se situe toute *virtualisation* dans les technologies de l'information. Considérons par exemple l'utilisation d'un programme informatique, comme un traitement de texte ou un tableur. 1) La mise au point du logiciel relève de la dualité possible/réel. Il s'agit de résoudre un problème, avec tous les outils du mental, l'inventivité et la créativité dont l'intellect est capable. Chaque équipe de programmeurs résout de manière nouvelle, différente et originale, le problème. 2) En lui-même, en tant que produit, le programme n'est jamais qu'une séquence d'ordres conditionnels, une séquence d'exécution de tâches. La machine reçoit les données, les traite en fonction du programme et calcule, pour sortir un résultat. Elle opère suivant une mécanique logique, dans un schéma qui est finalement celui de la relation stimulus/réponse. 3) Entre les mains des utilisateurs, la potentialité créatrice renaît, car le logiciel va déployer toutes ses virtualités comme outil, comme possibilités entre les mains de ceux qui l'utilisent. Et ces possibilités servent – on y revient encore – à résoudre un problème avec les outils du mental, de la gestion d'un stock à un planning, de la mise en place de statistiques à une comptabilité, etc. Un problème est *virtualisé* avec les moyens du concept et la virtualisation est sa problématique.

La virtualisation effectuée par la pensée, se définit comme le mouvement inverse de l'actualisation : un passage de l'actuel au virtuel, par une élévation à la puissance de l'objet, désormais posé comme une *entité formelle*. La virtualisation consiste à parvenir à formuler la problématique propre d'un objet pour la reconstruire dans la sphère du concept, dans une entité formelle : « Virtualiser une entité quelconque consiste à découvrir une question générale à laquelle elle se rapporte, à faire muter l'entité en direction de cette interrogation et à redéfinir l'actualité de départ comme réponse à une question... »[630]. La librairie

---

[630] P. Lévy, *Ibid.*, p. 16.

virtuelle, la maison d'édition virtuelle, l'université virtuelle : *virtualiser*, ce n'est pas simplement déréaliser l'objet, au sens où il serait transformé en une somme finie de possibles, ou une nature ; c'est *conceptualiser* une problématique.

Prenons l'exemple du télétravail. Dans l'ordre du réel, il y a des personnes, les employés, un lieu, le bureau ou l'usine, et une activité de production. Virtualiser le travail, c'est effectuer le passage de l'actuel au virtuel : connectant ensemble toutes les personnes en réseau, utilisant des logiciels de traitement de l'information et de partage des tâches, la communication passe de l'actuel au virtuel. Le résultat en est qu'une entité formelle, l'*entreprise virtuelle*, se substitue à l'*entreprise réelle*. La structure de l'espace-temps-causalité, qui définit le réel, est modifiée. L'employé reste à la maison, ne change pas de lieu, n'est plus soumis aux délais de temps du travail. Toutes les opérations se font en ligne, sans même qu'il soit nécessaire de tenir compte des horaires d'ouverture ou de fermeture d'un lieu qui serait le bureau. L'interaction avec l'ensemble des acteurs économiques fait de la causalité un processus qui n'est plus linéaire, mais global. La communica-tion passe, de l'interaction entre des personnes, à l'interaction entre des messages, à travers le dispositif logiciel de la messagerie. Une librairie virtuelle, au bout du compte, fait le même travail que la librairie réelle : elle vend des livres, propose des services, expédie des colis, fait des promotions, traite du courrier. Mais les interlocuteurs ne sont pas « ici » ou « là ». L'entreprise virtuelle ne peut plus être située avec précision. C'est ce qui nous gêne, car nous ne pouvons vivre que dans l'ici et le maintenant et pour nous, vivre, c'est également être placé au beau milieu de *choses* et d'événements bien réels.

L'immatérialité de la pensée

Les choses n'ont des limites franches que dans le réel, or dès l'instant où se produit une virtualisation, il y a passage à l'insaisissable, au flou inhérent à la pensée : à *l'immatérialité* de la pensée, ce dont nous n'avons pas conscience dans la vigilance ordinaire. Prenons un livre, par exemple *Le roi miraculé* de Mongo Beti. Le livre, il est « là », sur ma table. C'est une chose, à côté des autres, dans le fouillis de mon bureau. Quand je l'ouvre et que j'entre dans l'histoire, ce n'est plus une chose. Il n'y a plus que la pensée qui vogue sur les ailes d'un récit, il n'y a plus que l'insaisissable d'un suspens, de l'émotion, il y a une plongée dans le sens. L'essence du livre n'est pas dans la *chose* livre, mais dans la pensée qui s'y déploie. En lisant un livre, je l'*actualise* en moi, je lui rends sa vie en le vivant. Supposons que ce livre ne soit plus présent que sous la forme d'un téléchargement sur Internet : il n'est plus « ici » ; il n'a cependant pas perdu toute existence chosique ; il est encore consigné sur des dizaines de disques durs sur la planète. Cependant, il est accessible de partout en hypertexte, et « l'hypertexte serait constitué de nœuds (les éléments d'information, paragraphes, pages, images, séquences musicales, etc.) et de liens entre ces nœuds (références, notes, pointeurs, « boutons » fléchant le passage d'un nœud à l'autre) »[631]. Il n'a plus l'inertie d'une chose, ses limites dans le temps et l'espace. Il est devenu une sorte d'entité ubiquitaire habitant « le cyberespace, ou la virtualisation de l'ordinateur »[632], comme tous les objets virtuels de même type. En lisant le livre, j'ai communiqué à la pensée une vie, j'ai donné au livre une vie nouvelle, il est devenu une danse de ma pensée et de mes sentiments. Sur un plan

---

[631] P. Lévy, *Qu'est-ce que le virtuel ?*, p. 42.
[632] *Ibid.*, p. 44.

collectif, grâce aux moyens de la technologie, un phénomène similaire se produit. L'immatérialité essentielle du
livre lui est rendue, en tant que pensée *collectivement*, dans la
structure du cyberespace d'Internet. Il n'est plus « là » ici
présent. Il est à la fois partout et nulle part. Il est dans la
mémoire virtuelle, réactualisé par tous les lecteurs à
n'importe quel moment et en n'importe quel lieu du temps
de la nature.

Pourtant, nous n'avons pas attendu l'apparition des
N.T.I.C. pour apprendre à quitter le présent, l'ici et le
maintenant, pour nous plonger dans le domaine immatériel
de la pensée. Après tout, il suffit de se lancer dans la rêverie pour quitter le plan du réel et du présent, pour me livrer
à mes pensées. Le savoir rationnel lui aussi permet de se
situer sur le plan de la pensée, dans les concepts, tout en se
détournant du réel. Un seul désir qui s'empare de moi et je
suis emporté dans le cours de mes pensées, et le présent ne
m'intéresse plus. Je suis dans l'immatériel, le virtuel. Nous
sommes dans la vigilance projetés dans le flux de nos pensées, dans la projection de nos intentions. La pensée permet aisément de se déporter vers un ailleurs et un autrement et de débrayer du présent. L'existence humaine est
dominée par l'empire du mental, et c'est dans le mental
que toute existence se présente à nous. Le mental est omniprésent et le mental, par nature, n'est-ce pas toujours du
virtuel ? Le mot *existence* est assez significatif : en latin le
préfixe *ex-* veut dire hors de, et *sistere*, être placé.
L'existence humaine dans la vigilance est justement tension
de la pensée vers... L'existence humaine est dominée par le
travail souterrain de l'inten-tionnalité, et le propre du
temps psychologique de la vigilance est de créer ce mouvement de la pensée. En conséquence, tout ce que la pensée produit, introduit une virtualisation : la mémoire,
l'imagina-tion, le savoir, sont déjà des vecteurs de virtualisation, et cela depuis l'aube de l'humanité, bien longtemps
avant l'apparition des machines informatiques et des réseaux numériques.

L'intelligence collective

Ce qui est nouveau, avec l'ère du virtuel, ce n'est pas l'immaté-rialité de la pensée, c'est son *organisation collective* dans des structures qui reposent sur des moyens techniques inédits ; c'est aussi l'introduction d'une dynamique du virtuel dans l'intersubjectivité qui est la nôtre. Le virtuel, ce n'est pas tant la mémoire, l'imaginaire, le savoir, le mythe, que cette opération par laquelle des entités partagées par la communauté des sujets, produisent un dynamisme et des effets dans le réel. Selon Pierre Lévy[633], le virtuel est donc l'agent d'une « intelligence col-lective »[634], celle qui opère dans la mise en commun de l'information. L'ère du virtuel qui caractérise notre temps, c'est l'ère de la constitution d'une cohérence de la conscience collective à travers la mise en commun de l'information. L'information est par définition non-matérielle ; elle n'est pas chosique, ne se réduit pas à un événement, à l'actuel. Elle ne peut être détruite comme une chose, pas plus qu'elle ne peut rigoureusement être enfermée de façon définitive, mais elle forme, en d'autres termes, un tissu intemporel.

Le virtuel, ce n'est pas un monde faux, illusoire, imaginaire et encore moins un monde privé. La virtualisation est la dynamique même du monde commun, ce par quoi nous partageons une réalité. Les catégories du vrai et du faux ne sont pas identiques au virtuel lui-même. Autrement dit, le virtuel est ce monde d'existence d'où surgissent aussi bien la vérité que le mensonge, chaque saut dans un nouveau mode de virtualisation, chaque élargissement du champ des problèmes, ouvrant de nouveaux espaces à la vérité et, par conséquent au mensonge. Si le virtuel est un processus de pensée qui surgit en-deçà de la dualité vérité/mensonge, c'est donc qu'il est non pas irrationnel,

---

[633] P. Lévy, *Qu'est-ce que le virtuel ?* ; voir aussi P. Lévy, « L'artificialisation de l'intelligence », in *Terminal* n° 53, avril-mai 1991, paris, pp. 20-21.
[634] *Cf.* P. Lévy, *Qu'est-ce que le virtuel ?*, pp. 95 *sq.*

mais a-rationnel. Du virtuel peut sortir le meilleur comme le pire, tout dépendant de la conscience de celui qui en use. Les possibilités illimitées du virtuel impliquent de la part du sujet une vision plus riche et plus étendue, une expansion de conscience et le fait nouveau, c'est que le processus de globalisation de l'information rend lui-même possible l'expansion de la conscience.

CHAPITRE 8

L'essence de la conscience

L'Intelligence Artificielle était supposée produire des machines intelligentes et conscientes. Le cerveau produit de la conscience, dit-on, comme le foie produit de la bile : c'est la thèse *épiphénoméniste,* mais l'idée est banale, elle est la manière la plus commune de préciser la nature de la pensée. Souvent, une telle position est affirmée dogmatiquement, comme effet du matérialisme environnant. Dans le même ordre d'idées, la mémoire est le stockage des informations sensorielles, affectives et intellectuelles dans des petites cases qui sont les cellules du cerveau ; c'est la *théorie des traces cérébrales* : encore un point de vue enseigné comme « la » vérité. Avec l'apparition de l'informatique, le modèle de l'ordinateur nous permet d'illustrer l'argument : l'esprit serait un *software* produit par le *hardware* du cerveau-machine. L'enseignement scientifique confirme cette opinion et en assure le dogmatisme. Il y a pourtant longtemps que ces théories ont été désavouées, mais la controverse et le doute n'ont pas atteint l'enseignement qui continue de se modeler sur un paradigme obsolète. Comment faut-il comprendre la relation entre la conscience et le cerveau ?

La conscience est toujours présente et sous-jacente à la pensée. Que ce soit dans l'état de veille ou dans l'état de rêve, tout ce que nous vivons, est vécu dans et par la conscience, tout ce que nous pensons se situe dans la conscience. La conscience est comme l'écran du cinéma où se projette le film de notre existence ; elle est toujours là en toile de fond, toujours proche, elle est d'une expérience évidente, si bien qu'il serait difficile de la définir. Toute existence se pense dans la conscience que nous pouvons en avoir. Faut-il voir dans la conscience un attribut humain ?

La véritable conscience naît dans l'attention et disparaît dans l'inattention. Un homme qui vit par inadvertance ne vit pas à la hauteur des possibilités de la conscience, il ne fait que rester à la surface de la vie, ou ne fait que survivre : il est inconscient. Vivre délibérément, c'est vivre dans la flamme de l'attention, ce qui veut dire vivre en toute lucidité. Les actes manqués relevés par Freud se manifestent dans l'inattention. Si la névrose peut être définie comme une vie marquée par l'acte manqué, c'est qu'en elle la conscience est en déficit d'attention ; si la santé mentale peut être définie à partir de l'acte réussi, c'est qu'elle présuppose un rassemblement de l'attention. Mais la conscience peut-elle être définie par l'attention ?

CONSCIENCE ET CERVEAU

Selon le paradigme mécaniste, l'arrêt des fonctions cérébrales devrait invalider toute possibilité d'expérience consciente. Mais des études montrent qu'un sujet dont le cerveau est interrompu peut avoir des expériences conscientes, ce qui est incompréhensible d'un point de vue épiphénoméniste. D'autre part, mêmes les biologistes, comme Lashley[635], qui ont postulé la théorie des traces, l'ont finalement abandonnée, car l'expérimentation sur l'animal démentait catégoriquement la pertinence de ce modèle. Manifestement, la mémoire a un fonctionnement holographique qui remet en question l'idée de *mécanisme*. En fait, la découverte du fonctionnement holographique de la mémoire met un coup d'arrêt définitif à la théorie des traces cérébrales issue de la philosophie cartésienne. La relation entre l'activité mentale et la conduction d'un influx électrique montre que la pensée est certes, dans une mesure importante, liée au fonctionnement du cerveau. Cependant, l'observation reste superficielle et n'apporte de satisfaction que parce qu'elle confirme une manière de raisonner simpliste. Mais la réalité se révèle bien plus com-

---

[635] *Cf.* L.R. Squire, E.R. Kandel, *La mémoire : De l'esprit aux molécules*, De Boeck Supérieur, 2002, pp. 12-13.

plexe. Dans ces conditions, comment comprendre la relation entre la conscience et le cerveau ?

La matrice holographique du cerveau

Le biologiste Paul Piestch[636] a démontré que si le cerveau d'une salamandre lui était retiré, l'animal resterait vivant, mais dans un état de stupeur ; que lorsque son cerveau était réimplanté, son activité redevenait normale. La manière dont il était remis n'avait aucune importance : on pouvait en inverser les hémisphères, les placer à l'envers ou n'en remettre que des petits bouts, les mélanger, les découper, les retourner... Le batracien se comportait normalement tant qu'une partie de son cerveau était présente, peu importait la forme. Comment concilier pareille observation avec l'hypothèse d'une correspondance causale entre l'activité d'un organe, le cerveau-machine et son sous-produit, les facultés conscientes d'un être vivant ?

La localisation des souvenirs

Si je coupe en morceaux la mémoire vive de mon ordinateur et la remets en place approximativement dans le boîtier, la machine risque de ne pas fonctionner. Pour l'ordinateur lui-même, la couche de *software* est déjà indépendante du *hardware* : ce n'est pas le *hardware* qui a produit le système d'exploitation, mais il a été pensé par des programmeurs intelligents et implanté ensuite dans la machine. Visiblement, dans un cas comme dans l'autre, le paradigme mécaniste ne tient pas.

Dans les années 1920, l'hypothèse d'une localisation des souvenirs dans le cerveau faisait l'unanimité[637]. Chaque souvenir devait laisser quelque part une trace matérielle dans les cellules cérébrales. Le neurologue Wilder Penfield avait même trouvé un nom pour cette trace :

---

[636] *Cf.* P. Piestch, *Shufflebrain*, Houghton Mifflin, 1981.
[637] Pour les détails de ce récit, lire M. Talbot, *L'Univers est un Hologramme*, Paris, Pocket, 1995.

« *engramme* »[638]. Toutefois, nul n'était capable d'en préciser exactement la nature. S'agissait-il de neurones, ou d'un type particulier de molécules ? Ayant réussi à établir une série d'expériences sur des épileptiques, Penfield avait montré qu'en stimulant électriquement les lobes temporaux on pouvait faire ressortir des souvenirs et même faire revivre dans le détail des épisodes de la vie passée du sujet. Une femme se crut dans sa cuisine, avec son fils qui jouait dans le jardin. Un enfant entendit sa mère au téléphone et Penfield réussit à obtenir toute la conversation. Il ne pouvait s'agir de rêves, mais bien du déclenchement *artificiel* d'une sorte d'enregistrement d'une séquence de vécus conscients, le patient revivant un *flash back*. Penfield en conclut que nous disposions d'une mémoire immense et que le cerveau devait enregistrer la totalité de l'expérience passée.

Karl Pribam[639] n'avait au début aucune raison de mettre en doute la théorie des engrammes de Penfield. En 1946, il fut amené à travailler avec Karl Lashley, au laboratoire de biologie des primates de l'Orange Park, en Floride. Depuis trente ans, Lashley cherchait désespérément les mécanismes élusifs de la mémoire. Or Pribam constata que non seulement Lashley n'était toujours pas arrivé à produire la moindre preuve de l'existence des engrammes, mais que ses recherches semblaient au contraire saper une à une les découvertes de Penfield. Le travail de Lashley consistait à entraîner des rats à exécuter un certain nombre de tâches, par exemple courir dans un labyrinthe. Ensuite, il prélevait au bistouri sur le cerveau des cobayes des portions de matière grise, supprimant par là le secteur où était supposé être inscrit le processus mémoriel qui leur permettait de triompher des difficultés du labyrinthe. La surprise fut que, quelle que fût la portion du cerveau qu'il retran-

---

[638] *Cf.* D.L. Schacter, *A la recherche de la mémoire : Le passé, l'esprit et le cerveau*, De Boeck Supérieur, 1996, pp.99 *sq.*.
[639] *Cf.* K.H. Pribam, J.M. Ramirez, *Cerebro y conciencia*, Ediciones Díaz de Santos, 1995.

chait, les souvenirs subsistaient. Le rat avait certes ses capacités motrices atteintes, il trébuchait, mais, pour une raison inconnue, la mémoire était intacte.

Si chaque souvenir avait sa place dans le cerveau comme un livre sur les rayons d'une bibliothèque, pourquoi les ponctions de Lashley restaient-elles sans effet ? Il y a deux possibilités : a) soit les souvenirs sont en dehors du cerveau, b) soit ces souvenirs sont dépourvus de localisation spécifique et distribués dans l'ensemble du cerveau.

Des franges d'interférences holographiques

Pribam se débattait avec l'hypothèse d'une distribution globale de la mémoire quand il tomba, dans les années 60, sur un article du *Scientific American* au sujet des premiers hologrammes : il venait de trouver le modèle théorique permettant de résoudre les difficultés soulevées par les expériences de Lashley.

Un hologramme est obtenu par la division de rayons de lumière de cohérence laser en deux faisceaux, le premier rebondit sur l'objet à reproduire, le second est acheminé par un jeu de miroir et entre en collision avec les ondes lumineuses diffractées du premier[640]. Il en résulte un système de *franges d'interférences* qui va ensuite s'enregistrer sur une plaque photosensible. A l'œil nu, contrairement à une plaque argentique ordinaire, on ne voit nulle ressemblance avec l'objet holographié. Et pourtant, si un rayon laser vient frapper le film, l'image en relief apparaît. Il existe un codage mathématique de l'image dont nous possédons la clé. Si l'on casse en deux la plaque sur laquelle est enregistré l'objet, chaque moitié, éclairée sous le laser rendra, non pas la moitié de l'image, mais sa totalité. Si on recommence la fragmentation, l'objet continue d'apparaître entièrement, mais de façon de plus en plus floue.

Appliquée au cerveau, l'analogie est fascinante. De même que chaque secteur de la plaque holographique est

---

[640] *Ibid.*, pp. 84 *sq.*.

capable d'enregistrer les informations requises pour reconstituer une image entière, il est possible que le cerveau
opère semblablement en abritant dans chacune de ses parties de quoi reconstituer un souvenir dans sa totalité.
Lashley avait remarqué que les centres optiques offraient
une incroyable résistance à l'éradication chirurgicale. Or,
même amputé à 90% de son cortex visuel, un rat continue
de pouvoir exécuter des tâches exigeant un très haut niveau de compétence optique. Pribam montra qu'il était
possible de sectionner 98% des nerfs optiques d'un chat
sans sérieusement diminuer son aptitude à des tâches visuelles complexes.

La partie et le tout

Imaginons comment un certain spectateur serait encore capable d'apprécier un film projeté sur un écran dont
les 9/10ᵉ auraient disparu. Les anciens théoriciens de
l'optique, dans la lignée de Descartes, croyaient à une correspondance point par point entre l'image vue par l'œil et
la manière dont elle s'inscrit dans le cerveau. Les expériences de Pribam montrèrent qu'il en était autrement. La
résistance à la chirurgie prouvait que chaque image perçue
se distribue dans le cerveau. Très étonnamment, *la partie
contient le tout*. Le principe n'est pas nouveau, il est dit dans
les plus anciennes traditions que l'univers est contenu dans
chacune de ses parties ; cependant, c'était la première fois
que cette proposition se trouvait justifiée dans la structure
même du fonctionnement cérébral. Le cerveau traite
l'information par le biais d'un hologramme interne. Le
processus holographique est une interface entre l'activité
mentale et la structure matérielle du cerveau. Cela expliquait pourquoi on ne trouve pas de correspondance point
par point entre la réalité extérieure et l'activité électrique du
cerveau. Si le cerveau traite l'information de manière holographique, il est absurde de chercher des correspondances,
tout aussi absurde que d'aller chercher sur la plaque photosensible d'un hologramme les contours réalistes de l'objet

que l'on voit apparaître quand on l'éclaire sous un faisceau laser. On ne voit que des circonvolutions et des moirures vides de sens pour une reconnaissance analytique qui chercherait un duplicata objectif.

Cependant, à quels phénomènes ondulatoires le cerveau a-t-il recours pour créer un hologramme interne ? Pour le comprendre, il fallait déconstruire la vision purement mécaniste du cerveau. Il existe des communications électriques dans le cerveau entre les neurones. Cette communication doit avoir un caractère intégral. Les neurones sont extraordinairement rameux. Lorsqu'un message électrique atteint l'extrémité d'une branche, il doit rayonner, ainsi que le fait l'onde d'un caillou projeté dans une mare. Le phénomène ondulatoire est là et les ondes doivent aussi produire des franges d'interférence. Pribam prit conscience que ces messages devaient probablement donner naissance à un kaléidoscope holographique potentiellement infini de franges d'interférences, lesquelles étaient probablement à l'origine des caractéristiques holographiques du cerveau[641]. En somme, l'hologramme n'a jamais cessé d'être présent dans la nature ondulatoire des échanges entre les cellules nerveuses, mais jusqu'à présent, nous n'avions pas eu l'intelligence de nous en apercevoir.

Le paradigme holographique

La qualité d'une bonne théorie vient d'abord de sa fécondité explicative. La formule vaut tant en physique, que dans toutes les sciences. L'intérêt d'une théorie nouvelle vient surtout de : a) ce qu'elle peut constituer un progrès par rapport aux théories précédentes ; b) son aptitude à envelopper les résultats antérieurs ; c) ce qu'elle permet de rendre compte d'un nombre étendu de faits et d'apporter une solution à des problèmes laissés irrésolus par les théories précédentes. N'est-ce pas le cas de la théo-

---

[641] *Cf.* K.H. Pribam, J.M. Ramirez, *Ibid.*

rie holographique[642] ?

Le phénomène de la mémoire

Prenons le problème de l'importance colossale de la mémoire que le cerveau serait censé stocker dans des *traces*. John Von Neumann a calculé qu'au cours de la durée d'une vie humaine moyenne, les données enregistrées par nos cellules cérébrales seraient de l'ordre de $2,8 \times 10^{20.}$, soit deux cent quatre-vingt milliards de milliards de données[643]. Dans un espace aussi restreint que celui du cerveau, cela fait tout de même beaucoup. Si l'on admet que le cerveau joue un rôle fondamental dans la fixation du souvenir, il doit y avoir, en dehors des traces, un procédé original pour y parvenir. Or les hologrammes ont une prodigieuse capacité de stockage de l'information. Chacun autorise l'enregistrement sur la même plaque de plusieurs images, chacune d'entre elles pouvant être restituée en rétablissant l'angle de lecture d'enregistrement. L'utilisation d'un procédé holographique peut faire tenir cinquante Bibles dans un centimètre carré d'émulsion holographique. Le paradigme holographique rend donc les divers prodiges de la mémoire beaucoup plus intelligibles. Qu'on se rappelle l'histoire de l'informatique ainsi que l'accroissement exponentiel du stockage de nos disques durs et leur miniaturisation accélérée. Le vivant fait cela depuis des millions d'années et avec une efficacité des milliers de fois supérieure.

Considérons le phénomène de la mémoire affective. Nous en avons un exemple célèbre chez Marcel Proust[644], dans *Du côté de chez Swann*. Le narrateur trempe la madeleine dans le thé et soudain une bouffée de souvenirs

---

[642] *Cf.* E. de Bellefeuille et *al.*, *Le paradigme holographique*, Paris, Le Jour, 1984.

[643] *Cf.* J. Von Neumann, *Théorie générale et logique des automates*, Paris, Champ Vallon, 1996.

[644] M. Proust, *Du côté de chez Swann*, Phonereader, 1966.

d'enfance remontent en lui. Passée la surprise, il laisse s'épanouir le souvenir de ces moments où, rendant visite à sa tante, il avait coutume de goûter la madeleine dans le thé. Le paradigme holographique permet de comprendre comment, d'un détail, l'esprit peut aller spontanément vers le tout, car il n'existe pas de détails séparés, il n'existe que la totalité holographique du souvenir. Il n'est donc guère étonnant qu'un détail puisse éveiller une résonance si complète et si forte, effet simplement inintelligible dans l'hypothèse de traces localisées dans un cerveau à tiroirs.

Nous avons déjà évoqué le phénomène de rétentivité de la mémoire immédiate. Pour la plupart d'entre nous, elle reste très faible en durée et n'est pas cultivée. Chez certaines personnes pourtant, elle devient une mémoire photographique parfois stupéfiante dans ses performances. Sri Aurobindo[645] pouvait, à la demande, continuer une phrase lue à haute voix par un ami d'un livre qu'il avait lu la veille. Il est des personnes observatrices qui photographient littéralement un lieu. Nous avons vu précédemment que la plaque holographique brisée donnait une image de plus en plus floue de l'objet. Le paradigme holographique suggère que les personnes douées de mémoire photographique doivent avoir un accès conscient à des secteurs plus vastes de leurs hologrammes mémoriels que la plupart des hommes. La faiblesse commune viendrait inversement d'un accès conscient limité à la mémoire holographique. C'est ainsi l'équivalent de l'image floue de l'hologramme physique fragmenté. Un fonctionnement cohérent du cerveau pourrait permettre une libération consciente très élevée des pouvoirs de la mémoire.

L'intelligence globale

Les philosophes aiment bien parler de l'illusion de la douleur du membre fantôme chez une personne ampu-

---

[645] *Cf.* Satprem, *Sri Aurobindo ou l'Aventure de la conscience*, Paris, Buchet-Chastel, 2003.

tée[646]. A partir du corps propre, nous pouvons distinguer ce qui est interne comme l'amour ou la colère, et ce qui est externe, comme la chaleur du soleil, les applaudissements après un spectacle, une odeur de pain flottant auprès d'une boulangerie. Néanmoins, du point de vue du sujet réel, il n'est nulle différence, car toute expérience est *ici*. C'est le sujet qui constitue l'espace. Comment l'amputé pourrait-il sentir une douleur au pied, alors qu'il n'a plus sa jambe ? Or, justement, la caractéristique essentielle d'un hologramme est de créer l'illusion de choses là où il n'y a rien, et s'il donne l'impression de se déployer dans l'espace, la main qui cherche à le saisir ne rencontre que du vide. L'hologramme est une image virtuelle donnant l'impression d'exister en un lieu où elle n'est pas. Il n'est donc pas étonnant que nous puissions, comme Georg Von Bekesy[647] l'a démontré, avoir des sensations là où nous sommes dépourvus de tout récepteur sensoriel. Le paradigme holographique est ici remarquablement pertinent pour rendre compte de ces phénomènes. Le travail de Bekesy conforte très largement le modèle de Pribam. Il s'agit donc, dans le cas du membre fantôme, d'un souvenir holographique du membre absent, tel qu'il est enregistré dans les systèmes de franges d'interférence du cerveau.

Gall, l'inventeur de la « bosse des maths »[648], avait au XIX⁰ siècle donné une cartographie assez simpliste des zones du cerveau. Celle-ci a contribué à accréditer l'interprétation mécaniste, car elle se situe dans le registre du concept de cerveau à tiroirs. On s'est très vite aperçu de la naïveté d'un tel point de vue, car il était parfaitement incompatible avec le phénomène très étonnant de la vicariance des fonctions cérébrales. En cas de lésion cérébrale,

---

[646] Voyez par exemple ce qu'en dit Merleau-Ponty, cf. M. Merleau-Ponty, *La Phénoménologie de la Perception*, Paris, Gallimard, 1976.

[647] *Cf.* G. Von Bekesy, *Sensory inhibition*, Princeton University Press, 1967.

[648] *Cf.* S. Dehaene, *La Bosse des maths : Quinze ans après*, Paris, Odile Jacob, 2010, pp. 174 *sq.*.

lors d'un accident, le cerveau peut très bien déplacer une fonction vers une zone adjacente, ce qui permet à l'individu de jouir de la totalité de ses facultés. Le psychisme n'a pas de résidence précise dans le cerveau en raison même de sa structure holographique globale. Si nous disposions d'un ordinateur possédant des milliards d'unités de traitement, nous n'aurions pas de difficultés à comprendre que la déficience de certaines d'entre elles n'empêche nullement que le travail soit délégué à d'autres. Il suffit d'admettre une *intelligence globale* contrôlant l'usage du système, ce qu'implique exactement le paradigme holographique.

L'aptitude à la formalisation

L'apport majeur du modèle holographique, c'est son aptitude à la formalisation mathématique. Les premières théories physiques sur l'holographie, qui donnèrent à Dennis Gabor le prix Nobel de physique, datent de 1947. L'originalité de Gabor[649] a été d'approcher l'holographie par un modèle conçu par le mathématicien français du XVIIIe siècle, Joseph Fourier. Le coup de génie consistait, chez Fourier, à avoir trouvé le moyen de convertir toute structure, quelle que fût sa complexité, en un langage de formes d'ondes élémentaires. Il démontrait comment il était possible, à partir de la forme d'onde, de restaurer la structure d'origine, mettant ainsi en évidence un processus mathématique similaire à celui par lequel nos modernes caméras de télévision traduisent des images en fréquences électromagnétiques qu'un récepteur retraduit à son tour en images. Les équations qu'il développa pour convertir des images en forme d'ondes, et vice versa, ont reçu le nom de « transformations de Fourier ». C'est grâce aux transformations de Fourier que Gabor parvint à consigner des informations sur un objet à partir des franges d'interférences

---

[649] *Cf.* H.G. Feichtinger, T. Strohmer, *Gabor Analysis and Algorithms: Theory and Applications*, Springer Science & Business Media, 1998.

des moirures informes des émulsions photographiques. Elles permirent alors de transcrire ces systèmes de franges d'interférences en des images tridimensionnelles de l'objet original.

Dans les années soixante-dix donc, des chercheurs entrèrent en relation avec Karl Pribam pour lui montrer que le cortex visuel devait nécessairement jouer le rôle d'un analyseur de fréquences. Le cerveau fonctionnait comme un hologramme. En 1979, les neurophysiologues Russel et Karen De Valois découvrirent que chaque cellule du cortex était programmée pour répondre à un type précis de saisie dans l'espace : ce sont les « détecteurs de structure ». Nicolai Bernstein, dans la foulée, s'aperçut que si on filmait les pas d'un danseur, les mouvements, convertis en formes d'ondes, se révéleraient analysables dans les équations de Fourier, les mêmes que celles dont s'était servi Gabor pour l'holographie. Bernstein eut la surprise de constater que les formes d'ondes comportaient des structures cachées permettant de prédire le mouvement suivant d'un sujet un centimètre à l'avance.

Pribam comprit tout de suite les implications de ces découvertes : les mouvements du sujet ne révélaient leurs structures cachées qu'après l'analyse harmonique pour la bonne et simple raison que le cerveau les enregistrait ainsi. Or, si le cerveau analyse tout mouvement en le réduisant à des composantes fréquentielles, la rapidité avec laquelle nous sommes capables de maîtriser n'importe quelle tâche physique trouve *illico* son explication. Nous n'apprenons pas à dactylographier en mémorisant analytiquement chaque phase du processus, ce qui serait pénible et laborieux, mais l'apprentissage se fait toujours sur un mode global en saisissant l'ensemble du mouvement dans sa fluidité.

Mais si le réel est décodé par le cerveau sous l'aspect d'un hologramme, de quoi est-ce l'hologramme ? Le réel est-il dans le monde objectif capté par le cerveau, ou bien dans les franges d'interférences captées par la caméracerveau ?

La conscience du réel

C'est sur cette question que Pribam rencontra le physicien David Bohm, dont l'interprétation spécifique de la théorie des quanta l'avait reconduit à une interprétation de l'unité dynamique du réel impliquant le concept d'hologramme. La perspective de Pribam ouvrait sur une éventualité : le monde objectif des choses que nous percevons dans l'état de veille n'est qu'une interprétation d'une réalité qui n'est pas celle que nous connaissons. Est-il possible que ce que nous appelons « réel » du point de vue de la vigilance, ne soit qu'une vaste symphonie de résonance, d'ondes de formes, un espace de fréquence attendant d'avoir pénétré dans notre conscience pour se métamorphoser en monde tel que nous le connaissons ?

L'univers et l'hologramme

David Bohm, par des voies différentes de Pribam, en était arrivé à la conviction que, s'il existait une similitude entre l'univers et un hologramme, ce n'était pas simplement une analogie symbolique. Exposant son point de vue à Albert Einstein, il avait axé sa réflexion sur le problème, à l'époque négligé, de l'interconnexion des phénomènes quantiques. Au *Berkeley Radiation Laboratory*, il entreprit un travail décisif sur les plasmas et constata que les électrons, dès qu'ils étaient dans un plasma, cessaient de se comporter comme des unités individuelles, pour se conduire comme les éléments d'un tout plus vaste et interconnecté. Bohm était à ce point impressionné par de tels phénomènes d'organisation qu'il avoua avoir eu parfois nettement le sentiment que la mer d'électrons était réellement vivante. L'approfondissement de l'interconnexion quantique l'amena d'abord à remettre en cause la conception classique de la causalité. La démarche habituelle consistant à rechercher derrière un événement une ou plusieurs causes s'avère fausse, une infinité de causes étant à l'œuvre pour que se produise un effet donné, et tout l'univers étant impliqué dans l'apparition d'un événement. Par exemple, qu'est-ce qui a provoqué la mort de Lincoln ? Apparemment, c'est la balle de revolver tirée par John Booth. Mais il ne s'agit là que d'une simplification. Il faudrait inclure, en réalité, l'ensemble des événements ayant concouru à la fabrication du revolver, l'ensemble des facteurs ayant amené Booth à vouloir tuer Lincoln... ; de proche en proche, il faudrait impliquer toute la texture du réel. Cette réalité, dit Bohm, compromet toute synthèse possible des théories relativiste et quantique : « [...] la théorie de la relativité exige continuité, stricte causalité (ou déterminisme) et localité. De l'autre côté, la théorie des quanta exige non-continuité, non-causalité et non-localité. Ainsi les concepts de base de la théorie de la relativité et de celle des quanta se contredisent directement l'un l'autre. Il n'est donc pas tellement surprenant que ces deux théories n'aient jamais été unifiées d'une façon consistante. Il semble extrêmement probable qu'une telle unification ne soit pas possible actuellement. »[650]

La représentation classique issue du mécanisme est fragmentaire et analytique, tend à considérer l'état global d'un système comme le résultat de l'interaction de ses parties. Or le potentiel quantique dont parle Bohm se situe à l'inverse. Tout événement surgit au sein d'un système, de sorte que la réalité fondamentale se situe davantage dans la totalité que dans ses parties. Selon Bohm, la totalité quantique est bien plus proche de l'unité de fonctionnement des parties entre elles d'un organisme vivant que de l'unité qui résulte de l'assemblage des pièces dans une machine. Par conséquent, à un niveau extrêmement subtil de la matière, au niveau quantique, le concept même de *localisation* perd toute signification. Chaque point de l'espace y est consubs-tantiel à l'ensemble des autres, en sorte que parler

---

[650] D. Bohm, *La Plénitude de l'Univers*, Paris, Le Rocher, 1987, p. 173.

de quoi que ce soit comme distinct de ce tout devient absurde : c'est ce qui se nomme la *non-localité*. Cette caractéristique du potentiel quantique permet de parler de *champ unifié*, ce qui permet de comprendre pourquoi il peut y avoir une connexion instantanée de particules jumelles, sans violation de l'interdit relativiste du dépassement de la vitesse de la lumière.

Bohm s'interrogea ensuite sur les concepts d'ordre et de désordre. Il est superficiel de ranger, comme on le fait d'ordinaire, les phénomènes physiques en *ordonnés* (le flocon de neige, le vivant), et *désordonnés* (les numéros de la roulette, les grains de blé jetés par terre). Bohm remarqua qu'il existe une grande diversité de degrés d'ordre dans la nature ; qu'il est des choses qui, au niveau macroscopique, sont très ordonnées et il n'est nullement interdit de penser qu'en réalité, l'univers est hiérarchisé à l'infini. Du coup, Bohm se demanda si l'idée même de désordre n'était pas une illusion : ce qui nous semble désordonné pourrait très bien être supporté par un niveau d'ordre plus fondamental. L'exemple que prend Bohm est un dispositif où une goutte d'encre est introduite dans de la glycérine : on met en mouvement le mélange par une manivelle ; la goutte disparaît quand on fait tourner le cylindre et se reforme quand on tourne en sens inverse. Dans la terminologie de Bohm, un ordre peut être explicite, manifeste, ou *expliqué*, ou bien implicite, non-manifeste, ou *impliqué* ; la théorie de Bohm porte sur cette relation de l'ordre impliqué à l'ordre expliqué.

Revenons-en à notre plaque holographique. A l'œil nu, elle est comme la goutte à l'état diffus, elle paraît en désordre. On ne peut rien identifier, ce ne sont que moirures, courbes dessinées au hasard, comme dans une peinture aléatoire. Pourtant, il est bien un ordre impliqué qui devient explicite quand on éclaire correctement la plaque d'un faisceau laser. L'objet, le petit canon napoléonien surgit aussitôt en 3D. Les phénomènes qui nous apparaissent d'une manière qui nous paraît chaotique, se déplient un ordre dans lequel ils étaient impliqués. Les exemples en sont légions. La conséquence en est donc que l'Univers déploie son mode opératoire suivant des principes holographiques. Bohm affirme pertinemment que l'univers est un gigan-tesque hologramme en perpétuel échange avec lui-même. La manifestation d'un phénomène est le fruit d'un enveloppement et d'un développement, d'une pliure et d'une dépliure dans lesquels l'explicite est constamment en relation avec l'implicite. Mais comme le terme de holo-gramme désigne d'abord une image statique et que nous avons affaire avec l'univers à une totalité extrêmement dynamique, Bohm préfère parler de *holomouvement* : « Le holomouvement [l'ordre implicite], indéfinissable et imme-surable implique que cela n'a pas de sens de parler d'une théorie fondamentale sur laquelle tout ce qui appartient à la physique pourrait trouver une base permanente, à la-quelle tous les phénomènes de la physique pourraient être définitivement réduits. »[651]

La conscience de l'englobant

Dans son essence, le holomouvement se développe dans l'unité et conserve toutes les caractéristiques d'un hologramme. Pour comprendre une vision de cet ordre, nous devons dépasser l'idée de séparation. La pensée dans la vigilance est régie par la dualité ; elle est portée à séparer, opposer, fragmenter ; elle court donc le risque de perdre constamment de vue l'unité et l'englobant. La diversité existe bel et bien, Bohm ne le nie pas, et il ne faudrait pas tout confondre, mais la diversité n'existe que dans l'unité. Il y a une erreur de l'intellect dans la fragmentation du réel, erreur qui se perpétue dans une non-reconnaissance du réel, non-reconnaissance qui enferme la pensée dans cette illusion qui est à la racine de la plupart de nos problèmes.

La pensée duelle nous empêche de voir la nature réelle de l'univers en mettant des séparations là où il n'y en

---

[651] D. Bohm, *op. cit.*, p. 160.

a pas. Mais cela ne veut pas dire que la conscience soit étrangère et coupée du réel. L'ontologie supposée par le modèle holographique nous amène à penser que la conscience est une forme subtile de la matière, sans qu'il soit possible de tracer une frontière précise entre l'une et l'autre : tout au plus un niveau énergétique différent ; la relation entre le réel perçu et la potentialité de la manifestation se situant dans les profondeurs de l'ordre impliqué. On voit mal comment, dans ces conditions, on pourrait radicalement opposer vivant et non-vivant : l'un et l'autre règne s'interpénètrent et leurs frontières sont imprécises. La vie est partout dans les replis de l'Univers, attendant de s'épanouir. Même une pierre est vivante, vie et intelligence ne se rencontrent pas seulement au détour de la matière mais aussi dans l'énergie, l'espace, le temps, la texture de l'univers, et autres catégories qu'il nous plaît d'abstraire du holomouvement pour y voir, à tort, des réalités distinctes. D'après les traditions anciennes, le microcosme est fait à l'image du macrocosme ; et nous y voilà : de même que chaque fragment de l'hologramme contient l'image de la totalité, de même l'univers est tout entier dans chacun de ses plis.

Comment se fait-il alors que nous n'ayons pas une intelligence de cette unité ? La conscience d'unité relève-t-elle de la pensée ? Certes, la pensée est entraînée et même conditionnée pour se représenter l'univers dans la dualité. Elle est même invariablement portée à prendre sa représentation pour l'univers lui-même. Ce conditionnement est-il d'ordre biologique ou bien d'ordre culturel ?

La pensée et le cerveau

La pensée, dans ce qu'elle a de plus mécanique, est liée au cerveau. Des expériences récentes ont montré qu'il était même possible à un sujet de commander par la pensée le déplacement du curseur sur l'écran d'un ordinateur. Les signaux électriques sont transmis par câble à l'ordinateur, par le biais d'un bonnet contenant des senseurs qui permettent de suivre l'encéphalogramme et de transformer le signal en commande. Les succès de la neurologie contemporaine dans cette direction ont permis à Changeux[652] de tabler sur le réductionnisme et d'afficher une théorie épiphénoméniste de la conscience.

La pensée s'auto-transforme dans le corps dans des processus biochimiques. La pensée de la peur stimule la production des molécules correspondantes qui deviennent l'émotion de la peur, avec ses sueurs, ses palpitations, sa montée d'adrénaline. L'amour, de la même manière, met en mouvement l'incroyable usine chimique du corps. Toute intention née dans le mental s'auto-transforme dans le corps, parfois de manière spectaculaire, comme dans l'*effet placebo*. Cependant, la plupart des processus organiques étant inconscients, la pensée ne peut en revendiquer la maîtrise. Il est bel et bien une *intelligence du corps* dont le caractère global est indéniable et qui, nous pouvons le voir avec Deepak Chopra[653], suppose un niveau plus subtil que celui du corps physique : le niveau du *corps quantique*. L'existence d'une l'intelli-gence du corps nous montre distinctement que nous ne pouvons réduire l'*intelligence* à la seule pensée intentionnelle. Cette intelligence du corps n'est même pas confinée dans le cerveau, mais elle aurait le caractère d'enveloppement d'un champ. Nous retrouverons cette idée dans les travaux de Rupert Sheldrake : « L'ordre impliqué n'est pas intégré dans des systèmes matériels spatio-temporels ; on dirait plutôt que les systèmes matériels et l'espace et le temps se déplient de cet ordre sous-jacent. Tout événement, objet ou entité descriptibles, du monde ordinaire, déplié, est "une abstraction d'une totalité inconnue et indéfinissable de mouvement fluide". Bohm a baptisé ce flux universel holomouvement. "Le holomouvement qui est une vie implicite est à la base à la fois de la vie explicite' et de la 'matière inanimée', et cette

---

[652] *Cf.* J.-P. Changeux, *L'Homme Neuronal*, Paris, Editions Pluriel, 2012.
[653] *Cf.* D. Chopra, *Le corps quantique*, Paris, InterEditions, 2003.

base est celle qui est première, auto-existante et universelle". L'holomouvement "porte" l'ordre impliqué, et est "une totalité intacte et indivise. »[654]

Selon Sheldrake, la mémoire, information structurelle, est inhérente à la nature. La *théorie de la causalité formative* montre justement que l'information dans l'univers est structurée sous forme de *champ* et ne peut se réduire à une caractéristique matérielle, au sens habituel du terme. Le concept de champ a ceci de particulier qu'il ne constitue pas une *chose* et n'est pas observable directement. Les *champs morphiques* sont encore mal connus, mais l'expérience confirme amplement leur valeur d'hypothèse. Aux dires de Sheldrake, un champ conserve encore une valeur matérielle, mais sa texture est faite d'une matière bien plus subtile que celle des objets observables, y compris les molécules telles que l'ADN, l'ARN, ou les protéines de structure.

En quoi le paradigme holographique du cerveau peut-il nous éclairer sur cette relation entre cette forme de pensée et le cerveau ? Incontestablement, il apporte une pièce de plus à un puzzle qui commence à prendre forme, en nous donnant une image complexe et inédite des rapports entre la conscience et la matière. Le cerveau est un hologramme enveloppé dans un univers holographique. Le cerveau construit mathématiquement une réalité objective par le biais de l'interprétation de fréquences qui relèvent en dernière analyse d'une autre dimension dans laquelle nos concepts d'espace-temps-causalité perdent leur validité. Si on doit chercher comment il peut le faire, nul doute que l'on trouvera des processus biochimiques qui seront autant de mécanismes mobilisés à cette fin. Quand nous considérons les productions techniques d'une usine, nous ne pouvons les expliquer en ne prenant en compte que les machines qui ont servi à les produire. Il faut remonter en amont au bureau d'étude ayant planifié l'ensemble. Le

---

[654] R. Sheldrake, *La Mémoire de l'Univers*, Paris, Le Rocher, 2002, p. 301.

paradigme holographique permet de comprendre la carte 3D dominant les mécanismes biochimiques du cerveau, la structure globale qui rend raison de leurs fonctions. Il n'y a donc pas contradiction sur ce point.

CONSCIENCE ET EXISTENCE

C'est de la conscience que nous partons pour définir l'être humain par rapport à toute autre existence. L'homme aurait le privilège de la conscience. Mais de quelle conscience ? Peut-il y en avoir plusieurs formes ? Que veut dire l'expression *être conscient* ? Faut-il voir dans la conscience un attribut humain ? Opposer la conscience de l'homme à l'inconscience de la nature suffit-il pour définir la conscience ? La conscience n'est-elle pas plutôt un caractère général de tout ce qui est vivant ? La conscience est-elle un acte particulier ou une connaissance que l'existence a d'elle-même ?

La caractéristique de l'humain

Etre conscient, est-ce *penser* au sens où l'homme est un être pensant ? Une perspective classique d'approche de la conscience consiste à y voir un caractère anthropologique et à opposer le statut de la conscience humaine à l'ordre des objets ou à l'ordre de l'animalité. En quoi l'homme se distingue-t-il, en tant qu'être conscient, de l'animal ? Qu'y a-t-il de spécifique dans la conscience humaine ?

Les degrés dans la nature

Sur la base de notre expérience commune nous pouvons poser quatre degrés dans la nature, dans les formes d'existence :

1° *Les minéraux existent* simplement, immédiatement, dans une certaine structure, et nous aurions du mal à soutenir qu'il y a en eux une forme de conscience. La pierre a sa forme qu'elle maintient contre l'érosion, c'est son existence sous cette forme qui nous semble inerte, non consciente ; je ne vois pas en elle la palpitation d'une vie, je ne puis dialoguer avec elle, elle est pour moi, sujet de la vigilance, un simple *objet*, une *chose*.

2° *La plante existe et sent*, possède en elle une forme de vie végétative au sens où nous ne voyons pas en elle de principe de mouvement. La plante n'est cependant pas insensible au milieu sonore qui lui est imposé : quelque chose se manifeste en elle qui n'est pas dans le minéral, et qui est le vivant. Mais puis-je parler de conscience ? Comment allons-nous définir ce degré élémentaire de sensibilité par rapport à la conscience humaine ?

3° *L'animal existe, sent et connaît*, il a une mémoire et peut établir des associations élémentaires ; il surprend parfois par son ingéniosité, sa sociabilité : comment ne pas lui reconnaître un certain degré de conscience ? Mais la conscience, si elle est présente en lui, est soumise à la pression des besoins immédiats, au conditionnement de l'instinct.

4° *L'homme existe, sent, sait et sait qu'il sait* : il rassemble en lui tous les degrés de la conscience et la redouble d'une réflexion sur soi. Si la conscience est *cum* (avec) *scientia* (science), alors elle est bien spécifiquement humaine, et c'est par cette caractéristique d'une connaissance qui se connaît elle-même que, par extension, on l'identifie avec la conscience. L'homme est non seulement conscient au sens de l'ani-mal, mais se pense lui-même, se connaît dans une représentation de lui-même qu'il constitue par concepts et il se connaît dans des concepts, le concept étant justement l'idée générale et la représentation, le tissu formé avec les concepts.

L'homme et la nature

Mais que veut dire se connaître par la conscience ? Est-ce la pensée qui oppose l'homme au reste de la création ? Cette idée d'un fossé entre l'homme et la nature, résultant de l'apparition de la pensée, est très présente dans la culture occidentale. D'après Pascal, la *conscience* équivaut à la *pensée* qui nous révèle les limites de notre existence : « La grandeur de l'homme est grande en ce qu'il se connaît misérable ; un arbre ne se connaît pas misérable. »[655] L'arbre ne peut se *représenter* ce qu'il est, il se contente d'*exister*. L'homme se voyant lui-même, se mesure d'abord à son corps et, se voyant dans ses limites corporelles il se découvre fini, donc misérable. Sans la représentation de la finitude, il n'y aurait pas conscience de la finitude, l'homme ne se sentirait pas misérable dans un univers qui le dépasse de tous côtés. Mais, paradoxalement, c'est une grandeur que cette connaissance qui fait apparaître la misère : la pensée fait la grandeur de l'homme. Ce paradoxe fait donc apparaître toute l'ambiguïté de la pensée, puisqu'elle est à la fois ce qui tire l'esprit de l'inertie d'une existence ignorante, mais qui le précipite aussi dans les limites esquissées par ses représentations. L'homme est sa pensée. Face à une nature inconsciente – selon cette interprétation de la nature – l'homme a le privilège de la conscience et il doit donc savoir l'assumer. Si nous sommes condamnés à penser, de par notre condition, nous sommes aussi condamnés à nous élever par la pensée, et pour la même raison : toute notre dignité consiste donc en la pensée. Inversement, notre indignité est aussi dans notre pensée. Notre existence n'est rien d'autre que ce que notre pensée aura engendré. Je deviens ma pensée et ma pensée modèle ce que je suis.

Dans cette analyse, l'opposition de l'homme et de la nature est radicale. Comme nous ne voyons pas dans la nature d'êtres qui, semblables à nous, seraient capables de disposer de la connaissance d'eux-mêmes, nous en venons à opposer rudement l'homme et la nature. L'homme existe en ayant conscience de lui-même ; la nature, elle, se contente d'exister sans conscience de soi. On peut ainsi, avec Hegel, opposer *l'existence immédiate* et *l'existence médiate* : « Les choses naturelles ne sont qu'immédiatement et pour ainsi dire en un seul exemplaire, mais l'homme, en tant

---

[655] B. Pascal, *Pensées*, Paris, Larousse, 1965, p. 74.

qu'esprit, se redouble, car d'abord il est au même titre que les choses naturelles sont, mais ensuite, et tout aussi bien, il est pour soi, se contemple, se représente lui-même, pense et n'est esprit que par cet être-pour-soi actif. »[656]

La plante ou l'animal existent en soi, immédiatement, parce qu'ils ne se représentent pas ce qu'ils sont. En tant qu'esprit, l'homme admet en lui les deux degrés, il a une double existence. L'homme existe et sait qu'il existe en se représentant lui-même sous une forme, il se contemple lui-même, il existe *pour soi*. Les choses, elles, existent seulement *en soi*. L'*en-soi* fait référence à l'existence immédiate et irréfléchie et le *pour-soi* à une existence médiate et réfléchie. Si donc il se rencontre une conscience dans la nature en dehors de celle de l'homme, elle sera de l'ordre de l'immédiat. Si elle était réfléchie, elle se serait reflétée dans un langage par concepts. Je pourrais discuter avec mon chat et lui me répondre. Mais la pensée immédiate demeure à l'état de sentiments, d'images ou de souvenirs, elle n'est pas encore concept, elle est immergée indistinctement dans l'Etre. Elle ne s'est pas encore réfléchie pour prendre conscience de ce qu'elle est. Hegel ne prend pas en compte la possibilité qu'il puisse y avoir au sein de l'Etre une conscience de soi originaire, il voit dans la conscience de soi une formation seconde.

La connaissance de soi

Hegel désigne donc sous le terme de *conscience de soi* la formation de la conscience qui, se retournant sur elle-même, permet l'acquisition de connaissances sur soi-même à partir d'une conscience immédiate. Cela peut être sur un plan *théorique*, au sens où, par introspection, l'homme se penche sur lui-même, tente de se décrire, discerne en lui-même les méandres du cœur humain. Il découvre qu'il est un *sujet* et ce que représente la *subjectivité*. Mais la conscience de soi se forme aussi dans la *pratique*, puisqu'en

---

[656] G.W.F. Hegel, *Cours d'Esthétique I*, Paris, Aubier, 1995, p. 45.

transformant le monde des objets, l'homme y met un peu de lui-même et se reconnaît alors dans ce qu'il a fait. L'intériorité enveloppe l'extériorité et la transforme à sa propre image. L'intériorité de l'homme (le *pour-soi*, position de la thèse) vient graver son empreinte sur l'extériorité (*l'en-soi*, position de l'antithèse) et le résultat est une contribution à la formation de la *conscience de soi* (position de la synthèse). On voit ici dans le processus de la formation de la conscience de soi, l'illustration d'un mode d'exposition très systématique chez Hegel qu'il nomme la *dialectique*, procès logique suivant la médiation thèse-antithèse-synthèse.

La conscience de soi ici se confond avec la connaissance de soi. Elle est un résultat dû à la démarche de la réflexion sur soi enveloppant la temporalité. Ce processus est une genèse progressive, une médiation à partir de l'immédiat. Cette genèse commence très tôt puisque le petit garçon qui jette des pierres dans le torrent et admire les ronds qui se forment dans l'eau, admire en fait une œuvre où il bénéficie du spectacle de sa propre activité. Cette manière de ramener à soi un acte en contemplant ce que l'on est capable de faire atteste de ce que l'ego est déjà mûr et s'est placé au centre de son monde ou d'un monde qu'il veut faire sien. La conscience du moi est bien en cours de formation.

C'est donc tardivement que l'enfant d'homme acquiert le sens du moi. L'enfant ne commence pas tout de suite à dire « moi, moi ». A l'époque où il passe indifféremment d'une activité à une autre, sans attachement, il n'est guère dans la position d'un ego centré sur lui-même. A cette période, il parle de lui-même en disant « il », ou en employant son nom. Son identité n'est pas encore fixée, sa conscience est encore indifférenciée. L'ego n'est pas encore présent, et pourtant il y a déjà un « je », l'enfant parle déjà. Cela veut dire, d'après Kant, qu'il y a en lui une pensée qui a commencé à distinguer, à nommer des objets, sans que pour autant il se soit mis lui-même au centre comme un « moi » souverain : « Il faut remarquer que l'enfant qui sait déjà parler assez correctement ne commence qu'assez tard (peut-être un an après) à dire Je ; avant, il parle de soi à la troisième personne (Charles veut manger, marcher, etc.) ; et il semble que pour lui une lumière vienne de se lever quand il commence à dire Je ; à partir de ce jour, il ne revient jamais à l'autre manière de parler. Auparavant il ne faisait que se sentir ; maintenant il se pense. »[657]

Dans le *sentir* apparaît l'immédiat de la sensation et du sentiment. Dans le *penser* apparaît la représentation de soi, qui tisse une forme et donne une identité. L'idée du moi apparaît sur un fond indifférencié dans la manière qu'a l'enfant de se situer : « C'est ma maman et mon papa... je suis le petit garçon de maman et papa ». Dans la pensée de l'enfant naissent les enfants de la dualité, les oppositions entre ce qui est à moi et ce qui n'est pas à moi, la différenciation entre moi et les autres et avec elle, la comparaison avec l'autre. C'est alors que la rupture avec l'immanence du petit animal humain est totalement consommée, l'enfant prend conscience qu'il est un ego, une personne, au sens où il est un être unique qui reste le même dans le temps, donc identique.

Le passage de l'enfant à l'adulte réplique dans une genèse progressive, la distinction structurelle qui sépare les différents règnes de la nature et notamment la séparation de l'animal et de l'homme. L'enfant est d'abord pris dans l'immanence de la nature que connaît l'animal et il s'en distingue en opposant son moi à ce qui n'est pas son moi propre. Nous voyons alors mieux ce qui constitue la spécificité de la conscience humaine, cet avènement de la dualité entre le *sujet* (le moi) et l'*objet* (le non-moi), car c'est dans cette *dualité* que se structure peu à peu la conscience de l'ego. On ne trouve pas chez l'animal une conscience du moi. Souvent, l'animal fait passer la conscience collective –

---

[657] E. Kant, *Anthropologie du point de vue pragmatique*, Paris, Vrin, 1984, p. 17.

son clan, son troupeau, sa ruche – avant sa conscience individuelle, il n'a qu'une vague conscience de lui-même et une conscience qui ne se représente pas sa propre existence.

Le champ de conscience

Etre conscient c'est être un sujet conscient. Mais cela veut aussi dire être éveillé et faire l'expérience de quelque chose. Qu'est donc l'expérience *vécue* en tant qu'elle est consciente ? Et qu'appelle-t-on un *fait de conscience* ? « Je suis conscient » est une expression qui désigne un ensemble de phénomènes apparaissant dans le champ de la conscience. Je suis conscient implique : je perçois la lumière au dehors, les bruits dans la salle, une pensée qui me traverse... Tout ce qui se présente à moi est un *vécu* de conscience. L'apparition d'un vécu est semblable à un éclairage porté sur un objet, un spot lumineux symbolisant la lumière de la conscience. Compris de cette manière, le champ de conscience possède plusieurs caractéristiques. Il est d'abord limité, puisque je ne puis avoir conscience de tout. Il est relatif à mon regard se posant sur un objet digne de mon intérêt. Je ne fais pas attention à ce qui ne m'intéresse pas. Je m'en sens propriétaire, car c'est en lui que s'inscrit mon expérience. Un champ a aussi sa structure géologique, de même, mon champ de conscience porte en lui des strates relatives à mon expérience passée. A partir de là, quelles sont les caractéristiques du vécu conscient ?

Intentionnalité et immédiateté

Pour mieux comprendre les caractères du vécu conscient, il faut partir de la vigilance et de la plus importante propriété de la conscience : toute conscience est intentionnelle. Husserl entend par « in-tentionnalité cette propriété qu'ont les vécus d'être conscience de quelque chose »[658]. L'*intentionnalité* est la propriété de la conscience qui fait qu'elle se présente à nous, dans la vigilance, toujours comme conscience-de-quelque-chose, dirigée vers un *objet* qui constitue sa visée intentionnelle. Le sujet de la vigilance se structure dans son rapport à l'objet.

En percevant, je suis conscient-de cette porte qui claque, de cette lumière qui luit. Quand je désire, je suis conscient-de ce que je désire. Dans l'imagination, la rêverie, ma conscience devient conscience d'images... Tout vécu de vigilance est conscience tendue vers un objet. Il en résulte particulièrement, non seulement que l'homme se pense toujours dans le cadre de ses motivations, par rapport à une certaine finalité à l'égard des objectifs qu'il se propose ; mais aussi l'évaluation que nous faisons des autres en jugeant des intentions qu'avait autrui en agissant. La phénoménologie part de cette découverte pour portraiturer la conscience, l'intentionnalité étant sa thèse centrale. Husserl différencie dans le vécu le *cogito*, le penseur, ou sujet conscient, du *cogitatum*, le pensé, ou objet de conscience. Les états de conscience sont appelés intentionnels, et le mot intentionnalité signifie cette spécificité foncière et générale qu'a la conscience d'être conscience de quelque chose, de porter, en sa qualité de *cogito*, son *cogitatum* en elle-même. Sujet et objet conscients forment une totalité donnée dans le vécu de la vigilance. Cependant, une dualité est présente qui structure l'expérience. En insistant sur la dualité présente dans l'intentionnalité, nous dirons que la conscience est *ek-stase* vers le monde. En effet, être conscient de quelque chose m'enlève à moi-même et me tire vers l'objet. La conscience vigilante est tout naturellement *extravertie*.

Le vécu conscient se caractérise aussi par l'*immédiateté*. Quand j'ai peur, il n'y a pas de distance entre moi et la peur, j'ai immédiatement conscience du vécu, le vécu est

---

[658] E. Husserl, *Idées directrices pour une phénoménologie*, Paris, Gallimard, 1950, p. 283.

donné sans distance. Je n'ai pas besoin de déduire ce dont j'ai conscience, puisque c'est immédiatement là. En revanche, pour admettre l'existence de phénomènes inconscients, il faut opérer une déduction, dire par exemple que ce tic nerveux de l'orateur vient de son inconscient. On ne peut observer l'inconscient, mais seulement les données de la conscience. Freud suppose l'inconscient comme hypothèse valide d'explication de certains phénomènes conscients. L'inconscient ne peut entrer dans la sphère de la conscience, mais il est caché, sinon il ne serait pas l'inconscient. Ce dont nous avons immédiatement l'*expérience*, c'est du *conscient*, ce qui est un autre terme pour désigner le champ de conscience. L'immédiateté du vécu renvoie aussi au caractère pathétique des *sentiments*. Quand je suis triste, la tristesse est là immédiatement dans le vécu, sans distance possible. L'affectivité se joue dans ce rapport direct de soi à soi que la conscience porte en elle dans l'instance du vécu.

Subjectivité et personnalité

Les vécus se caractérisent aussi par l'*intériorité*. Le mot intérieur ne saurait être compris dans un sens purement spatial. Quand on dit que les vécus sont intérieurs, on veut dire qu'ils sont toujours portés par la présence à soi de la conscience. Un vécu n'est réel pour nous que parce qu'il constitue avec d'autres vécus la trame de notre vie intérieure. Cette intériorité nous permet aisément de nous poser par rapport aux choses dans le monde. Les choses semblent exister sous une forme sans avoir cette intériorité constitutive d'un sujet conscient. Dans l'intériorité se joue le rapport du moi avec lui-même, l'intimité. L'intériorité peut être plus ou moins dense, plus ou moins vide, à l'image de la valeur de la présence à soi du sujet ou de son absence.

Le vécu est caractérisé par la *subjectivité*, il ne peut être observé par plusieurs témoins extérieurs. Si tel était le cas, nous serions exactement dans la situation de l'objectivité, la même qui est recherchée dans la mise en commun des expériences que réclame la science. Le vécu, dans son caractère unique et vivant, est donné originellement à un seul. Pierre et Paul peuvent bien ensemble dire que le ciel est bleu, mais Pierre ne peut se transporter dans la conscience de Paul pour savoir ce qu'il éprouve, et réciproquement. Le sens commun, sous l'influence de la tradition scientifique, emploie le mot « subjectif » en marquant un doute devant le contenu de l'expérience. Cet import négatif, cette méfiance à l'égard de la subjectivité est caractéristique de notre savoir moderne qui privilégie l'objectivité, l'observable, le mesurable. Pourtant, même si notre savoir privilégie l'objectivité, en tant que sujet, nous sommes une subjectivité et la vie est subjective, ainsi que sont subjectives toutes les qualités données dans le vécu. Pour Edgar Morin, la subjectivité joue un rôle important dans la connaissance des réalités humaines : « Toute connaissance (et conscience) qui ne peut concevoir l'individualité, la subjectivité, qui ne peut inclure l'observateur dans son observation, est infirme pour penser tous problèmes, surtout les problèmes éthiques. »[659] Une telle conscience peut être efficace pour la domination des objets matériels, le contrôle des énergies et les manipulations sur le vivant, mais « elle est devenue myope pour appréhender les réalités humaines et elle devient une menace pour l'avenir humain »[660].

La subjectivité du vécu implique un autre caractère qui est la *personnalité*. Le vécu est personnel au sens où il prend place dans une histoire personnelle, dans la mesure où il contribue à une identité du sujet conscient. Le langage courant sait bien faire la différence entre ce qui est personnel et ce qui ne l'est pas. Dans ce qui est personnel, il y a un rattachement étroit et intime de l'ego à certains objets qui sont comme des briques de construction de la person-

---

[659] E. Morin, *La méthode 6. Éthique*, Paris, Le Seuil, 2004, p. 65.
[660] *Ibid.*

nalité. Le mot *personnalité* désigne par extension la structure complexe du sujet conscient, la structure psychique qui caractérise l'identité individuelle. C'est de lui-même que le vécu entre dans l'histoire du moi et en un sens, tout vécu qui apparaît dans le champ de conscience, loin d'être anonyme ou impersonnel, se voit marqué du sceau du moi.

Temporalité et disponibilité

Le vécu apparaissant est marqué par la *temporalité*. La pensée n'est pas une chose fixe, mais un flux extrêmement mobile et rapide. La vigilance est un courant de conscience où le vécu s'auto-transforme de lui-même pour revêtir des aspects divers. Il ne serait guère aisé de reconstituer le nombre des idées, des images, des perceptions qui se succèdent en nous, au cours de seulement quelques minutes. Notre pensée est souvent agitée et la concentration n'est pas notre état le plus courant. Dans la vigilance, l'inquiétude nous agite constamment et produit des formations de pensée. La philosophie contemporaine prend acte de cet état de fait, tout en insistant sur la temporalité immanente au champ de la conscience. Le vécu se déroule dans le temps psychologique et c'est dans le rapport au temps que nous vivons constamment. Cela signifie que le changement n'est pas un caractère annexe de la conscience, un caractère qui lui serait ajouté de l'extérieur, mais le *moi* est en devenir, car nos pensées, nos vécus eux-mêmes se déroulent en nous dans le temps. Il ne saurait y avoir de conscience vigilante sans une rétention du passé sous la forme de souvenir ; il ne saurait y avoir non plus de conscience sans une propension vers un futur sous l'aspect de projet ; enfin il ne peut y avoir de conscience sans la possibilité d'une attention au présent.

Le champ de conscience ne se borne pas à être un écran de cinéma devant une conscience hallucinée, projetée sur l'écran, arrachée vers les objets. J'ai dans la vigilance conscience-de-quelque-chose, mais je garde aussi la possibilité de me détacher-de tel ou tel objet, en bref, il y a dans le témoignage de la conscience une valeur essentielle de disponibilité. Non seulement toute conscience est *conscience-de-quelque-chose*, mais en même temps, toute conscience est aussi *conscience-de-soi*. L'attention est ce pouvoir de conscience capable de passer d'un objet à un autre, sans que la conscience puisse réellement rester engluée dans un objet. L'attention volontaire est nommée *concentration*. L'attention involontaire est le propre d'un flottement de la conscience qui fait que l'on se laisse capter par un objet. Si une musique agréable parvient à mes oreilles et que je ne suis pas pleinement investi dans ce que je fais, mon attention est attirée. On dira alors que le champ de conscience est facultatif. C'est là que s'origine la liberté de la conscience à l'égard des objets du monde. La conscience est conscience-de-soi en même temps qu'elle est conscience-de-quelque-chose, elle est originellement une *Présence* qui s'appartient à elle-même, mais elle n'est pas un simple arrachement vers l'objet.

Vigilance et lucidité

Nous venons de repérer quelques-unes des caractéristiques importantes du champ de conscience qui nous permettent d'éclairer la signification de notre question initiale. Etre *conscient*, selon notre expérience quotidienne, c'est être *vigilant* et la vigilance porte en elle toutes les valeurs que nous venons de considérer. Cependant, si être conscient, c'est être vigilant, qu'est exactement la vigilance ?

La vigilance et l'état de veille

La vigilance est l'attribut essentiel de l'état de veille. L'état de veille ne se comprend qu'en référence aux deux autres états relatifs de conscience que sont le sommeil et le rêve. Considérons le moment où nous nous endormons. Au début, notre conscience est encore occupée par le monde circonvoisin, avec ses résonances, ses odeurs, ses contacts. Le monde est alors le lieu vers lequel notre conscience se dirige et à ce moment, la pensée nous appartient. En tombant dans le sommeil, notre rapport à l'extériorité se modifie, ainsi que notre rapport au corps. Survient, en même temps que le frémissement des muscles, la détente du corps, et des bouffées d'images. Nous perdons le monde de vue et nous commençons à rêver. La conscience conserve son intentionnalité, mais celle-ci se dirige maintenant vers le monde fictif du rêve, la conscience des choses devient une conscience d'images, tout en continuant à être une conscience-de-quelque-chose. L'activité de la pensée se poursuit dans l'absence du sujet au monde, dans un état d'inconscience. L'éveil ne tient pas à une activité de la pensée, car c'est au moment où justement la pensée devient la plus active, et même débridée, que nous sommes le plus enfoncés dans l'inconscience. Contradictoirement à une idée courante, il ne s'agit pas, pour être plus intensément éveillé, de penser beaucoup, il s'agit au contraire de ne pas se laisser distraire par des pensées inutiles qui corrompraient notre présence sur le plan de la perception.

Mais l'effondrement de la vigilance va dans le sommeil profond plus loin que le rêve. De manière intermittente au cours de la nuit, nous sombrons dans une torpeur profonde qui va ensuite permettre de régénérer le corps, nous sombrons ainsi dans le sommeil profond qui, lui, est dépourvu de pensée. Dans cet état le moi disparaît. Le sens du moi ne peut apparaître que si une pensée vient à se manifester ; en l'absence de pensée, il n'y a pas de sens du moi, ce qui signifie que le sens du moi n'existe pas en permanence. Paradoxalement, cet état est plutôt agréable, c'est là où nous sommes le plus paisibles et le plus détendus. Même un visage ingrat retrouve dans le sommeil une certaine beauté lui venant de la paix de la conscience endormie. L'ego passe son temps dans la vigilance à rechercher le bonheur dans les objets des sens, et étonnamment c'est au moment où le sens du moi disparaît qu'il y a un apaisement heureux. Si la pensée vient ainsi s'abolir chaque nuit, cela signifie que la conscience n'est pas toujours intentionnelle, qu'elle doit revenir périodiquement à une configuration non-intentionnelle, repliée en elle-même et sans pensée.

La vigilance et la représentation spontanée

Quand la vigilance se dispose, notamment au sortir du sommeil, l'intentionnalité se déploie à nouveau, et la conscience redevient conscience-de-quelque-chose. Elle sort donc de soi, de son repli intime du sommeil, et se voit précipitée dans ce réseau qu'elle tisse à travers toutes ses pensées dirigées vers le monde. La manière dont la conscience se situe dans cet état, nous l'appelons *représentation spontanée*.

En ce sens, la vigilance est un *qui-vive* devant le danger. On nous a dit et répété : « soyez vigilants ! », ce qui signifie : « faites attention ! » et c'est sous la forme de cette exhortation que nous comprenons la vigilance. C'est une mise en garde qui en appelle directement à nos responsabilités. Etre conscient, c'est ainsi faire attention, être sur ses gardes, surveiller ce que nous avons en charge, ne pas être inconscient et risquer de commettre des erreurs ou faire des bêtises. Cela implique qu'à l'état de veille, la conscience est d'emblée conscience morale, que le sens de la dualité dans lequel nous vivons est immédiatement interprété en termes de bien/mal.

La vigilance est ainsi par excellence la condition *ek-statique* de la conscience, parce que la conscience y est tirée hors de soi vers le monde. En entrant dans la vigilance, la conscience entre dans la position de la représentation spontanée ; elle tend à poser la réalité dans des objets extérieurs. Dans la vigilance, je me sens jeté dans un monde qui me précède, qui n'est pas mien, dans lequel je dois trouver ma place et m'orienter. Ce monde convoque immédiatement la tension du *devoir-être*. Je me sens responsable à l'égard du monde, placé en situation de vigile parce que je suis dans la vigilance. Ma veille est aussi une surveillance. Le mot vigilance est lui-même compris comme un rappel à l'ordre, comme s'il fallait sans cesse un aiguillon pour maintenir la vigilance d'une conscience qui risquerait, hormis cela, de s'endormir. Celui qui a la charge de surveiller est un *vigile*. La conscience hypertendue dans l'état de danger est donc hautement vigilante.

Il en résulte que, naturellement, la vigilance est davantage une conscience-de-quelque-chose qu'une conscience-de-soi. Le propre de la vigilance c'est de tirer la conscience vers un monde où ce que *je suis* est perdu de vue. Ce qui importe, c'est l'objet, pas le sujet, c'est le rappel à l'ordre constant du devoir-être vers le monde. La conséquence en est que, dans la vigilance, je m'oublie en faveur du monde. La vigilance tend à happer la conscience dans le monde. Il ne suffit donc pas d'être conscient pour se connaître puisque la conscience nous tire spontanément hors de nous vers le monde, vers l'objet. La tension vigilante rétrécit aussi le champ de la conscience. D'ailleurs, quand on mime l'attitude de quelqu'un qui est vigilant, on prend immédiatement une pose tendue vers des ennemis possibles, on plisse le front dans un effort, la conscience se réduisant à l'objet de son inquiétude. Elle n'est pas spontanément consciente d'elle-même, mais jetée au-delà d'elle-même, dans l'ordre de la conscience d'objet.

La vigilance et l'état de lucidité

Peut-on être dans la vigilance et simultanément conscient de soi ? Le harcèlement de la vigilance n'est pas la forme la plus haute de la conscience. Supposons un instant que l'attention demeure pleinement en éveil, mais sans tension : non pas une vigilance au sens ordinaire, active et tournée vers l'objet, mais une vigilance passive ; non pas un qui-vive hypertendu, une surveillance anxieuse, ni à l'opposé, une sorte de semi-hébétude, une conscience à moitié assoupie. Il existe un état où la conscience s'équilibre, que nous appellerons *lucidité*. La lucidité est un éveil où l'attention est pleinement vivante, une attitude faite de calme, de présence, de détente, qui advient quand l'attention, au lieu d'être avalée par l'extériorité, devient simultanément consciente de l'extériorité et de l'intériorité. La conscience lucide est telle une lampe sur le seuil de la maison, à la fois consciente de l'extérieur et de l'intérieur, elle est la conscience dans la position d'un témoin.

Quand l'intellect est placé dans la lucidité, il s'identifie à un *voir*, devient l'acte de voir, témoin de ce qui advient dans le champ de conscience. Il gagne la position de l'observateur. Dans cet état alerte et sans tension, l'esprit est particulièrement vif et *intelligent*. La lucidité permet, non seulement de découvrir toute la diversité du changement de l'expérience, mais de voir la complexité de l'ego, la rapidité du mental à prendre une forme, à se draper dans des pensées. Elle nous fait aussi accueillir la présence d'autrui sans préjugé, nous rend réceptifs. C'est dans cet état d'ouverture que je puis sentir l'arrogance, la grâce, l'affection, mais aussi l'agressivité, la sottise, les faux-fuyants..., tout ce qui se présente dans le *voir* lucide. Nous n'avons jusqu'à présent que rarement fait attention à ce qu'exprime autrui. La vigilance quotidienne nous entraîne dans le sillon de nos préoccupations, ce qui fait que nous n'avons qu'une appréhension très superficielle de l'autre, car elle est la plupart du temps jugée à l'aune de son utilité momentanée à notre égard. Si nous pouvons mettre entre parenthèses la tension de la vigilance, tout en étant aussi extrêmement conscients de nous-mêmes, nous saurons aussi écouter ce que la présence d'autrui exprime. Seule une conscience large et profonde peut donner cet enseignement, non pas la conscience étroite et bornée qui se déploie dans la vigilance. Il est alors indispensable que la conscience maintienne cet état où son regard est comme à la fois tournée vers l'exté-rieur et l'intérieur.

Cependant, quand nous disons que la vigilance est la condition de l'être jeté dans le monde, la condition *ek-statique* de la conscience, cela ne veut pas dire qu'elle nous rende en tant qu'êtres humains aussi étourdis que l'animal peut l'être sur le plan de la pensée immédiate. Chez l'homme, c'est la réflexion qui structure de part en part la vigilance et certainement pas la pensée immédiate. La réflexion m'engage dans le monde à travers mes projets, mes craintes, mes préjugés. Dire qu'un homme est *irréfléchi*, cela veut dire seulement qu'il ne met pas *intelligemment* en œuvre la capacité de réflexion qui est la sienne. Cela ne veut pas dire qu'il ne pense pas, qu'il ne se représente pas le monde d'une certaine manière. Le monde de ma vigilance est celui que je me représente. La pensée vigilante n'est pas vraiment immédiate, elle est traversée par une médiation constante, celle de la représentation naturelle. En entrant dans la vigilance, je pose un monde réel en face de moi, je pense dans une forte dualité sujet/objet, celle entre moi et les choses et entre moi et les autres. Cette manière typique de penser dans la dualité une réalité extérieure à soi est le thème qui traverse naturellement de l'intérieur la pensée à l'état de veille.

La philosophie devrait nous faire passer du plan de la pensée immédiate et irréfléchie à une pensée médiate et réfléchie. Si l'opinion commune était totalement irréfléchie, elle serait exempte de présupposés ; mais en fait, en-deçà de toute culture philosophique, la pensée est traversée par l'ensemble des présupposés de la représentation spontanée. Aussi est-il difficile de prétendre que la vigilance nous mette en présence de « données immédiates de la conscience », car ce que nous croyons donné immédiatement a déjà subi une médiation. Ainsi, quand je pense être jeté dans un monde qui serait là avant moi, je prends pour une évidence ce qui est réalisé par la stase de la conscience vigilante. En réalité, ce monde, je l'ai engendré dans ma représentation de veille comme extérieur, face à moi, réel. Je me suis aussi moi-même représenté comme identique à mon corps placé là. Cet acte de constitution n'a pas lieu dans le sommeil profond et il est différent dans le rêve.

CONSCIENCE ET ATTENTION

L'*attention* inscrit la conscience dans le présent, à la différence de la *rétention* du souvenir qui marque la relation au passé, et la *protension* de l'attente qui tire la conscience vers l'avenir. Ainsi, le temps psychologique du repli dans le passé, ou de la fuite dans l'avenir, ronge l'attention au présent et fomente sa dissolution. L'identification au temps est cette opération du mental qui, suscitant un *ailleurs* et un *autrement*, voile l'attention au *maintenant*, la présence. Conscience et attention ne sont donc pas dissociables. Mais la conscience peut-elle être définie par l'attention ? Le propre de l'attention n'est-il pas de porter davantage sur l'objet que sur le sujet ?

Attention et champ de conscience

Il nous faut revenir sur ce qui a été introduit plus haut au sujet de la relation entre l'attention et le champ de conscience. Christof Koch définit l'attention comme la « faculté de se concentrer sur un stimulus, un événement ou une pensée particulière au détriment des autres »[661]. Quel peut être son rapport à la conscience ?

Attention et intentionnalité

La conscience est tel un pinceau lumineux jailli du sujet se dirigeant vers un objet qui fait partie de son champ de conscience. Ce qui limite le pinceau lumineux, ce qui oriente son balayage et permet que la conscience se porte sur tel ou tel objet, peut être appelé attention. Par *objet*, nous entendons tout ce qui peut être présent dans le champ de conscience. Un objet peut désigner une chose. Dans ce cas, la lumière de la conscience emprunte le canal des sens, et dans la perception consciente, elle se rapporte d'abord à ce que la pensée identifie en tant qu'objet : le

---

[661] C. Koch, *A la recherche de la conscience : une enquête neurobiologique*, Paris, Odile Jacob, 2006, p. 392.

parapluie posé contre le mur, le chat endormi sur le rebord de la fenêtre, le coupe-papier de Sartre sur le bureau, ou le cube d'Alain. C'est le type privilégié d'intentionnalité décrit longuement par Husserl, fondé sur la relation sujet-objet[662].

La conscience intentionnelle, qui est une visée, ne se confond pas avec le champ de conscience, mais se déplace en lui, le parcourt, et éventuellement, tente de le saisir d'un seul regard. Le monde-de-la-vie est là, inépuisable, s'étendant dans l'espace. Le champ de conscience est la fenêtre sur un monde ouvert à toutes les consciences placées dans l'état de veille. Le faisceau lumineux ne crée pas un découpage, mais ne fait qu'éclairer. Ce qui est sous la lumière relève du *conscient* ; ce qui est dans l'ombre et peut cependant être éclairé est appelé *subconscient*. Il n'existe évidemment pas de frontière entre l'un et l'autre, car un déplacement d'attention peut mettre ce qui était dans l'ombre dans la lumière. Le champ de conscience ne manifeste nulle barrière, nulle coupure réelle. S'il peut y avoir des barrières, des coupures, cela ne vient que d'un acte propre à la pensée.

Limitation du champ de conscience

Le champ de conscience est aussi *limité*. Nous ne pouvons avoir conscience de tout. Notre fenêtre sur le monde s'ouvre sur l'infini, mais elle est petite. Comme la marge de notre conscience est attenante au champ, la sensation s'y étend et s'y diffuse. Nous sentons bien au-delà de ce que nous percevons. Nous pouvons même nous en rendre compte, jusque dans les phénomènes de synchronicité. De ce fait, nous ne sommes pas réellement propriétaires de ce qui est présent dans notre champ de conscience. Le mental intervient évidemment pour s'approprier les objets et il façonne un *sujet* pour qui les expériences

---

[662] E. Husserl, *Sur la phénoménologie de la conscience intime du temps : 1893-1917*, Editions Jérôme Millon, 2003, pp. 25, 214.

formeront une substance à part. Ce seront mes expériences, le point de vue sera mien. Le sujet surimposé s'appelle l'ego. En réalité, il y a seulement l'expérience s'éprouvant elle-même. De la même manière, comme l'ego n'existe que sur fond de mémoire, il réagit à ce qui est, filtre l'expérience actuelle et l'interprète en se servant du référent de l'expérience passée. On peut, pour conserver la notion de champ, dire que cette sédimentation est la structure géologique du champ de conscience.

Ainsi s'explique que le domaine de la perception soit fortement intellectualisé, au point que Sartre, par exemple, ait mis en doute l'existence de la sensation[663]. Cependant, lorsque l'activité mentale consistant à identifier, à nommer, se trouve suspendue, la perception change de qualité, devient plus sensible et naturellement contemplative. La conscience s'ouvre dans la présence. L'attention panoramique désigne l'expansion qui embrasse le champ de conscience, se fond en lui dans l'écho sensible de la présence. La présence revient toujours vers la sensation. Ce n'est certes pas la manière habituelle, *normale* de percevoir, qui consiste à mitrailler le champ de conscience de concepts et à exécuter permanemment une synthèse d'identification. Repérer l'objet que l'on cherche, le détail que l'on attend dans le comportement d'autrui, le repère mental utile dans un lieu étranger... sont les formes les plus communes de perception. Nous sommes bien plus intellectuels que nous voudrions le reconnaître. Là où nous imaginons que nos impressions sont les plus vives, là où nous nous croyons sensuels, c'est le plus souvent lorsque le conditionnement du mental joue à fond, lorsque nous sommes le plus réactifs. L'attention panoramique est réellement d'une qualité différente et son importance doit être reconnue, notamment en esthétique.

---

[663] *Cf.* R. Breeur, *Autour de Sartre : la conscience mise à nu*, Editions Jérôme Millon, 2005, pp. 74 *sq.*.

Attention et perception

Si le terme objet de conscience ne désigne pas uniquement la chose perçue, ce qui retient notre attention peut fort bien ne pas se situer dans l'extériorité. Le cours de nos pensées, quand il prend un tour compulsif, peut à lui seul mobiliser suffisamment notre attention pour rendre le champ de la perception complètement insignifiant[664]. Il suffit que je me mette à me raconter mes histoires dans ma tête pour que mon attention soit drainée vers mes pensées. On se méprend entièrement quand on croit que l'homme du commun est irréfléchi et inconscient parce qu'il serait perdu dans les choses extérieures ; mais il est inconscient et irréfléchi dans la mesure même où il est perdu dans ses pensées, agrippé à une activité mentale constante qui le rend absent du monde réel. Quand je me perds dans mon monde, que me dit mon interlocuteur ? Du point de vue d'un observateur extérieur, je suis devenu inattentif et c'est pourquoi, le réflexe de l'observateur sera de rappeler l'attention : « Eh, tu m'écoutes ou tu rêves ? ». Le rappel de l'attention signifie revenir ici et maintenant, au sein de la perception ; ce qui veut dire que pour un moment, je n'étais pas là.

Ceci nous conduit à une autre propriété remarquable. Il est une relation étroite entre la qualité d'éveil présente dans la perception et la nature de l'attention. Dans la fatigue, quand le degré de vigilance devient très faible, alors la lumière du cône de l'attention s'affaiblit et immanquablement, le cercle dessiné se restreint. Inversement, quand l'acuité de la conscience s'élève, quand un grave danger nous menace, nos sens sont mis brusquement en éveil : nous sommes mis en alerte, comme un chat guettant une souris. Non seulement la lumière de la conscience est plus vive, mais le cercle du champ de conscience s'ouvre, pour perdre ses limites ; l'attention est mobilisée

---

[664] Lire à ce sujet : Sam Ling, *How Attention Affects Perception*, ProQuest, 2007.

par la situation d'expérience dans une rare intensité. Le danger convoque l'insurrection de l'attention, élimine la torpeur présente dans la conscience habituelle. C'est à ce moment que le mot *présence* prend un sens pertinent. Ainsi pouvons-nous dire que la présence est relevée par l'intensité de l'attention et cette intensité n'est nullement séparable de l'éveil. Quand la vigilance est à son degré le plus élevé, quand la dualité sujet-objet cesse de dominer et que la conscience de soi est là en même temps que la conscience du monde, dans un unique feu intérieur, nous parlons de *lucidité*. Ce qui est remarquable dans la lucidité, c'est l'aptitude de l'esprit à rester alerte et immobile, dans un état où *l'intelligence* est éveillée, où le sens de l'observation est porté à son point culminant. Inversement, quand la lucidité vient à manquer, quand la vigilance est affaiblie, il suffit d'une stimulation de la nature compulsive du mental, pour que l'attention devienne fragmentaire, instable, agitée. Alors l'attention saute constamment d'un objet à un autre et devient incapable de se poser sur quoi que ce soit ; l'agitation mentale, sous la forme de pensée compulsive, de tiraillement continuel dans la recherche d'un nouveau stimulant, se déroule dans un certain degré d'absence et un affaiblissement général de la vigilance : d'où une incapacité invétérée à poser l'attention, marque indubitable de l'inconscience.

Perte et éveil de l'attention

Le mot attention vient du latin *attentio*, dérivé du verbe *attendere* qui signifie « tourner son esprit vers ». La définition habituelle de l'attention y voit un effort de concentration sur quelque chose ou quelqu'un. C'est une erreur, elle accroche l'attention à l'objet, implique une forte dualité, d'où l'idée de danger auquel il faudrait parer au plus vite ; enfin, elle part de la concentration pour expliquer l'attention, alors que c'est l'inverse qui est vrai. Voyons ici pourquoi l'attention est une qualité de la conscience du sujet, pourquoi elle n'implique pas nécessairement un effort et pourquoi c'est elle qui rend possible la concentration.

Attention et inconscience

Prenons la question à l'envers, examinant de quelle manière l'attention se défait. Quand l'attention faiblit, insensiblement elle tombe dans l'inconscience. Si nous devions placer un marqueur sur notre dessin représentant l'analogie du lac, avec ses différents niveaux conscient-subconscient-inconscient, nous dirions que celui-ci est au niveau *conscient* dans l'état de veille, au niveau *subconscient* dans le rêve et au niveau *inconscient* dans le sommeil profond. Il s'agit, d'après Bergson, d'un retrait progressif de la conscience : « Qu'arrive-t-il quand une de nos actions cesse d'être spontanée pour devenir automatique ? La conscience s'en retire. Dans l'apprentissage d'un exercice, par exemple, nous commençons par être conscients de chacun des mouvements que nous exécutons, parce qu'il vient de nous, parce qu'il résulte d'une décision et implique un choix ; puis, à mesure que ces mouvements s'enchaînent davantage entre eux et se déterminent plus mécaniquement les uns les autres, nous dispensant ainsi de nous décider et de choisir, la conscience que nous en avons diminue et disparait »[665].

Nous pouvons, dès lors, comprendre ce qu'est la déstructuration de l'attention, en observant ce qui se produit dans le glissement de l'état de veille à l'état de rêve. Tant que la vigilance est présente, le sujet conserve sa disponibilité et l'attention peut être dirigée, y compris en luttant contre la fatigue. Dans la chute du sommeil, ce que le sujet perd en premier lieu, c'est son aptitude à maintenir et diriger son attention. Les bouffées d'images qui surgissent dans le rêve semblent implacablement le mettre en position d'identification à l'objet. La conscience hallucinée du rêve est perdue dans le sautillement chaotique des images,

---

[665] H. Bergson, *L'Energie spirituelle*, Paris, PUF, 1982, p. 11.

jetée sur l'écran de son film mental. Recluse dans l'imagination onirique, l'attention est suspendue. Plus de témoignage, plus de présence à soi, donc pas d'attention. Pour Bergson, c'est une seule et même chose de veiller et de vouloir, de vouloir et d'être attentif. Le rêve est précisément ce moment où la tension de la vigilance prend fin. Cette *détente*, est la fin des préoccupations de la vigilance et la mise en suspension de l'attention. Le rêveur se désintéresse du monde réel et là où il n'y a pas d'intérêt pour le monde perçu, il n'y a pas non plus d'attention.

Il est possible de reproduire *artificiellement* ces conditions de fragmentation de l'attention à l'intérieur de l'état de veille. Prenons un enfant devant l'écran de télévision, avec au programme, l'excitation émotionnelle d'un divertissement, des clips publicitaires, des séries ou des films d'action. C'est une sorte de pulvérisation de l'attention, c'est du rêve accessible les yeux ouverts. Nos chaînes de TV commerciales savent produire une compulsion, une agitation mentale constante, semblable au défilé des images oniriques. Et si cela ne suffit pas, les consoles de jeux des petits enfants, les jeux vidéo d'action des plus grands produisent le même effet. A raison de quatre heures par jour en moyenne, ce mode de conditionnement a une influence directe sur l'attention. L'existence médiatique est sollicitée dans un seul sens : celui de la dissolution de l'attention dans quelque chose qui bouge. Une course de voitures, une poursuite sous les salves d'armes à feu, des filles qui se trémoussent en musique... : c'est le moment de détente où on peut, les yeux écarquillés, se désintéresser du réel et laisser l'attention s'absorber hypnotiquement dans le spectacle.

La division de l'attention

Moins dramatique, mais tout aussi préoccupante est la *division* de l'attention. Il est de bon conseil, nous dit Alain, de ne jamais poursuivre deux lièvres à la fois : « Le travail a des exigences étonnantes, et que l'on ne comprend jamais assez. Il ne souffre point que l'esprit considère des fins lointaines ; il veut toute l'attention. Le faucheur ne regarde pas au bout du champ. »[666] Nous ne pouvons *bien* faire une chose, qu'en lui donnant une attention complète. A vouloir faire deux choses à la fois, on les fait mal. Toute division de l'attention affaiblit l'esprit et ne donne en pratique que des résultats inférieurs à ce que serait un investissement total, passionné même, de l'attention dans un travail. Des entreprises ont pendant une période tenté de mettre de la musique d'ambiance sur des chaînes de production. Seulement, si l'ouvrier se met à écouter, il perd une part de l'attention à ce qu'il fait et c'est du mauvais travail. En fait cette pratique s'est soldée par une baisse de productivité et a été abandonnée en usine.

Mais avec nos technologies, elle est réapparue de manière individuelle. Nous vivons dans une civilisation très bruyante. Il est difficile de trouver un café sans avoir à supporter un téléviseur allumé ou la radio. Beaucoup de personnes travaillent dans un esprit divisé, sollicitées par d'autres objets. Dans une immense majorité, les adolescents travaillent à la maison en écoutant de la musique. Ils supportent mal le silence et le meublent aussitôt par du bruit. Il en résulte que l'esprit n'est jamais tout à fait à l'étude et pas tout à fait non plus à l'écoute de la musique, ce qui produit une tension constante, une nervosité épidermique et mine l'attention de l'intérieur. Les lieux d'étude empêchent le recueillement et invitent à la division : les vitres intégralement ouvertes vers ce qui se passe à l'extérieur, c'est une sollicitation perpétuelle à quitter l'étude en cours.

Plus généralement, dans notre vie quotidienne, la conscience est discontinue, comporte des trous, des absences, qui relèvent de l'inattention. C'est la principale cause des erreurs, des accidents, des maladresses. Si nous changeons le bébé sur la table à langer, tout en pensant à

---

[666] Alain, *Propos sur l'éducation*, Paris, PUF, 1969, p. 17.

une partie de danse, il y a un risque en s'éloignant d'un danger, d'une chute. Inversement, si nous épluchons des légumes dans un esprit qui n'est pas divisé, en y mettant notre attention, il y a fort peu de chances de se couper. Vivre en pleine conscience protège au mieux des dangers. Il y a dans l'attention une prescience, comme si nous étions avertis du danger. Lorsque la vigilance comporte des trous, des absences, nous ne savons plus répondre au réel.

Attention et intelligence

Si l'attention est un rappel invitant à *tourner son esprit vers*, c'est surtout un rappel adressé à un esprit qui est *ailleurs*, perdu dans ses pensées, agité, dispersé, ou bien emporté dans une réaction, ou bien qui ne regarde pas là où il faudrait. *Porter son attention vers* veut dire sortir de la nébulosité, de l'agitation mentale habituelle, *rassembler* sa conscience, et donc être davantage centré, présent au réel.

De Descartes à Alain, en passant par Maine De Biran et Bergson, le *volontarisme* a souvent mis en amont de l'attention la tension d'un effort imposé par l'intellect et le prolongement d'un jugement dans un acte. La raison en est la manière toute impérative, presque disciplinaire, dont nous interprétons l'attention dans la représentation naturelle. On dit au maladroit : « Fais attention ! » C'est un commandement, un ordre ; un claquement de fouet ; se tenir sur ses gardes, se mettre intérieurement au garde à vous et surveiller ce que l'on fait en ne relâchant pas son attention. Toutefois, la volonté et l'effort ne sont pas identiques : l'attention ne se réduit pas à la volonté ni à l'effort, elle les précède ; elle est plus une intelligence qui s'applique qu'un effort qui se perpétue. Ce qui sollicite l'intérêt, ce qui éveille l'intelligence mobilise immédiatement l'attention.

Il arrive aussi que, dans une sensation vive, ce soit la présence du réel qui attire notre attention. Une envolée magnifique de piano dans le salon, et tout d'un coup l'attention devient extrême, le mental se tait, nous sommes là, extrêmement présents. L'écoute déborde le cadre d'un seul sens. La résonance est complète dans le corps et elle est immanente au lieu. Le charme de la musique attire l'attention, qui est naturellement attirée par la beauté. En cela, il n'est nul effort et cependant l'état d'attention est là, compact, intense, vif de cette vitalité qui est l'attention à la Vie. En somme, ce qui se manifeste est une *surconscience*, par rapport à la conscience habituelle ; et pourtant c'est une attention involontaire ; en réalité, ce n'est pas tant l'objet qui compte dans l'attention, que l'intensité de la présence du sujet.

Ce qui est surtout propice à l'attention, c'est le silence de la pensée, l'état d'ouverture, de Vacuité, qui met l'intelligence en état de recevoir. C'est seulement quand l'intelligence est complètement ouverte et silencieuse qu'elle est éveillée et qu'un intérêt profond peut surgir. Un esprit bouillonnant de pensées est agité et bruyant, incapable d'attention. Là où l'attention est la plus vive, c'est précisément quand l'esprit est complètement silencieux, dans une écoute libre de toute pensée : là où l'attention est *libre* tout court, parce que la disponibilité au présent est entière.

Attention et présence

Si l'attention consiste, sans qu'il y ait la moindre perte de conscience, à suspendre la pensée dans une disponibilité à ce qui est, elle repose sur une forme de conscience différente de la vigilance ordinaire. Dans l'état de veille, la pensée maintient une tension, celle de la visée intentionnelle sujet-objet, mais elle limite la disponibilité de l'intelligence. En fait, la conscience habituelle est dominée par la forme-pensée de l'objet. C'est dans ce sens que nous pouvons dire qu'elle est davantage une conscience-de-quelque-chose qu'une conscience-de-soi. Or, l'attention n'a-t-elle pas justement plus de profondeur que ce que lui prescrit l'intentionnalité ?

L'objet de l'attention

L'attention véritable est *sans objet*, au sens où elle n'est pas la visée du mental, pressée dans le panorama sensible d'apposer des étiquettes, de repérer les personnes, de dénommer les objets, de juger telle ou telle conduite, de poursuivre telle ou telle motivation, tel ou tel désir, de mobiliser telle ou telle volonté. Elle se tient en-deçà du mouvement intentionnel et du temps psychologique.

Etre attentif, c'est être ici et maintenant, de toutes les fibres de son être, voir, observer ; c'est, dans une vive sensibilité, être conscient de ce qui advient à l'instant même, dans la présence sensible, et de ce qui se produit simultanément dans l'intériorité. Cela n'est possible que lorsque le mental est tranquille et que l'intelligence est libre, en alerte, tout entière dans l'observation. Quand le mental est agité, il est emporté dans les formes de la pensée. Quand il fait entrer en jeu l'effort, ce n'est que pour atteindre un objectif, un résultat fixé par avance. L'effort est marqué par le mouvement de l'ego dans la direction du futur. L'effort perpétue aussi les schémas du passé et son orientation est une ornière qui ne permet pas la découverte. La véritable attention donne une sensation d'espace dans le champ de conscience, de sorte que l'objet n'est plus prédominant, il est donné *dans* la conscience.

Le mot effort implique une intention, la volonté de parvenir à un but : une fin qui est un rappel du passé, de la mémoire et nous ne sommes jamais présents au moment même. Il serait plus précis de parler d'*attention juste*, au sens d'une écoute non orientée. Elle est sans effort, parce que totalement libre de direction, de motivation, d'imagination. L'écoute y est non orientée, et nul personnage n'y entrave la réceptivité globale. Cette écoute parfaite est notre vraie nature et c'est par elle que nous parvenons à nous connaître.

On peut être surpris de voir ici désignée l'intériorité essentielle comme une complète ouverture, car l'ouverture est impersonnelle, tandis que ce que nous désignons d'ordinaire par intériorité est personnel. Cependant, l'attention est l'intériorité même : elle est une fenêtre ouverte, qui n'est pas ouverte par la petite personne de l'ego ; l'attention est la fenêtre de l'âme. L'attention juste fait taire les voix bruyantes de l'ego et rend à l'intelligence l'humilité et la simplicité.

L'expérience esthétique

Le détour par l'art s'impose pour comprendre ce qu'est l'attention non pas en tant que concept, mais en tant qu'état. L'expérience esthétique laisse-être l'œuvre telle qu'elle est, met en pause l'activité intentionnelle, dépose le regard. Pour qui est familier des longues marches dans la Nature, cette aptitude à laisser-être est spontanée. Le ruisseau est là, les feuilles d'arbres qui tapissent le sous-bois sont là ; le fromager est là, installé dans l'Etre. Ce n'est pas comme une image de télévision qui sautille sans arrêt, passe d'une chose à l'autre, sans jamais laisser le temps de poser le regard. Les films qui ont une vraie dimension esthétique sont seulement ceux dans lesquels une lenteur apparaît, un plaisir de laisser couler l'objectif de la caméra lentement le long d'une colline. La dimension esthétique n'advient que lorsqu'un certain degré de silence tranquille est laissé dans la perception. C'est dans le silence que la beauté se donne, sur un fond impersonnel.

La perception dite *normale* n'est jamais libre ni posée, mais fortement orientée. Et si nous observons attentivement les conditions dans lesquelles elle se produit, nous verrons qu'invariablement il y a en elle l'excitation de l'ego. Si nous manquons d'ordinaire d'attention, c'est parce que tous nos sens, la vue, l'ouïe, l'odorat, le goût, le toucher, ont été orientés vers les réactions personnelles de défense et d'agressivité, utilisés comme des instruments pour la survie de l'ego. C'est donc comme si l'expérience esthétique était là pour régénérer la sensibilité.

Dans l'expérience esthétique, l'énergie est constante, les organes des sens trouvent leur plein rayonnement organique. Dans une écoute réelle, l'oreille ne capture pas le son, mais demeure détendue, réceptive au son, au rythme, au silence ; elle devient un instrument créatif qui transmet le son à la totalité du corps. Les sens n'opèrent plus séparément, et le corps tout entier est un organe sensoriel. L'écoute introduit à la relation non-duelle, globale, ce qui implique tout l'être et donc aussi tout le corps. D'ailleurs, quand nous sommes touchés profondément par la musique, nous pouvons remarquer que le son ruisselle dans tout le corps, que le corps est baigné par la musique.

Faut-il dès lors marquer une distinction entre une attention orientée, fonctionnelle, et l'attention libre, l'écoute ?

La source de l'attention

Elle vient de la Présence et elle y reconduit. Ce n'est pas une décision pensée, délibérée ou réfléchie qui fait naître l'attention. Elle vient d'elle-même. L'attention est la Conscience elle-même, avant toute construction mentale, un *voir* sensible qui ne découpe pas, ne tranche pas dans la perception, mais s'éprouve lui-même. C'est en ce lieu sensible que réside la sensibilité originaire, cette affection qui ne se sépare pas de Soi et ne peut être réellement qualifiée, nommée. C'est la Vie s'éprouvant elle-même dans sa véritable patrie intérieure. Pas un objet qui serait soumis à l'analyse, à des définitions ; pas un ego qui ferait irruption pour se commenter et se raconter. Jean Klein[667] dit que la Présence n'est entière que *dans votre propre absence*, en l'absence d'un « moi » qui serait posé face à un autre « moi » ou face à un objet.

La fleur que je regarde est une rencontre privilégiée, une grâce de la nature, et la nature nous offre à profusion une source d'émerveillement ; et cependant, tout objet vu, entendu, touché, peut nous ramener à notre vraie patrie qui est pur regard, pure écoute, pur toucher. C'est une

---

[667] *Cf.* J. Klein, *À l'écoute de soi*, Paris, Les Deux Océans, 1993.

question d'approfondissement de l'expérience, de plongée esthétique dans le panorama sensible. Stephen Jourdain[668] parle de *séisme édénisateur* à propos d'un papier dans un caniveau. Ce n'est pas l'objet qui importe, mais le tremblement sensible, la rivière du sentiment. Ce qui est justement étrange, c'est de remarquer l'approfondissement par lequel l'attention reconduit alors vers Soi. Au début, cela paraît comme une *attention pluridimensionnelle*, mais si l'attention demeure, elle finit par se dissoudre dans la conscience. Vous commencez par être conscient de quelque chose, puis ce quelque chose reflue dans la conscience, et ce qui reste est une conscience sans objet qui se connaît par elle-même. Ce mouvement d'intériorisation est la *méditation* ou, dans son sens le plus subtil, c'est une *prière*.

Les mots sont des boussoles, ne font que pointer vers ce qu'ils désignent ; parvenus à ce point où le discours conduit à la fois à l'essence de l'attention et au seuil de la présence, nous sommes aux limites de la formulation, aux limites extrêmes du langage. Nous ne pouvons trop demander au langage, nous ne pouvons que laisser venir ce qui se trouve au-delà des mots. Ultimement, s'il est une certaine compréhension, cette dernière se dissout dans l'être, et il n'existe plus rien à comprendre. Une fois que l'écoute libre de toute expectative a été découverte, il ne reste plus qu'à vivre avec la compréhension, qui donne l'aperçu véritable. Certes, la compréhension se travaille, il est important de la rendre réellement claire, aussi claire qu'une représentation géométrique, mais le fondu-enchaîné dans l'expérience va au-delà, dans l'expérience directe, permanente qu'à l'arrière-plan de toute pensée, il y a « Je suis », ce qui n'est pas conceptualisable, ce qui n'est guère reproductible par une machine.

---

[668] *Cf.* S. Jourdain, *Voyage au centre de soi*, Accarias, 2000.

CHAPITRE 9

L'universalité de la raison

Percevoir veut dire percer du regard, voir à travers, ce qui suggère que la perception correcte atteint d'emblée la réalité en traversant le flou de l'apparence. La percée, c'est l'intention, le regard dirigé, l'intentionnalité visant un *objet*. Mais dans la perception, l'objet compte bien plus que le sujet, car l'objet a le privilège de la réalité. Si nous sommes quelque peu attentifs, nous entendrons sonner une idée différente dans le *voir*, qui suggère une ampleur, une ouverture qui n'est pas limitée à un objet. Que voulons-nous atteindre en percevant ? Un objet défini ; identifier un objet est essentiel, car dans la représentation spontanée, l'objet équivaut à la réalité, nous n'avons aucun mal à imaginer que « derrière » nos sensations, il est bien une réalité : quelque chose qui existe « en-soi », indépendamment de moi et qui m'envoie, on ne sait comment, telle ou telle sensation. Après tout, mes sens ne me donnent-ils pas directement la réalité ? Ou bien, ce qui est réel, est-ce seulement ce que notre raison est à même de déterminer ?

Dans le *Discours de la méthode* Descartes, faisant du bon sens « la chose du monde la mieux partagée », ne le sépare nullement de la raison, présente tout entière en chaque homme dans l'*intelligence* à laquelle chacun d'entre eux a accès. Cependant, c'est une chose de disposer d'une capacité, c'en est une autre de l'exercer avec méthode ; et l'exercice méthodique est la raison elle-même, en tant qu'elle est la conduite ordonnée de la pensée. Pourtant, le divorce entre raison et bon sens a souvent été prononcé : il n'est rien de plus commun que l'affirmation selon laquelle la science doit contredire le bon sens. Cette affirmation est répétée par Bachelard, et la nouvelle physique s'en est employée à remettre en cause les vues de ce que l'on considère être la représentation du bon sens. Sur quel plan le bon sens doit-il être dépassé ?

Il est dans la logique du *rationalisme dogmatique* de choisir le parti de chasser l'irrationnel en dehors de la réalité, de refuser de lui reconnaître une réalité, de n'accorder de pleine et entière réalité, qu'à ce que la raison peut expliquer. Le rationnel, c'est tout ce qui a été expliqué ou maîtrisé par la raison qui se voit alors chargée de la tâche de pourchasser l'irrationalité et sur ce point, l'irrationnel n'est que le fantôme de l'ignorance humaine. Mais Pascal pense différemment : « la dernière démarche de la raison est de reconnaître qu'il y a une infinité de choses qui la surpassent. Elle n'est que faible si elle ne va jusqu'à connaître cela »[669]. Accepter qu'il puisse y avoir de l'irrationnel, c'est être rationnel ; il est rationnel de reconnaître les limites de la raison : cette position s'allie aisément avec la foi, car les vérités de la foi peuvent être supérieures à celles de la raison. Y a-t-il une contradiction entre la raison et la foi ?

LE RATIONNEL ET LE SENSIBLE

L'intellect pose un monde extérieur face au monde intérieur, suppose une réalité qui est *cause* de ce que je sens et mes sensations sont des effets de cette existence extérieure. Seulement cette idée d'une réalité cachée, qui m'affecterait à travers les sens, est assez obscure. Pourquoi ne pas considérer que la réalité et ce qui apparaît dans la sensation ne sont qu'une seule et même chose ? Après tout, mes sens ne me donnent-ils pas directement la réalité ? Ou bien, devons-nous penser que ce qui est réel, c'est seulement ce qu'objectivement notre raison est à même de déterminer ? La raison me permet-elle de savoir quand une sensation renvoie à une réalité ?

---

[669] B. Pascal, *Pensées*, Paris, Larousse, 1965, p. 104.

Réalité et objectivité

Partons donc du sens commun, de la représentation spontanée, telle qu'elle se déploie dans la vigilance. Je me lève le matin, dans une chambre où le chauffage est éteint et je dis que « l'air est *glacé* ». J'ouvre la fenêtre et vois dans la cour un arbre *majestueux*, je dis que « les fleurs sont *violettes* ». De même, je dis, « la marmite est *brûlante* », le « fagot de bois est *lourd* », « le chocolat est *bon* », « le café est *amer* », « le camion qui passe est *bruyant* ». A chaque fois, je pense désigner une qualité objective : de l'air, de la fleur, de l'eau, de l'arbre... Il revient à la représentation spontanée de croire que les qualités sensibles appartiennent aux choses. Connaissons-nous le réel par les sens ou bien par l'entendement ?

Le sujet percevant

Une chose est, du point de vue de la représentation spontanée, une substance, pourvue de toutes sortes de propriétés, et je suis persuadé que les qualités sont réellement dans les choses, que le monde est exactement tel que je pense qu'il est et quiconque le verrait différemment serait assurément désaxé. Seulement, j'ai oublié que c'est moi qui perçois et que je ne puis faire abstraction de moi, et croire, sans naïveté, que ma perception est objective. Ma perception est pourtant subjective et c'est précisément ce qui fait sa richesse. Il ne peut y avoir de perception sans un sujet percevant qui structure la perception : le violet des fleurs est invisible aux abeilles, le système nerveux de l'abeille la rend aveugle au violet, mais elle perçoit la fleur avec des rayons ultra-violets, dans une couleur pour laquelle, nous autres humains, n'avons pas de nom. Ai-je le droit de dire que je vois la vraie couleur de la fleur ? Le concept de « vraie couleur » n'a aucun sens, mais dépend de qui perçoit la fleur. La perception dépend du sujet qui perçoit, la perception de la fleur est une expérience de celui qui perçoit la fleur, mais cela ne dit rien sur ce qu'est « en-soi » la fleur. En tant que sujet humain, j'appréhende la fleur d'une certaine manière, qu'un autre sujet humain confirmera quand je lui dirai que la rose est rose et la marguerite jaune. Le bruit du camion suppose quelqu'un pour le percevoir. L'air est glacé pour le fiévreux, et une eau à peine tiède sera presque brûlante, quand je rentre les mains pleines de neige et que je les plonge dans la bassine. Pour un enfant le fagot est lourd, mais pour un adulte athlète, il est léger. La saveur du chocolat sera insupportable pour certains, mais d'autres ne remarqueront pas l'amertume du café. Les qualités sensibles que nous croyons objectives sont en fait le résultat de l'expérience du sujet, d'une sensation particulière : en fait, il faudrait avouer, « *moi*, je trouve l'air glacé dans cette chambre », « *je* trouve ce chocolat exquis », « le camion *me* casse les oreilles », etc.

Cette manière de voir installe malheureusement la connaissance dans le relativisme, ce que soutenaient les sophistes de l'Antiquité, disant que la vérité n'est alors rien d'autre que la sensation que j'éprouve. Si tout ce que je dis est relatif à des sensations fuyantes et variables, alors je ne puis rien affirmer qui soit constant, vrai et universel sur la réalité donnée dans la perception. Il n'est plus de science possible, puisque la science par définition est fondée sur une approche qui cherche l'universel : tout est singulier, tout est subjectif au sein de la sensation.

Les qualités sensibles

Pour résoudre cette difficulté, à l'aube de la science moderne et à partir de Galilée, il fallait nécessairement procéder à une distinction entre les qualités premières de la chose et les qualités secondes liées à un expérimentateur humain. Telle que John Locke[670] l'a définie, il s'agit d'une distinction entre les qualités inséparables de l'objet qui les produit dans notre esprit, et qui sont dans ces corps indé-

---

[670] Voir J. Locke, *Essai sur l'entendement humain*, II, 8, § 8 à 26.

pendamment de nous (les qualités premières) ; et des qualités qui ne sont que l'effet des premières sur nous, qui ne sont donc dans les corps que pour nous (les qualités secondes). Son enjeu, en distinguant dans la chose ce qui lui appartient en propre, est de garantir la réalité de cette chose en la prémunissant contre l'altération du point de vue subjectif. L'idée sous-jacente selon laquelle le réel est immuable perpétue l'exclusion du sensible, dont cette distinction devient l'instrument. Cela voudrait dire, d'après Husserl, « que les qualités « premières », qui restent quand on retranche les précédentes, appartiendraient à la chose telle qu'elle est objectivement et véritablement »[671].

La distinction des qualités premières et des qualités secondes réduit la chose à ses qualités non sensibles, excluant ainsi le sensible du réel. Appliqué aux sciences, cet outil réduit la chose à une quantité – c'est la *res extensa* cartésienne – et en exclut les aspects qualitatifs. En cela, l'exclusion du sensible est étroitement solidaire de la révolution galiléo-cartésienne et de la mathématisation du réel, selon le constat de Koyré : « Il est impossible de fournir une déduction mathématique de la qualité. […] Galilée, comme Descartes […], fut obligé de supprimer la notion de qualité, de la déclarer subjective, de la bannir du domaine de la nature. Ce qui implique en même temps qu'il fut obligé de supprimer la perception des sens comme la source de connaissance. »[672]

Admettons donc que « chaud », « froid », « lourd », « violet » soient des qualités secondes, subjectives, variables suivant le sujet humain qui les éprouve, donc relatives. Ne mettons dans les qualités premières que la forme, le volume, la taille, le mouvement, ce qui appartient aux choses et subsiste, même s'il n'y a personne pour les sentir. La science ne retient alors que les qualités premières sur les-

---

[671] E. Husserl, *Idées directrices pour une phénoménologie*, § 40, Paris, Gallimard, 1950, p. 128.

[672] A. Koyré, *Etudes d'histoire de la pensée scientifique*, Paris, Gallimard, 1973, p. 190.

quelles elle pourra effectuer des expériences, des mesures, et elle laisse de côté les qualités secondes, trop subjectives, et l'objectivité définira la réalité.

Descartes pose cette question de la réalité du sensible par l'exemple d'un morceau de cire tiré de la ruche, dont il décrit les qualités : « Il n'a pas encore perdu la douceur du miel qu'il contenait, il retient encore quelque chose de l'odeur des fleurs dont il a été recueilli ; sa couleur, sa figure, sa grandeur sont apparentes ; il est dur, il est froid, on le touche, et si vous le frappez, il rendra quelque son »[673]. Nous reconnaissons dans ce propos tous les éléments qui font une appréhension sensible du monde, la vie telle qu'elle se donne à nous dans la plénitude des cinq sens. Pour chacun de nous, la vie n'est autre que le froid du petit matin, le parfum du café dans la tasse, la surprise du soleil levant, comme aussi le calme du lac, le silence profond du désert, la paix répandue sur les collines. La vie ne se connaît elle-même que dans son intimité, sa pure subjectivité, sur le fond du sentiment.

Seulement, dira-t-on d'un point de vue strictement scientifique, tout cela reste bien trop subjectif : comment mesurer objectivement la « douceur », la « surprise », la « paix » ? Ce n'est pas objectif et seul ce qui est objectif est mesurable. Or, dans la connaissance objective, seul ce qui est mesurable est réel. Mesurons donc ce qui est mesurable, ce qui peut se quantifier, et laissons de côté le reste. Dans l'exemple de la cire, que reste-t-il de son appréhension, si nous mettons de côté les qualités secondes ? Descartes observe que les qualités sensibles sont variables, changeantes, inconstantes et nous ne pouvons rien fonder d'objectif sur une sensation fuyante, sur la subjectivité des qualités secondes. Que se passe-t-il si j'approche le morceau de cire du feu ? « Ce qui y restait de saveur s'exhale, l'odeur s'évanouit, sa couleur se change, sa figure se perd, sa grandeur augmente, il devient liquide, il s'échauffe, à

---

[673] R. Descartes, *Méditations métaphysiques*, Paris, Vrin, p. 30.

peine le peut-on toucher, et quoiqu'on le frappe, il ne rendra plus aucun son »[674].

Où sont la couleur, la solidité, le son, la figure, l'odeur ? Où est donc l'élément constant dans le changement appelé « cire » ? Objectivement, comment se présente la cire ? La même cire demeure-t-elle après ce changement ? Elle demeure et nul ne le peut nier, l'esprit ne peut s'empêcher de supposer l'existence d'une substance qui demeure identique, une chose qui serait pourvue de propriétés objectives différentes des qualités subjectives que nous pouvons ressentir à son contact. C'est l'esprit qui élabore un concept de l'objet indépendant du sujet. Donc, selon Descartes, si on élimine le subjectif, il ne reste rien que quelque chose d'étendu, de flexible, de muable : les qualités premières, la matière. La cire est capable de recevoir une variété d'extensions dans l'espace, une variété de formes qui font d'elle une chose mesurable. C'est dire que la connaissance objective par nature ne retient du phénomène que ses qualités premières : forme, volume, mouvement. On va mesurer, peser la cire, identifier ses propriétés, et on aura décrit objectivement sa nature.

Descartes a entrepris de confondre les sens par l'épreuve du morceau de cire. Dans un premier temps, ce sont les sens qui peuvent me dire ce qu'est la cire. Multipliant les notations sensibles sur ce morceau – dur, froid, etc. – Descartes conclut que « toutes les choses qui peuvent distinctement faire connaître un corps, se rencontrent en celui-ci »[675]. Mais le passage du morceau de cire au feu infirme aussitôt cette conclusion provisoire. Pris au piège du changement, les sens me donnent certes à nouveau des informations sur la cire, mais des informations différentes, et qui mèneraient à conclure, si l'on s'y fiait, que l'on a affaire à un morceau de cire différent. Or, il s'agit en réalité de la même cire, si bien que ce qui est connu de la cire « ne

---

[674] *Ibid.*
[675] *Ibid.* Voir aussi R. Descartes, *Méditations métaphysiques*, II, Paris, Garnier-Flammarion, 1979, p. 89.

peut être rien de ce que j'y ai remarqué par l'entremise des sens », puisque les données sensibles « se trouvent changées, et cependant la même cire demeure »[676].

Le culte de l'objectivité

Le rationalisme scientifique ne peut guère se déprendre de la distinction des qualités sensibles en qualités premières et qualités secondes. Ainsi Bachelard, même s'il en remet lucidement en question les fondements – « Il faudrait se demander si cette distinction n'est pas une simplification rapide fondée sur l'idéalité des formes et sur le sensualisme de certaines qualités »[677] – ne peut finalement qu'en rester solidaire. Son analyse de l'exemple de l'or le conduit à rejeter son poids, son jaune, son brillant comme autant d'irréalités pour privilégier le réel rectifié et ordonné des qualités premières et non sensibles. Duhem ira plus loin encore dans la réduction du sensible et des qualités secondes. En montrant que les qualités sont elles aussi susceptibles de plus ou de moins, par la notion d'intensité, il ouvre la voie à une thèse selon laquelle il n'est plus même besoin d'exclure les qualités secondes de la physique ; il ne s'agit pas pour autant de prendre en compte le sensible, mais d'en écraser une bonne fois la spécificité en ramenant le quantitatif au qualitatif. Le projet cartésien est ainsi réalisé au-delà de toute espérance : « il n'est point nécessaire d'imiter le grand philosophe et de rejeter toute qualité, car le langage de l'Algèbre permet aussi bien de raisonner sur les diverses intensités d'une qualité que sur les diverses grandeurs d'une quantité »[678]. Le réel est donc assimilé à une matière elle-même comprise comme figure et mouvement, et dont la raison a exclu le sensible.

Nous comprenons donc le discrédit jeté sur la subjectivité qui va s'installer dans la représentation du monde

[676] *Ibid.*
[677] G. Bachelard, *Le matérialisme rationnel*, Paris, PUF, 1990, p. 193.
[678] P. Duhem, *La théorie physique*, Paris, Vrin, 1989, p. 178.

issue de la science moderne et le culte de l'objectivité qui est le fond commun de notre représentation. Nous finirons par penser que l'objectivité est égale à la raison et la subjectivité égale à l'irrationnel ; qu'il est un « jour » sous lequel se montre le savoir, le jour de l'objectivité, et une « nuit » où le savoir disparaît, la nuit de la subjectivité. Cela signifie que le monde de la science se constitue indépendamment du monde de la vie, que le monde de la science est de part en part conceptuel, est une représentation objectivée de la réalité. Dans cette représentation, la lumière n'est ni dans le soleil, ni dans l'air, ni les couleurs sur la surface des corps, mais il n'y a qu'un phénomène physique de propagation de la lumière venant frapper le nerf optique et donner lieu à une expérience qualifiée de colorée. La qualité « couleur » est une expérience du sujet. Quand donc j'éprouve du chaud ou du froid, de la douceur ou de l'amertume, de l'acidité ou de la douleur, ce n'est pas quelque chose que je puis attribuer à l'objet, mais seulement à mon expérience de sujet, à mon expérience subjective de l'objet. L'objet, comme phénomène scientifique, se définit par une explication qui ne fait pas inter-venir la subjectivité des qualités secondes, mais s'en tient à l'objecti-vité des qualités premières. Il est une composition chimique du vinaigre, une température de l'eau, une altération nerveuse dans une blessure qui donne lieu à la sensation de douleur. Ce monde exact des causes objectives est ce qui intéresse le scientifique, et pas le monde de la vie qui reste bien trop nébuleux, subjectif. Dans ce monde, il n'est pas de joie, mais seulement des sécrétions hormonales produisant une excitation ; pas de mélancolie, mais un état affaibli du système nerveux ; pas d'amour, mais des pulsions biologiques et un mécanisme de reproduction ; etc. Dans le phénomène de l'expérience, tel que je le connais subjectivement, la science ne voit que des causes agissantes, des substances dont les propriétés peuvent être étudiées expérimentalement. Le vin, le miel, l'aloès, sont des substances possédant des propriétés et en définitive, l'analyse scientifique ne peut y reconnaître que des objets matériels, des corps physiques et les corps n'ont point d'autres qualités que celles qui résultent de leurs figures, ni d'autre action que leurs mouvements divers.

Finalement, la valeur de ce qui, du point de vue de la subjectivité vivante, nous semble concret et réel – les qualités sensibles qui s'offrent à nous dans l'expérience – est inversée. Notre monde sensible est bien subjectif, assez irréel, plutôt de l'ordre d'une abstraction imaginaire pour celui qui tient en main le microscope, le chronomètre, le spectrographe... Pour lui, le monde réel, c'est le monde des faits objectifs, le concret ce sont des chiffres, des données, un relevé précis, des courbes, des mesures, des dimensions, des statistiques : ce qui semble pour la subjectivité bien abstrait, loin du réel dans le vif du vécu. Mais c'est objectif : on ne va pas faire mentir les sondages, discuter les mesures et la puissance des instruments scientifiques. Ce qui fait problème, c'est que nous ne nous reconnaissons pas nous-mêmes dans cette objectivité, nous ne reconnaissons pas notre conscience. Faut-il alors dire qu'il y a deux réalités : une réalité objective, celle de la science, et une réalité subjective, celle de la conscience ?

Monde intelligible et monde sensible

Pourtant, dans l'histoire de la pensée occidentale il est un original qui n'a pas cru un seul instant à la différence de fond entre qualités premières et qualités secondes : Georges Berkeley. Il importe de saisir la portée de ses analyses, qui se ramènent à une thèse que l'on peut exprimer sous la forme d'une question : ne peut-on pas dire que toutes les qualités sensibles se valent et se ramènent nécessairement au sujet qui en fait l'expérience ?

La figure et l'étendue

Pour Berkeley, la « substance matérielle » est la forme extrême de l'idée générale abstraite : il suffit, pour l'exorciser, d'en revenir au sens effectif des mots : « Que ni nos pensées ni nos passions ni les idées formées par l'imagination n'existent hors de l'esprit, c'est ce que tout le monde accordera. Et il semble tout aussi évident que les diverses impressions ou idées imprimées sur les sens, quelque mélan-gées ou combinées qu'elles puissent être (c'est-à-dire quels que soient les objets qu'elles compo-sent), ne peuvent exister autrement que dans un esprit qui les perçoit. »[679] La figure et l'étendue n'existent que pour un sujet qui les perçoit, n'existent que pour l'esprit et ja-mais en dehors de l'esprit, n'existent pas « en-soi ». D'ailleurs, qu'est donc cette chose en soi qui existerait en dehors de moi, en dehors d'un esprit percevant ? Est-ce cela que la science nomme la matière ? Il faut bien, pour parler de l'existence d'une chose, qu'il y ait une expérience ou un consensus d'expériences. Rien d'existant ne saurait être en dehors de mon esprit.

Supposons que l'on me réponde, oui, mais la table de la salle à manger, elle existe, même si vous ne la perce-vez point. Mais c'est un argument qui ne tient pas debout : dire qu'elle existe, signifie encore que quelqu'un peut en faire l'expérience, donc cette existence est posée par un esprit qui la perçoit. Si on me dit encore : à des années lumières de la Terre, il existe sûrement des civilisations extra-terrestres, même si nous ne les percevons pas, c'est tout aussi idiot ; car si elles existent, c'est que nous pour-rions les percevoir comme nous voyons sur terre nos champs, nos villes, nos parents, toutes les choses qui nous entourent. « Quant à ce que l'on dit de l'existence absolue de choses non pensantes, sans aucun rapport avec le fait qu'elles soient perçues, cela semble parfaitement inintelli-gible. L'*esse* de ces choses-là, c'est leur *percipi* ; et il n'est pas possible qu'elles aient une existence quelconque en dehors des esprits ou des choses pensantes qui les perçoivent. »[680]

---

[679] G. Berkeley, *Principes de la connaissance humaine*, 1re partie, § 3, in *Œuvres*, Paris, PUF, 1985-1992, tome 1, p. 320.
[680] *Ibid.*

L'existence d'une chose ne se distingue guère de sa perception, ou alors le mot existence ne veut rien dire : *esse est percipi*, être c'est être perçu. Plus précisément, une existence suppose une expérience et une expérience suppose un sujet conscient. Alors cette histoire de « chose en soi », lointaine et inaccessible ? Imaginez un peu la scène : il existerait quelque chose, on ne sait où, mais cette « chose » ne serait perceptible d'aucune manière ! Autant dire qu'elle n'existe pas, ce sera au moins plus simple et plus clair. Les qualités sensibles, premières ou secondes, n'ont aucune réalité en dehors de l'esprit qui les perçoit. Nous ne pouvons penser des choses que comme des objets présents à nous, à notre esprit dans une représentation sensible. Quand je dis « chat », je pense à l'image d'un certain nombre d'animaux familiers, et je me sers d'un concept « chat », pour les rassembler dans une catégorie unique. Mais qu'en est-il de cette prétendue « matière », objet de la science, qui serait indépendante de ma sensibilité ?

L'existence de la matière

Si la matière est derrière mes sensations, si elle est une cause non-sensible, non-pensante de mes sensations, et non une sensation parmi d'autres, peut-on vraiment dire qu'elle existe ? Non, cette matière-là n'existe point, mais c'est un fantôme d'existence, un être de raison. Ce qui existe, n'existe que pour la conscience : je vois des couleurs, des formes, j'imagine des objets éloignés, une autre vie possible au bout de l'Univers ; je suppose une flamme qui m'éclaire, même si je pense que je ne serais pas là dans un siècle. Pour Michel Imbert, « Voir, c'est découvrir, à partir des images que forme l'optique oculaire sur le fond de nos yeux, les objets et les événements présents dans le monde ; c'est savoir où ils se trouvent, non seulement par rapport à l'observateur, mais les uns par rapport aux autres »[681]. Ce témoin de la conscience est impliqué dans toute appréhension de la réalité, et il n'est pas de différence fondamentale entre la forme spatiale, objective et la sensation subjective qui fait que je le sens là, vivant, le fauteuil en rotin sous mes fesses. La seule différence est que l'objectivité scientifique suppose généralement un consensus d'expériences dans la reconnaissance d'un certain fait valide pour plusieurs observateurs. L'objectivité scientifique est en fait une intersubjectivité ; c'est encore de l'ordre de la subjectivité, même si, effectivement, ce n'est pas la variabilité individuelle des sensations de froid, de chaud, les couleurs vues par le daltonien ou l'individu ordinaire. Nous attachons par erreur une existence à des objets, oubliant qu'il n'est pas d'objet sans sujet ; nous réifions des images que nous avons préalablement conçues en créant une dualité fictive entre le sujet et l'objet, mais cette dualité-là n'existe point.

Il est nécessaire d'examiner la relation entre la perception et l'état de conscience qui la porte. Si nous étions dans l'état de rêve, le problème serait différent : le rêveur tire de son propre fond les images et les formes, si bien qu'il n'existe pas d'autre auteur de son monde que lui-même. Dans l'état de veille la situation n'est guère la même ; Berkeley ne dit certainement pas que chacun tire de son propre fond l'enchaînement des impressions que nous rapportons à cette entité, « le monde extérieur ».

Berkeley croise justement un argument de Descartes, l'argument du malin génie : « Je supposerai donc qu'il y a, non point un vrai Dieu, qui est la souveraine source de vérité, mais un certain mauvais génie, non moins rusé et trompeur que puissant, qui a employé toute son industrie à me tromper »[682]. Il se pourrait bien que j'aie la sensation de la terre, du ciel, de l'air... et que pourtant rien

---

[681] M. Imbert, « Neurosciences et sciences cognitives », in D. Andler (dir.), *Introduction aux sciences cognitives*, Paris, Gallimard, 1992, p. 65.
[682] R. Descartes, *Méditations métaphysiques*, 1re méditation, Paris, Vrin, p. 23.

de tout cela n'existe et que j'aie de nets sentiments de leur présence, mais cela ne changerait rien à l'expérience. Et si un malin génie m'envoyait permanemment ces sensations dans l'état de veille ! Mais que connaissons-nous en dehors du sentiment et des sensations ? Rien, le monde de la vie est un monde vivant et cela signifie sensible, donc sensible pour un sujet conscient.

La manifestation de la conscience

Le monde de la vie existe bien, pour le sujet conscient, non pas en dehors de lui. Le sujet est affecté à l'état de veille de sensations dont il n'est pas directement la cause, mais qui sont liées à la manifestation dans laquelle il est présent. La solution que concède alors Berkeley est que nous pouvons présumer la manifestation comme un langage qui nous est perpétuellement adressé et ce langage, c'est celui du Divin. La manifestation est un verbe, la nature une mince pellicule cristalline située entre l'homme et Dieu, une langue que Dieu nous parle. Mais le mot Dieu est lesté d'affects, et nous préférons parler ici de manifestation de la conscience. Ce que Berkeley montre, c'est le néant de la thèse matérialiste : le matérialiste, qui suppose l'existence d'un morceau de pain mystérieux, absolument indépendant des sensations qu'il me procure – puisqu'il est présumé exister en dehors d'elles – délire, ne me propose à titre de réalité qu'un fantôme de réalité. Ce qui existe, c'est ce qui est perçu, sensible, vivant, ce qui me touche, m'afflige, me révolte, m'enthousiasme ; ce qui se donne dans des impressions – certainement un ensemble de qualités à la fois sensibles à la vue, à l'ouïe, à l'odorat, au goût, au toucher. Affirmer la réalité du pain, c'est affirmer la réalité de cette odeur exquise quand il est sorti du four, de sa couleur dorée, de sa consistance, de sa saveur ; dire que le pain se réduit à l'expérience sensible que j'en ai, c'est libérer la présence sensible de cette imagination absurde selon laquelle, il existerait quelque chose derrière, une « chose en soi ». Les qualités sensibles dans lesquelles se donne le monde ne sont pas la préface d'un livre dont le reste nous serait caché, mais le livre lui-même.

Il n'est pas étonnant, si c'est l'esprit qui constitue la réalité, à partir de la sensation, qu'il y ait des variations grandioses dans nos sensations. Si je plonge la main droite et la main gauche dans de l'eau tiède, elles me donnent une impression de tiédeur identique ; si par contre, avant j'ai pétri de la neige dans ma main droite et placé ma main gauche sous de l'eau bouillante, ce sera différent : il y aura une impression brûlante d'un côté et une impression de froid de l'autre. Il m'est impossible de mettre la chaleur et le froid dans une réalité indépendante de mon esprit. Si le miel est doux maintenant pour moi, il peut être amer si je suis malade. Le brouillard est rouge au lointain, mais n'est pas rouge en lui-même. Le goût, le toucher, la vue, l'odorat, l'ouïe, n'existent que subjectivement.

Du coup, nous voilà rassurés, les pieds bien posés dans la réalité. Le monde prend un sens tout neuf avec Berkeley, il est ici maintenant, sensiblement seulement pour l'esprit et par l'esprit. Paradoxalement, c'est le même qu'auparavant ; ce qui a changé, c'est seulement que nous avons détruit une illusion, celle d'une réalité fantasmée qui serait « derrière » nos sensations : une soi-disant « réalité objective » en-soi. Il n'est pas possible de prétendre concevoir un objet que personne ne percevrait ; je ne puis concevoir sans que mon esprit joue un rôle actif : c'est l'esprit qui constitue la réalité. L'observé suppose un observateur dont il est inséparable et un processus d'observation ; on ne peut faire comme s'il n'y avait personne en supposant que le monde resterait le même, ce qui est absurde. Mais par conséquent, cela signifie que l'objectivité absolue n'existe pas, qu'il est un mythe, un leurre, une illusion.

Sensibilité et subjectivité

La seule objectivité qui soit possible est relative, celle qui est fondée sur l'intersubjectivité. Que la croyance dans l'objectivité absolue soit partagée ne veut rien dire sur sa pertinence intrinsèque ; mais ce qui est grave, c'est qu'elle ait pu fonder une vision du monde et que l'on ait pu édifier là-dessus une forme de connaissance, une technique, une culture. La culture occidentale est fondée sur la techno-science ; mais justement, n'est-ce pas dans la sensibilité, par elle et en elle que la connaissance prend un sens ? Le sensible est méconnu par la raison qui veut l'exclure de l'être. Pourtant, et même si le sensible n'est pas la vérité, il doit y avoir une vérité du sensible. Comment faire alors pour rendre au sensible un droit de cité sans retomber dans l'empirisme ou le sensualisme ?

La réhabilitation de la sensibilité

Réveillé, comme il le disait lui-même, de son sommeil dogmatique par la lecture de Hume et des empiristes, Kant a entrepris de donner à la sensibilité un *nouveau* statut. Dans l'« Esthétique Transcendantale », il a ainsi arraché la sensibilité à l'empirique, en repérant dans la sensibilité de l'*a priori*, des éléments qui précèdent l'intuition sensible et qui n'en proviennent pas : « J'appelle pures [...] toutes les représentations dans lesquelles ne se rencontre rien de ce qui appartient à la sensation. Par suite, la forme pure des intuitions sensibles en général se trouvera a priori dans l'esprit dans lequel tout le divers des phénomènes est intuitionné sous certains rapports. »[683] Ces deux formes pures de l'intuition sont l'espace et le temps. Mais paradoxalement, ces deux formes *a priori* de ma sensibilité relèvent de l'esprit et non du corps, comme si l'on avait affaire ici à une théorie de la sensibilité qui ne prend pas encore en compte le sensible.

L'existence même du sensible ne peut être niée. Il y a donc une marge entre l'attitude qui entend purement et simplement le soustraire, et celle[684] qui, en le réduisant au

---

[683] E. Kant, *Critique de la raison pure*, Paris, PUF, 1984, p. 54.
[684] C'est la différence entre le rationalisme (première attitude) et l'idéalisme (seconde attitude).

degré le moins clair de l'être ou du sens, en reconnaît au moins l'existence. Hegel insiste ainsi sur ce que la perception a de composite. En effet, elle a « pour objet le sensible, dans la mesure, non plus où il est immédiat, mais où il est en même temps à titre d'universel »[685]. Ce mélange n'est autre que celui de l'individuel singulier – propre au sensible – et de l'universel, qui suppose que la perception n'en reste pas au sensible tant ce dernier ne saurait se suffire à lui-même. Ainsi donc, les propriétés de la chose n'appartiennent pas qu'à une seule chose, « et si d'un côté, elles sont, à cet égard, saisies dans la singularité de cette chose, d'un autre côté, elles ont une universalité qui leur permet de dépasser cette chose singulière »[686].

Le vivant et le vécu

Qu'est-ce donc que la culture ? C'est l'auto-transformation de la vie, le mouvement par lequel elle ne cesse de se modifier soi-même, afin de parvenir à des formes de réalisation et d'accomplissement plus hautes. Une connaissance ne mérite pleinement son nom, que si elle s'intègre dans la culture, si, en elle, le sujet sensible que je suis peut se reconnaître, s'éclairer, se comprendre : naître avec la connaissance qui fait connaître. Or ce qui est insolite, c'est que la représentation objective née avec la science classique ait pu se diverger peu à peu de la subjectivité, de sorte que le monde de l'objectivité de la science soit devenu étranger au monde de la vie.

L'illusion de Galilée et de tous ceux qui, à sa suite, considèrent la science comme un savoir absolu, ce fut d'avoir pris le monde mathématique et géométrique, destiné à pourvoir une connaissance univoque du monde réel, pour ce monde réel lui-même, ce monde que nous ne pouvons qu'intuitionner et éprouver dans les modes concrets de notre vie subjective. C'est dire que nous avons inventé

---

[685] Hegel, *Propédeutique philosophique*, § 13, Paris, Gonthier, 1964, p. 19.
[686] *Ibid.*, § 14, p. 20.

la représentation rationnelle des sciences dans le langage mathématique, oubliant qu'il ne s'agissait que d'un langage, et nous avons fini par prendre le langage de l'objectivité pour la réalité elle-même, alors que ce n'était qu'une représentation de la réalité. Nous avons cru posséder dans l'objectivité un savoir absolu, avons réifié nos constructions mentales, et l'univers mathématique de la mesure en est venu à passer pour l'univers réel, tandis que nos sensations subjectives étaient dès lors déconsidérées. Si Berkeley a raison, les soi-disant qualités premières ne sont pas plus absolues ni objectives que les qualités secondes, et toutes les mesures mathématiques que nous pouvons prendre sont relatives à un observateur.

Je n'ai pas à me méfier du sensible pour autant qu'il est simple apparition, je n'ai pas à rejeter la sensation parce qu'elle est insaisissable : elle est ce qu'elle est, innocente, non trompeuse. C'est le jugement qui peut être erroné, qui peut se tromper parce que incomplet, non pas la perception. Le sensible est la manifestation réelle de la vie à elle-même. Seulement, quand nous parlons de la vie sensible en ce sens, ce n'est formellement pas de cet objet qu'est le vivant du biologiste ; ce n'est pas l'objet biologique, mais le vécu du sujet. La vie tient tout entière dans l'épreuve de soi que chacun d'entre nous éprouve ; la vie se sent et s'éprouve elle-même, en sorte qu'il n'y a rien en elle qu'elle n'éprouve ni ne sente, parce que le fait de se sentir soi-même est légitimement ce qui fait d'elle la vie. Que je veille ou que je dorme, ce que j'éprouve sensiblement est réel pour moi au moment où je l'éprouve, même si j'aurais tort de juger sur un pied d'égalité mes fabulations oniriques et mes perceptions de veille. Dans toute perception il est un contact sensible de la vie avec elle-même s'éprouvant, et c'est à partir de ce même critère d'épreuve de soi sensible que nous pouvons repérer tout ce qui est prestement vivant autour de nous : la pierre ne s'éprouve pas soi-même, c'est une « chose » ; les plantes, les arbres, les végétaux en général sont également des choses, à moins qu'on ne fasse apparaître en eux une sensibilité au sens transcendantal, cette capacité de s'éprouver soi-même et de se sentir vivant qui ferait d'eux des vivants – non plus au sens biologique mais au sens d'une vie véritable. Ce qui nous arrête, ce que nous ne voudrions pas blesser, ce ne sont pas les choses, c'est cette vie sensible que nous percevons autour de nous, cette vie qui, souffrant, appelle en nous la compassion. Au fond, ce que nous touchons de réel dans l'extériorité, au plus vif du sensible, c'est ce que nous touchons de réel au plus vif du sensible en nous-mêmes, dans l'invisible de la vie : ce n'est pas la matière, mais l'esprit même s'éprouvant comme sensibilité à soi.

La subjectivité et l'affectivité

La singularité et l'immédiateté du sensible ne constituent pas que ses limites mais au contraire les raisons d'y faire retour. La notion de phénomène sensible montre par exemple que ce qui est donné dans l'intuition sensible est fondé à défaut d'être complet. Husserl le met en évidence dans l'interprétation qu'il entreprend des données sensibles, qu'il entend prendre comme telles. Comment la chose se donne-t-elle ? « Ce qui est vu dans le voir, est, en et pour soi, un autre que ce qui est touché dans le toucher, mais cela ne m'empêche pas de dire « la même chose » – sont seulement différents les modes de son exposition sensible »[687]. La perception est une synthèse de ces perspectives différentes, mais elle n'est ni préalable ni postérieure aux sensations, elle est toujours en train de se faire. Ainsi, le « pur visible » est d'abord la surface de la chose, que je perçois côté par côté : « mais dans ces côtés, ce qui s'offre pour moi dans une synthèse continue, c'est la surface »[688]. Le côté sensible nourrit donc cet enrichissement progressif du sens, il n'en est plus l'auxiliaire et c'est ce qui

---

[687] E. Husserl, *La crise des sciences européennes et la phénoménologie transcendantale*, § 45, Paris, Gallimard, 1976, p. 179.
[688] *Ibid.*

éclaire l'idée husserlienne d'un retour aux choses mêmes.

Dès lors nous pouvons concevoir le singulier reniement par la phénoménologie husserlienne des thèses convenues du scientisme. Ce que Husserl nous montre en effet, c'est que les déterminations géométriques objectives que la science nous montre, ne sont que des idéalités et ne sont pas l'être des choses. L'être des choses n'a de sens que dans l'apparition du phénomène vécu, mais jamais ailleurs. Le phénomène qu'étudie la phénoménologie se joint à notre conscience qui le constitue de l'intérieur. La phénoménologie rejette radicalement le mirage de la chose en soi – dans lequel Kant croyait encore – et rattache tout objet de connaissance possible au sujet. Dans cette démarche de retour vers l'essentiel, se consacre le terme de cette découverte : ce que le sujet peut être en son fond n'est pas même une raison, mais le soi est d'abord sentiment, et la pure subjectivité est affectivité.

C'est qu'à force de s'être accoutumé au général et à l'universel, l'individualité de ce qui est ici et maintenant échappe à notre regard. Henri Bergson remarque ainsi que notre œil saisit l'harmonie avant l'individualité, le genre avant la différence : « Enfin, pour tout dire, nous ne voyons pas les choses même ; nous nous bornons, le plus souvent, à lire des étiquettes collées sur elles. Cette tendance issue du besoin, s'est encore accentuée sous l'influence du langage »[689]. Réduit ainsi à une habitude utile à la vie, le langage porte en lui l'usage de l'exclusion du sensible, et contribue à nous couper de la mobilité et de la singularité des choses. Une véritable réhabilitation du sensible ne fera donc pas l'économie d'une remise en question de nos habitudes de pensée.

Celui qui, partant du réalisme de la représentation spontanée, voudrait encore croire dans l'objectivité absolue de la science, serait déçu par les résultats actuels de la physique, plus précisément de la mécanique quantique qui

---

[689] H. Bergson, *Le rire*, Paris, PUF, 1989, p. 117.

aujourd'hui entreprend de détruire, déconstruire l'idée d'une objectivité absolue de l'approche scientifique. Selon l'école de Copenhague, il n'y a de physique que sur la base du consensus des savants dans la reconnaissance d'expériences de laboratoire, qui restent fondamentalement subjectives. Nous ne savons guère ce que veut dire « en-soi » des phénomènes, tout ce que nous pouvons dire, ne se tenant que dans les limites de l'observable, attendu que l'observateur lui-même en fait partie. Cette nouvelle science ne peut être que plus tolérante : puisque la réalité sensible est de part en part constituée par le sujet percevant, nous pouvons accepter des vues très différentes de la nôtre. Il n'est pas de réalité objective qui vaille. Nous pouvons aussi reconnaître la pertinence de la représentation des cultures différentes de la nôtre : l'abeille voit la réalité et je vois aussi la réalité dans l'expérience consciente que j'en ai, parce qu'il n'y a pas de réalité indépendante de l'expérience consciente du sujet. Je ne puis dire que l'abeille ne voit pas la réalité, parce qu'elle ne voit pas le rouge que tout être humain voit ; elle voit aussi des couleurs que je ne vois pas. La réalité n'est rien d'autre que cela qui se manifeste dans le phénomène de l'expérience lui-même ; le phénomène vécu et l'essence de la manifestation ne sont qu'une seule et même chose : la conscience.

LE RATIONNEL ET LE RAISONNABLE

Le raisonnable, ou le bon sens, peut être relativisé ; il a son application dans la pratique, traduit une aptitude à tenir compte des faits, mais n'a pas sa voix au chapitre sur le plan de la théorie où il ne saurait constituer une autorité. De là un glissement fréquent qui consiste à considérer le bon sens comme le porte-parole d'une simple idéologie : le bon sens, c'est « le chien de garde de la bourgeoisie », répètent les marxistes ; c'est un argument de justification d'un état de fait considéré comme immuable. Aussi importe-t-il de réexaminer le statut du bon sens et tout particulièrement de son rapport, souvent ignoré, avec le sens de l'observation : quelle place le rationnel (la raison) doit-il reconnaître au raisonnable (le bon sens) ? Sur quel plan le bon sens doit-il être dépassé ? Perdre le bon sens, est-ce perdre la raison ?

Le bon sens et le raisonnable

Partons de ce constat de Descartes : « Le bon sens est la chose du monde la mieux partagée : car chacun pense en être si bien pourvu, que ceux même qui sont les plus difficiles à contenter en toute autre chose, n'ont point coutume d'en désirer plus qu'ils en ont. En quoi il n'est pas vraisemblable que tous se trompent ; mais plutôt cela témoigne que la puissance de bien juger, et distinguer le vrai d'avec le faux, qui est proprement ce qu'on nomme le bon sens ou la raison, est naturellement égale en tous les hommes ; et ainsi que la diversité de nos opinions ne vient pas de ce que les uns sont plus raisonnables que les autres, mais seulement de ce que nous conduisons nos pensées par diverses voies, et ne considérons pas les mêmes choses. Car ce n'est pas assez d'avoir l'esprit bon, mais le principal est de l'appliquer bien. »[690] La grande affirmation de Descartes, dans le *Discours de la méthode*, est que la raison, ou le « bon sens », est également répartie chez tous les hommes, mais qu'ils n'en usent pas tous convenablement. Comment donc accéder à la vérité ?

L'intellect et l'intelligence

Descartes désigne par bon sens une faculté que nous appelons l'*intellect*, la faculté de discriminer le vrai et le faux, puis, par voie de conséquence, le réel et l'illusoire. S'il est nécessaire de distinguer, c'est que, dans l'ignorance, l'esprit est dans la confusion : un esprit confus mélange tout, et prend aisément le faux pour le vrai. Il s'agit alors de se dégager de la confusion et de remettre les choses à

---

[690] R. Descartes, *Discours de la méthode*, Paris, Garnier-Flammarion, 1966, p. 33.

leur juste place et c'est ce que permet l'outil de l'intellect. La discrimination vrai/faux est une opération qui se situe dans la dualité, ce qui ne veut pas dire que *distinguer* signifie nécessairement *disjoindre* et opposer. Il est possible de distinguer ce qui est différent sans pour autant disjoindre et séparer ; pour cela, il est indispensable de se servir intelligemment de la discrimination.

L'*intelligence* est la faculté de relier complémentaire de l'action de distinguer et le mot intelligence est assez clair à ce sujet : *inter, ligare*, ce qui relie. L'intellect est analytique, mais l'intelligence est plutôt synthétique. Descartes estime qu'intelligence et intellect sont unis dans l'usage de ce qu'il nomme la *raison* et qu'il confond avec le *bon sens*. D'autre part, la raison, explique Descartes, n'est pas une faculté présente en l'homme susceptible de plus ou de moins, mais elle est tout entière en chaque homme, parce que précisément un être humain est un être mental. L'humain n'est pas seulement un être dominé par le vital, comme l'est l'animal, mais il est ce qu'il est par la pensée et en ce sens la faculté de penser lui est donnée tout entière. Par contre, les autres facultés connaissent des degrés : certains ont une mémoire étonnante ; d'autres ont quelque talent en matière de jeux de mots, ou une imagination vive et très développée. Ces talents sont très différents, mais la raison qui est égale en chacun ne réclame qu'une application rigoureuse : elle est une lumière naturelle permettant à l'homme de rester dans le droit chemin et de ne pas se perdre.

La divergence des opinions

Comment alors expliquer la diversité des jugements des hommes ? Comment se fait-il que nous ayons des pensées si différentes ? Ne peut-on pas dire que certains ont plus de raison que d'autres ? La réponse de Descartes est que la raison est entière en chacun de nous, mais nous pouvons : a) la conduire par des voies différentes ; b) avoir en l'esprit des idées différentes ; de là viennent les différences d'opinions sur telle ou telle chose. Nous pouvons conduire nos pensées par des raisonnements différents, privilégier le développement d'idées qui ne seront pas les mêmes que celles d'un autre. Qu'un autre que moi ait des opinions différentes des miennes, des opinions qui me semblent erronées, ne signifie pas pour autant qu'il est moins raisonnable que moi, qu'il raisonne moins que moi.

Par contre, il se peut que, reconnaissant les présupposés de chacun, les idées de chacun, dans le rapport à ce que l'observation nous livre, nous soyons à même de remarquer qu'il peut y avoir des erreurs. Nous sommes tous doués des mêmes facultés, des mêmes aptitudes de l'esprit, mais nous en faisons un usage qui n'est pas toujours correct. Nous pouvons souvent donner notre assentiment à des préjugés, raisonner de travers, sans logique ; nous pouvons juger trop vite, sans examen sérieux ; nous manquons souvent du sens de l'observation. Il ne suffit pas d'avoir un esprit doué de pensée, mais encore faut-il l'appliquer correctement, avec une solide méthode, à ses objets. Nous devons avoir l'honnêteté intellectuelle de reconnaître nos erreurs ; celui qui reconnaît qu'il se trompe peut alors changer de point de vue. Cela relève aussi du bon sens, car quel intérêt y aurait-il à persister dans l'erreur ? Ce serait manquer de bon sens : on dit de celui qui s'enferme dans un point de vue de manière étroite, bornée, excessivement émotionnelle, qu'il manque de bon sens. C'est faire preuve de bon sens que de toujours savoir reconnaître que l'on s'est trompé et l'honnêteté intellectuelle recommande de prendre acte du fait que depuis l'enfance, nous avons pu remplir notre esprit, comme le dit Descartes, d'une infinité de fausses pensées.

Selon Descartes, le champ d'application du bon sens ou raison est assez large, mais il porte surtout sur le domaine de l'opinion et concerne d'abord le domaine de la pratique. Ce ne serait pas faire preuve de bon sens que de cogner la portière de ma voiture parce qu'elle est tombée en panne ; mais ouvrir le capot, vérifier ce qui ne va pas est plus intelligent, et il serait aussi nettement plus fonctionnel de téléphoner à un dépanneur pour qu'il vienne me porter secours. Je dois observer l'état de fait, l'évaluer correctement et prendre une décision correcte, car une mauvaise évaluation, une décision incorrecte manquent de tout bon sens. A l'élève en difficulté qui prétend déposer un dossier de candidature, on dira que c'est une visée assez irréaliste qui n'est pas de bon sens : le dossier ne sera pas accepté, il va au-devant de grandes difficultés et de déceptions. Il serait bon de garder les pieds sur terre et d'avoir un peu de bon sens, de mettre en rapport le jugement, tel que je le prononce, et le réel. Si le désaccord est flagrant, je ferai certainement mieux de rectifier mes jugements, et de faire preuve de bon sens dans mes décisions, dans mes choix. Dans toute situation dans laquelle je me trouve devant un problème à résoudre, je puis faire des choix qui relèvent du bon sens, ou faire plus ou moins n'importe quoi.

Le raisonnable et le raisonneur

Le bon sens fait appel à notre expérience sur laquelle il appuie une conduite prudente et mesurée. L'idée de bon sens rejoint celle du raisonnable. L'homme raisonnable par excellence est un homme d'expérience, que l'on sait de conduite prudente et de bon conseil, ce paysan familier avec le rythme des saisons, l'alternance des vents, la brusquerie des orages ; ce médecin qu'une curiosité avisée a rendu sensible au tempérament des malades, à la gravité des symptômes, à l'opportunité des remèdes, art tout individuel et qui bien souvent serait difficile à justifier explicitement. Nous mettons l'accent sur la difficulté de justification, pour signifier que le raisonnable n'est pas entièrement rationnel, n'a pas besoin d'une explication théorique complète et détaillée pour s'exercer ; comme dirait Hubert Reeves : « Distinguer le " raisonnable " et le " rationnel ". Le premier inclut l'intuition et l'affectif. Le second n'implique qu'un déroulement correct du processus logique »[691]. Platon parlait en ce sens d'une juste inspiration de l'opinion droite, tout en la distinguant de la science qui, elle, connaît les raisons. Ce qui est rationnel, c'est ce dont nous possédons une explication satisfaisante ; mais ce qui est seulement raisonnable est un choix, une décision qui est probablement la meilleure, compte tenu de ce que nous pouvons savoir.

Dans l'idée même de raisonnable est contenue une référence communément humaine, une référence à la proportion de l'homme, qui admet et conserve de l'incertitude. Une décision raisonnable est une décision humainement la meilleure possible, compte tenu des faits et de notre connaissance des faits. Cette remarque nous permet aussi de distinguer l'homme raisonnable du raisonneur. Le raisonneur discute à perte de vue, s'éloigne de l'expérience, peut être épris de théorie, user et abuser du raisonnement, n'avoir de souci que de la logique, adopter un point de vue théorique et non pratique. Le raisonnable cherche à rester en contact avec les faits, ne se sert du raisonnement que pour humblement tenter de justifier les décisions qui lui semblent les meilleures. Ainsi, chez le raisonnable, la raison ne se connaît pas, mais elle est tout entière occupée par le souci de s'ajuster et c'est pourquoi chez le raisonneur, la raison use beaucoup du raisonnement, tandis que chez le raisonnable, le raisonnement est soumis à une sorte d'instinct de la réalité qui ne peut toujours donner ses preuves, le raisonnement n'intervenant que comme un moyen d'exposition et de contrôle. Il faudrait en dire autant du bon sens correctement compris.

Cependant, nous devons à cet égard rester conscients de la complexité et de la difficulté dans nos choix. La réalité dans laquelle nous vivons n'est pas immobile et

---

[691] H. Reeves, *L'Espace prend la forme de mon regard*, Paris, Editions l'Essentiel, 1995, p. 91.

stable, mais par essence changeante, et s'il est une chose que nous avons des difficultés à apprivoiser, c'est bien le changement. Nous colportons une rigidité mentale qui rend difficile toute adaptation fluide au changement. Etre en accord avec la réalité ne veut pas dire rester de marbre et inflexible, cela demande plutôt une grande adaptabilité. En ce sens il n'y a guère de plus grands ennemis, dans la cité, que l'esprit de chimère, de routine, de conformisme : « *Il faut être comme tout le monde*, est la maxime banale de tant de gens sans courage, sans principe, sans caractère, dont le monde est rempli. Voilà comment les vices se répandent, les travers se perpétuent ; et presque tous les hommes finissent par se ressembler. Voilà comment ils sont continuellement entraînés par l'exemple, par la crainte de déplaire à des êtres dépravés. »[692]

S'obstiner dans des habitudes qu'on érige en lois, répugner au changement, c'est laisser distraire ses yeux du mouvement de la vie. Mais n'est-ce pas aussi par manque ou faiblesse de volonté, ou par distraction d'esprit qu'on s'abandonne délibérément à l'espoir des mutations, des transformations miraculeuses ? L'obstination est une rigidité mentale incapable de se dégager d'un choix précédent pour en faire un nouveau, une sorte d'inaptitude à enrichir un point de vue sur le réel. L'esprit de chimère est une fuite dans l'imaginaire et celui qui se contente de rêver n'a guère de bon sens. Il est comme déconnecté du courant de la vie, comme l'obstiné qui ne sait pas s'adapter, raison pour laquelle le bon sens est l'attention même, orientée dans le sens de la vie. Il est ce qui donne à l'action son caractère raisonnable et à la pensée son caractère pratique. Et nous pouvons donc revenir sur la thèse cartésienne d'un bon sens tout entier présent en chacun, et nuancer sa portée : il en serait ainsi, si nous n'étions pas condamnés à traîner avec nous le poids mort des vices et des préjugés.

---

[692] Paul Henri Dietrich baron d'Holbach, *La Morale universelle* (I), Amsterdam, M.-M. Rey, 1776 [BnF cote 1070], III, xii, p. 379.

Nous avons besoin, pour conserver la vivacité, la promptitude, l'intelligence, de déposer les poids morts du jugement, tout en conservant une constante attention à la vie ; c'est souvent cette pesanteur qui nous rend sourds à tout appel du bon sens.

Le conditionnement social, en perpétuant des préjugés, est en lui-même une entrave au bon sens ; d'où l'importance de l'éducation, de l'éveil de l'intelligence, particulièrement sur un mode critique. L'éducation doit intervenir le plus souvent, non pas tant pour imprimer un élan que pour écarter les obstacles, pour lever un voile que pour apporter la lumière. *Eduquer*, c'est également *déséduquer* à l'égard de l'inertie que l'esprit pourrait conserver en lui et qui risquerait d'occulter tout bon sens ; il s'agit par exemple, comme le propose Christophe Massin, « de se déséduquer, en se délivrant de nos conditionnements négatifs, pour rééduquer ses émotions avec amour »[693].

Le rationnel et le sens commun

Qu'en est-il alors de ce lourd passif que nous traînons et de son rôle ? Pour le comprendre, arrêtons-nous un moment sur ce que nous prenons comme référence bien souvent, le *sens commun*. Qu'est donc le sens commun, si ce n'est ce que l'on pense communément et qui passe comme allant de soi, sans qu'on le remette en cause ? La critique marxiste s'en est prise à un lot de prétendues évidences que nous ne remettons guère en question, disant qu'il ne s'agit à tout prendre que de préjugés de classes et il faut, dit René Bertrand-Serret, « reconnaître que ces *préjugés* ne sont pas socialement méprisables puisqu'ils sont capables de résultats bienfaisants »[694]. Il y aurait une idéologie bourgeoise, « démocratique et libérale, (privilégiant) l'image

---

[693] C. Massin, *Souffrir ou aimer : Transformer l'émotion*, Paris, Odile Jacob, 2013, p. 56.
[694] R. Bertrand-Serret, *Le mythe marxiste des « classes »*, Paris, Editions du Cèdre, 1955, p. 70.

de la scission et de la dichotomie…(privilégiant) la figure de l'Un »[695], servant de référence et de norme, permettant d'aligner la vérité sur ce qui est conforme, normal, et de rejeter ce qui est non-conforme, anormal : n'est-ce pas là une manière commode de résoudre le problème du vrai et du faux en s'appuyant sur un critère, le *consensus d'opinion* du plus grand nombre ?

Le bon sens et le sens commun

Le sens commun, ensemble confus de croyances et d'habitudes à partir desquelles nous interprétons notre expérience immédiate de la réalité physique, est foncièrement réaliste, part toujours du présupposé que nos perceptions nous représentent la réalité des objets matériels et pense ces objets extérieurs comme cause objective de nos perceptions. D'après Lalande, il s'agit de « l'ensemble des opinions si généralement admises, à une époque et dans un milieu donnés, que les opinions contraires apparaissent comme des aberrations individuelles, qu'il serait inutile de réfuter sérieusement et dont il vaut mieux se moquer, si elles sont légères, ou qu'il faut soigner, si elles deviennent graves »[696]. Le capital principal du bon sens est fait de conclusions élémentaires tirées de l'expérience humaine, par exemple : ne mettez pas vos doigts dans le feu, suivez de préférence la ligne droite, ne taquinez pas les chiens… Dans un milieu social stable, le bon sens se révèle suffisant pour faire du commerce, soigner des malades, réparer des voitures, écrire des livres, diriger un syndicat, voter au parlement, fonder une famille, croître et multiplier. Mais sitôt qu'il sort de ses limites naturelles pour intervenir sur le terrain des généralisations plus complexes, il n'est plus que le conglomérat des préjugés d'une certaine classe à une

---

[695] A. Caille, *Splendeurs et misère des sciences sociales : Esquisse d'une mythologie*, Paris, Librairie Droz, 1986, p. 228.
[696] A. Lalande, *Vocabulaire technique et critique de la philosophie*, Paris, PUF, 1962, p. 972.

certaine époque. La simple crise du capitalisme le déconte-
nance ; devant les catastrophes, les révolutions, les contre-
révolutions, le fameux bon sens n'est plus qu'un imbécile
tout rond. Aussi Silvia Pavel remarque-t-elle que le bon
sens n'est qu'un : « Mélange de raisonnements généraux,
parfois faux, de connaissances précises et de stratégies
générales pour aboutir à moindre frais à la solution d'un
problème posé […] le sens commun, c'est que 99% des
gens auxquels on montre l'image d'une poubelle renversée
au coin d'une maison pensent qu'un chien a renversé la
poubelle »[697].

Un modèle social historique, tel que celui de la *post-
modernité*, servirait de sens commun, pour juger presque
mécaniquement, par simple répétition, de ce qui est vrai et
faux. Dérapant de ce côté, le *bon sens* devient « ce qui est
communément reçu », ou encore, le *sens commun*. En ce
sens, chaque couche sociale a son propre sens commun et
son propre bon sens qui est au fond la conception de la vie
de l'homme la plus répandue. Il s'agit là simplement de la
mentalité d'une époque, dans ses traits dominants. Or les
sciences sociales, remettant elles-mêmes en cause le principe de conscience collective, nous ont appris l'extrême
relativité des représentations de ce genre, car les mentalités
changent et ce qui passait comme allant de soi autrefois
n'est souvent plus de mise. Le *sens commun* n'est ni universel, ni intemporel, ni absolu si, à en croire Georges Bernanos, la notion de conscience collective est problématique : « Il n'y a pas de conscience collective. Une collectivité n'a pas de conscience. Lorsqu'elle paraît en avoir une,
c'est qu'il y subsiste le nombre indispensable de consciences réfractaires, c'est-à-dire d'hommes assez indiscipli-
nés pour ne pas reconnaî-tre à l'Etat-Dieu le droit de définir le Bien et le Mal. »[698]

---

[697] S. Pavel, *Intelligence logicielle*, Ministre des Approvisionnements et
Services, Canada, 1989, p. 29.
[698] G. Bernanos, *La France contre les robots* (1946) in *Essais et écrits de combats II*, Paris, Bibliothèque de la Pléiade, nrf Gallimard, 1995, p. 1035.

Cependant, l'injonction du sens commun est si particulièrement puissante, qu'il faut une singulière puissance de l'esprit, une indépendance, une liberté d'esprit pour être capable de s'en affranchir. Il est aisé de penser comme « on pense », de rester sous la coupe de la conscience collective, beaucoup plus facile que de penser par soi-même. Le conformisme est évidemment une paresse intellectuelle qui s'accommode aisément à la sauce postmoderne ; mais le sens commun n'est pas toujours le porte-parole de la vérité, il peut être la voix de l'illusion.

Pourtant, le *bon sens* n'est pas le *sens commun*, il n'a nul contenu idéologique ; il n'est pas une religion et il n'est pas particulièrement redevable d'une science. Le sens commun regorge de représentations idéologiques, comme il regorge de toute une mythologie, mais le bon sens est toujours une intelligence tournée vers l'action, dont l'appui est toujours l'expérience et le sens de l'observation. Le sens commun est une référence à l'opinion collective, aux préjugés d'une époque, à ses croyances, ses mœurs, ses habitudes, son mode de vie, ses préjudices. S'il est vrai que « toute vérité nouvelle naît malgré l'évidence, toute expérience nouvelle naît malgré l'expérience immédiate »[699], il est indispensable de savoir remettre en cause les soi-disant évidences du sens commun et quiconque refuse de s'atteler à cette tâche n'a tout simplement pas commencé à penser, à philosopher.

La légende de la girafe

Voici un exemple proposé par Jacques Bergier[700] : « La girafe n'existe pas », une parodie de l'usage de l'esprit raisonneur, appuyé sur les croyances véhiculées par le sens commun scientiste au XIXᵉ siècle : « Pour un esprit rompu aux méthodes scientifiques modernes, la vraie démonstration de la non-existence de la girafe réside dans le fait que

---

[699] G. Bachelard, *Le nouvel esprit scientifique*, PUF, 1984, p.11.
[700] J. Bergier, *Rire avec les savants*, Paris, Fayard, 1964, pp. 100 *sq.*.

la girafe n'existe pas »[701]. Ce genre de raisonnement est appelé « la méthode de Lavoisier »[702], le célèbre chimiste ayant démontré de cette manière l'inexistence des météo-rites en déclarant qu'il ne peut pas tomber des pierres du ciel, parce qu'il n'y a pas de pierres dans le ciel. A l'époque moderne, cette méthode a été employée par Simon New-comb qui démontra que les avions ne peuvent pas voler parce qu'un aéronef plus lourd que l'air est impossible... Le voyageur arabe Al Kwarismi a, pour la première fois, décrit la girafe, cette bête mythologique au cou extrême-ment allongé. Depuis lors, plusieurs voyageurs ont préten-du avoir vu ou photographié des girafes ; mais le sens commun, appuyé ici par la science d'une époque, nous contraint à affirmer qu'il s'agit d'une légende dont on peut expliquer la source de trois manières différentes.

1) *L'explication optique*. Les déserts, où l'on a signalé des girafes, sont également les lieux de nombreux mirages dus au phénomène d'inversion, consistant en ceci : pour des raisons bien connues des météorologistes, il arrive qu'une couche d'air froid se trouve superposée à une couche d'air chaud qui aurait dû se trouver au-dessus de la couche d'air froid. La différence de densité des deux couches d'air produit alors une courbure des rayons de lumière et un mirage ; un objet est alors vu à un endroit où il n'est pas, ou sous une forme modifiée. Fréquemment, l'inversion fait apparaître un objet quelconque sous une forme allongée, ainsi que le font les miroirs déformants des foires. Aussi est-il admissible qu'un animal ordinaire et bien connu, une licorne par exemple, puisse apparaître à l'explorateur sous une forme invraisemblable et allongée, et donner ainsi naissance à la légende de la girafe[703].

2) *L'explication psychologique*. Le mirage qui a donné naissance à la girafe peut être d'une origine purement psy-chologique : perdu dans le désert et assoiffé, l'explorateur

---

[701] *Ibid.*, p. 100.
[702] *Ibid.*
[703] *Ibid.*, p. 101.

peut, dans un état de semi-conscience, rêver qu'il a un cou extrêmement long lui permettant d'atteindre l'oasis la plus proche. Quoi de plus naturel alors que de le voir aussi imaginer un animal mythique, impossible, irréel, ayant justement le cou d'une longueur invraisemblable ?

3) *L'explication psychanalytique.* Le long cou de la girafe ne serait autre qu'un symbole phallique, de la même manière qu'a été réfutée la naïve superstition de certains sauvages selon laquelle le suc du champignon *penicillium notatum* pouvait avoir une action curative sur les maladies. Ce champignon est de toute évidence un symbole phallique, l'existence d'un produit extrait du *penicillium notatum* appelé « pénicilline » et auquel on attribue des vertus curatives merveilleuses n'étant que pure superstition.

Ainsi le mythe de la girafe peut-il parfaitement trouver son explication dans des considérations d'ordre optique, psychologique ou psychanalytique. Signalons enfin, pour montrer à quel point le bon sens populaire rejoint la rigueur de la méthode scientifique, qu'un fermier américain à qui on avait montré un dessin représentant la prétendue girafe s'est écrié : « Il n'existe pas d'animal comme ça ! »

La science et le bon sens

A partir de cet exemple de la girafe, nous pouvons repérer deux positions de la science par rapport au bon sens :

1) Nous savons, de par l'observation, que la girafe existe, et ne pouvons que rire devant de pareilles tentatives d'explication, et y voir l'effet de préjugés du sens commun alimenté par le scientisme du XIXe siècle. Un tel exemple tend à montrer qu'une opinion commune peut à la fois être un préjugé culturel, une référence du sens commun, et avoir l'appui du savoir d'une époque. La science ne se situe pas dans un monde à part, mais elle alimente le sens commun d'un certain nombre d'évidences auxquelles elle apporte sa caution d'autorité. Ici une convergence existe entre le sens commun et la science, et la science conforte

très souvent le sens commun.

2) Cependant, tel n'est pas toujours le cas, ou plutôt cela peut l'être seulement quand la science est devenue *normale* comme paradigme. Or il est surprenant, dans l'histoire des sciences, de constater à quel point les nouvelles théories ont été d'abord rejetées, parce que ne cadrant pas avec le sens commun, pour être considérées comme des absurdités ; en fait quasiment toutes, depuis la découverte de la pesanteur de l'atmosphère chez Pascal, jusqu'à celle de la relativité, en passant par les ondes radiophoniques. Ce que nous avons du mal à comprendre, c'est que ce qui nous paraît absurde selon le sens commun, puisse ne pas l'être selon la nature : la science, quand elle est novatrice, n'est pas là pour réassurer le sens commun, qui est bien peu à même de juger de la valeur d'une découverte. Comme le montre Thomas Kuhn, la science progresse par révolution et rupture en changeant le paradigme installé ; or c'est toujours à l'ancien paradigme que se réfèrent, à titre de justification, les soi-disant évidences du sens commun : « ...les révolutions scientifiques commencent avec le sentiment croissant, souvent restreint à une petite fraction de la communauté scientifique, qu'un paradigme a cessé de fonctionner de manière satisfaisante pour l'exploration d'un aspect de la nature sur lequel ce même paradigme a antérieurement dirigé les recherches »[704].

Une idée n'est pas fausse du seul fait qu'elle scandalise le sens commun, ce qui n'est pas non plus un argument suffisant pour déclarer qu'elle est vraie, sinon nous pourrions accréditer n'importe quelle opinion, même fallacieuse, même délirante. Et c'est là que la différence entre bon sens et sens commun devient évidente : il faut savoir raison garder et faire preuve de bon sens pour ne pas tomber dans le piège des chimères de l'imagination. En tout état de cause, le sens commun ne délimite nullement le

---

[704] T.S. Kuhn, *La structure des révolutions scientifiques*, Paris, Flammarion, 1972, p.133.

connu, ce que la science peut faire... justement en admettant qu'il y a de l'*inconnu*. Le savoir que nous tirons des sciences est relatif, s'inscrit dans un contexte culturel et historique ; il ne saurait prétendre au statut de vérité éternelle, il est révisable, car « ... toute théorie, y compris scientifique, ne peut épuiser le réel, et enfermer son objet dans ses paradigmes »[705]. L'ironie de la question, c'est que le sens commun s'appuie sur la science pour y trouver des certitudes... ce que la science est incapable de fournir.

En réalité, l'appui sur lequel table le sens commun n'est pas de l'ordre d'un savoir positif, mais de l'ordre d'une représentation mythique, dans la mesure où la conscience mythique est considérée comme structure de l'être dans le monde, où le mythe définit l'habitat humain et réalise un équilibre vital, selon les termes de Gusdorf : « Le mythe est lié à la première connaissance que l'homme acquiert de lui-même et de son environnement ; davantage encore, il est la structure de cette connaissance »[706]. Ce sont les mythes culturels qui gardent une permanence relative et donnent une cohérence à la pensée collective ; qui organisent de l'intérieur ce que la conscience collective produit sous cette forme reconnaissable de sens commun. Ce qui déstabilise le sens commun, ce ne sont pas des thèses bizarres éloignées de ses croyances, ce n'est pas le savoir ésotérique développé dans les sciences, mais ce sont les attaques directes portées contre ses mythes culturels les plus profonds. L'onde de choc produit par la théorie évolutionniste de Darwin[707] est perceptible dans la conscience moderne, car l'hypothèse darwinienne du transformisme et de la pangenèse s'en prend directement à une doctrine religieuse qui a ses sources dans la tradition judéochrétienne. Quand Spinoza[708] dénonce la version anthropomorphique du Dieu de la religion, rejette l'idée de péché

---

[705] E. Morin, *Le paradigme perdu*, Paris, Editions du Seuil, 1973, p. 229.
[706] G. Gusdorf, *Mythe et métaphysique*, Paris, Flammarion, 1953, p. 11.
[707] C. Darwin, *L'Origine des espèces*, trad. T. Hoquet, Paris, Le Seuil, 2013.
[708] B. Spinoza, *L'Ethique*, Paris, Librairie Générale Française, 2011.

originel et nie l'existence du diable, il porte des coups sévères contre le sens commun, parce qu'il touche de très près aux mythes culturels fondateurs de l'Occident, ce contre quoi le sens commun cherche plutôt à se protéger.

Il est des croyances que l'on peut qualifier de *centrales* et d'autres que l'on peut nommer *périphériques*. Reconnaissons, avec François Jacob, que les mythes culturels sont dans la conscience collective – bien plus que les vérités scientifiques – des croyances centrales, l'appui secret des certitudes du sens commun. L'homme du sens commun sent que le sol se dérobe sous ses pieds si la critique s'aventure sur ce terrain, ainsi se dérobera-t-il aussitôt à la réflexion, préférant camper durablement sur des croyances anciennes que de tenter l'aventure d'une vérité nouvelle que la science propose : « C'est probablement une exigence de l'esprit humain d'avoir une représentation du monde qui soit unifiée et cohérente. Faute de quoi apparaissent anxiété et schizophrénie. Et il faut bien reconnaître qu'en matière d'unité et de cohérence, l'explication mythique l'emporte de loin sur la scientifique. Car la science ne vise pas d'emblée à une explication complète et définitive de l'univers. Elle n'opère que localement. Elle procède par une expérimentation détaillée sur des phénomènes qu'elle parvient à circonscrire et définir. Elle se contente de réponses partielles et provisoi-res. Qu'ils soient magiques, mythiques ou religieux, au contraire, les autres systèmes d'explication englobent tout. Ils s'appliquent à tous les domaines. Ils répondent à toutes les questions. Ils rendent compte de l'origine, du présent et même du devenir de l'Univers. On peut refuser le type d'explication offert par les mythes ou la magie. Mais on ne peut leur dénier unité et cohérence car, sans la moindre hésitation, ils répondent à toute question et résolvent toute difficulté par un simple et unique argument *a priori*. »[709]

La pensée, pour peu que nous tentions de l'assumer

---

[709] F. Jacob, *Le jeu des possibles*, Paris, Fayard 1981, pp. 26-27.

réellement, nous oblige à sortir de l'enclos bien gardé du sens commun, nous oblige à l'itinérance et au bivouac ; elle ne peut rester en place, mais n'existe que dans le mouvement, comme la vie elle-même, tandis que le gros bon sens populaire, qui est en fait le sens commun, est un peu lourd mais pas très subtil.

Le contact avec la réalité

L'appel au bon sens a sa justification face à l'attitude rationnelle du raisonneur qui reporte indéfiniment l'action par les discours. L'homme de bon sens a certes pris le parti de la prudence, mais il a aussi choisi l'action et non son commentaire indéfini, sa seule interprétation. C'est un reproche que nous pouvons souvent adresser aux hommes politiques, que de se montrer trop *raisonneurs* et pas assez *raisonnables*. Comment doit-on rester raisonnable ?

L'auto-référence du jugement

Il est dans le bon sens une forme d'auto-référence du jugement et un sens de l'observation qui méritent d'être soulignés. L'homme de bon sens est indépendant, juge par lui-même et fonde ce qu'il sait sur ce qu'il voit. Par contre, il est étrange qu'une personne soit douée d'un bon sens à toute épreuve dans un domaine, celui de son travail, mais en soit par ailleurs dépourvue, quand il s'agit d'aborder des questions pratiques touchant par exemple au droit, à la morale, à la religion. On peut être très pragmatique dans les affaires, mais particulièrement simplet, crédule, inconséquent dans la conduite de la vie, en matière de religion ou de prescription morale.

Que ne savons-nous pas mettre en accord ce que nous observons et nos propres décisions ? Ce serait pourtant de bon sens. Nous connaissons tous des exemples de ces remarques d'enfants qui désarçonnent souvent l'adulte, mettant l'accent sur ce qui est de bon sens, tel ce petit garçon qui, à l'enterrement de son grand-père alcoolique, interroge, écoute les explications sur la nocivité de l'alcool sur l'organisme et pose la question : « mais alors, pourquoi est-ce qu'on en vend aux gens ? »

C'est cette espèce de question incisive que nous devrions toujours savoir poser. S'il est avéré par l'expérience et largement démontré que telle substance n'est pas bonne pour l'organisme, la conséquence doit être immédiate : il est de bon sens d'aller directement depuis l'observation vers la décision de s'en abstenir. Si je comprends que l'alcool brûle les vaisseaux sanguins et les papilles gustatives, engendre une dépendance et diminue le seuil de ma conscience, il est de bon sens de m'en détourner. Si j'observe qu'une chose produit des effets indésirables, dommageables, qui vont à l'encontre de ce que nous pouvons consciemment rechercher de meilleur, il est de bon sens que je refuse mon adhésion à son maintien, quel que soit par ailleurs le discours de justification que l'on prétend me servir pour me prouver le contraire, ce qui reviendrait à vouloir m'abuser. Il n'est pas un seul domaine pratique dans lequel nous devions retrancher l'attitude du bon sens : quand je suis confronté à un danger physique, j'ai un sursaut et je fais un pas en arrière ; si la maison brûle, ce n'est pas le moment de tergiverser, il faut agir tout de suite. Mais curieusement, nous n'avons pas la même réaction quand il s'agit d'un danger moral, d'une menace psychologique, d'une calamité sociale, d'un danger environnemental ; et quant à la souffrance de l'âme, nous n'en n'avons que faire. Dans nos sociétés actuelles, il faut faire un tapage d'enfer pour soulever les problèmes que nous n'avons même plus le bon sens de reconnaître immédiatement, alors que les faits sont là qui crèvent les yeux. Il est quelque chose de névrotique dans cette inconscience, cette complaisance, cette dissimulation et ce déni des faits. Tenter, par le discours, de se donner bonne conscience en dissimulant les faits, cherchant à cacher, à dénier l'importance de ce que l'on a là, sous les yeux, c'est maintenir l'illusion.

L'illusion et le bon sens

L'illusion est notre propre production. Le langage courant n'en dit pas moins puisque nous disons de quelqu'un qu'il se fait des illusions, comme si la production d'une illusion était une affaire qui se jouait essentiellement entre moi et moi. Freud définit l'illusion comme produit du désir : « nous appelons donc une croyance illusion lorsque, dans sa motivation, l'accomplissement du souhait vient au premier plan, et nous faisons là abstraction de son rapport à la réalité effective, tout comme l'illusion elle-même renonce à être accréditée »[710]. Toute croyance n'est pas illusion, mais aucune croyance n'est exempte de ce risque, puisque toutes reposent sur l'intensité d'une adhésion. C'est au-delà d'un certain degré que cette intensité produit l'illusion.

Bergson fait quelques remarques assez pertinentes sur le mécanisme de l'illusion en étroite corrélation avec le bon sens, en prenant l'exemple de Don Quichotte : « Je suppose qu'un jour, vous promenant à la campagne, vous aperceviez au sommet d'une colline quelque chose qui ressemble vaguement à un grand corps immobile avec des bras qui tournent. Vous ne savez pas encore ce que c'est, mais vous cherchez parmi vos idées, c'est-à-dire ici parmi les souvenirs dont votre mémoire dispose, le souvenir qui s'encadrera le mieux dans ce que vous apercevez. Presque aussitôt, l'image d'un moulin à vent vous revient à l'esprit : c'est un moulin à vent que vous avez devant vous. »[711]

Il se peut qu'auparavant, nous ayons lu un conte de fées avec des géants aux grands bras, mais il est de bon sens de ne pas surimposer la représentation du conte et de ne convoquer que ce qui est de l'ordre d'une observation juste ; donc ici se *souvenir* de ce qui est utile, mais aussi *oublier* ce qui ne s'accorde pas avec les faits, se libérer du connu pour rester en contact avec ce qui est : « Le bon

---

[710] S. Freud, *L'avenir d'une illusion*, Paris, PUF, 1997, p. 32.
[711] H. Bergson, *Le Rire*, Québec, Bertrand Gibier, 2002, p. 78.

sens consiste à savoir se souvenir [...], mais encore et surtout à savoir oublier. Le bon sens est l'effort d'un esprit qui
s'adapte et se réadapte sans cesse, changeant d'idée quand
il change d'objet. C'est une mobilité de l'intelligence qui se
règle exactement sur la mobilité des choses. »[712]

Que se passe-t-il dans l'esprit de Don Quichotte ? Il
voit dans la forme vague devant lui ce qu'il désire voir, et
surimpose à la forme perçue une image qui n'est qu'une
construction de la pensée : « Voici maintenant Don Quichotte qui part en guerre. Il a lu dans ses romans que le
chevalier rencontre des géants ennemis sur son chemin.
Donc, il lui faut un géant. L'idée de géant est un souvenir
privilégié qui s'est installé dans son esprit, qui y reste à
l'affût, qui guette, immobile, l'occasion de se précipiter
dehors et de s'incarner dans une chose. Ce souvenir veut
se matérialiser, et dès lors le premier objet venu, n'eût-il
avec la forme d'un géant qu'une ressemblance lointaine,
recevra de lui la forme d'un géant. Don Quichotte verra
donc des géants là où nous voyons des moulins à vent. »[713]

Don Quichotte perd tout bon sens parce qu'il n'a
pas su se libérer de ses constructions mentales et adapter
immédiatement son attention à l'observation : son esprit
suit une suggestion et littéralement hallucine une pensée,
ce qui produit une situation où l'esprit est submergé par
une illusion. Dans l'illusion se produit un retournement du
bon sens, qui voudrait que nous ayons une promptitude à
observer qui devance la propension à penser. Cette inversion consiste à prétendre modeler les choses sur une idée
qu'on a, et non pas ses idées sur les choses, à voir devant
soi ce à quoi l'on pense, au lieu de penser à ce qu'on voit.
Le bon sens demande qu'on laisse tous ses souvenirs dans
le rang ; le souvenir approprié répondra alors chaque fois à
l'appel de la situation présente et ne servira qu'à l'interpréter. Chez Don Quichotte, par contre, il est un groupe de

---

[712] *Ibid.*
[713] *Ibid.*

souvenirs qui commande aux autres et qui domine le personnage lui-même : c'est donc la réalité qui devra fléchir cette fois devant l'imagination et ne plus servir qu'à lui donner un corps. Une fois l'illusion formée, Don Quichotte la développe d'ailleurs raisonnablement dans toutes ses conséquences, s'y meut avec la sûreté et la précision du somnambule qui joue son rêve. Le développement des constructions mentales de l'illusion est ce qui donne sa cohérence à l'attitude de celui qui s'y trouve immergé. Il s'est produit un décalage entre l'esprit et le réel ; l'esprit est dans son fantasme et tout ce qu'il fera sous l'empire de son fantasme manquera de bon sens. C'est une existence peut-être dans la conscience de veille, mais une existence de somnambule : il lui manque le sens du *voir*, la lucidité.

Nous sommes tous des Don Quichotte quand nous sommes en proie à des illusions et que nous cherchons par-dessus tout à faire plier la réalité à nos désirs. Que ces illusions soient individuelles ou collectives, le résultat est le même, il se solde par une perte de tout bon sens.

Le sens de l'observation

Gardons donc les yeux ouverts et ne perdons jamais notre sens de l'observation, même s'il en coûte de l'impertinence et un crime de lèse-majesté contre la bienséance. Le bon sens n'est-il pas la première porte vers la sagesse ? A une époque où un prêt-à-penser est distribué quotidiennement par les mass media, comme le coca-cola au consommateur ; à une époque où le fanatisme prend une ampleur inégalée, il est urgent de revenir au sens de l'observation pour s'orienter dans le labyrinthe des idées reçues. Le bon sens est très modeste, pas glorieux, simple ; il n'a pas l'altitude de la science, ni l'envergure de la spéculation pure ; il n'est pas une connaissance, il demande seulement de considérer les faits. Ce n'est pas une raison pour mépriser son souci d'adaptation, de se moquer de l'homme qu'il représente : le bon sens veut que chacun s'adapte aux conditions réelles de la vie en société et il est injuste de condamner l'homme moyen, car c'est folie de misanthrope.

Un esprit dépourvu de tout bon sens pourrait-il encore être intelligent ? Non, dans le sens de la grandeur de l'intelligence en accord avec la réalité, dans le sens de la lucidité ; mais oui dans un sens très précis et assez inquiétant. Un esprit dépourvu de bon sens pourrait être un esprit *calculateur* redoutable, un *raisonneur* terriblement efficace... mais dépourvu du sens du réel. Nous craignons que dans l'univers technocratique dans lequel nous vivons, il n'y ait plus de place que pour cette forme d'intelligence. Demandez autour de vous ce que veut dire « intelligent » ; la plupart des gens vous répondront en termes d'efficacité technique à l'exemple du surdoué en calcul, le problème de mathématique rapidement résolu, le quotient intellectuel, l'auteur d'une théorie incompréhensible au commun des mortels, mais très à la mode... Notre éducation ne sait développer que l'intelligence abstraite ; elle fait peu de cas du bon sens et ne propose pratiquement rien pour apprendre à chacun à observer directement ; elle se complaît dans la théorie et néglige le rapport direct avec le réel. Ce serait gâter l'esprit que de contribuer à mettre à mal le bon sens, mais c'est pourtant ce que nous faisons. Dans notre système éducatif, nous n'avons pas encore trouvé le moyen de laisser toute sa place au sens de l'observation. Nous ne savons même pas faire un usage concret de notre savoir et notre science demeure coupée de la vie. Notre rapport au savoir repose sur l'argument d'autorité ; nous donnons une instruction, mais peu de moyens d'intégration personnelle. Nous n'avons pas l'humilité d'avouer que nous ne comprenons pas tout ; le résultat en est que nous créons beaucoup de confusion et donnons bien peu de repères. Il est vital de faire en sorte que l'étudiant se libère de toute autorité, apprenne à observer par lui-même et apprenne à penser par lui-même ; mais pour cela, il faudrait que notre éducation lui permette de poser des questions, l'incite à poser des questions directes, ce qui nous ramènera invariablement aux questions de bon sens.

L'essentiel réside dans l'exercice constant de la lucidité, car il faut très peu de choses pour que nous soyons emportés par une onde de réactions émotionnelles et pour troubler la clarté de la conscience. La compréhension du jeu des émotions et du mental éclaire et permet de flotter avec nos émotions tout en préservant une clarté de l'intelligence : il suffit de la fixation d'une émotion ou d'un ressenti à l'état de pensée qui tourne en rond, et voilà justement le champ de notre conscience envahi. Réanimer cette lucidité, l'éveiller, la faire sortir de cette stupeur, de ce tourbillon qui annihile toute perception annexe, est en fait notre travail essentiel en ce monde.

LE RATIONNEL ET L'IRRATIONNEL

Le rationnel, c'est tout ce qui a été expliqué ou maîtrisé par la raison humaine qui se voit alors chargée de la tâche de pourchasser l'irrationalité et de ce point de vue, l'irrationnel n'est que le fantôme de l'ignorance humaine. Cependant, accepter qu'il puisse y avoir de l'irrationnel, c'est être rationnel ; il est rationnel de reconnaître les limites de la raison : cette position s'allie aisément avec la foi, car les vérités de la foi peuvent être supérieures à celles de la raison. Y a-t-il alors une contradiction entre la raison et la foi ? Jusqu'à quelles limites la raison a-t-elle à s'occuper de l'irrationnel ?

L'irrationnel et le scientifique

Poser un savoir comme rationnel demande immédiatement que l'on fournisse une définition de l'irrationnel : ce sont des termes duels. Il est d'usage, dans la représentation spontanée, d'aller d'un contraire à l'autre, d'un opposé à l'autre, ici précisément de penser en termes de rationnel/irrationnel, dans la logique de la dualité. Comment comprendre cette opposition entre le rationnel et l'irrationnel ?

La science classique et l'irrationnel

Le rationnel, c'est ce qui a le privilège d'une reconnaissance par le savoir scientifique, et l'irrationnel marque le domaine de la pensée préscientifique. L'interprétation courante qui se donne de la représentation scientifique marque une rupture, par rapport à une pensée préscientifique, « ce qu'on appelle aussi le bon sens, le sens commun, la sagesse des nations, la connaissance vulgaire, le langage naturel, etc. [...] la connaissance préscientifique est constituée, quant à son contenu, par une masse d'évidences non critiquées et, quant à sa forme, par des vues théoriques immergées dans la pratique »[714]. Si la science progresse, c'est souvent en gagnant du terrain contre son contraire, le préscientifique, l'irrationnel. La rationalité scientifique se définit justement comme une conquête contre l'irrationnel, dont relèvent les formes de savoir qui n'ont pas encore reçu une formulation positive, donc scientifique au sens d'Auguste Comte : « [...] car la prévision scientifique convient évidemment au présent, et même au passé, aussi bien qu'à l'avenir, consistant sans cesse à connaître un fait indépendamment de son exploration directe, en vertu de ses relations avec d'autres déjà donnés »[715].

Tel est le débat, inauguré par les Lumières, du combat de la science contre l'ignorance, mais réactualisé sous l'aspect d'un combat contre l'irrationnel : a) sur le plan de son modèle, comme paradigme mécaniste d'explication de la nature, contre les interprétations animistes de la nature, l'anthropomorphisme, le finalisme, etc. ; b) sur le plan idéologique, pour faire valoir les acquisitions du savoir objectif dont la vocation est l'universalité contre d'abord tout ce qui n'en n'est pas, et la liste en est large : obscurantisme, sagesses traditionnelles, philosophies subjectives,

---

[714] R. Lapointe, *Socio-anthropologie du religieux*, Volume 1, Paris, Librairie Droz, 1988, p. 87.
[715] A. Comte, *Discours sur l'esprit positif*, Carilian-Goeury et VorDalmont, 1844, p. 21.

superstitions, croyances religieuses, pseudo-sciences – celles qui usurpent le titre de science, qui, comme « le marxisme, la psychanalyse et la psychologie individuelle [...], en dépit de leur prétention à la scientificité, participaient davantage des anciens mythes que de la science et [...] ressemblaient plus à l'astrologie qu'à l'astronomie »[716] ; contre aussi ce que les ultra-rationalistes ont appelé les *para-sciences* comme l'alchimie, l'astrologie, la numérologie, la télépathie, l'iridologie, la chiromancie, etc. ; contre enfin les médecines parallèles comme l'acupuncture, la médecine indienne, l'homéopathie...

Cependant, une critique ne suffit pas et il faut encore positivement exprimer l'idéal scientifique de la rationalité que l'on revendique. La science, depuis ses débuts, afin de se développer, a dû expliciter, démontrer, enseigner des paradigmes explicatifs ; elle a aussi dû combattre l'irrationnel en donnant des figures exemplaires de son idéal, montrer ce qu'est le scientifique et ce dont il est capable et en quoi il se démarque du non-scientifique.

C'est aux historiens des sciences qu'il incombe de repérer les prémices de la science, de raconter et d'expliquer comment la pensée scientifique s'est formée, en s'émancipant des représentations irrationnelles qui ont pu la précéder, celles de la religion, de la tradition, de la mythologie. Ainsi souligne-t-on, chez Roger Bacon, au Moyen-âge, le mérite d'avoir été l'un des premiers génies scientifiques de la modernité : faisant « l'éloge de la science expérimentale, maîtresse des autres »[717], il aurait été le précurseur de la méthode expérimentale, le premier grand savant du Moyen-âge ; il est d'usage de souligner chez lui la dénonciation de la magie pour sa nullité, son combat contre l'obscurantisme de son temps ; telle est justement l'interprétation orthodoxe qui est donnée de Bacon. Mais si on lit ses textes eux-mêmes, on y trouve tout autre

---

[716] K.-R. Popper, *Conjectures et réfutations : La croissance du savoir scientifique*, trad. Michelle-Irène et Marc B. de Launay, Paris, Payot, 1985, p. 61.
[717] R. Carton, *La synthèse doctrinale de Roger Bacon*, Paris, Vrin, 1924, p. 22.

chose : il y a chez Bacon une moisson énorme d'écrits[718] qui feraient hurler notre rationalité contemporaine ; il évoque par exemple des remèdes que les sages d'Ethiopie font avec les dragons pour lutter contre les maux de la vieillesse ; il dénonce certes la magie, mais fait nettement l'éloge de l'astrologie et de l'occultisme.

Bien plus, Giordano Bruno, pour avoir soutenu que l'espace et l'univers sont infinis, « que la masse de l'univers est infini et qu'il est vain de chercher le centre et la circonférence du monde universel, comme s'il était l'un des corps particuliers »[719], et qu'il existe une infinité de mondes analogues au nôtre, a été rangé dans l'avant-garde de la science moderne. Il est devenu également la figure exemplaire du martyr de la science ; son côté iconoclaste séduit ; il a été brûlé pour avoir contesté plusieurs dogmes de l'Eglise, en particulier parce qu'il avait affirmé l'infinité de l'univers ; le *mythe du martyr* de la science est né avec lui ; il est aisé de projeter sur lui un concept du scientifique moderne, en ne retenant que ce qui cadre avec notre interprétation actuelle, de ce que doit être la rationalité scientifique. Mais quand on lit ses textes, que découvre-t-on ? C'est avant tout un philosophe de la nature, qui entre mal dans le schéma de la représentation mécaniste de la science moderne ; il ne semble même pas avoir compris les travaux de Copernic ; il ne croit pas aux mathématiques ; il est dans son orientation très loin de l'idéal scientifique moderne. C'est plutôt un philosophe de la nature mû par un enthousiasme mystique, lui qui pense « ... par la seule inspiration divine, acquérir la connaissance de toutes choses tant humaines que divines, en observant seulement quelques cérémonies par-

---

[718] Lire à ce sujet : R. Bacon, *Fratris Rogeri Bacon ... Opus Majus ad Clementem Quartum Pontificem Romanum ex Ms. Codice Dubliniensi, cum aliis quibusdam collato, nunc primum edidit ...*, Rome, Typis Gulielmi Bowyer, 1733.

[719] G. Bruno, *Le Banquet des cendres*, trad. Yves Hersant, Paris, Editions de l'éclat, 2002, p. 8.

ticulières »[720], et c'est d'ailleurs ce qui a séduit les Romantiques : il révère l'âme des astres et toute son œuvre est empreinte d'une vision lyrique d'un finalisme très éloigné du *mécanisme*. Giordano Bruno, pour qui « [...] il est fort vraisemblable que toutes les maladies soient de mauvais démons : on peut donc, par le chant, la prière, la contemplation et l'extase, les chasser de l'âme - ou les y évoquer par des pratiques contraires »[721], est l'exemple de ce que la religiosité cosmique constitue un ressort puissant de la recherche scientifique ; il n'est pas vraiment un scientifique au sens que l'on donne à ce mot aujourd'hui.

La science newtonienne et l'alchimie

Newton, qui passe pour le Père fondateur de la science moderne, est certainement connu pour la célèbre théorie de l'attraction gravitationnelle, où la gravité est expliquée comme une force centripète : « *Nam si corpus in circulo terrae concentrico vi gravitatis suae revolvatur, haec gravitas est ipsius vis centripeta* »[722]. C'est à lui que l'on se réfère pour dire que le savant ne doit pas feindre d'hypothèse, mais seulement observer les faits, induire les hypothèses de l'observation. La forme géométrique de sa présentation des *Principia* est aussi un modèle que l'on admire pour son application rigoureuse de l'idéal de la *mathesis universalis*, que l'on retrouvera chez Descartes. Newton est non seulement une autorité, mais il est devenu un mythe de la science moderne, au point que la majorité des historiens font l'impasse sur le reste de son œuvre et en gomment les aspects les moins orthodoxes. Ce n'est qu'à demi-mot que l'on révèle que Newton s'est « un peu » intéressé à l'alchimie et qu'il faisait aussi de la théologie, mais ce « peu » est énorme. Déjà Voltaire ne partageait guère ses

---

[720] G. Bruno, *De la magie*, trad. Danielle Sonnier, Boris Donné, Editions Allia, 2000, p 93.

[721] *Ibid.*, p 58.

[722] I. Newton, *Philosophiae naturalis principia mathematica*, Apud Guil & Joh. Innys, 1726, p. 45.

idées théologiques : « Les plus grands génies peuvent avoir l'esprit faux sur un principe qu'ils ont reçu sans examen. Newton avait l'esprit très faux quand il commentait l'*Apocalypse* »[723]. Newton a beaucoup écrit sur l'alchimie, plus encore que sur la théologie ; connaissant très bien les alchimistes du Moyen-âge et de l'Antiquité, ayant lu les alchimistes grecs, arabes, ceux de l'Occident latin médiéval, de la Renaissance et de sa propre époque, il admettait, selon Jean-Paul Auffray, l'existence d'une variété d'esprits éthérés dans la nature : « Même s'il est difficile d'en donner une définition dénuée d'ambiguïtés, ces esprits, comme les vertus, jouent un rôle fondamental dans l'alchimie newtonienne. »[724] Et qui plus est, Newton a été chercher confirmation de ses propres vues dans la philosophie de Pythagore et sa mystique des nombres !

Mais il y a encore plus curieux dans la réception du travail scientifique de Newton : il inventait en fait un nouveau paradigme au sein de l'explication mécaniste de l'univers, le *paradigme de l'électromagnétisme*, modèle scientifique qui a été critiqué par le mécanisme néo-cartésien. Ce qui a choqué les cartésiens, c'est l'obscurité de la notion nouvelle de « force » et l'idée d'une « action à distance » et non par contact, ce qui avait été posé par Descartes. La théorie de la gravitation s'est heurtée à des résistances considérables lorsqu'elle est apparue, de la part des tenants du paradigme mécaniste issu de Descartes. Leibniz lui reproche d'avoir, dans l'idée d'attraction universelle, introduit une *qualité occulte* : « Si ce moyen, qui fait une véritable attraction, est constant, et en même temps inexplicable par les forces des créatures, et s'il est véritable avec cela, c'est un miracle perpétuel ; et s'il n'est pas miraculeux, il est faux. C'est une chose chimérique ; une qualité occulte

---

[723] Voltaire, *Dictionnaire philosophique*, Paris, Garnier, 1967, p. 183.
[724] J.-P. Auffray, *Newton, ou Le triomphe de l'alchimie*, Editions Le Pommier, 2000, p. 217.

scholastique. »[725] Selon le *mécanisme* en effet, la causalité suppose un contact, ce qui permet de comprendre clairement une relation linéaire de cause à effet. Une boule de billard en cogne une autre et se trouve projetée mécaniquement ; comment admettre que deux masses puissent s'attirer « à distance » ? Recourir à une force occulte, c'était aux yeux des cartésiens une monstruosité épistémologique qui caractérisait les pires formes de la métaphysique ou de la magie. Descartes avait pourtant proposé une *théorie des tourbillons* pour rendre compte des mouvements dans la nature sans recourir à l'action par contact, et Newton y était vigoureusement opposé : « Certaines portions du fluide universel peuvent être animées de mouvements tourbillonnaires persistants ; aux yeux grossiers de l'atomiste, ces tourbillons sembleront des corpuscules insécables. D'un tourbillon à l'autre, le fluide interposé transmet des pressions que le newtonien, par une insuffisante analyse, prendra pour des actions à distance. Tels sont les principes d'une Physique dont Descartes a tracé la première ébauche »[726].

Qu'est-ce donc en définitive que la force pour Newton ? Un concept scientifique ? Non, il n'hésite pas à parler d'un *esprit très subtil*, qui circule à travers les corps grossiers, grâce auquel les particules de matière s'attirent lorsqu'elles sont éloignées les unes des autres, esprit qu'il applique aussi à l'explication des phénomènes optiques. Ce fameux *esprit* n'est nullement un flux de particules matérielles, car Newton refusait d'admettre, comme Descartes, que la nature soit seulement composée de matière et de mouvement. Comment expliquer alors son attachement au concept de force et son rejet du mécanisme cartésien ?

La force a pour Newton un aspect nettement psychique : il voulait sauvegarder certaines des intuitions des

---

[725] G.W. Leibniz, *God. Guil. Leibnitii Opera philosophica quae exstant latina, gallica, germanica omnia*, sumtibus G. Eichleri, 1840, p. 777.
[726] P. Duhem, *La théorie physique : son objet, sa structure*, Paris, Vrin, 1997, p. 13.

alchimistes et leur donner une forme nouvelle ; loin de vouloir rompre avec l'alchimie, il y cherchait une confirmation de ses propres vues. Newton se faisait délibérément de la notion de force une idée qui nous semble très irrationnelle, même si ses théories physiques semblent ne pas avoir un rapport étroit avec sa philosophie spirituelle, selon Emile Bréhier, qui nous présente plutôt un « Newton chez qui la partie substantielle de sa pensée, la philosophie naturelle ou physique, n'a qu'un lien fort lâche avec ses doctrines sur les réalités spirituelles auxquelles il est plutôt enclin à croire par mysticisme personnel, qu'à faire d'elles l'objet de méditations méthodiques qui seraient inséparables de sa physique. »[727]

Le scientifique et le préscientifique

Nous pourrions trouver quantité d'autres exemples, mais le seul cas de Newton montre qu'il est illusoire de vouloir opposer la rationalité scientifique à une interprétation préscientifique, animiste de la nature. Ce n'est même pas une question d'histoire : a-t-on jamais rencontré ici-bas un « pur » scientifique ? « Le » scientifique délivré de la représentation préscientifique n'est-il pas un être de raison ? Pierre Colin le confirme : « La connaissance scientifique est génétiquement seconde et elle ne peut épuiser […] le tout de la connaissance pré-scientifique. La connaissance scientifique subsiste à partir de la connaissance préscientifique ; elle n'est pas la métamorphose du tout de l'actualité originaire. […] La connaissance pré-scientifique est elle-même en état de transition vers un état de savoir scientifique, encore que ce passage ne soit jamais intégral et achevé : il y a là une progression indéfinie. »[728]

La coupure n'existe pas entre un âge préscientifique et un âge scientifique, mais elle est verticale et non tempo-

---

[727] E. Bréhier, *Histoire de la philosophie*, t. II, Paris, PUF, 1996, p. 275.
[728] P. Colin, *De la nature : de la physique classique au souci écologique*, Paris, Editions Beauchesne, 1992, p. 171.

relle. La rationalité scientifique plonge toujours ses racines dans l'irrationnel. Selon un aveu des ultra-rationalistes, la rose pousse sur le fumier ; le lotus pousse dans la vase, sans la vase il ne pourrait même pas pousser. Ne nous laissons pas abuser par la rigueur trompeuse des *Principia*, qui peuvent laisser penser que Newton avait conduit une œuvre objective et rationnelle, mais ne sont qu'une méthode d'exposition ; et ses observations, et même ses expérimentations, ne lui ont peut-être pas servi à faire des découvertes, mais seulement à vérifier ce qu'il savait déjà : « la théorie newtonienne n'était rien de plus qu'une extraordinaire *conjecture*, une approximation étonnamment bonne, réellement exceptionnelle, mais non pas en tant que vérité d'ordre divin, en tant seulement qu'invention exceptionnelle du génie humain, relevant non pas de l'*epistèmè* mais du royaume de la *doxa*. »[729]

Il serait aisé de multiplier les exemples, jusque chez les scientifiques les plus récents. Nous n'aurons aucun mal à montrer comment une intuition, dite « scientifique », qui a trouvé sa mise en forme rationnelle, a pu être puisée dans des influences « irrationnelles ». L'erreur est de croire que la science est de part en part rationnelle : non seulement on ne peut opposer strictement le rationnel et l'irrationnel, mais le rationnel naît sur le terrain de l'irrationnel. Sans l'alchimie, il n'y aurait pas de chimie ; sans l'astrologie, il n'y aurait pas d'astronomie ; sans les sciences occultes, il n'y aurait pas de sciences positives. Seul le puritanisme rationaliste peut encore croire que la science est purement rationnelle ; or tabler sur une telle croyance, c'est évidemment prendre une position idéologique.

Raison et rébellion

Quelles sont donc les justifications d'une position idéologique en matière de rationalité ? On peut soutenir

---

[729] K.R. Popper, *Conjectures et réfutations : La croissance du savoir scientifique*, Paris, Payot, 1985, p. 147.

une position idéologique de la rationalité, pour livrer combat contre l'obscurantisme galopant ; mais il peut y avoir dans ce débat trois principales attitudes doctrinales : le dogmatisme rationaliste, l'anarchisme méthodologique et le scepticisme critique.

Le dogmatisme rationaliste

Le *dogmatisme rationaliste* prend le parti de la raison comme on s'engage en religion : hors de la raison, point de salut ! Autrement dit, il fait du combat de la raison un enjeu idéologique majeur. Cette position intellectuelle est un thème constant depuis l'aube de la modernité. L'attachement à la méthode cartésienne nous a appris à n'accorder de valeur qu'aux idées claires et distinctes, à éviter la précipitation et la prévention, à nous méfier des idées obscures. Mais alors, comment définir « l'obscur » sans faire intervenir un changement de paradigme ? Depuis les Lumières, on a présenté les théories obscures comme ce qui tombait hors de la rationalité : Newton, Einstein, ont été considérés comme des auteurs obscurs. Ce langage du rationalisme militant prend un tour éminemment idéologique lorsque le rationaliste se considère comme investi d'une mission : dresser un rempart pour protéger la science et repousser les hordes barbares de l'irrationnel et de ses multiples formes, afin de conserver le terrain conquis par la science dans la culture occidentale.

La raison toute-puissante qui entend bouter la philosophie hors du savoir est celle-là même qui a été issue du projet galiléo-cartésien, la raison technicienne et dominatrice. En tant qu'elle se fonde sur un projet, cette raison peut à son tour être démystifiée comme idéologique et même mythique ; il y aurait également, d'après Edgar Morin, un mythe de la raison, d'une capacité d'éclairer le monde et de s'en rendre maître et possesseur, capacité magique et sans danger dont la conscience écologique est d'ailleurs en train de nous faire revenir : « Nos mythologies, aujourd'hui, se situent au cœur de nos idées, de nos théories, y compris au cœur de la raison et de la science. Et comment la raison devient-elle mythe ? Justement, dès qu'elle devient déifiée (...), dès que l'on dit : « la raison nous demande, nous commande », dès qu'elle devient omnisciente et omnipotente. Autrement dit, nous faisons une injection mythologique en nos concepts idéologiques. Et nous savons (...) que toutes les aspirations n'émanent ni de la pure rationalité, ni des « lois rationnelles » de l'histoire. »[730]

Jürgen Habermas a ainsi démasqué le visage proprement idéologique de la science contemporaine. En effet, sous prétexte de se substituer aux mythes, aux métaphysiques justificatrices et aux traditions indubitables, les représentations scientifiques héritent en réalité, sous une forme nouvelle, des mêmes traits distinctifs – justifier par de l'indubitable – et donc : « continuent, d'un autre côté, à exercer des fonctions de légitimation et soustraient ainsi les relations de violence existantes à l'analyse comme à la conscience que pourrait en prendre l'opinion publique. Ce n'est qu'alors qu'apparaissent les idéologies (...) : elles remplacent les légitimations traditionnelles de la domination en même temps qu'elles se présentent en se réclamant de la science moderne et se justifient en tant que critique de l'idéologie. »[731] Ainsi l'idéologie qui prétend nous délivrer des idéologies n'est-elle peut-être elle-même que la forme la plus retorse d'idéologie.

Paul Feyerabend, montrant à quels enjeux conduisent les luttes idéologiques, explique que le colonialisme s'est donné cette justification, quand il s'agissait d'éduquer les peuples en montrant les mérites d'une civilisation fondée sur la raison chez les « sauvages », les « peuples primitifs », les « barbares ». Curieusement, l'activité missionnaire

---

[730] E. Morin, in *Raison et relativité des valeurs* : actes du IIIᵉ colloque annuel du Groupe d'Etude "Pratiques sociales et théories", *Revue européenne des sciences sociales*, Paris, Librairie Droz, 1987, p. 228.
[731] J. Habermas, *La technique et la science comme « idéologie »*, Paris, Gallimard, 1973, p. 34.

chargée de convertir les païens à la religion catholique, a coïncidé avec la mission consistant à répandre les lueurs de la raison sur des peuples barbares encore dans l'enfance de la raison. Or, simultanément, les deux entreprises se conjuguent pour détruire la validité des cultures traditionnelles condamnées pour leur « animisme », leur « anthropomorphisme », leur « paganisme », leur « polythéisme »... et c'est cet impérialisme de la raison que Feyerabend[732] entreprend de dénoncer. La rationalité scientifique est une vision du monde, mais non pas la seule possible : qu'elle ait assuré son empire sur le savoir en Occident, puis sur la Terre entière, ne prouve aucunement qu'elle soit la seule forme de culture ou de savoir ; elle n'a pas non plus démontré qu'elle était la meilleure forme du savoir.

L'anarchisme méthodologique

Les sciences de la nature ont recours à un protocole expérimental qui valide ou réfute une théorie. Karl Popper considère ainsi qu'un système scientifique se définit par le fait que « sa forme logique soit telle qu'il puisse être distingué, au moyen de tests empiriques, dans une acception négative : un système faisant partie de la science empirique doit pouvoir être réfuté par l'expérience »[733]. Or cette épreuve de l'expérience pose problème pour les sciences humaines. Lorsque son objet n'est pas une réalité matérielle, comme c'est le cas pour l'inconscient freudien, l'hypothèse offre certes un « gain de sens et de cohérence » qui donne « une raison, pleinement justifiée, d'aller au-delà de l'expérience immédiate »[734], mais elle n'est pas expérimentable. Qu'est donc l'expérience pour l'historien, le psychanalyste ? La recherche de faits, outre qu'elle n'offre pas d'analogie claire avec un protocole expérimental, fait

---

[732] *Cf.* P. Feyerabend, *Adieu la raison*, trad. Baudouin Jurdant, Paris, Editions du Seuil, 1989.

[733] K. R. Popper, *La Logique de la Découverte scientifique*, Paris, Payot, 1978, p. 37-38.

[734] S. Freud, *Métapsychologie*, Paris, Gallimard, 1968, p. 66.

l'objet de controverses incessantes.

Par conséquent, que penser du souci de créer une démarcation stricte, une frontière indépassable entre science et non-science ou pseudo-science ? N'est-ce point là un combat avant tout idéologique ? D'ailleurs, ne peut-on pas fournir une explication plus fine du lien entre science et non-science, entre science et mythe ? Par exemple, dit Marcel Mauss, « la magie se relie aux sciences, de la même façon qu'aux techniques. Elle n'est pas qu'un art pratique, elle est aussi un trésor d'idées »[735]. Voilà qui voudrait dire que la rupture entre science et mythe relève-rait à la fois du mauvais procès et de l'ingratitude : c'est pourtant de ce trésor d'idées que lui offre le mythe que la science tire nombre de ses intuitions. Popper lui-même le reconnaît à demi-mot, voyant dans l'idée d'une anticipation de l'esprit le modèle de la théorie physique, qui le conduit à reconnaître dans la sagesse populaire un mode de ques-tionnement parent de celui de la science : « nombre de croyances superstitieuses et de recettes populaires (pour les semences, par exemple), recueillies dans les almanachs et les clés des songes, sont bien plus en rapport avec l'observation et résultent souvent, de manière incontes-table, de processus proches de l'induction »[736]. La diffé-rence revendiquée par Comte – l'observation – semble donc bien ne pas être le privilège de la science.

L'essentiel, selon Karl Popper, c'est que la science avance, qu'importe si elle tire son inspiration de telle ou telle source, de telle ou telle doctrine, de telle ou telle lé-gende : « Il n'existe pas de source ultime de la connais-sance. Aucune source, aucune indication n'est à éliminer, et toutes se prêtent à l'examen critique. A l'exception du domaine historique, ce sont en général les faits eux-mêmes que nous soumettons à examen, et non les sources d'où procéderait l'information. »[737] D'après Feyerabend, toutes

---

[735] M. Mauss, *Sociologie et Anthropologie*, Paris, PUF, 1950, p. 134.
[736] K. R. Popper, *Conjectures et Réfutations*, Paris, Payot, 1985, p. 377.
[737] *Ibid.*, pp. 52-53.

les idées sont bonnes, dans la mesure où elles sont fé-
condes, et il n'est pas d'idée, si ancienne et absurde soit-
elle, qui ne soit capable de faire progresser notre connaissance. Feyerabend prend alors le contre-pied du dogmatisme rationaliste pour l'*anarchisme méthodologique*[738] : toute
idée peut faire fonctionner le savoir, car sa provenance n'a
même pas à être jugée. Rendons à l'esprit scientifique sa
liberté ; libérons la créativité de la recherche des carcans de
la méthode, des règles imposées par les logiciens, des paradigmes établis, du paradigme mécaniste. L'essentiel, c'est
que la science garde une ouverture d'esprit et que l'on
cesse d'en faire une idéologie dominatrice, conquérante.

Le scepticisme critique

Si, maintenant, nous tenons à maintenir une opposition systématique vis-à-vis de l'« irrationnel », tout en nous
gardant bien de préciser ce qu'il faut entendre par « rationnel », si nous refusons l'ouverture positive que réclame
Feyerabend, il ne nous reste plus que le repli dans le *scepticisme critique*. Il s'agit, écrit Alain, d'un doute nécessaire mais
souvent mal compris : « La liberté intellectuelle, ou Sagesse, c'est le doute. Cela n'est pas bien compris, communément. Mais pourquoi ? Parce que nous prenons comme
douteurs des gens qui pensent par jeu, sans ténacité, sans
suite ; des paresseux enfin. Il faut bien se garder de cette
confusion. Douter, c'est examiner, c'est démonter et remonter les idées comme des rouages, sans prévention et
sans précipitation, contre la puissance de croire qui est
formidable en chacun de nous. »[739]

La revendication de la rationalité peut se satisfaire
d'une attitude purement critique, de la position de refus
opposée à toute information, à toute explication nouvelle,

---

[738] *Cf.* P. Feyerabend, *Contre la méthode : esquisse d'une théorie anarchiste de la
connaissance*, trad. Baudouin Jurdant, Agnès Schlumberger, Paris, Seuil,
1988.
[739] Alain, *Propos I*, Paris, nrf Gallimard, Bibliothèque de la Pléiade, 1956,
p. 134.

à toute science. C'est une attitude largement partagée, qui amène à définir la philosophie uniquement comme démarche critique : personne ne peut vous soupçonner de collusion avec « l'irrationnel », si vous vous en tenez systématiquement à une dénonciation critique. Ce scepticisme s'accorde avec le ton de la dérision que les media affectionnent ; il est dans l'air du temps, puisque nous sommes à un temps des incertitudes, un temps où les sceptiques sont rois. C'est, d'après Albert Guinon, une piètre manière de prouver l'intelligence : « Les natures basses croient prouver leur indépendance par la contradiction. Et c'est aussi de cette façon-là que les sots croient prouver leur intelligence »[740]. Comme il est très difficile de dire ce sur quoi les hommes peuvent s'entendre, de formuler un canon positif précis de la rationalité, on peut prendre le plus petit commun dénominateur qui est l'exigence critique. En campant dans cette attitude, nous pouvons dénoncer par le détail les errances de la théorie des quanta, les dangers de l'écologie, les irruptions de la morale au sein de la science... Nous pouvons définir le modèle dont s'inspire le dogmatisme rationaliste, celui de la science mécaniste, tandis que le sceptique est insaisissable, ne revendique rien, ou peut-être une sorte d'aristocratie du doute, le pouvoir d'exercer librement la puissance critique que recèle l'intellect. Mais qu'y gagnons-nous sur le fond ? Le doute pour le doute, la critique pour la critique, font-ils réellement progresser notre connaissance ?

Rationalité et ouverture

Il est dans la nature de la raison humaine d'être une exigence de justification qui ne peut s'arrêter à un refus, mais se doit d'envelopper un souci d'explicitation, qui est

---

[740] A. Guinon, *Remarques* dans *Le Figaro* - Supplément littéraire, 1er juin 1912.

aussi une conscience de soi. La raison est en l'homme la faculté de synthèse de la connaissance, du savoir. La rationalité est une manière de mettre en forme le savoir de manière systématique : un savoir est dit rationnel s'il s'ordonne dans un discours logique que la raison élabore. La rationalité scientifique n'ajoute-t-elle pas une exigence de modeler le savoir sur des paradigmes, acceptés par la communauté scientifique universelle ?

Le rationnel et le réel

Contrairement à ce que le dogmatisme rationaliste a pu croire, la rationalité n'a pas de contenu définitif : la raison n'énonce aucun dogme, mais elle est avant tout une exigence intellectuelle. Il s'ensuit que la raison n'est pas une idéologie, car aucune idéologie ne peut se prévaloir d'être « rationnelle ». L'état de nos connaissances à une époque de l'histoire, commande la conception que nous nous faisons du paradigme rationaliste. Nul ne peut dans l'absolu décréter qu'une théorie, qui possède son cortège de raisons, mais qui semble aujourd'hui irrationnelle, ne deviendra pas demain une forme admise de la rationalité. La rationalité, comme la science, est en devenir. La notion d'« obscurité » attachée à une théorie est une notion relative à la soi-disant « clarté » du savoir avec laquelle on la compare ; elle n'a pas de sens absolu. Pour dénoncer de l'irrationnel, il faut d'abord mettre à jour ce que nous appelons le rationnel et prendre conscience du paradigme que nous privilégions à ce moment et de sa justification.

Le paradigme mécaniste n'est qu'un paradigme pour penser le réel ; son succès depuis le XVIIe siècle tient à ce qu'il s'accorde avec une interprétation matérialiste de l'existence qui recueille une adhésion facile dans nos esprits. Mais qu'adviendrait-il si nous devions entreprendre une radicale remise en cause du mécanisme ? Nous perdrions alors les repères rationnels de la *science normale* que nous avons gardés depuis l'aube de la science moderne, ce qui mettrait notre vision de la *science en crise.* Jacques Monod dans *Le hasard et la nécessité,* Jean Pierre Changeux dans *L'homme neuronal,* sont formellement d'obédience mécaniste, se situent entièrement à l'intérieur du paradigme mécaniste qu'ils ne mettent pas en cause et dans lequel ils voient un modèle de rationalité. Par contre David Bohm, Bernard d'Espagnat, Fridjof Capra et d'autres tenants de la nouvelle physique, entreprennent directement de remettre en question le mécanisme classique. Ont-ils pour autant un parti pris irrationnel ? Qui est « rationnel » et qui est « irrationnel » en l'affaire ?

A quoi sert-il d'ailleurs de vouloir tant répartir des clans opposés, pour ainsi suivre la logique de la dualité de la représentation spontanée ? Qu'adviendrait-il si, au lieu de marquer une opposition, nous marquions une continuité ? Le réel, n'est-ce pas la totalité du rationnel et de l'irrationnel ? Le réel est a-rationnel ; c'est le mental qui doit cesser de le fragmenter, de découper en zones distinctes ce qui n'est pas divisé. Il est réaliste de penser que le réel déborde en richesse et complexité le formel et le rationnel ; il est rationnel d'admettre que nos modèles sont toujours limités. Ne confondons pas la *rationalisation* et la *raison* : la rationalisation est la tentative de tout soumettre à une logique pour refuser ce qui ne s'y plie pas ; c'est une logique close, démentielle, qui croit pouvoir s'appliquer sur le réel et, quand le réel refuse de s'y appliquer, on le nie ou bien on lui met les forceps. La raison, bien comprise, doit être ouverte, universelle, reconnaître dans l'univers la présence du non-rationalisable, la part de l'inconnu et du mystère, à l'instar de Vincent Descombes : « La mission d'une raison élargie est de comprendre l'irrationnel, lequel s'offre à nous principalement sous deux espèces : parmi nous le fou (qui « excède la raison ») et hors de nous le sauvage (qui la « précède »). D'où l'attention privilégiée dont bénéficient la psychanalyse (qui, avec son concept d'inconscient, a installé la déraison chez ceux qui se croyaient sains d'esprit) et l'anthropologie sociale (qui étudie les comportements archaïques des « primitifs »). Si ces sciences peuvent nous faire comprendre l'irrationnel du rêve, du délire, de la magie ou du tabou, la raison du mâle adulte occidental subit une défaite, mais c'est au profit d'une raison plus universelle. »[741]

Laisser la porte ouverte au mystère et à l'inconnu est humilité de la raison. Il importe surtout d'éviter de tout mettre dans le même sac et sur le même plan, ainsi que le montre Sri Aurobindo, d'après Robert Sailley : « L'évolution psychologique et sociale de l'homme, son développement individuel et collectif, s'effectue en définitive suivant trois phases : infra-rationnelle, rationnelle, supra-rationnelle »[742] ; c'est dire que l'irrationnel enveloppe à la fois l'infra-rationnel et le supra-rationnel.

L'irrationnel et l'infra-rationnel

L'*infra-rationnel*, c'est ce qui se situe en-dessous de toute raison. Si la *raison* est une faculté de synthèse capable d'ordonner notre vision du monde, la *déraison* se manifeste comme un discours sans ordre, ne pouvant se justifier, qui reste dans la confusion, l'inconscience, le délire. C'est par exemple ce qui relève de l'instinctif, de l'intuitif, de l'habitude mécanique, de la démence, des pulsions, de la bestialité, des formes les plus obscures du vital. C'est cet aspect de l'irrationnel qui nous inquiète quand nous voyons quelqu'un que l'on croyait équilibré, mesuré, rationnel dans sa vie, comme il l'était dans ses pensées, ses actes ou ses écrits, tuer son épouse, son fils ou se tuer lui-même dans un accès de colère ou de folie. Il est des actes si incontrôlables, et dépourvus de justifications, qui nous paraissent incompréhensibles ; il est dans les tendances inconscientes une obscurité qui effraie, un gouffre qui semble parfois s'ouvrir sur les abîmes du mal ou du délire, du non-sens et de l'absurdité. Dans la psychanalyse, l'infra-

---

[741] V. Descombes, *Le Même et l'autre*, Paris, Minuit, pp. 124-125.
[742] R. Sailley, *Çrî Aurobindo, philosophe du yoga intégral*, G.-P. Maisonneuve et Larose, 1970, p. 183.

rationnel se situe dans l'inconscient, que Freud appelle encore le *ça*, dans lequel il trouve la pulsion de mort ; c'est aussi la face obscure de l'humain que l'on porte fatalement en soi-même : « L'existence de ce penchant à l'agression que nous pouvons ressentir en nous-mêmes, et présupposons à bon droit chez l'autre, est le facteur qui perturbe notre rapport au prochain et oblige la culture à la dépense qui est la sienne [...] Il faut que la culture mette tout en œuvre pour assigner des limites aux pulsions d'agression des hommes, pour tenir en soumission leurs manifestations par des formations réactionnelles psychiques. »[743]

C'est enfin une attirance pour l'infra-rationnel que l'on peut repérer quand on voit proliférer une curiosité pour l'occultisme des tables tournantes, des boules de cristal, des esprits frappeurs, de la magie noire, de la possession, des rituels obscurs...

L'irrationnel et le supra-rationnel

Le *supra-rationnel*, lui, se situe au-dessus de la raison, et c'est exactement ce que veut entendre Blaise Pascal ; admettre qu'il est une réalité au-dessus de la raison, ce n'est pas aller contre la raison, par exemple : « Nous connaissons la vérité non seulement par la raison mais encore par le cœur. C'est de cette dernière sorte que nous connaissons les premiers principes et c'est en vain que le raisonnement, qui n'y a point de part essaie de le combattre. »[744]

Il est dans l'inspiration artistique un mystère que l'on ne peut ramener simplement à une production rationnelle : là où un artiste est le meilleur, c'est aussi là où il semble toucher un plan presque surhumain d'harmonie, un ordre dépassant les constructions rigides de la raison. Dans ce qu'il a de plus élevé, l'art n'est pas rationnel, ce qui ne veut pas dire qu'il soit pour autant bestial ; dans l'ordre de la mystique, ou de l'expérience spirituelle, il est aussi une

---

[743] S. Freud, *Le malaise dans la culture*, Paris, PUF, 1997, p. 54.
[744] B. Pascal, *Pensées*, in *Œuvres Complètes*, Paris, Seuil, 1963, p.512.

forme d'expérience que l'on ne peut ni ramener à un ordre rationnel, ni réduire à un sous-produit de tendances inconscientes. L'artiste tire ici-bas, par la puissance de son imagination, des formes que la raison est incapable de produire. L'expérience spirituelle se situe à la frontière du rationalisable, du dicible, au contact de ce qui semble dépasser le mental, que Sri Aurobindo appelle le *surmental*, et que Bergson peut qualifier de morale complète et parfaite : « Pourquoi les saints ont-ils ainsi des imitateurs, et pourquoi les grands hommes de bien ont-ils entraîné derrière eux des foules ? Ils ne demandent rien, et pourtant ils obtiennent. Ils n'ont pas besoin d'exhorter ; ils n'ont qu'à exister ; leur existence est un appel. Car tel est bien le caractère de cette autre morale. Tandis que l'obligation naturelle est pression ou poussée, dans la morale complète et parfaite il y a un appel. »[745]

Le réel ne se laisse pas facilement découper en catégories tranchées et les choses sont souvent mêlées, par exemple les œuvres poétiques contiennent une inspiration qui peut osciller entre les deux sources, ou, dans un certain académisme de la forme, relever d'une mise en forme rationnelle. On en dira autant de toute production humaine, de nos actes, de nos pensées. Qui peut prétendre posséder sur ses pensées un empire rationnel qui soit constant ? Chaque nuit, quand nous dormons, notre pensée est livrée à elle-même et aux folies irrationnelles du rêve et, même si nous revêtons de rationalisation nos décisions, elles peuvent fort bien en même temps être une poussée d'un irrépressible désir, contre toute raison.

---

[745] H. Bergson, *Les deux sources de la morale et de la religion*, Paris, PUF, 1984, p. 30.

*

*   *

L'Intelligence Artificielle est parvenue, en l'état actuel des réalisations, à construire de véritables intelligences artificielles, au sens immédiat et naïf du terme. En revanche, les diverses technologies informatiques que nous regroupons sous ce terme, participent effectivement, en tant que « technologies intellectuelles »[746], à une manière d'artificialisation de l'intelligence. Par exemple, les systèmes experts ne « raisonnent » pas de la même manière que les êtres humains et, bien plus, ils ne leur sont nullement substituables. Cependant, ce sont d'extraordinaires média pour l'enregistrement ainsi que la transmission d'informations, de savoir-faire, car les informations et les savoir-faire empiriques, impropres à la communication écrite classique, ne pouvaient auparavant être transmis aux humains que fort lentement, parcimonieusement, et par les moyens de la très vieille oralité. Aujourd'hui, moyennant de nouvelles procédures de traduction et d'écriture sous l'aspect de règles logiques – l'ingénierie des connaissances – les systèmes experts sont un instrument de valorisation, de mobilisation, d'exploitation, de diffusion et de distribution d'informations et de savoir-faire qui étaient depuis toujours liés à des personnes singulières. On avait voulu faire de l'Intelligence Artificielle... on est finalement parvenu à un nouveau médium d'inscription et de diffusion de l'information et de la connaissance, à une technologie intellectuelle.

L'intelligence peut désormais être perçue comme la propriété d'un être collectif aux limites indéterminées qui comprend notamment des instruments de communication, comme par exemple la télévision et Internet, et relève d'une écologie cognitive. Les machines, qui ne pensent guère par elles-mêmes, sont de simples technologies de

---

[746] *Cf.* P. Lévy, *Qu'est-ce que le virtuel ?* op. cit., p. 110.

l'intelligence, mais à ce titre, elles participent d'un environnement – artificiel sans doute – sur lequel s'appuient les processus cognitifs : médias, banques de données, réseaux, etc. Et l'idée d'écologie mentale signifie en même temps que la pensée a toujours un aspect collectif : je pense dans un certain environnement médiatique, intellectuel, institutionnel, etc. C'est dire que l'intelligence est aussi historique, prise depuis toujours dans un processus d'artificialisation continuel, processus où l'Intelligence Artificielle joue aujourd'hui un rôle de plus en plus important.

L'intelligence est donc, dans cette perspective, toujours artificielle, toujours collective. Car la collectivité ne se conçoit pas ici comme une masse, mais comme un réseau d'individus, de groupes et d'équipements intellectuels. Par conséquent, il est un avantage démocratique à sortir d'une vision strictement individuelle de l'intelligence comme « faculté » innée ou acquise, qu'on « a » ou qu'on n'a pas, et qui motiverait le classement social des individus. Il reste la question du partage effectif de cette intelligence collective : aurons-nous tous aisément accès, même dans les pays dits sous-développés, aux technologies de l'intelligence, aux autoroutes de l'information ? Cette ultime question interpelle inéluctablement notre conscience et notre raison.

CONCLUSION

I

L'Intelligence Artificielle est-elle possible ? Du point de vue formel, il existe préalablement une intelligence formelle dans la nature. Nous avons exposé les perspectives ouvertes par l'*hypothèse de la causalité formative* et le renouvellement de problématique qu'elle permet. Si Rupert Sheldrake admet volontiers que cette théorie doit encore être spécifiée et que la nature des champs morphiques reste ténébreuse, une théorie nouvelle se juge néanmoins d'abord à sa fécondité et sur ce plan, nous ne pouvons guère reprocher à cette théorie formelle de ne pas ouvrir des perspectives nouvelles. Par ailleurs, les incidences philosophiques de *L'Ame de la nature* donnent une armature raisonnable à l'*hypothèse de Gaia* de James Lovelock – d'après laquelle la Terre doit être considérée comme un être vivant et non comme une nature morte – et renouvellent ainsi le paradigme de la nature. C'est précisément ce ré-enchantement de la nature qu'attendaient vivement Ilya Prigogine et Isabelle Stengers dans *La Nouvelle alliance*, et Sheldrake a contribué raisonnablement à nous débarrasser de cette idée simpliste d'une nature stupide opposée à la seule créature douée d'intelligence que serait l'homme. Exit la conception de Jacques Monod dans *Le hasard et la nécessité*, et bienvenue au renouvellement de la biologie, à l'avènement de la physique la plus avancée, à une meilleure compréhension de la nature de l'intelligence.

L'intelligence, de par sa nature, est une et non pas multiple ; sont seulement multiples : a) les types de problèmes que nous rencontrons et essayons de résoudre, b) les domaines dans lesquels une forme de créativité est mise en œuvre. Nous ne saurions réduire l'intelligence à la conceptualisation intellectuelle abstraite, mais il est plutôt légitime de distinguer l'*intellect* de l'*intelligence*. Il n'est guère possible de dissocier intelligence et créativité, et c'est justement pourquoi l'expression « intelligence créatrice » est finalement bienvenue dès lors que nous abordons les rives de la nature de l'intelligence. Dans la mesure où nous reconnaissons dans l'intelligence un plan de conscience différent de l'activité de la pensée, dans la mentalité qui est la nôtre, il y aurait aussi une pertinence à distinguer le *mental* du *surmental*, ce que Platon appelait « le monde intelligible » : à ce niveau se sustentent le poète inspiré et le scientifique porteur d'une intuition nouvelle. La vision en profondeur, l'*insight*, est accessible à tout être humain. Il nous importe que la compréhension du processus de la pensée ouvre effectivement la voie à une pédagogie nouvelle, mais d'une nature radicalement différente de la pédagogie de l'intellect, de la pensée.

Nous vivons en effet dans une culture qui a idolâtré la pensée et l'a confondue avec toutes espèces de productions. Nous devons néanmoins réapprendre ce qu'est le mental pour nous libérer de ses limites. Cela ne veut certainement pas dire revenir à l'animalité brute, mais opérer un saut de la conscience de la représentation spontanée à une conscience plus élevée. Husserl parlait d'*attitude transcendantale* par opposition à l'attitude naturelle. Il n'est pas nécessaire d'employer ce terme technique, mais il est urgent de combler le fossé entre la pensée et la vie, de faire en sorte que l'*Intelligence* descende dans la vie, si nous ne voulons pas finalement être victimes du fonctionnement très mécanique du mental et de ses conséquences que, par exemple, nous avons rencontré bien des fois dans la démonstration mathématique.

II

Dans la *Critique de la Raison pure*, Kant loue les mathématiques pour leur aptitude à permettre un exercice de la raison dont la rigueur est un modèle, le modèle de toutes les sciences, la norme de la vérité. Il explique que la physique, avec Galilée, leur a emboîté le pas pour entrer aussi dans la voie sûre de la science, la raison imposant alors son système, ses règles, sa rigueur. Mais, par opposition, Kant discrédite la métaphysique, lieu de polémiques infinies. Cependant, eu égard aux développements que la science a connus au cours du XXᵉ siècle, ce genre d'opposition est assez simpliste, parce que partant d'une opposition arbitraire entre des formes qui sont toutes des constructions mentales de l'intellect et supposant aussi une méconnaissance de la vraie nature de la démonstration. De nos jours, au sein des sciences elles-mêmes, nous vivons une époque d'incertitude, et la frontière que l'on a longtemps voulu tracer entre science et non-science est bien mince, arbitraire, illusoire. Il est possible, et même nécessaire, que nous considérions de manière critique le travail de la rhétorique de la persuasion. Il est essentiel que nous placions notre confiance sur ce qui est œuvre du rationnel plutôt que sur ce qui est manipulation de l'émotionnel. Cependant, même au sein de la démonstration la plus rigoureuse, le *pathos* n'est jamais absent, mais seulement plus apaisé, plus serein. La conviction est donc limitée, elle n'exclut nullement l'implicite et l'implicite gagne à être rendu explicite dans tous les cas.

Comme limite de toute démonstration, le paradoxe met notre logique duelle à rude épreuve, c'est un coup de bâton qui suspend l'inattention par laquelle nous nous laissons prendre par nos propres constructions mentales, ce qui ne veut point dire que la Réalité soit rationnelle avec des faits bien rangés, étiquetés, sans mystère. La Réalité est a-rationnelle, paradoxale, et la véritable dimension du paradoxe est spirituelle. L'intérêt du paradoxe n'est pas dans un simple jeu de langage ; il permet de poser un problème dans toute son acuité en ne laissant à l'esprit nulle échappatoire : non seulement il suscite l'étonnement, mais il pousse à son comble l'interrogation. Formuler un paradoxe consiste à énoncer une objection à une thèse admise, de telle manière que celle-ci conduise directement à une contradiction. L'objection se contente de soulever un problème, elle avance une difficulté que la thèse est mise en demeure de résoudre : une objection est gênante mais elle n'est pas formellement perçue comme insurmontable ; néanmoins, si elle est énoncée sous l'aspect d'un paradoxe, c'est sa validité qui est mise en cause, car le paradoxe la rend insurmontable. C'est pourquoi il peut y avoir une fonction épistémologique des paradoxes : si nous admettons, avec Popper, qu'il y a une « logique de la découverte scientifique », l'apparition des paradoxes dans l'histoire des sciences doit aussi être hautement significative ; elle doit s'effectuer à un moment crucial du développement de leurs théories.

Nous ne pouvons plus afficher autant de fierté qu'autrefois au sujet du progrès des sciences, mais nous devons apprendre l'humilité et la modestie. L'histoire des sciences contemporaines s'est ainsi découverte comme le temps des incertitudes, parce qu'elle a pris conscience d'une complexité que ne soupçonnaient guère les savants du XVIIIᵉ siècle. Une explication scientifique se doit toujours d'être encadrée par une formule du genre : « dans l'état actuel de nos connaissances, la meilleure explication qui puisse se donner est que... ». La science est en devenir. Le savoir admis à une époque tisse une forme d'intersubjectivité, celle de la mise en commun du savoir, à partir de laquelle nous pouvons tenter une démarcation avec ce qui ne relève pas des idées, des théories admises. Mais il faut prendre garde que ce souci de démarcation ne devienne pas idéologique, car ce que la science rend possible, c'est d'étendre et de partager notre savoir sur le monde et sans cette ouverture, elle pourrait se scléroser.

III

La recherche de l'origine des idées nous entraîne vers une interprétation mythique des idées et nous éloigne de la conscience exacte du réel, mais l'important n'est pas de spéculer sur l'origine des idées ; il s'agit surtout de prendre conscience de ce qu'est l'idée et du rôle qu'elle joue dans notre vie. Il est dans la nature du mental d'opérer des constructions et toute construction mentale enveloppe des concepts ; seulement, former des con-

cepts n'est pas l'apanage de la science ou de la philosophie : tout homme pense par idées, qu'il le veuille ou non,
que celles-ci soient confuses, claires ou distinctes. Dans la
question de savoir ce qui joue un rôle dans la formation
des idées, nous devons porter notre attention sur le pouvoir de l'esprit. Les mots employés ont une certaine valeur : le concept désigne une conception précise élaborée
par l'intellect, tandis que l'idée est un terme plus intuitif
désignant le produit d'une idéation en relation avec une
essence intelligible. Lorsque nous mettons l'accent sur le
concept, nous voyons les constructions de l'intellect, nous
voyons dans la pensée son caractère systématique ; quand
en revanche nous mettons l'accent sur l'idée, la pensée
nous paraît moins une construction de l'intellect humain
que la reconnaissance d'une trame du réel qui existe par
elle-même, indépendamment des constructions mentales
humaines. Quel rapport l'idée entretient-elle alors avec la
cohérence logique d'un raisonnement ?

Il existe bien des conditions qui font qu'un discours
est logique, conditions qui concernent seulement la forme
du raisonnement et non son contenu. Les exigences de la
logique ne peuvent être que formelles, parce que
s'imposant dans des règles à suivre, mais la méthode logique s'arrête à la définition de la cohérence. Si nous voulons pourtant aller plus loin dans cette investigation, nous
verrons que la logique autorise des développements formels importants. En se prenant elle-même pour objet, la
logique devient une spéculation pure qui rejoint de près les
mathématiques et la théorie de la démonstration. C'est
ainsi que se sont développées des logiques polyvalentes, à
plusieurs valeurs de vérité, qui étendent à de multiples
dimensions le calcul propositionnel de base fondé sur la
dualité vrai/faux. Là encore les logiciens auraient beaucoup à dire, car une telle spéculation a sa valeur qui libère
l'imagination scientifique des limitations de la représentation spontanée. Cependant, ce qui fait problème, c'est de
savoir d'où vient la dualité vrai/faux qui régit la lo-

gique classique : pourquoi la pensée humaine a-t-elle une propension à se développer dans la dualité ?

La dualité, en effet, est présente dans le mouvement discursif de la pensée et structure de part en part notre représentation commune ; elle n'est pas une formation à part, qui ne serait en œuvre que dans la théorie, la spéculation ou le savoir. Nous pensons dans la dualité et la plupart de nos problèmes sont intimement liés au trafic de la dualité. Le mental est ainsi fait qu'il est capable de justifier une chose et également son contraire, ce qui doit nécessairement nous aider à prendre conscience de ses limites, et à les dépasser. La pensée complexe propose une dynamique d'intégration qui répond au besoin de dépasser la dualité commune, car elle présente pour la première fois une alternative pertinente à la logique formelle classique fondée sur la dualité. Il reste néanmoins que le fond du problème est métaphysique plutôt que logique : l'Etre semble jouer dans la dualité le jeu même de la Manifestation, où celui qui joue se perd dans son jeu et se retrouve. En langage plotinien, il faudrait dire que l'âme fait l'expérience d'elle-même à travers le jeu de la dualité et, avec un peu d'audace métaphysique, nous dirions que l'Un s'expérimente lui-même dans la diversité, dans le jeu de l'âme avec elle-même au sein de la dualité. Même si la dualité n'attribue nulle réalité à son objet, elle rend pourtant possible cette expérience que nous appelons la Vie.

IV

Du point de vue technique, la formalisation de la pensée par le langage est au centre du projet de l'Intelligence Artificielle. Comme fondement du langage, la signification doit nécessairement être porteuse d'un sens et être le propre d'un système de signes. En parlant de système de signaux, la psychologie du comportement fait l'économie d'une conscience chez l'animal, ce qui lui permet d'éviter la question d'une pensée animale. Mais est-il possible de parler encore de langage, s'il n'y a pas de pensée ? Parler d'*expression*, n'est-ce pas nécessairement en appeler à une signification et à une pensée ? C'est au prix d'une réduction que l'on décide arbitrairement que l'animal ne dispose pas d'une pensée lui permettant de participer déjà proprement du *sens*. S'il y a une conscience, il y a déjà du sens, quand bien même celui-ci resterait très élémentaire. Par ailleurs, en disant que le langage humain parvient à signifier à l'intérieur du système que constitue la langue, la linguistique ne résout pas le problème de la signification. Il reste alors à préciser : 1) quel rapport le langage entretient-il avec la réalité ? 2) qu'est-ce qui distingue la pensée et le langage et dans quelle mesure y a-t-il signification au-delà du langage ?

Le langage n'est pas une entité à part, coupée de la réalité sensible, il n'est pas à lui seul un monde intelligible. Les mots ne sont pas les choses, mais ils portent une vérité au-delà d'eux-mêmes. Le langage peut, dans son emploi, nous éloigner de la réalité, quand il est l'instrument de l'illusion et du mensonge ; mais le langage peut également nous rapprocher de la réalité quand il est traversé par la vérité. Se méfier du langage, faire de la *misologie*, serait dramatique ; ce serait aussi dramatique, explique Platon, que de devenir misanthrope. Cependant, nous n'allons pas perdre notre temps en ratiocinations sur le langage en nous demandant ce que les mots veulent dire. Ce qui est essentiel à comprendre, c'est la nature de la pensée qui s'exprime dans le langage.

Parce que nous sommes habitués à l'expression verbale, formés aux *a priori* de la linguistique, il nous est devenu difficile de reconnaître la pensée non-verbale. Celle-ci n'est pourtant pas un mystère, car la pensée n'a jamais été complètement verbale. Certains penseurs diront que de toute manière, elle n'est pas non plus entièrement consciente. L'hypothèse de l'inconscient est indubitablement commode : elle permet de situer dans le non-verbal une bonne part des tendances que le sujet ignore, mais qui font pourtant pression en lui, ce qui tire le non-verbal vers l'instinctif. La difficulté majeure vient des thèses de la linguistique : contrairement à ce qui est admis, la relation entre signifiant et signifié n'est pas stricte. La pensée n'est pas le langage et elle a une indépendance relative, ce que démontre l'aphasie. Autrement dit, le langage dépend étroitement de la pensée dont il est l'expression, mais la pensée a sa vie propre. La vie de la pensée provient de l'*intelligence*, qui n'est pas verbale. C'est une erreur de confondre pensée et langage, une erreur qui a pipé toute discussion sur le langage, la pensée et l'intelligence de l'animal. Reconnaître le non-verbal est essentiel, c'est mieux comprendre l'acte de l'intelligence et le processus de la compréhension ; c'est également une manière de congédier les outrances du relativisme linguistique et de l'intellectualisme. Enfin, la prise en compte du non-verbal est indispensable dans la communication, la plus grande part de ce que nous appréhendons d'autrui ne venant pas des mots qu'il prononce, mais surtout de ce qu'il est, de ce qu'il exprime dans son corps et sa posture, de ce qu'il rayonne par-delà les mots.

V

Il est bien commode de considérer le *paradigme mécaniste* comme neutre d'un point de vue ontologique, mais il faut ignorer toute l'Histoire depuis la Modernité. Qu'il existe des mécanismes à l'œuvre dans la nature, nul ne le contestera, y compris le finalisme, tout à fait armé pour le comprendre. Par contre, que le *mécanisme* à lui seul soit capable d'en rendre raison, voilà qui est discutable. Descartes, le premier, n'aurait pas été d'accord. Le mécanisme reste une explication tronquée, incapable de fonder une compréhension authentique de la conscience, une vision englobante de la Terre, de la Nature, de la Vie. Quant à la théologie qui prétendait l'accompagner, elle n'est guère meilleure que celle d'Aristote. Le mécanisme n'est pas une philosophie, mais une méthode d'analyse. Tout ce qu'il a su engendrer, c'est l'*esprit technicien*, l'esprit calculateur. Une petite connaissance est une connaissance dangereuse, une explication fragmentaire est une compréhension morte et une compréhension morte ne peut rien créer de grand et d'élevé ; elle produit un monde à la hauteur de ce qu'elle est, un monde assez morbide. Après l'ancienne alliance de la pensée traditionnelle, après le désenchantement du monde de la science moderne, il y a place pour « la nouvelle alliance » de la science nouvelle et de la nature, selon le titre de Prigogine et Stengers. Le dépassement du paradigme mécaniste est déjà instauré dans l'approche systémique et complexe, et ce que l'homme sera capable de construire à partir de là sera plus vivant que ce qu'il a pu engendrer jusque-là.

Ce que le *paradigme mécaniste* a pu engendrer jusque-là, c'est la pensée calculatrice. Quand on demande si penser, c'est calculer, on veut savoir si 1) la pensée, comme activité mentale, se ramène à une forme ou une autre de calcul, ou bien 2) si l'acte de penser n'est en son essence rien d'autre qu'un calcul. Si ce n'est pas le cas, il faudra montrer pourquoi la pensée au premier et au second sens déborde la forme du calcul. La pensée qui calcule ne crée rien, n'imagine rien, ne fait que combiner des éléments découverts avant elle. La pensée dépend de la mémoire. En un sens passif ou réceptif, on ne peut dire que la pensée puisse se ramener à un calcul. Cependant, le mental est très visiblement calculateur et la vraie question à poser est de savoir dans quelle mesure il nous est possible d'accomplir un saut intuitif qui donnerait à la pensée le caractère englobant d'une vision par-delà tout calcul.

Comme application technique du mental calculateur, la modélisation du comportement humain est le projet de la *théorie de l'intelligence artificielle forte*. Nous en sommes encore assez loin, tout comme nous sommes assez loin, par ce biais, de pouvoir appréhender la nature de l'intelligence. Par contre, s'il est indéniable que les réalisations de l'Intelligence Artificielle sont des créations de l'intellect calculateur, l'histoire de l'automatisation et la modestie des résultats obtenus nous inclinent à penser que la *théorie de l'intelligence artificielle faible* est dans le vrai. C'est comme l'histoire de la montagne qui accouche d'une souris : il y a très loin entre les prétentions affichées par les zélateurs les plus fervents de l'Intelligence Artificielle et les résultats concrets qu'elle est capable de fournir. Nous avons obtenu des outils efficaces, des jouets, des jeux, mais nous sommes à l'heure actuelle assez loin de ce que nous trouvons dans la science-fiction sur le même sujet.

VI

Il n'est guère surprenant que dans notre contexte *mécaniste* actuel, nous ne sachions plus penser qu'en termes de solutions techniques. Plus exactement, notre manière de poser les problèmes est technique et, à tout problème technique, il y a une solution technique. Nous avons si bien assimilé la pensée technique que nous ne concevons nulle autre manière d'aborder la vie. Nous avons même fini par nous persuader, à tort, que la pensée technique était une forme de culture. Il n'y a aucune contradiction entre une civilisation technologiquement très avancée et un monde ténébreux, morbide, moralement barbare et inculte. Rousseau avait déjà compris cette distinction, mais jamais elle n'avait eu comme aujourd'hui une démonstration aussi éclatante. L'expansion de la conscience, qui seule peut remettre la pensée technique à sa juste place dans une appréhension du réel plus vaste et plus riche, ne peut venir de la technique elle-même. Mais c'est bien le dernier de nos soucis que de veiller à ce que notre conscience devienne plus large que les outils intellectuels dont elle se sert. Et pourtant, ce sont nos sciences elles-mêmes qui nous disent qu'être humain, cela s'apprend. Et ce n'est plus l'affaire des seuls spécialistes, mais notre affaire en tant qu'êtres humains. Nous ne devenons un humain aimant et fraternel qu'aux côtés d'autres humains aimants et fraternels, non pas en bichonnant notre bécane ou en bidouillant notre ordinateur. Nous ne devenons pleinement humains qu'en accédant à un horizon de compréhension plus large et à une conscience plus élevée. Ce que l'on reproche souvent au technocrate, n'est-ce pas de manquer de cœur ?

Mais le rejet de la technique, quoique compréhensible, est à la fois dangereux et naïf : il nous bloquerait à un stade précoce de la technique où celle-ci est encore pataude et immature, alors qu'elle ne demande qu'à se perfectionner. Une fois parvenue à maturité, la technique s'intégrera aisément dans la nature, que ce soit l'environnement, qu'elle préservera tout en assurant sa sécurité pour l'homme, ou nos propres corps et vêtements. L'homme ne peut rien faire sans la technique ; sans elle, il est esclave d'une nature hostile, capricieuse et intransigeante, réduit à une vie animale. La technique est à la fois l'expression de l'*intelligence* humaine, et son allié contre les forces naturelles qui le menacent de toutes parts. Si l'homme en reste à brûler des carburants, il détruira l'environnement et l'air qu'il respire, et sera dépendant d'une ressource naturelle en voie d'épuisement ; s'il en reste à une agriculture à base de pesticides et d'engrais chimiques, il appauvrira le sol, qui ne pourra se régénérer ; s'il s'en tient aux antibiotiques, les espèces résistantes deviendront de plus en plus nombreuses. Aussi l'homme peut-il et doit-il faire son possible pour que cette technique se développe à son plus haut point, au point qu'elle puisse devenir une spiritualité.

Par conséquent, il nous est d'ores et déjà possible d'envisager le jour où la technique et la spiritualité se rejoindront. Si la matière est identique à la conscience à ses niveaux les plus subtils, alors, au fur et à mesure que la technique chemine vers le nanoscopique, le picoscopique, le femtoscopique et plus petit encore, si faire se peut, elle tend inéluctablement vers le spirituel qui se place d'emblée à ces niveaux. Cependant, alors que la technique part du matériel et avance vers le plus subtil, la conscience ou l'esprit, la spiritualité agit dès le départ à ces souches, et c'est à partir d'elles qu'elle vise la transformation des niveaux plus matériels. C'est dire que le point de départ de la technique est le point d'aboutissement de la spiritualité et vice-versa, et néanmoins en fin de voyage, ces points se confondent. De nos jours, ni la technique ni la spiritualité n'ont atteint qu'un développement très rudimentaire. La technique propose des objets et des techniques encore pataudes, coûteuses en énergie non renouvelable et d'efficacité limitée ou médiocre ; la spiritualité est mal maîtrisée par la grande majorité des pratiquants dont les pensées impuissantes restent coincées dans leur tête et qui ne savent même pas, pour la plupart, se mettre en position lotus. Pour entrevoir ce dont la technique est capable, il faut extrapoler à partir de ses performances actuelles vers un futur parfois lointain ; pour avoir une idée de ce que peut la spiritualité, il faut regarder en arrière vers une époque également lointaine où, pour des raisons obscures, certains asiatiques ont développé leurs capacités physiques et psychiques à un degré exceptionnel. L'homme d'aujourd'hui est, comme le dit Nietzsche, une corde tendue entre la bête et le surhomme : il se situe dans le monde des apparences ; il croit aux ombres qu'il voit ; il est lui aussi l'ombre de lui-même. Pour sortir de son état mutilé, deux chemins s'offrent à lui, qui sont en fait un seul chemin poursuivi de deux manières complémentaires, l'une du macroscopique vers le microscopique, l'autre en sens inverse. Il convient alors de ne rejeter ni l'un ni l'autre, ni de s'éprendre de l'une ou de l'autre au point de perdre tout esprit critique. C'est avec un esprit ouvert, mais prudent, que l'on doit chercher à comprendre et examiner ce que chaque méthode peut offrir, soit maintenant, soit demain. C'est alors qu'on se rend compte que technique et spiritualité, c'est au fond la même réalité.

VII

Du point de vue humain, la technique, représentée ici par l'Intelligence Artificielle, forme nécessairement un système. La quatrième dimension virtuelle produite par la technique possède une certaine autonomie de développement, et la logique de la télévision, par exemple, réalise concrètement son empire. Ainsi, l'idée d'une matrice de la pensée collective, manifestée dans ce monstre virtuel qu'est le système de la télévision, commence à prendre

sérieusement un sens et n'est pas seulement une spéculation hardie de la science-fiction. La télévision est un tranquillisant collectif et un outil de manipulation ; elle entretient un ronronnement mental qui dispense de penser,
mais permet de dormir dans des opinions convenues.
Quand nous aurons compris à quel point son usage a été
maléfique, nous aurons probablement la même réaction de
rejet qu'à l'égard de la publicité, et peut-être une sainte
colère nous poussera-t-elle à la révolte. Peut-être aurons-
nous un jour, avec des raisons sérieuses, l'idée d'en assigner les responsables au tribunal des crimes contre
l'humanité ! Cependant, un monde, même hallucinatoire,
n'existe que pour un sujet. C'est parce que *je suis* qu'une
manifestation illusoire peut se produire devant moi. Il ne
tient qu'à moi de ne pas m'y perdre, de défaire
l'identification et de rompre l'illusion, d'éteindre la télévision ou de jeter le décodeur, pour partir en sifflotant.
Notre conscience, la présence consciente d'elle-même, est
plus puissante que toute illusion, et c'est elle qui nous fait
sentir que nous sommes libres de recréer un monde vivant
de rapports humains réels et chaleureux.

Si la télévision nous manipule, le concept de manipulation mentale possède une forte charge affective. Il
sollicite immédiatement et des images de torture et un
réflexe de peur, s'inscrit d'emblée dans la dualité entre moi
et un autre en projetant un soupçon à l'égard d'autrui. A
cet égard, le paranoïaque voit des manipulateurs partout et
se croit victime d'une conspiration. Mais cette dérive pathologique n'est nullement une raison suffisante pour dénier en bloc la possibilité d'une manipulation. Les intellectuels aiment bien se moquer de ce qu'ils appellent « le
mythe increvable de la conspiration ». Si c'est pour dénier
la possibilité de la manipulation collective et exalter un soi-
disant libre-arbitre humain de manière purement théorique, ce sera vendre à bon compte une illusion en préten-
dant en dénoncer une autre. Il faudrait plutôt en admettre
la possibilité et en préciser les moyens, et cela n'est pas aisé

en dehors de tout *pathos* excessif. Il faut sortir cette question d'un cadre strictement limité à des exemples historiques convenus. On a beau jeu de dénoncer la manipulation quand on la voit chez les autres et seulement sous la forme de caricatures, ce qui évite de l'observer autour de soi, tout près de soi... et surtout en soi-même. C'est pourtant dans la connaissance de soi que se trouve la clé de toute manipulation mentale, dans la compréhension de la nature du mental et de l'ego, et tant que le moi n'a pas été vu dans ses activités les plus secrètes, nous sommes encore dans le champ de son influence, dans la naïveté quant à la vraie nature de la manipulation.

Il convient de ne pas seulement considérer le virtuel comme une sorte de manipulation, de péril qui viendrait gangrener le réel. La virtualisation n'est pas nécessairement l'aliénation qui est son double menaçant. La virtualisation n'est pas un monde faux et imaginaire, c'est seulement la dynamique d'un processus que le mental met en place dans l'intersubjectivité. Du virtuel tout peut se manifester, la vérité comme le mensonge, les prodiges de l'intellect, comme ses sottises. Cette ambiguïté n'est d'ailleurs pas l'apanage du virtuel, c'est une spécificité du langage humain, puisque vérité et fausseté sont indissociables du jeu de l'expression dans des énoncés articulés. Le virtuel ne correspond pas simplement à l'imaginaire en général, mais il a plus de rapport avec le champ des possibles qui doit passer à l'être qu'avec l'imaginaire en général. Il se produit dans notre monde actuel une mutation de la conscience, une mutation dans laquelle la plupart d'entre nous sont emportés, une mutation très mal vécue. Nous sommes au temps de l'exil forcé et la tentation est grande de se replier sur le terrain du passé. Le défi du virtuel doit être relevé avec intelligence et sensibilité ; il doit être accompagné, et la tâche de la conscience est d'éclairer son sens.

VIII

La conscience aurait-elle des relations avec le cerveau ? A ce propos, nous n'avons envisagé que le modèle holographique. Il existe pourtant un grand nombre de théories sur le cerveau. Le paradigme holographique ouvre à lui seul des perspectives très riches : il ne se contente pas d'être une thèse, c'est une théorie que l'on peut valider dans l'expérimentation et qui est aussi liée à un formalisme mathématique. Le modèle holographique nous permet d'établir un pont entre l'interprétation de la théorie quantique de David Bohm et la structure du cerveau, apporte un éclairage original sur les limites de la pensée, permet de comprendre le principe paradoxal selon lequel une information peut à la fois être partout et nulle part, donne même une illustration très parlante du principe selon lequel le tout est présent dans la partie, comme la partie est présente dans le tout. Bohm et Pribam étaient conscients de ce que toute théorie est limitée – y compris la leur. Il ne faut pas demander en matière d'approche scientifique une explication totale, ce qui serait contradictoire dans les termes. Nous avons besoin de plusieurs points de vue. Il est des faits qui ne se prennent pas aisément dans le filet du modèle holographique. Nous avons des milliers de témoignages de sujets ayant traversé un coma, donc avec encéphalogramme plat, et ayant eu une perception extrêmement détaillée. Ce ne sont pas des hallucinations et on ne voit pas très bien comment on pourrait parler ici de représentation holographique. Nous n'en avons donc pas terminé avec la question de l'intelligence, encore moins avec celle de la conscience.

Que signifie être conscient ? C'est assurément un privilège humain que celui de la lucidité. Etre conscient veut dire au sens le plus élevé être lucide. Au sens de la vigilance, cela veut dire être attentif au monde. L'homme a une vocation à vivre dans la pleine conscience-de-soi ; il a un droit naturel à vivre dans la pleine conscience, et la maturité de la conscience-de-soi répond à la plénitude de sa présence au monde. Dire que l'homme est « pensée » n'est guère suffisant : ce n'est pas la simple pensée qui nous élève au-dessus du statut de l'animal et la pensée n'est pas l'éveil ; c'est la conscience-de-soi qui est la véritable élévation propre à l'homme. L'homme est naturellement capable de refléter une valeur élevée de conscience ; il n'est pas condamné à vivre dans une conscience restreinte dans la vigilance ; il est encore moins la conscience qui est en dessous de la vigilance, précisément dans les variétés de l'inconscience. Mais cette réponse est si paradoxale qu'elle pose plus de problèmes qu'elle n'en résout. Elle nous contraint à préciser ce qu'est la conscience-de-soi, nous demande de dire en quoi consiste l'identité propre de la conscience du soi. Nous ne savons par ailleurs si la pensée est un phénomène d'un seul tenant et pour cela, il faudrait montrer aussi en quel sens elle nous appartient et vérifier si elle ne nous échappe pas, si elle est liée à l'attention.

On s'étonne partout des difficultés d'attention ou encore du manque de concentration dans l'étude, mais nous vivons dans une civilisation fort bruyante. L'aptitude à la concentration dépend directement de l'attention. Contrairement à ce qui se dit parfois, la concentration véritable ne repose pas sur l'effort, mais sur une détente de l'esprit. C'est la tranquillité de l'esprit qui rend possible l'ouverture de l'écoute. Un esprit tranquille se concentre tout naturellement et il va là où son intérêt est éveillé. Inversement, il est impossible de faire quoi que ce soit avec un mental en ébullition. Maintenant, quand l'agitation mentale est devenue un mode de vie, on ne peut raisonnablement attendre quoi que ce soit de sérieux. Toutes les activités deviennent superficielles et l'intelligence même tend à se dissoudre. Une civilisation qui entretient une agitation mentale constante n'éveille pas l'intelligence ; en détruisant la disponibilité, elle émousse la sensibilité et fabrique des crétins. Le premier soin de toute pédagogie doit aller vers l'attention. C'est nourrir l'arbre à ses racines. Tout le reste, le contenu, ne vient qu'ensuite et prend naturellement sa place à partir du moment où le pré-requis de l'attention est là. De même, dans le rassemblement ultime dans la flamme de l'attention résident l'essence de la spiritualité, la raison.

IX

La raison humaine se définit par rapport au monde sensible. Dois-je douter de la réalité de la table et penser que d'un point de vue objectif, elle est différente de ce que je peux éprouver ? La réalité est-elle différente de ce que me donnent mes sens ? Dois-je douter du monde sensible ? Non, ce que je puis mettre en doute, ce sont des jugements erronés sur le sensible, des illusions et des erreurs que le mental construit. Le monde sensible, en tant que sensible, n'est pas trompeur ; il est ce qu'il est à travers la conscience que j'en prends. L'erreur et l'illusion sont dans le jugement, dans l'opinion, mais pas dans le sensible. Certes il appartient à la raison de corriger les jugements erronés, de dénoncer les illusions ; mais illusions et erreurs sont dans le mental. Il n'y a donc pas à supposer une sorte de fantôme de « réalité », une *chose en soi* qui serait objectivement derrière les sensations, sous le prétexte que nos sensations ne sont pas fiables. Le mérite de la phénoménologie est d'avoir réhabilité l'apparence comme moment d'apparition phénoménale de l'Etre. Que nous le voulions ou non, le mot réalité renvoie toujours à la conscience et n'a aucun sens en dehors d'elle. Il n'existe pas deux mondes, un monde de la science et un monde de la vie ; il n'y a qu'un seul monde qui est le monde de la vie, le monde sensible dans lequel nous vivons. Le monde de la science issu de la pensée de Galilée n'est qu'une représentation simplifiée du monde réel, une représentation objectivée qui ne retient du monde que sa texture mesurable, calculable, quantifiable. Le monde matériel en soi n'est pas une vision, il n'est pas une présence, mais une supputation.

Le drame de notre époque, c'est de creuser un fossé entre le savoir et la vie ; alors que la connaissance devrait être au service de la vie, au service de la sagesse, car la sagesse ne saurait exister sans connaissance. Le bon sens assume un rôle, celui du passeur qui permet de faire les premiers pas vers une intégration de la connaissance, du savoir ; c'est une raison pratique, mais qui demeure sans raison théorique : entre le domaine du savoir où les polémiques font rage, où les théories ne sont jamais définitivement établies, et le champ de l'action où il faut prendre des décisions, même sans assurance complète, il y a un espace vide, que l'on remplit grâce au bon sens. Admettons avec Descartes que le bon sens est la chose du monde la mieux partagée, mais la stupidité aussi. Il faut savoir s'éveiller de la stupeur de la stupidité, ce qui nécessite un solide sens critique contre le sens commun et son bagage de préjugés ; contre l'esprit raisonneur et son aveuglement ; contre l'illusion et ses chimères ; contre l'inertie de l'esprit et son conformisme paresseux. La restauration du bon sens passe par le développement de l'observation, mais également par la prise en compte de l'incertain.

Il est une sagesse de l'incertain qui commande retenue et ouverture, retenue devant ce que l'on ignore, sans la crédulité, ouverture devant le possible qui excède toujours ce que nous pouvons en connaître. Il est délirant de prétendre enfermer la réalité dans un système, quel qu'il soit, et aucun système conceptuel ne peut enfermer la réalité dans toute sa complexité. Il est aussi délirant de faire fi de toute raison au point de renoncer à la tâche de comprendre, pour ne faire que croire : la foi aveugle sans la raison est le péril de l'intelligence humaine. L'intelligence humaine consciente d'elle-même se tient entre des extrêmes : ce qui la concerne vraiment, c'est le désir constant de comprendre et le refus de s'en tenir à des explications toutes faites. L'intelligence est pleinement éveillée quand elle a le souci d'une vision pénétrante du réel et sa tâche est avant tout de déceler les illusions et d'y mettre fin. Mais il faut garder mesure et ouverture, car la complexité du réel est un défi qui laisse place à un étonnement sans cesse renouvelé. Pouvoir s'étonner, c'est laisser ouverte notre curiosité pour apprendre toujours davantage, c'est évidemment laisser la porte ouverte à l'inconnu.

BIBLIOGRAPHIE

I – TEXTES FONDAMENTAUX

THAYSE, André, BRUFFAERTS, Albert, DU-PONT, Pierre, HENIN, Eric, KAMP, Yves, MÜLLER, Jean-Pierre, BINOT, Jean-Louis, SNYERS, Dominique, *Approche logique de l'intelligence artificielle,* tome 1 : *De la logique classique à la programmation,* avec la collaboration de Philippe Delsarte, Paris, Bordas, Collection « Dunod informatique », 1990, 400 pages.

THAYSE, André, GRIBOMONT, Pascal, HULIN, Guy, PI-ROTTE, Alain, ROELANTS, Dominique, SNYERS, Dominique, VAUCLAIR, Marc, GOCHET, Paul, WOLPER, Pierre, GREGOIRE, Eric, *Approche logique de l'intelligence artificielle,* tome 2 : *De la logique modale à la logique des bases de données,* avec la collaboration de Philippe Delsarte, Paris, Bordas, Collection « Dunod informatique », 1989, 448 pages.

II – OUVRAGES CITES

ABGRALL, Jean-Marie, *Tous manipulés, tous manipulateurs,* Editions Générales First, 2003, 372 pages.

ALAIN, *Eléments de philosophie,* Paris, Gallimard, 1941, 388 pages.

ALBERGANTI, Michel, *Le Multimédia : la révolution au bout des doigts,* Paris, Le Monde-Editions, 1997, 257 pages.

ANDLER, Daniel (dir.), *Introduction aux sciences cognitives,* Paris, Gallimard, 1992, 514 pages.

ARISTOTE,

    1)   *Œuvres complètes* (avec la collaboration de Pierre Pellegrin), Paris, Flammarion, 2927 pages.

2) *Rhétorique*, introduction de Michel Meyer, traduction de C.-E. Ruelle revue par P. Vanhemelryck, commentaires de B. Timmermans, Paris, Librairie Générale Française, Collection « Livre de Poche », 1991, 407 pages.

ARNAULD, A., NICOLE, P., *La Logique ou l'Art de penser : contenant, outre les règles communes, plusieurs observations nouvelles propres à former le jugement* (1662), Paris, Champs-Flammarion, 1970, 389 pages.

AUFFRAY, Jean-Paul, *Newton, ou Le triomphe de l'alchimie*, Editions Le Pommier, Collection « Essais. A contre-courant », 2000, 223 pages.

AUGER, François, *Introduction à la théorie du signal et de l'information : cours et exercices*, Editions OPHRYS, Collection « Sciences et technologies », 1999, 472 pages.

AUROBINDO, Sri, *Aperçus et pensées*, traduit de l'anglais par Mira Al-fassa, Sri Aurobindo Ashram, Pondichéry, Inde, 1956, 47 pages.

AUROUX, Sylvain, DESCHAMPS, Jacques, KOULOUGHLI, Djamel, *La philosophie du langage*, Paris, PUF, Collection « Quadrige », 2004, 412 pages.

AUTRET, Alain, *Les effets placebo : Des relations entre croyances et médecines*, Paris, L'Harmattan, 2013, 118 pages.

BACHELARD, Gaston,
1) *Le nouvel esprit scientifique* (1934), 16ᵉ édition, Paris, PUF, Collection « Quadrige », 1984, 185 pages.
2) *La formation de l'esprit scientifique : Contribution à une psychanalyse de la connaissance objective* (1938), Paris, Librairie philosophique Vrin, 1972, 258 pages.

BACON, Francis, *La Nouvelle Atlantide* (1627), traduit par Michèle Le Doeuff et Margaret Llasera, Paris, Flammarion, Collection « GF », 1995, 177 pages.

BACON, Roger, *Fratries Roger Bacon ... Opus Manus ad Clémente Quantum Pontifie Romane ex Ms. Codique Daliniens, cum alibis quibusdam collato, nunc primum edidit* ..., Rome, typis Gulielmi Bowyer, 1733, 477 pages.

BARNETT, Samuel Anthony, *The Rat : A Study in Behavior,* Transaction Publishers, 2007, 288 pages.

BARRATIN, Anne, *Chemin faisant,* Paris, Editions Lemerre, 1894, 269 pages.

BEBEY, Francis, *Le fils d'Agatha Moudio* (1967), Yaoundé, Editions CLE, 2001, 208 pages.

BEKESY, Georg Von, *Sensory inhibition,* Princeton University Press, 1967, 265 pages.

BELLEFEUILLE, Elise de, SAINT-GERMAIN, Michel, *Le paradigme holographique,* Paris, Editions Le Jour, Collection « Eveil », 1984, 441 pages.

BERGIER, Jacques, *Rire avec les savants,* Paris, Fayard, 1964, 221 pages.

BERGSON, Henri,

1) *Matière et mémoire* (1896), 94^c édition, Paris, PUF, Collection « Quadrige », 1985, 282 pages.

2) *Le rire. Essai sur la signification du comique* (1900), Paris, PUF, Collection « Quadrige », 1985, 157 pages.

3) *Le rire. Essai sur la signification du comique,* Québec, Edition électronique réalisée par Bertrand Gibier, 2002, 87 pages.

4) *L'évolution créatrice* (1907), 156^c édition, Paris, PUF, Collection « Quadrige », 1986, 372 pages.

5) *L'Energie spirituelle* (1919), Paris, PUF, Collection « Quadrige », 1982, 214 pages.

6) *Les deux sources de la morale et de la religion* (1932), 88^c édition, Paris, PUF, Collection « Bibliothèque de philosophie contemporaine », 1958, 340 pages.

7) *La pensée et le mouvant* (1938), 93^c édition, Paris, PUF, Collection « Quadrige », 1987, 291 pages.

BERNANOS, Georges, *La France contre les robots* (1946), *Essais et écrits de combats II*, Paris, La Pléiade, NRF Gallimard, 1995, 247 pages.

BERTRAND-SERRET, René, *Le mythe marxiste des « classes »*, Paris, Editions du Cèdre, Collection « Les grandes polémiques actuelles », 1955, 234 pages.

BLANCHE, Robert,

    1)   *Introduction à la logique contemporaine* (1957), Paris, Armand Colin, 1996, 200 pages.

    2)   *L'axiomatique* (1967), Paris, PUF, 1980, 110 pages.

BOIREL, René, *Le mécanisme hier et aujourd'hui*, Paris, PUF, Collection « Que sais-je ? », 1982, 127 pages.

BOOLE, George,

    1)   *The Mathematical Analysis of Logic*, Cambridge : Macmillan ; London : George Bell, 1847, Livre numérique Google, 330 pages.

    2)   *Les lois de la pensée*, Paris, Vrin, 1992, 414 pages.

BOURBAKI, Nicolas, *Théorie des ensembles*, volume 1 de *Eléments de mathématique*, Springer, 2008, 250 pages.

BREEUR, Roland, *Autour de Sartre : la conscience mise à nu*, Editions Jérôme Millon, 2005, 321 pages.

BROGLIE, Louis de, *Matière et Lumière*, Paris, Albin Michel, Collection « Sciences d'aujourd'hui », 1937, 342 pages.

BRUNO, Giordano,

    1)   *Le Banquet des cendres*, traduction Yves Hersant, Paris, Editions de l'éclat, Collection « Philosophie imaginaire », Numéro 8, 2002, 159 pages.

    2)   *De la magie*, traduction de Danielle Sonnier et Boris Donné, Editions Allia, 2000, 125 pages.

CAILLE, Alain, *Splendeurs et misère des sciences sociales : Esquisse d'une mythologie*, Paris, Librairie Droz, Collection « Pratiques sociales et théories », Volume 3, 1986, 411 pages.

CANGUILHEM, Georges,

1) *Le Normal et le Pathologique*, Paris, PUF, 1972, 224 pages.

2) *La Connaissance de la Vie*, Paris, Vrin, 1992, 198 pages.

CARROLL, Lewis, *Logique sans peine* (1897), Paris, Hermann, 1966, 288 pages.

CARTON, Raoul, *La synthèse doctrinale de Roger Bacon*, Paris, J. Vrin, Collection « Etudes philosophiques médiévales », Volume 5, 1924, 150 pages.

CASANOVA, Gaston, *L'algèbre de Boole*, Paris, PUF, Collection « Que sais-je ? », 1967, 128 pages.

CASSIRER, Ernst, *La Philosophie des Lumières*, Paris, Presses-Pocket, Collection « Agora », 1966, 351 pages.

CHANGEUX, Jean-Pierre, *L'homme neuronal*, Paris, Fayard, 1983, 379 pages.

CHAUCHARD, Paul, etc., *Psychisme animal et âme humaine*, Groupe Lyonnais d'Etudes Médicales, Philosophiques et Biologiques, Paris, Editions SPES, Collection « Convergences », 1953, 223 pages.

CHOPRA, Deepak, *Le corps quantique ; trouver la santé grâce aux interactions corps/esprit*, Paris, InterEditions, 2003, 302 pages.

COLIN, Pierre, *De la nature : de la physique classique au souci écologique*, Paris, Editions Beauchesne, Collection « Philosophie/Institut Catholique de Paris », Volume 14, 1992, 370 pages.

CONDILLAC, Etienne Bonnot de, *La langue des calculs*, Volume 1, Editorial MAXTOR, 2011, 280 pages.

COSTABEL, P., etc., *L'œuvre scientifique de Pascal*, Centre International de Synthèse, Section Histoire des Sciences, Paris, PUF, 1964, 312 pages.

COMTE, Auguste,

1) *Discours sur l'esprit positif*, Carilian-Goeury et VorDalmont, 1844, 108 pages.

2)   *Discours sur l'Esprit positif* (1844), Paris, Gallimard, 1972, 254 pages.

CUVELIER, André (dir.), *Psychisme et intelligence artificielle*, Nancy, Presses Universitaires de Nancy, Collection « Processus discursifs-Langage et cognition », 1992, 191 pages.

DANTEC, Félix le, *Le déterminisme biologique et la personnalité consciente, esquisse d'une théorie chimique des épiphénomènes*, Paris, Alcan, 1897, 158 pages.

DEHAENE, Stanislas, *La Bosse des maths : Quinze ans après*, Paris, Odile Jacob, 2010, 384 pages.

DELACHET, André, *La géométrie élémentaire*, Paris, PUF, Collection « Que sais-je ? » (1966), 4ᵉ édition, 1974, 128 pages.

DESCARTES, René,

1)   *Œuvres philosophiques*, Paris, Panthéon Littéraire, 1852, 772 pages.

2)   *Discours de la méthode* (1637) et autres œuvres, Paris, Garnier-Flammarion, 1966, 252 pages.

DESTOUCHES, Jean-Louis, *La physique mathématique*, Paris, PUF, Collection « Que sais-je ? », 1964, 127 pages.

DREYFUS, Hubert L., *Intelligence artificielle, Mythes et limites*, (*What Computers can't do, The Limits of Artificial Intelligence*, Harper & Row, Publisher, inc., New York, 1972, 1979), Paris, Flammarion, 1984, 442 pages.

DUHEM, Pierre, *La théorie physique : son objet, sa structure*, Paris, Vrin, Collection « L'Histoire des sciences : Textes et études », Volume 22, 1997, 524 pages.

DUMONT, Jean-Paul, *Les Ecoles présocratiques*, Paris, Gallimard, 1991, 951 pages.

DURKHEIM, Emile, *De la division du travail social* (1893), Paris, PUF, Collection « Quadrige », 1991, 416 pages.

EINSTEIN, Albert, *Comment je vois le monde*, traduction de Régis Hanrion, Paris, Flammarion, Collection « Nouveaux Horizons », 1979, 243 pages.

EINSTEIN, Albert INFELD, Léopold, *L'évolution des idées en physique*, traduction de Maurice Solovine, Paris, Payot, 1968, 280 pages.

ELLUL, Jacques, *Le système technicien*, Paris, Calmann-Lévy, 1977, 337 pages.

ESPAGNAT, Bernard d', BITBOL, Michel LAUGIER, Sandra, *Physique et réalité : Un débat avec Bernard d'Espagnat*, Atlantica Séguier Frontières, 1997, 434 pages.

EUCLIDE, *Les Eléments*, traduits par R.P. Rochalles et M. Ozanam, Paris, Cl. Ant. Jombert, M. DCC. LXXVIII, Livre numérique Google, 631 pages.

FEICHTINGER, Hans G., STROHMER, Thomas, *Gabor Analysis and Algorithms : Theory and Applications*, Springer Science & Business Media, 1998, 496 pages.

FEIGENBAUM, Edward, McCORDUCK, Pamela, *La cinquième génération, le pari de l'intelligence artificielle* (1983), Paris, InterEditions, 1984, 310 pages.

FERENCZI, Thomas (dir.), *Les défis de la technoscience*, Bruxelles, Editions Complexe, 2001, 159 pages.

FERRY, Luc, *L'homme-Dieu ou le Sens de la vie*, Paris, Bernard Grasset, 1996, 250 pages.

FEYERABEND, Paul,

    1)   *Contre la méthode : esquisse d'une théorie anarchiste de la connaissance*, traduit par Baudouin Jurdant et Agnès Schlumberger, Paris, Editions du Seuil, Collection « Science ouverte », 1988, 349 pages.

    2)   *Adieu la raison*, traduit par Baudouin Jurdant, Paris, Editions du Seuil, Collection « Science ouverte », 1989, 373 pages.

FORSEE, Aylesa, *Einstein et la physique théorique (Albert Einstein : Theoretical Physicist*, Macmillan, New York, 1963), traduit de l'anglais par Geneviève Brallion-Zeude, Paris, Editions France-Empire, Collection « Nouveaux

Horizons », 1966, 254 pages.

FOUCAULT, Michel,

1)   *Les mots et les choses*, Paris, Flammarion et Cie, 1966, 400 pages.

2)   *L'archéologie du savoir*, Paris, Gallimard, 1969, 275 pages.

FREITAS, Robert A., *Nanomedecine*, Vol. I : *Basic capabilities,* Landes Bioscience, 1999, 509 pages.

FULCHIGNONI, Enrico, *La civilisation de l'image*, Paris, Payot, 1969, 304 pages.

GALILEE,

1)   *L'Essayeur* (1623), traduction de Christiane Chauviré, Annales littéraires de l'Université de Besançon, Paris, Les Belles Lettres, 1980, 310 pages.

2)   *Discours et démonstrations mathématiques concernant deux sciences nouvelles*, Introduction, Traduction et Notes de Maurice Clave-lin, Paris, Armand Colin, Collection « Philosophies pour l'âge de la science », 1970, 272 pages.

GANASCIA, Jean-Gabriel, *L'âme-machine : Les enjeux de l'intelligence artificielle*, Paris, Editions du Seuil, 1990, 284 pages.

GARDIES, Jean-Louis, *Le raisonnement par l'absurde*, Paris, PUF, 1991, 206 pages.

GARDNER, Howard, *Les intelligences multiples*, (*Multiple Intelligences. The Theory in Practice. A Reader*, Howard Gardner, 1993), traduit de l'anglais par Philippe Evans-Clark, Marie Muracciole et Nathalie Weinwurzel, Paris, Editions Retz, 1996, 236 pages.

GOUGENHEIM, I., HEROUVILLE, Yves d', *La Télévision*, Paris, Editions Le Cahier Bleu, 2001, 127 pages.

GRIZE, Jean-Blaise, *De la logique à l'argumentation*, Paris, Librairie Droz, Collection « Travaux des Sciences Sociales », Volume 134, 1982, 266 pages.

GUICHARD, Jacqueline, *L'infini au carrefour de la philosophie et des mathématiques*, Paris, Ellipses, Collection

« IREM-Histoire des mathématiques », 2000, 208 pages.

GUSDORF, Georges, *Mythe et métaphysique. Introduction à la philosophie,* Paris, Flammarion, 1953, 267 pages.

HABERMAS, Jürgen,

        1)   *La technique et la science comme « idéologie »,* Paris, Gallimard, Collection « Tel », 1973, 211 pages.

        2)   *La pensée post-métaphysique. Essais philosophiques,* Paris, Armand Colin, 1993, 286 pages.

HADAMARD, Jacques, *Essai sur la psychologie de l'invention dans le domaine mathématique,* Paris, A. Blanchard, 1959, 134 pages.

HAUGELAND, John, *Artificial Intelligence : The Very Idea,* Cambridge (MA), The MIT Press, 1989, 287 pages.

HEGEL, Georg Wilhelm Friedrich, *La raison dans l'histoire* (1822-1830), traduction et présentation de Kostas Papaioannou, Paris, Editions 10/18, 2003, 313 pages.

HEIDEGGER, Martin, *L'Etre et le Temps (Sein und Zeit),* traduit de l'allemand par Rudolf Boehm et Alphonse de Waelhens, Paris, Gallimard, 1964, 324 pages.

HEISENBERG, Werner, *Physique et philosophie. La science moderne en révolution,* Paris, Albin Michel, 2006, 285 pages.

HENRY, Michel,

        1)   *Voir l'invisible. Sur Kandinsky,* Paris, Editions François Bourin, 1988, 248 pages.

        2)   *L'essence de la manifestation,* Paris, PUF, 1990, 911 pages.

        3)   *Généalogie de la psychanalyse : le commencement perdu,* Paris, PUF, 2003, 398 pages.

        4)   *Auto-donation : entretiens et conférences,* Editions Beauchesne, 2004, 293 pages.

HERDER, Johan Gottfried von, *Une autre philosophie de l'histoire pour contribuer à l'éducation de l'humanité : contribution à beaucoup de contributions du siècle* (1774), traduction de Max Rouché, Paris, Aubier, Collection Bilingue, 1964, 369 pages.

HERMANN, Grete, *Les fondements philosophiques de la mécanique quantique*, Paris, Vrin, 1996, 190 pages.

HOBBES, Thomas, *De corpore : Pars prima : Computatio sive logica*, La Goliardica, 1959, 170 pages.

HUFFMAN, Karen, *Introduction à la psychologie*, De Boeck Supérieur, Collection « Ouvertures psychologiques. International », 2009, 494 pages.

HUME, David, *Enquête sur l'entendement humain* (1748), traduction de A. Leroy, Paris, Garnier-Flammarion, 1983, 222 pages.

HUSSERL, Edmund, *Sur la phénoménologie de la conscience intime du temps : 1893-1917*, traduction de Jean-François Pestureau, Editions Jérôme Millon, 2003, 292 pages.

IMBERT, Michel, *Traité du cerveau*, Paris, Odile Jacob, 2006, 532 pages.

INTROVIGNE, Massimo, *La magie à nos portes*, Editions Fides, Collection « Rencontres d'aujourd'hui » (Volume 20), 1994, 118 pages.

INTROVIGNE, M., GORDON MELTON, J., *Pour en finir avec les sectes : le débat sur le rapport de la commission parlementaire*, 3ᵉ édition, Dervy, 1996, 355 pages.

JACOB, François, *Le jeu des possibles : Essai sur la diversité du vivant*, Paris, Fayard, Collection « Le Temps des sciences », 1981, 135 pages.

JACOB, Pierre, *De Vienne à Cambridge : l'héritage du positivisme logique de 1950 à nos jours : essais de philosophie des sciences*, avec la collaboration de Paul Feyerabend, Paris, Gallimard, 1980, 434 pages.

JACQUARD, Albert, *Inventer l'Homme*, Bruxelles, Editions Complexe, Collection « Le Genre humain », 1984, 183 pages.

JONAS, Hans, *Le Principe Responsabilité. Essai d'une éthique pour la civilisation technologique. (Das Prinzip Verantwortung. Versuch einer Ethik für die technologische Zivilisation*, Suhrkamp Taschenbuch Verlag, Frankfurt am Main, 1984), traduit de l'allemand par Jean Greisch, Paris, Editions du Cerf, Collection « Passages », 1990, 336 pages.

JONES, Weyman, *L'ordinateur, auxiliaire du cerveau* (*Computer : The Mind Stretcher*, The Dial Press, Inc., New York, 1969), traduction de Jeanne Bonnet, Paris, Editions Istra, Collection « Nouveaux Horizons », 1972, 117 pages.

JONSON-LAIRD, Philip Nicholas, HENRY, Jacqueline, *L'ordinateur et l'esprit*, traduction de Jacqueline Henry, Paris, Editions Odile Jacob, Collection « Sciences », 1994, 472 pages.

JORION, Paul, *Principes des systèmes intelligents*, Paris, Masson, 1990, 188 pages.

JOURDAIN, Stephen, *Voyage au centre de soi. La traversée des apparences internes*, Accarias/L'Originel, 2000, 159 pages.

KANT, Emmanuel, *Critique de la raison pure* (1781), traduction de A. Tremesaygues et B. Pacaud, Paris, PUF, Collection « Quadrige », 1986, 584 pages.

KEMENY, John G., *L'homme et l'ordinateur, coéquipiers de l'avenir* ([1972] *Man and the Computer*, Charles Scribner's Sons, New York), traduction de Jeanne Bonnet, Paris, Editions Nouveaux Horizons, 1975, 197 pages.

KLEIN, Jean, *A l'écoute de soi*, Paris, Editions Les Deux Océans, 1993, 143 pages.

KOCH, Christof, *A la recherche de la conscience : une enquête neurobiologique*, Paris, Odile Jacob, 2006, 460 pages.

KORZYBSKI, Alfred, *Une carte n'est pas le territoire : prolégomènes aux systèmes non-aristotéliciens et à la sémantique générale*, Paris, Editions de l'éclat, 1998, 187 pages.

KOYRE, Alexandre, *Du monde clos à l'univers infini* (*From the closed world to the infinite universe*, John Hopkins Press, Baltimore, 1957), traduit de l'anglais par Raissa Tarr, Paris, Gallimard, 1973, 349 pages.

KRISHNAMURTI, Jiddu,
    1)   *La nature de la pensée*, Krishnamurti Foundation Trust Ltd., 2006, 207 pages.

2)   *Le temps aboli : Dialogues entre Jiddu Krishnamurti et David Bohm*, Paris, Alphée, 2006, 414 pages.

3)   *Les limites de la pensée. Discussions*, Krishnamurti Foundation Trust Ltd, 2006, 248 pages.

KUHN, Thomas S., *La structure des révolutions scientifiques*, (*The Structure of Scientific Revolutions*, the University of Chicago Press, Illinois, USA [1962-1970]), traduit de l'anglais par Laure Meyer, Paris, Flammarion, Collection "Champs" n° 115, 1972, 248 pages.

KURZWEIL, R., *The Singularity is Near : When Humans Transcend Biology*, Viking Penguin, 2005, 652 pages.

LAPLANE, Dominique,

1)   *La Pensée d'outre-mots : la pensée sans langage et la relation pensée-langage*, Editions Institut Synthélabo pour le progrès de la connaissance, Collection « Les empêcheurs de penser en rond », 1997, 180 pages.

2)   *Penser, c'est-à-dire ? : Enquête neuro-philosophique*, Paris, Armand Colin, Collection « L'inspiration philosophique », 2005, 206 pages.

LAPLANTINE, François, *Ethnopsychiatrie psychanalytique*, Paris, Editions Beauchesne, 2007, 234 pages.

LAPOINTE, Roger, *Socio-anthropologie du religieux*, Volume 1, Collection « Travaux de droit, d'économie, de sciences politiques, de sociologie et d'anthropologie », Volume 156, Paris, Librairie Droz, 1988, 317 pages.

LAURIA, Philippe, *Cantor et le transfini : Mathématique et ontologie*, Paris, L'Harmattan, Collection « L'ouverture philosophique », 2004, 248 pages.

LE BRUN, Annie, *Du trop de réalité*, Paris, Gallimard, Collection « Folio Essais n°444 », 2004, 316 pages.

LEIBNIZ, Gottfried Wilhelm (Freiherr von),

1)   *God. Guil. Leibnitii Opera philosophica quae exstant latina, gallica, germanica omnia*, Volumes 1 à 2, (Edita recognovit e temporum

rationibus disposita pluribus ineditis auxit introductione critica atque indicibus instruxit Joannes Eduardus Erdman), sumtibus G. Eichleri, 1840, 808 pages.

2) *Œuvres de Leibniz : Nouveaux essais sur l'entendement. Opuscules divers*, Paris, Editions Charpentier, 1846, 604 pages.

3) *Dissertatio de arte combinatoria, in qua, ex arithmeticae fundamentis, complicationum ac transpositionum doctrina novis praeceptis exstruitur et usus ambarum per universum scientiarum orbem ostenditur...* (1666), Paris, Hachette Livre, 2012, 86 pages.

LEMIEUX, André, *La communication par le langage : moyen de transmission d'information*, Editions Paulines, Collection « Communication et mass media », Volume 1, 1976, 148 pages.

LE MOIGNE, Jean-Louis,

1) *Intelligence des mécanismes, mécanismes de l'intelligence : intelligence artificielle et sciences de la cognition*, Paris, Fayard, 1986, 367 pages.

2) *La théorie du système général : théorie de la modélisation*, jeanlouis le moigne-ae mcx, 1994, 338 pages.

LERBET, Georges, *Le sens de chacun : intelligence de l'autoréférence en action*, Paris, L'Harmattan, Collection « Ingenium », 2004, 144 pages.

LEVY, Pierre, *Qu'est-ce que le virtuel ?*, Paris, La Découverte, Collection « Sciences et société », 1995, 156 pages.

LIGONIERE, Robert, *Histoire et préhistoire des ordinateurs*, Paris, Robert Laffont, 1987, 352 pages.

LING, Sam, *How Attention Affects Perception*, ProQuest, 2007, 141 pages.

LOVELOCK, James, *La Terre est un être vivant, l'hypothèse de Gaïa*, Paris, Flammarion, Collection « Champs », 1999, 192 pages.

LUPASCO, Stéphane, *Le Principe d'antagonisme et la*

logique de l'énergie (1951), Paris, Editions Le Rocher, Collection « L'Esprit et la Matière », 1987, 137 pages.

MAHARAJ, Nisargadatta, FRYDMAN, Maurice, *Je suis*, Editions Les Deux Océans, 1982, 576 pages.

MARTIN, Roger, *Logique contemporaine et formalisation*, Paris, P.U.F., Collection « Epiméthée : Essais philosophiques », 1964, 230 pages.

MARTINET, André, *Eléments de linguistique générale*, Paris, Armand Colin, 2008, 223 pages.

MASLOW, Abraham,

1)   *La personalidad creadora*, traduction de Rosa M. Rourich, Barcelona, Editorial Kairos, 1999, 480 pages.

2)   *Devenir le meilleur de soi-même : besoins fondamentaux, motivation et personnalité*, Paris, Eyrolles, 2008, 384 pages.

MASSIN, Christophe, *Souffrir ou aimer : Transformer l'émotion*, Paris, Odile Jacob, Collection « Sciences humaines », 2013, 256 pages.

MERLEAU-PONTY, Maurice, *La Phénoménologie de la Perception*, Paris, Gallimard, Collection « Tel », 1976, 531 pages.

MOREAU, René, *Ainsi Naquit l'Informatique*, Paris, Dunod, 1987, 224 pages.

MORIM DE CARVALHO, Edmundo,

1)   *Variations sur le Paradoxe*, volume 4, Partie 1, Paris, L'Harmattan, 2007, 409 pages.

2)   *Paradoxes des Menteurs : Logique, Littérature, Théories du Paradoxe*, Paris, L'Harmattan, 2010, 349 pages.

MORIN, Edgar,

1)   *Le paradigme perdu : La nature humaine*, Paris, Editions du Seuil, 1973, 246 pages.

2)   *La Méthode I, La nature de la nature*, Paris, Editions du Seuil, 1977, 399 pages.

3)   *La Méthode III, La connaissance de la connaissance*, Paris, Editions du Seuil, 1986, 252 pages.

4)   *L'intelligence de la complexité*, Paris, L'Harmattan, 1999, 332 pages.

5)   *La voie : pour l'avenir de l'humanité*, Paris, Fayard, 2011, 307 pages.

MURPHY, Joseph, *Le miracle de votre esprit (The Miracle of Mind Dynamics*, New Jersey, Engelwood-Cliffs, 1964), traduit de l'anglais par Mary Sterling, Ottawa, Editions Le Jour, 1980, 201 pages.

NEWTON, Isaac, *Philosophiae naturalis principia mathematica*, Apud Guil & Joh. Innys, 1726, 530 pages.

NGA NDONGO, Valentin, *Information et démocratie en Afrique. L'expérience camerounaise*, Yaoundé, Editions SOPECAM, 1987, 111 pages.

NICOLLE, Anne, PIERREL, Jean-Marie, ROMARY, Laurent, SABAH, Gérard, VILNAT, Anne, VIVIER, Jean, *Machine, langage et dialogue*, Paris, Editions L'Harmattan, Collection « Figures de l'interaction », 1998, 342 pages.

NJOH-MOUELLE, Ebenezer, *De la médiocrité à l'excellence : Essai sur la signification humaine du développement* (1980), suivi de *Développer la richesse humaine*, 2ᵉ édition, Editions du Mont-Cameroun, 1988, 224 pages.

NOTARI, Christiane, *Chomsky et l'ordinateur : Approche critique d'une théorie linguistique*, Presses Universitaires du Mirail, 2010, 257 pages.

ONDOUA, Pius, *Développement technoscientifique : défis actuels et perspectives*, Paris, L'Harmattan, Collection « Pensée Africaine », 2010, 353 pages.

PACOTTE, Julien, *La pensée technique*, Paris, Alcan, 1931, 154 pages.

PASCAL, Blaise,
1)   *L'esprit de géométrie*, et *De l'art de persuader*, Commentaires de Bernard Clerté et de

Martine Lhoste-Navarre, Paris, Bordas, 1986, 192 pages.

2)　　　*Pensées*, présentation de Robert Barrault, Paris, Larousse, 1965, 160 pages.

3)　　　*Pensées*, présentation de Victor Rocher, Tours, Alfred Mame et Fils Editeurs, M DCCC LXXIII, Livre numérique Google, 632 pages.

PAVE, Francis, *L'illusion informaticienne*, Paris, L'Harmattan, 1989, 270 pages.

PENROSE, Roger, *L'Esprit, l'ordinateur et les lois de la physique* (*The Emperor's New Mind*, Oxford University Press, Oxford, 1989), traduit de l'anglais par Françoise Balibar et Claudine Tiercelin, Paris, InterEditions, 1992, 545 pages.

PIAGET, Jean (dir.), *Les théories de la causalité*, Paris, PUF, 1971, 209 pages.

PIESTCH, Paul, *Shufflebrain*, Houghton Mifflin, 1981, 273 pages.

PLATON, *Œuvres de Platon*, traduites par Victor Cousin, tome sixième, Paris, P.-J. Rey, 1849, 512 pages.

POPPER, Karl-Raimund,

1)　　　*La logique de la découverte scientifique* (*Logik der Forschung*, Julius Springer Verlag, Vienne, 1934), traduit de l'allemand par Nicole Thyssen-Rutten et Philippe Devaux, Préface de Jacques Monod, Paris, Payot, 1973, 480 pages.

2)　　　*La société ouverte et ses ennemis.* Tome 2 : *Hegel et Marx*, (*The Open Society and Its Ennemies*, vol. II, *The High Tide of Prophecy : Hegel, Marx, and the Aftermath*, George Routledge & Sons Ltd., Lon-don, 1945), traduit de l'anglais par Jacqueline Bernard et Philippe Monod, Paris, Editions du Seuil, 1979, 256 pages.

3)　　　*Conjectures et Réfutations : La crois-sance du savoir scientifique* (*Conjectures and Refutations : The Growth of Scientific Knowledge*, Routledge and Kegan Paul, London, 1963), traduit de l'anglais par Michelle-Irène et Marc Buhot de Launay, Paris, Payot, 1985, 610 pages.

    4)   *L'Univers irrésolu : Plaidoyer pour l'indéterminisme*, traduit par Renée Bouveresse-Quilliot et Daniel Andler, Paris, Hermann, 1986, 427 pages.

    5)   *La quête inachevée* (*Unended Quest*, The Library of Living Philosophers Inc., 1974), traduit de l'anglais par Renée Bouveresse, Paris, Presses Pocket, 1991, 350 pages.

PLOTIN, *Les Ennéades de Plotin, chef de l'école néoplatonicienne*, traduites pour la premier fois en français accompagnées de sommaires, de notes et d'éclaircissements et précédées de la vie de Plotin et des principes de la théorie des intelligibles de Porphyre par M.-N. Bouillet, Volume 3, Paris, Librairie Hachette, 1861, 700 pages.

PRIBAM, Karl H., RAMIREZ, J. Martin, *Cerebro y conciencia*, Ediciones Díaz de Santos, 1995, 164 pages.

PROUST, Marcel, *Du côté de chez Swann*, Paris, Editions Phonereader, 1966, 510 pages.

RAJNEESH, Bhagwan Shree, *Le livre des secrets* (*The Book of the Secrets*, Rajneesh Foundation, Poona, India, 1974), traduit de l'anglais par Swami Shantideva et Martine Witnitzer, Paris, Albin Michel, 1983, 377 pages.

ROSNAY, Joël de, *Le Macroscope*, Paris, Editions du Seuil, Collection « Points Essais », 1977, 305 pages.

ROSTAND, Jean, *Aux frontières du surhumain*, Paris, UGE, 1962, 127 pages.

ROUSSEAU, Jean-Jacques, *Essai sur l'origine des langues*, Paris, L'Harmattan, 2009, 192 pages.

SAILLEY, Robert, *Çrî Aurobindo, philosophe du yoga intégral*, G.-P. Maisonneuve et Larose, 1970, 207 pages.

SAINT-ARNAUD, Jocelyne, *Enjeux Ethiques et Technologies Biomédicales : Contributions à la Recherche Bioéthique*, PUM, 1999, 128 pages.

SATPREM, *Sri Aurobindo ou l'Aventure de la conscience*, Paris, Buchet-Chastel, 2003, 386 pages.

SAUSSURE, Ferdinand de, *Cours de Linguistique générale*, Volume 1, Rédaction de Rudolf Engler, Otto Harraowitz Verlag, 1989, 515 pages.

SCHACTER, Daniel L., *A la recherche de la mémoire : Le passé, l'esprit et le cerveau*, traduction de Béatrice Desgranges et Francis Eustache, De Boeck Supérieur, 1996, 408 pages.

SCHAEFFER, Bernard, *Relativités et quanta clarifiés*, Paris, Editions Publibook, 2007, 234 pages.

SCHOPENHAUER, Arthur, *Le Monde comme volonté et comme représentation*, volume 3, Paris, PUF, 1966, 1434 pages.

SCHRODINGER, Erwin, *What is life ? : the physical aspect of the living cell*, Cambridge University Press, 1955, 92 pages.

SEARLE, John, 1984, *Du cerveau au savoir*, Paris, Hermann, 1985, 143 pages.

SHAPIRO, Debbie, APOSTOLSKA, Aline (dir.), *L'intelligence du corps*, traduction de Ludovic Wayland, Paris, Editions J'ai lu, 2004, 371 pages.

SHELDRAKE, Rupert,

    1)   *La Mémoire de l'Univers*, traduction de Paul Couturiau, Paris, Editions du Rocher, Collection « Esprit Matière », 2002, 370 pages.

    2)   *Une nouvelle science : l'hypothèse de la causalité formative*, traduction de Paul Couturiau, Christian Supera et Christelle Rollinat, Paris, Editions du Rocher, 2003, 233 pages.

SKINNER, Frederic Burrhus, *Walden Two* (1948), Hackett Publishing, 1974, 320 pages.

SONOLET, Dagling, *Günter Anders : Phénoménologie de la technique*, Presses Universitaires de Bordeaux, 2006, 246 pages.

SPINOZA, Baruch,

    1)   *Œuvres de Spinoza*, traduites par Emile Saisset, Paris, Charpentier, 1842, 464 pages.

2) *L'Ethique*, Paris, Librairie Générale Française, Collection « Classiques de la philosophie », 2011, 627 pages.

SQUIRE, Larry R., KANDEL, Eric R., *La mémoire : De l'esprit aux molécules*, traduit par Béatrice Desgranges et Francis Eustache, De Boeck Supérieur, 2002, 296 pages.

TALBOT, Michael, *L'Univers est un Hologramme*, Paris, Pocket, 1995, 502 pages.

TEACHER, Paul, *La méthode subliminale*, Berne, Editions Idégraf, 1987, 47 pages.

TIBERGHIEN, Guy, *Logique : La science de la connaissance*, 1ère Partie : *Théorie générale de la connaissance, ses origines, ses lois, sa légitimité*, Paris, Librairie Internationale, 1865, 492 pages.

TOLLE, Eckhart, *Le pouvoir du moment présent : Guide d'éveil spirituel*, Paris, Ariane, 2000, 219 pages.

TOWA, Marcien, *Identité et Transcendance*, Paris, Editions L'Harmattan, Collection « Problématiques africaines », 2011, 348 pages.

VAN EERSEL, Patrice, *Le Cinquième Rêve*, Paris, Librairie Générale Française, Collection « Livre de Poche », 1997, 447 pages.

VAUCLAIR, Jacques, *L'intelligence de l'animal*, Paris, Editions du Seuil, 1992, 241 pages.

VEZEANU, Ion, *Impossibilia moralia : nanotechnologies, communication et liberté*, Préface de Jean-Yves Goffi, Paris, Editions L'Harmattan, Collection « Les idées et les théories à l'épreuve des faits », 2007, 157 pages.

VIRIEUX-REYMOND, Antoinette, *La logique formelle*, Paris, PUF (1962), 3ᵉ édition revue et corrigée, 1975, 129 pages.

WEIZENBAUM, Joseph, *Puissance de l'ordinateur et raison de l'homme* (1976), Paris, Editions d'informatique, 1981, 195 pages.

WILL, Clifford, *Les enfants d'Einstein : la relativité générale à l'épreuve de l'observation* (*Was Einstein Right ?* Basic Books, Inc., Publishers, New York, 1986), traduit de l'anglais par Françoise Balibar et Michel Biezunski, Paris, InterEditions, Collection « Nouveaux Horizons », 1988, 301 pages.

WINOGRAD, Terry, FLORES, Fernando, *L'intelligence artificielle en question* (Ablex Publishing Corporation, 1986), préface de Lucien Sfez, traduit de l'américain par Jean-Louis Peytavin, Paris, PUF, 1989, 296 pages.

WITTGENSTEIN, Ludwig, *Tractatus logico-philosophicus* (1922), traduction, préambule et notes de Gilles-Gaston Granger, Paris, Gallimard, 1993, 122 pages.

ZAHND, Jacques, *Logique élémentaire : cours de base pour informaticiens*, PPUR presses polytechniques, Collection « Informatique », 1998, 430 pages.

III – OUVRAGES COMPLÉMENTAIRES

ANDERSON, Alan Ross (dir), *Pensée et machine*, Paris, Champs Vallon, 1983, 150 pages.

ARSAC, J., *Les machines à penser. Des ordinateurs et des hommes*, Paris, Editions du Seuil, 1987, 258 pages.

BELAID, A., etc., *La recherche en intelligence artificielle*, Articles choisis et présentés par Pierre Vandeginste, Paris, Editions du Seuil ; La Recherche, 1987, 373 pages.

BETH, Evert Willem, *Les fondements logiques des mathématiques* (1950), 2e édition, Paris, Gauthier-Villars, Collection de logique mathématique, 1955, 241 pages.

BOLO, Jacques, *Philosophie contre Intelligence Artificielle*, Paris, Lingua Franca, 1996, 376 pages.

BRATKO, Ivan, *Programmation en Prolog pour l'IA*, (*Prolog Programming for Artificial Intelligence*, Addison Wesley, Wokingham, GB, 1988), Paris, InterEditions, 1986, 446 pages.

BRISSAND, Marcel, GRANGE, Marc, NICO-LOYANNIS, Nicolas, *Intelligence artificielle et sciences humaines*, Paris, Hermès, 1992, 229 pages.

BWELE, Guillaume, *Ouvertures du logos : de l'éloge de la différence*, Paris, Editions ABC, 1990, 120 pages.

CARFANTAM, Serge, *Conscience et connaissance de soi*, Presses Universitaires de Nancy, Collection « Philosophie », 1992, 273 pages.

CARNAP, Rudolf, *La science et la métaphysique devant l'analyse logique du langage*, Paris, Hermann, 1934, 44 pages.

CHAZAL, Gérard, *Le miroir automate : introduction à la philosophie de l'informatique*, Paris, Editions Champ Vallon, 1995, 252 pages.

DARWIN, Charles, *L'Origine des espèces*, traduction Thierry Hoquet, Paris, Editions du Seuil, Collection « Sources du savoir », 2013, 522 pages.

DUFRAY, B., *L'intelligence artificielle : question du langage*, Paris, Editions du Rocher, 1987, 123 pages.

FORTIN, Robin, *Comprendre la complexité : introduction à La Méthode d'Edgar Morin*, Paris, L'Harmattan, 2000, 206 pages.

GARDIN, Jean-Claude, *Le calcul et la raison,* Paris, Editions de l'Ecole des Hautes Etudes en Sciences Sociales, 1991, 296 pages.

GODDARD, Jean-Christophe (dir.), *La Nature*, Paris, Vrin, 1990, 287 pages.

GUIBERT, Gaell, *Le dialogue homme-machine : un qui-pro-quo ?* Paris, Editions L'Harmattan, 2010, 257 pages.

HODGES, Andrew, *Alan Turing, ou l'énigme de l'intelligence*, 1988, Paris, Payot, 1983, 438 pages.

HOTTOIS, Gilbert,

    1) *Penser la logique : une introduction technique et théorique à la philosophie de la logique et du langage*, Paris, De Boeck Supérieur, 2002, 216 pages.

    2) *La science, entre valeurs modernes et postmodernité*, Paris, Vrin, 2005, 124 pages.

HOUNTONDJI, Paulin Joachim (dir.), *La rationalité, une ou plurielle ?* Dakar, CODESRIA/UNESCO, 2007, 467 pages.

JUNG, Carl Gustav, *Dialectique du Moi et de l'inconscient*, traduction de Roland Cahen, Paris, Gallimard, Collection « Idées », vol. 285, 1981, 274 pages.

LAURIERE, Jean-Louis, *Intelligence artificielle. Résolution de problèmes par l'homme et la machine*, Paris, Eyrolles, 1987, 473 pages.

LE NY, Jean-François, *Intelligence naturelle et intelligence artificielle*, Paris, PUF, 1993, 364 pages.

LINARD, Monique, *Des machines et des hommes : apprendre avec les nouvelles technologies*, Paris, L'Harmattan, 1996, 288 pages.

LOBRY, Claude, *La recherche mathématique en Afrique. Une nécessité pour le développement ?* Paris, L'Harmattan, 2003, 156 pages.

LUCRECE, *De la nature*, traduction de Henri Clouard, Paris, Garnier-Flammarion, 1964, 243 pages.

McCORDUCK, Pamela, *Machines who Think*, San Francisco, W. H. Freeman and Co, 1979, 356 pages.

MUMFORD, Lewis, *Le phénomène scientifique. Le mythe de la machine, T.1, La technologie et le développement humain*, Paris, Fayard, 1967, 404 pages.

OSTOLAZA, Julio-Fernandez, BERGARECHE, Alvaro-Moreno, *La vie artificielle (Vida artificial*, Eudema, Madrid, 1992), traduit de l'espagnol par Mylène de Fabrique Saint-Tours et Patricia Rey, Paris, Le Seuil, 1997, 151 pages.

PACHERIE, Elisabeth, *Naturaliser l'intentionnalité. Essai de philosophie de la psychologie*, Paris, PUF, Collection « Psychologie et Sciences de la pensée », 1993, 291 pages.

PEETERS, Marcel, RICHARD, Sébastien, *Logique formelle*, Editions Mardaga, 2009, 236 pages.

PEREZ, J.-C., *De nouvelles voies vers l'intelligence artificielle. Pluridisciplinarité, auto-organistion, réseaux neuronaux*, Paris, Masson, 1988, 247 pages.

PIAGET, Jean,
    1)   *Sagesse et illusions de la philosophie* (1965), Collection « A la pensée », Paris, PUF, 1972, 310 pages.

2)   *La psychologie de l'intelligence* (1967), Paris, Armand Colin, 192 pages.

3)   *Les formes élémentaires de la dialectique*, Paris, Gallimard, 1980, 249 pages.

RENZ, Karl, *Pour en finir avec l'éveil et autres conceptions erronées*, traduction de Marie-Béatrice Jehl, Editions Les Deux Océans, 2004, 155 pages.

REY-DEBOVE, Josette, *Le métalangage : étude linguistique du discours sur le langage*, Paris, Le Robert, 1978, 318 pages.

SIMONS, G.L., *Introducing Artificial Intelligence*, Manchester, GB, NCC Publ.; New York, Halsted Press, distr., 1984, 281 pages.

SLOMAN, A., *The Computer Revolution in Philosophy*, Humanities Press, New Jersey, 1978, 304 pages.

STENGERS, Isabelle et *al.*, *D'une science à l'autre : des concepts nomades*, Paris, Editions du Seuil, 1987, 392 pages.

THAYSE, André,

1)   *Approche logique de l'intelligence artificielle,* tome 3, Paris, Dunod, Collection « Dunod informatique, Volume 27 », 1990, 333 pages.

2)   *Approche logique de l'intelligence artificielle,* tome 4, Paris, Dunod, Collection « Dunod informatique », 1991, 358 pages.

UNESCO (dir.), *La pensée scientifique*, Paris, Mouton/Unesco, 1978, 274 pages.

VON NEUMANN, John, *Théorie générale et logique des automates*, Paris, Editions Champ Vallon, 1996, 104 pages.

WAGNER, Pierre, *La machine en logique*, Paris, PUF, 1998, 240 pages.

WEGNEZ, L.F., *A la recherche de l'intelligence. Du cerveau humain au cerveau électronique vers l'intelligence artificielle*, Bruxelles, Office International de Librairie, 1987, 187 pages.

IV – ARTICLES, COMMUNICATIONS, REVUES

BALACHEFF, Nicolas, « Processus de preuve et situations de validation », *Educational Studies in Mathematics*, vol 18, n°2, Mai 1987, pp. 147-176.

BROUWER, L. E. J., "Points and Spaces", *Collected Works*, I, p. 523, traduction française dans J. Largeault, *L'intuitionnisme*, Paris, PUF, Collection « Que Sais-je ? n° 2684 », 1992, p. 109.

CANTOR, Georg, "Beiträge zur Begründung der Transfiniten Men-genlehre", *Mathematische Annalen* (1895/1897) ; traduction française dans F. Marotte, *Mémoires de la Société des Sciences physiques et naturelles de Bordeaux*, tome III (1899), 5è série, "Sur les fondements de la théorie des ensembles transfinis", réédition par les Editions Jacques Gabay, Paris, 1989.

CARFANTAM, Serge,

    1)   « Le statut de la logique », in *Philosophie et Spiritualité*, Leçon 33, http://www.philosophie-spiritualite.com/cours/logique.htm

    2)   « Recherches sur l'intelligence artificielle », in *Philosophie et Spiritualité*, Leçon 134, http://www.philosophie-spiritualite.com/cours/logique6.htm

    3)   « Le paradigme mécaniste », in *Philosophie et Spiritualité*, Leçon 111, http://www.philosophie-spiritualite.com/cours/theorie4.htm

CHAITIN, G.-J., « Le hasard en arithmétique et le déclin et la chute du réductionnisme en mathématiques pures », *Bulletin of the European Association for Theoretical Computer Science (E.A.T.C.S.)*, N° 50, June 1993, pp. 314-328.

CHURCH, Alonzo,

    1)   Compte-rendu à l'article de Turing de 1936, publié en 1937 dans le *Journal of Symbolic Logic* (2), pp. 42-43.

2)　　　"An unsolvable problem of Elementary Number Theory" (1938), *American Journal of Mathematics*, 58, reprint dans M. Davis (éd.), *The Undecidable*, Raven Press, Hewlett, New York, 1965, pp. 88-107.

COLLECTIF, *Raison et relativité des valeurs* : actes du IIIe colloque annuel du Groupe d'Etude "Pratiques sociales et théories", *Revue européenne des sciences sociales*, Numéro 74, Paris, Librairie Droz, 1987, 231 pages.

CUVILLIER, Armand, « Les courants irrationalistes dans la philosophie contemporaine », *Les cahiers rationalistes*, n° 95, Mars-Avril 1947, Paris, 84 pages.

DANCHIN, A., « Les bases cérébrales du langage », *Le débat*, 1987, 47, pp. 158-171.

DENNETT, D., "Three Kinds of Intentional Psychology" dans R. A. Healey, *Reduction, Time and Reality : Studies in the Philosophy of natural sciences*, Cambridge, Cambridge University Press, 1981.

DESALLE, Jean-Louis, « Explication quotidienne et contraintes logico-cognitives », *Journées Scientifiques de l'Association pour la Recherche Cognitive, Explication et compréhension*, 7 Décembre 1992.

DESCLES, Jean-Pierre, « Réseaux sémantiques », *Langages,* « Sémantique et IA », Septembre 1987, vol. 22, n° 87, pp. 55-78.

GUENTHNER, Franz, SABATIER, Paul, « Sémantique formelle et représentation des connaissances », *Langages*, « Sémantique et intelligence artificielle », Septembre 1987, vol. 22, n° 87, pp. 103-122.

HAUGELAND, J., "Semantic Engines : an Introduction to Mind Design", dans J. Haugeland (éd.), *Mind Design*, MIT Press, Cambridge, 1981, pp. 1-34.

HEBGA, Meinrad, « Pour une rationalité ouverte. Universalisation de particuliers culturels », in P.J. Hountondji (dir.), *La rationalité, une ou plurielle ?* Dakar, CODESRIA/UNESCO, 2007, pp. 31-44.

HEYTING, Arend, « Sur la logique intuitionniste »,

Académie Royale de Belgique, *Bulletin de la Classe des Sciences*, 1930, 16, pp. 957-963.

HILBERT, David,

1) "Die Grundlagen der Mathematik" (1927), traduction française dans J. Largeault (éd.), *Intuitionnisme et théorie de la démonstration*, Paris, Vrin, 1992, pp. 131-144.

2) "Probleme der Grundlegung der Mathematik" (1928), traduction française dans J. Largeault (éd.), *Intuitionnisme et théorie de la démonstration*, Paris, Vrin, 1992, pp. 175-185.

JORION, Paul,

1) « Intelligence artificielle et mentalité primitive, actualité de quelques concepts lévy-bruhliens », *Revue philosophique*, 4, 1989, pp. 515-541.

2) « L'intelligence artificielle au confluent des neurosciences et de l'informatique », *Lekton*, vol. IV, N° 2, 1994, pp. 85-114.

KREISEL, G.,

1) "Church's Thesis and the Ideal of Informal Rigour", *Notre Dame Journal of Symbolic Logic*, 28, 4, October 1987, pp. 499-519.

2) "Review of Gödel's 'Collected Works, Volume I'", *Notre Dame Journal of Formal Logic*, 29, 1, 1988, pp. 134-171.

LAUTMAN, A., "Considérations sur la logique mathématique" in A. Lautman, *Essai sur l'unité des mathématiques et divers écrits*, Paris, Union Générale d'Edition, 1977, pp. 305-315.

LEMAINE, Gérard, « Science normale et science hypernormale : Les stratégies de différenciation et les stratégies conservatrices dans les sciences », *Revue française de sociologie*, Octobre-Décembre 1980, XXI-4, Paris, pp. 499-527.

LEVY, Pierre, « L'artificialisation de l'intelligence », in *Terminal* n° 53, Paris, avril-mai 1991, pp. 20-21.

POST, Emil, "Finite Combinatory Processes - Formulation I", *Journal of Symbolic Logic*, I, 1936, réédité dans M. Davis (éd.), *The Undecidable*, Raven Press, Hewlett, New York, 1965, pp. 288-291.

POTTIER, Bernard, « Linguistique et intelligence artificielle », *Langages*, « Sémantique et intelligence artificielle », Septembre 1987, vol. 22, n° 87, pp. 21-31.

PREAUX, Jean-Philippe, « Approche logique de l'intelligence artificielle », CreA/Université de Provence, http://www.cmi.univ-mrs.fr/~preaux/PDF/pdf_proteges/PLog/programmatio n_logique.pdf

PROUST, J., « L'intelligence artificielle comme philosophie », *Le Débat*, Paris, Gallimard, novembre-décembre 1987, n° 47, pp. 88-102.

RUSSELL, Bertrand, « Les paradoxes de la logique », *Revue de métaphysique et de morale*, 14, Vol. 5, 1906, pp. 627-650.

SANSONNET, J.P., « L'architecture des nouveaux ordinateurs », *La Recherche*, 1988, 19 (204), pp. 1299-1307.

TANGWA, Godfrey B., "Between Universalism and Relativism : A Conceptual Exploration in Biomedical Ethical Guidelines", in Paulin Joachim Hountondji (dir.), *La rationalité, une ou plurielle ?* Dakar, CODESRIA/UNESCO, 2007, pp. 436-458.

TIBERGHIEN, Guy, « Qu'est-ce que le cognitif ? », *Hermès*, 3, pp. 179-187.

TURING, Alan M.,

> 1)   "On computable numbers, with an application to the *Entscheidungsproblem*", *Proceedings of the London Mathematical Society*, 1937, série 2, vol. XLII, pp. 230-265.

> 2)   "Systems of Logic based on Ordinals", *Proceedings of the London Mathematical Society*, 1939, série 2, vol. 45, pp. 161-228, réédité dans M. Davis (ed.), *The Undecidable*, Raven Press, Hewlett, New York, 1965, pp.154-222.

3) "Intelligent Machinery", *Executive Committee NPL*, 1948, 1-20, H.M.S.O.; republié dans C.R. Evans et A.D. Robertson (éds.), *Key Papers : Cybernetics*, University Park Press, Manchester, England, 1968, pp. 27-52.

4) "Computing Machinery and Intelligence", *Mind*, 1950, vol. LIX, n°236, pp. 433-460.

VON NEUMANN, J., « The General Theory of Automata », in *Cerebral Mechanisms in Behaviour*, L.A. Jeffress (ed.), New-York, Wiley, 1951.

V – MEMOIRES ET THESES

AGUMA ASIMA, Jean-Alexis, *Le mécanisme, théorie, philosophie : étude critique*, Thèse de Doctorat en Philosophie, sous la direction de Hubert Faes et Sylvain Roux, Université de Poitiers, 2013. Disponible sur Internet : http://theses.univ-poitiers.fr

BIDJA AVA, Rachel, *Hegel et le monde non-européen. Le cas du Volkgeist africain*, Thèse de Doctorat de 3è Cycle en Philosophie, sous la direction de M. Pierre Kaufmann, Université de Paris X, 1980.

EMBOUSSI NYANO, *Le problème de la vérité mathématique dans La science et l'hypothèse de Henri Poincaré*, Mémoire de Maîtrise en Philosophie, sous la direction de M. Antoine Manga Bihina, Université de Yaoundé, 1989.

GUERRY, Bastien, *Imitation et authentification : Le test de Turing et la cryptologie*, Mémoire de D.E.A. en Philosophie, sous la direction de M. Daniel Andler, Ecoles des Hautes Etudes en Sciences Sociales de Paris, 2002.

LASSEGUE, Jean, *L'intelligence artificielle et la question du continu ; Remarques sur le modèle de Turing*, Thèse de Doctorat en Philosophie, sous la direction de M. Daniel Andler, Université de Paris X-Nanterre, 2006. Consultable en ligne : https://tel.archives-ouvertes.fr/tel-00011541

LOUBIERE, Paul, *Fondements épistémologiques de l'ethnométhodologie. Application à la logique, aux mathématiques et à l'informatique*, Thèse de Doctorat en Philosophie, sous la direction de M. Yves Lecerf, Université de Paris VII, 1992.

OWONA, Emmanuel-D.,

    1)   *Réalisme et théorie des quanta dans La quête inachevée de Karl Popper*, Mémoire de DI.P.E.S. II en Philosophie, sous la direction de M. Antoine Manga Bihina, Ecole Normale Supérieure de Yaoundé, 1994.

    2)   *Des procédés logiques de la pensée à la réalité extérieure sensible : une analyse du raisonnement mathématique à partir du Discours de la méthode de René Descartes*, Mémoire de Maîtrise en Philosophie, sous la direction de M. Antoine Manga Bihina, Université de Yaoundé I, 2004.

    3)   *Fondements logico-mathématiques et enjeux humanistes de la cybernétique*, Mémoire de D.E.A. en Philosophie, sous la direction de M. Antoine Manga Bihina, Université de Yaoundé I, 2005.

PEGNY, Maël, *Sur les limites empiriques du calcul : Calculabilité, complexité et physique*, Thèse de Doctorat en Philosophie, sous la direction de MM. Jean-Baptiste Joinet et Alexei Grinbaum, Université de Paris I Panthéon-Sorbonne, 2013.

VIDAL, Roger, *Etude historique et critique de méthodes de démonstration en arithmétique*, Thèse de Doctorat en Philosophie, sous la direction de M. Daniel Parrochia, Université de Lyon III-Jean Moulin, 2005.

VI – MANUELS, USUELS, AUTRES REFERENCES

AUROUX, S., WEIL, Y., *Nouveau vocabulaire des études philosophiques*, Paris, Hachette, 1984 256 pages.

BAILLY, Sébastien, *Encyclopédie Marabout du multimédia*, Alleur, Nouvelles Editions Marabout, 1995, 256 pages.

BREHIER, Emile, *Histoire de la philosophie* (1981), tome II, XVIIe – XVIIIe siècles, 7ᵉ édition, Paris, PUF, Collection « Quadrige », 1996, 506 pages.

CARFANTAM, Serge, *Philosophie et Spiritualité*, Site Internet : http://www.philosophie-spiritualite.com/

CAVALLIER, François, *Le manuel de philosophie*, Paris, Ellipses, 2001, 416 pages.

CHATELET, François (dir.), *La philosophie au XXe siècle*, Verviers, Marabout, 1979, 351 pages.

CUVILLIER, Armand, *Nouveau vocabulaire philosophique* (1956), 9è édition, Paris, Armand Colin, 1964, 207 pages.

DUROZOI, Gérard, HUISMAN, Denis, SALEM, Jean, DESCHAMPS, Jacques, *Parcours philosophiques*, Paris, Nathan, 1985, 463 pages.

DUROZOI, Gérard, ROUSSEL, André, *Dictionnaire de philosophie*, Paris, Nathan, 1997, 408 pages.

ESSOMBA, Jean-Bosco, *Thèmes et Idées*, Yaoundé, AMA-CENC, 2000, 180 pages.

GOOGLE, *Google Livres*, Moteur de Recherche Internet, https://books.google.cm/books?hl=fr

JOBIN, Gilles G., *Au fil de mes lectures*, Site Internet, http://www.aufildemeslectures.net/index.php?page=accueil

LACOSTE, Jean, *La philosophie au XXe siècle. Introduction à la pensée philosophique contemporaine*, Paris, Hatier, 1988, 203 pages.

LALANDE, André, *Vocabulaire technique et critique de la philosophie* (1902-1923), 9e édition, Paris, PUF, 1962, 1323 pages.

LAROUSSE, *Le petit Larousse 2010*, Dictionnaire multimedia, Larousse, 2009.

MEYNARD, Louis, *L'Action*, Paris, Belin, 1963, 469 pages.

MICROSOFT, *Encarta*, Encyclopédie multimedia, Microsoft Corporation, 1993-2008.

MOREL, J.-L., *Bribes*, Dictionnaire multimedia : http://www.bribes.org/

PAVEL, Silvia, *Intelligence logicielle : Dictionnaire Français-Anglais*, Réseau international de néologie et de terminologie, Ministère des Approvisionnements et Services (version PDF sur Internet), Canada, 1989, 337 pages.

ROMAN, Joël, *Chronique des idées contemporaines*, Bréal, Rosny, 1995, 832 pages.

RUSS, Jacqueline, *Les chemins de la pensée*, Paris, Armand Colin, 1988, 552 pages.

VERGEZ, André, HUISMAN, Denis, *Court traité de la connaissance*, Paris, Fernand Nathan, 1969, 399 pages.

WIKIPEDIA, *L'encyclopédie libre*, Site Internet : http://fr.wikipedia.org/wiki/Wikip%C3%A9dia:Accueil_principal